SISTEMA DE DIREITO DO TRABALHO NA INTEGRAÇÃO REGIONAL E DIREITO COMPARADO ARGENTINO-BRASILEIRO E LATINO-AMERICANO

JAIME CÉSAR LIPOVETZKY

Advogado e especialista em Integração Regional e Direito do Trabalho.

Sistema de Direito do Trabalho na Integração Regional e Direito Comparado Argentino-Brasileiro e Latino-Americano

LTr 75

LTr
EDITORA LTDA.
© Todos os direitos reservados

Rua Jaguaribe, 571
CEP 01224-001
São Paulo, SP — Brasil
Fone (11) 2167-1101

LTr 4105.6
Setembro, 2011

Visite nosso site:
www.ltr.com.br

Dados Internacionais de Catalogação na Publicação (CIP)
(Câmara Brasileira do Livro, SP, Brasil)

Lipovetzky, Jaime César
   Sistema de direito do trabalho na integração regional e direito comparado argentino-brasileiro e latino-americano / Jaime César Lipovetzky; [tradução Sandra Garcia]. — São Paulo : LTr, 2011.

   Título original: Sistemas de derecho del trabajo en la integracíon regional derecho comparado.

   Bibliografia
   ISBN 978-85-361-1930-4

   1. Trabalho — Leis e legislação — Argentina 2. Trabalho — Leis e legislação — Brasil 3. Trabalho — Leis e legislação — latino-americano I. Título.

11-08054	CDU-34:331

Índice para catálogo sistemático:
1. Direito comparado argentino-brasileiro e latino-americano : Direito do trabalho   34:331

Sumário

Introdução — *Jaime César Lipovetzky* 19

PRIMEIRA PARTE

Capítulo I — Categorias e Definições no Direito do Trabalho 23

Capítulo II — Denominações 26

Capítulo III — Relações do Direito do Trabalho. Sua Autonomia 29
1. Autonomia para uma gnoseologia juslaboral 29
2. Autonomia científica 30
3. As relações do direito do trabalho 32

SEGUNDA PARTE

Capítulo I — Natureza Jurídica do Direito do Trabalho 45
1. Natureza jurídica e ordem jurídica 45
2. Direito social 49

Capítulo II — Princípios do Direito do Trabalho 54

Capítulo III — Fontes do Direito do Trabalho 70
A) A ordem jurídica 70
B) A hierarquia das fontes nas Constituições Argentinas. A reforma de 1956 e 1994. As fontes externas 71
C) A reforma de 1994 74
D) A nova ordem jurídica da Argentina no Mercosul 76
E) Doutrina internacional. As convenções da OIT 79
F) Hierarquia dos tratados 81
G) As leis como fonte de regulação 82
H) Decretos de necessidade e urgência 84

I) Falhas transacionais, conciliatórias ou liberatórias. Sentenças arbitrais 85

J) Convênios coletivos de trabalho. A ultratividade — supremacia legal sobre a convencional — a exceção brasileira 87

K) A exceção brasileira 90

L) Regulamentos de empresas 90

M) O costume e as fontes subsidiárias 91

N) A analogia, a jurisprudência, a equidade e o direito comparado 92

TERCEIRA PARTE

Capítulo I — Direito Internacional do Trabalho 97

1. Considerações preliminares 97
2. Finalidade e objeto 97
3. A declaração universal dos direitos do homem e os direitos sociais tratados pela ONU 98
4. Organização Internacional do Trabalho (OIT) 100
   a) Natureza jurídica, competência e membros 100
   b) Órgãos. Composição e atribuições. Tripartismo 101
   c) Atividade normativa: convenções e recomendações 102
   d) Integração das normas internacionais no direito nacional. Efeitos da ratificação 105
   e) Controle da aplicação das normas 107

Capítulo II — Interpretação e Aplicação da Regulação Normativa Laboral 109

1. Métodos de interpretação 109
2. O art. 11 da LCT e os fins sociais no Código Civil e no direito brasileiro — princípios de interpretação e aplicação da lei 110
3. Abuso de direito e fraude à lei 115

Capítulo III — Caráter Expansivo do Direito do Trabalho 117

1. O constitucionalismo laboral 118
2. Trabalhadores autônomos 124
3. Trabalho descontínuo 127
   A) Distingue-se o trabalho descontínuo porque — vale a redundância 127
   B) O trabalho "avulso" na legislação brasileira 128
4. Emprego doméstico 129
5. Estatuto dos empregados do serviço doméstico — Decreto-Lei n. 326/56 130
6. Sobre a proteção para o trabalhador doméstico 131
7. Empregados do Estado 133
   A) A regra geral é que os Empregados do Estado são empregados públicos 133

B) O duplo caráter do Estado como pessoa de direito público e pessoa de direito privado 134

C) Legislação laboral aplicável aos falsamente denominados contratos temporários do pessoal do estado — Fraude 135

D) Empregados públicos policiais militares — infortúnios laborais e outras normas aplicáveis 136

E) Conciliação obrigatória nos conflitos laborais (SECLO) — Demandas contra o Estado Nacional — Lei n. 24.635 137

F) Empregados do Estado — Direito coletivo — Direito de greve — A situação na província de Buenos Aires 138

8. Trabalhadores rurais — Regime nacional de trabalho agrário (Lei n. 22.248) — Especialidades (SAFRA — Dec.-Lei n. 10.644; Trabalhadores açucareiros — Dec.-Lei n. 16.163; Vinhas e frutais — Lei n. 22.163) — Parcerias 5/61 139

a) Trabalhadores rurais — estatuto do peão 139

b) Expansão do direito laboral e discriminação no trabalho agrário — Natureza jurídica do regime de contratos — Antecedentes históricos 140

c) Modalidades e traços de aplicação no regime de trabalho agrário 142

QUARTA PARTE

CAPÍTULO I — CONCEITO DE EMPREGADOR 147

1. Empresa e estabelecimento 150

2. Grupo empregador 151

3. A solidariedade no direito civil 152

4. A solidariedade no direito laboral 152

5. A solidariedade nas relações especiais do trabalho 155

6. A solidariedade no direito comparado — Brasil 157

A) Controlada 157

B) Brasil. Controle das sociedades na Consolidação das Leis do Trabalho 157

C) Brasil: sucessão de empresas 158

D) Terceirização e trabalho temporário na Argentina e no Brasil comparados 159

E) Regulamentos de empresa — Direito comparado 161

CAPÍTULO II — NATUREZA JURÍDICA DO CONTRATO DE TRABALHO E CONTRATOS AFINS 164

1. Teorias explicativas da relação de emprego 164

2. Caracteres do contrato de trabalho 166

3. Diferenciação do contrato de trabalho a respeito dos contratos afins 167

4. Trabalhador autônomo — As semelhanças com outras figuras no direito argentino e brasileiro 169

Capítulo III — Legitimação do Contrato — Nulidades e suas Consequências 171

1. Pressupostos e bases da validade contratual 171
2. As nulidades nas relações laborais. Suas consequências 172
3. Capacidade das pessoas e objetos do contrato no direito argentino. Nulidades 173
4. Forma e validade dos contratos 175
5. A validade do contrato de trabalho no direito comparado. Suas nulidades e efeitos .. 176
6. Capacidade e objeto no direito brasileiro 177

Capítulo IV — Contrato de Trabalho e Indeterminação no Prazo — Período de Prova e Forma 179

1. Falta de predeterminação do prazo 179
2. Alcance 180
3. Prazo determinado — prova e carga da prova 180
4. Do período de prova e a introdução de normas flexibilizadoras 180
   a) Período de prova na Lei n. 25.250 (flexibilizado) — parte pertinente 181
   b) Período de prova da Lei n. 25.877 (parte pertinente) 181
   c) As duas versões do art. 92 *bis* da CLT — seus traços flexibilizados — o que significa flexibilização laboral? 182
   d) Diferenças entre as duas versões do art. 92 *bis* da CLT 185
5. Formas do contrato de trabalho — direito comparado 188

Capítulo V — Continuidade no Contrato de Trabalho 190

1. Uma vez mais: a indeterminação no tempo 190
2. Contrato de trabalho com prazo fixo 191
3. O contrato de prazo determinado no direito comparado — Legislação brasileira (CLT — arts. 443, 445, 451 e 453) 192
4. Acordos coletivos e tempo determinado — Brasil, Lei n. 9.601 — flexibilização laboral .. 193
5. Contrato de trabalho temporário 194
6. A transitoriedade no contrato brasileiro — direito comparado 195
7. Contratos de trabalho eventual 197
8. Contrato de trabalho de grupo ou por equipe 198
9. O contrato de trabalho de equipe na doutrina brasileira 200

Capítulo VI — Direitos e Deveres das Partes Contratantes 202

1. Obrigação genérica das partes 202
2. Faculdades de organização do empregador (arts. 64 a 69 da LCT) — proibição art. 83 da LCT 203

3. Outras obrigações do empregador no art. 75 da LCT e o dever de seguridade 204
4. Dever de ocupação (art. 78 da LCT) 204
5. Direitos e deveres do trabalhador 206
6. Direito comparado Brasil — doutrina 207
7. Direito comparado — Brasil — traços normativos 208

Capítulo VII — Forma e Prova do Contrato de Trabalho 210
1. A formalidade instrumental — carteira de trabalho 210
2. Livro especial — formalidades — proibições 210
3. Livro especial — omissão de exibição 211
4. Ônus da prova dos fatos e direitos 212
5. Ônus da prova dos salários 213
6. A prova dos salários — o ônus — direito comparado: Brasil 215

Capítulo VIII — Da Extinção do Contrato de Trabalho por Renúncia do Trabalhador ou Vontade Concorrente das Partes 216
1. A faculdade de renúncia — forma 216
2. Renúncia e transação — despedida indireta — diferenças 217
3. Extinção por vontade concorrente das partes — Formas e limites 218
4. Limites e pressupostos da validade da renúncia 219
   A) Natureza do direito 219
   B) Capacidade para renunciar ou negociar 219
   C) Inexistência de vícios de consentimento 220
   D) Forma do ato 220
   E) Ato explícito da interpretação respectiva 221
5. Outorgamento do recibo de pagamento — proibição de renúncia no mesmo 221
6. Renúncia e negociação no direito comparado — Brasil 221

Capítulo IX — Da Suspensão de Certos Efeitos do Contrato de Trabalho (arts. 208 a 224 da LCT Argentina) 223
1. Introdução ao capítulo da suspensão — a incapacidade inculpável 223
2. Conceito de enfermidade inculpável — compatibilidade com outras incapacidades — jurisprudência e doutrina 224
3. Remuneração nos casos de suspensão do serviço por enfermidade inculpável 225
4. Natureza jurídica da obrigação de pagamento na suspensão 227
5. Vigência e reincorporação nos empregos 228
   A) Conservação do emprego 228

B) Recursos de ação 229

C) Despedida do trabalhador 229

Capítulo X — Remuneração do Tempo Nominal (Nominal Time). Interrupções Pagas e Recarga do Tempo de Trabalho (arts. 196-207 da LCT) 231

1. Jornada de trabalho 231
2. Jornada reduzida ou ampliada 232
3. Trabalho noturno ou insalubre 233
4. Horas suplementares — horas extras (art. 201 da LCT) 234
5. Do descanso semanal (arts. 204/207 da LCT) 235
6. Do descanso semanal e seus salários (art. 205 da LCT) 236
7. Aumento salarial por descanso não gozado (art. 207 da LCA) 237
8. Direito comparado Brasil: a interrupção de atividade remunerada 239
9. Direito comparado Brasil: ausências legais pré-autorizadas (art. 473 da CLT) ... 240
10. Direito comparado Brasil: descanso remunerado: semanais, feriados, férias anuais, licenças para a gestante 242
11. Direito comparado Brasil: paralisação e risco da empresa (art. 2º da CLT) ... 243

Capítulo XI — Modificações no Contrato de Trabalho — Alteração de Condições — Desregulação e Flexibilização Laborais 246

1. Retenção — introdução ao tema 246
2. Alterações obrigatórias das condições de trabalho 248
3. Modificação voluntária — o *jus variandi* e seus excessos. Faculdade de modificar as formas e modalidades do trabalho 249
4. Regulamentos de empresa 250
5. Alteração por transferência de estabelecimento (arts. 225 a 250 da LCT) 251
6. Alteração do contrato, desregulação laboral, flexibilização e questões constitucionais . 253
7. Alteração e flexibilização no direito comparado — Brasil 256
   a) Alteração flexibilizante de origem constitucional 257
   b) Alteração do contrato e limites no *jus variandi* — Brasil: arts. 463/470 da CLT ... 259

Capítulo XII — Da Extinção do Contrato de Trabalho (Arts. 231/255 da LCT) 261

1. Acerca da ruptura do contrato 261
2. Do aviso-prévio (arts. 291/239) 262
   A) Antecedentes 262
3. Aviso-prévio — natureza jurídica 263
4. O aviso-prévio e os prazos (arts. 231, 233, 236, 237, 238, 239) 263
   A) Aviso-prévio 264

5. Aviso-prévio: indenização substitutiva, retratação e prova (arts. 232, 234 e 235) 264
6. Aviso-prévio: extinção e renúncia ao prazo faltante — extinção ao prestar serviços — licença diária (arts. 236/239 da LCT) 266
7. Aviso-prévio e doença (arts. 208, 213 da LCT) 267
8. Aviso-prévio: falências e concursos (arts. 251, 261 a 274 — Lei n. 24.522) 267
9. Aviso-prévio: da extinção do contrato de trabalho por justa causa. Despedida direta — o conceito de injúria trabalhista (arts. 242 a 246 da LCT).................... 271
10. Injúria 272
11. Despedida sem justa causa 274
12. Despedida indireta 275
13. Indenização por despedida sem justa causa 275
14. A proibição da despedida na OIT — Convenções ns. 158 e 159 — pessoas com capacidades diferentes — incapacitadas.................... 278
15. Direito comparado: a instituição da despedida e a dissolução do contrato de trabalho no direito brasileiro 279
   A) Garantias de emprego previstas na Constituição Federal de 1988 279
16. Dissolução do contrato de trabalho 280
17. Modos de dissolução — o distrato 281
18. Brasil: Fundo de Garantia do Tempo de Serviço — Lei n. 8.036, de 14.5.90 283
19. Brasil: sobre o aviso-prévio — art. 7º da VF e arts. 487/491 da CLT.................... 285

QUINTA PARTE

Capítulo I — Da Remuneração do Trabalhador 289

1. Conceito de salário (Título IV — Capítulo I — arts. 103 a 115 da CLT) 291
2. Formas de determinar a remuneração (art. 104 da LCT) — formas de pagamento e prestações complementares — art. 105 da LCT e art. 105 *bis* da LCT. Comissões — participação nos lucros — *stock options* 292
3. Comissões 293
4. *Stock options* 294
5. As formas de pagamento e pretensões complementares (art. 105 da LCT) 295
6. Vale-alimentação 296
7. Cesta básica ou vale-alimentação (art. 105 *bis* da LCT) 297
8. Acerca dos viáticos — as comissões suplementares e gorjetas (arts. 106 a 115 da LCT) 298
   8.1. Comissões suplementares dos salários 299
   8.2. Comissões coletivas 299
   8.3. Gorjetas 299
9. Determinação da remuneração pelos juízes (art. 114 da LCT) — onerosidade presumida 300

CAPÍTULO II — DO SALÁRIO MÍNIMO VITAL E MÓVEL 302
1. Antecedentes 302
2. Conceito 302
3. Alcance ou modalidades de sua determinação — inembargabilidade (arts. 117, 118 e 120 da LCT) 303

CAPÍTULO III — DO SALÁRIO ANUAL COMPLEMENTAR 305
1. Conceito 305
2. Extinção do contrato — pagamento proporcional 305

CAPÍTULO IV — DA TUTELA E PAGAMENTO DA REMUNERAÇÃO 306
1. Doutrina 306
2. Quota de embargabilidade (art. 147 da LCT) 307
3. Recibos e outros comprovantes de pagamento (arts. 13 a 146 da LCT) 308
4. Conteúdo necessário dos recibos (art. 140 da LCT) 308
5. Atualização dos salários por desvalorização monetária (Lei n. 23.616) 309
6. Consolidação das dívidas do Estado (Lei Nacional n. 23.982 e Decretos Regulamentares) — pagamento em bônus 310
7. A questão salarial no direito comparado — Brasil 312
   7.1. Significado do vocábulo 312
   7.2. Natureza jurídica do salário — tempo nominal — valores salariais 314
   7.3. Brasil: comparação objetiva dos elementos do salário (arts. 457 e 458 da CLT) .. 317
   7.4. Alteração ilícita do salário — sua nulidade — trabalho gratuito — sua validade   318
   7.5. O salário-utilidade — pagamento em espécie — vale-refeição — PAT (Programa de Alimentação do Trabalhador — Lei n. 6.321, de 14.4.1976) 319
   7.6. Vale-transporte 320
   7.7. Salário igual para trabalho de igual valor — Convenções OIT ns. 100 e 111 — Brasil 321
   7.8. Direito brasileiro e o professor Arnaldo Lopes Süssekind — o conceito de "isonomia" para designar "igual salário por igual trabalho" 322
   7.9. Direito positivo brasileiro — sistema de proteção nacional 323

CAPÍTULO V — PARTICIPAÇÃO NOS LUCROS (DIREITO COMPARADO) E PROCESSOS DE INTEGRAÇÃO REGIONAL 326
1. Regulamentação da normativa constitucional 327
2. Fundo de Garantia do Tempo de Serviço (FGTS) 328

SEXTA PARTE

Capítulo I — Das Férias e Outras Licenças Remuneradas 333

1. Regime geral 333
2. Pirâmide jurídica 334
   2.1. Convenção n. 52 da OIT sobre Férias Anuais Remuneradas Aprovada na 20ª Reunião da Conferência Internacional do Trabalho (Genebra, 1936) com vigência internacional a partir de 22.9.39 e ratificada na República Argentina pela Lei n. 13.560 334
   2.2. Constituição Nacional: arts. 14, 14 bis e 75, incs. 12, 19, 22 e 24 335
   2.3. Lei n. 20.744 de contrato de trabalho — arts. 150 a 164 335
   2.4. Licenças especiais (arts. 158 a 161 da Lei de Contrato de Trabalho) 338
   2.5. Dos feriados obrigatórios e dias não laboráveis (arts. 165 a 171 da LCT). Leis ns. 21.329; 23.555 e complementares 338
3. Direito comparado — os repousos anuais remunerados no Brasil 340
4. Capítulo IV da Consolidação das Leis do Trabalho arts. 130 a 138 da CLT. As férias anuais 341
   4.1. Prazo de prescrição 342
   4.2. O direito às férias anuais na doutrina constitucional brasileira 343

SÉTIMA PARTE

Capítulo I — Trabalho de Mulheres 347

1. Antecedentes históricos 347
2. Eliminação de todas as formas de discriminação contra a mulher 349
3. Lei de contrato de trabalho — trabalho de mulheres — Título VII — Capítulo 1 (arts. 172 a 186) 349
4. Da proteção da maternidade (arts. 177 a 179 da LCT) 352
5. Da proibição da despedida por causa de matrimônio (arts. 180 a 182 da LCT) 354
6. A proibição de despedida por causa de matrimônio aplicável ao varão 355
7. Acerca do estado de excedência (arts. 183 a 186 da LCT). Natureza jurídica 356

OITAVA PARTE

Capítulo I — Trabalho dos Menores 361

1. Conceito de minoridade 361
2. Antecedentes históricos — primeiras normas internacionais 363
3. Antecedentes na legislação argentina sobre trabalho de menores 364

4. Sobre o conceito de menoridade — a Convenção sobre direitos da criança 367

   A) Convenção internacional sobre direitos da criança 369

5. As reformas recentes no título VIII sobre "trabalho de menores" nos arts. 187, 189, 189*bis*, 190, 191, 192 e 194 da Lei de Contrato de Trabalho — o art. 192 foi derrogado pelo art. 11 da Lei n. 26.390 (BO 25.6.08) 370

6. Direito comparado — Brasil: trabalho do menor — antecedentes 372

   A) Legislação vigente 373

   B) Da duração do trabalho do menor (Cap. IV — Seção II — arts. 411 a 414 da CLT) . 376

   C) Limitação 376

   D) Dos deveres dos responsáveis legais de menores e dos empregadores 376

   E) Contrato de aprendizagem (arts. 428 a 433 da CLT) 377

   F) Das penalidades e disposições finais do capítulo IV, seção II, arts. 434 a 441 da CLT — competências judiciais e administrativas — prescrição 379

NONA PARTE

Capítulo I — A Organização e a Liberdade Sindical. História e Legislação Comparada .. 383

1. Origens das organizações sindicais 383
2. A história começa 384
3. A história continua — América Latina 385
4. O conjunto de convênios coletivos de trabalho em Cuba 396
5. As empresas mistas e as inversões estrangeiras em Cuba — regime laboral e terceirização 396
6. Regime laboral e terceirização — disposições especiais 397
7. Dos sindicatos e das classes de sindicatos na República Dominicana (Código do Trabalho e Regulamento: Livro Quinto, Título I — arts. 317/324) 399
8. A negociação coletiva, os sindicatos e o direito à greve — arts. 96 e 97 da CRBV — Lei Orgânica do Trabalho (arts. 396-399 e conc.) 405
9. Principais características da legislação laboral impulsionada pelo presidente Chávez .. 406
10. A nova Constituição política do Estado da Bolívia 408
11. Acerca do Texto Constitucional Boliviano (Decreto Supremo n. 28.699 do Presidente Evo Morales Ayma — ano 2007) 408
12. Geral do Trabalho: Decreto Supremo de 24 de maio de 1939 — elevado a Lei em 8 de dezembro de 1942, atualizada em 2007 409
13. Título IX — Das Organizações de Trabalhadores e Patrões — Capítulo I — Art. 99 .. 411

    Da Nacionalização dos Sindicatos 411

14. Constituição Política dos Estados Unidos Mexicanos (Sancionada em 1917 com as últimas reformas publicadas até 26.9.2008) do Trabalho e da Previdência Social 412

15. A Lei Federal do Trabalho nos Estados Unidos Mexicanos 414
16. Acerca do Contrato Coletivo de Trabalho: arts. 386 a 421 da Lei Federal do Trabalho (reformada) do México 416
17. Contrato-lei 417
18. A estipulação mais favorável 418
19. Greves: Título Oitavo — Capítulo I — Disposições Gerais e Capítulo II — Objetivos e Procedimentos 418
20. Objetivos e procedimentos da greve 419
21. A Constituição da República do Paraguai 420
　21.1. Paraguai: a normativa infraconstitucional 423
　21.2. Leis sobre seguridade social 423
　21.3. Leis do trabalho 424
　21.4. Acerca dos convênios coletivos 424
22. A Constituição da República Oriental do Uruguai 425
　22.1. A doutrina uruguaia de direito do trabalho no processo da integração regional 425
　22.2. A regulação do trabalho na Constituição do Uruguai — os sindicatos gremiais — a greve 427
23. A República do Panamá 429
　23.1. Panamá: A Constituição de 1904 e a continuidade da vigência da legislação colombiana 430
　23.2. A legislação laboral panamenha — sua primeira normativa 431
　23.3. Panamá: a legislação laboral atualmente vigente — aspectos restritivos 433
　23.4. Os acordos internacionais adquirem hierarquia constitucional 434
　23.5. Legislação laboral e acordos de livre comércio 435
　23.6. Outra vez as relações laborais no Canal do Panamá 435
24. A Constituição da República de Honduras — 1982 e o desenvolvimento regional.... 436
　24.1. Os salários, as tarifas salariais e o desenvolvimento regional 437
　24.2. Acerca dos direitos coletivos: "a greve"; "o direito de associação e os sindicatos"; os contratos individuais e coletivos 438
25. República da Guatemala: Constituição Política Reformada: por Acordo Legislativo n. 18, de 17 de novembro de 1993 439
　25.1. Proteção das comunidades étnicas originárias 439
　25.2. Direito ao trabalho — arts. 101 a 103 da Constituição política da Guatemala .. 440
　25.3. Direito de sindicalização — acordos internacionais — negociação coletiva e norma mais favorável 440
26. A Constituição da República de El Salvador — arts. 37 a 52 441
　26.1. Contratos e convenções coletivas — o sindicato e a greve na Constituição Salvadorenha 443

26.2. Código do trabalho de El Salvador: livro segundo: direito coletivo do trabalho — título primeiro: associações profissionais — sua proteção 443

26.3. Das atribuições aos sindicatos: Capítulo VII, arts. 228 e 229 — Título Segundo: Do Contrato Coletivo de Trabalho e da Convenção Coletiva de Trabalho - arts. 268, 269 e seguintes do Código do Trabalho Salvadorenho 444

26.4. Proibição de despedida 445

26.5. Federações e confederações: Capítulo X 445

26.6. Do contrato coletivo de trabalho e da convenção coletiva de trabalho — art. 268, CCT 446

26.7. Do contrato coletivo de trabalho: art. 269 a 287 do CCT — capítulo I 446

26.8. Da convenção coletiva de trabalho: arts. 288 a 294 do código do trabalho de El Salvador — capítulo II 446

27. Evolução constitucional do Brasil em matéria sindical e direitos coletivos 447

27.1. Brasil: pluralidade e unicidade sindical 449

27.2. Brasil: a Constituição Federal de 5 de outubro de 1988 — a liberdade sindical e a unicidade sindical 450

27.3. Da Instituição Sindical na CLT — arts. 511 e ss. e Dec.-Lei n. 1.166, de 1971 — liberdade de associação e direito comparado 452

27.4. Os sindicatos no Brasil e o direito coletivo do trabalho 455

27.5. A flexibilização laboral na Constituição Brasileira de 1988 e os direitos e deveres sindicais — Legislação Argentina comparada 456

28. A República do Haiti e seu direito do trabalho — os sindicatos e as convenções coletivas 458

29. Direitos sindicais segundo a lei 458

29.1. Código laboral restritivo 458

29.2. Negociação coletiva 459

29.3. Solução de conflitos 459

29.4. Direito de greve limitado 460

29.5. Promessas do novo governo 460

30. Direitos sindicais na prática 460

30.1. Os empregadores abusam dos direitos 460

30.2. Fracasso dos governos 461

30.3. Impunidade dos empregadores 461

30.4. Mediação praticamente inexistente 461

30.5. Inspeções de trabalho inoperantes 462

30.6. Direito de greve limitado 462

30.7. Zonas industriais e zonas francas para a exportação 462

30.8. Corporação financeira internacional — acordo mundial sobre o respeito dos direitos sindicais após o projeto piloto haitiano na ZFI de Ouanaminthe 463

30.9. Violações em 2006 463

    30.9.1. Contexto geral 463

    30.9.2. Negativa a readmitir o tesoureiro do sindicato despedido por uma empresa de cervejaria 463

    30.9.3. Ingerência nas eleições sindicais de Sokowa e ameaças 464

    30.9.4. Constituição da República do Haiti — título III — Du Citoyen — des Droits et Devoirs Fondamentaux — Chapitre I (arts. 35 al l 35.6) — de La Liberté du Travail 464

31. Constituição política do Peru — dos direitos sociais e econômicos e o direito do trabalho 465

    31.1. Lei de relações coletivas e greve 466

    31.2. Os sindicatos no Peru 467

    31.3. A intermediação laboral no Peru 467

CAPÍTULO II — O DIREITO INTERNACIONAL E AS ASSIMETRIAS REGIONAIS — A INTEGRAÇÃO DE PAÍSES DESIGUAIS 469

1. Uniformidade, harmonização e conflito de leis nas relações de trabalho 469

2. As assimetrias entre países não são obstáculos 470

    2.1. Decreto n. 1.269/02 BO 17.7.2002 472

3. Direito uniforme e conflitos de normas 473

4. Normas internacionais sobre o conflito de leis laborais — o Código Bustamante 475

5. Acerca da capacidade das partes 477

6. Acerca da execução e extinção do contrato de trabalho — consolidação de dívidas ... 478

7. Situações intermediárias — o caso da entidade binacional Yacyretá e seu protocolo de trabalho e seguridade social — as obras de Salto Grande e Itaipu 480

    7.1. O protocolo de trabalho e seguridade social da entidade binacional Yacyretá ... 481

    7.2. Regime geral de trabalho nas obras de salto grande — art. 6º do Acordo sobre Salto Grande, Decreto da República Argentina n. 2.307 — BO 26.5.72 482

    7.3. Itaipu: um protocolo de origem doutrinário juslaboralista 483

    7.4. O direito do trabalho nas imunidades diplomáticas — imunidade de jurisdição — imunidade de execução 483

    7.5. Imunidade de execução 486

REFERÊNCIAS BIBLIOGRÁFICAS 489

Introdução ao Direito do Trabalho na Integração Regional

Este é um livro que nasceu da experiência teórica e prática de um jurista especializado no direito do trabalho. Nasceu pois da riqueza proveniente do dia a dia dos trabalhadores e dos empregadores que laboram sob um regime de propriedade privada e no contexto do capitalismo mundial globalizado.

No entanto, nasceu também das mudanças que vêm ocorrendo na América e no mundo; das novas experiências que anunciam um novo contrato social; e da necessidade de encontrar uma solução para os desafios apresentados pelos fenômenos de tributação econômica com relação ao exterior por parte de nossos países, que por isso padecem de processos de desacumulação crônicos e de um déficit permanente em suas balanças de pagamentos externas. Todos estes são fenômenos que nos fazem perceber que a doutrina nem sempre valoriza adequadamente o papel que desempenha e deve desempenhar o direito do trabalho no contexto das transformações que aqui descrevemos.

Um exemplo do que queremos dizer com esses conceitos é dado pelos governos que protagonizam algumas dessas mudanças, e o traduzem como o resultado de um novo papel para o Estado, mas sem incluir em tal conceito a imensa riqueza gerada pelo mundo do trabalho e o importante papel que desempenham ou devem desempenhar os trabalhadores no mundo contemporâneo.

O contrato de trabalho não é necessariamente uma figura derivada do regime capitalista. Ao contrário, expressa o conflito cotidiano dos trabalhadores com seus empregadores, tanto do ponto de vista individual como do coletivo.

Assim, com este livro pretendemos abrir as portas para uma nova maneira de regular as relações laborais em um contexto jurídico de direito do trabalho protetor e tarifado, que por sua vez deve ser cuidadosamente analisado nos moldes da integração regional e social.

Como dizemos em outra parte deste livro, o mundo contemporâneo caracterizou-se até agora como um universo de mercados que simultaneamente se globalizam e se regionalizam em blocos. Nos fenômenos que derivam desse tipo de relação reconhecem certos antagonismos e nos mesmos se insere também a contraditória relação que vincula trabalhadores e empregadores.

Tanto a continuidade dos contratos individuais e coletivos de trabalho, como a leitura dos mesmos, têm sido sempre parte inconfundível das relações de emprego privado em todos os regimes econômicos e sociais. Esta última afirmação faz referência a que o contrato de trabalho e sua natureza jurídica individual não foram admitidas como a base legal sobre a qual se organizava o contrato de trabalho, por exemplo, na extinta União das Repúblicas Socialistas Soviéticas (URSS), cuja regulação da relação de emprego jamais foi reconhecida como de direito privado mas, ao contrário, como de direito público administrativo, ignorando assim o protagonismo dos trabalhadores nas controvérsias derivadas do cumprimento dos planos econômicos e dos contratos de trabalho.

Jaime César Lipovetzky

PRIMEIRA PARTE

Capítulo I

CATEGORIAS E DEFINIÇÕES NO DIREITO DO TRABALHO

As definições habituais de direito do trabalho são, em geral, imcompletas e restritivas, seja por sua dificuldade de abranger, em uma síntese, as principais características da disciplina, seja porque com sua evolução, as características destacadas acabam sempre ultrapassadas pelas renovadas ampliações de seu âmbito de aplicação ou pelas novas fórmulas que se consagram.

Do ponto de vista doutrinário, concordamos com Süssekind, e partimos da seguinte definição: "direito do trabalho é o conjunto de categorias e normas, legais e de conduta (costume) que regem as realções jurídicas individuais e coletivas; originadas no contrato de trabalho subordinado e — sob certos aspectos — na relação de trabalho profissional autônomo; bem como diversas questões conexas de caráter social, relativas ao bem-estar do trabalhador".

Como bem assinala o mestre e se pode apreciar, essa conceituação tem o defeito de ser demasiadamente longa; mas também a virtude de abranger as novas figuras e situações geradas na esfera ampliada das relações de trabalho próprias dos mercados globalizados e dos blocos de integração com os quais coexistem dialeticamente. Em um período histórico em que os blocos regionais de integração constituem plataformas de inserção privilegiada nos mercados globalizados, o direito laboral ampliado permite regular relações individuais e coletivas de trabalho que de outro modo acabariam agindo contra a segurança jurídica do sistema.[1]

Portanto, do ponto de vista conceitual, toda energia física ou intelectual empregada pelo homem com um fim produtivo, pode ser definida como "trabalho".

Contudo, nem toda atividade produtiva constitui o objeto do direito do trabalho. Por isso é importante revelar o objetivo desta ciência e sua tendência de ampliar sua esfera de aplicação de acordo com as transformações no âmbito laboral que geram as mudanças de emprego e a evolução tecnológica.[2]

---

(1) O direito do trabalho não é "direito obreiro" nem "legislação obreira" como escreveu Alejandro M. Unsain em seu *Ordenamiento de las leyes obreras argentinas* (Buenos Aires: Losada, 1948. p. 13). Tampouco é o "novo direito" que desejou Alfredo Palacios. Como não poderia deixar de ser na sociedade capitalista, o direito laboral é essencialmente de natureza jurídico-privada como acreditam em suas origens os Códigos Civis e no contrato de trabalho, cuja natureza jurídica é inquestionavelmente de direito privado (SÜSSEKIND, Arnaldo Lopes. *Curso de direito do trabalho*. Rio de Janeiro: Renovar, 2000. p. 79 e 100).

(2) Mario de la Cueva e com ele o eminente uruguaio Héctor Hugo Barbagelata assinalam com razão que "se o direito público estabelece garantias da coexistência humana, e o direito privado tem como tema os interesses privados de cada pessoa; o aperfeiçoamento e a proteção da economia; assim como a garantia de uma existência digna do homem que se consagra ao trabalho, devem ser assegurados por uma categoria diferente de direito" (BARBAGELATA, Héctor Hugo. *O direito do trabalho na América Latina*. Rio de Janeiro: Forense, 1985. p. 7).

Daí que, como bem pontuou em suas resoluções o 1º Congresso Transandino de Direito do Trabalho e da Seguridade Social (Mendoza, Argentina, 2002), faz-se necessário as atividades que, sob o prisma jurídico, configuram seu objeto.

Não obstante, a legislação de proteção do trabalho, nascida após da Primeira Guerra Mundial no Congresso de Versalles (1919) como uma das normas autônomas do direito, **nasceu para regular o trabalho subordinado; ou seja, aquele no qual o trabalhador está juridicamente subordinado a quem, como empregador,** responde pelo risco da atividade empreendida e, por isso, assume o poder de direção da prestação pessoal do serviço.

Destaquemos, no entanto, que o que ainda prepondera é, hoje mais do que nunca, o contrato de trabalho subordinado, que se distingue do trabalho autônomo, quando o próprio trabalhador assume o risco do negócio.

A respeito desse último, convém também ressaltar que, na atualidade, em todos os países latino-americanos, algumas formas de trabalho individual (que não se confundem com o trabalho autônomo, porque o trabalhador não assume o risco empresarial) passaram ultimamente a integrar, **com regras especiais, o objeto do direito do trabalho**, apesar de não corresponder a relações de emprego continuadas (um exemplo são as "maquiladoras"[3]; o trabalho em domicílio de operadores de informática para as editoras e gráficas; o trabalho manual; os serviços de caráter transitório ou temporário contratado por empresas intermediárias etc.).

Em países como a Argentina, as prestações de serviços denominados "eventuais" contratados com empresas de trabalho temporário estão reguladas por leis especiais e na Lei de Contrato de Trabalho (arts. 99 e 100), com o objeto preestabelecido de limitar sua utilização a situações especiais e nitidamente transitórias, assegurando aos trabalhadores um mínimo de direitos derivados da relação jurídica; e evitando assim a fraude laboral.

Também o direito sindical — que é um dos institutos mais peculiares do direito laboral — compreende tanto os trabalhadores com relação de emprego, como os autônomos e os desempregados, além dos empresários. Como corolário, o amplo direito de sindicalização assegurado pelas Convenções da OIT (n. 84, de 1947; n. 87, de 1948; n. 98, de 1949; n. 141, de 1975 e n. 151, de 1978), com notória influência no direito latino-americano; não se restringe ao binômio clássico da relação de emprego: empregadores e empregados.

Por conseguinte, deve-se entender que no direito do trabalho se incluem: princípios e normas sobre relações individuais e coletivas de trabalho; sobre direito coletivo de trabalho, abrangendo este último a organização sindical, a negociação coletiva e o direito de greve.

---

(3) Empresas multinacionais que têm benefícios fiscais e não obedecem a nenhuma lei sindical ou ambiental. Contratam em geral mulheres e meninas muito jovens, que trabalham em condições miseráveis. "Maquilas" é o termo usado em espanhol, e elas surgiram na América Latina, impulsionadas pelos Estados Unidos, entre as décadas de 1960 e 1970. Em 1990 tomaram grande impulso com a liberalização do comércio internacional e a globalização da economia. As principais companhias transnacionais do mundo competem para situar fábricas em países com baixos custos de mão de obra, obtendo maiores facilidades e benefícios tributários e melhorando em competitividade. (N.T.)

Por outro lado, a seguridade social — que engloba a previsão social, já **conquistou sua autonomia científica** com princípios próprios, divorciando-se assim completamente do direito do trabalho (Süssekind)[4].

No que se refere ao direito processual do trabalho, compartilhamos a tese de alguns setores da doutrina que sustentam sua autonomia, apesar de suas notórias vinculações com o direito de fundo (substantivo) e o direito processual civil e comercial. É verdade que em sua origem o direito processual do trabalho foi pensado com objeto e princípios próprios. Assim demonstram as leis de procedimento laboral vigentes nas províncias argentinas em geral a partir das décadas de 1940 e 1950 do século XX, que procuraram garantir a proteção processual do trabalhador (garantia de defesa, presunção de inocência, inversão da prova etc.).

Para isso, em geral, e para garantir a imediatidade e a celeridade, foram criados tribunais colegiados **de única instância; procedimento oral e não processado em audiência pública para produzir as provas com base em causas etc.**

A ideia que influenciou os legisladores foi assegurar aos trabalhadores princípios de celeridade, oralidade, economia, conciliação, equidade, gratuidade e faculdades ordenatórias aos juízes que podem impulsionar o processo independentemente das partes. (Lei n. 11.653 da Província de Buenos Aires)

Na prática, o sistema não funcionou como se esperava, eternizando-se as causas na maioria dos casos. É que a integração colegiada dos tribunais não coincidiu com um procedimento adequado para solucionar com rapidez os problemas gerados pela desintegração e substituição parcial do corpo colegiado (por falecimento, incapacidade e outras causas), ocasionando paralisação nos procedimentos com demoras que em alguns casos se prolongam por anos.

Na cidade de Buenos Aires (hoje cidade autônoma) foi conservado o procedimento escrito da Lei n. 18.345, com dupla instância. Se de fato o impulso processual também é de ofício, não basta porque, em geral, se mantiveram os mecanismos próprios do procedimento civil.

Desse modo, o procedimento trabalhista na Argentina e na maioria dos casos não respeita os princípios de imediatidade e celeridade que tanto preocuparam o legislador e continuam preocupando a doutrina.

Por isso insistimos em nossa reivindicação da autonomia do direito processual do trabalho, acrescentando que se tornam impostergáveis as reformas legais tendentes a garantir os princípios já mencionados de imediatidade, oralidade, celeridade, economia e gratuidade em todos os tribunais do país.

---

(4) SÜSSEKIND, Arnaldo Lopes e outros. *Instituições de direito do trabalho*. São Paulo: LTr, 1999. v. I, p. 198.

Capítulo II

DENOMINAÇÕES

As diferentes denominações com as quais historicamente se conhece esse ramo do Direito não são nada além de um reflexo da evolução das ideias sobre a denominada questão social, mas, antes de tudo, um produto direto do crescimento dos conflitos entre capital e trabalho na sociedade contemporânea, envolvendo às vezes milhares e milhões de trabalhadores de um ou mais países[1]. Por isso afirmamos que a denominação desse ramo da ciência jurídica está estreitamente vinculado com seu objeto que, **como todo direito, não incentiva os conflitos, mas pretende resolvê-los.**

Desse ponto de vista, deve-se analisar a peculiar intervenção do Estado nas relações de trabalho, que tem procurado a todo momento conciliar o conflito de interesses com a sobrevivência necessária do binômio patrão-empregado nas sociedades onde predomina a propriedade privada nos meios de produção.

A intervenção do Estado, pretensamente um "terceiro" nos conflitos, tem crescido na medida em que se reconheceu a desigualdade entre empregador e empregado, e a necessidade de corrigi-la mediante normas de proteção da parte mais frágil, que, sem dúvida, é o trabalhador em geral, sobretudo na indústria.

Isso explica por que, em suas origens, esse ramo do direito foi reconhecido como a legislação industrial ou legislação obreira. Porém, singularmente (é preciso destacar), essas primeiras normas foram integradas nos corpos de leis civis e comerciais, sem constituir um sistema orgânico, com princípios próprios, capaz de caracterizar um novo direito[2].

Em 1919, com o Tratado de Paz assinado logo após a Primeira Guerra Mundial, foi consagrada sua autonomia científica, e com isso caíram em desuso as expressões anteriores. No entanto, ainda na década de 1940, o mestre Alfredo Palacios — sem dúvida um *expert* na matéria em toda a América Latina — publicava seu livro sobre o tema intitulado ambiguamente *O Novo Direito*[3].

---

(1) A greve dos trabalhadores da empresa automobilística Renault em quatro países europeus simultaneamente (França, Portugal, Bélgica e Alemanha) desencadeada nos anos 90 do século XX, pôs dramaticamente em evidência a outra face do Mercado Comum Europeu que, simultânea e dialeticamente, reuniu em seu seio formidáveis empresas de capital transnacional e gigantescos sindicatos. Ambos os fatores contribuíram para a internacionalização do conflito, revelando assim que as previsões de Marx não eram à toa.
(2) As primeiras normas argentinas contra a demissão foram aplicadas somente aos empregados do comércio e por isso a Lei n. 11.729 mandou que seus artigos fossem incluídos no Código de Comércio.
(3) PALACIOS, Alfredo. *El nuevo derecho*. Buenos Aires: Claridad, 1946.

Mas, enquanto isso, na Itália fascista e no Portugal de Salazar, com uma organização política construída sobre a base do enquadramento das forças produtivas em corporações, a denominação de direito corporativo foi amplamente empregada. Não foi assim na Espanha do ditador Franco, uma vez que a expressão foi rechaçada pela doutrina majoritária.

De qualquer maneira, com rigor histórico, é preciso mencionar a forte influência que exerceu a "Carta del Lavoro" italiana nas legislações latino-americanas da década de 1940, como no caso do Brasil (Consolidação das Leis do Trabalho), e sobretudo a Argentina, onde o exilado Mario I. Deveali foi acolhido quando fugia da República de Saló, governada por Mussolini, protegido pelos nazistas alemães. Deveali, que era judeu e por isso discriminado, não obstante, colaborou com o regime fascista italiano na elaboração da "Carta del Lavoro". Mais tarde, porém, já na Argentina, participou ativamente na construção da legislação laboral inspirada na Subsecretaria do Trabalho pelo coronel Perón.

A característica mais marcante da legislação trabalhista dessa época na Argentina foi o forte rol coercitivo que se atribuiu à atividade administrativa do Estado que, por meio da Subsecretaria de Trabalho (mais tarde Secretaria), teve evidentes aspectos protetores, e sua contrapartida moderadora, na jurisprudência dos tribunais, da Província de Buenos Aires, onde se destacou fortemente a influência do jurista Ramírez Gronda[4].

Nesse contexto é possível entender como na Argentina os adeptos da teoria de um direito social como "terceiro gênero" (?) da ciência jurídica (entre o direito público e o direito privado) pretenderam que a ele correspondesse o conjunto de

---

(4) Destaco que fui aluno de Deveali, na graduação e na pós-graduação na Faculdade de Direito da Universidad de La Plata; este último enquanto cursava o Doutorado. Por razões sem dúvida vocacionais, aproximei-me do professor muitas vezes nos descansos das longas aulas, e o acompanhei em suas caminhadas à estação ferroviária onde tomava o trem para Buenos Aires, cidade onde morava. Em nossas conversas pude perceber que seu passado como militante do partido Socialista da Itália ainda influenciava fortemente em sua formação juslaboralista.

De um ponto de vista genético do direito laboral, posso dizer que a noção de um direito do trabalho protetor nasce em Deveali durante aquelas primeiras experiências no Partido Socialista. No entanto, *a posteriori*, tal noção foi substituída por outra, classicamente corporativista, na qual, segundo o mestre, a classe trabalhadora — graças à noção sindical — já não era a parte mais frágil da relação laboral e agora se deveria proteger o empregador.

De algum modo — hoje é possível perceber — coexistiam em Deveali uma concepção juslaboralista e outra flexibilizadora. Por isso mesmo, sua percepção do direito do trabalho foi, definitivamente, de natureza essencialmente corporativista.

No entanto, esta circunstância não nos pode fazer dizer que a importante participação de Deveali na redação dos primeiros projetos de lei elaborados sob a influência política de Perón transformaram as leis sancionadas em uma expressão de fascismo vernáculo.

Segundo Arion Sayão Romita (*O fascismo no direito do trabalho brasileiro*. São Paulo: LTr, 2001. p. 25), "a doutrina fascista pode ser sintetizada em dois conceitos: autoritarismo e corporativismo". Como se vê, uma redução demasiado simplista do complexo direito corporativo fascista.

Porque, como aponta diafanamente Garofalo, o conspícuo teórico do direito fascista italiano (ver GAROFALO. *La criminología — estudio sobre la naturaleza del crimen y teoria de la penalidad*. Madri: Daniel Jomo, 1912), na concepção fascista do direito e do estado; o direito, e em particular os direitos individuais, nada são além de delegações das postestades do Estado. Ou seja, o indivíduo não é titular de direitos mas o Estado os confere a ele "gratuitamente". Por conseguinte, o único sujeito de direito é o Estado que obviamente funciona como uma presumida pessoa de direito público universal.

De algum modo, no mais puro estilo hegeliano, o Estado se aliena no indivíduo e sua autoconsciência se reflete na total identificação do indivíduo com "o Estado". Daí a vocação "totalitária" do direito fascista, que tudo abrange, tudo impregna, tudo decide e se admite certas liberdades individuais é somente por delegação gratuita e parcial do Estado onipotente.

Senão vejamos, se assim funcionou o estado fascista, isso não se reflete no direito laboral e na ação estatal dos primeiros governos peronistas.

normas e princípios sobre relações individuais e coletivas de trabalho; da seguridade social, incluindo os seguros sociais; a assistência aos necessitados; a proteção da família e outras formas de amparo resultantes de medidads estatais.

A principal crítica que se faz a esta denominação parte da ideia de que todo direito é social[5], não cabendo, por conseguinte, a um de seus ramos, o privilégio desse qualificativo.

Na realidade, é necessário esclarecer que o direito é social somente enquanto for um produto cultural das sociedades divididas nas classe ssociais. Mas a natureza fundamentalmente coercitiva da norma jurídica revela suas essencias como instrumento de dominação a serviço dos grupos hegemônicos.

Por conseguinte, já o assinalamos, interpretamos que o conceito de um direito social acima das classes não reflete cabalmente as características nem a natureza jurídica do direito do trabalho de origem puramente privatística, e mais que isso, tende a ocultá-lo. O dicionário da Real Academia Espanhola (1956. p. 1209) define "Social" como: "Pertencente ou relativo à sociedade ou às contendas entre uma e outras classes".

Concordamos com o mestre Süssekind que diz ser inapropriado o termo "social", "porque gera confusões", uma vez que se reservou o termo para pretendidas regulações extraestatais da relação de emprego; que, mesmo sendo normas de direito, sempre revelaram sua origem estatal.

As expressões "direito do trabalho" ou "direito laboral" reúnem pois, na realidade, as preferências da doutrina e estão consagradas pelo organismo especializado das Nações Unidas — a Organização Internacional do Trabalho; também pelas constituições latino-americanas e a legislação europeia. São, além disso, muito utilizadas na linguagem cotidiana e na literatura específica, e virtualmente em todos os cursos e Congressos realizados sobre o tema.

A tudo isso se deve acrescentar a circunstância de que o direito da previdência social conquistou sua autonomia científica, com princípios próprios, fortalecendo ainda mais a corrente defensora da expressão "direito do trabalho".

Delimitemos, por último, que não se deve confundir "previdência social" com o conceito mais amplo de seguridade social que expressa um universo normativo e institucional que — este sim — envolve todas as regulações das relações de emprego[6].

---

(5) Cf. BARBAGELATA, Héctor Hugo. *O direito do trabalho na América Latina*. Rio de Janeiro: Forense, 1985. p. 7; SÜSSEKIND, Arnaldo Lopes. *Op. cit.*, p. 84.
(6) COLLIN, R. Dhoquois; GOUTIERRE, P. H.; JEANMMAUD, G. Lyon-Caen; ROUDIL, A. *Le droit capitaliste du travail*. Grenoble: Universitaires de Grenoble, 1980. p. 240.

Capítulo III

RELAÇÕES DO DIREITO DO TRABALHO. SUA AUTONOMIA

1. Autonomia para uma gnoseologia juslaboral

O conceito de autonomia das ciências em geral e dos ramos do direito em particular deve ser considerado como uma categoria "relativa" do pensamento científico. Em matéria de conhecimento, o singular jamais reflete o essencial do conceito mas somente alguns aspectos mais específicos.

Pressupor a autonomia absoluta de determinada ciência sobre outras, ou de algum de seus ramos, implica um método de pensamento metafísico, que tende a isolar artificialmente o objeto do conhecimento e por conseguinte a desvirtuar a unidade do universo científico tal como é concebido pela gnoseologia (teoria do conhecimento).

É chamado de metafísico o método de abordar o estudo das coisas e os fenômenos da natureza sem considerá-los em suas mútuas relações orgânicas, vendo neles algo substancialmente imutável e carente de contradições internas. Esse método reflete de fato alguns traços da realidade, registra a estabilidade relativa das coisas mas se omite quanto a seu desenvolvimento; **por isso mesmo se caracteriza por destacar os elementos separadamente e perde de vista o todo do qual fazem parte.**

Nos umbrais do desenvolvimento da filosofia, junto a uma visão ingênua do mundo, a ideia de que tudo se encontra interligado por significados mútuos nasceu da observação da natureza e da sociedade. No entanto, tratar-se-ia apenas de uma observação da imagem geral do mundo, que ainda não se baseava em nenhum estudo detalhado das coisas e dos fenômenos particulares. Nisso residia sua limitação histórica.

Daquela concepção geral e inicial do universo que era oferecida pelos pensadores da antiguidade, como Descartes e Aristóteles, era preciso passar à investigação científica das coisas e dos processos naturais, individualmente. E essa necessidade se apresentou com mais urgência quando o desenvolvimento da produção obrigou a que se recorresse aos processos tecnológicos baseados na ciência. Assim nasceram as diferentes ciências especiais, ao calor das necessidades da prática social. As ciências começaram a se tornar independentes da filosofia com o início do processo que haveria de transformar em ciências independentes a matemática, a astronomia e mais tarde as ciências experimentais da natureza, como a física, a química, a biologia e outras.

Nesse contexto histórico, quando a ciência passa do acúmulo e da descrição dos fatos e processos ao estabelecimento das leis que os guiam, é aí que, para chegar a conclusões teóricas, o cientista tenta construir em seu pensamento, seja físico, químico ou teórico-social (sociológico), entrando em um terreno no qual não pode se mover sem possuir uma filosofia, uma concepção do mundo, uma teoria do conhecimento.

O mesmo ocorre no campo do direito: a filosofia é também o método que guia o pensamento no campo das ciências sociais e leva ao conhecimento e à compreensão das leis que regem o desenvolvimento histórico da humanidade. As leis universais de todo desenvolvimento e mudança, cujo estudo deverá ser o objeto de toda jusfilosofia, não pode ser excluída da análise e da investigação dos fenômenos do direito do trabalho.

Um dos fenômenos mais característicos dessa norma do direito é o de sua autonomia, mas nas palavras de Mario Deveali, "Son autónomas las ramas que parten del tronco común"[1]. O conceito de autonomia resulta dos elementos característicos que permitem distinguir cada um dos ramos do tronco comum que é o direito. Mas pelos princípios e institutos próprios que possui cada um desses setores do direito ou, pelo menos, pelo desenvolvimento especial que dão a tais princípios e institutos do direito em geral, é possível, no dizer da doutrina italiana citada pelo já mencionado Deveali, afirmar a respectiva autonomia[2].

Senão vejamos, uma **disciplina jurídica pode ser considerada como ciência autônoma, ainda que não independente** se: a) fosse definida e abrangente o suficiente para merecer um estudo especial; b) contivesse doutrinas homogêneas caracterizadas por conceitos gerais comuns e diferenciados dos conceitos básicos de outras disciplinas; c) possuísse métodos próprios, isto é, se utilizasse procedimentos especiais para o conhecimento das verdades que constituam o objeto de suas investigações; apesar de Deveali considerar desnecessário este último elemento, é, na verdade, o mais importante para afirmar a autonomia de um setor da ciência jurídica que — como o direito do trabalho —, por seus princípios, instituições e normas, constituem um completo sistema orgânico.

2. Autonomia científica

Assim como aconteceu com o direito comercial, o direito do trabalho, nascido do direito civil, inquestionavelmente se separou deste; de tal modo que hoje possui, não somente princípios, objetos, instituições e normas próprias. Mas também fontes peculiares de origem externa (Convênios da OIT e Tratado de Assunção, que deram origem ao Mercosul) e interna (as constituições latino-americanas em geral, e as da Argentina (art. 14 *bis*) e Brasil em particular); e jurisdições especiais (que na

---
(1) DEVEALI, Mario I. *Lineamientos de derecho del trabajo*. Buenos Aires: TEA, 1948. p. 15.
(2) *Op. cit.*, p. 20, "autonomía no significa independencia, sino coordinación sistemática de normas referentes a un dato central, que así no excluye, sino más bien en parte presupone y en parte impone, amplia coordinación con otras disciplinas".

Argentina pertencem à esfera de reserva das províncias na Constituição federal) ou ao foro federal ou nacional, dependendo do caso.

Aí estão, pelo que se vê, todos os elementos afirmadores de sua autonomia. E se não bastassem tais características, poderíamos invocar supletivamente, a importância política, social e econômica de suas normas na civilização atual, a inserção de seus princípios nas mais importantes doutrinas internacionais e nas modernas constituições; e, finalmente, como já vínhamos assinalando, o funcionamento desde 1919 da Organização Internacional do Trabalho (OIT), destinada a universalizar os preceitos fundamentais de proteção ao trabalhador sob a égide da justiça social; configuradores todos eles de uma vocação de validade universal da norma laboral que é parte inevitável dos princípios de seguridade jurídica que requer e consagra o direito moderno.

E se a isso se acrescentam as fontes especiais do direito do trabalho, como as convenções coletivas que não poderiam ser incluídas em qualquer outro ramo do direito, advertiríamos sua natureza normativa acima do contrato individual; mas sempre abaixo de suas funções gerais. Essa característica não se reproduz em outros ramos do direito, nem podem ser explicadas pelas respectivas doutrinas. Como determina a doutrina brasileira[3], "do ponto de vista da sistemática do direito clássico, o contrato coletivo ou convenção coletiva de trabalho não é um contrato, e a sentença normativa não é uma sentença". Esses dois instrumentos são peculiares do direito do trabalho, caracterizando as singularidades de seus métodos de criação de normas jurídicas.

As Constituições do Brasil de 1988 (art. 22, I) e da Argentina, reformada em 1994 (art. 75, 12), estipulam que corresponde aos Congressos de ambos os países legislar sobre "direito do trabalho" (Brasil) e "ditar o código do trabalho e da seguridade social" (Argentina). Na Argentina, além disso (e desde a reforma constitucional de 1956) rege o art. 14 *bis* que expressamente assegura a proteção pelas leis, do trabalho e do trabalhador; os direitos sindicais, os convênios coletivos, o direito de greve, a estabilidade do representante gremial em seus empregos, os benefícios da seguridade social etc., em um complexo enunciado que resume virtualmente o universo normativo do direito do trabalho[4]; confirmando desse modo sua autonomia.

---

(3) SÜSSEKIND, Arnaldo Lopes. *Op. cit.*, p. 8, citando VIANA, Oliveira. *Problemas de direito corporativo.* Rio de Janeiro, 1938. p. 99.

(4) Art. 14 *bis* da Constituição argentina: "El trabajo en sus diversas formas gozará de la protección de las leyes, las que asegurarán al trabajador:condiciones dignas y equitativas de labor; jornada limitada; descanso y vacaciones pagados; retribución justa; salario mínimo vital y móvil; igual remuneración por igual tarea; participación en las ganancias de las empresas, con control de la producción y colaboración en la dirección; protección contra el despido arbitrario; estabilidad del empleo público; organización sindical libre y democrática, reconocida por la simple inscripción en un registro especial.

Queda garantizado a los gremios: concertar convenios colectivos de trabajo; reccurrir a la conciliación y al arbitraje; el derecho de huelga. Los representantes gremiales gozarán de las garantías necesarias para el cumplimiento de su gestión sindical y las relacionadas con la estabilidad de su empleo.

El Estado otorgará sus beneficios de la seguridad social, que tendrá carácter de integral e irrenunciable. En especial, la ley establecerá: el seguro social obligatorio, que estará a cargo de entidades nacionales o provinciales con autonomía financiera y económica, administradas por los interesados con participación del Estado, sin que pueda existir superposición de aportes; jubilaciones y pensiones móviles; la protección integral de la familia; la defensa del bien de la familia; la compensación económica familiar y el acceso a una vivienda digna.

Mas, além disso, a intenção normativa da Constituição argentina que revela as essências autonômicas do Direito do Trabalho se apresenta em outras cláusulas do art. 75, como a 19 ("proveer lo conducente al desarrollo humano, al progreso económico con justicia social, a la productividad de la economía nacional, a la generación de empleo, a la formación profesional de los trabajadores..."); a 20 ("crear y suprimir empleos..."); a 22 ("los tratados y concordatos tienen jerarquía superior a las leyes..." e entre outros: "la Declaración Americana de los Derechos y Deberes del Hombre; la Declaración Universal de Derechos Humanos ... el Pacto Internacional de Derechos Económicos, Sociales y Culturales ..." "en las condiciones de su vigencia tienen jerarquía constitucional"); a 23 ("legislar y promover medidas de acción positiva que garanticen la igualdad real de oportunidades y de trato y el pleno goce y ejercicio de los derechos reconocidos por esta Constitución y por los tratados internacionales vigentes sobre derechos humanos..."); a 24 ("Aprobar tratados de integración que deleguen competencias y jurisdicción a organizaciones supraestatales ... las normas dictadas en su consecuencia tienen jerarquía superior a las leyes").

Importante assinalar por último que em todas as universidades, em sintonia com a legislação vigente na matéria, o direito do trabalho é estudado como disciplina autônoma.

3. As relações do direito do trabalho

a) O direito do trabalho se relaciona não somente com os demais ramos do direito, mas, também, com vários setores da ciência em geral.

Os limites impostos à duração do trabalho; a obrigatoriedade dos descansos periódicos (feriados nacionais, descansos semanais e anuais); as medidas de higiene do trabalho e a prevenção do risco laboral; e tantos outros; evidenciam de forma inquestionável suas relações com a economia, a medicina e a biologia. De modo parecido, a prevenção dos acidentes e as medidas de segurança destacam sua relação com a engenharia.

Na elaboração e revisão das normas jurídico-laborais, principalmente no que se refere ao emprego, salário, jornada e acidentes de trabalho, a contribuição da estatística é essencial. Mas nessa tarefa terão de influir também, com peso considerável, tanto a sociologia como a ética, mas na atualidade, muito e fundamentalmente, a moderna ciência do trabalho social.

Como aponta Süssekind[5]; tudo isso destaca a profunda influência que exercem as tendências atuais em favor da dignidade do trabalhador, postas em evidência ao se estudar as sociedades humanas, os grupos profissionais e econômicos e os conflitos que os caracterizem.

---

(5) SÜSSEKIND, Arnaldo Lopes. *Op. cit.*, p. 90.

b) Economia: Não se pode negar a induvidável relação e influência do direito do trabalho na economia e vice-versa. Não por acaso uma das essências da relação laboral regulada pelo direito do trabalho é seu caráter tarifado. Por isso sustentamos a oposição entre direito laboral e economias de mercado. E não por acaso seus detratores, desde as ideias neoliberais do denominado "Consenso de Washington", defendem a desregulação jurídico-normativa das relações de emprego e sua substituição pelas leis de mercado.

O estudo da economia em sua relação com o direito do trabalho permite perceber a influência dos salários na formação dos preços relativos e absolutos de cada país, e na configuração na taxa de juros que tanto influencia nas balanças comerciais externas dos Estados com fortes investimentos estrangeiros.

Se é atribuição da economia estudar a produção, a circulação e o consumo dos bens, assim como o capital, o trabalho e a natureza como fatores de produção, cabe ao Direito do Trabalho tornar efetivas muitas das medidas resultantes desses estudos: não em vão atuam como regulador da relação entre empregadores e empregados.

Como bem se tem apontado na doutrina, com seu caráter de justiça eminentemente distributiva, objetivam-se com normas a melhor distribuição da renda nacional e o fortalecimento econômico dos integrantes das diferentes categorias econômicas.

Além disso, diferentes limites salariais (mínimos irrenunciáveis, máxima indenizatória, indenizações tarifadas); a organização h' .ária das jornadas e dos descansos obrigatórios (hebdomadários ou semanais, férias, por incapacidade etc.); medidas de higiene e seguridade no trabalho elevam, em nome do interesse social, os custos de produção, aumentando os valores de investimento com o efeito multiplicador nas finanças que isso pressupõe.

Com razão, a OIT insiste que o progresso social não é um obstáculo ao desenvolvimento econômico, e sim a finalidade mesma de todo desenvolvimento e um elemento inevitável de seu processo.

E no informe do diretor geral da entidade, Wilfred Jenks, pronunciado em Genebra (Suíça) no ano de 1971 (p. 8), ressalta-se precisamente que a tese da OIT foi adotada por unanimidade pela Assembleia Geral das Nações Unidas.

Essa orientação da OIT sofre grande influência das doutrinas contemporâneas mais avançadas no âmbito social e no político (socialismo, comunismo); e também pelas doutrinas da Igreja católica, tais como as enunciadas nas Encíclicas "Mater et Magistra" do Papa João XXIII, "Populorum Progressio" do Papa Paulo VI, "Centesimus Annus", do Papa Pio XI, e "Laborem Exercens", do Papa João Paulo II etc.

Naturalmente, há países, como os Estados Unidos, cuja legislação não aceita os princípios da OIT, sob o pretexto de que conspira contra o princípio de sua Constituição, que afirma: "Nós sustentamos como evidentes por si mesmas estas verdades: que todos os homens nasceram iguais diante de Deus"[6]. Negar tal princípio implicaria negar a desigualdade entre empregados e empregadores e, consequentemente, as leis da liberdade de comércio.

c) Direito constitucional: Já abordamos o tema acima, mas convém assinalar que se em suas origens as Constituições da América (como a Argentina de 1853) não abordavam os direitos laborais; o certo é que a partir do ano de 1917, na Constituição russa, mexicana e outras, foram incluídas normas relativas a direitos sociais junto aos direitos políticos.

O problema de hoje, para um constitucionalista ajustado ao ritmo dos tempos, consiste em tornar possível um regime jurídico e social no qual o trabalho se converta em exigência para a dignidade humana.

Se nas primeiras Constituições o problema a resolver eram as garantias individuais de liberdades públicas, na atualidade o direito individual do trabalho deve se transformar em um reconhecimento social dos direitos do trabalhador.

d) Direito civil: Como muito bem assinala o mestre Süssekind, "Se as primeiras regras concernentes às relações contratuais de trabalho foram inseridas nos códigos civis; se o direito do trabalho ao se tornar um ramo autônomo se separou do direito civil; é inquestionável que, se as conexões existem entre os citados ramos da ciência jurídica, têm de ser ainda bastante estreitas"[7]. Essa separação não pode ser absoluta por força da própria unidade orgânica do direito, mas além disso pela importância inegável do direito civil em um regime jurídico baseado na propriedade privada dos meios de produção e, fundamentalmente, na proteção do direito privado. Ainda que o direito do trabalho seja autônomo, a cada instante se revelam em sua normativa os vínculos com o direito civil[8].

No entanto, novamente devemos enfatizar que as normas e institutos do direito laboral se inspiram em princípios próprios. Daí a apelação ao direito civil deve se restringir aos casos em que se produzam "lacunas" ou omissões na sistemática autônoma, e sempre que a regra civil invocada fosse compatível com os princípios característicos do direito do trabalho.

No direito laboral argentino, aqueles princípios de interpretação inseridos nos primeiros textos da especialidade (como o que citamos) foram incorporados na Lei de Contrato de Trabalho n. 20.744 (21.5.76), que se encontra em vigor, apesar de haver sido parcialmente reformada e cujo art. 11 estabelece: "cuando una cuestión no pueda resolverse por aplicación de las normas que rigen el contrato de trabajo o por las leyes análogas, se decidirá conforme a los princípios de la justicia social, a los generales del derecho del trabajo, la equidad y la buena fe".

Por isso, então, no comentário de Cabanellas, está claro que no direito positivo da Argentina regem princípios básicos que enfatizam a autonomia. Não somente

---

(6) LIPOVETZKY, Jaime César; LIPOVETZKY, Daniel Andrés. *El derecho del trabajo en los tiempos del ALCA*. Buenos Aires: Distal, 2002. p. 155-56.
(7) *Op. cit.*, p. 92.
(8) CABANELLAS, Guillermo. *El derecho del trabajo y sus contratos*. Buenos Aires: Mundo Atlántico, 1945. p. 20.

assentados na norma especial e, também, como já dissemos, na sistemática do conjunto: los princípios de la justicia social, a los generales del derecho del trabajo, la equidad y la buena fe".

Como se vê, diferentemente de outros ramos do direito argentino (ver art. 16 do Código Civil; arts. 11 e 12 do Código Penal; art. 1º do Título Preliminar do Código de Comércio e outros), em princípios de interpretação do direito laboral, o direito civil não é mencionado. Mas apesar da omissão, coincidimos com a melhor doutrina, quando diz que mesmo que o direito civil desempenhe um papel puramente supletivo, de algum modo "impregna" — insistimos — todo o sistema do direito do trabalho, porque na Argentina tem natureza jurídica privatística.

Prova disso é que será no direito civil que o direito do trabalho vai buscar os conceitos de pessoa física e pessoa jurídica, de capacidade e de incapacidade, de atos e de fatos jurídicos, de erro, dolo, vícios de vontade, fraude, coação e simulação, e outros vícios.

e) Direito comercial: Aqui a relação entre os dois ramos do direito, o laboral e o comercial, tem um sentido histórico. Porque não foi por acaso que as primeiras normas reguladoras da estabilidade no emprego e das indenizações substitutivas e tarifadas foram incluídas no Código de Comércio pela Lei n. 11.729 (arts. 154 a 160). Deve-se prestar atenção à data de sua sanção (28.9.1933, promulgada em 21.9.1934), na década de trinta do século XX, durante a denominada "década infame", quando à economia internacional (e obviamente a argentina) interessava sair da grande crise econômica que se instalou em 1929 e encontrou seu desenlace na Segunda Guerra Mundial (1939/1945).

De algum modo essa precoce inclusão de regulações laborais em um Código de Comércio foi paradigmática na época. Não por acaso, insistimos, temos assinalado em um trabalho anterior "que el derecho del trabajo es también un derecho de crisis, porque nace del conflicto. Nace principalmente — agregamos — de las controversias salariales entre empleadores y empleados que habitualmente disputan sobre el valor de la fuerza de trabajo; pero nace también de la necesidad permanente de 'aggionar' las condiciones de trabajo en un mundo en el que las transformaciones técnicas y la evolución social y cultural obligan a un permanente reacomodamiento"[9].

É que — dissemos — "la crisis del contrato de trabajo, pone en evidencia tendencias disgregadoras que atentan contra una de sus cualidades más esenciales, cual es su capacidad de hacer previsibles sus vicisitudes. No otro sentido que ese, el de la previsibilidad, debe asignarse a su carácter tarifario", que sem dúvida — acrescentamos agora — estrutura um pilar de seguridade jurídica[10].

Ao dispor no Código de Comércio sobre a organização e o funcionamento das sociedades comerciais que constituem uma das pautas do contrato de trabalho,

---

(9) LIPOVETZKY, Jaime César; ANDRÉS, Daniel. *El derecho del trabajo en los tiempos del ALCA*. Buenos Aires: Distal, 2002. p. 9. Introducción.
(10) LIPOVETZKY, Jaime César; ANDRÉS, Daniel. *Op. cit.*, p. 219.

que se integra não somente no âmbito individual como também no âmbito coletivo com categorias econômicas representadas por sindicatos, torna-se evidente a íntima correlação entre direito comercial e direito do trabalho. Especialmente quanto à regulação dos aspectos jurídicos da empresa como objeto (e não somente sujeito) do contrato de trabalho.

Como bem sustenta Valentin Rubio[11] "el convenio colectivo mantiene un valor central en las relaciones laborales, **en la vida de las empresas, en la vitalidad de los sindicatos** y en la economía de un país".

Além disso, longa é a lista de "matérias fronteiriças" entre os dois ramos do direito, tais como sociedades mercantis (sócio; sócio-empregado; art. 27 da Lei de Contrato de Trabalho — LCT); corretores e viajantes de comércio (Lei n. 14.546); mandatos; sociedades em comandita (capital e indústria etc.); concursos e quebras (Lei n. 24.522); os direitos de pagamento imediato e os privilégios. A isso é preciso agregar as relações laborais no direito marítimo e aéreo, de navegação, em suma.

f) Direito penal: Com a evolução do direito do trabalho, novas ilicitudes se combinam com as do direito penal. Assim, por exemplo, as figuras da fraude laboral e da simulação às quais se refere o art. 14 da LCT têm adquirido relevância especial ante o agravamento doloso da fraude, com a instrumentação das falsas cooperativas e especialmente as cooperativas de trabalho; o trabalho eventual (art. 99 LCT); os falsos estágios; as falsas "especializações" etc.

Em todas essas suposições, o intérprete terá de recorrer — sobretudo em possíveis casos de distrato na relação de emprego — as normas legais de direito penal que versam sobre dolo, culpa, negligência, reincidência, legítima defesa, circunstâncias agravantes e atenuantes etc. Em particular, será preciso atentar para as concomitâncias que revela o art. 19 da Lei de Sociedades n. 19.551, quando autoriza a solicitar a dissolução das sociedades de objeto ilícito que cometam atos ilícitos, hipótese esta que como defende reiteradamente Juan Carlos Lombardi, o exímio juslaboralista da cidade de Rosário, Santa Fé, República Argentina, abre um sem--fim de possibilidades.

g) Direito processual civil: Nem todos os países possuem regras de procedimentos ou tribunais especializados em direito do trabalho. Tampouco existem, às vezes, em âmbito internacional e em processos de integração, como é o caso do Mercosul. No entanto, existe uma tendência majoritária de favorecê-lo nesse sentido nos países latino-americanos, europeus e africanos.

Nesse contexto, a existência de normas especiais de procedimento laboral, que na Argentina diferem de uma província para outra e também das que são regidas pelos tribunais da Capital Federal e da Justiça Federal (Lei n. 18.345), não exime da invocação de regras do processo civil, com razão, se se leva em conta que numerosas instituições são comuns às do processo laboral.

---

(11) *Convenciones colectivas de trabajo*. Buenos Aires: Rubinzal-Culzoni, 2001. p. 8.

É preciso recordar, contudo, que, como no direito de fundo, as regras do processo civil, mesmo as comuns a ambos, somente podem ser aplicadas como fonte subsidiária.

h) Direito administrativo: Nos últimos anos na Argentina, o Estado nacional e os Estados provinciais e municipais, sufocados pelo *déficit* fiscal e pelos consequentes desequilíbrios em suas balanças comerciais, optaram por políticas perigosas em matéria de emprego público, caracterizadas pela expulsão de seus postos de trabalho de centenas de milhares de agentes em todo o país.

Até por volta da quinta década do século XX, inclusive, a situação do emprego público na Argentina era caracterizada pela permanência de um quadro estável de funcionários denominados "de carreira". Esta última expressão simboliza a hierarquização dos "cargos" e o "prestígio" social dos mesmos na cultura popular. Ingressas na administração pública implicava fundamentalmente um *status* de hierarquia e seguridade.

Por isso não foi por acaso que, com a reforma constitucional de 1956, e ainda sob a influência daquela realidade, sancionou-se o novo art. 14 *bis*, que consagrava especialmente "a proteção das leis, as que asseguraram ao trabalhador... estabilidade do empregado público".

E, com efeito, o direito administrativo vigente garante ao empregado público sua estabilidade absoluta em sentido próprio, e com isso o direito à carreira e, por conseguinte, o acesso ao segundo escalão. A isso não obsta de nenhum modo, que compete ao Poder Executivo somente, e sem acordo do Congresso, "a nomeação dos empregados da administração" como parte de suas faculdades para "a administração geral do país" (art. 100, inc. 7 da Constituição argentina).

Todo o exposto significa que a diferença do princípio de estabilidade imprópria que consagram as leis trabalhistas (arts. 231, 232, 233, 245 e ss. da LCT), também de raiz constitucional (art. 14 *bis* "proteção contra a despedida arbitrária"), a estabilidade do empregado público é própria ou absoluta uma vez que o funcionário público por definição só pode ser demitido com aviso-prévio e, consequentemente, com "justa causa" devidamente classificada na regulamentação administrativa.

Senão vejamos, não obstante as garantias de estabilidade própria (absoluta) da Constituição argentina (ver também Constituição da província de Buenos Aires, art. 103, inc. 12 em concordância com o art. 39, inc. 4), os Estados nacional, provinciais e municipais começaram a violar sistematicamente as mesmas sob pretexto de diminuir supostamente o excessivo intervencionismo estatal e os correlativos gastos com pessoal.

Na realidade se tratou — como dizemos — de um mero pretexto porque a estatística demonstra que o pessoal do Estado diminuiu; mas o que se reduziu substancialmente foi o gasto salarial que demandava.

Recursos Humanos do Setor Público Nacional

ANOS	1996	1997	1998	1999
	496.109	482.000	464.677	435.081

Salários e Contribuições para a Seguridade Social

Peso (argentino)	10.759	11.062	10.857	9.910

Fonte: Anuário Estatístico da República Argentina ano 200. p. 478 e 485.

Sem nos perguntarmos como foram obtidos tão extraordinários resultados sem trocar as normas regulatórias na matéria, a resposta é a seguinte:

1) Foram aplicadas normas de "prescindibilidade", que sob pretexto da racionalização do emprego público e abusando de estados de exceção "prescindiram" de milhares de cargos escalonados e dos respectivos funcionários. Isso com indenizações substancialmente diminuídas (ver Leis ns. 21.274 e 21.580, ambas de prescindibilidade).

2) Foram sancionadas e aplicadas as denominadas leis sobre "demissão voluntária", que preveem o pagamento de indenizações similares às de despedida sem justa causa, ainda que privadas da compensação por falta de aviso-prévio. Esta última com base na teoria de que a "demissão voluntária" do trabalhador não gerava a obrigação para o Estado de pré-avisar, nos moldes de uma grande pressão midiática para conseguir os pedidos de demissão.

3) Incorporou-se novo pessoal — e isso é o que importa — com contratos por tempo determinado (jornaleiros, mensalistas, anualizados) sem estabilidade própria, sem obrigação para o Estado empregador de recolher contribuições para a previdência social e, fundamentalmente, sem respeitar o direito à carreira (sem bonificações por antiguidade nem promoções) apesar de cumprirem as mesmas atividades que o pessoal escalonado.

4) Posteriormente, substituíram-se as contratações pelo pagamento de salários menores que eram denominados "becas", e tampouco servem de aporte ao sistema previsional nem de saúde.

Para justificar tanta violação de garantias constitucionais expressas, ao mesmo tempo em que protegiam a estabilidade absoluta do empregado público, reenviou-se a peregrina teoria sobre a "dupla personalidade do Estado", tão utilizada em matéria de "domínio", segundo a qual o Estado adquire alguns bens para o domínio público (praças, ruas, itinerários, monumentos etc.) ou o domínio privado de acordo com seu destino (campos exploráveis, moradias, terrenos além das margens dos rios interiores etc.).

Assim, a Câmara Nacional de Apelações do Trabalho tem interpretado, por exemplo, "que o sistema normativo trata os empregados públicos de uma maneira diferente, começando com a Constituição Nacional, que dá estabilidade aos funcionários públicos e somente proteção contra despedida arbitrária aos privados" (CN Trab sala IV nov. 11.987 – GIULLO Mirta c/ Fundo de Previdência da Indústria, Comércio e Atividades Civis — La Ley, 1988 — B, 44 — DJ 988-1-100). Assim mesmo, a Corte tem dito que "Cabe distinguir entre os funcionários e empregados cuja remuneração e demais direitos e obrigações são estabelecidos e governados pelo regime constitucional e administrativo, daqueles outros cujos serviços são contratados pelo Estado Nacional para funções não previstas no quadro da administração nem no pressuposto, sem horário, escritório, hierarquia nem salário, que sãoregidos pelo direito comum" (Fallos: 175:275; 195:210 e suas citações). CSJ. FRANCO, Pilar Rosaura Álvarez de *et al. Nação Argentina*. Buenos Aires, 15.6.76).

Interpretou-se assim, por parte do Alto Tribunal e dos tribunais inferiores, que se o Estado tinha a faculdade de incorporar a seu escalão pessoal como empregados públicos, isso era como uma derivação de suas faculdades soberanas (expressão que deriva do direito soberano e absoluto dos reis) e, portanto, tratava-se de uma relação de direito público.

Porém, em contrapartida, se a contratação de pessoal se fazia como pessoa de direito privado, tratando-se, então, de uma relação de emprego, devia ser regulada pelo direito laboral.

Desse ponto de vista racional, a doutrina da Corte se ajustou plenamente ao direito vigente e respeitou as garantias constitucionais.

Mas em sua nova composição de nove ministros a Corte variou sua interpretação, decidindo que ao pessoal contratado não se aplicam os princípios protetórios do direito do trabalho:

"4º Que, em primeiro termo corresponde destacar que este Tribunal, no precedente G. 242. XXII. 'Gil, Carlos Rafael c/ UTN s/ nulidade de ato administrativo, indenização por danos e prejuízos etc.' De 28 de fevereiro de 1989, tem dito que diante da existência de um regime jurídico específico que regulamenta os direitos dos dependentes da demandada e à disposição do art. 2º, inc. *a*, da Lei do Contrato de Trabalho, segundo a qual o regime não é aplicável aos dependentes da administração pública, salvo se por ato expresso sejam incluídos neste ou no das convenções coletivas de trabalho, não é admissível sustentar que a realção de emprego se encontrava regida pela lei laboral comum. 5º Que a situação apresentada nos autos mostra uma analogia com aquele caso, se se observa que no decreto municipal pelo qual se dispôs contratar a autora até o dia 31 de dezembro de 1983, esta foi expressamente submetida a um regime jurídico específico e diferente do pessoal permanente: o previsto no art. 1º da ord. 33.640. A existência de tal regime e sua expressa menção em um dos atos que configuraram a relação de emprego, torna aplicável a doutrina do precedente mencionado no considerando anterior e desqualifica a afirmação do *a quo* no sentido de que, no caso, mediu o ato expresso exigido pelo art. 2º, inc. *a*), pois dos termos da contratação resulta evidente que não foi vontade da administração incluir à empregada no sistema da Lei de Contrato de Trabalho" (CSJN, 30.4.91, "Leroux de Emede, Patricia S. c/ Prefeitura da cidade de Buenos Aires", DT 1991-B, p. 1847).

De qualquer maneira, o tema não ficou esgotado e o debate doutrinário continuou (cf. CSJN causa SCA 201 L xL: Autos Associação Trabalhadores do Estado c/ Ministério do Trabalho. Data 11 de nov. 2008). Assim, por exemplo, sua nova composição tem resultado que "A concepção da estabilidade do empregado público introduzido no texto do art. 14 *bis* da Constituição Nacional implica a estabilidade em sentido próprio, a qual exclui por princípio a demissão sem causa justificada e o devido processo, cuja violação traz consigo a nulidade desta e conseguinte reincorporação (do voto dos Doutores Haighton de Nolazco e Maqueda segundo seu voto em Madorran, 3.5.2007 — La Ley de 8.5.2007. p. 8 ao qual remete. CS 15.5.2007 Ruiz Emilio DC/ Direção Geral Impositiva; La Aly, 2007 — C, 505, com nota de José Pablo Descalzi — La Ley, 2007 — C, 524, com nota de Nicolás Diana, Gonzalo f. Kodelia — La Ley, 2007 — D. 266, — La Ley 2007 — E, 687, com nota de Horácio H. De La Fuente, DT 2007-566, com nota de Maria C. Hopkl).

Complementando a jurisprudência citada e com o voto do dr. Zaffaroni, a Corte Suprema tem decidido que uma interpretação contrária à transcrita anteriormente é possível nos supostos de estabilidade em sentido impróprio que habilita a reparação mediante uma indenização substitutiva mas não a reincorporação (do voto do dr. Zaffaroni segundo a doutrina assentada em Romero de Martino, 23 do 4 — 1985 — C, 560, voto do Dr. Beluccio ao qual remete).

Assim, o fato real e notório é a estreita similitude entre as figuras de direito público e privado. O razoável então seria que, como apontamos uma vez "isso se vincula com outro problema: a generalização do contrato de trabalho a todas as relações de emprego, incluindo ... todas as formas de dependência do Estado; e, consequentemente, com a óbvia interdependência entre as políticas salariais ... as finanças e as contas públicas"[12].

O fato é que se evidencia a relação entre direito do trabalho e direito administrativo. Adicionalmente, o controle administrativo, por meio dos órgão competentes, do cumprimento da legislação laboral e da aplicação de sanções por sua violação, aproxima também ambas as matérias.

i) Direito internacional: basta recordar que como o expusemos em capítulos anteriores, o **caráter monista** do direito do trabalho, ao incorporar as normas de direito externo, hierarquiza a relação de dito ramo do direito com o direito internacional.

---

(12) LIPOVETZKY, Jaime César; LIPOVETZKY, Daniel Andrés. *MERCOSUR:* estratégias para a integração. Edição bilíngue (português-espanhol). São Paulo: LTr, 1994. p. 340.

Com razão, a nova pirâmide jurídica que resulta da Constituição reformada em 1994 coloca os tratados, acordos e convenções internacionais em uma hierarquia superior às leis e em certos casos relativos aos direitos humanos, reconhecendo-lhes hierarquia constitucional (Constituição Argentina, art. 75, inc. 22 e 24)

Desse modo, no sistema legal argentino de direito do trabalho se subsumem o direito externo com o interno em um conjunto único onde primam os princípios que garantem a proteção do mais frágil na relação laboral, que é o empregado sob relação de dependência e subordinação onerosa.

Bem se tem dito que "La Convención de Viena sobre el Derecho de los Tratados del 23 de mayo de 1969, se erige como instrumento rector en la interpretación y aplicación de las normas convencionales internacionales"[13].

Tudo isso implioca que, por exemplo, os convênios firmados no marco da Organização Internacional do Trabalho (OIT), entre eles o n. 17/25, que obriga nosso país a sancionar e manter uma legislação protetora em matéria de infortúnios laborais, e que é de hierarquia superior às leis, **desqualifica a Lei n. 25.557 de riscos do trabalho por sua notória natureza jurídica comercial, com as previsíveis consequências futuras em matéria jurisprudencial.**

j) Previdência social: a despeito da polêmica instalada na doutrina, prevalece a opinião — da qual compartilhamos — quanto à autonomia da Previdência Social como dispciplina autônoma.

É inegável, no entanto, que seus beneficiários diretos são, em sua imensa maioria, os trabalhadores que se vinculam obrigatoriamente ao sistema previsional, seja em virtude do contrato de trabalho; seja em razão de uma prestação de serviços profissionais sob formas autônomas.

Entre os aspectos em que mais intimamente se dá a correlação do trabalho e previdência social, cabe destacar o da incidência de aporte previdenciário sobre a remuneração do trabalhador que tanto contribui para formar o custo salarial incluindo aquela parte que corresponde ao empregador, e para o qual este recebe o mandato que o autoriza a fazer as retenções, e o obriga a fazer os depósitos correspondentes. A falta de cumprimento desse mandato é configuradora de injúria laboral suficiente para justificar a despedida indireta.

Além disso, como é público e notório, para a administração dos recursos previdenciários, a lei argentina criou a administração Nacional da Seguridade Social (AnSeS) para controle e fiscalização, em cuja condução participam representantes dos trabalhadores, dos empregadores e dos aposentados, eleitos pelas respectivas entidades representativas.

---

(13) KLOR, Adriana Dreyzin de; MARTINOLI, Amalia Uriondo de. *Derecho internacional privado y de la integración regional.* Buenos Aires: Zavalía, 1996. p. 7.

SEGUNDA PARTE

Capítulo I

Natureza Jurídica do Direito do Trabalho

1. Natureza jurídica e ordem jurídica

Em certos setores da doutrina latino-americana, erroneamente, identificam-se os conceitos de natureza jurídica e ordem jurídica. Trata-se, no entanto, de duas categorias que devem se diferenciar na gnoseologia jurídica e, muito particularmente, com relação ao direito do trabalho.

Quando nos referimos à "natureza" das coisas (*De natura rerum*, poema filosófico de Titus Lucretius Carus — 96-55 a.C., exposição didática e lírica do Sistema de Epicuro), estamos identificando suas essências. Quando estudamos a "natureza jurídica" de uma figura ou de um fenômeno dessa índole é que investigamos a "essência jurídica" desse objeto.

E ao apreender as manifestações particulares da essência, avançamos com isso pela via do conhecimento da essência em si.

No campo da norma jurídica — então — investigar as essências se traduz no descobrimento de sua natureza. De sua natureza jurídica — dizemos — porque com toda obviedade é mister afirmar que o fenômeno jurídico não é "natural", não provém da esfera da natureza, mas nasce como um produto "cultural" da fatura do homem[1], e ao estudar sua "essência" advertiremos — por exemplo — que o caráter coercitivo da norma a põe em evidência como instrumento de dominação.

Ao fim e ao cabo, a "ameaça" de sanções que atinge a norma jurídica nada mais é senão o espelho da "ameaça real" com que o chefe tribal primitivo, brandindo o garrote, a lança ou a espada, fazia valer sua vontade.

No direito moderno, investigar a "natureza jurídica" do fenômeno jurídico" significa, em contrapartida, facilitar o descobrimento de sua "essência jurídica" (vale a redundância). Ou dito de outro modo: o conhecimento da natureza jurídica nos permitiria descobrir se uma norma é de direito público ou privado.

Senão vejamos, as normas de "direito público" expressam exclusivamente a vontade do Estado e sua origem deve ser buscada na vontade do monarca absoluto: as normas de direito público, as que regulamentam a potestade do Estado em matéria de "Propriedade pública" (por exemplo: edifícios públicos, vias públicas, praças etc.); de "emprego público" (funcionários da administração do Estado com

---

(1) STUKA, P. I. *La función revolucionaria delk derecho y del Estado*. Barcelona: Península, 1974. p. 327.

estabilidade própria, nível e direito a plano de carreira); de "função pública", atributos da administração privativos e não delegados, art. 99, inc. 1 da Constituição argentina (como a fixação e cobrança de impostos, aduanas, Forças Armadas da Nação etc., art. 99, inc. 12 da Constituição argentina) etc.

Em contrapartida, a "ordem pública" expressa somente a predominância do interresse do Estado; mas não sua vontade. Deve-se interpretar como tal interesse reflete o das classes dominantes que o legislador traduz como o da "nação" em seu conjunto. **Mas o ordenamento público do direito privado revela somente uma tendência, não muda nem pode mudar a estrutura econômica da sociedade, baseada na propriedade privada; porém de alguma maneira antecipa o sentido para onde se orientam ou devem se orientar as mudanças; ainda que ao mesmo tempo aporte modificações na superestrutura jurídica destinadas a prevenir alterações na base contrária à propriedade privada e à apropriação individual da produção**[2].

Os que defendem o enquadramento do direito do trabalho no direito público supõem que nas relações laborais a vontade das partes interessadas tem sido substituída pela vontade do Estado, que intervém nos mais variados aspectos dessas relações por meio de leis imperativas; e isso não é assim. Pelo menos não o é sob os sistemas constitucionais latino-americanos e europeus modernos. Foi assim nos regimes corporativos fascistas da Itália, Alemanha e Espanha (de Mussolini, Hitler e Franco, respectivamente), onde — como já explicamos — o direito privado era metafisicamente considerado como uma derivação gratuita do direito do trabalho latino-americano; como Mario de La Cueva, a predominância do interesse do Estado, refletida no conteúdo institucional das relações de emprego e no controle de sua aplicação, fundamentaria a presumida natureza pública do direito do trabalho[3]. No entanto, é preciso dizer que o direito público não se origina no "predomínio do interesse do Estado"; nem o direito privado no predomínio do interesse privado. O direito será público ou privado, enquanto predomine a propriedade pública ou a propriedade privada nas relações de produção e sua regulação. Em contratpartida, o predomínio do interesse do Estado, refletido no conteúdo institucional das relações de trabalho e no controle de sua aplicação, define a "ordem pública".

Mario de La Cueva, depois de comentar diversas teorias sobre o tema, chama a atenção para que "se agora, depois dessa discussão, nos perguntarmos qual é a natureza do direito do trabalho, concluíremos que não sabemos nem mais nem menos que antes". E acrescenta: "não são os caracteres formais das normas jurídicas os que nos podem indicar sua natureza de estatuto, e sim sua origem, seu conteúdo, sua finalidade e seu propósito".

Não obstante, a teoria que interpreta a natureza jurídica do direito do trabalho como de direito público, baseada no intervencionismo estatal nas relações de emprego, não resiste à menor análise. Em primeiro lugar, porque é ingênua a

---

(2) LIPOVETZKY, Jaime César; LIPOVETZKY, Daniel Andrés. Apontamentos para um estudo das relações entre custo laboral e preços relativos e absolutos. In: MERCOSUL: estratégias para a integração. São Paulo: LTr (edição bilíngue), 1994. p. 332 e ss.
(3) CUEVA, Mario de La. *Derecho mexicano del trabajo*. México: Porra, 1943. v. 1, p. 195 e ss.

hipótese de que uma ordem jurídica baseada essencialmente na propriedade privada, no direito privado e na autonomia da vontade do indivíduo, o legislador tenha normatizado que todo ramo que regula as relações de emprego privado esteja regido pelo direito público; e em segundo lugar, porque esse setor da doutrina se esquece que o contrato de trabalho nasceu do contrato civil, da locação de serviços, da relação bilateral, sinalagmática e comutativa originada no direito comum cuja coluna vertebral é a propriedade privada e a autonomia da vontade (art. 1.137 e sua nota do Código Civil argentino)[4].

Por sua vez, os partidários da classificação do direito laboral como "direito privado" recordam com razão este último asserto e a origem civilista desse novo ramo da ciência jurídica. Nesse contexto, o caráter irrenunciável de inúmeras normas e princípios, por assim concordar e dispor a ordem pública (como também na instituição do matrimônio civil), não tem a entidade suficiente para desviá-lo para o campo do direito público.

O que ocorre a esse respeito, com certo setor da doutrina, é que confunde direito público com ordem pública. No entanto, a diferença é nítida.

Na doutrina paraguaia, porém, se adjudica aqui uma natureza *sui generis*, pois separando a tradicional divisão do direito em público e privado, integra agora um conjunto separado (?) que se conhece como direito social[5], afirma Cristaldo.

Assim, como assinalamos acima, em uma sociedade onde rege a propriedade privada, o direito privado infunde todo tipo de relação patrimonial, ainda quando os titulares da relação estejam constituídos por agrupamentos de pessoas — tal como sucede no direito coletivo do trabalho — que não por essa característica troca sua natureza privatística pela social ou pública.

No direito corporativo fascista, onde todos os direitos — inclusive os individuais — são atribuídos em sua origem a uma delegação gratuita do Estado (não por acaso é qualificado de "totalitário") a divisão entre direito público e direito privado careceria de sentido. Mas quase todas as constituições latino-americanas

---

(4) Art. 1.137 do Código Civil: "Hay contrato cuando varias personas se ponen de acuerdo sobre una declaración de voluntad común, destinada a reglar sus derechos".
SAVIGNY. *Direito romano*, t. 3, § 140. "É preciso, diz o autor, levar em consideração o objeto da vontade. Se duas pessoas acordam sustentar-se mutuamente por seus conselhos na aquisição de uma ciência, ou de uma arte, seria impróprio dar a esse acordo o nome de contrato, porque nesse caso a vontade não tem como objeto uma relação de direito". Freitas é mais claro no assunto, dizendo que "haverá contrato, quando duas ou mais pessoas acordarem-se entre si uma obrigação ou obrigações recíprocas a que correspondam direitos creditórios", ou seja, que uma das partes se constitui devedora e a outra credora, ou que ambas sejam reciprocamente devedoras e credoras. Maynz diz que "contratos são aquelas manifestações de vontade, que têm por objeto criar ou extinguir obrigações". § 281, o mesmo Domat, Lib. 1, Tít. 1, § 1.
Os jurisconsultos distinguem os contratos das convenções, ainda quando no uso comum os contratos são chamados de convenções. Aubry e Rau definem: "convenção é o acordo de duas ou mais pessoas sobre um objeto de interesse jurídico, e contrato é a convenção em que uma ou muitas pessoas se obrigam para com uma ou muitas pessoas a uma prestação qualquer". Duranton, distinguindo as convenções dos contratos, diz que elas não compreendem somente os contratos, mas abraçam todos os pactos particulares que possam ser agregados a elas. Todo contrato é uma convenção, mas nem toda convenção, ainda que tenha efeitos civis, é contrato. A palavra convenção é um termo genérico que se aplica a toda uma espécie de negócio ou de cláusula que as partes tenham em mira. *Verbum conventionis*, diz a lei romana, *ad omnia de quibus negotii contrahendi, transigendique causa consentiunt qui se agunt*. L. 1, § 3, Dig. *De pactis*.
(5) CRISTALDO, Jorge Dario M.; CRISTALDO, Beatriz R. *Legislación y jurisprudencia del trabajo*. Asunción: Litocolor, 2002. p. 9.

em vigor reivindicavam a propriedade privada e os direitos privados como sua coluna vertebral.

A Constituição argentina — por exemplo — em seus arts. 14 ("todos los habitantes de la Nación gozan de los siguientes derechos ... de usar y disponer de su propiedad"); 17 ("la propiedad es inviolable y ningún habitante de la Nación puede ser privado de ella, sino en virtud de sentencia fundada en ley") y 19 ("las acciones privadas de los hombres que de ningún modo ofendan al orden y a la moral pública, ni perjudiquen a un tercero, están solo reservadas a Dios, y exentas de la autoridad de los magistrados"). De modo parecido, a Constituição daRepública Oriental do Uruguai, em seu art. 332, garante a aplicação "de los preceptos que reconocen derechos a los individuos"[6].

E a Constituição brasileira de 1988 enfatiza em "uma concepção juslaboralista do direito, complementária de normas expressas no ordenamento jurídico"[7]. A Constituição brasileira, aponta Arnaldo Lopes Süssekind citando Alfonso Pose da Silva: "Não é rigorosamente liberal-democrática (leia-se partidária rigorosa da propriedade privada); mas tampouco chega a ser social-democrática"[8]. Esta última parte do texto citado põe em evidência que uma constituição não é nem pode ser neutra, esta última parte da citação do mestre brasileiro indica claramente a **prevalência liberal-privatística** e de direito privado no texto constitucional; que disso estamos falando.

Voltando ao professor paraguaio Cristaldo, este defende que a ordem pública que se manifesta nas constiuições sociais introduz a função do Estado no processo de desenvolvimento: as condições socioeconômicas já não ficam liberadas somente à mercê dos fatores que gravitam na aquisição ou distribuição dos *status* sociais. O Estado planifica, coordena, regula e intervém. E o faz — afirma — para equilibrar as desigualdades que o jogo livre daqueles fatores provoca[9].

Ainda tendo como certo o exposto sobre o rol do Estado, a afirmação não está isenta de certo juízo exagerado a respeito dos conteúdos do intervencionismo estatal a que o autor paraguaio atribui o fim de "equilibrar as desigualdades que o movimento livre daqueles fatores provoca".

Porque não é verdade que a intervenção do Estado nas relações sociais — sempre — persiga o fim de "equilibrar as desigualdades". Na Argentina dos últimos anos — é evidente — a intervenção do Estados nas relações laborais (ver Leis ns. 24.013 e 25.557 sobre Riscos do Trabalho) tem pretendido agudizar as desigualdades introduzindo traços flexibilizantes da proteção; ou simplesmente despojando a norma de toda natureza laboral, como ocorre com a citada lei de Riscos do Trabalho, de reconhecida natureza jurídica comercial e privatística; mas jamais corretiva das desigualdades inerentes ao contrato de trabalho.

---

(6) RODRIGUEZ, Américo Plá. *Los principios de derecho del trabajo.* Buenos Aires: Depalma, 1998. p. 7.
(7) SÜSSEKIND, Arnaldo. *Direito constitucional do trabalho.* Rio de Janeiro: Renovar, 1999. p. 54.
(8) *Infra. Op. cit.*, p. 55.
(9) CRISTALDO, Jorge Darío; CRISTALDO, Beatriz. *Op. cit.*, p. 15.

Esta norma contrasta com a revogada Lei n. 9.688 de Acidentes do Trabalho, altamente protetória, que partia da "teoria do risco", segundo a qual todo trabalho é um risco e o responsável pelo dano é o empregador da força de trabalho, que pelo mesmo deve indenizá-lo.

É notável que os partidários da desregulamentação e flexibilização do direito laboral jamais se detenham analisando as diferenças potestativas entre as normas de direito público e de direito privado. Nem sequer quando se trata de analisar instituições que, como os colégios profissionais (de advogados, médicos, engenheiros, trabalhadores sociais etc.), são de um lado agrupamentos de pessoas que poderiam se assimilar a sociedades civis de natureza privada, mas como operam com potestades delegadas pelo Estado, sua natureza jurídica é na realidade a de uma pessoa de direito público não estatal. Algo similar ocorre com as pessoas de direito público estrangeiro (como as representações diplomáticas), que apesar de reconhecidas como tais pelo Estado dos países residentes; em suas relações com seu pessoal diplomático atuam como pessoas de direito privado e, portanto, o direito local abre a competência da justiça laboral e aplica a legislação do trabalho, negando a imunidade de jurisdição, ainda que não a de execução, por estar em jogo bens de um Estado estrangeiro[10].

E no entanto, tal análise é imprescindível para descobrir a essência dos fenômenos jurídicos e assumir as condutas adequadas na matéria. As conclusões que introduzem um tratamento inadequado do tema são as que têm levado a erros doutrinários como o que trataremos no subtítulo a seguir.

2. Direito social

Já nos referimos mais acima à corrente doutrinária que advoga pela existência de um "direito social" junto ao "direito público" e ao "direito privado", como um terceiro gênero da enciclopédia jurídica. Para seus partidários o fundamento básico é uma presumível socialização do direito em oposição ao direito individual de origem romana ou liberal clássica.

De certo ponto de vista, nos partidários desta variante do pensamento jurídico; aparentemente, o "social" se postula como oposto ao "individual". E com efeito, de acordo com o Dicionário Larousse, edição de 1987, entre outras acepções, social é tudo aquilo "relativo às relações de pessoas ou de coletivos entre si".

Naturalmente, se atribuem também outros significados, vinculados todos eles com o "relativo ao melhoramento da condição dos que trabalham"; com um "conjunto de disposições legislativas e regulamentárias relativas ao mundo laboral"; "com as leis que tendem a melhorar a condição dos assalariados" etc.

---

(10) Ver Las imunidades Diplomáticas en el Derecho Laboral (livro de palestras de vários autores), editado pela Sociedaade Argentina de derecho Laboral — SADL — em ocasião das Jornadas sobre o mesmo tema, realizadas em Buenos Aires com data de 13 de junho de 2002.

Mas o assunto nos ocupa somente do ponto de vista gnoseológico ou de uma teoria do conhecimento jusfilosófica estritamente vinculada com a realidade do mundo objetivo. E em tal contexto, efetivamente, poderia analisar-se o conceito do social como oposto ao individual, porque o direito romano não admitia outras acepções. A palavra "social", vem efetivamente do latim *socius*, que significa nada menos que "companheiro"[11].

Mas em sua acepção mais moderna, o conceito do social começa a se incorporar ao vocabulário europeu do início do século XX (1917), como relativo ao conceito de "aliado"; e mais tarde ao de "associar" do latim *associare*, que significa somente "juntar uma coisa com outra"; reunir-se uma pessoa ou coisa com outra", conceitos que não necessariamente representam outro resultado além de uma soma de elementos; mas não uma categoria diferente deles.

Em síntese, o que queremos expressar com a aquisição é que o fenômeno do "social" que aparece na nascente sociedade capitalista no início so século XX aparece apenas como representativa de uma "relação" que significa "conexão de uma coisa com outra", mas não o surgimento de uma terceira coisa ou de uma categoria diferente.

E no direito essa diferenciação é essencialmente significante, porque — novamente entrando de cheio na questão — nas sociedades "moderna" e "contemporânea", os conceitos jurídicos são um "reflexo" da realidade: nem uma antecipação da realidade nem sua hipótese. Em todo caso "uma antecipação extraída da realidade, uma hipótese em função do objeto", como quer certa doutrina italiana[12].

Daí, então, que o direito repele os contrassentidos: e resulta um contrassentido supor categorias (como conceito — como já explicamos) jurídicas que não são reflexo da realidade. E não é um reflexo da realidade a categoria de "direito social", simplesmente porque na socidade dividida em classes o legislador organizou a norma para atender uma classe de pessoas e não o conjunto social: e no direito laboral, a serviço de uma realidade basicamente constituída por empregadores privados e dependentes também privados (segundo o dicionário da Real Academia Espanhola de 1956, p. 1209, como assinalamos anteriormente).

No conceito de "pessoa", segundo o Código Civil, não se admite a categoria dos conjuntos sociais mas também como "pessoa jurídica"; ou seja, que seus atributos em essência são de direito individual, e o coletivo ou social não o registra.

Não obstante, é preciso admitir que na doutrina, tanto americana como europeia, diversos autores assimilaram o conceito do social como objeto do direito do trabalho.

Não somente naquela influenciada pelas doutrinas corporativistas, como deveali, que denominou sua tese na Faculdade de Direito de La Plata de "Direito

---

(11) *Dicionário etimológico da língua castelhana*. Madrid: Gredos, 1976.
(12) CERRONI, Humberto. *Marx y el derecho moderno*. Buenos Aires: Jorge Alvarez, 1965. p. 16.

Social", como também a influenciada pela esquerda comunista ou socialista, como Mario de La Cueva no México, que sempre se referiu ao Direito Laboral como "social"; ou Alfredo Palacios, que o denominou como semelhantes fundamentos como "novo direito"; ou George Gurvitch na França, um grande reivindicador desta que defendeu que "o direito do trabalho é um exemplo típico de que a evolução moderna do direito conduz cada vez mais a um entrecruzamento (?) do direito privado e do direito público"; apesar de admitir com razão que de tal entrecruzamento não necessariamente nasceu uma nova categoria[13].

É verdade que não se podem negar tendências socializantes no pensamento político e filosófico contemporâneos, assim como também novas instituições de inspiração social nascidas nas últimas décadas do século XX; mas é induvidável — contudo — que a pretendida socialização do direito se refere sempre a uma teoria dos conjuntos humanos que, no entanto, não consegue desmentir sua origem nas relações individuais e seu pertencimento ao campo do direito privado.

Por isso destaca o espanhol Pérez Botija que a ideia de um "direito social" como terceiro continente da ciência jurídica representa uma solução "cômoda" — nós preferimos qualificá-la como "oportunista" — e, com razão, acrescenta: arbitrária e ineficaz do ponto de vista metódico científico e dogmático positivo[14].

Concluímos a abordagem desse tema; assinalando enfaticamente que em sua análise é imprescindível distinguir o principal do secundário. Em todo processo complexo de contradições — sempre — é imprescindível distinguir o principal do secundário para uma abordagem científica da investigação.

E se nos referimos a este aspecto tão particular da investigação do fenômeno jurídico é porque sempre gera confusão. Um exemplo disso é dado pela definição das essências, e se manifesta nos modelos contemporâneos de economias de mercado, cujo funcionamento — aparentemente — depende unicamente das chamadas "leis de mercado" que não são nada senão as regras de "livre comércio" e "livre câmbio" que o caracterizam no essencial.

Contudo se deve pensar, por isso, que a "pretendida" questão social está ausente das formulações mais declaradamente livre-cambistas. Porque, como bem destacam na doutrina brasileira Ives Chaloult e Pablo Roberto de Almeida — entre outros[15], também no Tratado de Livre Comércio (TLC ou NAFTA) outorgado pelos Estados Unidos, Canadá e México foram incluídas "cláusulas sociais". Este detalhe não nos deve confundir, porque o principal do NAFTA é o livre comércio (o essencial) e as "cláusulas sociais" não conseguem dissimulá-lo. Encontramo-nos, pois, diante de um instrumento de direito internacional privado e não de direito internacional público. Tampouco de um pretendido *terceiro direito de natureza jurídica social*.

---

(13) GURVITCH, George. *A ideia do direito social*. Paris: Sirey, 1932.
(14) BOTIJA, Ernesto Perez. *Curso de direito do trabalho*. Madrid: Tecnos, 1950. p. 13.
(15) CHALOULT, Ives; ALMEIDA, Pablo Roberto de. *MERCOSUL, NAFTA, ALCA, a dimensão social*. São Paulo: LTr, 1999. p. 18.

Na doutrina argentina, Deveali já afirmava "que el carácter general y abstracto de las normas de la convención colectiva constituye el elemento esencial por el cual dicha convención se diferencia del contrato individual"[16].

No entanto não é assim, porque como bem pontifica o civilista Mosset Iturraspe[17], **os direitos e obrigações no contrato individual não nascem da autonomia da vontade, mas do caráter geral e abstrato do Código Civil;** "está-se muito longe hoje em dia do dogma da autonomia da vontade que obscurece a visão da função do negócio jurídico e da posição do sujeito na vida social, e faz perder de vista os limites da autonomia privada". E acrescenta: "mas é inegável que 'nos 90', na América Latina em geral e na Argentina em particular, o avanço da denominada revolução neoconservadora, unida a uma concepção liberal-individualista da vida, nas conquistas de uma interpretação econômica do direito (e, por isso mesmo, economicista); dentro de uma economia de mercado, voltou-se a dar ênfase à autonomia da vontade — tanto nos negócios nacionais como nos internacionais — em franca oposição a tais ideias como as da 'função social'; a ordem pública econômica e social, a solidariedade, a justiça social etc.". Continua dizendo o citado autor que "a autonomia da vontade é um princípio geral do direito, de fonte constitucional", o art. 903 do Código Civil estabelece uma prelação normativa e localiza ali a "autonomia da vontade" em segundo lugar, depois das normas indisponíveis deste Código e da Lei especial.

Isso significa — não outra coisa — que, em rigor, tanto os direitos individuais como os coletivos nascem da lei, das normas coercitivas de direito que os reconhecem e regulamentam; e que o direito comum (civil) tem o mesmo caráter geral e abstrato que a convenção coletiva, o que implica que aí não reside a diferença.

O primeiro poderá regulamentar as relações das pessoas individuais (físicas ou jurídicas) e o segundo as do Estado com os terceiros (pessoas físicas ou jurídicas).

Mas a essência das normas básicas da pirâmide jurídica argentina é o direito privado ou comum, que nasceu e se expressou na Constituição Nacional primeiro, e depois nos tratados e convenções internacionais da hierarquia constitucional e superior às leis que a Carta Magna reconhece (arts. 31 e 75, incs. 22 e 24).

Esse último não obsta — segundo já apontamos mais acima — que, no campo expresso das normas de direito privado, como as que regulam o matrimônio civil, os procedimentos judiciais ou o direito do trabalho, seu caráter inderrogável e irrenunciável as transforme em normas de ordem pública.

Porque como confirma Süssekind[18] "o princípio de proteção do trabalhador resulta de normas imperativas e, portanto, **de ordem pública**, que (somente) caracterizam a intervenção do Estado no direito do trabalho procurando pôr obstáculos à autonomia da vontade; mas não substituem pela vontade do Estado (direito público)".

---

(16) DEVEALI, Mario L. *Lineamientos de derecho del trabajo*. Buenos Aires: Astrea, 1956. p. 39.
(17) ITURRASPE, Jorge Mosset. *Contratos simulados y fraudulentos*. Santa Fé: Rubinzal Culzoni, 2001. p. 12.
(18) SÜSSEKIND, Arnaldo. *Direito constitucional do trabalho*. Rio de Janeiro: Renovar, 1999. p. 80.

Estas normas imperativas de ordem pública formam a base do contrato de trabalho — uma linha divisória, diz o mestre Süssekind — entre a vontade do Estado (direito público) manifestada pelos poderes competentes e a dos contratantes (direito privado). Estes podem completar ou suplementar o mínimo de proteção legal. Daí deriva o princípio da irrenunciabilidade, que ainda que afetado pelas teses **flexibilizantes**, não se confunde com a **transação**, quando há *res dubia* ou *res litigiosa* no momento ou depois da cessação do contrato de trabalho.

Como advertia o mestre Deveali[19] "el derecho del trabajo es un derecho especial que se distingue del derecho común, **especialmente por cuanto el segundo supone la igualdad entre las partes mientras que el primero presupone una situación de desigualdad que él tiende a corregir con otras desigualdades**".

Por isso, a necessidade de proteção aos trabalhadores constitui a raiz sociológica do direito do trabalho, e é imanente a todo seu sistema jurídico.

---

(19) DEVEALI, Mario L. *Lineamientos de derecho del trabajo*. Buenos Aires: Argentina, 1956. p. 167.

Capítulo II

PRINCÍPIOS DO DIREITO DO TRABALHO

Denominam-se princípios os postulados genéricos que devem orientar tanto a elaboração das leis, a criação de normas jurídicas autônomas, a estipulação de cláusulas contratuais, como a interpretação e aplicação do direito. Constituem regras gerais derivadas dos sistemas jurídicos pela ciência e filosofia do direito com vocação de generalidade.

Alguns princípios concernem à organização social e política de um país ou de uma região; outros, mais universais, referem-se a determinados sistemas jurídicos e há os que caracterizam a autonomia científica de determinados ramos do direito.

O Código Civil argentino, em seu art. 16, estabelece o seguinte princípio de interpretação: se uma questão não pode ser resolvida nem por palavras nem pelo espírito da lei, atender-se-ão aos princípios das leis análogas; e se a questão ainda for duvidosa, resolver-se-á pelos princípios gerais do direito, tendo em consideração as circunstâncias do caso.

Enquanto isso, a doutrina que os revela e a jurisprudência que costuma aplicá--los, admitem de fato que sua influência é ampla, enquanto os ordenamentos jurídicos devem ser construídos e interpretados em sintonia com os princípios pertinentes.

Quanto à Constituição argentina, refere-se ao tema no art. 33: "Las declaraciones derechos y garantias que enumera la Constitución, no serán entendidos como negación de otros derechos y garantías no enumerados, pero que **nacen del principio de la soberanía del pueblo** y de la forma republicana de gobierno".

Como se pode apreciar, a Carta Magna Argentina é daquelas que adotam o sistema de princípios que se referem à organização social e política do país. Algo similar ocorre com as Constituições provinciais, como, por exemplo, a da província de Buenos Aires, que em seu art. 56 adota o "...principio de la soberanía popular...".

Em outros países, como, por exemplo, o Brasil, o art. 5º, LXXVIII, § 2º, da Constituição de 1988, prescreve de maneira mais geral que: "Os direitos e garantias expressos nesta Constituição não excluem outros decorrentes do regime **e dos princípios por ela adotados**...".

Mas apesar de em seus arts. 1º a 5º a Constituição brasileira dar hierarquia a relevantes princípios de diversos ramos do direito, não inclui entre eles os princípios do direito do trabalho.

No sistema legal latino-americano, os princípios gerais do direito civil são aplicáveis ao direito do trabalho, como uma derivação lógica da influência que exerceu o Código Civil napoleônico[1].

No entanto isso não ocorre no sistema de legislação laboral argentino, porque como estabelece taxativamente o art. 11 da lei de Contrato de Trabalho: "cuando una cuestión no pueda resolverse por aplicación de lãs normas que reigen el contrato de trabajo o por lãs leyes análogas, se decidirá conforme a los princípios de la justicia social, a los generales del derecho del trabajo, la equidad y la buena fe".

Naturalmente, e como já antecipamos, a exclusão do direito civil dos princípios que infundem a interpretação e a aplicação da lei laboral não implica ignorar que na origem desse último estiveram sempre os contratos de direito comum e de natureza jurídica privada.

Mas, como também assinalamos em capítulos anteriores, o desenvolvimento do ramo juslaboralista como ciência autônoma, na Argentina, a caracterizou como "monista"; isto é, como gênese de um sistema caracterizado por princípios, normas e regras próprias, que são alheias a outros ramos do direito, e as que incorpora somente à medida que se conformem com as próprias.

Os princípios gerais do direito comum, então, são aplicáveis ao direito do trabalho somente se forem compatíveis com as finalidades e os princípios fundamentais desse setor do universo jurídico. É que — comenta Deveali — o direito do trabalho, por ser especial, **se distingue do direito comum em seus princípios, sobretudo, porque, enquanto este supõe a igualdade das partes, aquele pressupõe uma desigualdade que procura corrigir outras desigualdades de natureza jurídica. O resultado de aplicar este último é o princípio protetor ou de proteção do trabalhador, que se erige como o mais importante e fundamental para a construção, interpretação e aplicação do direito do trabalho**[2].

A proteção social aos trabalhadores constitui a raiz sociológica do direito do trabalho e é imanente a todo seu sistema jurídico.

Por isso, quando ultimamente certos setores da doutrina, como Livellara em Mendoça[3] e Confalonieri em Buenos Aires[4], se perguntam: a quem proteger?, é evidente que se evadem dos desafios essenciais do direito laboral, evitando seus questionamentos básicos que em épocas de globalização, integração regional, economicismo, desemprego e justiça social **exigem suscitar: não a quem se protege? — pergunta que tem resposta —, e sim: como?, com quais instrumentos?**

---

(1) Cf. RODRIGUEZ, Américo Plá. *Los princípios del derecho del trabajo*. Buenos Aires: Depalma, 1998. p. 8.
(2) DEVEALI, Mario L. *Lineamentos de derecho del trabajo*. Buenos Aires: SRL, 1956. p. 167.
(3) LIVELLARA, Carlos A. *Solidaridad en la ley de riesgos del trabajo*. Palestra apresentada no 1º Congresso Transandino de Direito do Trabalho e da Seguridade Social. Organizado pela Sociedad Argentina de Derecho Laboral (SADL). Buenos Aires: La Ley, 2002. p. 133 e ss.
(4) CONFALONIERI. *Aula magistral em homenagem a Justo Lopez*. Buenos Aires, maio 2003.

Em outro extremo, desde a sã doutrina uruguaia, inspirada sem dúvida na primeira cátedra de direito do trabalho fundada há quase oitenta anos por Frugoni, na Universidade de Montevidéu, os ensinamentos de Barbagelata, Plá Rodriguez, Sarthou, Hermida Uriarte e outros, concordam que "o princípio protetor do trabalhador resulta de normas imperativas e portanto de ordem pública, que caracterizam a intervenção básica do Estado nas relações de trabalho, procurando assim opor obstáculos à autonomia da vontade"[5].

Tais regras são elementares — e a base do contrato de trabalho — uma linha divisória entre a vontade do Estado e a dos contratantes. Estes últimos podem complementar ou suplementar o mínimo de proteção legal, mas não ignorá-lo. Daí derivam os princípios de irrenunciabilidade e inderrogabilidade que consagra o art. 12 da Lei de Contrato de Trabalho, que é de grande influência na celebração, execução ou extinção dos contratos e convenções coletivas; assim como também na elaboração de estatutos profissionais, porque nenhum desses instrumentos pode contradizer nem se separar do princípio sob pena de nulidade.

> **Art. 12 da LCT.** Será nula y sin valor toda convención de partes que suprima o reduzca los derechos previstos en esta ley, los estatutos profesionales o las convenciones colectivas, ya sea al tiempo de su celebración o de su ejecución, o del ejercicio de derechos provenientes de su extinción.

Esse princípio de inderrogabilidade e irrenunciabilidade é então absoluto no sistema do direito laboral argentino. Mas não ocorre o mesmo no direito brasileiro, cuja Constituição, reformada em outubro de 1988, "possibilitou a flexibilização de algumas de suas normas"[6]: redutibilidade salarial, compensação de horários de trabalho e trabalho por turnos (art. 7º, VI, XIII e XIV), mas sempre sob tutela sindical, ou como o expressa o texto constitucional: "salvo o disposto em convenção ou acordo coletivo".

Outros países, a partir da oitava década do século XX, flexibilizaram também a aplicação de normas e princípios do direito do trabalho — como França, Chile etc. — e abriram feridas no princípio de irrenunciabilidade. Na maior parte dos casos, como no Brasil — além da adoção de disposições legais flexíveis —, é permitida a alteração das condições de trabalho — restritas ou determinadas hipóteses — sempre mediante a participação sindical.

Apesar desse último, é imprescindível consignar que, como antecipamos acima, o princípio protetor tem raízes históricas, uma vez que a legislação do trabalho nasceu intervencionista como reação aos postulados da Revolução Francesa (1789) e do Código de Napoleão, que se traduziram em um excessivo reconhecimento e exagerado respeito pela autonomia da vontade nas relações contratuais, incrementando as desigualdades entre empregadores e empregados e a conseguinte exploração da parte mais frágil. Este último fenômeno foi notável em uma fase histórica da Revolução Industrial, caracterizada pela busca unilateral de fortalecimento das empresas em detrimento das condições de trabalho.

---

(5) RODRIGUEZ, Américo Plá. *Princípios de derecho del trabajo*. Buenos Aires: Depalma, 1998. p. 61 e ss.
(6) SÜSSEKIND, Arnaldo. *Direito constitucional do trabalho*. Rio de Janeiro: Renovar, 1999. p. 51.

Como tem reconhecido a doutrina: "a liberdade não basta para assegurar a igualdade", pois os mais fortes rapidamente se tornam opressores, afirma Süssekind.

Hoje, a maior ou menor intervenção do Estado nas relações de trabalho, depende somente do sistema econômico adotado por cada regime político-jurídico, como também — e principalmente — da correlação de forças sociais e a influência real dos trabalhadores e suas organizações de base nas estruturas sindicais, para conseguir a estipulação de condições adequadas de trabalho e o cumprimento das condições mínimas inderrogáveis fixadas por lei.

Deve-se recordar, no entanto, que a maior ou menor eficácia do sistema de direito do trabalho e seus resultados dependem do consenso com que o brindem as duas partes do binômio empregadores-empregados. Especialmente, porque o caráter tarifado do sistema com seus limites salariais mínimos e máximos — também irrenunciáveis — contém elementos geradores de seguridade jurídica, porque torna previsível o desenvolvimento das relações econômicas típicas no contrato de trabalho que o empregador não deve subestimar.

Precisamente, a subestimação do papel que desempenha o caráter tarifário do sistema por parte das empresas as tem impulsionado em muitos casos a aderir a projetos flexibilizantes do mesmo, sem tomar consciência do rol que os mesmos desempenham na desestabilização da equação econômica e nas perdas de seguridade jurídica.

Podemos assegurar em consequência disso que nos países de economia de mercado o intervencionismo do Estado nas relações de trabalho se reduz em relação inversa ao fortalecimento das organizações representativas de empregados e empregadores; e ao crescimento de seu protagonismo na demanda a respeito dos princípios protetórios na legislação tarifa.

Além disso, deve-se ter em mente que os fundamentos jurídicos, políticos e sociológicos de tal princípio geram outros, que dele são filhos legítimos, a saber:

a) O **princípio** *in dubio pro operario*, que induz o intérprete em caso de dúvida a escolher, entre duas ou mais interpretações viáveis, a mais favorável ao trabalhador, considerando-se para o caso a norma ou conjunto de normas legais ou convencionais que regem cada uma das instituições de direito do trabalho (art. 9º, LCT).

É preciso atentar-se para o fato de que o princípio **se aplica somente em caso de dúvida**, o que significa facilitar sua aplicação restritiva, como tem manifestado certa jurisprudência, na qual os juízes — isentos de dúvidas — e por isso mesmo se resistem a aplicá-lo.

"Para que proceda el principio *in dubio pro operario*, consagrado en el art. 9º de la ley de contrato de trabajo, debe existir realmente una duda sobre el alcance de la norma legal a interpretar, circunstancia que — a mi juicio — no se configura respecto del art. 245, § 3º, de la ley de contrato de trabajo" (CN Trab., sala X, mar. 31-998, D'Alo, Jorge O. c/ Sulfacid S/A, DT 1998-B, p. 2275).

b) o princípio da norma mais favorável, segundo o qual, "si la duda recayese en la interpretación o alcance de la ley, los jueces o encargados de aplicarla se decidirán en el sentido más favorable al trabajador" (art. 9º, § 2º, da LCT). Isso significa, a nosso ver, que em razão do caráter monista do direito do trabalho, o princípio da lei mais favorável se aplica com independência na hierarquia que ocupe a norma na pirâmide jurídica.

"En el ámbito del Derecho del Trabajo no rigen los criterios clásicos aplicables en el derecho común, referentes al régimen de prelación entre las leyes de igual jerarquía, en cuanto a los ámbitos propios de la ley de carácter general y especial, así como que la ley posterior modifica a la anterior y tampoco se aplica necesariamente el criterio que surge del orden jerárquico de las fuentes" (CNTrab, sala X, 2002/12/30, MARTINEZ, Alberto c. Consorcio de Prop. Amenábar 3435, DT 2003-A, 690).

"Los conflictos que pueden plantearse ante la existencia de una ley común laboral y otra particular, no se dirimen por aplicación del principio aceptado en la ley civil común, en virtud del carácter propio del Derecho del Trabajo, debiendo optarse por la aplicación de la norma más favorable al trabajador, según la regla que refiere a un principio de interpretación que ha sido receptado en el art. 9º, § 1º de la ley del contrato de trabajo (DT, 1974-805, t.o. 1976-238)" (CNTrab, sala X, 2002/12/30, Martinez, Alberto c. Consorcio de Prop. Amenábar 3435, DT 2003-A, 690).

c) O princípio da condição mais favorável (art. 7º, LCT). No art. 7º da LCT, o princípio está enunciado como "Condições menos favoráveis. Nulidade". Mas na legislação internacional é reconhecido exatamente como figura no enunciado desse artigo, segundo o qual prevalece a condição de trabalho mais favorável disposta nas normas legais, convenções individuais ou coletivas de trabalho, laudos com a mesma força, regulamentos das empresas ou normas estatutárias no caso de cooperativas (a enumeração não é taxativa).

Assim, o artigo proíbe às partes pactuar condições menos favoráveis para o trabalhador, em qualquer caso. A violação desse princípio assemelha a sanção de nulidade prevista no art. 14 da LCT, para supostas fraudes trabalhistas.

d) O princípio das condições mais favoráveis provenientes de convenções coletivas de trabalho (art. 8º da LCT). Como correlato inevitável do princípio enunciado no item anterior, a norma prescreve que as "convenciones colectivas de trabajo o laudos con fuerza de tales, que contengan normas más favorables a los trabajadores, serán válidas y de aplicación" à medida que reúnam os requisitos formais exigidos por lei.

e) O princípio da primazia da realidade. Julio Armando Grisolia[7] afirma que esse princípio outorga prioridade aos fatos, ou seja, ao que efetivamente ocorreu na realidade, sobre as formas ou aparências ou o que as partes têm acordado.

---

(7) GRISOLIA, Julio Armando. *Derecho del trabajo y la seguridad social.* Buenos Aires: Depalma, 2003. p. 71.

O princípio da primazia da realidade — diz Plá Rodriguez[8] — significa que no caso de discordância entre o que ocorre na prática e o que surge de documentos ou acordos deve se dar preferência ao primeiro, ou seja, ao que sucede no terrenos dos fatos. Isso significa que, a rigor, "para pretender a proteção do direito do trabalho **não basta o contrato**, mas se requer a prestação efetiva da tarefa, e que esta é a que determina a proteção ainda que o contrato fosse nulo ou não existisse". Esta é a ideia básica encerrada na noção de relação de trabalho.

É que em matéria laboral há de prevalecer sempre a verdade dos fatos acima dos acordos formais.

A esse respeito — diz Krotoschin — não interessa tanto "el contrato de trabajo sino la relación de trabajo en el sentido de hecho jurídico"[9]. É pois o fato real que apareça das relações verdadeiramente existentes, o que é preciso buscar sob as aparências muitas vezes simuladas de contratos de direito comum, civil ou comercial.

É bastante comum que, com o vício de sua vontade (art. 954 do Código Civil argentino), os trabalhadores por ignorância ou erro concordem em outorgar contratos com sociedade comercial, o que o desqualifica. Contudo, no caso, o julgador, aplicando os arts. 13, 14, 23, 29, 30, 31 e seguintes da LCT e o princípio da primazia da realidade, terá de considerá-lo nulo por simulação ou fraude à lei trabalhista. Não se trata então, como queria Mario de La Cueva, de considerar o contrato de trabalho como "contrato-realidade"[10]; mas de comparar o contrato com a realidade dos fatos, porque este proceder traz as garantias do devido processo que assegura o art. 18 da Constituição Nacional.

Deve-se entender então com Deveali que esse princípio principalíssimo é indeclinável e "que as normas jurídicas deverão ser aplicadas sobre a base da verdadeira natureza ajustada ou da condição realmente estipulada. **Esta primazia da relação de fato sobre a ficção jurídica se manifesta em todas as fases da relação de trabalho**", acrescenta. "o trabalhador que ingressa em uma fábrica, na maioria dos casos não sabe nem é fácil saber o nome do proprietário; tampouco sabe se se trata de pessoa física ou mortal e se é uma pessoa de direito público ou privado".

f) O princípio de continuidade ou de inalterabilidade do contrato. Plá Rodriguez afirma com razão que, "para comprender este principio debemos partir de la base de que el contrato de trabajo es un contrato de tracto sucesivo, o sea, que la relación laboral no se agota mediante la realización instantánea de cierto acto, sino que dura en el tiempo"[11].

Sabendo historicamente que a instabilidade no emprego é sinônimo de insegurança, o direito do trabalho veio consagrar que, no contexto desse ramo do direito os contratos serão por tempo indeterminado porque a relação laboral não é nem

---
(8) RODRIGUEZ, Américo Plá. *Op. cit.*, p. 313.
(9) KROTOSCHIN, Ernesto. Instituciones del derecho del trabajo, citado por RODRIGUEZ, Américo Plá. *Op. cit.*, p. 313.
(10) CUEVA, Mario de La. *Op. cit.*, t. 1, p. 381.
(11) RODRIGUEZ, Américo Plá. *Op. cit.*, p. 219.

deve ser efêmera, uma vez que supõe uma vinculação prolongada no tempo, já que nasce como um mecanismo destinado a gerar segurança jurídica.

Na doutrina brasileira, Arnaldo Süssekind sustenta que — além disso — esse princípio deriva do *pacta sunt servanda* e no ordenamento argentino está consagrado no art. 1.197 do Código Civil e no art. 10 da LCT. Mas, além disso, o art. 90 da LCT prescreve taxativamente que "el contrato de trabajo se entenderá celebrado por tiempo indeterminado, salvo que su término resulte de las siguientes circunstancias: a) que se haya fijado en forma expresa y por escrito el tiempo de su duración; b) que las modalidades de las tareas o de la actividad, razonablemente apreciadas, así lo justifiquen".

Mas em seu parágrafo final, o legislador decidiu aventar toda dúvida: "la formalización de contratos por plazos determinados en forma sucesiva — acrescenta — que exceda de las exigencias previstas en el apartado b) de este artículo, convierte al contrato em uno por tiempo indeterminado".

E para maior esclarecimento, agrega: "en el contrato de trabajo a plazo fijo ... (art. 93 da LCT) las partes deberán preavisar la extinción del contrato com antelación no menor de un mes ni mayor de dos ... Aquélla que lo omitiera, se entenderá que acepta la conversión del mismo como de plazo indeterminado" (art. 94 da LCT).

O princípio de indeterminação no tempo do contrato de trabalho se mantém na normativa posterior, apesar de, como na Lei n. 24.013, de 5.12.1991 (Ley Nacional de Empleo), está fortemente influenciado por variáveis flexibilizadoras; e o estende até que o trabalhador "se encuentre en condiciones de gozar de los beneficios que le asignan los regímenes de seguridad social, por límites de edad y años de servicios" (art. 91 da LCT).

E se conserva, ainda "cuando se produzca un cambio en la persona del empleador" (art. 229 da LCT); ou como nos contratos de "objeto parcialmente prohibido... en la parte que resulte válida" (art. 43 da LCT); quando se pretenda presumir contra o trabalhador "a renúncia ao emprego" salvo a hipótese de mútuo consentimento formalizada por escritura pública, ou ante a autoridade administrativa ou judicial: que tantas arbitrariedades alentou a propósito dos presumidos "pedidos de demissão voluntária dos funcionários públicos".

Chama a atenção, no entanto, que em um rumo tão altamente "protegido" como a maternidade (Capítulo II, arts. 177 a 179 da LCT), o legislador — com manifesta incongruência — tenha introduzido uma exceção ao art. 58 (que "não admite presunções contra o trabalhador"); destinada precisamente a negar a continuidade do contrato de trabalho nos casos de mulheres que se encontrem em casos de exceção (arts. 183/187 da LCT), dentro de 45 dias antes do parto até 45 dias depois do mesmo (art. 177 da LCT), não se reincorporaram a seu emprego nem comunicaram a seu empregador dentro das 48 horas antes do vencimento de tais termos que se juntam aos prazos de exceção, "se entenderá que opta por la percepción de la compensación establecida en el art. 183, inciso b, párrafo final". Isso significa — para bom entendedor — que a Lei do Contrato de Trabalho reintroduziu a presunção de culpa acerca da descontinuidade do vínculo empregatício, em nada menos que uma figura tão altamente protegida como é a da maternidade. O art. 183 da LCT interpreta como uma rescisão indenizável a omissão no exercício da opção pelo estado de exceção.

Assinalemos, enfim, que durante os últimos anos a influência das doutrinas flexibilizantes se fez sentir entre outras nas Leis ns. 24.013 e 24.465 sancionadas respectivamente em 17.12.1991 e 28.3.1993.

A primeira denominada eufemisticamente "Ley de Empleo" ainda que seu art. 27 "ratifica el principio de indeterminación en el plazo ... del contrato de trabajo"; negou em seguida, nos arts. 43 a 65, admitindo os "contratos de trabajo por tiempo determinado como medida de fomento del empleo" e outras figuras de similar inspiração.

A segunda, denominada desta vez sem eufemismos "Ley de Flexibilización Laboral", "complementa a Lei n. 24.013 admitindo os contratos por tempo determinado para "trabajadores mayores de cuarenta años, de personas con discapacidad, de mujeres y de ex combatientes de Malvinas ... com uma duración mínima de seis meses ... y una duración máxima de dos años" (art. 3º, inc. 1).

Com tal norma se agrava a violação do princípio de indeterminação em situações altamente sensíveis — como a dos incapacitados — precisamente aqueles em que a necessidade de proteção e segurança jurídica do trabalhador se tornam mais evidentes.

Porém para maior injúria ao princípio, no inc. 3 do mesmo artigo viola-se o art. 10 da LCT sobre conservação e continuidade do contrato, o art. 90 da LCT e seu correlato, o art. 231 da mesma lei, autorizando expressamente a extinção dos contratos "por el mero cumplimiento del plazo pactuado sin necesidad de otorgar preaviso y la extinción no generará obligación indemnizatoria alguna a favor del trabajador". **No inc. 4 do art. 3º, essa lei introduz pela primeira vez na Argentina a possibilidade de flexibilizar a proteção contra a despedida sem justa causa mediante pacto em acordo coletivo de trabalho.**

Não obstante, com a Lei n. 25.013, sancionada no dia 24.9.1998, foram revogadas as Leis ns. 24.013 e 24.465, ainda que os contratos celebrados sob sua vigência continuaram até a finalização de seus prazos (art. 22). Mas no art. 6º da Lei n. 25.013 volta-se plenamente ao princípio da indeterminação nos contratos de trabalho.

Com isso recupera sua vigência a garantia de estabilidade nos empregos que consagra a Recomendação n. 119 da OIT (hoje com hierarquia superior às leis segundo o art. 75, inc. 22 da Constituição reformada em 1994). No que concerne ao trabalhador, o instrumento valida o princípio de indeterminação no prazo do contrato laboral, ao "reconhecer por um lado o direito à proteção contra o término arbitrário e injustificado da relação de emprego e, por outro, o direito a uma proteção econômica para fazer frente às consequências da perda do emprego". Quanto ao empregador, a Recomendação atende às necessidades da empresa e seu funcionamento eficaz.

"De una manera muy general" — escreveu Von Potobsky[12] — "la Recomendación considera el interés de toda la comunidad, tanto en lo que se refiere a los problemas de desempleo como los de la productividad y de las relaciones obrero-patronales".

g) O princípio de não discriminação. A Declaração Sociolaboral do MERCOSUL (ou Declaração dos Presidentes das Quatro Repúblicas), sancionada pelos quatro países membros em 10.12.1998, prescreve em seu art. 10 sobre "não discriminação": "Todo trabajador tiene garantizada la igualdad efectiva de derechos, trato, y oportunidades en el empleo y ocupación, sin distinción o exclusión en razón de raza, origen nacional, color, sexo y orientación sexual, edad, credo, opinión política o sindical, ideología, posición económica, o cualquier otra condición social o familiar, en conformidad con las disposiciones legales vigentes. Los Estados partes se comprometen a garantizar la vigencia de este principio de no discriminación. En particular se comprometen a realizar acciones destinadas a eliminar la discriminación respecto de los grupos en situación de desventaja en el mercado de trabajo".

Como aponta Barbagelata[13] "no es posible considerar el derecho del trabajo del MERCOSUR haciendo abstracción de su inserción em el proceso de integración".

Na atualidade — acrescenta mais adiante — "es valor entendido en los países del MERCOSUR y también en Chile, que la mera ratificación en debida forma de los convenios internacionales, produce su incorporación al derecho interno de cada país, con la natural consecuencia de su invocación ante los tribunales de justicia nacionales" (conf. art. 75 inc. 22 da Constituição Nacional (Argentina) e Convenção de Viena sobre Direito dos Tratados — ano 1969).

Em todo caso — como é sabido — um instrumento internacional da categoria das "declarações" não está, em absoluto, desprovido de efeitos jurídicos, mesmo antes de ser reconhecido como *jus cogens*, como em sua vocação. Com efeito, a doutrina internacional destaca a eventual inconstitucionalidade ou ilegitimidade das disposições que contradigam o preceituado por uma "declaração" das características da sociolaboral do MERCOSUL[14].

Nesse contexto é necessário analisar as normas de direito interno explícito que em matéria laboral refletem os princípios antidiscriminatórios. A regulação laboral do trabalho das mulheres — por exemplo — reflete hoje como tema central

---

(12) POTOBSKY, Geraldo W. Von. La recomendación de la OIT sobre la terminación de la relación de trabajo. In: *Estudios sobre derecho individual de trabajo en homenaje al profesor Mario L. Deveali*. Buenos Aires: Heliasta, 1979. p. 595.
(13) BARBAGELATA, Hécto Hugo. Consideraciones finales. In: *El derecho laboral del Mercosur ampliado*. Montevideo: Fundación de Cultura Universitária y Oficina Internacional del Trabajo, 2000. p. 625.
(14) Cf. URIARTE, Oscar Hermida. Características, contenido y eficacia de una eventual carta social del MERCOSUR. *Revista de Relasur*, n. 8, 1995. p. 43-62.

a aplicação do princípio de não discriminação por razão de sexo na legislação respectiva dos países da região.

Os cinco países do Cone-Sul ratificaram a Convenção da OIT n. 111 sobre não discriminação no trabalho de homens e mulheres.

Na Argentina a Lei de Contrato de Trabalho, em seu art. 17, proíbe qualquer tipo de discriminação entre os trabalhadores por motivo de sexo, raça, nacionalidade, religião, política, de associação ou de idade. Ao ser sancionada a Lei n. 25.013, em 1998, em seu art. 11 sobre "Despedida discriminatória" — curiosa e incongruentemente — incorreu-se exatamente em um caso de discriminação legal. Com efeito, segundo essa norma, será considerado "despido discriminatorio el originado en motivos de raza, nacionalidad, sexo, orientación sexual, religión, ideología u opinión política o gremial". Posteriormente, o Poder Executivo observou pelo Decreto n. 1.111/98 (veto parcial) as causas de "nacionalidade", "orientação sexual", "ideologia" ou "opinião política" ou "gremial".

Quer dizer que subsistiram somente os motivos de "raça", "sexo" e religião; com o que flagrantemente o art. 17 da LCT, que contém um leque muito mais amplo de tipologia discriminante que — segundo assinalamos mais acima — inclui também motivos de "nacionalidade", "políticos", "gremiais" e de idade.

Senão vejamos, se consideramos que as leis posteriores derrogam as anteriores; e a Lei n. 25.013, sancionada em 21.5.1976, quer dizer que a segunda norma reduziu a amplitude da proibição de discriminar imposta na lei mais antiga, em um ato flagrante de incongruência. Mas por sua vez a Lei n. 25.013, que segundo o art. 75, inc. 24 da Constituição da Argentina, tem hierarquia inferior à Declaração Sociolaboral do Mercosul que se considera parte do Tratado de Assunção, e por conseguinte tem hierarquia "superior às leis".

Daí, então, desde o monismo juslaboralista, desde a pirâmide jurídica que gera a integração regional no Mercosul, e desde a norma mais favorável, o princípio de não discriminação "se traduz em nosso direito interno como **a proibição de toda 'distinção' ou exclusão em razão de raça; origem nacional; cor; sexo e orientação sexual; idade; credo; opinião política ou sindical; ideologia; posição econômica ou qualquer outra condição social ou familiar**".

São exemplos pontuais de concordância com esta norma os arts. 72 (não afetam de forma manifesta e discriminada a segurança do trabalhador"; 73 (o empregador não poderá obrigar o trabalhador a manifestar suas opiniões políticas, religiosas ou sindicais); 172 (proíbe-se "consagrar pelas convenções coletivas de trabalho, ou regulamentações autorizadas, nenhum tipo de discriminação — contra a mulher — em seu emprego fundada em sexo ou estado civil desta, ainda que este último se altere no curso da relação laboral).

Em todo caso, repetimos que com a reforma da Constituição argentina de 1994 (art. 75, inc. 22) adquiriram hierarquia constitucional os tratados sobre direitos humanos que ali se enumeram, ainda no que se refere ao tema que estamos desenvolvendo, convém citar expressamente a "Convenção Internacional sobre a eliminação de todas as formas de discriminação racial" e a "Convenção sobre a eliminação de todas as formas de discriminação contra a mulher".

Vale a pena destacar também a "Convenção Americana sobre Direitos Humanos", sancionada em 22.11.1989 (denominada também "Pacto de San José de Costa Rica"), em cujo art. 1º os Estados partes se comprometem a respeitar os direitos e liberdades reconhecidos no mesmo "...sem discriminação alguma por motivos de raça, cor, sexo, idioma, religião, opiniões políticas ou de qualquer outra índole, origem nacional ou social, posição econômica, nascimento ou qualquer outra condição social".

h) O princípio da igualdade. Concordamos com Plá Rodriguez em admitir a enorme importância do princípio da não discriminação. Mas não do "princípio de igualdade"[15].

"No se trata de un principio terminológico sino conceptual" — afirma com razão — "es que el principio de no discriminación lleva a excluir todas aquéllas diferenciaciones que colocan a un trabajador en una situación inferior o más desfavorable que el conjunto. Y sin una razón válida ni legítima".

O princípio da igualdade, em contrapartida, "encierra la idea de la equiparación que es una fuente de conflictos y problemas; desnaturaliza el carácter básico de las normas laborales y lleva a impedir el otorgamiento de mejoras y beneficios que podrían existir".

Por outro lado — continua —, a imposição da igualdade tem sido acolhida em normas que condicionam a aplicação do princípio a certos limites e requisitos que na realidade o desvirtuam.

Como, por exemplo — dentro da legislação argentina —, a incongruência que se apresenta entre os arts. 81 e 187 da Lei de Contrato de Trabalho n. 20.744 segundo a primeira dessas normas, por princípio "el empleador debe dispensar a todos los trabajadores igual trato en identidad de situaciones".

Não obstante, no art. 187 da LCT sobre igualdade dé remuneração no trabalho de menores, dispõe-se o seguinte: "las reglamentaciones, convenios colectivos de trabajo, o tablas de salarios que se elaboren, garantizaran al trabajador menor la igualdad de retribución cuando cumpla jornadas de trabajo o realice tareas propias de trabajadores mayores".

Para entender cabalmente que se tem incorrido em uma contradição, atente--se para que, de acordo com a disposição genérica do art. 201 da LCT, "el empleador deberá abonar al trabajador que prestar servicios en horas suplementarias ... un recargo del cincuenta por ciento calculado sobre el salario habitual, si se tratar de días comunes, y del ciento por ciento en dias sábados después de las trece horas, domingos y feriados".

---

(15) RODRIGUEZ, Américo Plá. *Los principios del derecho del trabajo*. Buenos Aires: Depalma, 1998. p. 414-5.

Mas segundo o art. 196 da LCT (conf. art. 1º da Lei n. 11.544) a extensão da jornada de trabalho "no podrá exceder de ocho horas diárias o cuarenta y ocho semanales para los trabajadores em general" (ainda que pelo que está implícito é óbvio que a norma se refere aos trabalhadores adultos). Isso significa que a retribuição de um trabalhador maior de idade por jornada de trabalho é calculada sobre as oito horas (salvo em caso de, por exceção, pelo tipo de atividade tenha-se estipulado uma jornada menor, como nos casos de trabalho insalubre: de seis horas diárias ou trinta e seis horas semanais — art. 200, § 3º da LCT) sem diminuição das remunerações.

Tudo isso deve ser interpretado tendo em vista que, se para um trabalhador adulto são remuneradas como horas extras as que excedem a oito (ou seis, quando for o caso), para um trabalhador menor de idade são consideradas horas extras as que excedem de seis, proíbe-se o trabalho de menores em atividades insalubres (art. 191 da LCT com remissão ao art. 176 da LCT).

Por tudo isso é impensável que, como quer o art. 187, seja legal que a garantia da igualdade se configure — como supõe o art. 187 da LCT — quando o trabalhador menor cumpra ... jornadas de trabalho ... próprias de trabalhadores maiores.

Ainda que tal artigo não esclareça taxativamente, o intérprete deverá concluir que o princípio de igualdade de remuneração se cumprirá na medida em que se "dispense a todos los trabajadores igual trato en identidad de situaciones" não se cumpre quando o menor deve realizar "jornadas de trabajo propias del trabajador mayor".

Em síntese, no art. 187 se estaria violando o princípio da igualdade do art. 16 da Constituição argentina que, como afirma a doutrina, faz alusão à igualdade entre iguais em igualdade de situações[16].

E, consequentemente, como afirma Arnaldo Lopes Süssekind, como o quer Plá Rodriguez e o reafirmamos neste trabalho, "la imposición del principio de igualdad, en general, ha sido recogido a veces en normas que condicionan su aplicación, sujetándolo a ciertos límites y requisitos que lo desvirtúan".

Assim vem sustentando a Corte Supremna de Justiça Nacional, que nos autos cartulados: "Fernández Estrella C/ Sanatório Güemes S/A" (sentença de 23.8.88) resolveu o seguinte: "La garantía constitucional de 'igual remuneración por igual tarea' (art. 14 *bis* de la Constitución Nacional) impide cualquier tipo de discriminaciones, salvo las fundadas en 'causas objetivas', las que quedaron plasmadas en el texto del art. 81 de la ley de Contrato de Trabajo con posterioridad a la reforma que la Ley n. 21.297 introdujo al texto de la Ley n. 20.744 (Voto de los Dres. Petracchi y Bacqué)"; "La garantía de la igualdad radica en consagrar un trato legal igualitario a quienes se hallan en un razonable igualdad de circunstancias (Voto de los Dres. Petracchi y Bacqué)" (Fallos: 311: 1602).

---

(16) GRISOLIA, Julio Armando. *Derecho del trabajo y la seguridad social*. Buenos Aires: Lexis Nexis, 2003. p. 319.

i) O princípio da boa-fé. Em tempos que proliferam as relações de trabalho não registradas, e a fraude laboral se multiplica, o princípio de "boa-fé" constitui uma salvaguarda do contrato de trabalho da qual nem as partes nem o intérprete podem prescindir; como se trata de um especial princípio não exclusivo do direito laboral, adquire uma relevância na relação de emprego na qual a desigualdade pressuposta e suas correções no plano dos deveres e direitos das partes, tão privativas desse ramo do direito, a fazem imprescindível.

Não parece casualidade, então, que a Lei do Contrato de Trabalho, em seu art. 63, imponha que "**las partes están obligadas a obrar de buena fe, ajustando su conducta a lo que es propio de un buen empleador y de un buen trabajador,** tanto al celebrar, ejecutar o extinguir el contrato o la relación de trabajo" (cf. art. 11 *in fine*).

Mas por acaso, no "sistema" do direito do trabalho — como se interroga Meilij[17] — "¿podrían las partes estar obligadas a hacerlo de otra manera?"

Já faz tempo que a jurisprudência vem respondendo: "aunque el principio de la buena fe no estuviera expresamente consagrado de trabajo con igual fuerza a obrar de tal manera porque **la especificidad del derecho laboral 'no puede conducirlo a soluciones incompatibles con los principios generales del derecho y menos en uno de sus aspectos cardinales**"[18].

E não poderia ser de outra maneira, porque no constexto do "contrato realidade" ao qual se referia De la Cueva, não cabe outra conduta entre as partes senão a "intenção reta" à qual alude o dicionário[19].

É que, afirma também a jurisprudência, "o princípio da boa-fé deve presidir o contrato laboral". Neste, a relação entre as partes deve permitir a cada uma delas cumprir completamente com suas obrigações para levar o contrato até o fim previsto[20].

E, nesse sentido, a boa-fé no contrato de trabalho pressupõe — pela natureza do vínculo que gera — o reconhecimento da "crua desigualdade entre quem somente tem para vender sua força de trabalho e quem a adquire ao serviço de sua propriedade sobre os meios de produção, em ato de nenhuma simetria. Fica exposta assim — dissemos outras vezes — a característica essencial do capitalismo, que é a excisão, em suma, da sociedade em indivíduos separados pela divisão do trabalho mas 'unidos' pela mediação jurídica do contrato"[21].

---

(17) MEILIJ, Gustavo Raúl. *Contrato de trabajo.* Buenos Aires: Depalma, 1980. p. 259.
(18) *La buena fe también es norma rectora en las relaciones laborales*, SCBA 13-5-75, ED n. 27.227 — Cf. SCBA 5-4-77, JA 1978-II-713, n. 13.
(19) *Dicionário Pequeno Larousse ilustrado.* Buenos Aires: Larousse, 1987. p. 462.
(20) Cf. Câmara Nacional de Apelações do Trabalho, Sala I, 19.11.76.
(21) LIPOVETSKY, Jaime César; LIPOVETSKY, Daniel Andrés. *El derecho del trabajo en los tiempos del ALCA.* Buenos Aires: Distal, 2002. p. 218; LIPOVETSKY, Jaime César; LIPOVETSKY, Daniel Andrés. *Mercosur:* estrategias para la integración. 2. ed. Buenos Aires: La Plata, 2002. p. 186; LIPOVETSKY, Jaime César; LIPOVETSKY, Daniel Andrés. *Mercosul:* estratégias para a Integração. 1. ed. (bilíngue espanhol-português). São Paulo: LTr, 1994.

Concluindo, o problema que gera a salvaguarda do "princípio de boa-fé" se inscreve como ingrediente imprescindível do caráter "monista" do direito do trabalho, porque se trata da recuperação e mediação das duas grandes tradições do direito contemporâneo, a normativa e a sociológica, o que permite entender — por um lado — que o direito é ordenamento ideal da sociedade mediante normas — e por outro — que esta não se reduz ao conceito kelseniano: "ordenamento das condutas"; mas sim a uma positiva — historicamente determinada — relação social-cultural, que nunca se esgotará na norma em si; mas — e acima de tudo — na historicamente determinada relação social-natural constitutiva daquela como própria articulação.

Nesse sentido, se — como o quer certa parte da doutrina — regressamos no tempo em busca de uma definição do "princípio da boa fé" nas remotas origens do direito romano, voltaremos às figuras do "bom empregador" e do "bom trabalhador", que lamentavelmente resgatou o art. 63, LCT e que remetem desnecessariamente à imagem do bom "pater familiae", que contempla o Direito Civil.

Art. 1.198 do Cód. Civ.: "Los contratos deben celebrarse, interpretarse y ejecutarse de buena fe y de acuerdo con los que verosímilmente las partes entendieron o pudieron entender, obrando con cuidado y previsión.

En los contratos bilaterales conmutativos y en los unilaterales onerosos y conmutativos de ejecución diferida o continuada, si la prestación a cargo de una de las partes se tornara excesivamente onerosa, por acontecimientos extraordinários e imprevisibles, la parte perjudicada podrá demandar la resolución del contrato. El mismo principio se aplicará a los contratos aleatorios cuando la excesiva onerosida se produzca por causas extrañas al riesgo propio del contrato.

En los contratos de ejecución continuada la resolución no alcanzará a los efectos ya cumplidos.

No procederá la resolución, si el perjudicado hubiere obrado con culpa o estuviese em mora.

La outra parte podrá impedir la resolución ofreciendo mejorar equitativamente los efectos del contrato."

Por sua vez, a Lei do Contrato de Trabalho prescreve:

Art. 63 da LCT: "Las partes están obligadas a obrar de buena fé, ajustando su conducta a lo que es propio de un buen empleador y de un buen trabajador, tanto al celebrar, ejecutar o extinguir el contrato o la relación de trabajo".

Mas se, como afirma Meilij[22], voltamos no tempo mergulhando na figura do "bom pai de família" incorporada legislativamente, isso faz surgir uma nova interrogação: em que se distinguem essas "boas" figuras de qualquer cidadão que cumpre suas obrigações como deve fazer?

E mais ainda — perguntamos do ponto de vista estritamente juslaboralista — por acaso se compadecem as figuras do art. 63 da LCT com as condutas às quais as partes estão obrigadas pelo art. 62 do LCT?

---

(22) MEILIJ, Gustavo Raúl. *Op. cit.*, p. 258.

Art. 62 da LCT: "Las partes están obligadas, activa y pasivamente, no solo a lo que resulta expresamente de los términos del contrato, sino a todos aquellos comportamientos que sean consecuencia del mismo, resulten de esta ley, de los estatutos profesionales o convenciones colectivas de trabajo, apreciados con criterios de colaboración y solidaridad"[23].

De algum modo — respondemos a nós mesmos — o espírito que infundiu o legislador ao art. 63 se inspira precisamente na metafísica que nega "as grandes tradições do direito contemporâneo" às quais nos referimos linhas atrás — a normativa e a sociológica — nas quais se inspira o direito laboral.

Assim, segundo nossa interpretação, o art. 63 da LCT contradiz os princípios dos arts. 7º, 8º e 9º da LCT, comentados mais acima neste capítulo; porque no principal, a "boa-fé" no contrato de trabalho se consigna realmente quando se respeitam e se procura respeitar as condutas que resultam dos termos do contrato de trabalho, e "todos aqueles comportamentos que sejam consequência do mesmo, sejam resultantes desta lei, dos estatutos profissionais ou convenções coletivas de trabalho, apreciados com critério de colaboração e solidariedade" (art. 62 da LCT).

Ou seja, os conceitos abstratos de "bom empregador" e de "bom trabalhador" aos quais recorreu o legislador no art. 62 da LCT evitam toda referência à "realidade e sua primazia", inevitáveis na relação de trabalho (arts. 13, 14, 23, 29, 30, 31 e seguintes da LCT); ao cumprimento das condições mais favoráveis de trabalho (art. 7º da LCT); e mais pontualmente, como já assinalamos, às condutas que se descrevem em contrapartida no art. 62 da LCT: "comportamientos que sean conse-cuencia del contrato de trabajo, resulten de esta ley, de los estatutos profesionales o convenciones colectivas de trabajo, apreciados con criterio de colaboración y solidaridad".

Preste-se atenção — por outro lado — a que no art. 11 da LCT o legislador já havia vinculado "a boa-fé" como "princípio de interpretação e aplicação da lei, mas relacionado exclusivamente "às normas que regem o contrato de trabalho ou pelas leis análogas".

Art. 11 da LCT: "Cuando una cuestión no pueda resolverse por aplicación de las normas que rigen el contrato de trabajo o por las laeyes análogas, **se decidirá conforme con los principios de la justicia social, a los generales del derecho del trabajo, la equidade y la buena fe**".

Trata-se obviamente de um princípio de conduta aplicável às duas partes do contrato de trabalho, e se caracteriza por seu profundo sentido ético mais que econômico. Por isso mesmo, desacreditamos naquelas interpretações que o vinculam com o denominado "princípio de rendimento" ao qual se referem, entre outros, Cabanellas e Tissembaun, na Argentina e Pérez Botija na Espanha[24].

Concordamos em contrapartida com Plá Rodriguez, que após uma meticulosa análise conclui que no contexto das relações de trabalho, o "princípio de rendimento **parece assumir as características de um corpo estranho**". "Com maior ou menor

---

(23) Note-se a congruência do art. 62 da LCT com o princípio de interpretação e aplicação da lei, estatuídos no art. 11 da LCT.
(24) Referências de RODRIGUEZ, Américo Plá. Op. cit., p. 385.

clareza todos os outros princípios procuram proteger o trabalhador". Por isso há quem os reduza a um único princípio protetor.

Em contrapartida — acrescenta — "este principio responde a outro origen: no busca proteger al trabajador, sino a la comunidad, eventualmente (y presuntamente, apuntamos) danada por la conducta del trabajador"[25].

Para concluir, nesses tempos de tendências desreguladoras e flexibilizadoras do direito do trabalho em cujos fundamentos primam mais as razões de mercado do que a boa-fé, nós afirmamos com o mestre Barbagelata[26] "la existencia de una orientación mental que bajo pretexto de limitaciones económicas y en la búsqueda del desarrollo a cualquier precio pretende esbozar un movimiento regresivo en todo el derecho del trabajo latinoamericano".

---

(25) *Op. cit.*, p. 389.
(26) BARBAGELATA, Héctor Hugo. *Op. cit.*, p. 31.

Capítulo III

FONTES DO DIREITO DO TRABALHO

Neste capítulo trataremos das fontes "formais", isto é, das que geram direitos e obrigações nas relações sobre as quais incidem.

Como norma geral, elas são inspiradas pelas fontes materiais de direito, que se referem a fatos históricos e sociais, declarações formais, recomendações de organismos internacionais e tratados não ratificados.

A) A ordem jurídica

A ordem jurídica — como deve ser um ordenamento coerente (arts. 31 e 75, inc. 22 da Constituição argentina) — impõe a hierarquização das fontes formais do direito e isso porque **a eficácia de uma norma no esquema do direito está condicionada a sua congruência com o preceito ou sistema de maior hierarquia, até o nível mais elevado dessa escala, que é a Constituição do país.**

No contexto da Teoría pura do direito e do Estado de Hans Kelsen, coloca-se o direito internacional no cume da pirâmide jurídica, que imagina, acima portanto, da Constituição do Estado, inclusive em relação à ordem jurídica interna. **Essa tese, no entanto, não tem conseguido a adesão da maior parte da doutrina nacional e internacional.**

Como mostra desse último, é preciso resgatar que muito precocemente no direito do trabalho latino-americano e do México, Mario de La Cueva sustentava que se o art. 133 da Constituição de seu país "otorga fuerza obligatoria a los tratados internacionales que fueren aprobados por el Senado ... **los trabajadores pueden en consecuencia solicitar el cumplimiento de las convenciones que hubiesen sido ratificadas por México, EN AQUELES CAPÍTULOS QUE LOS FAVOREZCAN**"[1].

Mas convenhamos que a construção racional de De la Cueva está profundamente enraizada no universo do trabalho e em sua estrutura metodológica refletida nos princípios do direito laboral. Em Kelsen, a hierarquia das normas é absolutamente alheia às "fontes materiais" do direito, uma pura metafísica desprovida de conteúdos. Por isso, enquanto no mestre mexicano a ordem hierárquica das fontes do direito resgata o princípio protetor, a autonomia e o monismo desse ramo do direito, na construção de Kelsen gira-se somente em torno da

---

(1) CUEVA, Mario de La. *Derecho mexicano del trabajo*. México: Porrúa, 1949. p. 378.

arbitrariedade da forma, segundo a qual a norma hierarquicamente superior seria a mais abrangente; aquela suscetível de se impor à maior quantidade de pessoas com total prescindência das esferas soberanas de conteúdos e dos Estados em matéria normativa. Essa marcante "ausência" no sistema kelseniano — paradoxalmente — denota uma certa influência de teorias autoritárias, nutridas pelo messianismo político europeizante com o qual se pretendeu justificar o colonialismo inglês, francês e belga, entre outros; e o expansionismo imperialista alemão durante a primeira metade do século XX.

Por isso — e desde os caros princípios protetores que inspiram o direito laboral — concordamos com De la Cueva[2] em que: "en presencia de varias normas provenientes de distintas fuentes formales, debe aplicarse siempre la que favorezca a los trabajadores". Como bem aponta esse autor: "El derecho internacional no será posible mientras existan Estados imperialistas y en tanto algunos pueblos, apoyados en su fuerza, dominen a otros, en la forma de colonias, protectorados o dominios"[3].

"Sin embargo" — afirma De la Cueva com impressionante visão antecipatória — "la idea de un derecho internacional se afirma en la consciencia universal de los hombres, la que es felizmente diferente de la voluntade estatal".

Três ideias — conclui — aparecem nitidamente projetadas no panorama "el respeto a la persona humana es la primera; la segunda idea es la seguridad de una existencia digna de ser vivida, que es la reivindicación del trabajo ... y está expresada en la Carta de las Naciones Unidas, en la Declaración de Filadelfia y en la Carta Internacional Americana de Garantias Sociales: el respeto a los pueblos, fuertes o débiles, es la tercera idea; los pueblos débiles no queremos vivir ni protegidos, ni como minorías oprimidas por los pueblos fuertes; reclamamos nuestra independencia para forjar nuestro destino, en un espíritu de concordancia y armonía universales".

B) *A hierarquia das fontes nas Constituições Argentinas. A reforma de 1956 e 1994. As fontes externas*

1. No âmbito do direito do trabalho a fonte maior da hierarquia deve ser investigada a partir dos conteúdos, da forte incidência do princípio protetor e da primazia da realidade.

Assim, a hierarquia das normas deve ser medida sempre a partir de seu respeito pelos princípios essenciais desse ramo do direito: *in dubio pro operario*; "aplicação da norma mais favorável ao trabalhador" e da "condição mais favorável ao trabalhador"; e da "condição mais favorável" (conf. arts. 7º, 9º e 10 da LCT).

De tal modo, a ordem hierárquica das fontes formais, como aparece desenhada nos arts. 31 e 75, inc. 22, da Constituição Nacional, deve ceder sempre ante o

---

(2) CUEVA, Mario de La. *Op. cit.*, p. 366.
(3) *Op. cit.*, p. 323.

princípio protetor (art. 14 *bis* Constituição Nacional). Isso não obstante que a fonte formal de maior hierarquia — repetimos — é a Constituição Nacional da Argentina, a partir da qual, por determinação, autorização ou compatibilidade, as demais normas, heterônomas ou autônomas, entram validamente no mundo jurídico.

2. A Carta Magna de inspiração liberal sancionada em 1853 não incluía normas de direito laboral. Somente consagrava o "direito de trabalhar e exercer toda indústria lícita" em seu art. 14.

Somente com a reforma de 1956 foram introduzidas normas de profundo conteúdo juslaboral com a sanção do art. 14 *bis*, sem dúvida fortemente inspirado pelo clima de acordo social que se vivia no mundo pós Segunda Guerra; mas simultaneamente inspirado no protagonismo que adquiriram os conflitos salariais da época[4].

E dissemos bem: somente com a reforma de 1956 são introduzidos na Carta Magna explicitamente os princípios protetores, porque a Constituição sancionada em 1949, durante o primeiro governo do Presidente Juan Domingo Perón, mal eram esboçados, em seu contexto fortemente impregnado de princípios de seguridade social e protecionismo econômico.

Não obstante, seu capítulo terceiro reproduzia maiormente a "Declaração dos Direitos do Trabalhador", sancionada pelo Poder Executivo em 1947, que como tal não teve natureza normativa, até que foi incluída na nova Constituição sancionada em 11 de março de 1949.

Essa declaração consigna: 1º) "O trabalho é o meio indispensável para satisfazer as necessidades espirituais e materiais do indivíduo e da comunidade, a causa de todas as conquistas da civilização e o fundamento da prosperidade geral": daí que o direito de trabalhar deve ser protegido pela sociedade, considerando-o com a dignidade que merece e provendo ocupação a que necessite; 2º) Consigna-se para o trabalhador o direito a uma retribuição moral e material que satisfaça suas necessidades vitais e que seja compensatória do rendimento obtido e do esforço realizado; 3º) Consagra-se "o direito à capacitação, ao melhoramento da condição humana e ao melhoramento dos valores do espírito..."; 4º) Consagra-se "o direito dos indivíduos de exigir condições dignas e justas de trabalho e a obrigação da sociedade de vetar por seu estrito cumprimento"; 5º) Consagra-se o "direito à preservação da saúde que compreende a higiene e a segurança e a limitação do trabalho, que nunca deve exceder as possibilidades normais do esforço".

A essas cinco declarações seguem outras mais gerais, relativas à seguridade social; mas a última contém um programa para o direito coletivo do trabalho e se denomina "direito de defesa dos interesses profissionais": 10) Consagra "o direito de agremiar-se livremente e de participar em outras atividades lícitas tendentes à defesa dos interesses profissionais" ... "atribuições especiais dos trabalhadores que a sociedade deve respeitar e proteger, assegurando seu livre exercício e reprimindo todo ato que possa dificultá-lo ou impedi-lo".

---

(4) Massiah Gustave em Rev. *Le Monde Diplomatique*, Buenos Aires, maio 2003. p. 24.

Como bem ressalta De la Cueva a respeito, "a declaração dos direitos do Trabalhador é realmente uma declaração de princípios e não contém o enunciado das instituições concretas do direito do trabalho"[5].

A Constituição argentina de 1949 foi derrogada "com uma canetada" apenas por um ato de autoridade — um proclama com data de 27 de abril de 1956[6] — emanado do governo militar que se instalou no poder após o golpe de 1955. Como resultado do clima político instaurado, altamente discriminador, o "peronismo" foi proscrito e não participou das eleições constituintes de 1956; e o setor da União Cívica Radical que orientava Arturo Frondizi se retirou da Convenção, que ocorreu em minoria com a participação principal de conservadores, democratas cristãos, radicais seguidores de Ricardo Balbín, também de Sabatini de Córdoba e representantes do partido comunista.

Essas circunstâncias influenciaram para que em um ambiente de confrontação se abordasse o tema das relações laborais com a inclusão normativa das instituições do direito do trabalho, ausentes — segundo dissemos — na Constituição anterior, apesar de seu apego às questões sociais.

Sancionou-se assim um novo artigo adicionado ao texto constitucional de 1853, com a denominação "art. 14 *bis*".

O amplo rol de direitos laborais que contém tal norma não tenta dissimular a tendência dos constituintes a esquivar-se de compromissos imperativos diretos em nível constitucional.

Assim, o texto sancionado não expressa uma missão normativa, recorrendo ao reenvio; e por isso os direitos laborais passam a depender da legislação infraconstitucional, característica essa que o diferencia totalmente de outras Constituições, como por exemplo a brasileira de 1988, cujos arts. 7º e 8º são diretamente garantistas.

O art. 14 *bis* da Constituição argentina reformulada em 1956 continua vigente e seu texto não foi alterado pela reforma de 1994[7].

> Art. 14 *bis*: El trabajo en sus diversas formas gozará de la protección de las leyes, las que asegurarán al trabajador: condiciones dignas y equitativas de labor; jornada limitada; descanso y vacaciones pagados; retribución por igual tarea; participación en las ganancias de las empresas, con control de la producción y colaboración en la dirección; protección contra el despido arbitrario; estabilidad del empleado público; organización sindical livre y democrática, reconocida por la simple inscripción en un registro especial.
>
> Queda garantizado a los gremios: concertar convenios colectivos de trabajo; recurrir a la conciliación y al arbitraje; el derecho de huelga. Los representantes gremiales gozarán

---

(5) CUEVA, Mario de La. *Op. cit.*, p. 209.
(6) Publicada como anexo à edição da Constituição Argentina. *Imprensa do Congresso da Nação*, Buenos Aires, 1956. p. 61-3.
(7) SÜSSEKIND, Arnaldo em seu *Direito constitucional*. Rio de Janeiro: Renovar, 2001. p. 25, o que sem dúvida é um erro, parece sugerir o contrário.

de las garantías necesarias para el cumplimiento de su gestión sindical y las relacionadas com la estabilidad de su empleo.

El Estado otorgará los benefícios de la seguridad social, que tendrá el carácter de integral e irrenunciable. En especial, la ley establecerá: el seguro social obligatorio, que estará a cargo de entidades nacionales o provinciales con autonomía finaciera y económica, administradas por los interesados con participación del Estado, sin que pueda existir superposición de aportes; jubilaciones y pensiones móviles; la protección integral de la famlia; la defensa del bien de familia; la compensación ecoómica familiar y el acceso a uma vivienda digna.

C) A reforma de 1994

A Assembleia Constituinte argentina de 1994 entrou em vigência em 24 de agosto de 1994 e foi resultado do acordo político denominado "Pacto de Olivos" dos quais foram personagens principais Carlos Saul Menem, então presidente da República Argentina, de tendência neoconservadora; e Raúl Ricardo Alfonsín, de tendência social-democrata, presidente da então União Cívica Radical, principal força parlamentar de "oposição".

Ambos os políticos concordaram com a necessidade de reforma constitucional, fundamentalmente para assegurar a reeleição do presidente Menem, o que ficou consagrado no texto do art. 90 da Constituição Nacional. Mas tal acordo corrompeu as deliberações, no entendimento de que o governo que viesse não alteraria sua orientação do período anterior, tendente ao economicismo "neoliberal" do "Consenso de Washington"[8].

A nova Assembleia Constituinte argentina, reunida em Santa Fé, introduziu inúmeras modificações no texto da Carta Magna, mas não alterou o Capítulo Primeiro de "Declaraciones y garantías", do qual faz parte o já comentado art. 14 *bis* sancionado em 1956 com sua ampla enunciação de direitos laborais dependentes das "las leyes de la Nación que en su consecuencia se dicten por el Congreso" (art. 31 da Constitución Nacional argentina).

Em contrapartida, por meio do art. 75 sobre "atribuições do Congresso" se reconheceu a esse último: a faculdade de ditar entre outros códigos, o do "trabajo y seguridad social" (inc. 12); e a de "proveer lo conducente al desarrollo humano, al progreso económico con justicia social, a la produtividad de la economía nacional, a la generación de empleo, a la formación profesional de los trabajadores..." e a "promover políticas diferenciadas que tiendan a equilibrar el desigual desarrollo **relativo de provincias y regiones**" (inc. 19, §§ 1º e 2º).

---

(8) Denominou-se "Consenso de Washington" o dogma elaborado em 1990 pelo economista John Willamson, sintetizado em políticas de "estabilização, libertalização e privatização" — basicamente se trata dos seguintes princípios: "disciplina fiscal (equilíbrio presumido); liberalização financeira (taxas de juros fixadas pelo mercado); liberalização comercial (supressão da proteção aduaneira); total abertura da economia para os investimentos externos; privatização de todas as empresas; desregulação das relações laborais; proteção das patentes das multinacionais.

Introduziu-se também, nos incisos 22, 23 e 24 do mesmo art. 75, uma nova normativa que se vincula diretamente com o tema da ordem hierárquica das **fontes do direito do trabalho**; porque outorga aos "tratados ... com as las demás naciones ... jerarquía superior a las leyes" que em certos casos, "en las condiciones de su vigencia tienen jerarquía constitucional" ou podem adquiri-la com o "voto de las dos terceras partes de los miembros de cada Cámara" (inc. 22, último parágrafo).

Além disso, agregam-se faculdades para ditar "un régimen de seguridad social especial e integral en protección del niño ... y de la madre durante el embarazo y el tiempo de lactancia" (inc. 23); ainda que talvez seja o último dos três incisos o que mais comoveu a pirâmide jurídica.

Porque no inciso 24 se facultou ao Congresso para "aprobar tratados de integración que deleguen competencias y jurusdicción a organizaciones supraestatales ... cuyas ... normas ... tienen jerarquía superior a las leyes"; como se verá, explicitou-se assim que o Tratado de Assunção que criou o Mercosul e os acordos e protocolos complementares, pelo caráter monista de nosso direito, passaram a ser parte da ordem jurídica interna com hierarquia superior às leis e em certos pressupostos com nível constitucional[9].

Art. 75. Corresponde al congreso:

... 22 (Tratados y concordatos. Tratados com jerarquía constitucional) — Aprobar o desechar tratados concluidos con las demás naciones y con las organizaciones internacionales y los concordatos con la Santa Sede. Los tratados y concordatos tienen jerarquía superior a las leyes.

La declaración Americana de los Derechos y Deberes del Hombre; la Declaración Universal de Derechos Humanos; la Convención Americana sobre Derechos Humanos; el Pacto Internacional de Derechos Económicos, Sociales y Culturales; el Pacto Internacional de Derechos Civiles y Políticos y su protocolo facultativo; la Convención sobre la Prevención y la Sanción del Delito de Genocidio; la Convención Internacional sobre la Eliminación de todas las Formas de Discri-minación Racial; la Convención sobre todas las Formas de Discriminación contra la Mujer; la Convención contra la Tortura y otros Tratos o Penas Crueles, Inhumanos o Degradantes; la Convención sobre los derechos del Niño; en las condiciones de su vigencia, tienen jerarquía constitucional, no derogan artículo alguno de la primera parte de esta Constitución y deben entenderse complementarios de los derechos y garantías por ella reconocidos. Sólo prodrán ser denunciados, en su caso, por el Poder Ejecutivo Nacional, previa aprobación de las dos terceras partes de la totalidad de los miembros de cada Cámara.

Los demás tratados y convenciones sobre derechos humanos, luego de ser aprobados por el Congreso, requerirán el voto de las dos terceras partes de la totalidad de los miembros de cada Cámara para gozar de la jerarquía constitucional.

---

(9) Transcreve-se literalmente a norma em suas partes pertinentes.

23. (Igualdad de oportunidades. Protección del niño y de la madre) — Legislar y promover medidad de acción positiva que garanticen la igualdad real de oportunidades y de trato, y el pleno goce y ejercicio de los derechos reconocidos por esta Contitución y por los tratados internacionales vigentes sobre derechos humanos, en particular respecto de los niños, las mujeres, los ancianos y las personas con discapacidad.

Dictar un régimen de seguridad social especial e integral en protección del niño en situación de desamparo, desde el embarazo hasta la finalización del período de enseñanza elemental, y de la madre durante el embarazo y el tiempo de lactancia.

24. (Tratados de integración) — Aprobar tratados de integración que deleguen competencias y jurrisdicción a organizaciones supraestatales en condiciones de reciprocidad e igualdad, y que respeten el orden democrático y los derechos humanos. Las normas dictadas en su consecuencia tienen jerarquía superior a las leyes.

La aprobación de estos tratados con Estados de Latinoamérica requerirá la mayoría absoluta de la totalidad de los miembros de cada Cámara. En el caso de tratados con otros Estados, el Congreso de la Nación, con la mayoría absoluta de los miembros presentes de cada Cámara, declarará la conveniencia de la aprobación del tratado y sólo podrá ser aprobado con el voto de la mayoría absoluta de la totalidad de los miembros de cada Cámara, después de ciento veinte días del acto declarativo.

La denuncia de los tratados referidos a este inciso, exigirá la previa aprobación de la mayoría absoluta de la totalidad de los miembros de cada Cámara.

D) *A nova ordem jurídica da Argentina no Mercosul*

Em conformidade com o exposto e mediante o estudo das fontes do direito laboral e sua escala hierárquica, que estamos abordando, a conclusão obrigatória é a seguinte:

1. Em congruência com o art. 31 da Constituição argentina (capítulo primeiro: Declaraciones, Derechos y Garantías): "Esta Constitución, las leyes de la Nación que en su consecuencia se dicten por el Congreso y los tratados con las potencias extranjeras son la ley suprema de la Nación...".

Em consonância com o anterior: "... La Declaración Americana de los Derechos y Deberes del Hombre; la Declaración Universal de Derechos Humanos; la Convención Americana sobre Derechos Humanos; el Pacto Internacional de Derechos Económicos, Sociales y Culturales; el Pacto Internacional de derechos Civiles y Políticos y su protocolo facultativo; la Convención sobre la Prevención y la Sanción del Delito de Genocidio; la Convención Internacional sobre la Eliminación de todas las Formas de Discriminación Racial; la Convención sobre la Eliminación de todas las Formas de Discriminación contra la Mujer; la Convención contra la Tortura y otros Tratos o Penas Crueles, Inhumanos o Degradantes; la Convención sobre los Derechos del Niño... " (art. 75, inc. 22, § 2º); nas condições de sua vigência, têm hierarquia constitucional, não derrogam artigo algum da primeira parte desta Constituição e devem ser entendidos como complementares aos direitos e garantias por ela reconhecidos.

2. "Los demás tratados y convenciones sobre derechos humanos, luego de ser aprobados por el Congreso, requerirán del voto de las dos terceras partes de la totalidad de los miembros de cada Cámara para gozar de la jerarquía constitucional".

Isso deve ser interpretado tendo em vista que os tratados e convenções de origem externa sobre direitos humanos e aprovados com a maioria aludida dos membros de cada Câmara também têm hierarquia constitucional.

3. Enquadrados nessa última categoria — interpretamos — as Convenções da Organização Internacional do Trabalho (OIT) têm hierarquia superior às leis, e podem adquirir nível constitucional se assim for votado por mais de dois terços dos membros de cada Câmara.

Pelo caráter monista do direito argentino em geral, e em particular do direito do trabalho, as Convenções da OIT passaram a ser direito interno de modo tal que, como quis De la Cueva *exsurge* claramente da Carta Magna argentina: "los trabajadores pueden solicitar el cumplimiento de las Convenciones que hubieran sido ratificadas por Argentina, em aquellos capítulos que los favorezcan".

4. Os tratados de integração aprovados em conformidade com o inc. 24 do art. 75 da Constituição argentina têm hierarquia superior às leis. Por conseguinte, integram tal categoria o Tratado de Assunção — vigente desde 30 de novembro de 1991 —, e os convênios, declarações, protocolos e demais instrumentos que o complementam.

Como já assinalamos e afirma o talentoso mestre uruguaio Barbagelata[10], "no es posible considerar el derecho del trabajo del Mercosur haciendo abstracción de su inserción en el proceso de integración".

Por conseguinte, fazem parte da ampla panóplia de instrumentos "mercosurianos" — entre outros — o "Protocolo de Ushuaia sobre Compromisso Democrático" (adotado em julho de 1998) e fundamentalmente a "Declaração Sociolaboral" do mesmo ano, denominada também "Declaração dos Presidentes das Quatro Repúblicas", nascida nesta última de um longo e controvertido processo de negociações.

O instrumento pertinente equivale evidentemente a um abandono — pelo menos transitório — da ideia de concretizar uma "carta social" resultante de um "protocolo adicional" do Tratado de Assunção que tanto vem reclamando a doutrina latino-americana.

Mas de qualquer modos são incluídos na "Declaração" textos que reforçam sua condição de compromisso obrigatório[11].

---

(10) BARBAGELATA, Héctor Hugo e outros. *El derecho laboral del Mercosur ampliado*. Edição conjunta da Fundação de Cultura Universitária (FCU) e OIT, Cinterfor, Montevidéu, Uruguai, 2000. p. 625.
(11) "Declaración Sócio Laboral del Mercosur" (é transcrita a parte pertinente) "... Los Jefes de Estado de los Estados parte del Mercado Común del Sur ... *Considerando*: Que los Estados partes apoyaron la Declaración de la OIT relativa a los Principios y Derechos Fundamentales en el Trabajo (1998), la cual reafirma el compromiso de los miembros de respetar, promover y poner en práctica los derechos y obligaciones expresados en los Convenios reconocidos como fundamentales dentro y fuera de la Organización. *Considerando*:

Vale a pena destacar que nesse mesmo sentido, Héctor Hugo Barbagelata sutenta que "un instrumento internacional de la categoría de las declaraciones, no está en absoluto desprovisto de efectos jurídicos, aún antes de ser reconocido como *jus cogens* como es su vocación. En efecto, la doctrina destaca la eventual inconstitucionalidad o ilegitimidad de las disposiciones que contradigan lo preceptuado por una declaración de las características de la socio laboral del Mercosur"[12].

"El caso más notorio de reconocimiento de esa cualidad" — diz o mestre uruguaio — "es el de la Declaración Universal de los Derechos Humanos, que incluso es recepcionada, al mismo título que los Pactos de 1967 y otros tratados sobre derechos fundamentales por algunas constituciones como la de España de 1978 (art. 10-2) y más recientemente, por la de Argentina en la Reforma de 1994. **En lo que respecta a la Declaración Sociolaboral del Mercosur, la redacción dada al quinto considerando, parecería estar admitiendo que su contenido posee la naturaleza de *jus cogens***"[13].

Que los Estados partes están comprometidos con las declaraciones, pactos, protocolos y otros tratados que integran el patrimonio jurídico de la humanidad, entre ellos la Declaración Universal de los Derechos Humanos (1948); el Pacto Universal de los Derechos Civiles y Políticos (1968); el Pacto Internacional de los Derechos Económicos, Sociales y Culturales (1966); la Declaración Americana de los Derechos y los Deberes del Hombre (1948); la Carta de la Organización de Estados Americanos-OEA (1948); la Convención Americana de Derechos Humanos sobre Derechos Económicos, Sociales y Culturas (1988). *Considerando:* **Que diferentes foros internacionales, entre ellos, la Cumbre de Copenhague (1995), han enfatizado la necesidad de instituir mecanismos de seguimiento y evaluación de los componentes sociales de la mundialización de la economía, con el fin de asegurar la armonía entre progreso económico y bienestar social**. *Considerando:* Que la integración involucra aspectos y efectos sociales cuyo reconocimiento implica la necesidad de prever, analizar y solucionar los diferentes problemas generados, en éste ámbito por esa misma integración. Considerando: **Que los Ministros de Trabajo del MERCOSUR han manifestado, en sus reuniones, que la integración regional no puede restringirse a la esfera comercial y económica, sino que debe abarcar la temática social, tanto en lo que se refiere a la adecuación de los marcos regulatorios laborales a las nuevas realidades configuradas por esa misma integración y por el proceso de globalización de la economía, como el reconocimiento de un nivel mínimo de derechos de los trabajadores en el ámbito del MERCOSUR, correspondiente a los convenios fundamentales de la OIT**. *Considerando:* La decisión de los Estados partes de consolidar en un instrumento común los progresos ya logrados en la dimensión social del proceso de integración y cimentar los avances futuros y constantes en el campo social sobre todo mediante la ratificación y cumplimiento de los principales convenios de la OIT. ... Adoptan los siguientes **principios y derechos en el área del trabajo**, que pasan a constituir la 'Declaración socio laboral del Mercosur', sin perjuicio de otros que la práctica nacional o internacional de los estados partes haya instaurado o vaya a instaurar ..." Enquanto no art. 1º se consagra o "principio de no discriminación", nos arts. 2º e 3º o "principio de promoción de la igualdad", que inclui a questão das "personas portadoras de necesidades especiales" (art. 2º) e o compromisso dos Estados partes de garantir a "igualdad de trato y oportunidades entre hombres y mujeres" (art. 3º); no art. 4º se establece o "derecho a ayuda, información, protección e igualdad de derechos y condiciones de trabajo" para os trabalhadores migrantes e fronteiriços; o art. 5º "eliminación del trabajo forzoso", dispõe o "derecho al trabajo libre" e a "ejercer cualquier oficio o profesión", suprimindo toda forma de trabalho forçado ou obrigatório; o art. 6º se ocupa do tema do trabalho infantil e de menores; o art. 7º relativo aos "derechos de los empleadores", establece o "derecho de organizar y dirigir económica y técnicamente la empresa"; art. 8º relativo à "libre asociación", consagra o "derecho de empleadores y trabajadores de constituir organizaciones así como de afiliarse a las mismas"; o art. 9º consagra a "libertad sindical"; no art. 10 se establece "derecho de los empleadores o sus organizaciones, las organizaciones o representaciones de trabajadores de negociar y celebrar convenios y acuerdos colectivos"; o art. 11 se refere ao "ejercicio del derecho de huelga"; o art. 12 se refere à "promoción y desarrollo de procedimientos preventivos y de autosolución de conflictos"; o art. 13 se refere ao "fomento del diálogo social", e o art. 14 ao "fomento y creación del empleo"; o art. 15 establece a "protección contra el desempleo"; o art. 16 consagra "derecho a orientación, la formación y la capacitación profesional"; no art. 17 se consagra "derecho a trabajar en un ambiente sano", e no art. 18 o "derecho a la protección adecuada en lo que se refiere a condiciones y al ambiente de trabajo"; por sua vez, o art. 19 consagra o "derecho a la seguridad social". Finalmente, convém destacar que no art. 20 os Estados partes assumem o compromisso de respeitar os direitos fundamentaies da Declaração, e no art. 25 "resaltan que la Declaración y su mecanismo de seguimiento no podrán ser invocados ni utilizados para otros fines que los previstos en ella, vedada en particular su aplicación a cuestiones comerciales económicas y financieras" (remetemos o lector ao texto completo da *Declaración*, incluído no apêndice desta obra).

(12) BARBAGELATA, Héctor Hugo. *Op. cit.*, p. 639.
(13) BARBAGELATA, Héctor Hugo. *Op. cit.*, nota 26 na p. 639.

Plá Rodriguez é cético a respeito, porque aponta com razão que o "conteúdo desses convênios é muito programático"[14].

No entanto — acrescentamos —, ainda que a Declaração dos Quatro Presidentes peque em geral por ser programática, os arts. 6º, 7º, 8º, 9º, 10 e 11 da Declaração Sociolaboral do Mercosul — por exemplo — contêm normas imperativas "con la natural consecuencia de su posible invocación ante los tribunales de justicia nacionales"[15].

A OIT, por sua vez, tende a saldar a controvérsia afirmando com razão que as leis adotadas pelos órgãos internacionais no contexto de acordos regionais podem influir no desenvolvimento das leis nacionais pertinentes. E dá como exemplo o da União Europeia, onde "os futuros Estados membros deverão integrar em seus respectivos ordenamentos jurídicos o 'acervo comunitário' que inclui a normativa e a jurisprudência conexa ..."[16].

Em conclusão, com a vigência dos arts. 27 e 31 da Constituição Nacional e a sanção dos arts. 75, incs. 22, 23 e 24 da Constituição argentina reformada em 1994, os Tratados e Acordos são partes do direito interno da Argentina, particularmente quando se refere à normativa laboral; têm além disso, hierarquia superior às leis e, nas hipóteses ali previstas, podem adquirir status constitucional, o que os converte em fonte direta do Direito do Trabalho.

E) Doutrina internacional. As convenções da OIT

No direito comparado, é doutrina entendida que os tratados internacionais ratificados constituem fontes formais *sob* a Constituição e *sobre* as leis nacionais, assim como sucede na Argentina depois da Reforma Constitucional de 1994.

Esse princípio — por outro lado — é recebido em geral pelos demais países que consagram o monismo jurídico[17].

Além disso, a Convenção de Viena sobre Direito dos Tratados (1969), em seu art. 27, dispõe:

"Art. 27. Uma parte não poderá invocar as disposições de seu direito interno como justificativa para o descumprimento de um tratado"[18].

E mais, o art. 38 a Convenção prescreve taxativamente que "o disposto nos arts. 34 e 37[19] não impedirá que uma norma enunciada em um tratado chegue a

---

(14) RODRIGUEZ, Américo Plá. *Op. cit.*, p. 417.
(15) BARBAGELATA, Héctor Hugo. *El derecho laboral del Mercosur ampliado*, cit.
(16) Organização Internacional del Trabajo, Informe do Diretor Geral: *A hora da igualdade no trabalho*. Conferência Internacional do Trabalho, 91ª Reunión, Genebra-Suíça, 2003. p. 67.
(17) "Monismo jurídico": Diz-se da integração da norma internacional no direito positivo interno como resultado da ratificação prévia dos respectivos instrumentos.
(18) Os Estados Unidos não ratificaram a Convenção de Viena sobre Direitos e Tratados, e segundo sua jurisprudência federal pacífica, as normas externas não são oponíveis a seu direito interno, com o que se viola o art. 27 de tal Convenção.
(19) Os arts. 34 a 37 da Convenção de Viena concernem às obrigações dos Estados. Estabelece expressamente o art. 34: "Um tratado não cria obrigações para um terceiro Estado sem seu consentimento". **O que não impede** — esclarece o art. 38, citado textualmente mais acima — que "uma norma enunciada em um tratado chegue a ser obrigatória para um terceiro Estado como norma consuetudinária de

ser obrigatória para um terceiro Estado como norma consuetudinária de direito internacional reconhecida como tal".

No âmbito do direito do trabalho, as normas internacionais têm importância considerável, especialmente porque as convenções aprovadas pela OIT cobrem quase todos os aspectos das relações individuais e coletivas de trabalho e suas matérias conexas, como a política de emprego, a formação profissional, a seguridade, os princípios antidiscriminatórios etc.

É sumamente importante a quantidade de tais convenções multilaterais que foram ratificadas pela República Argentina. A finalidade da OIT é que os Estados membros ratifiquem as convenções integrando as normas correspondentes no direito interno. Com o propósito de que as convenções (e as recomendações) cumpram essa função, a Constituição da OIT impõe aos Estados membros uma obrigação: submeter os respectivos textos, no prazo máximo de dezoito meses, à autoridade nacional competente para aprovar tais instrumentos, ou para dar-lhes forma de lei, ou adotar outras medidas quando isso corresponda às recomendações.

Em todo caso, devemos admitir que a obrigação que impõe a OIT de ratificar seus instrumentos é de natureza puramente formal, posto que os Estados são soberanos, seja para ratificar um tratado ou para legislar conforme as recomendações internacionais.

De qualquer maneira, se uma convenção foi aprovada pela autoridade competente e ratificada pelo Poder Executivo, suas normas devem ser integralmente cumpridas: *pacta sunt servanda*.

A República Argentina tem ratificado inúmeras convenções da OIT[20]. Também o Pacto Internacional de Direitos Econômicos, Sociais e Culturais (1966) e a Conven-

---

direito internacional...". a Suprema Corte norte-americana — no entanto — tem se negado sistematicamente a modificar seu critério, enunciado em nossa nota 85.

(20) Convênio n. 1 sobre as horas de trabalho (indústria), 1919, ratificado en 30.11.1933; Convênio n. 2 sobre o desemprego, 1919, ratificado em 30.11.1933; Convênio n. 3 sobre a proteção à maternidade, 1919, ratificado en 30.11.1933; Convênio n. 6 sobre o trabalho noturno dos menores (indústria), 1919, ratificado em 30.11.1933; Convênio n. 8 sobre as indenizações de desemprego (naufrágio), 1920, ratificado em 30.11.1933; Convênio n. 9 sobre a colocação da gente de mar, 1920, ratificado em 30.11.1933; Convênio n. 11 sobre o direito de associação (agricultura), 1921, ratificado em 26.5.1936; Convênio n. 12 sobre a indenização por acidentes de trabalho, 1921, ratificado em 26.5.1936; Convênio n. 13 sobre a cerusa (pintura), 1921, ratificado em 26.5.1936; Convênio n. 14 sobre descanso semanal (indústria), 1921, ratificado em 26.5.1936; Convênio n. 16 sobre o exame médico dos menores (trabalho marítimo), 1921, ratificado em 26.5.1936; Convênio n. 17 sobre a indenização por acidentes do trabalho, 1925, ratificado em 14.3.1950; Convênio n. 18 sobre as enfermidades profissionais, 1925, ratificado em 24.9.1956; Convênio n. 19 sobre a igualdade de trato (acidentes de trabalho), 1925, ratificado em 14.3.1950; Convênio n. 21 sobre a inspeção dos emigrantes, 1926, ratificado em 14.3.1950; Convênio n. 22 sobre o contrato de arrolamento da gente de mar, 1926, ratificado em 14.3.1950; Convênio n. 23 sobre a repatriação da gente de mar, 1926, ratificado em 14.3.1950; Convênio n. 26 sobre os métodos para la fixación de salários mínimos, 1928, ratificado em 14.3.1950; Convênio n. 27 sobre a indicação de peso nos fardos transportados por barco, 1929, ratificado em 14.3.1950; Convênio n. 29 sobre o trabajo forçado, 1930, ratificado em 14.3.1950; Convênio n. 30 sobre as horas de trabalho (comércio e escritórios), 1930, ratificado em 14.3.1950; Convênio n. 31 (Retirada) Convênio sobre as horas de trabalho (minas de carvão), 1931, ratificado em 24.9.1956; Convênio n. 32 sobre a proteção dos carregadores de cais contra os acidentes (revisado), 1932, ratificado em 14.3.1950; Convênio n. 35 sobre o seguro de velhice (indústria, etc.), 1933, ratificado em 17.2.1955; Convênio n. 36 sobre o seguro de velhice (agricultura), 1933, ratificado em 17.2.1955; Convênio n. 41 sobre o trabalho noturno (mulheres) (revisado), 1934, ratificado em 14.3.1950; Convênio n. 42 sobre as enfermidades profissionales (revisado), 1934, ratificado em 14.3.1950; Convênio n. 45 sobre o trabalho subterrâneo (mulheres), 1935, ratificado em 14.3.1950; Convênio n. 50 sobre o recrutamento de trabalhadores indígenas, 1936, ratificado em 14.3.1950;

ção sobre a Eliminação de todas as Formas de Discriminação contra a Mulher (1977) adotados pelas Nações Unidas, os quais contêm inúmeras disposições referentes ao direito do trabalho e a seguridade social. Deve-se tornar a destacar que segundo o art. 75, inc. 22 da Constituição Reformada da Argentina (1994) entre outras, esses dois tratados internacionais têm hierarquia constitucional.

F) Hierarquia dos tratados

Como já assinalamos anteriormente, na República Argentina os tratados internacionais têm nível constitucional (art. 31 da Constituição Nacional); hierarquia superior às leis (art. 75, inc. 22, § 1º *in fine*, da CN) e, em determinados casos, hierarquia constitucional (art. 75, inc. 22, § 2º, CN). Em outras hipóteses, os demais tratados e convenções podem adquirir tal hierarquia após serem aprovados pelo Congresso com o voto de dois terços da totalidade dos membros de cada câmera (art. 75, inc. 22 *in fine* da CN).

Isso deve ser interpretado tendo em vista que os tratados internacionais ratificados que têm hierarquia superior às leis e nível constitucional revogam a legislação anterior e a posterior no que lhes opuser; esse último aspecto pela via judicial, onde a parte questione a constitucionalidade da norma[21].

No direito comparado nem sempre regem as mesmas regras. Por exemplo, no Brasil, segundo os últimos pronunciamentos de sua Corte Suprema, os tratados têm a mesma hierarquia que as leis no ordenamento das fontes formais do direito.

Convênio n. 52 sobre as férias remuneradas, 1936, ratificado em 14.3.1950; Convênio n. 53 sobre os certificados de capacidade dos oficiais, 1936, ratificado em 17.2.1955; Convênio n. 58 sobre a idade mínima (trabalho marítimo), 1936, ratificado em 17.2.1955; Convênio n. 68 sobre a alimentação e o serviço de estalagem (tripulação de buques), 1946, ratificado em 24.9.1956; Convênio n. 71 sobre as pensões da gente de mar, 1946, ratificado em 17.2.1955; Convênio n. 73 sobre o exame médico da gente de mar, 1946, ratificado em 17.2.1955; Convênio n. 77 sobre o exame médico dos menores (indústria), 1946, ratificado em 17.2.1955; Convênio n. 78 sobre o exame médico dos menores (indústria), 1946, ratificado em 17.2.1955; Convênio n. 79 sobre o trabalho noturno dos menores (trabalhos não industriais), 1946, ratificado em 17.2.1955; Convênio n. 80 sobre a revisão dos artigos finais, 1946, ratificado em 14.3.1950; Convênio n. 81 sobre a inspeção do trabalho, 1947, ratificado em 17.2.1955; Convênio n. 87 sobre a liberdade sindical e a proteção do direito de sindicalização, 1948, ratificado em 18.1.1960; Convênio n. 88 sobre o serviço de emprego, 1948, ratificado em 24.9.1956; Convênio n. 90 (revisado) sobre o trabalho noturno dos menores (indústria), 1948, ratificado em 24.9.1956; Convênio n. 95 sobre a proteção do salário, 1949, ratificado em 24.9.1956; Convênio n. 96 sobre as agências retribuídas de colocação (revisado), 1949, ratificado em 19.9.1996; Convênio n. 98 sobre o direito de sindicalização e de negociação coletiva, 1949, ratificado em 24.9.1956; Convênio n. 100 sobre igualdade de remuneração, 1951, ratificado em 24.9.1956; Convênio n. 105 sobre a abolição do trabalho forçado, 1957, ratificado em 18.1.1960; Convênio n. 111 sobre a discriminação (emprego e ocupação), 1958, ratificado em 18.6.1968; Convênio n. 115 sobre a proteção contra as radiações, 1960, ratificado em 15.6.1978; Convênio n. 124 sobre o exame médico dos menores (trabalho subterrâneo), 1965, ratificado em 20.6.1985; Convênio n. 129 sobre a inspeção do trabalho (agricultura), 1969, ratificado em 20.6.1985; Convênio n. 138 sobre a idade mínima, 1973, ratificado em 11.11.1996; Convênio n. 139 sobre o câncer profissional, 1974, ratificado em 15.6.1978; Convênio n. 142 sobre desenvolvimento dos recursos humanos, 1975, ratificado em 15.6.1978; Convênio n. 144 sobre a consulta tripartita (normas internacionais do trabalho), 1976, ratificado em 13.4.1987; Convênio n. 151 sobre as relações de trabalho na administração pública, 1978, ratificado em 21.1.1987; Convênio n. 154 sobre a negociação coletiva, 1981, ratificado em 29.1.1993; Convênio n. 156 sobre os trabalhadores com responsabilidades familiares, 1981, ratificado em 17.3.1988; Convênio n. 159 sobre a readaptação profissional e o emprego (pessoas inválidas), 1983, ratificado em 13.4.1987; Convênio n. 169 sobre povos indígenas e tribais, 1989, ratificado em 3.7.2000; Convênio n. 182 sobre as piores formas de trabalho infantil, 1999, ratificado em 5.2.2001.

(21) Cf. CSJN n. 3.7.1992: EKMEKAJIAN, Miguel A. GERARDO, c/Sofovich e outros. Fallos 315:1492. La Ley de 1992-C, 543.

G) As leis como fonte de regulação

Os arts. 1º e 2º da Lei do Contrato de Trabalho se referem às fontes de regulação do contrato e da relação laboral no sentido amplo. O conceito implica que a fonte é comum aos contratos individuais ou coletivos de trabalho e a todas as relações de trabalho, com as exceções previstas na segunda parte do art. 2º, inc. *a*, *b* e *c*. Convém apontar que esta última norma é o resultado de uma modificação de índole restritiva introduzida pela Lei n. 22. 248 (BO 18.7.80), sancionada durante a ditadura militar argentina resultante do golpe de estado de 1976.

Art. 1º LCT. Fuentes de regulación

El contrato de trabajo y la relación de trabajo se rigen:

a) Por esta ley;

b) Por las leyes y estatutos profesionales;

c) Por las convenciones colectivas o laudos con fuerza de tales;

d) Por la voluntad de las partes;

e) Por los usos y costumbres.

Art. 2º LCT. Ámbito de aplicación

La vigencia de esta ley quedará condicionada a que la aplicación de sus disposiciones resulte compatible con la naturaleza y modalidades de la actividad de que se trate y con el específico régimen jurídico a que se halle sujeta. Las disposiciones de esta ley no serán aplicables:

a) A los dependientes de la administración pública nacional, provincial o municipal, excepto que por acto expreso se los incluya en la misma o en el régimen de las convenciones colectivas de trabajo;[22]

b) A los trabajadores del servicio doméstico;

c) A los trabajadores agrarios.

Em matéria de fontes do direito do trabalho, corresponde a acrescentar que o art. 3º da LCT se refere também, mas tangencialmente, às mesmas, enquanto regula a validade territorial dos contratos de trabalho.

Art. 3º LCT. Ley aplicable.

Esta ley regirá todo lo relativo a la validez, derechos y obligaciones de las partes, sea que el contrato de trabajo se haya celebrado en el país o fuera de él; en cuanto se ejecute en su territorio.

---

(22) Na prática, este último parágrafo do "inc. a" foi aplicado poucas vezes, um pouco porque sua aplicação não foi reivindicada pelos sindicatos em benefício dos empregados públicos, e em parte porque desde 1975 não se celebraram convênios coletivos na administração pública. No entanto, antes do golpe de Estado de 1976, no Convênio Coletivo dos Trabalhadores Gráficos da Imprensa do Estado Bonaerense, foi incluída uma norma segundo a qual o estado provincial concorda que seriam aplicados aos trabalhadores de tal agremiação as normas da Lei de Contrato de Trabalho.

O dr. Rodolfo Capón Filas[23], em uma falha memorável (ANTOÑANZAS, Eduardo L. C. Duperial S/A, CTN Trab., sala VI, mar. 25-996), teve oportunidade de se pronunciar a respeito:

> "El proceso debió haberse resuelto por las normas brasileras (Consolidación de las leyes de trabajo, CLT, y convenio colectivo aplicable) tal como lo establece el régimen de contrato de trabajo, art. 3º: 'Esta ley regirá todo lo relativo a la validez, derechos y obligaciones de las partes, sea que el contrato de trabajo se haya celebrado en el país o fuera de él, en cuanto se ejecute en su territorio', pero para ello el pretensor hubiera debido invocarlas y probarlas ya que en este caso no rige el principio *iura novit curia* ... El Código Civil, art. 13 es terminante: 'La aplicación de las leyes extranjeras, en los casos en que este Código la autoriza, nunca tendrá lugar sino a solicitud de parte interesada, a cuyo cargo será la prueba de la existencia de dichas leyes. Exceptúanse las leyes extranjeras que se hicieran obligatorias en la República por convenciones diplomáticas o en virtud de la ley especial", que no es el caso. ... Un trabajador contratado en Buenos Aires para trabajar en Brasil puede pactar la competencia argentina para resolver los posibles conflictos laborales e incluso establecer que las condiciones de trabajo se regirán por la ley nacional si fuese más favorable que la extranjera, respetando las disposiciones públicas extranjeras inderogables. Esta tesis coordina territorialidad y principio de favorabilidad. ... Si los sujetos laborales guardan silencio al respecto, al ser distintos el lugar de contratación y el de ejecución de los trabajos, surgen problemas de aplicación de los ordenamientos laborales. Para solucionarlos, el principio más aceptado pareciera ser el de la territorialidad, prevaleciendo el ordenamiento vigente en el lugar de ejecución. Este es el criterio del Tratado de Montevideo (1889) cuyo art. 34 dispone: 'los contratos que versen sobre prestaciones de servicio: a) si recaen sobre cosas, se rigen por la ley del lugar donde ellas existían al tiempo de su celebración; b) si su eficacia se relaciona con algún lugar especial, por la de aquél donde hayan de producir sus efectos'. Este es el sentido actual del régimen del contrato de trabajo, art. 3º: 'esta ley regirá todo lo relativo a la validez, derechos y obligaciones de las partes, sea que el contrato de trabajo se haya celebrado en el país o fuera de él, en cuanto se ejecute en su territorio'. Similar posición obra en Brasil, CLT establece la competencia de la justicia laboral en virtud del lugar en que el trabajador (actor o demandado) ha prestado tarea, aunque hubiese sido contratado en otro lugar o en el extranjero, afirmando el principio de territorialidad (art. 651). ... En el Mercosur, mientras las leyes vigentes mantienen la territorialidad, las grandes represas hidroeléctricas conocen relaciones laborales que matizan aquélla con normas específicas, algunas más beneficiosas que las nacionales ... La solución de este caso, como los sujetos han consensuado la jurisdicción argentina pero silenciado el ordenamiento substancial, procedería, por el derecho brasilero si fuese posible aplicarlo de oficio. El actual estadio

---

(23) Ver também FILAS, Rodolfo Capón. *Derecho del trabajo*. La Plata: Platense, 1996. p. 319-20.

normativo veda tal posibilidad. Quien busca la solución, debe, al menos, invocar el derecho brasilero, pudiendo el juez en ausencia de prueba incorporar el texto normativo al proceso. Se conjugan así el Cód. Civil, art. 13 y el art. 377 del Cód. Procesal. Si no lo hiciere, incumple tal carga ... sufriendo las consecuencias de su propia inactividad ...".

Com o que a jurisprudência laboral tem sido pioneira na aplicação do art. 3º da LCT, em sua relação com a vigência e aplicação das normas do Tratado de Montevidéu e com o Tratado de Assunção, que criou o Mercosul.

Já assinalamos que segundo o atr. 31 da Constituição argentina, é o Congresso da Nação quem conta com as faculdades legislativas do país e que as leis são fontes formais do direito do trabalho[24].

Art. 31 CN. Esta Constitución, las Leyes de la Nación que en su consecuencia se dicten por el Congreso y los Tratados con las potencias extranjeras son la Ley Suprema de la Nación.

Por outra parte, o art. 75, inc. 22, CN, reitera dita autorização ao Congresso:

Art. 75, inc. 22 CN. Corresponde al Congreso ... aprobar o desechar tratados concluidos con las demás naciones y con las organizaciones internacionales y los concordatos con la Santa Sede.

Por sua vez, o Presidente da Nação participa da formação das leis nos seguintes termos:

Art. 99, inc. 3 CN. El Presidente de la Nación ... participa de la formación de las leyes con arreglo a la Constitución, las promulga y hace públicas.

H) Decretos de necessidade e urgência

Como se sabe, segundo o art. 99, inc. 3, § 2º, da Constituição argentina, "el Poder Ejecutivo no podrá en ningún caso bajo pena de nulidad absoluta e insanable emitir disposiciones de carácter legislativo".

Porém, no § 3º de tal artigo acrescenta-se: "Solamente cuando circunstancias excepcionales hicieran imposible según los trámites ordinarios previstos por esta Constitución para la sanción de las leyes, y no se trate de normas que regulen materia penal, tributaria, electoral o el régimen de los partidos políticos, podrá dictar decretos por razones de necesidad y urgencia, los que serán decididos en acuerdo general de Ministros que deberán refrendarlos conjuntamente con el Jefe de Gabinete de Ministros".

Escusamo-nos, por seu caráter regulamentar, de transcrever o longo parágrafo quarto do mesmo artigo, mas em sua parte final ele consigna: "Una ley especial

---

(24) O art. 75, inc. 12 recomenda ao Congresso o determinado — entre outros — pelo Código do Trabalho e a Seguridade Social. Esta norma — certamente — se inscreve na corrente codificadora que tanto tem influenciado nos países da América Latina, com profundos reflexos internacionais da região, como evidenciam projetos como o "Código Bustamante" que, apesar de não haver sido ratificado pela Argentina, o foi por numerosos Estados entre os anos 1929 y 1932.

sancionada con la mayoría absoluta de la totalidad de los miembros de cada cámara regulará el trámite y los alcances de la intervención del Congreso".

A análise da norma nos permite afirmar que as faculdades de ditar decretos de necessidade e urgência outorgados ao Poder Executivo não alcançam a matéria laboral. Em primeiro lugar, porque o art. 14 *bis* delega nas leis (e não nos decretos) os direitos que enumera. E em segundo lugar porque ao encomendar ao Congresso a redação do Código de Trabalho e Seguridade Social, em corpos unificados ou separados, torna-se evidente a intenção do legislador de não delegar no Poder Executivo a faculdade de redigir decretos em matéria laboral, nem sequer em casos de necessidade e urgência.

Tais instrumentos normativos, por conseguinte, não fazem parte da ampla panóplia de fontes do direito do trabalho argentino.

Quanto ao direito comparado, sugere Délio Maranhão[25] que no Brasil a regra é que os decretos "não constituem fontes de direito: obrigam somente aos funcionários nos limites da obediência hierárquica" referindo-se às regulações do Ministério do Trabalho).

I) Falhas transacionais, conciliatórias ou liberatórias. Sentenças arbitrais

Como se sabe, "o sistema do direito trabalhista, constitui principalmente uma limitação apriorística da vontade das partes, como o faz ostensivamente a instituição da arbitragem estatal como um mecanismo de manutenção do contrato (e do sistema) diante das ameaças de ruptura"[26].

Talvez, por esse motivo, certa parte da doutrina pretende que os conflitos nas relações do trabalho, particularmente os convênios coletivos, não devem se perpetuar.

O direito comparado prefere procedimentos como a "arbitragem voluntária" ou "facultativa", como sugere a OIT em sua Recomendação n. 92/51. Na Argentina, ainda persistem as tendências favoráveis à arbitragem obrigatória, como evidencia a instauração do "SECLO" (Serviço de Conciliação Laboral Obrigatória, criado pela Lei n. 24.635); mas a doutrina majoritária é sumamente crítica, como bem destacou a Sociedade Argentina de Direito Laboral (filial La Plata), em um trabalho assinado pelo dr. Angel Dipp[27].

Mas a arbitragem e a conciliação voluntárias pressupõem organizações sindicais fortes e militantes altamente representativas dos trabalhadores em todo o território nacional. Não é essa a situação que se verifica na República Argentina,

---

(25) MARANHÃO, Délio. *Direito do trabalho*. Rio de Janeiro: FGV, 1988. p. 19.
(26 LIPOVETZKY, Jaime César. *La previsibilidad en el contrato de trabajo en Mercosur*: estrategias para la integración. São Paulo: LTr, bilingue, 1994. p. 330.
(27) El procedimiento laboral en la provincia de Buenos Aires. *Revista Laboral*, ano VI, n. 24, p. 32 e ano VI, n. 25, p. 25, nov. 2004 e mar. 2005.

nem na maioria dos países subdesenvolvidos e com desenvolvimento desigual, tal como se comprova na América Latina.

Precisamente, tal circunstância é a que alenta as experiências de "arbitragem obrigatória" em muitos países do terceiro mundo das quais resultam poderes normativos em sede administrativa[28], e até nos tribunais de trabalho tal como ocorre por exemplo no Brasil[29].

Convém esclarecer, no entanto, que na maioria dos casos, as sentenças normativas são assimiladas a um "laudo arbitral", que na Argentina resulta das faculdades conferidas exclusivamente ao Ministério do Trabalho. Trata-se de uma instituição estabelecida originalmente pelas Leis n. 14.786 (normas para a tramitação de conflitos de interesses) e n. 16.936 (possibilidade de submeter conflitos coletivos à arbitragem obrigatória)[30].

A segunda de tais leis estabelecia:

Art. 1º La autoridad nacional de aplicación queda facultada para avocarse al conocimiento y decisión de los conflictos colectivos laborales de derecho o de intereses, que se susciten en los siguientes casos:

a) en lugares sometidos a jurisdicción nacional;

b) cuando por sus características excedan el ámbito jurisdiccional de una provincia;

c) cuando por su índole afecten una actividad económica, la productividad, el desarrollo y progreso nacionales y/o la seguridad y bienestar de la comunidad.

Art. 2º La autoridad nacional de aplicación podrá someter dichos conflictos a instancias de arbitraje obligatorio. La resolución que abra la instancia de arbitraje obligatoria será irrecurrible e implica de pleno derecho la intimación al cese de todas las medidas de acción directa que se hubieren adoptado, dentro de 24 horas de notificada aquélla. La notificación podrá ser personal, telegráfica o con publicidad suficiente que asegure su certeza y fecha cierta.

Esta normativa se reproduziu posteriormente na Lei n. 25.250, cujo art. 13 dispõe que o Ministério do Trabalho constituirá um serviço de mediação e arbitragem que atuará nos conflitos coletivos que possam ser apresentados. A Lei n. 25.250 revogou a Lei n. 16.936 e criou o Serviço Federal de Mediação e Arbitragem, como uma pessoa de direito público não estatal, com autonomia funcional e autarquia financeira.

Isso implica reconhecer que a instituição da arbitragem obrigatória integra, portanto, o modelo atual de intervenção do Estado nas relações do trabalho.

Na Lei n. 14.786 a "sentença arbitral" ou "laudo arbitral" está prevista nos arts. 6º e 7º, respectivamente, e assim denominados. Na Lei n. 16.936, art. 5º, já não se denomina "sentença", mas sim "laudo", e se prevê especialmente "que será recorrível unicamente por nulidade fundada".

---

(28) Como na Bolívia, Colômbia, Equador e outros.
(29) As sentenças normativas são parte da competência judicial dos tribunais laborais no Brasil, na Guatemala, Jamaica, México, Trinidad-Tobago, etc.
(30) Sancionadas respectivamente em 22.12.1958 e 23.8.1966.

Tal lei previa que nos casos de **conflitos coletivos de interesses o laudo arbitral terá os efeitos de uma convenção coletiva de trabalho**. Esse critério que foi reproduzido na Lei n. 25.250 significa que o "laudo arbitral", como fonte do direito do trabalho, não só "**será obrigatório para aqueles que intervieram no conflito, mas também para todos os trabalhadores e empregadores da atividade**" (conforme os arts. 3º, 8º e 9º da Lei n. 14.250 e Lei n. 25.250).

Por outro lado, nos casos de "conflitos coletivos de direito as partes poderão, prévio cumprimento do laudo, acionar judicialmente para a revisão daquele"[31].

As "sentenças arbitrais" ou "laudos arbitrais" constituem, pois, uma importante fonte formal de direito do trabalho na Argentina[32].

J) Convênios coletivos de trabalho. A ultratividade — supremacia legal sobre a convencional — a exceção brasileira

Entre as fontes formais de produção autônoma, destacam-se no direito do trabalho as que são um resultado da negociação coletiva; e entre elas o convênio coletivo de trabalho que, no dizer de Garcia Martinez, é "una de las fuentes más originales de los tiempos modernos, que ha nacido, se ha desarrollado y vive dentro del derecho del trabajo"[33]. Do ponto de vista social — diz Arion Sayão Romita[34]: "a convenção coletiva instrumentaliza a composição de interesses conflitivos entre empresários e trabalhadores, assim como legaliza a obtenção de melhorias nas condições de trabalho, consagrando a atenção por parte do empregador, das reivindicações da classe operária. Por outro lado, está o aspecto econômico: ordena e disciplina a economia empresarial com reflexos evidentes sobre a economia geral do país. Estabelece — acrescenta — um marco normativo com impacto direto, inegável, sobre os custos de produção e também, de certa forma, organiza a competência entre as empresas e o desenvolvimento dos diferentes ramos da indústria e dos serviços".

Em certos países são denominados "contratos coletivos de trabalho". Na Constituição brasileira reformada em 1988 (art. 7º, XXVI) são chamados de "convenções e acordos coletivos de trabalho, ratificando dessa maneira a nomenclatura utilizada na Consolidação das Leis do Trabalho (segundo alteração introduzida pelo Decreto-Lei n. 229, de 1967). Na Argentina, a Constituição Nacional os denomina "convênios coletivos de trabalho", mas a Lei n. 14.250 os chamou de "convenções".

---

(31) Esta ação poderá ocorrer em única instância perante a Câmara Nacional de Apelações da Justiça do Trabalho, se o assento do árbitro está na Capital Federal; e no interior do país, perante a Câmara Federal de Apelações que seja competente, dependendo do Assento do árbitro (arts. 6º e 8º da Lei n. 16.936).

(32) Ver laudo gastronômico de 4.9.45 que proibiu a gorjeta em bares, restaurantes, hotéis, etc. (arts. 1º, 2º, 4º e ss.) ratificado pela Lei n. 12.921.

(33) GARCÍA, Martínez Roberto. *Derecho del trabajo y de la seguridad social*. Buenos Aires: Ad-Hoc, 1998. p. 32.

(34) ROMITA, Arion Sayão. *Temas de direito social*. Rio de Janeiro: Freitas Bastos, 1984. p. 109.

Os convênios coletivos de trabalho nascem como produto da negociação coletiva "entre uma associação profissional de empregadores, um empregador ou um grupo de empregadores; e uma associação profissional de trabalhadores com personalidade gremial". Na Argentina foram regulados pela Lei n. 14.250, sancionada com data de 29.9.1953 (com modificações introduzidas pela Lei n. 16.814); que esteve vigente por quase 45 anos até sua derrogação pela Lei n. 25.250 (Boletim Oficial 2.6.2000). Essa norma suscitou fortes críticas contra o governo de Fernando de la Rúa, por parte de setores sindicais e doutrinários[35].

À frente nos estenderemos sobre esse tema, no capítulo pertinente, mas convém apontar que os convênios coletivos de trabalho, como instrumentos normativos, são de ampla utilização e inquestionável relevância pela autocomposição de interesses que envolvem os protagonistas nas relações de trabalho. Isso, apesar de por mais de vinte anos não haverem sido sancionadas convenções coletivas e haverem se mantido as anteriores vigentes por aplicação do art. 5º da Lei n. 14.250, que consagrou o princípio de "ultratividade" dos convênios coletivos.

Art. 5º Ley n. 14.250. Vencido el término de una convención colectiva, se mantendrán subsistentes las condiciones de trabajo establecidas en virtud de ella, hasta tanto entre en vigencia una nueva convención.

A ultratividade dos convênios foi suprimida pela Lei n. 25.250 (art. 5º). Ainda que, anteriormente, a Lei n. 25.013, em seu art. 12, incorporou um § 2º ao art. 6º da Lei n. 14.250 relativa ao tema.

Art. 12, Ley n. 25.013. No obstante lo dispuesto en el párrafo anterior, las convenciones colectivas celebradas con anterioridad a la promulgación de la Ley n. 23.545 y que con posterioridad al 1º de enero de 1988 no hubieran sido objeto de modificaciones por la vía de la celebración de acuerdos colectivos, cualquiera sea su naturaleza y alcance, caducarán, salvo pacto en contrario, en el plazo de DOS (2) años contados a partir de la solicitud que en tal sentido formule una de las partes signatarias.

El plazo comenzará a operar a partir de la fecha en que cualquiera de las partes signatarias formalice ante el Ministerio de Trabajo y Seguridad Social la denuncia de la convención y la solicitud de negociación. Dicha petición debe ser expresa y haber sido admitida.

El MINISTERIO DE TRABAJO Y SEGURIDAD SOCIAL declarará la admisibilidad de la solicitud y convocará a las partes para que constituyan la comisión negociaora respectiva.

Las cuestiones relativas a la integración de la comisión negociadora, al nivel de negociación o cualquier otra que pueda suscitarse no suspenden ni interrumpen los plazos fijados precedentemente.

Vencido el plazo sin que se haya obtenido acuerdo respecto de la celebración de un nuevo convenio colectivo se someterán los puntos en conflicto al procedimiento previsto

---

(35) RECALDE, Héctor P. Los convenios colectivos en las reiteradas reformas laborales. In: *Derecho laboral en la integración regional*. Libro de Ponencias del Primer Congreso del Cono Sur sobre Derecho Laboral en la Integración Regional. Buenos Aires: Depalma, 2000. p. 34-70.

en la Ley 14.786. Agotado dicho procedimiento, la convención colectiva cuya renovación no se pudiese acordar, caducará de pleno derecho.

A ultratividade é uma característica das normas de direito coletivo argentino. Em outros países — como Brasil — a legislação não a consagrou. No entanto, a doutrina é contraditória.

Arnaldo Süssekind[36] sintetiza a controvérsia do seguinte modo "A Carta Magna mandou respeitar as normas da convenção coletiva que sobrevivem no plano das relações individuais de trabalho, porque até que suas cláusulas normativas sejam alteradas ou revogadas por um novo acordo ou convenção, elas integram as convenções individuais de trabalho".

Até certo ponto, Süssekind interpreta a doutrina do art. 5º da Lei n. 14.250, quando declara subsistentes "as condições de trabalho estabelecidas em uma convenção anterior"; ou, em suas palavras: "quando sobrevivem nas relações individuais de trabalho".

Nesse assunto, a legislação da Argentina e do Brasil coincidem na aplicação da Recomendação n. 91 da OIT, afirmando "a nulidade de pleno direito de qualquer disposição do contrato individual de trabalho que contradiga normas convencionais coletivas ou acordo coletivo aplicável".

No Brasil, o princípio é apresentado no art. 619 da CLT e na Argentina, no art. 7º da Lei do Contrato de Trabalho.

> **Art. 7º LCT**: Las partes en ningún caso pueden pactar condiciones menos favorables para el trabajador que las dispuestas en las normas legales, convenciones colectivas de trabajo o laudos con fuerza de tales, o que resulten contrarias a las mismas. Tales actos llevan aparejada la sanción prevista en el art. 44 de esta ley. (nulidad)

No entanto, há entre a normativa dos dois países uma diferença substancial: **na Argentina, a hierarquia das fontes do direito laboral consagra a primazia da lei sobre os convênios coletivos** (art. 1º da LCT). Nesse sentido, congruentemente, o art. 7º da LCT acima transcrito, dispõe: "Las partes en ningún caso pueden pactar condiciones menos favorables para el trabajador que las dispuestas en las normas legales ...". Porém, "las convenciones colectivas de trabajo o laudos con fuerza de tales que contengan normas más favorables a los trabajadores serán válidas y de aplicación" (art. 8º da LCT).

Por sua vez, o art. 9º impõe o princípio da norma mais favorável ao trabalho: "En caso de duda sobre la aplicación de normas legales o convencionales ... considerándose la norma o conjunto de normas que rija para cada una de las instituciones del derecho del trabajo".

E, por último, os arts. 11, 12 e 13 da LCT consagram princípios de "interpretação", de "irrenunciabilidade" e de "substituição de cláusulas nulas" respectivamente, que completam a configuração da supremacia legal sobre a convencional; e tudo

---

(36) SÜSSEKIND, Arnaldo. *Direito constitucional do trabalho*. Rio de Janeiro: Renovar, 2001. p. 444 *in fine* 445.

isso — certamente — dependendo das garantias do art. 14 *bis*, § 1º, da Constituição Nacional da Argentina, à qual já nos referimos neste mesmo capítulo[37].

K) A exceção brasileira

No Brasil, com a sanção da reforma constitucional de 1988, os convênios coletivos de trabalho cresceram na ordem hierárquica das fontes do direito do trabalho, porque lhes foi autorizado operar como ferramenta de "flexibilização" de algumas normas constitucionais. O art. 7º da Constituição argentina reformada facultou assim aos instrumentos da negociação coletiva "flexibilizar" a aplicação dos preceitos relacionados à "intangibilidade dos salários" (inc. VI); "à duração normal do trabalho (inc. XIII); e o "trabalho contínuo por equipes" (inc. XIV).

É certo — diz Süssekind — que "os dois aspectos fundamentais da relação de emprego — salário e duração do trabalho — podem ser objeto de flexibilização mediante convenção ou acordo coletivo de trabalho". Porém — acrescenta — "se nem por emenda constitucional poderão ser abolidos direitos relacionados com cláusulas 'pétreas' (princípio de intangibilidade absoluta incluídos na primeira parte do art. 7º da Carta Magna), como admitir — pergunta — que possam fazê-lo convenções ou acordos coletivos, ou que tais instrumentos possam modificá-los em suas essência?".

"Cremos — pontifica — que no âmbito da ciência jurídica devemos ainda observar a hierarquia das fontes do direito tal como a lei de gravidade no mundo da física"[38].

E — conclui citando Saad[39] — "nossa constituição é do tipo rígida. Esse modelo não tolera modificações de texto mediante um procedimento tão ingênuo como o de um pacto coletivo"[40].

L) Regulamentos de empresas

Krotoschin[41] aponta concretamente que os "reglamentos internos de empresa" ou "reglamentos de empresa que a veces derivan de acuerdos individuales o colectivos, y a veces de manifestaciones unilaterales del empleador", sempre são parte dos contratos individuais por aceitação e adesão expressa ou implícita dos interessados.

Mas acrescenta que suas disposições "no pueden derogar normas imperativas de la ley; tampoco pueden modificar las cláusulas normativas de una convención colectiva en perjuicio de los trabajadores (art. 7º, LCT)".

---

(37) Ver letras B e C deste capítulo.
(38) SÜSSEKIND, Arnaldo. *Op. cit.*, p. 88-9.
(39) SAAD, Eduardo Gabriel. Os princípios do direito do trabalho e a flexibilização ou desregulação. In: *Revista LTr*, São Paulo, jul. 2000. p. 851 e 853.
(40) Nova Emenda constitucional e o ministério do trabalho e emprego. In: *Suplemento Trabalhista*, São Paulo: LTr, n. 138-99, p. 743.
(41) KROTOSCHIN, Ernesto. *Manual de derecho del trabajo*. Buenos Aires: Depalma, 1977. p. 256.

De certo ponto de vista doutrinário, os regulamentos de empresa derivam das potestades que lhes confere o art. 64 da LCT: "el empleador tiene facultades suficientes para organizar económica y técnicamente la empresa, explotación o establecimiento"[42].

Não obstante, com relação às regulações contidas nos contratos de trabalho, "os regulamentos de empresa não são fonte de direito". A validade de suas cláusulas, destinadas a disciplinar os direitos e obrigações das partes, resulta portanto da manifestação da vontade, expressa ou tácita, do próprio empregado.

No dizer de Krotochin, onde o patrão dita o regulamento de maneira unilateral, o caráter da norma objetiva depende da autorização que o legislador tenha dado de modo expresso ao empregador para esse efeito: somente o consentimento do trabalhador pode substituir a autorização legal: mas somente a autorização legal lhe confere o caráter de fonte do direito, na outra hipótese não o é.

M) *O costume e as fontes subsidiárias*

A Lei do Contrato de Trabalho consagra como fonte de regulação laboral os "usos y costumbres" (art. 1º, inc. c). Mas o art. 11 da LCT não os inclui entre os "principios de interpretación y aplicación de la ley".

Talvez por isso, Krotoschin pôde dizer[43] que em sentido estrito "no pueden crear derecho dentro de lo establecido por el art. 17 del Código Civil". Sua importância no direito do trabalho é reduzida — acrescenta: isso "cuando es un producto secundario de las bases y principios generales del derecho del trabajo, entre ellos, los principios de colaboración, solidaridad y buena fe". Não se admitem nem "malas costumbres" nem "malas prácticas reñidas con estos principios", conclui.

Os usos e costumes — define Julio Armando Grisolia — "son la repetición de actos o conductas socialmente aceptados a lo largo del tiempo". E concordando[44] com Krotoschin, afirma que "en el ámbito del derecho del trabajo se utiliza cuando nada puede extraerse de las demás fuentes; se consigna cuando en una actividad, las partes reiteradamente asumen determinada conducta que motiva que se la tenga por incorporada al contrato de trabajo".

Nós pensamos que o costume somente pode ser invocado:

a) como regra jurídica reguladora de situações não contempladas por outras fontes formais de direito;

b) para complementar disposições legais convencionais e contratuais, sempre que forem compatíveis;

---

(42) A natureza jurídica do instituto é, para os institucionalistas, uma derivação de tal potestade; para os contratualistas, depende de sua eficácia relacionada com o cumprimento do objeto do contrato de trabalho.
(43) KROTOSCHIN, Ernesto. *Op. cit.*, p. 28.
(44) GRISOLIA, Julio Armando. *Op. cit.*, p. 38.

c) como fonte material de leis, convenções coletivas, sentenças e laudos arbitrais e regulamentos de empresas, na disciplina das condições de trabalho.

Leve-se em consideração a propósito que os contratos coletivos de trabalho e os regulamentos de empresa surgiram espontaneamente e, ainda antes de ser reconhecidos pelos sistemas legais de todos os países, eram vistos como direito consuetudinário. "Foram esses costumes de povo-massa que chegaram a até a lei", afirma o jurista e sociólogo brasileiro Oliveira Viana[45].

Hoje, porém, com a crise do direito do trabalho que tão bem reconhece o direito francês, os dados da realidade como fonte material se degradam — como assinala a. Roudil[46]: "el derecho del sector privado se degrada — notablemente — con la aparición de muy netas tendencias a la precariedad del empleo"[47].

Como se compreenderá, e voltando à citação de Grisolia que transcrevemos mais acima, a precariedade no emprego "alude à repetição de atos e condutas" e, por conseguinte, a possibilidade de sua aceitação social pelo transcurso do tempo.

Convém destacar por último, nesta época de políticas de mercado, que o costume como fonte de direito laboral não deve ser confundido com "usos em matéria de negócios". Estes correspondem à maneira pela qual "determinados negócios são habitualmente cumpridos ou efetuados pelos contratantes no âmbito do comércio". Servem, portanto, de meio de interpretação da vontade das partes, enquanto o costume, como a lei, suprem tal vontade.

N) *A analogia, a jurisprudência, a equidade e o direito comparado*

A **analogia** consiste em aplicar a uma hipótese não prevista na lei outra norma acorde para reger um caso semelhante ou uma regra pertinente deduzida do sistema jurídico. No art. 11 da LCT — conforme já dissemos — são previstas "as leis análogas" como princípio de aplicação da lei.

A **jurisprudência**, segundo a doutrina majoritária de origem externa, não é fonte formal de direito laboral.

O jurista brasileiro Délio Maranhão[48] afirma: "a jurisprudência será fonte de direito na medida em que se converta em verdadeiro costume". Não concorda Süssekind, que desacredita taxativamente que se trate de uma fonte material[49].

---

(45) Oliveira Viana: influenciou notavelmente na criação de todo o edifício da legislação do trabalho brasileira, em sua qualidade de assessor jurídico do Ministério do Trabalho do Governo Vargas (1932-1940).
(46) COLLIN, F.; DHOQUOIS, R.; GOUTIERRE, P. H.; DEAUMAUD, A.; CAEN, G. Lyon; ROUDIL, A. *Le droit capitaliste du travail*. France: Universitaire de Grenoble, 1980. p. 46.
(47) García Martínez, em seu *Derecho del trabajo y la seguridad social* (*Op. cit.*, p. 68), afirma lo siguiente: "la Ley n. 21.297 derogó el original art. 17 de la Ley n. 20.744, que establecía la prevalencia de los usos y costumbres más favorables y de los usos de empresas por sobre las normas dispositivas de la ley, las convenciones colectivas y el contrato". No entanto — como antecipamos acima —, deixou vigente o art. 1º da LCT.
(48) MARANHÃO, Délio. In: SÜSSEKIND; MARANHAO e outros. *Instituições de direito do trabalho*. 18. ed. São Paulo: LTr, 1999. v. I, p. 167.
(49) SÜSSEKIND, MARANHÃO e outros. *Op. cit.*, infra 95, p. 174.

Tem força persuasiva — afirma —, orienta aos intérpretes e aos sistemas jurídicos; motivando, não raramente, a adoção de normas sobre hipóteses julgadas pelos tribunais de maneira uniforme e interativa (fonte material), porém não obriga nem aos magistrados nem aos justiciáveis.

De certa maneira, a doutrina argentina não concorda com a brasileira — Grisolia, por exemplo, mantém que "los fallos judiciales, especialmente los emanados de los tribunales superiores, **constituyen una fuente para la sanción de nuevas normas** y la interpretación y modificación de las existentes"[50].

Contudo, as dissidências se desvanecem e nisso concordamos com o autor argentino citado que com "as falhas plenárias da Câmara Nacional de Apelações do Trabalho, que são ditados quando existem critérios distintos entre duas salas da Câmara e sobre um assunto idêntico, que conforme o previsto no art. 303 do Código de Processo Civil e Comercial da Argentina, são obrigatórios para todas as salas do tribunal e para os juízos de primeira instância".

A **equidade** é reconhecida pelo art. 11 da LCT. Mas novamente há discrepâncias na doutrina internacional que considera que não é fonte formal do direito.

Decidir com equidade significa determinar a solução de conflitos coletivos, em rigor, a adoção de certas cláusulas mais benéficas para o trabalhador (arts. 7º e 8º da LCT), significa que a fonte formal é a seguridade jurídica que confere a normativa laboral e não a equidade.

Citando Aristóteles em sua Ética, permitimo-nos repetir que "o equitativo é como um aperfeiçoamento do justo-legal".

Por último, tampouco o **direito comparado** é fonte formal do direito laboral. Como se evidencia neste livro, interessa sobretudo a doutrina, o pôr em relevo os princípios, fontes e normas atinentes aos sistemas jurídicos dos diferentes países.

Arion Sayão Romita[51] pretende, equivocadamente, que o princípio da "norma mais favorável" é o que alenta a intervenção estatal em prejuízo do empregador.

Devemos analisar as coisas, porém, de outro ponto de vista: aplica-se a norma mais favorável ao trabalhador, desde que seja compatível com o respectivo sistema constitucional e com as normas hierarquicamente superiores que comportam as fontes do direito do trabalho, porque estas estabelecem limites imperativos, acima dos quais somente será lícito melhorar o nível da proteção.

De fato, a aplicação da norma ou conjunto de normas mais favoráveis ao trabalhador não significa uma inversão na escala hierárquica da ordem jurídica laboral, uma vez que sua essência sempre tende a manter incólume o princípio da igualdade, que na Argentina é consagrado pelo art. 16 da Constituição.

---

(50) GRISOLIA, Julio Armando. *Op. cit.*, p. 38.
(51) ROMITA, Arion Sayão. *Temas em aberto*. São Paulo: LTr, 1998. p. 62-4.

TERCEIRA PARTE

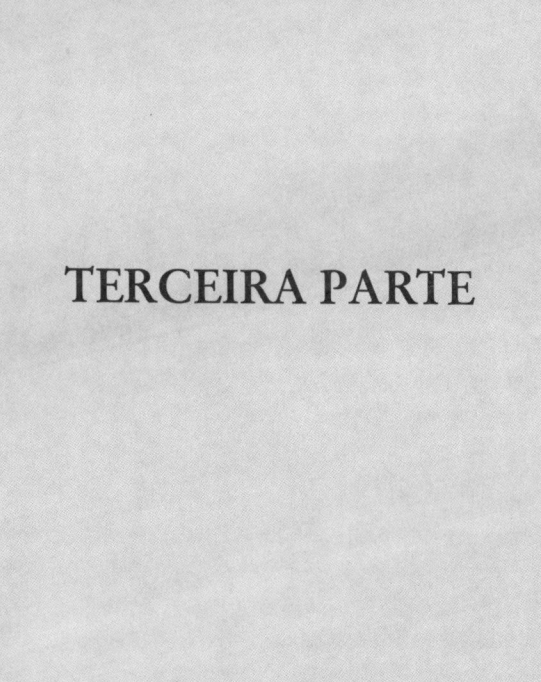

Capítulo I

Direito Internacional do Trabalho

1. Considerações preliminares

Como já assinalamos em capítulos anteriores, a formação histórica do direito do trabalho evidenciou um interesse generalizado pela internacionalização de suas normas.

Não foi por acaso então que os arquitetos do Tratado de Versalhes (1919) acolheram essa pretensão, criando, inclusive, a Organização Internacional do Trabalho (OIT).

Desde aquele momento histórico, o direito internacional não se limitou a dispor sobre as relações exteriores dos Estados. As normas adotadas pela Assembleia Geral da OIT (Conferência Internacional do Trabalho) sempre tiveram como objetivo sua incorporação ao direito interno dos Estados que a ela aderiram. Essa inovação, além disso, estendeu-se depois da Segunda Guerra Mundial a outros organismos internacionais, sobretudo no sistema das Nações Unidas, para envolver os direitos humanos e, especialmente, a educação, a saúde e a alimentação. Ao lado do direito internacional clássico nascia o que se chamou o direito comum da humanidade.

A obra empreendida pela OIT constitui a parte mais ampla que funda o direito internacional do trabalho; mas esse importante ramo do direito internacional público também se manifesta em outras esferas. Alguns instrumentos normativos aprovados pela Organização das Nações Unidas (ONU), pela Organização dos Estados Americanos (OEA) e por outras entidades (por exemplo, a União Europeia e o Mercosul), contêm disposições sobre o direito do trabalho e a seguridade social. Além disso, com relação a esta matéria, são inumeráveis os tratados assinados entre dois ou mais Estados.

2. Finalidade e objeto

O direito internacional do trabalho tem por finalidade:

a) universalizar os princípios da justiça social e, na medida do possível, uniformizar as correspondentes normas jurídicas;

b) estudar as questões conexas das quais depende a execução desses princípios;

c) incrementar a cooperação internacional com vistas à melhoria das condições de vida do trabalhador e à harmonia entre o desenvolvimento técnico--econômico e o progresso social.

Seu objeto, portanto, é a proteção do trabalhador, seja como ser humano, seja como parte de um contrato de trabalho.

Para tanto, utilizam-se instrumentos normativos e programas de cooperação técnica.

A atividade normativa com vistas a incorporar direitos e obrigações dos sistemas jurídicos nacionais compreende: a) os tratados multilaterais ou universais (geralmente denominados "convenções"), abertos à ratificação dos Estados-membros das organizações internacionais que os aprovaram para que constituam fontes formais de direito. Aclara-se que **alguns desses tratados internacionais ratificaram-se automaticamente pelos Estados-membros por assim dispor a técnica de sua redação**; b) os tratados bi ou plurilaterais, restritos à ratificação dos Estados que os assinam, para reger entre eles as questões incluídas no instrumento; c) as declarações, recomendações e resoluções que por não serem ratificáveis constituem simples fontes materiais de direito.

A esse respeito, há no direito argentino uma diferença com relação ao direito de outros países americanos, como ressaltamos em outras oportunidades. Por exemplo, o art. 75, incisos 22 e 24 da Constituição Nacional argentina, reformada em 1994, estabelece normas particulares que se caracterizam de duas maneiras. Quanto à ratificação dos tratados que compõem blocos de integração, estes requerem uma maioria especial do Congresso (art. 75, inciso 24 da Constituição argentina). Porém, quanto ao inciso 22 do mesmo artigo, estabelece que os tratados internacionais ratificados têm nível constitucional e uma hierarquia superior às leis. Isso implica que, dado o caráter monista do direito do trabalho, as normas internacionais se incorporam ao sistema da regulamentação legal das relações de emprego, e passam a integrá-lo; de modo tal que na Argentina, e em particular a partir da citada reforma constitucional de 1994, o direito do trabalho tem uma dupla hierarquia, desde que absorve também as normas de hierarquia constitucional; e isso implica que o direito da integração, à medida que se incorpora ao direito do trabalho, passa a integrar o mesmo como um só direito. **Na Argentina, não existe por um lado o direito exterior proveniente dos tratados internacionais e, por outro, o direito interno. Todos formam um conjunto de leis que integram o denominado sistema legal do trabalho.**

3. A declaração universal dos direitos do homem e os direitos sociais tratados pela ONU

A Organização das Nações Unidas (ONU) foi criada em São Francisco, pela Carta de 26 de junho de 1945, para substituir a extinta Sociedade das Nações.

Em 9 de dezembro de 1948 sua Assembleia Geral aprovou a nova Declaração Universal dos Direitos do Homem, dedicando os seguintes artigos aos direitos sociolaborais:

Art. XXII. Toda pessoa, como membro da sociedade, tem direito à segurança social e à realização, pelo esforço nacional, pela cooperação internacional e de acordo com a organização e recursos de cada Estado, dos direitos econômicos, sociais e culturais indispensáveis à sua dignidade e ao livre desenvolvimento da sua personalidade.

Art. XXIII. 1. Toda pessoa tem direito ao trabalho, à livre escolha de emprego, a condições justas e favoráveis de trabalho e à proteção contra o desemprego. 2. Toda pessoa, sem qualquer distinção, tem direito a igual remuneração por igual trabalho. 3. Toda pessoa que trabalhe tem direito a uma remuneração justa e satisfatória, que lhe assegure, assim como à sua família, uma existência compatível com a dignidade humana, e a que se acrescentarão, se necessário, outros meios de proteção social. 4. Toda pessoa tem direito a organizar sindicatos e neles ingressar para proteção de seus interesses.

Art. XXIV. Toda pessoa tem direito a repouso e lazer, inclusive a limitação razoável das horas de trabalho e férias periódicas remuneradas.

Art. XXV. 1. Toda pessoa tem direito a um padrão de vida capaz de assegurar a si e a sua família saúde e bem-estar, inclusive alimentação, vestuário, habitação, cuidados médicos e os serviços sociais indispensáveis, e direito à segurança em caso de desemprego, doença, invalidez, viuvez, velhice ou outros casos de perda dos meios de subsistência fora de seu controle. 2. A maternidade e a infância têm direito a cuidados e assistência especiais. Todas as crianças nascidas dentro ou fora do matrimônio gozarão da mesma proteção social.

Essas normas revelam os direitos humanos fundamentais dos trabalhadores, que devem ser observados pela comunidade mundial como direitos supraestatais, independentemente de figurarem em tratados ratificados pelos países. Não obstante, com o objetivo de regulamentar esses e outros direitos insertos na Declaração, a ONU adotou em 16 de dezembro de 1966 o Pacto Internacional relativo aos Direitos Econômicos, Sociais e Culturais.

As disposições desse Pacto sobre os Direitos Sociais (arts. 2º a 10) revelam que os princípios consagrados estão em sintonia com os adotados nas convenções e recomendações da OIT sobre esses mesmos assuntos[1].

---

(1) O Pacto Internacional sobre Direitos Econômicos, Sociais e Culturais entrou em vigor no âmbito internacional em 3.1.1976, havendo sido ratificado por mais de cem países, entre os quais se inclui Argentina, Brasil, Uruguai e Paraguai.
Em 1970 a ONU resolveu dar ênfase ao princípio da não discriminação entre homens e mulheres, consagrado na Declaração Universal dos Direitos do Homem, já adotado no referido pacto, aprovando a convenção sobre a eliminação de todas as formas de discriminação contra a mulher. O art. 11 concernente ao direito do trabalho e a seguridade social, determina que os Estados adotem medidas adequadas para eliminar a discriminação contra a mulher no emprego, inclusive, e especialmente, as que decorrem do casamento e da maternidade. Esse dispositivo está dirigido ao legislador nacional, não contendo normas autoaplicáveis.
A igualdade de direito entre homens e mulheres inclui a não admissão de qualquer restrição aos direitos humanos vigentes em um país, sob pretexto de que o Pacto Internacional de Direitos Econômicos, Sociais e Culturais não os reconhece ou só os reconhece em menor grau (art. 5º); o direito de toda pessoa de ter oportunidade de ganhar a vida mediante o trabalho livremente escolhido ou aceito (art. 6º); o direito de toda pessoa de gozar de condições de trabalho equitativas e satisfatórias, compreendendo remuneração mínima, salário igual para igual trabalho sem distinção de qualquer categoria, seguridade e higiene no trabalho, oportunidade de ascensão no emprego (direito a plano de carreira), a limitação das horas de trabalho e o desfrute do tempo livre, férias periódicas remuneradas e remuneração dos dias festivos (art. 5º); direito de sindicalização e de greve (art. 8º); o direito de toda pessoa à seguridade social inclusive ao salário social (art. 9º); proteção de crianças e adolescentes contra a exploração econômica e social (art. 10).

4. Organização Internacional do Trabalho (OIT)

a) Natureza jurídica, competência e membros

A Organização Internacional do Trabalho é uma pessoa jurídica de direito público internacional, de caráter permanente, integrando hoje o sistema das Nações Unidas como uma de suas agências especializadas.

Não é uma entidade supraestatal, mas uma associação de Estados, os quais assumem, soberanamente, a obrigação de observar as normas constitutivas da organização e as convenções que a ratificam.

A OIT foi fundada em 1919 pelo Tratado de Versalhes, com a finalidade de promover a universalização dos princípios da justiça social, especialmente daqueles consagrados por esse tratado como fundamentais do direito do trabalho e da previdência social.

No ano de 1946 sua competência foi ampliada com a incorporação — ao texto fundacional — da "Declaração" referente aos fins e objetivos da OIT, que foi aprovada durante a Segunda Guerra Mundial na Conferência de Filadélfia, no ano de 1944.

E após enfatizar — assim como o art. 427 do Tratado de Versalhes — que o trabalho não é uma mercancia (art. 1º, inciso a), a Declaração de Filadélfia assegurou que a liberdade de expressão e de associação é o pressuposto indispensável ao progresso (art. 1º, inciso b); confirmou o tripartismo (ou seja, a participação de representantes governamentais, empresariais e trabalhistas), nas decisões destinadas a promover o bem-estar na luta contra a necessidade, que deve continuar, mediante esforço internacional, em cada nação (art. 1º, inciso d); proclamou que "todos os seres humanos de qualquer raça, crença ou sexo, têm direito de procurar seu bem-estar material e seu desenvolvimento espiritual em liberdade e dignidade, seguridade econômica e iguais oportunidades" (art. 2º, inciso a); e estabeleceu "que qualquer plano ou medida no terreno nacional ou internacional, sobretudo os de caráter econômico ou financeiro, devem ser considerados sob esse ponto de vista, e somente aceitos quando favoreçam, e não travam, a realização desse objetivo principal" (art. 2º, inciso c). Como consequência, atribuiu explicitamente à OIT competência para valorizar no domínio internacional, tendo em vista tal objetivo, todos os programas de ação e medidas de caráter econômico e financeiro (art. 2º, d), podendo incluir em suas decisões recomendações e qualquer tipo de disposição que fosse conveniente, depois de levar em conta todos os fatores econômicos e financeiros de interesse (art. 2º, e).

A competência da OIT é amplíssima, *ex ratione personae*, porque não se limita somente aos sujeitos das relações individuais ou coletivas do trabalho; e *ex ratione materiae*, porque não se restringe a questões específicas de direito do trabalho e da previdência social.

O sentido de seguridade social e econômica e a interdependência dos correspondentes fatores, aos que aludia a Carta do Atlântico de 1941, se reflete na

Declaração de Filadélfia, prorrogando a competência da OIT. Como ponderou a doutrina, "o objetivo da OIT não se restringe a melhorar as condições de trabalho, mas também a melhorar a condição humana em seu conjunto", dando ênfase tanto à luta contra a necessidade com vistas ao progresso material e à seguridade econômica, como à defesa dos valores da liberdade, da dignidade e da igualdade[2]. Como pessoa jurídica de direito público internacional, a OIT reúne atualmente cento e setenta e cinco Estados de todas as regiões do mundo, e de diferentes sistemas jurídico-políticos e socioeconômicos, o que lhe dá um caráter de indiscutível universalidade.

b) Órgãos. Composição e atribuições. Tripartismo

A estrutura básica da OIT é formada pelos seguintes órgãos:

1) Conferência Internacional do Trabalho

2) Conselho de Administração

3) Distribuição Internacional do Trabalho

Integram também a organização, funcionando com relativa autonomia, o Instituto Internacional de estudos (IIES), e o Fórum Internacional de Aperfeiçoamento Profissional e Técnico (Centro de Turín), e diversas comissões permanentes foram ademais instituídas pela OIT, algumas em sociedade com outros organismos internacionais.

A **Conferência Internacional do Trabalho** é a assembleia geral da organização, reunindo todos os Estados-membros. Como órgão superior da OIT, traça as diretrizes da política social a ser observada: elabora, por meio de convenções e recomendações, a regulação internacional do trabalho e das questões que lhe são conexas; adota resoluções sobre problemas que lhe concernem direta ou indiretamente, às finalidades da OIT; aprova o orçamento de recursos e gastos da entidade; elege os membros do Conselho de Administração etc. Reúne-se anualmente em Genebra.

Em sua estrutura, a cada Estado-membro correspondem quatro delegados com assento na Conferência, todos com direito a voto: dois designados pelos respectivos governos, um pelas associações sindicais mais representativas de empregadores. Não é a Conferência, consequentemente, um conclave de plenipotenciários, nem uma reunião de técnicos; **sua natureza jurídica é *sui generis*, não existindo nenhuma outra entidade de direito público internacional com tal composição.**

A Conferência é uma espécie de parlamento mundial integrado por um sistema de representação de interesses ecléticos. Uma espécie, porém não um parlamento; porque como bem foi advertido na doutrina, não lhe cabe substituir aos parlamentos

---

(2) A Declaração de Filadélfia determinou que a OIT fomente programas que permitam alcançar a plenitude do emprego e a elevação dos níveis de vida, a formação profissional e a garantia de iguais oportunidades educativas ou profissionais; a colaboração entre empregadores e empregados na preparação e aplicação das medidas sociais e econômicas, a proteção da infância e a maternidade e a garantia de alimentação, habitação, recreação e cultura adequadas (Ver: A OIT e os direitos humanos. *Revista dos Direitos do Homem*, Paris, 1971. p. 694-5 (em francês).

nacionais na competência para elaborar as próprias leis, sendo absolutamente certo que a integração das convenções e recomendações internacionais no direito positivo dos Estados-membros depende da deliberação soberana dos legisladores nacionais. Isso é muito importante, porque sem dúvida está estreitamente vinculado com o tema da autonomia e o monismo dos direitos do trabalho nacionais.

O **Conselho de Administração da OIT** é um órgão, que em seu nível superior administra a OIT. Compete a ele, entre outras atribuições, escolher o Diretor Geral da repartição e revisar suas atividades; deliberar sobre os informes de suas comissões, inclusive o Comitê de Liberdade Sindical; examinar, investigar (se for o caso) e julgar as reclamações e queixas apresentadas contra os Estados-membros.

O mesmo é constituído de dezoito representantes governamentais, quatorze de empregadores e quatorze de trabalhadores, eleitos a cada três anos pela Conferência, além de dez membros designados pelos dez países de maior importância industrial — vistos do ponto de vista socioeconômico — entre os quais, da América Latina, está somente o Brasil.

A **Repartição Internacional do Trabalho** é a secretaria técnica administrativa da OIT. Com sede em Genebra, ela promove a fiscalização e a distribuição de todas as informações concernentes à regulação internacional das condições de vida e de trabalho e, em particular, o estudo das questões que são submetidas a discussão na Conferência para a adoção de convenções e recomendações.

Entre as tarefas que acomete, merecem destaque as que concernem às publicações periódicas e eventuais sobre a legislação comparada e os aspectos doutrinários e técnicos referentes aos problemas que interessam À OIT.

Outra importante atribuição é a de realizar, em colaboração direta com as autoridades nacionais interessadas e outros organismos de diversos tipos, programas de atividades práticas e cooperação técnica especialmente nas regiões em vias de desenvolvimento.

Além do diretor geral e de três diretores gerais adjuntos, e de diversos subdiretores gerais, o Escritório Internacional do Trabalho está organizado em departamentos, divisões e serviços, possuindo, além disso, fora de Genebra, escritórios de conexão, departamentos regionais e escritórios de correspondentes. Em sua sede funcional algumas comissões.

O tripartismo é uma das características marcadas da OIT. Tanto a Conferência Geral (assembleia) e as Conferências Regionais, como o Conselho de Administração e quase todas as comissões se compõem de representantes de governo, trabalhadores e empregadores. E a experiência evidência que esta composição tripartite constitui um fator relevante na conformação do alto conceito que a OIT desfruta no plano da cultura, da produção e do trabalho.

c) Atividade normativa: convenções e recomendações

Compete à Conferência Internacional do Trabalho aprovar as normas destinadas à consecução das finalidades da OIT.

Essa atividade normativa realiza-se por meio de convenções e recomendações. Esses instrumentos adotados por maioria de dois terços dos votos, depois de uma dupla discussão, criam para os Estados-membros obrigações insertas na constituição da organização.

Por maioria simples e em discussão única, a Conferência aprova também resoluções que não criam obrigações para os Estados-membros e tratam, quase sempre, de questões não incluídas na ordem do dia[3].

No entanto, convém apontar que, como sugere a doutrina internacional, para fomentar a elaboração de um direito comum da humanidade, a Conferência deveria preferir as normas de convenção dada sua maior hierarquia e eficácia jurídica, adotando recomendações somente quando o tema, ou um de seus aspectos, não fossem considerados convenientes ou apropriados para ser objeto de uma convenção (art. 19, § 1º, da Constituição da OIT).

Enquanto isso, o desnível existente entre as condições econômicas e sociais dos diferentes países — alguns plenamente desenvolvidos, muitos em vias de desenvolvimento, e a maioria subdesenvolvidos — torna aconselhável a adoção de convenções de princípios ou fórmulas de flexibilidade, completadas por recomendações detalhadas. Os direitos humanos dos trabalhadores, no entanto, têm sido objeto de convenções de caráter regulamentador.

Levando em consideração a natureza de suas normas, as convenções podem ser classificadas em:

1) NORMAS REGULAMENTADORAS OU AUTOAPLICÁVEIS. São aquelas cujas disposições não requerem resoluções ou recomendações complementares para serem aplicadas pelos Estados que as ratificam.

Nos **países que consagram o monismo jurídico, como a Argentina**, a vigência de uma convenção ratificada no plano interno importará a integração das respectivas normas em seu direito positivo. E naqueles outros que adotam o dualismo jurídico, como o Brasil, bastará que a lei nacional reproduza o texto da convenção. **Este princípio é sumamente importante porque contribui para fortalecer a doutrina dos direitos laborais argentinos e brasileiros mais fortemente; os da Argentina dado que o caráter monista do direito do trabalho somado ao de sua completa autonomia científica permite a análise das normas que o regulamentam; e as do Brasil, na medida em que supõem um dualismo proveniente da existência de uma normativa de origem externa como o direito da integração e outro de origem interna como seria o direito do trabalho.**

Na Argentina, do ponto de vista estrutural da matéria, existe um direito único que se integra basicamente pelos princípios irrenunciáveis e inderrogáveis da normativa de fundo, incluindo as de origem constitucional como o art. 14 *bis* da Carta Magna, e as de origem puramente legal, como a Lei do Contrato de Trabalho, por

---

(3) A Recomendação n. 113/60 e a Convenção n. 144/76 procuram introduzir o tripartismo nos âmbitos nacionais, sobretudo no que se refere aos assuntos relacionados à OIT. Sobre a base do tripartismo, ver SÜSSEKIND, Arnaldo. *Direito internacional do trabalho*. 3. ed. São Paulo: LTr, 2000. p. 128-31.

exemplo. Mas a partir da reforma constitucional de 1994, a incorporação do art. 75, inc. 22 da Carta Magna, que atribui aos tratados internacionais — entre eles os da OIT —, hierarquia superior às leis, permite concluir que em matéria de direito do trabalho a norma positiva tem uma base dupla constituída em forma unitária por normas de direito constitucional e normas de direito comum; mas nesse caso subsumidas em um só conceito na medida em que a elaboração jurídica, doutrinária e jurisprudencial permita a integração regional no melhor sistema de normas. Advertir-se-á que, definitivamente, predominará aquela que seja mais favorável ao trabalhador em cada conjunto racional, à medida que se refere a princípios básicos do direito protetório e tarifado.

2) NORMAS DE PRINCÍPIOS, que dependem para sua efetiva aplicação da adoção de leis e outros atos regulamentadores a serem promovidos, de nosso ponto de vista, em um prazo de doze meses que media entre a ratificação e a vigência da convenção em cada âmbito nacional, salvo quando tais atos já estão vigentes nos Estados respectivos.

Em geral, essas convenções são aprovadas simultaneamente com recomendações complementares, contendo propostas destinadas a propiciar a aplicação dos princípios; e

3) NORMAS PROMOCIONAIS, que estabelecem determinados objetivos e elaboram programas para sua consecução, os quais devem ser levados à prática pelos estados que os ratificam mediante normativas sucessivas, a médio e longo prazo.

As convenções constituem tratados multilaterais, abertos à ratificação dos Estados-membros da OIT.

Contudo, as recomendações se destinam a sugerir normas que possam ser adotadas por qualquer das fontes autônomas do direito do trabalho, à margem da vontade básica do legislador de cada país.

Desde 1919 até 2001, a Conferência aprovou cento e oitenta e três convenções, que em janeiro do ano 2000 haviam sido objeto de seis mil, quatrocentas e três ratificações.

CONVENÇÕES RATIFICADAS PELA REPÚBLICA ARGENTINA: No mesmo período foram adotadas cento e noventa e uma recomendações. Delas (e citando somente as mais importantes e de caráter geral) foram ratificadas as seguintes: Convenção n. 1/19: "Duração do trabajo na indústria"; Convenção n. 30/30: "Duração do trabalho no comércio e escritórios"; Convenção n. 81/47: "Inspeção do trabalho na indústria e o comércio"; Convenção n. 87/48: "Liberdade sindical e Proteção ao direito de sindicalização"; Convenção n. 89/48: "Trabalho noturno de mulheres na indústria", com um protocolo de revisão aprovado em 1990; Convenção n. 90/48: "Trabalho noturno de menores na indústria"; Convenção n. 95/49: "Proteção do salário"; Convenção n. 98/49: "Direito de sindicalização e de negociação coletiva"; Convenção n. 100/51: "Igualdade de remuneração para homens e mulheres"; Convenção n. 102/1952: "Normas mínimas de seguridade social"; Convenção n. 103/52: "Proteção da maternidade"; Convenção n. 105/57: "Abolição do trabalho forçado"; Convenção n. 111/58: "Discriminação em matéria de empregos"; Convenção n. 119/53: "Proteção das maquinarias"; Convenção n. 121/64: "Proteção en caso de acidentes de trabalho e enfermidades profissionais"; Convenção n. 128/67: "Prestações em caso de invalidez"; Convenção n. 129/69: "Inspeção de trabalho na agricultura"; Convenção n. 131/70: "Fixação de salários mínimos"; Convenção n. 132/70: "Férias anuais remuneradas"; Convenção n. 135/71: "Proteção aos representantes dos trabalhadores nas empresas"; Convenção n. 141/75: "Organização de trabalhadores rurais"; Convenção n. 174/76: "Consultas tripartites para promover a aplicação de normas internacionais de trabalho"; Convenção n. 148/77: "Proteção dos trabalhadores contra os riscos profissionais de contaminação do ar, do ruído e das vibrações"; Convenção n. 150/78: "Administração do trabalho, conteúdo, funções e organização"; Convenção n. 154/81: "Promoção da negociação coletiva"; Convenção n. 155/81: "Seguridade, saúde dos trabalhadores e meio ambiente do trabalho"; Convenção n. 157/82: "Sistema internacional para a conservação dos direitos em matéria de seguridade social"; Convenção n. 158/82: "Fim da relação de trabalho por decisão do empregador"; Convenção n. 168/88: "Proteção contra o desemprego"; Convenção n. 175/93: "Trabalho de tempo parcial"; Convenção n. 183/00: "Proteção da maternidade".

Tanto as convenções como as recomendações podem ser revisadas, mediante um procedimento próprio, pela Conferência. Aprovada a revisão de uma convenção, o texto anterior já não ficará sujeito a ratificação; mas as ratificações precedentes continuarão vigentes, se o respectivo país não ratifica o novo texto.

d) Integração das normas internacionais no direito nacional. Efeitos da ratificação

A finalidade da OIT é que os Estados-membros ratifiquem as convenções, integrando as correspondentes normas no direito interno, e que as recomendações sirvam de inspiração e modelo para as atividades legislativas nacionais, os atos administrativos de natureza regulamentadora, os instrumentos de negociação coletiva, os laudos arbitrais e, nos países onde isso fosse reconhecido, as decisões normativas dos tribunais do trabalho.

Com o fim de que as convenções e recomendações cumpram essa função, a constituição da OIT põe aos Estados-membros uma obrigação: submeter os respectivos textos, no prazo máximo de dezoito meses, à autoridade nacional competente para aprovar a convenção ou para lhe dar forma de lei, ou adotar outras medidas no que se refere à recomendação (art. 19, §§ 5º e 6º).

Mas essa obrigação é de natureza formal, porque o Estado é soberano seja para ratificar um tratado, seja para legislar de conformidade com uma recomendação internacional. Enquanto isso, se a convenção fosse aprovada pela autoridade competente e, consequentemente, ratificada pelo governo, sua norma deve ser integralmente cumprida: *pacta sunt servanda*[4].

---

(4) A Convenção de Viena sobre Direito dos Tratados, dispõe em seu art. 26: "Todo tratado en vigor obliga a las partes y debe ser cumplido por ellas de buena fe"; art. 27: "Una parte no podrá invocar las disposiciones de su derecho interno como justificación del

Somente se a norma internacional fosse aprovada serviria tanto como uma recomendação, de fonte material de direito.

A autoridade a que alude a Constituição da OIT corresponde, em geral, ao Congresso Nacional ou parlamento.

Na Argentina é especialmente o Congresso a autoridade competente para regulamentar a norma.

No Brasil a questão está definida na Carta Magna: porque compete à União Federal legislar sobre o direito do trabalho e a previdência social.

Os dois países, Argentina e Brasil, têm regulado em suas constituições que o direito de legislar em matéria de leis de fundo (Código Civil, Código Penal, Código do Trabalho etc.) corresponde ao Congresso. Mas no Brasil, incumbe ao Congresso Nacional:

1) Com a sanção do presidente da República dispor sobre todas as matérias de competência da União (art. 48).

2) Exclusivamente resolver a respeito das Convenções Internacionais (art. 49, n. 1).

Essa capacidade do Congresso lhe é atribuída também na Constituição argentina reformada no ano de 1994 (art. 75, inc. 22). Por outro lado, cabe ao direito constitucional de cada Estado determinar os efeitos da ratificação da convenção.

De conformidade com a doutrina constitucional descrita nos parágrafos anteriores, quando a norma do tratado se integra no direito interno — e isso é muito importante — torna-se obrigatória no território nacional. Em países como a Argentina e o Brasil, essa integração se verifica uma vez que a ratificação inicia sua vigência, ainda que em alguns casos a eficácia jurídica da norma geradora de direitos subjetivos individuais dependa de atos regulamentadores da competência das autoridades nacionais.

Nos Estados onde rege o dualismo jurídico, a ratificação de uma convenção da OIT cria, para o respectivo Estado, a obrigação de dispor, no plano nacional, de conformidade com as normas às quais aderiu.

---

incumplimiento de un tratado" (Cf. RODRIGUEZ, Américo Plá. *Los convenios internacionales del trabajo*. Montevideo: Facultad de Derecho, 1965. p. 311).

Como se pode apreciar, o direito dos tratados regulado na Convenção de Viena se corresponde totalmente com o princípio adotado no art. 75 inciso 22 da Constituição Argentina reformada em 1994, princípio genérico que também se aplica em outros países nem sempre com base na normativa de nível constitucional, mas que deve ser levado em conta sem dúvida.

Preconizamos que este princípio emanado do direito dos tratados se incorpore explicitamente à Constituição Nacional em um capítulo especial sobre as normativas laborais para a integração regional, porque se refere a um tema sumamente polêmico na doutrina contemporânea, que é a validade das normas de direito externo em sua relação com as normas de direito interno, tema que abordaremos em outra parte deste livro.

De qualquer modo, vale a pena assinalar com sentido crítico, que um país de tanta importância como os Estados Unidos da América não tenha ratificado a Convenção de Viena sobre Direito dos Tratados; e, por isso, tanto seus tribunais federais como estaduais não se acham obrigados pelas normas da OIT, circunstância essa que haverá de conspirar contra a concretização de qualquer acordo regional de livre comércio (como por exemplo a ALCA). Para a jurisprudência norte-americana, as regulações das relações laborais próprias das Constituições latino-americanas e da OIT conspiram contra a livre competência.

A Argentina adota a concepção monista. E de algum modo também o Brasil, ainda que esse ponto de vista principista em matéria normativa de direito laboral, resulte da circunstância de que no Brasil o Poder Executivo não pode ratificar um tratado internacional sem que tenha sido aprovado pelo direito legislativo ou por lei, segundo os países, ou pelo Congresso Nacional. Além disso, o art. 5º da Constituição brasileira de 1988 e o art. 75, inc. 22, 24 e concordantes da Constituição argentina reformada em 1994, que relaciona os direitos e garantias fundamentais individuais e coletivos, prescrevem que isso não exclui as derivações dos tratados internacionais ratificados.

Por isso mesmo a própria constituição deixa sempre abertos, nos dois países, os recursos extraordinários federais ante a Suprema Corte de Justiça Nacional na Argentina, e ante o Superior Tribunal de Justiça no Brasil. Tudo isso, certamente, enquanto a decisão recorrida seja contrária ao tratado ou negue sua vigência.

Daí que seja uniforme a jurisprudência nesse sentido, tanto no Superior Tribunal argentino como no brasileiro.

A vigência da Convenção no plano nacional verifica-se doze meses depois do depósito de ratificação. O prazo de validade da ratificação é de dez anos, que se renova praticamente se o respectivo Estado não promove a denúncia do tratado ou da convenção nos doze meses subsequentes a cada decênio.

O princípio da condição nacional mais favorável está reservado pela Constituição da OIT: a ratificação da convenção "não afetará qualquer lei, sentença, costume ou acordo que garanta aos trabalhadores condições mais favoráveis" (art. 19, § 8º).

e) Controle da aplicação das normas

A OIT inovou o direito internacional, ao instituir um sistema de controle de aplicação das normas insertas em sua constituição ou adotadas por sua assembleia geral (Conferência Internacional do Trabalho) e aceitas pelos Estados-membros. O êxito do procedimento influiu sobre outros organismos internacionais que adotaram mecanismos similares.

O sistema de controle da OIT se compões de uma ação regular; e de procedimentos contenciosos a iniciativa de parte.

O órgão básico do mecanismo de ação regular (controle) e permanente é a **Comissão de Experts na Aplicação de Convenções e Recomendações**, constituída de personalidades eminentes e independentes. Ela exerce um controle de eficácia procurando, por todos os meios a seu alcance, obter o pleno cumprimento das normas internacionais, tanto no que se refere à harmonia entre os direitos nacionais e as convenções ratificadas pelos Estados, como a sua efetiva aplicação prática.

Também exerce um controle de legalidade, apontando aos casos de violação não resolvidos.

Em outro sentido, destacamos que dois são os procedimentos contenciosos: 1) reclamação (arts. 24 e 25 da Constituição argentina); e 2) queixa (arts. 26 a 35 da mesma).

O primeiro (reclamação) pode ser apresentado por "organizações de trabalhadores ou empregadores" com personalidade jurídica nacional, regional ou internacional (tratando-se de uma organização argentina, bastará o reconhecimento da personalidade gremial — arts. 25 a 31 da Lei de Associações Sindicais — 23551 — que como se sabe inclui a personalidade jurídica em caso de descumprimento por um Estado-membro de uma convenção ratificada. Além disso, e como já adiantamos, compete ao **Conselho de Administração da OIT** processar as reclamações e deliberar sobre seu objeto.

Continuando sobre esses assuntos, convém destacar que o procedimento de quixa pode ser deduzido contra um Estado-membro que não adotou as medidas necessárias para o cumprimento de uma convenção que tenha ratificado. Interpretamos que o procedimento de queixa também se abre naqueles casos em que um Estado-membro derrogou as normas de direito interno que asseguravam o cumprimento de uma convenção que tenha ratificado.

A decisão última do Conselho de Administração é recorrível perante a Corte Internacional de Justiça.

Por último, as denúncias relativas à violação de direitos sindicais têm um âmbito próprio no **Comitê de Liberdade Sindical do Conselho de Administração**, que como já dissemos é constituído por três representantes de trabalhadores, três de empregadores e três de governos, presidido por um jurista independente.

Porém, os casos não resolvidos podem ser submetidos à **Comissão de Investigação e de Conciliação em matéria de Liberdade Sindical**, fundada pela OIT em coordenação com a ONU, com fins puramente conciliatórios.

Mas é importante esclarecer que, em todo caso, **o objetivo perseguido pela OIT não é aplicar sanções** aos Estados-membros que a compõem; e sim empreender todos os esforços para obter a aplicação dos princípios consagrados por sua constituição e pelas normas adotadas pela Assembleia Geral.

No entanto, na prática, os pronunciamentos da Assembleia e do Conselho de Administração sobre os casos que lhes são submetidos constituem verdadeiras "sanções morais" porque habitualmente têm publicidade de modo que permite a atuação da opinião pública de cada país, tanto nos planos nacionais como nos internacional.

Capítulo II

INTERPRETAÇÃO E APLICAÇÃO DA REGULAÇÃO NORMATIVA LABORAL

1. Métodos de interpretação

A Lei se caracteriza, tanto como as demais fontes formais do direito, por sua normativa abstrata. A abstração implica a generalização mais ampla de seus conceitos. E os conceitos mais gerais representam, por isso, categorias essenciais do direito. Mas, para serem aplicados ao caso concreto, devem ser interpretados ainda que o texto formal esteja medianamente claro.

Dessa maneira, a norma jurídica tem vida própria, tem força expansiva, dado que o processo de interpretação vive também uma "vida própria"; pelo que é possível ao interprete atribuir-lhe um sentido novo; de acordo com as expectativas do momento em que a norma será aplicada; que podem ser diferentes daquelas outras, que inspiraram o legislador ao tempo de sua sanção.

Assim, os fins da lei se desprendem da intenção do legislador para adquirir um sentido autônomo, que resolva — no dizer de Délio Maranhão — o "método histórico evolutivo" de toda interpretação[1].

Porém é necessário esclarecer que os sistemas interpretativos da lei são múltiplos. Pelo sistema tradicional a interpretação se reduz à exclusiva construção do pensamento do legislador, à simples proclamação do que quis expressar em determinado caso, prévia investigação através do texto legal — devidamente estudado e meditado — como revelador da intenção do poder que o elaborou: o intérprete acaba sendo, assim, um mero explicador da lei.

A essa escola se denomina "exegética", para a qual todo o direito decorre da exegese da norma, sendo esta somente a expressão da vontade do legislador.

Como reação contra o método tradicional ou exegético, a doutrina foi elaborando o que se denomina o "sistema histórico-evolutivo", ao qual nos referimos acima. O mesmo parte da premissa de que a norma vive uma vida própria e tem força expansiva. Isso significa que é possível ao intérprete atribuir um sentido novo, de acordo com as exigências do momento em que é aplicada, diferentes talvez daquelas outras vigentes ao tempo de sua elaboração.

Contudo, pela evolução conceitual da teoria jurídica e também por oposição ao método exegético, a doutrina elaborou o sistema "teleológico" propugnando

---
(1) MARANHÃO, Delio. Aplicação e interpretação do direito do trabalho. In: *Instituições de direito do trabalho*. São Paulo: LTr, 1999. p. 200.

uma interpretação conforme com a "finalidade" da norma segundo a qual o intérprete deve se orientar pelas necessidades práticas que o direito procura responder considerando o interesse das partes.

A esses métodos seguiu o sistema da "livre investigação", da doutrina francesa segundo a qual, ante o silêncio da lei o juiz deve buscar a solução na natureza objetiva das coisas. A este seguiu também na França o sistema do "direito livre", apesar de haver admitido a possibilidade de que o Juiz possa decidir ainda *contra legem*, mesmo limitado historicamente, não foi aceito pela doutrina juslaboralista. Em contrapartida, com o tempo, foi se elaborando a ideia de que o intérprete segue a vontade do legislador, mas, segundo as necessidades sociais do momento[2].

Definitivamente, deve se conhecer a função criadora do juiz e do jurisconsulto, uma vez que lhes cabe adaptar a lei às novas exigências sociais. Naturalmente, isso significa que possam se opor ao texto da Lei.

A solução para o eterno problema da contradição ente a rigidez das normas e a fluidez da realidade — tão típica do direito laboral — passa inevitavelmente pela ideia do direito, que concede ao juiz liberdade para interpretar a lei, mas sempre ajustando-se aos princípios monistas do juslaboralismo, que incluem as garantias constitucionais e as determinações internacionais alusivas aos fundamentos jurídicos da civilização contemporânea como a declaração Universal dos Direitos do Homem.

Na verdade, a adequada interpretação da norma jurídica impõe a interação e harmonia de diversos métodos, com predomínio do teleológico, que permite ao intérprete investigar a *ratio legis* (razão legal), tendo em mente sempre os fins sociais que deve atender no momento de sua aplicação.

Porque, como bem aponta Rodrigues Pinto[3] "nenhum dos métodos comentados satisfaz por si mesmo os reclamos de uma perfeita interpretação da norma jurídica. A postura ideal na contingência é o emprego integrado de todos ou de alguns deles, de acordo com as dificuldades ou peculiaridades da integração exigida, reservando sempre — tratando-se de normas laborais —, algum espaço para sua harmonização com os princípios de base social".

2. O art. 11 da LCT e os fins sociais no Código Civil e no direito brasileiro — princípios de interpretação e aplicação da lei

O art. 11 da LCT prescreve taxativamente:

"Cuando una cuestión no pueda resolverse por aplicación de las normas que rigen el Contrato de Trabajo por las leyes análogas, se decidirán conforme a los principios de la justicia social, o los generales del derecho del trabajo, la equidad y la buena fé."

---
(2) MARANHÃO, Délio. *Idem*, p. 201.
(3) RODRIGUEZ PINTO, José Augusto. *Curso de direito individual do trabalho*. São Paulo: LTr, 2000. p. 89. O professor Rodriguez Pinto, um dos mais proeminentes juslaboralistas brasileiros, foi Presidente da Academia Nacional de Direito do Trabalho, e autor de inúmeras obras da especialidade (*Direito sindical e coletivo do trabalho*. São Paulo: LTr, 2002; e, da mesma editora, *Processo de conhecimento laboralista, execução laboralista* e outros).

As pautas interpretativas da norma — é evidente — valorizam o "método teleológico" ao qual nos referimos mais acima. Com um sentido finalista, o art. 11 da LCT vem a cobrir o vazio que nesse sentido exibem tanto a "Constituição Nacional" como o Código Civil da Nação Argentina.

É que — com efeito — os arts. 14, 17 e 19 da carta Magna ainda que constituam a pedra angular do sistema liberal adotado pela Constituição Histórica n. 1.853/60 ... e "encuentran su fuente y razón de ser en la concepción de los derechos naturales e inalienables del ser humano, aceptado por los constituyentes de 1.853/60", no dizer de Maria Angélica Gelli[4].

Esta autora assinala que entre as fontes ideológicas que confluíram na redação da Histórica Constituição argentina, os documentos fundacionais dos Estados Unidos estão expressamente filiados ao jusnaturalismo. Com efeito, na Declaração da Independência dos estados Unidos, redigida por Tomas Jefferson em 1776, afirmou-se: "Nosotros sostenemos como evidentes por si mismas estas verdades, que todos los hombres han sido creados iguales"[5].

"Esta proposición", afirma Tiffany, "separa al hombre de sus adquisiciones, y lo considera solamente como dueño de las dotes naturales que derivan, con su existencia, de Dios... — confirma en lenguaje claro el derecho natural del hombre a los medios naturales de satisfacer sus necesidades naturales". No dizer de María Angélica Gelli, estas ideias ratificam sua filiação ao jusnaturalismo, que se reflete — assinala — também no art. 19 da Constituição Nacional Argentina, cujo texto transcrevemos:

> "Las acciones privadas de los hombres que de ningún modo ofendan al orden y a la moral pública ni perjudican a un tercero, están solo reservadas a Dios, y exenta de la autoridad de los magistrados."

Segundo a autora, "la norma declara y enumera derechos/facultades que el estado reconoce a todos los habitantes del país". Porém — pretende —, "aunque se conviertan en norma positiva al sancionarse la Constitución Nacional, **no son otorgadas por el Estado**" ... (?)[6].

Chama a atenção tão peregrina afirmação, do ponto de vista do direito positivo e da jusfilosofia contemporânea parte a ideia de que por definição a norma legal — por seu caráter coativo — sempre é outorgada pelo Estado (arts. 1º, 2º, 3º e 21 do Código Civil. Se as doutrinas jusnaturalistas impregnaram o constitucionalismo norte-americano e este refletiu mais tarde na Constituição argentina n. 1.853/60, o certo é que se tratou de uma percepção da época, fortemente influenciada pelo luteranismo predominante na nação do norte.

---

(4) GELLI, María Angélica. *Constitución de la nación Argentina*. Comentada y concordada. Buenos Aires: La Ley, 2005. p. 73.
(5) TIFFANY, Joek. *Gobierno y derecho constitucional según la teoría Americana*. Buenos Aires: Librería de Marcelino Bordoy, 1893. p. 9.
(6) GELLI, María Angelica. *Op. cit.*, p. 73. Nota ao pé da página: "La Declaración de Derechos de Virginia, aprobada el 12 de julio de 1776 formuló una enumeración de derechos naturales *preexistentes* a toda forma de Estado a de contrato social, aunque luego reciban su fuerza imperativa de éste".

Como bem apontou Max Weber[7], "Lutero sienta con mayor claridad que antes como derivación directa de la divina voluntad, el orden objetivo histórico en que por designio de Dios se encuentra el individuo". A acentuação cada vez mais forte do elemento providencial em todos os acontecimentos da vida humana conduzem irremediavelmente a uma concepção de tipo tradicionalista análoga às ideias do **destino**; cada qual deve permanecer na profissão e no estado em que Deus o colocou de uma vez por todas e conter dentro desses limites todas as suas aspirações e esforços neste mundo"[8].

Consequentemente o tradicionalismo econômico, que ao princípio é o resultado da indiferença paulina, é fruto mais tarde da crença cada vez mais forte na pre-destinação que identifica a obediência incondicional aos preceitos divinos e a incondicional resignação com o lugar em que cada um se encontra situado no mundo.

E resume Weber[9] "ahora la *lex naturae* (en oposición al Derecho positivo tal como lo fabrican el emperador y los juristas) **es identificada directamente con la justicia divina; es fundación de Dios y comprende en particular la estructura estamentaria de la sociedad**"[10].

Entende-se então dessa ótica fundamentalista que a doutrina norte-americana não aceite os princípios do direito do trabalho protetor; porque a diferença deste, a situação do trabalhador dependente nem sequer gera preocupação pela desigualdade. De acordo com a ótica majoritária de seus tribunais "todos os homens nasceram iguais" e isso não pode nem deve mudar.

Por conseguinte, na noção do direito positivo estadounidense, não cabe o direito laboral tal como rege na Argentina, no Brasil e no restante da América Latina, Europa etc. a negociação da desigualdade acarreta a negação da estrutura estamentária da sociedade; e, consequentemente, a necessidade de corrigi-la para restituir o direito de igualdade.

Mas em nossos países, o direito laboral já adquirido hierarquia constitucional. apesar da remota influência da constituição norte-americana nas origens do constitucionalismo subcontinental; a evolução das ideias no contexto do tempo histórico impulsionou os constituintes do pós-segunda guerra, e depois; a convicção de que o jusnaturalismo já não era aceitável e foi assim que a Constituição da Argentina do ano 1956, com as reformas de 1994, a do Brasil de 1988, a do Uruguai de 1988, a do Paraguai de 1992, a do México de 1917 com as reformas de 1998, a da Nicarágua de 1987 com as reformas de 1995, a de Cuba de 1976 com as reformas de 1992, a da Costa Rica de 1949 e suas reformas até o ano 2000 etc., foram incorporando aos textos constitucionais normas do direito do trabalho, ainda vigentes.

---

(7) WEBER, Max. *La ética protestante y el espíritu del capitalismo*. Barcelona: Peninsula/Biblos, 1999. p. 98.
(8) *Ibidem*, p. 99.
(9) *Idem*.
(10) WEBER, Max. *Op. cit.*, p. 99. Nota 20. *Estamentaria*: de estamento; grupo social formado por aqueles que possuem a mesma situação jurídica ... //classe// grau. *Dicionários Larousse ilustrado*, 1987. p. 436.

E em linhas gerais, as normativas laborais latino-americanas — com escassas exceções — têm elaborado regras de interpretação semelhantes à Argentina. No caso do Brasil, o art. 8º da CLT prescreve:

"As autoridades administrativas e a Justiça do Trabalho, na falta de disposições legais ou contratuais, decidirão, conforme o caso, pela jurisprudência, por analogia, por equidade e outros princípios e normas gerais de direito, principalmente do direito do trabalho, e, ainda, de acordo com os usos e costumes, o direito comparado, mas sempre de maneira que nenhum interesse de classe ou particular prevaleça sobre o interesse público."

Como se pode apreciar, a redação difere da norma argentina (art. 11 da LCT) e também conceitualmente. No entanto, no essencial há coincidências quanto à aplicação preferencial do direito do trabalho, da justiça social e do interesse (ordem) pública, da analogia e da equidade.

A jurisprudência não figura na norma argentina, mas, como assinala com razão a doutrina, os plenários da Câmara Nacional de Apelações do Trabalho, são de aplicação obrigatória.

Em resumo e com base em nossa leitura no contexto das relações de trabalho, portanto, a conexão entre os variados métodos de interpretação deve ser feita procurando dar relevo aos "fins sociais" da norma e às exigências do bem comum. **De forma que nenhum interesse particular prevaleça sobre a ordem pública.**

Além disso, é necessário dar destaque ao fato de que, no que se refere aos fins sociais, a doutrina os tem classificado em duas categorias: imediatos e mediatos, os primeiros são resultados da própria natureza ou objeto da lei que vai ser aplicada; os segundos se confundem com a ideia de justiça e utilidade social. As exigências do bem comum se identificam com os objetivos de justiça social, o que implica uma conceitualização ética sobre o homem e a sociedade e um juízo de valor sobre a sociedade para o homem.

É preciso dizer que na formulação desses princípios, adverte-se a predominância do método teleológico ou dos fins, que tanto motivou a Von Ihering, colocando o legislador no rol de instruir o julgador sobre a necessidade de que — na adaptação da norma ao fato — atenda às imposições do fim e da realidade do direito, que tanto caracterizam o direito do trabalho.

É que para a interpretação da norma jurídica laboralista, o Juiz argentino deverá se ater às diretrizes do art. 11 da LCT e no Brasil ao disposto no art. 8º da CLT.

Porém, nos âmbitos geográficos de juridicidade, o intérprete estará condizendo com a norma constitucional de Hierarquia Superior: Em nosso país o art. 14 *bis* e no Brasil o art. 5º que a seguir se transcreve:

"En la aplicación de la ley, el Juez atenderá a los fines sociales a los que se destina y a las exigencias del bien común."

Tudo, na Argentina o intérprete terá que atender também às disposições do art. 31 e do art. 75, inc. 22 e 24 da Constituição, que cria uma nova pirâmide jurídica e a noção de Hierarquia Supranacional das normas externas que se integram assim ao monismo conceitual de direito laboral.

Esclareçamos, no entanto, que não ocorre o mesmo no Brasil, onde a Constituição de 1988 nada prevê sobre o tema, uma vez que seu direito interno é dualista e seu Superior Tribunal Federal se nega a admitir a hierarquização das normas de origem externa, particularmente porque continua interpretando que a lei posterior derroga a anterior.

A esse respeito, no "Segundo Encontro de Cortes Supremas dos estados Partes e Associados do Mercosul", o Ministro Nelson Jobim, Presidente do Supremo Tribunal Federal do Brasil, polemizando com o chanceler do país, embaixador Celso Amorin, manifestou o seguinte: "Precisamos discutir e verificar se nossas instituições jurídicas, tal como estão desenhadas grande parte delas, como a brasileira, neste ponto ainda refém das concepções autonômicas do século XIX, em que o tratado Internacional tem no Brasil um tratamento como norma de natureza ordinária, sujeita à modificação, à revogação e à alteração por qualquer legislação ordinária, sem qualquer audiência dos organismos internacionais e dos países que foram coparticipantes da elaboração de um tratado de qualquer natureza..."

Convém assinalar, como Monsenhor Iturraspe[11], que "Dos países íntimamente relacionados por la geografía, el comercio, la historia y las relaciones humanas que además han integrado sus destinos en un pacto como el MERCOSUR, que es, sin lugar a dudas, mucho más que un acuerdo de libre comercio a la hora de reformar sus leyes fundamentales no pueden hacerlo de espaldas, ignorándose uno a otro. No hay citas del Derecho del Brasil en el proyecto de reforma constitucional Argentino del 94 ni referencias al Derecho Argentino en la actividad similar del Brasil".

Não obstante, é preciso dizer que em matéria de direito laboral, a regra de interpretação nos dois países é a da "norma mais favorável ao trabalhador".

Na Argentina foi acolhida no art. 9º da LCT, não ocorreu o mesmo no Brasil. Porém assinala expressamente Plá Rodriguez[12] "que para su aplicación no necesariamente debió ser tomada por el derecho positivo. Ha sido también incorporada entre otros por el Código de Trabajo Ecuatoriano art. 7º; el de Guatemala, art. 17; el Colombiano art. 21 etc.".

No capítulo V desta parte IV, ao qual nos referimos, relacionamos os princípios específicos do Direito do Trabalho, que do nosso ponto de vista devem ser considerados na interpretação e aplicação das normas jurídicas de índole laboral. Porém, destaquemos que a expressão *in dubio pro operario* não pode ser usada em termos absolutos.

---

(11) MOSSET, Iturraspe Jorge. *Responsabilidad por daños*. Santa-Fé: Rubinzal-Culzoni, p. 32. t. XI: Responsabilidad de la empresa, n. 28.
(12) RODRIGUEZ, Américo Plá. *Los Princípios de derecho del trabajo*. Buenos Aires: Depalma, 1998. p. 98.

Consequentemente, não é aplicável em matéria de provas. E se uma disposição legal concilia os interesses de empregadores, de trabalhadores e da comunidade, não poderia ser usada de modo que afete o princípio protetor, uma vez que se trate de regras primordiais do direito do trabalho.

Foi por isso mesmo que, para Deveali, a referida máxima só deve ser aplicada "cuando realmente exista una duda sobre el alcance de la norma legal y siempre que no riña con la voluntad del legislador"[13].

3. Abuso de direito e fraude à lei

A norma criadora de um direito não deve ser usada contra a finalidade que a motivou. Quem sem interesse legítimo procura intencionalmente prejudicar a outro abusa certamente do direito de que é titular. E o exercício antissocial de um direito não pode obter a sanção do mundo jurídico contemporâneo.

Nesse aspecto, a doutrina civilista brasileira tem interpretado que a lei deve ser aplicada respeitando a que se denomina "princípio de normalidade". No ver de Orlando Gomes[14], admite-se que o exercício dos direitos deve ser normal porque quem use seu direito de modo anormal comete "abuso de direito".

Tal conceito corresponde à teoria relativista do direito, que se contrapõe à filosofia liberal individualista determinante da concepção absoluta do direito. Na doutrina Argentina o Código Civil, em seu art. 1.071 (texto segundo a Lei n. 17.711) prescreve taxativamente.

"La ley no ampara el ejercicio abusivo de los derechos. Se considerará tal al que contraríe los fines que aquella tuvo en mira, al reconocerlos o al que exceda los límites impuestos por la buena fé, la moral y las buenas costumbres."

Em uma sociedade organizada, os direitos subjetivos são direitos fundamentais: não devem sair do plano da função à que correspondem, pois do contrário seu titular os desvia de seu destino, cometendo um abuso de direito.

O ato será assim "normal" ou abusivo na medida em que se justifique ou não por um motivo legítimo; que constitui assim a verdadeira pedra angular de toda a teoria de abuso dos direitos.

É que a violação da lei, a conduta ilícita objetiva, pouco importando a intenção do infrator.

Porém no abuso do direito, seu titular o exerce sem falta desrespeitar — aparentemente — à disposição legal, mas contrariando conscientemente suas finalidades.

Assim se manifesta o texto do art. 1.071 do CC, glosado mais acima. Porém se evidencia notavelmente na redação do art. 14 da LCT, que dispõe:

---

(13) DEVEALI, Mario L. *Lineamientos del derecho del trabajo*. Buenos Aires: SRL, 1956. p. 169.
(14) GOMES, Orlando. *Introdução ao direito civil*. Rio de Janeiro: Forense, 1957. p. 122.

"Será nulo todo contrato por el cual las partes hayan procedido con simulación o fraude a la ley laboral, sea aparentando normas contractuales no laborables, interposición de personas o de cualquier otro medio."

Em tal caso a relação será regida por essa lei.

A suspeita do uso normal, malicioso ou abusivo do direito deve ser analisada sob um duplo aspecto: o subjetivo, que implica a verificação dos motivos determinantes do ato; e o objetivo, relativo à função exercida pelo ato em busca do direito aplicável.

Quando se cotejam os dados que surgem do ato presumidamente abusivo ou fraudulento, a análise do intérprete, baseada no duplo aspecto referido nos mandamentos anteriores, lhe permitirá decidir sobre sua anulação ou não.

Nas hipóteses de aplicação do art. 14 da LCT (Nulidade por fraude laboral), a fraude à lei nas relações de trabalho deriva: a) do **ato unilateral do empregador**, ao usar maliciosamente de um direito com o objetivo de impedir ou desvirtuar a aplicação do preceito jurídico de proteção a seu empregado; b) **de um ato bilateral**, em virtude do qual aparentemente empregador e empregado simulam a existência de uma falsa relação jurídica entre ambos, com o fim de ocultar a natureza do ato realmente acordado. Mas nesta última hipótese da simulação, é o próprio dependente quem concorda em disfarçar, maliciosamente; a verdadeira relação, em uma conduta habitualmente manchada pela ignorância, pelo erro ou pelos vícios de consentimento aos quais se refere o art. 954 do Código Civil argentino.

De modo similar à norma argentina ocorre no direito brasileiro, pois o art. 9º da LCT declara nulos de pleno direito os atos praticados com o objetivo de desvincular, impedir ou fraudar a aplicação dos preceitos contidos na Consolidação das Leis do Trabalho.

Essa regra não se aplica somente de modo limitado nas hipóteses de fraude devidamente identificadas nas normas consolidadas, mas sim em toda a legislação de proteção do trabalho.

Normativas similares à lei do art. 1.071 do CC argentino são incluídas nos arts. 102 e 120 do CC brasileiro.

Em todas essas hipóteses, e em caso de distrato, a dissolução do Contrato de Trabalho será tida por não sucedida, mas se o empregador se nega a continuá-la, o sistema legal argentino habilita a figura legal da despedida sem justa causa, prévio pagamento das indenizações dos arts. 236 da LCT (substitutiva de aviso-prévio) e 245 da LCT (indenização por antiguidade).

Naturalmente, nos casos comprovados de nulidade por simulação, abuso de direito e fraude, as normas jurídicas aplicáveis serão as que correspondam com a verdadeira natureza da figura legal.

Capítulo III

CARÁTER EXPANSIVO DO DIREITO DO TRABALHO

Como vinhamos assinalando nos capítulos precedentes, o Direito do Trabalho se caracteriza por sua tendência imanente de ampliar as fronteiras de sua aplicação. isso decorre — por um lado e em razão do princípio da realidade — de sua vocação universalista, que se sustenta na ampliação da esfera das relações do trabalho dependente dessa etapa histórica da globalização dos mercados; da formação de blocos de integração e, no contexto, de uma formidável expansão do conhecimento humano, da ciência, da técnica e das comunicações.

E ao ampliar as fronteiras de acordo com o espírito que lhe é próprio, tende também e naturalmente a resguardar a dignidade humana do trabalhador; com o que se identifica com a disciplina que rege as relações laborais do homem, socialmente necessárias.

Por esses fundamentos e nesse mesmo sentido, pronunciou-se o primeiro Congresso transandino de Direito Laboral e da Seguridade Social, realizado em Mendoça, República argentina, no mês de abril de 2002[1], que em sua conclusões finais considerou necessário ampliar a esfera de aplicação do Direito Laboral, até mesmo as figuras do trabalho autônomo, independente, rural, estatal, etc. Ou como o quer a Organização Internacional do Trabalho (OIT), "a todas as modalidades de trabalho por conta própria ou exclusivamente, com ajuda de familiares de que se constitua na principal fonte de renda" de quem a exerce (Convênio n. 141, art. 2º, § 2º).

No mesmo sentido na lição de Alejandro Perugini[2] "las meras condiciones de producción plantean al derecho del trabajo, la necesidad de actualizar las respuestas jurídicas, pero no le imponen la caducidad de sus objetivos. El menor número de relaciones laborales *"típicas"* no impone su desaparición, porque las necesidades de protección, integración y solidaridad, están tan presentes como en su origen. — La multiplicación de modos de trabajo alternativos en situaciones de hiposuficiencia, de estructuras tendientes a disminuir las responsabilidades sociales y de desempleo estructurales, requiere que un derecho social efectivo y actual reafirme sus objetivos; amplíe sus ámbitos de operatividad para regular y dar respuesta a todos esos supuestos; y se replantee sus normas operativas

---

(1) O Congresso Transandino de Mendoça foi organizado pela Sociedade Argentina de Direito Laboral (SADL) com a incalculável contribuição de sua filial naquela cidade. Editou um livro de palestras, que vale a pena consultar (Buenos Aires: La Ley, 2002).
(2) PERUGINI, Alejandro. *Trabajo subordinado y trabajo independiente.* Existe la Realidad sin replanteos de los postulados del Derecho del Trabajo. (Livro de palestras do citado Congresso).

abandonando los corsés que se había autoimpuesto desde un rigor conceptual que no se compadece con los trascendentes objetivos que está llamando a cumplir".

Trata-se, em todo caso, de não negar que os novos alcances do Direito do Trabalho avançam hoje até o trabalho autônomo e outras formas concretas de prestação livre do trabalho remunerado. É que, em um contexto universal de "proletarização" das profissões e especialidades, cujo alcance se estende até a "categoria" dos "efetivos" de empresa[3]. A proteção especial da Lei deve alcançar não somente os trabalhadores que prestem serviços subordinados juridicamente ao empregador, *como também aos que trabalham* profissionalmente em estado de dependência de caráter social ou econômico.

Por outro lado, o crescimento do desemprego, resultante da globalização dos mercados, vem se ampliando consideravelmente em todos os países — inclusive e em especial na Argentina — as atividades econômicas informais. Daí a tendência a proteger — de alguma maneira — com leis especiais esse tipo de trabalho autônomo com as normativas de tipo registral e fins puramente fiscalistas que caracterizam por exemplo as Leis n. 24.013 (Lei do Emprego); n. 24.465 (Flexibilização Laboral); n. 24.467 (Lei de Pequenas e Médias Empresas); etc.

1. O constitucionalismo laboral

Para uma melhor compreensão do conceito de constitucionalismo é mister determo-nos na ideia de Constituição.

Daquele ponto de vista liberal que infundiu o espírito dos constituintes de 1853, "Constituição se conceitua como um conjunto de normas relativas à estrutura e o funcionamento do Estado", por sua vez à difícil relação deste último com a sociedade civil; e à resolução do antagonismo entre os interesses particulares e seus direitos, e o interesse geral.

Segundo Sampay[4] o termo "constituição" provém da expressão latina *cum statuire* ("juntos estatuir"), significando etimologicamente: "constituir algo com uma pluralidade de indivíduos".

Dizia Aristóteles em sua "Política": "A constituição é a ordenação dos poderes governativos de uma comunidade política soberana; de como estão distribuídas as funções de tais poderes, de qual é o setor social dominante na comunidade política e de qual é o fim atribuído à comunidade política por esse setor social dominante".

---

(3) O rol dos técnicos e efetivos na empresa capitalista do ponto de vista estrutural, mudou nos últimos cinquenta anos. Se existe um aspecto que a identificava, este consistia caracteristicamente em que os efetivos compartilhavam con o proprietário, os "segredos" técnicos e especialmente os econômicos e financeiros da empresa. Esses "segredos", compartilhados com o empregador exclusiva e excludentemente, configuram as pautas para uma diferenciação de classes dentro de cada empresa. Entende-se assim — segundo Samir Amir — que o executivo era parte do "patronal". Hoje os identificadores mudaram; porque os "segredos" da empresa não são compartilhados pelo titular com os efetivos; nem este último adota condutas autônomas em sua relação com o pessoal subordinado, limitando-se a cumprir ordens no âmbito de suas incumbências. Marcam-se assim traços de identificação, remarcados também no âmbito econômico, nos setores mais baixos da pirâmide salarial.

(4) SAMPAY, Arturo E. *Las constituciones de la Argentina*. Buenos Aires: Universitaria de Buenos Aires (EUDEBA), 1975. p. 1.

E acrescenta: "posto que a esse setor social obedece[5] o regime político; Constituição e setor dominante significam o mesmo".

Mas as constituições "liberais" do século XX não refletem cabalmente as transformações sociais derivadas da aparição do maquinismo, da industrialização e das novas formas de propriedade típicas do capitalismo. Da época de predomínio da propriedade latifundiária da terra, refletida no pensamento dos "fisiocratas" que tanto influenciou a próceres de maio de 1810, como Moreno, Belgrano e Castelli, foi-se passando à época do liberalismo constitucional derivado da influência da Constituição norte-americana e das ideias de Descartes e Rousseau, cuja concepção do homem (no dizer de Sampay) ocultava o que já eram possíveis desigualdades entre empregadores e empregados[6].

Assim na dimensão histórica da época, o pensamento dos constituintes argentinos de 1853 e 1864 se nutria da ideia de que "se o homem era absoluta e naturalmente bom (JACOBO, Rousseau Juan Emilio. *El contrato social*, 1762), e somente as restrições externas a seu livre-arbítrio desvirtuavam sua bondade, não podia, no exercício da liberdade econômica, explorar a outro homem.

Não nos ocuparemos neste trabalho de efetuar uma criticar acabada daquela concepção; mas diremos com Sampay, "que teve efeitos que produziram uma penosa realidade sociológica — a concentração da riqueza em poucas mãos e sua conversão em um instrumento de domínio e de exploração do homem pelo homem".

Por isso, e como consequência, já nos primeiros anos do século XX se produziu uma reação nas doutrinas jurídicas, principalmente a partir da influência das Revoluções Russa e Mexicana e da Constituição alemã de Weimar, que impulsionaram o nascimento de novas orientações em matéria constitucional. Foi precisamente a Constituição mexicana de 1917 a que primeiro reconheceu os direitos dos trabalhadores porque desde 1914 o novo movimento legislativo se expressava nos Estados de Jalisco, Veracruz, Yucatán e Coahvila.

Mas no art. 123 da Constituição daquele país o que — após árduos debates — inovou na matéria introduzindo normativas que logo influenciaram em todo o movimento constitucionalista mundial e nas bases doutrinárias do moderno direito do trabalho[7].

Tão cedo na evolução histórica do constitucionalismo no México de princípios do século XX, estenderam-se de forma concentrada os conflitos entre trabalhadores e empregadores que caracterizaram toda a época e moldaram naquele país as

---

(5) *Op. cit.*, p. 2.
(6) SAMPAY, Arturo. *Op. cit.*, p. 488. Como se sabe, algo assim como o "pai" adotivo da reforma constitucional de 1949, sua imensa formação jurídica e sua enorme cultura filosófica e política fizeram com que desempenhasse um papel destacadíssimo na constituinte daquele ano. A isso esteve unida sua identificação profunda com as ideias de Juan Domingo Perón, elementos de juízo — todos eles —, que fazem recomendável a leitura de sus obras. Particularmente a que estamos citando é reveladora de uma concepção de mundo, cuja dimensão histórica no se pode ignorar, a pesar de suas limitações.
(7) CUEVA, Mario de La. *Op. cit.*, p. 118-127.
(8) CUEVA, Mario de La. *Op. cit.*, p. 88.

primeiras normas protetoras. Diz De La Cueva[8]: "Hasta 1910, aparecía México como un estado feudal... y por ello fue la revolución eminentemente agraria en sus orígenes. Más no debe deducirse de ello que no hubiera surgido el **problema obrero,** aún rudimentaria la industria, existían centros mineros en donde se dejó sentir la necesidad de resolver la cuestión social; estallaron varios movimientos huelguistas de importancia ... que condujeron a una demostración de fuerza del gobierno y a **una aplicación rigurosa del articulado del Código Penal**".

Em tais circunstâncias, "las respuestas a los conflictos no podían provenir del Código Civil, que no consignaba más principio de responsabilidad que el de la culpa", continua De La Cueva[9], "y **los tribunales Mexicanos fueron incapaces de intentar como los franceses, la adaptación de los textos legales a las nuevas necesidades de la industria...** — que lo hicieron muchos años antes (1898); consagrando la teoría del riesgo profesional".

Não obstante, já em 1906 e depois, em 1913, nas leis de Acidente do Trabalho dos Estados de Chiruahua e Coahuola, incluiu-se o princípio: "O proprietário será responsável civilmente pelos acidentes que ocorram com seus empregados e operários no desempenho de seu trabalho ou em ocasião deste".

Nas legislações estaduais daqueles anos e no México, incluíram-se princípios precursores como o descanso dominical, feriados nacionais obrigatórios, férias (oito dias anuais), jornada de trabalho, sanções aos empregadores de "um peso por cada pessoa que trabalhasse nas horas de descanso ou nas férias; salários mínimos na cidade e no campo, proteção dos menores de idade, proteção do salário, etc.".

Aquelas legislações do trabalho, "todavía no eran rígidas sino más bien, un conjunto de bases que se desenvolvían en forma de convenios industriales celebrados por las respectivas organizaciones de trabajadores y patrones o mediante los fallos de los tribunales de trabajo que permitían realizar permanentemente la fórmula de idéntica oportunidad para todos"[10].

Antecipando-se à Constituição de 1917, tal legislação do trabalho incluiu princípios de importância capital, como os que encomendaram às autoridades do trabalho a vigilância, a aplicação e o desenvolvimento da Lei do Trabalho. Os juristas de conciliação e o Tribunal de Arbitragem foram os organismos encarregados de aplicar a Lei.

Contudo, tais órgãos eram algo mais: as Juntas de Conciliação e o Tribunal de Arbitragem punham de manifesto princípios de conciliação de classes entre patrões e trabalhadores que caracterizaram depois a legislação dos países e foram incluídos em todas as constituições.

Por sua vez os princípios de **conciliação** impuseram como obrigatória a união dos trabalhadores; a lei eufemisticamente **reconheceu** assim a existência da Associação profissional, mas principalmente como um mecanismo de coerção e

---

(9) CUEVA, Mario de La. *Op. cit.*, p. 89.
(10) CUEVA, Mario de La. *Op. cit.*, p. 102.

controle estatal sobre os grêmios; que mesmo jamais tendo sido aceito pela doutrina internacional, foi no entanto incorporado nas legislações posteriores de outros países, como Brasil e Argentina, ainda que não em suas Constituições.

Isso já estava expresso na Constituição mexicana de 1917, na qual o citado art. 123 contradisse o sentido da legislação anterior na matéria; consagrando o direito de livre Associação Profissional e Direito de Greve. Quanto à contratação coletiva, esta não é mencionada em tal artigo, mas está consentida tacitamente no parágrafo introdutório da norma.

As Constituições latino-americanas que foram sancionadas entre 1917 e 1945 aproximadamente ocuparam-se extensamente do Direito do Trabalho, em geral, de forma análoga à do art. 123 da Carta Magna mexicana, mas a maioria contém unicamente declarações de caráter geral e outras somente a simples menção de medidas concretas de legislação.

Historicamente podem ser distinguidas assim em dois grupos: integrado o primeiro pelas constituições do Peru (1933); do Uruguai (1934); da Bolívia (1938); da Nicarágua (1939); de Cuba (1940); da Guatemala (1945); do Brasil (1946, que substituiu a de 1937 que continha também uma declaração dos Direitos do Trabalho); do Equador (1946); da Venezuela (1947, que substituiu também a de 1936); e — finalmente — a da Argentina (1949), que incorporou de forma puramente declarativa, a "Declaração dos Direitos do Trabalhador" emanada do Gabinete de Ministros do General Juan Perón, no ano de 1947.

No segundo grupo incluem-se as constituições do Chile (1925); de Honduras (1936); da Venezuela (1936), que fora revogada; e a de El Salvador (1939)[11].

A tudo isso e *a posteriori*, é preciso agregar, como denominador comum, o movimento de renovação constitucional que se produziu virtualmente em quase todas as Repúblicas Latino-americanas no pós-Segunda Guerra Mundial, a partir do ano de 1946, e como reflexo da derrota do fascismo e do crescimento das reivindicações dos trabalhadores em todo o mundo.

Tal renovação se manifestou principalmente com as reformas constitucionais do Brasil (1946); do Equador (1947) e da Argentina (1949). Todas elas incorporaram elementos normativos de democracia econômica e social, restringindo o direito de propriedade absoluta e incorporando ou ampliando o Direito do Trabalho, dessa vez como protetor do trabalhador e do direito de contratação individual e coletivo entre empregadores e empregados.

No que se refere à constituição de 1949, não contém normas imperativas em matéria laboral, segundo adiantamos em um capítulo anterior; mas sim princípios programáticos incluídos na Declaração dos Direitos do Trabalhador, que — por exemplo —, em seu parágrafo décimo e último contém um programa para o direito coletivo do trabalho, ainda que com a denominação "direito à defesa dos interesses

---

(11) CUEVA, Mario de La. *Op. cit.*, p. 182.
(12) SAMPAY, Arturo E. *Op. cit.*, p. 500.

profissionais. Não obstante convém atender a Sampay, quando em seu comentário daquela parte da Constituição de 1949 afirma: "La vida económica Nacional de nuestros días, que reúne a millones de hombres en una comunidad de trabajo... ha convertido las cuestiones de salario, de arrendamientos urbanos y rurales, de precio en los objetos de consumo en asuntos que se rigen por la justicia social y no por la justicia conmutativa"[12].

A ideia de Sampay, no que diz respeito às questões relativas ao "Direito do Trabalhador" (Direitos do Trabalhador, § 1º) e "Direito a uma remuneração justa" (§ 2º), não pertenciam à justiça comutativa de natureza privada, e sim às grandes políticas de Estado, é compreensível no meio das reformas políticas e econômicas que introduziu o primeiro governo do general Perón. De alguma maneira nos está dizendo, além disso, que a legislação do trabalho é congruente com um regime de propriedade privada dos meios de produção e não em um sistema de propriedade pública, coincidindo nisso com De la Cueva e com o mais avançado da doutrina.

Isso foi corroborado em poucos anos, quando logo depois do golpe de Estado que derrubou o general Perón pela "proclama" (?) de 27 de abril de 1956, declarou-se vigente a Constituição Nacional sancionada em 1853 com as reformas de 1860; 1866; 1898; e *"exclusão da de 1949"*.

Vale dizer que com apenas um "proclama", que segundo o dicionário significa: "notificação pública que se faz de uma coisa"[13], derrogou-se o embrião da convenção constituinte (1949) impregnada de princípios de direito público, justiça social e seguridade social. A derrogação — vale a redundância — não foi por outra constituinte, nem por uma lei, sequer por um decreto, mas apenas por uma "notificação pública", o que lhe tira qualquer legitimação.

No entanto, a desregulação não foi desestimada pela Corte Suprema de Justiça, nem por uma opinião pública fortemente influenciada pelo exílio do presidente deposto e banimento do Partido Peronista. E se reinstaurou, de fato, o regime econômico-social de propriedade privada absoluta, que substituiu a Constituição de 1853, de inspiração liberal.

O notável foi que o governo resultante do golpe, sob pretexto de desmantelar as estruturas e formas totalitárias da sociedade (Diretivas Básicas do Governo Provisional, inc. "d"[14]), convocou uma convenção nacional constituinte na cidade de Santa Fé para o ano de 1957, que quase sem modificar um ápice do texto de 1853 e em seu contexto "injetou" um "novo" artigo (assim o denominou) em seguida ao art. 14 da Constituição Nacional argentina, e ao publicá-lo na imprensa do Congresso o incluiu dentro do art. 14 sem solução de continuidade, nem numeração ou designação diferente[15]. Acrescentou-se, no entanto, no art. 67, inc. 11 que compete ao Congresso ditar "o Código do Trabalho e Seguridade Social".

---

(13) *Dicionário Larousse ilustrado*, 1987. p. 841.
(14) Publicada como Anexo à Constituição Argentina. Buenos Aires: Imprensa do Congresso da Nação, 1956. p. 657-66.
(15) Publicação da Secretaria do Senado da Nação, confrontada com os documentos originais que figuram em seu arquivo e no da Câmara de Deputados, Buenos Aires, 1958.

O posteriormente denominado art. 14 *bis* consagra pela primeira vez na Argentina em nível constitucional, ainda que de maneira programática princípios que consagram a autonomia do Direito do Trabalho: "El trabajo en sus diversas formas gozará de la protección de las leyes", começa, para um reenvio posterior, "las que asegurarán al trabajador", etc.

Eximimo-nos de transcrever o art. 14 *bis*, que já foi incluído na íntegra em um capítulo anterior.

Porém é inevitável comentar que a inclusão do texto "laboral" no contexto "liberal" confirma a opinião da doutrina majoritária quando diz que a natureza jurídica do Direito do Trabalho não gera em suas normas contradições essenciais com os textos e princípios de nossa constituição.

Em menor escala, o fenômeno se reproduz na Constituição brasileira reformada em 1988, que inclui em seus arts. 5º, 7º, 8º, 9º e 10 textos operativos de direito laboral — em um contexto de princípios liberais herdados também da Constituição norte-americana e de outros influenciados pelo Estado de Bem-Estar e a Social Democracia europeus. Como bem apontou Süssekind[16] "na verdade há uma crescente contradição a respeito do tema: a constituição não é rigorosamente liberal-democrática; mas tampouco chega a ser social-democrática".

Quiçá — acrescentemos — essa mesma ambiguidade seja mais permissiva do ponto de vista dos princípios, e dos métodos, desde que, ao contrário da Constituição argentina, a brasileira admite a redução do grau de intervenção da lei, com o fim de:

1) "os sistemas legais se constituam com regras gerais indispensáveis, que estabeleçam um mínimo de proteção a todos os trabalhadores, por baixo do qual não se concebe a dignidade do ser humano".

2) "esses sistemas abram espaço para a complementação do piso protetor irrenunciável ou para flexibilizar sua aplicação mediante negociação coletiva, isto é, com a participação dos correspondentes sindicatos, aos quais cumpre assegurar a liberdade sindical[17]".

3) "abram caminho para a flexibilização com objetivos limitados".

Portanto a flexibilização — afirma Süssekind equivocadamente — "não se confunde com uma forma de desregulação do Direito do Trabalho. A desregulação retira a proteção do Estado ao trabalhador — disse —, permitindo que a autonomia privada, individual ou coletiva regule as condições de trabalho e pos direitos e obrigações provenientes da relação de emprego. A flexibilização em contrapartida — afirma — pressupõe a intervenção estatal, ainda que básica, com normas gerais sob as quais não se pode conceber a vida do trabalhador com dignidade"[18].

---

(16) SÜSSEKIND, Arnaldo Lopes. *Op. cit.*, 2. ed. Rio de Janeiro: Renovar, 2001. p. 60.
(17) SÜSSEKIND, Arnaldo Lopes, *Op. cit.*, p. 52.
(18) *Op. cit.*, p. 52.

No entanto, o mestre brasileiro, citando o Diretor Geral da OIT acrescenta: Há normas fundamentais que, independentemente das prioridades nacionais, são inseparáveis de todo esforço a favor do progresso social[19]. No que se refere ao Brasil — ele nos diz — "é incontestável que ainda somos desigualmente desenvolvidos, com algumas regiões e categorias profissionais desprovidas de sindicatos capazes de obter, por meio da negociação coletiva, razoáveis condições de trabalho para seus representantes. Nunca é demais recordar com o grande civilista Georges Ripert que 'a liberdade não basta para assegurar a igualdade, pois os mais fortes rapidamente se tornam opressores'"[20].

Torna-se evidente — nas opiniões transcritas — que o grande mestre brasileiro aceita a flexibilização laboral a contragosto, porque em seguida afirma taxativamente: "Daí a necessidade de normas legais imperativas, com a condição de inalienáveis".

Melhor haveria sido — e a crítica o aconselha — que a Carta Magna houvesse possibilitado à lei ordinária indicar, restritivamente, as hipóteses nas quais as partes, por meio de convenção ou acordo coletivo, pudessem flexibilizar a aplicação do preceito estatal, fixando os limites intransponíveis pelos instrumentos de autocomposição. "A autonomia dos atores sociais não poderá exercer sem limites".

E termina: "nada impede que uma reforma legislativa amplie as derrogações legais autorizadas pela constituição, sempre que fosse respeitada a própria ordem pública instituída pela lei maior. O limite devem ser os próprios mandatos imperativos que, no caso brasileiro, alcançam — às vezes com disposições próprias da lei ordinária — quase todos os institutos do direito do trabalho. Isso não ocorre na maioria dos países". E acrescentamos: **tampouco na Argentina.**

2. Trabalhadores autônomos

Quando a energia humana é utilizada na elaboração de uma coisa, ou de um bem, corpóreo ou incorpóreo, ou na prática de um serviço, trata-se sem dúvida de um trabalho; e aquele que o realiza: um trabalhador.

Trabalhador pode ser, assim, um artista que compõe uma sinfonia, o cientista que descobre uma vacina, o advogado que defende a um réu, o condutor que dirige um transporte público, o mecânico que conserta uma máquina, o operário que elabora uma manufatura, o jornalista que redige uma nota, o bancário que confere a assinatura de um cheque, o profissional da medicina que dá plantão em um estabelecimento assistencial ou hospitalar, o corretor, etc.

Por um lado — é preciso esclarecer — nem todo trabalhador é um profissional e nem todo profissional é um empregado. E por sua vez, qualquer pessoa física que faz de sua atividade sua profissão é um empregado. E por sua vez, qualquer

---

(19) *Op. cit.*, p. 54. Faz referência a *Michel Hansenne*: informe à conferência de 1994. Genebra: OIT, p. 66.
(20) *Op. cit.*, p. 55.

pessoa física que faz de sua atividade uma profissão, obtendo dela os meios necessários para seu sustento é um trabalhador profissional.

Por outro lado, **se tal atividade for executada com continuidade e com base em um contrato de trabalho subordinado, quem a pratique será também um empregado daquele que dirige a prestação de seus serviços e que, em contrapartida, lhe paga os salários combinados ou estipulados pela lei ou por convênio.**

Caso contrário, o profissional será "um trabalhador autônomo", realizando sua atividade por conta própria, ou por meio de uma locação de serviços, de um mandato ou empreitada.

Como correlato do que vemos expresso em citações anteriores, nós não distinguimos entre as expressões "empregado" e "operário" ou "trabalhador", tal como ocorre em alguns regimes legais que os diferenciam para distinguir o trabalho intelectual ("administrativo", "docente", etc.) do trabalho manual.

Na Constituição argentina não se fazem diferenças e onde a lei não distingue... (art. 19 e 14 *bis* da Constituição argentina). No que se refere à Lei do Contrato de Trabalho, esta define:

Art. 4º: "Constituye trabajo a los fines de esta ley, toda actividad lícita que se preste a favor de quien tiene la facultad de dirigirla, mediante una remuneración..."

Art. 22: "Habrá relación de trabajo cuando una persona realice actos, efectúe obras o preste servicio a favor de otra... cualquiera sea el acto que le dé origen".

Art. 28: "Se considera 'trabajador', a los fines de esta ley a la persona física que se obligue o preste servicios en las condiciones previstas en los arts. 21 y 22 de esta ley, cualesquiera que sean las modalidades de la prestación".

Por outro lado:

Art. 26: "Se considera empleador a la persona física o conjunto de ellas, o jurídicas, tenga o no personalidad jurídica propia, que requiera los servicios de un trabajador."

Agora vejamos, como é óbvio, o "trabalhador autônomo", que é nosso tema, não aparece regulamentado na Lei do Contrato de Trabalho, mas sim na Lei n. 18.038 (argentina), sancionada em 30 de dezembro de 1968, durante o governo militar do General Onganía.

Tal lei contém normas de natureza laboral com remissão ao regime previsional para trabalhadores autônomos (art. 1º) que por sua vez são definidos como:

Art. 2º: "... las personas físicas que por sí solas o conjunta o alternativamente con otras, asociadas o no, ejerzan habitualmente alguna de las actividades que se enumeran en los incisos siguientes, siempre que estas no configuren una relación de dependencia".

a) Direção, administração ou condução de qualquer empresa, organização, estabelecimento ou exploração com finalidade de lucro, ou sociedade comercial ou civil, ainda que por essas atividades não obtenham retribuição, utilidade ou retorno algum;

b) Profissão desempenhada por graduado em universidade nacional ou universidade pública ou privada autorizada para funcionar pelo Poder Executivo, ou por quem tenha especial habilitação legal para o exercício de profissão universitária regulamentada;

c) Produção e/ou cobranças de seguros, resseguros, capitalização, poupança, poupança e empréstimo ou similares;

d) Qualquer outra atividade curativa não compreendida nos incisos precedentes.

O curioso e incongruente e arbitrário é que, com o objetivo de fiscalizar[21], no art. 3º se estendem os alcances da definição de "trabalhadores autônomos aparentemente a (entre outros) "directores de sociedades anónimas y los socios de cualquier sociedad ... que realicen actividades especialmente remuneradas que configuren una relación de dependência" (inc. b) e a "los miembros del clero y de comunidades religiosas pertenecientes a culto católico y a otros cultos" (inc. d) — como se sabe —, e prescindindo da natureza jurídica do vínculo — ambos tipos de trabalhadores desempenham sua funções sob uma relação de dependência, o que de nenhuma maneira permitiria qualificá-los como autônomos[22].

De qualquer maneira e em resumo, conforme definição do art. 2º da Lei n. 18.038 (Argentina), para a cabal definição de uma atividade como "autônoma", haverá que se levar em conta se o trabalhador assume ou não os "riscos" da mesma, fator este que permite diferenciá-lo do empregado, o qual, em nenhuma circunstância pode participar das "perdas da empresa ou de seus fracassos. **No contrato de serviços autônomos, ao contratante interessa o resultado do serviço e não onde, como e com quem o contratado o executou.**

Precisamente porque se dão diversas modalidades de contratos subordinados (mandato, representação comercial, etc.) a assunção do risco do empreendimento e a personalidade na prestação de serviços são elementos relevantes, junto à subordinação jurídica, para evidenciar a diferença entre o empregado e outras figuras jurídicas utilizadas na fraude laboral, como, por exemplo, a do sócio comercial (ver CAPORNIO, Fabian Claudio c/ RAÚL, Dobler Ernesto s/ cobro de pesos) Tribunal do Trabalho n. 2 de La Plata, Presidência de Buenos Aires. Causa n. 23.468/96[23].

---

(21) O regime ditatorial de Ongania se caracterizou — historicamente —, pelo confisco dos fundo pertencentes ao sistema previsional (caixas de aposentadorias; caixas de subsídios familiares, caixas de Acidentes do Trabalho, etc.) que operavam até esse momento com um sistema autárquico administrado em forma tripartite por empregadores, empregados e o Estado. Pretextando déficit fiscal, tais fundos foram transferidos à Tesouraria Geral da Nação, configurando uma verdadeira exação com fins puramente fiscalistas, leis posteriores, aparentemente trabalhistas, também foram ditadas com fins fiscais.

(22) Na Jurisprudência e na doutrina internacionais, debate-se sobre a natureza jurídica da relação que une "aos membros do clero" com suas comunidades religiosas. No caso da Igreja católica e na Argentina, o sistema jurídico o considera como **pessoa de direito público não estatal**"; e como ocorre com as "sedes diplomáticas" estrangeiras — também pessoas de direito público alheias ao Estado argentino, cujos funcionários diplomáticos não têm relação de dependência laboral; tampouco se reconhece dependência laboral ao clero católico e ao de alguns outros cultos em similares condições.

Em contrapartida a certos empregados de comunidades religiosas, que não realizam atividades, foi-lhes reconhecida relação de dependência.

(23) Em tal causa judicial, denunciou-se Fraude Laboral cometida em prejuízo de um distribuidor de carne em domicílio a quem se fez assinar um Contrato de Sociedade Comercial totalmente alheio à relação de dependência laboral.

Porém entenda-se bem, na relação de emprego sempre a subordinação jurídica é mais intensa que em outros contratos subordinantes o que permite a abordagem da diferença no caso concreto, apesar de que, quando se trata de atividades profissionais, pode variar segundo a natureza desta última.

3. Trabalho descontínuo

A) Distingue-se o trabalho descontínuo porque — vale a redundância

Tipicamente a relação de trabalho não é contínua; a contratação do trabalhador é dependente de um órgão de gestão de mão de obra (como no trabalho portuário — Lei n. 21.429 — argentina); ou de uma "Bolsa de Trabalho" como a criada na Lei n. 13.020 para trabalhadores rurais (Decreto n. 8.345/65); ou de um registro especial como o que criou em seu art. 9º da Lei n. 17.258/67 (Registro Nacional para a Indústria da Construção que cria uma "caderneta de aportes patronais" e obriga a toda pessoa física ou ideal a inscrever-se com "caráter de empresário, contratista, subcontratista com pessoas em relação de dependência e de todo trabalhador que desempenhe o serviço daquelas", etc.

A diferença entre esses trabalhadores e os trabalhadores autônomos não se refere somente ao regime de trabalho descontínuo e ao funcionamento de organismos de gestão de mão de obra; como também e principalmente a que esse tipo de trabalhadores não assume os riscos da atividade empreendida.

Trata-se, na verdade, de uma figura jurídica, que historicamente nasceu no trabalho de estiva tanto nos portos como nas estações ferroviárias próximas a regiões produtoras de cereais, frutos, etc. E mais tarde aplicada a outras atividades. Em geral, e caracteristicamente, os serviços são prestados por grupos de duração efêmera, constituídos por trabalhadores habitualmente sindicalizados e classificados escalonariamente por tais entidades, segundo as respectivas categorias.

A doutrina poucas vezes se encarrega de destacar que **os trabalhadores eventuais se caracterizam também por prestar serviços temporários a diferentes empresas vinculadas à especialidade — como os estivadores portuários ou os trabalhadores rurais e da construção — mas sem relação de emprego permanente.**

Tampouco se recorda que, tanto no contexto do Convênio da OIT n. 137 do ano de 1973, na Lei Argentina n. 21.429 de trabalho portuário, como na Lei brasileira n. 8.630/93, é prevista a criação de órgãos de gestão de mão de obra e o asseguramento de um período mínimo de serviço ou de remuneração.

Em nossa legislação não existe uma qualificação da especialidade, que habitualmente se cita como integrante de listas de regulamentos estatutários (Estatuto do Peão, Laudo gastronômico, etc.).

Contudo na normativa brasileira aparece como "Trabalhador Avulso": "Avulso" significa "solto"; "isolado"; "desconectado", entre outras coisas (ver *Dicionário português-espanhol*. Barcelona: Ramon Sopena, 1990. p. 109).

B) O trabalho "avulso" na legislação brasileira

Confunde-se às vezes na doutrina o conceito de trabalho "descontínuo" com o "eventual"; e a este último com o trabalho "avulso" da legislação brasileira.

Porém a rigor a normativa laboral do Brasil não regula o trabalho eventual de forma específica.

Na Constituição Federal, reformada em 1988, mal se refere ao tema consagrando a igualdade de direitos entre os trabalhadores permanentes e aos "avulsos" (art. 7º, n. 34)[24].

Segundo Mascaro Nascimento[25], em uma linha de interpretação com a qual concordamos, alguns autores utilizam a expressão "trabalhador avulso" como equivalente à "trabalho eventual". Mas assinala taxativamente que a lei define o trabalhador "avulso" como "aquele que sem vículo de dependência, sindicalizado ou não, recebe o tratamento de trabalhador pelo serviço que presta por intermédio do sindicato", visualizando a este como o "órgão de gestão de mão de obra" ao qual nos referimos mais acima.

A rigor, como ressalta destacado autor, trata-se de um tipo de trabalhador como o que desenvolve suas atividades nos recintos portuários (estivador); que naturalmente se caracteriza — segundo já dissemos — por sua irregularidade.

No Brasil o mestre Süssekind, por seu lado, ensina que a figura do trabalhador "avulso" não se confunde com a do empregado nem com a do autônomo. "Distingue-se o trabalhdor 'avulso' do empregado porque a relação de trabalho não é contínua[26] (ou descontínua em nosso dizer) dependendo de sua designação pelo ... órgão gestor de mão de obra portuária". Esse notável juslaboralista, coautor da CLT (sancionada pelo Decreto-Lei n. 5.452, de 1º de maio de 1943, acrescenta que pela Resolução n. 3.107, do então Ministro do Trabalho e Previdência Social, o trabalhador "avulso" foi definida como "todo trabalhador sem vínculo de emprego que, sindicalizado ou não, tenha concedidos direitos de natureza laboral executados por intermédio da respectiva entidade de classe" (art. 1º), e por último recorda que, segundo Valentim Carrion, "trabalhador avulso" é o que presta serviços a inumeráveis empresas, agrupado em entidade de calsse, por intermédio desta e sem vínculo de emprego, sendo que a "Lei dos Portuários (n. 8.630/93) substituiu o sindicato respectivo pelo órgão gestor de mão de obra, onde aquele possui uma mera representação"[27].

Os Decretos ns. 63.912/68 e 80.271/77, que regulamentam a concessão do décimo terceiro salário e das férias anuais aos "avulsos", contêm também uma

---

(24) Conf. AMEGLIO, Eduardo J.; ANDREA, Chiappara: modalidades y especialidades de la contratación. In: BARBAGELATA, Héctor Hugo e outros. *El derecho laboral del Mercosur ampliado*. Montevidéu: Oficina Internacional del Trabajo. CINTERFOR. República Oriental del Uruguai, 2000. p. 216 e ss.
(25) NASCIMENTO, Amauri Mascaro. *Curso do direito do trabalho*. São Paulo: LTr, p. 550 e ss.
(26) SÜSSEKIND, Arnaldo. *Direito constitucional do trabalho*. Rio de Janeiro: Renovar, 2001. p. 107.
(27) CARRIÓN, Valentin. *Comentários à consolidação das leis do trabalho*. São Paulo: Saraiva, 1998. p. 34.

lista de proteções que podem ser consideradas como tais, e entre outras: aos estivadores em geral, aos vigias portuários, aos amarradores, etc.

Esgotando o tema e curiosamente, Süssekind acrescenta: "a igualdade de direitos entre os trabalhadores empregados e "avulsos" deve ser respeitada "no que for possível, porque a norma jurídica não tem a condição de solucionar o impossível. Como, por exemplo, "assegurar ao trabalhador 'avulso' a indenização por despedida arbitrária e seu aviso-prévio, **porque não sendo empregado, jamais poderia ser despedido**".

No regime portuário argentino a situação se repete porque a estabilidade do estivador é absoluta: por não serem empregados das empresas jamais podem ser despedidos.

4. Emprego doméstico

O art. 2º da Lei do Contrato de Trabalho da Argentina n. 20.744, em seu segundo parágrafo, inc. b, prescreve que a norma não será aplicável.

... b) A los trabajadores del Servicio doméstico

Não há dúvidas, no entanto, de que na relação de emprego doméstico se configura a situação prevista no art. 22 das LCT: "habrá relación de dependencia cuando una persona realice actos, ejecute obras o preste servicio a favor de otra bajo la dependencia de ésta en forma voluntaria y mediante el pago de una remuneración, cualquiera sea el acto que le dé origen".

Com efeito, nada mais típico na relação de emprego doméstico "que a prestação de serviços de uma pessoa a favor de outra sob a dependência dessa forma voluntária e mediante o pagamento de uma remuneração". E no entanto tal figura jurídica foi excluída da lei de Contrato de Trabalho argentina, com seus amplos princípios protetores reduzidos e a intangibilidade salarial relativizada.

Apesar de o legislador haver criado um estatuto especial referido ao tema (ver Decreto n. 326/56), na prática, o mesmo tem segregado ao trabalhador doméstico da aplicação dos princípios comuns aos demais trabalhadores. Algo parecido ao que ocorre com o trabalhador agrário que também foi excluído da LCT (art. 2º, inc. "c") com um critério restritivo do legislador que somente se explica — **mas não se justifica** — como uma conduta deliberadamente dirigida a favorecer a determinado setor de empregadores ainda que em cada caso, por óbvias razões, diferentes. Não ocorre o mesmo em outros países, como por exemplo o Brasil, onde o emprego doméstico tem proteção constitucional no art. 7º da Lei Fundamental, parágrafo único[28].

---

(28) Constituição Federal do Brasil. **Parágrafo único**. "São assegurados à categoria dos trabalhadores domésticos os direitos previstos nos incisos IV, VI, VIII, XV, XVII, XVIII, XIX, XXI e XXIV, bem como a sua integração à previdência social.
Inciso IV: **Salário mínimo**, fixado em lei, nacionalmente unificado, capaz de atender às suas necessidades vitais básicas e às de sua família com moradia, alimentação, educação, saúde, lazer, vestuário, higiene, transporte e previdência social, com reajustes periódicos que lhe preservem o poder aquisitivo, sendo vedada sua vinculação para qualquer fim;

5. Estatuto dos empregados do serviço doméstico — Decreto-Lei n. 326/56

A. O serviço doméstico foi regulamentado muitos anos antes da sanção da Lei do Contrato de Trabalho na Argentina, mediante o denominado Decreto-Lei n. 326, sancionado com data de 14.1.1956 pelo Governo Provincial da Nação, que surgiu do golpe cívico-militar que derrubou o general Perón em 1955. Esclareçamos, no entanto, que já estavam vigentes: a sancionada Lei n. 11.729, de 11.9.1933 (que modificou os arts. 154 a 160 do Código de Comércio e dessa maneira incorporou princípios protetores para os dependentes do comércio e indústria de nítido fundamento trabalhista). Os Decretos n. 33.302/45 sobre remuneração e salários; n. 1.740/45 sobre férias anuais remuneradas; a Lei n. 9.688, de 29.9.1915 sobre acidente de trabalho e enfermidades profissionais e outras de natureza jurídica laboral. Na época da sanção do estatuto que vamos analisar já funcionavam tribunais do trabalho em inúmeras jurisdições, circunstância essa que não impediu que no art. 15 da norma se aludisse expressamente à determinação da "autoridade competente e o procedimento para conhecer na matéria. Mas pelo Decreto n. 7.979/56, regulamentador do mesmo. Deferiu-se a competência a um órgão administrativo, o denominado "Conselho de Trabalho Doméstico", dependente do Ministério do Trabalho e Previdência.

Naturalmente, tanto o Decreto-Lei n. 326/56 como seu regulamentador estiveram imbuídos de uma forte intenção discriminante e evidentemente resultaram inoperantes.

B. Senão vejamos, entrando na matéria, assinalamos que pelo art. 1º do Estatuto são definidos seus alcances, ainda que com duvidosa técnica:

"...regirá en todo el territorio de la nación las relaciones de trabajo que los empleados de ambos sexos presten dentro de la vida doméstica y que no importen para el empleador lucro o beneficio económico, no siendo tampoco de aplicación para quienes presten sus servicios por tiempo inferior a un mes, trabajen menos de cuatro horas por días o lo hagan por menos de cuatro días a la semana para el mismo empleador" (Decreto-Lei n. 326/56, art. 1º).

Dizemos que a técnica jurídica do legislador foi duvidosa e a intenção discriminatória: porque há poucos anos de sua sanção, o Decreto-Lei n. 326/56 era contradito pela jurisprudência no que envolvia a aplicação da norma geral (Decreto n. 33.302/45 antecedente da LCT argentina) a "toda prestación de Trabajo por cuenta ajena en forma subordinada aunque el empleador no persiga fines de lucro" (SCBA 11.5.65, la Ley n. 118-805). Note-se como a falha do Alto Tribunal provincial parece

---

Inciso VI: **Irredutibilidade do salário**, salvo o disposto em convenção ou acordo coletivo;
Inciso VIII: **Décimo terceiro salário** com base na remuneração integral ou no valor da aposentadoria;
Inciso XV: **Repouso semanal remunerado**, preferencialmente aos domingos;
Inciso XVII: Gozo de férias anuais remuneradas com, pelo menos, um terço a mais do que o salário normal;
Inciso XVIII: Licença à gestante, sem prejuízo do emprego e do salário, com a duração de cento e vinte dias;
Inciso XIX: Licença-paternidade, nos termos fixados em lei;
Inciso XXI: Aviso-prévio proporcional ao tempo de serviço, sendo no mínimo de trinta dias, nos termos da lei;
Inciso XXIV: Aposentadoria.

advertir "que o empregador não persiga fins de lucro", expressão esta que — de fato — reproduz o texto do Estatuto do Serviço Doméstico, ainda que no caso se tratasse de um "diretor técnico de futebol", empregado de um clube, entidade que — obviamente — também não tem finalidade lucrativa, mas que — no entanto —, foi considerada como empregadora nos mesmos termos e idênticos alcances os quais depois foram previstos nos arts. 4º, 5º, 6º, 22 e 26 da LCT.

Mas, além disso, no que se refere à expressão "fins de lucro", como se pode apreciar, é tecnicamente ambígua, porque o texto do art. 1º do Decreto-Lei n. 326/56 o assimila ao conceito de "benefício econômico" ali tipificada.

É preciso dizer, no entanto, com a boa doutrina brasileira[29], que a referência ao "benefício econômico" é ambígua "porque toda produção de bens ou serviços, para atender as necessidades humanas, tem caráter econômico"; do que resulta que a jurisprudência daquele país se baseou no sentido de que a expressão "benefício econômico" não deve se assimilar à de "fins de lucro"[30]. Isso — afirmamos — porque tanta ambiguidade não ajuda à configuração da relação, já que a jurisprudência tem se encarregado de assinalar claramente que "la nota decisiva para calificar a un trabajador como de servicio doméstico se relaciona con el lugar en que se desempeña y no con la índole de las tareas que cumple" (CNTr 2º 18.4.68 JA. 1968 v. 286); que "el servicio doméstico deja de ser tal cuando las tareas se realizan en función... de la profesión o industria del empleador" (CNTr 2º 19.8.58 — 480-S — DLL 8.2.59).

Por conseguinte, não fazem parte do serviço doméstico: "los encargados de casas de renta" (SCBA 11.6.56 La Ley n. 59-611); "las mucamas de una pensión"(CTr 4º 29.11.48 La Ley n. 52-734); o "cuidador de una quinta de fin de semana" (T. Trab. Morón 8.7.53 — La Ley n. 71-731); "las tareas de limpieza de un consultorio médico" (CNTr 4º 23.10.68 DT 1969 — 558); ni tampoco el cuidador de un convento de monjas" (CNTr 1º 13.10.69, LT XUII — 1946).

6. Sobre a proteção para o trabalhador doméstico

No Estatuto do Serviço Doméstico, o contrato de serviço doméstico na Argentina tem sido acertado com critério diferencial a respeito da norma geral em matéria de contratos de trabalho. Assim, por exemplo, o princípio de indeterminação no tempo se mantém em tal contrato a partir dos noventa dias de iniciado (art. 8º); porém injustificadamente se restringiu a somente cinco dias de antecipação o período de aviso-prévio se a antiguidade fosse inferior a dois anos e a dez quando fosse maior. Em todo caso a norma se separou dos prazos previstos no art. 231 da LCT, que por sua vez reconhece seus mais distantes antecedentes no art. 157 da Lei n. 11.729 (um e dois meses de aviso-prévio). Também se reduziu arbitrariamente a indenização por despedida sem justa causa (ruptura do contrato

---

(29) SÜSSEKIND, Arnaldo. *Op. cit.*, p. 110.
(30) Conf. MARANHÃO, Delio. *Instituições de direito do trabalho*. São Paulo: LTr, 1997. v. 1, p. 188.

por parte do empregador) que no art. 245 da LCT (também com antecedentes no art. 157 da Lei n. 11.729 e na Lei n. 19.054) foi estipulado em "un mes de sueldo por cada año de servicio o fracción mayor de tres meses"; porém que no Estatuto (art. 9º) se reduziu exatamente à metade ("medio mes de sueldo por cada año de servicio").

Quanto aos períodos de descanso, também foram diminuídos (Decreto-Lei n. 326/56, art. 4º).

Art. 4º, inc. "a": "Reposo nocturno de 9 horas consecutivas como mínimo (en la LCT art. 197: "pausa no inferior a doce horas" conf. Lei n. 11.544).

Art. 4º, inc. "b": "Descanso semanal de 24 horas corridas o en su defecto dos medios días por semana a partir de las 15 horas" (o art. 204 da LCT: "queda prohibida la ocupación del trabajador desde las 13 horas del día sábado hasta las 24 horas del día siguiente (36 horas)" Conf. art. 1º, inc. "a" do Decreto n. 16.115/33 regulamentador da Lei n. 11.544).

Art. 4º, inc. "c": "Descanso anual de 10, 15, y 20 días hábiles solamente según la antigüedad respectiva del trabajador (1 a 5 años; 5 hasta 10 años y superior a 10 años)", enquanto na Lei n. 11.729, art. 156, as férias se estendiam até os 30 dias para antiguidades superiores a 20 anos; e na LCT, art. 150, o período de férias será de 14; 21; 28 e 35 dias caso a antiguidade seja até de 5 anos; de 5 a 10 anos; de 10 a 20 e de mais de 20 anos respectivamente.

Art. 4º, inc. "d": "licencia paga por enfermedad de hasta 30 días en el año". Na Lei n. 11.729, art. 155, o mínimo de licenças pagas era de três meses e o máximo de seis meses caso a antiguidade fosse maior que tal prazo respectivamente. Na Lei n. 20.744, de Contrato de Trabalho, os mesmos prazos de licenças pagas se estendem de 3 a 6 meses se a antiguidade fosse menor de cinco anos ou maior respectivamente (art. 208). Contudo podem estender-se os mesmos períodos se o trabalhador trabalha para a família até 6 e 12 meses respectivamente nas mesmas circunstâncias.

Porém, além disso, o art. 211 da LCT estabelece um prazo adicional de um ano durante o qual os empregadores devem conservar o empregado no posto de trabalho ainda que sem receber salário.

Como se pode observar, o tratamento recebido pelo trabalhador doméstico no Decreto-Lei n. 326/56 é em geral discriminatório, se comparado aos regimes laborais, vigentes ao tempo de sua sanção. E não se modificou o tratamento ao ser sancionada a Lei n. 20.744 da LCT; nem sequer depois da ratificação dos acordos da OIT, em particular o de n. 111 e da campanha contra a discriminação no trabalho que vem promovendo a mesma Organização Internacional do Trabalho particularmente desde 2003[31].

Acrescentemos a esse respeito que, segundo a Constituição argentina reformada em 1994 (art. 75, inc. 22), os Acordos da OIT têm hierarquia Superior às leis e por isso, e pelo caráter monista do direito argentino, constituem direito positivo invocável por parte interessada, incluindo a ação expedita e rápida de amparo por discriminação à que se refere o art. 43 da Constituição argentina, §§ 1º e 2º.

---

(31) Ver *A hora da igualdade no trabalho. Op. cit.*, Genebra: OIT, 2003.

7. Empregados do Estado

A) *A regra geral é que os Empregados do Estado são empregados públicos*

Ou, dito de outro modo, são funcionários designados para cumprir tarefas derivadas das funções do Estado como pessoa de direito público. E como tais operam como delegados do *imperium*, que possui o estado moderno, derivado por sua vez do antigo direito divino dos reis.

Desse ponto de vista, a relação de emprego público e de natureza jurídica administrativa e caracteristicamente concede ao dependente a estabilidade absoluta à qual se refere o art. 14 *bis* da Constituição argentina. E com tal estabilidade o direito à carreira e por conseguinte o direito de ascensão.

No sistema político federal da Argentina, cada província tem seu próprio regime operativo para seus dependentes estatais, sejam provinciais ou municipais (CN arts. 5º e 123). Na província de Buenos Aires, a maior do país, sua Constituição impõe (art. 103, inc. 12) "organizar la carrera administrativa con las siguientes bases: acceso por idoneidad; escalafón; estabilidad; uniformidad de sueldos en cada categoría e incompatibilidad".

De qualquer maneira — e como aponta algum setor da doutrina[32] "existe una gran similitud en los regímenes laborales de las diferentes provincias con los del gobierno nacional" e sua denominada Administração Central, isto é, a que corresponde à órbita direta do Poder Executivo Nacional.

Ackerman ressalta com razão que, ainda que "la separación e independencia de los poderes — ejecutivo, legislativo y judicial —, ha llevado a que en cada uno de ellos se apliquen cuerpos normativos diferenciados para la regulación de las relaciones de trabajo, tanto individuales como colectivas"[33] ... a esmagadora superioridade numérica dos trabalhadores na administração central impõe a análise das regulações neste último âmbito.

Trata-se, principalmente, — reiteramos —, de regulações administrativas de direito público, alheias, portanto, ao objeto deste livro. Porém, na Argentina de meados do século XX e princípios do XXI, e sob pretexto de emergências econômicas que se eternizaram, a conduta do Estado como empregador foi se distanciando de sua relação como pessoa de direito público para adotar a de uma pessoa de direito privado, ao recorrer às contratações de pessoal despojadas de traços essenciais do emprego público: estabilidade absoluta, direito à carreira e direto à ascensão.

Não se tratou nem se trata de "contratações temporárias", como pretende erroneamente Ackerman na obra citada[34], porque **os contratos de: "diaristas"; "mensalistas"; "anualistas"; "bolsistas" e outros foram se convertendo em uma**

---

(32) ACKERMAN, Mario. In: *Trabajadores del Estado en Latinoamérica*. Buenos Aires: Ciudad Argentina, 1998. p. 11.
(33) ACKERMAN, Mario. *Op. cit.*, p. 12. Nesta obra, o autor participa com outros juristas latino-americanos, no duplo caráter de coordenador e autor. As citações correspondem a este último rol.
(34) ACKERMAN, Mario. *Op. cit.*, p. 12, parágrafo quarto.

fonte de incorporação de pessoal permanente, com renovações periódicas (expressas, tácitas, escritas ou orais) dos "contratos" que configuram "de fato", a situação prevista no art. 90 da LCT, último parágrafo, quando se refere a que "la formalización de contratos por plazo determinado en forma sucesiva... convierte al contrato en uno por tiempo indeterminado".

Olhar de relance a problemática que se denuncia no parágrafo anterior não é inócuo, uma vez que as contratações sucessivas de pessoal reúnem frequentemente ilicitudes tais como: o não pagamento das bonificações por antiguidade; congelamento de promoções; não realização de aportes ao sistema previdenciário e de seguridade social, etc.

Como se pode apreciar, essas consequências, que se reiteram em todas as áreas da administração pública (incluindo o poder judicial) configuram uma típica atividade compatível com a "fraude laboral" à qual se refere o art. 14 da LCT.

B) *O duplo caráter do Estado como pessoa de direito público e pessoa de direito privado*

Como se sabe, o Estado é titular de bens de domínio público (como praças, ruas e estradas e imóveis destinados a fins públicos). Mas também é titular de bens de domínio privado do Estado. A disposição dos primeiros está regrada pelo direito civil[35].

Como derivação dessa dupla potestade do Estado, pôde dizer Merienhoff[36]: "El carácter público de una persona jurídica es sin perjuicio de la prerrogativa de dicha persona para desplegar su actividad en el campo del derecho privado".

Tratando-se de pessoas jurídicas públicas estatais, acrescenta[37]: "las características de estos son las propias de la Administración Pública, o sea: su origen es siempre estatal; sus 'fines' son fines esenciales y específicos del Estado; emiten actos administrativos; sus 'órganos personas' son funcionarios o empleados sometidos a una relación de derecho público; su patrimonio es del Estado, pudiendo integrarse el mismo por bienes del dominio público o del dominio privado".

Tudo isso significa que no cumprimento de seus "fins" permanentes o Estado pode (e deve) contratar os funcionários necessários e adequados; que por isso mesmo estarão submetidos ao regime administrativo de direito público, que tão bem descreve o já citado art. 103, inc. 2 da Constituição da Província de Buenos Aires[38]. Naturalmente, também significa que o Estado, para seus fins e tarefas eventuais, pode contratar pessoal que, pela índole de tais tarefas, não pode ter a permanência, carreira e estabilidade características do empregado público.

---

(35) Arts. 33 e 34 do Código Civil. Mas ver especialmente nota de Vélez Sarsfield a ambos artigos do mesmo Código.
(36) MARIENHOFF, Miguel S. *Tratado de derecho administrativo*. Buenos Aires: Abeledo-Perrot, 1977. t. 1, p. 355.
(37) *Op. cit.*, p. 367.
(38) "Art. 103, inc. 12: Organizar la carrera administrativa con las siguientes bases: acceso por idoneidad; escalafón; estabilidad; uniformidad de sueldos en cada categoría e incompatibilidades".

Senão vejamos, como assinalou a Corte Suprema de Justiça Nacional, quando o Estado contrata pessoal fora de carreira, a relação que se estabelece é de direito privado e não de direito público; em nosso sistema legal, a normativa aplicável a tal relação de emprego privado é o direito do trabalho (Conf. CSJN 1987/03/05 — ZACARÍAS Aníbal R. e outros c/ Caja Nacional de Ahorro y Seguros. TySS 1988. Ver também C.S-J-N fev. 5-987 Rieffolo Basilota Faust — La Ley n. 1.987-E, 321).

Por sua vez, a jurisprudência da Câmara se encarregou de ratificar o critério afirmando: "Desde el momento en el que una entidad estatal puede celebrar otros contratos necesarios para desarrollar una actividad específica (tales como contratos de compraventa de elementos indispensables o de locaciones de espacios y locales, etc.) no hay obstáculo alguno para que pueda celebrar válidamente contratos de trabajo" (CNTrab. Sala VII, fev. 29.1998 Lombardo González Mateo C/ Corporación del Mercado Central de Buenos Aires — D. T. 988-B, 1120 — Re La Ley XLVII, p. 389 n. 23).

Do ponto de vista doutrinário, o tema adquire então meridiana claridade: quando o Estado celebra então contratos de emprego temporário, os mesmos se regem pelo direito laboral. Porém, vejamos então, do ponto de vista juslaboralista, quais são as normas aplicáveis.

C) *Legislação laboral aplicável aos falsamente denominados contratos temporários do pessoal do Estado — Fraude*

Já havíamos assinalado o erro de certo setor da doutrina ao qualificar como "temporários" os contratos de pessoal do Estado "não escalonados".

A rigor — e como é público e notório — a incorporação de pessoal às atividades regulares do Estado, por contratos de prazo fixo (jornaleiros, mensalistas, anualizados), de fato configuram uma fraude administrativa porque o prazo predeterminado para realizar atividades por tempo indeterminado conspira contra o princípio de estabilidade absoluta do emprego público, de direito à carreira e de direito à ascensão. No entanto, na administração pública nacional, da província de Buenos Aires, e do resto do país, constam-se aos milhares os casos de dependentes com antiguidade superior aos 10 e 15 anos, que não conseguem reconhecimento de seus direitos, apesar de realizarem habitualmente o mesmo tipo de atividades que típica e permanentemente cumpre o pessoal escalonado.

Esse último elemento de juízo, que se refere à realização das mesmas atividades do funcionário permanente, deixa claro que os contratos temporários aparentes não estão dirigidos à "satisfacción de resultados concretos, tenidos en vista por el empleador, en relación a servicios extraordinarios determinados de antemano o exigencias transitorias de la administración, toda vez que no pueda preverse un plazo cierto para la finalización del contrato" (em termos análogos aos do art. 99 da LCT — texto segundo a Lei n. 24.013). Isso significa que, o "contrato de trabalho temporário", na Administração Pública não está destinado a atividades "eventuais" como as definidas no art. 99 da LCT já citado, situação esta — segundo vínhamos dizendo — configuradora de "fraude administrativa".

Vistas assim as coisas, não resta senão reafirmar que os "contratos temporários" não são de direito administrativo, devem ser regidos pela legislação laboral, e nesse caso, com aplicação do princípio básico do art. 90 da LCT (último parágrafo), segundo o qual "la formalización de contratos por plazo determinado en forma sucesiva, que exceda las exigencias previstas en el apartado 'b' de éste artículo, convierte al contrato en uno por tiempo indeterminado".

Assim, é importante analisar o caso concreto mediante a aplicação de:

Art. 90 LCT: "El contrato de trabajo se entenderá celebrado por tiempo determinado, salvo que su término resulte de las siguientes circunstancias:

a) que se haya fijado en forma expresa y por escrito el tiempo de su duración;

b) que las modalidades de las tareas o de la actividad, razonablemente apreciadas, así lo justifiquen.

La formalización de contratos por plazo determinado en forma sucesiva, que exceda las exigencias previstas en el apartado 'b' de éste artículo, convierte al contrato en uno por tiempo indeterminado."

Art. 91 LCT: Alcance: "El Contrato por tiempo indeterminado dura hasta que el trabajador se encuentre en condiciones de gozar de los beneficios que le asignan los regímenes de seguridad social, por límites de edad y años de servicios, salvo que se configuren algunas de las causales de extinción de previstas en la presente ley".

Art. 92 LCT: Prueba: "La carga de la prueba de que el contrato es por tiempo determinado estará a cargo del empleador".

Art. 93 LCT: Duración: "El contrato de trabajo a plazo fijo durará hasta el vencimiento del plazo convenido, hasta no pudiendo celebrarse por más de (5) años."

Art. 99 LCT: Caracterización: (Según Ley n. 24.013). "Cualquiera sea su denominación, se considerará que media contrato de trabajo eventual cuando la actividad del trabajador se ejerce bajo la dependencia de un empleador para la satisfacción de resultados concretos tenidos en vista por éste, en relación a servicios extraordinarios determinados de antemano, o exigencias extraordinarias y transitorias de la empresa, explotación o establecimiento, toda vez que no pueda preverse un plazo cierto para la finalización del contrato. Se entenderá además que media tal tipo de relación cuando el vínculo comienza y termina con la realización de la obra, la ejecución del acto o la prestación de servicio para el que fue contratado el trabajador.

El empleador que pretenda que el contrato inviste esta modalidad tendrá a su cargo la prueba de su aseveración".

Tudo isso em concurso com o art. 14 da LCT sobre fraude laboral.

D) Empregados públicos policiais militares — infortúnios laborais e outras normas aplicáveis

Além das hipóteses de contratos "temporários", às quais nos referimos no item anterior, por exceção, algumas outras normas aplicáveis às relações de emprego privado o são também nas hipóteses de emprego público regidas pelo direito administrativo.

Durante a vigência da Lei n. 9.688 de Acidentes de Trabalho, a proteção da norma alcançava também o pessoal da administração pública, incluindo o pessoal militar e policial afetado pelos infortúnios do trabalho[39]. Sua substituição pela Lei n. 24.557 de Riscos de Trabalho (de natureza jurídica comercial e não laboral) implicou que ainda que a nova norma em seu art. 2.1 a tenha declarado aplicável aos "funcionarios y empleados de la administración Nacional; de las administraciones provinciales y de las municipalidades"; nada se esclarece taxativamente sobre sua aplicação ao pessoal militar e policial.

Interpretamos, no entanto, que sua aplicação é pertinente em dois âmbitos, incluindo não somente o pessoal permanente, mas também que "las personas obligadas a prestar un servicio de carga pública"[40].

Por outro lado, no que se refere à aplicação de normas que regulam a intervenção do Ministério do Trabalho, Emprego e Seguridade Social nos conflitos coletivos em que a Administração Pública seja parte, assinalemos que na regulamentação respectiva[41] é-lhe atribuída competência para entender: "na aplicação das normas legais relativas à existência e funcionamento das associações profissionais de trabalhadores..."; "em tudo que seja relativo às associações profissionais de trabalhadores..."; "em tudo que se refira às negociações e convenções coletivas de trabalho"; "na elaboração e execução das pautas que deem sentido orientador à política salarial... **e intervir na fixação das do setor público**".

É preciso destacar que a normativa atribui ao Ministério do Trabalho faculdades para "entender en los asuntos referidos a la actividad de los organismos internacionales en la materia que corresponda a su área de competencia", o que significa facultá-lo para ditaminar no âmbito de reestruturação da "pirâmide jurídica argentina" (art. 75, inc. 22 do CC) que hierarquiza os tratados internacionais e na elaboração, aplicação e crítica de tais tratados no que afetem nosso sistema legal de direito protetor e tarifado.

E) Conciliação obrigatória nos conflitos laborais (SECLO) — Demandas contra o Estado Nacional — Lei n. 24.635

Pela Lei n. 24.635[42] foi introduzida nos procedimentos laborais a conciliação obrigatória em sede administrativa, tão anunciada na doutrina.

No entanto, pelo art. 2º, inc. 5 da citada lei se exclui do sistema às demandas nas quais o Estado Nacional seja parte; trata-se — obviamente — de um tratamento

---

(39) Lei n. 9.688, art. 1º, *in fine*, sua doutrina e jurisprudência. ERNESTO, Capon Filas Rodolfo. In: ÁNGEL, Castagnola Miguel. *Policía Federal Argentina y* otros s/ *Ley n. 9.688* — Sentencia n. 50.665 CNAT Sala VI. "El Estado Nacional en su carácter de empleador está sujeto a las responsabilidades y obligaciones que esta ley establece. En clara inteligencia permite concluir que el estado Nacional y la Policía Federal Argentina como parte de éste, están sujetos a las disposiciones de la presente ley".
Ver também CORDOBA, María Luisa c/ Gobierno de la Policía de Buenos Aires sobre aplicación de la Lei n. 9.688 a los Guardia-carcel. Expediente 12.738 Tribunal del Departamento Judicial de La Plata.
(40) Art. 2.1 no Decreto Regulamentador n. 491/97 tampouco se esclarece sobre o assunto.
(41) Lei de Ministérios n. 25.253, art. 22 e sua regulamentação.
(42) A Constituição da província de Buenos Aires, em seu art. 39, inc. 2, "reconoce los derechos de asociación y libertad sindical, los convenios colectivos, el derecho de huelga y las garantías al fuero sindical de los representantes gremiales".

discriminatório que viola o art. 14 bis da Constituição argentina, ainda que pareça razoável, se o analisarmos do ponto de vista segundo o qual um órgão administrativo do Estado, porém, não jurisdicional como é o SECLO, não tem potestade legal para intervir em conflitos nos quais a Administração Pública seja parte.

Já se apresentava o problema na Caixa Nacional de Acidentes do Trabalho, durante a vigência da Lei n. 9.688, que admitia um procedimento prévio em sede administrativa do organismo, ainda que inoponível na prática nas demandas contra o Estado Nacional, que quase nunca acatou uma resolução condenatória ao pagamento de indenizações provenientes de dita sede administrativa; o que de todas as maneiras obrigava os afetados a recorrer à justiça.

F) *Empregados do Estado — Direito coletivo — Direito de greve — A situação na província de Buenos Aires*

O art. 14 bis da Constituição argentina "garantiza a los gremios concertar convenios colectivos de trabajo, recurrir a la conciliación y al arbitraje, el derecho de huelga". Também o art. 39, inc. 2 da Constituição da Província de Buenos Aires o admite em termos semelhantes. Porém a Constituição provincial — além disso — "la Provincia garantiza a los trabajadores estatales el derecho de negociación de sus condiciones de trabajo y la sustanciación de los conflictos colectivos entre el Estado Provincial y aquellos a través de un organismo imparcial que determine la ley. Todo acto o contrato que contravenga las garantías reconocidas en el presente inciso será nulo" (art. 39 inc. 4).

A sanção dessa última norma, pela convenção Reformadora de 1994[43], significou um enorme avanço na regulamentação das relações entre o Estado e os trabalhadores estatais, porque talvez pela primeira vez em um território que é parte importantíssima da República Argentina, outorgaram-se garantias aos trabalhadores estatais, que vão além do direito administrativo para se estender a "todo acto o contrato que contravenga las garantías reconocidas en el presente inciso..."[44].

Desse modo adquire hierarquia de direito público provincial a norma que inserta os contratos mal denominados como "temporários" dentro do âmbito de aplicação de Direito do Trabalho.

E por outro lado — de acordo com o que já ressaltamos — o inciso 4 do mesmo art. 39 da Constituição Provincial de Buenos Aires coloca "el derecho de negociación de las condiciones de trabajo" e a "sustanciación de los conflictos colectivos" em um âmbito a todas as luzes alheio às características do emprego público insertando

---

(43) A Constituição Reformada foi publicada no Boletim Oficial (BO) da Província de Buenos Aires em 14.9.94.
(44) O art. 39, inc. 4º, da Constituição da Província de Buenos Aires, começa sua redação assinalando "sin perjuicio de lo establecido en el art. 103 inc. 12 de ésta Constitución..." Porque segundo apontamos antes, nesse mesmo capítulo, no art. 103, inc. 12 de tal Constituição se dá mandato ao Poder legislativo provincial para "organizar la carrera administrativa...".

ambas as figuras de fato, dentro do direito privado, o que as coloca — portanto — nos planos do Direito Laboral.

Adquirem assim hierarquia constitucional da Província de Buenos Aires, a obrigação do Direito Coletivo do Trabalho aos empregados públicos e fundamentalmente o direito à negociação e aos convênios coletivos com tudo o que isso significa.

Fica dessa maneira consagrado o Direito à Sindicalização e o Direito de Greve para os agentes do estado em geral, com a exceção do pessoal militar e policial; situação que sugere um caso de discriminação inadmissível na legislação de outros países.

8. Trabalhadores rurais — Regime nacional de trabalho agrário (Lei n. 22.248) — Especialidades (SAFRA — Dec.-Lei n. 10.644; Trabalhadores açucareiros — Dec.-Lei n. 16.163; Vinhas e frutais — Lei n. 22.163) — Parcerias 5/61

A) Trabalhadores rurais — estatuto do peão

O regime argentino do trabalho é regido pela Lei n. 22.248[45] "relativa a la validez del contrato agrario y a los derechos y obligaciones de las partes, siempre que se ejecutare en el territorio nacional" (título preliminar, art. 1º). Mas anteriormente regeu durante muitos anos o denominado "Estatuto do Peão" (Decreto n. 28.169/44[46]) que foi uma daquelas típicas normas de "império", características de uma época *paternalista*; que protegia mas sem referir-se ao "contrato" entre empregadores e trabalhadores rurais, regulamentando de ofício as modalidades das atividades no campo. Assim, em seu art. 1º rezava: "El presente estatuto *rige* las condiciones de trabajo rural en todo el país, su retribución, las normas de su desenvolvimiento higiénico, alojamiento, alimentación, descanso, *reglas de disciplina*, (¡!), y se aplica a aquellas tareas que, aunque participen de características comerciales e industriales propiamente dichas, utilicen obreros del campo o se desarrollen en los medios rurales, montañas, bosques o ríos"[47].

Ambas normativas têm em comum a segregação do trabalhador que realize atividades "fora do âmbito urbano". Mas isso é taxativo na Lei n. 22.248 que continua vigente.

Art. 2º da Lei n. 2.248: "Habrá contrato de Trabajo Agrario cuando una persona física realizare, fuera del ámbito urbano, en relación de dependencia de otra persona, persiguiera o no esta fines de lucro, tareas vinculadas principal o accesoriamente con la actividad agraria, en cualesquiera de sus especializaciones, tales como la agrícola, pecuaria, forestal, avícola o apícola".

---

(45) Ditada em 10.7.80 (BO 18.7.80).
(46) Sancionado em 17.10.44 (BO 18.10.84). Ratificado pela Lei n. 12.921.
(47) Pelo art. 2º do Estatuto do Peão, se excluía de su regime "a las faenas de cosecha". Chama a atenção que o legislador da época (ano 1947) se baseou em um decreto e não em uma lei e que utilizou a denominação "peão" para o trabalhador rural, apesar da conotação feudal do nome.

"Cuando existieren dudas para la aplicación del presente régimen" — acrescenta o artigo — "en razón del ámbito en que las tareas se realizaren, se estará a la naturaleza de estas".

E nessa sorte de introdução ao tema do regime de Trabalho Agrário, agreguemos que pelo art. 3º da Lei n. 22.248 se modificou o art. 2º da Lei de Contrato de Trabalho, incluindo neste último a proibição da aplicação da LCT "a los trabajadores agrarios".

Por conseguinte, o princípio que infunde o regime de que estamos tratando é que "debe tenerse en cuenta el ambiente en que se cumplen las tareas (ubicación geográfica del establecimiento) y no la naturaleza de estas que pueden ser comerciales o industriales".

Este regime — então — não se aplicará (art. 6º da Lei n. 22.248):

a) ao pessoal afetado exclusivamente a atividades industriais ou comerciais que se desenvolverem no meio rural.

Nas empresas ou estabelecimentos mistos, agroindustriais a agrocomerciais, será alcançado por essa exclusão o pessoal que desenvolva principalmente a atividade industrial ou comercial. Os demais serão regidos pelo presente regime.

b) ao pessoal não permanente que tenha sido contratado para realizar tarefas extraordinárias alheias à atividade agrária;

c) ao trabalhador doméstico, caso não se ocupe de atender ao pessoal que realize atividades agrárias;

d) ao pessoal administrativo dos estabelecimentos;

e) ao dependente do Estado Nacional, provincial ou municipal.

B) *Expansão do direito laboral e discriminação no trabalho agrário — Natureza jurídica do regime de contratos — Antecedentes históricos*

Não podem caber dúvidas, então, que é o âmbito geográfico em que se desenvolve o que determina a natureza do trabalho agrário; mas simetricamente serão os traços da relação entre empregadores e empregados ("patrões e peões") os que determinarão a natureza jurídica do contrato, que sem dúvida é daqueles que se incluem nos limites do direito laboral.

Mas acrescentemos que isso não foi sempre assim: em todos os países da América Latina — e também na Argentina como superveniência da colônia espanhola e portuguesa — predominou "una formación económica social en cuya base se encuentran el modo de producción feudal"[48] caracterizado pelo latifúndio e relações entre o produtor direto e o terratenente designados pela "dependencia del primero respecto del segundo, carencia de libertad personal en el grado que

---

(48) VARGAS, Otto. *Sobre el modo de producción dominante en el Virreinato del Río de la Plata*. Buenos Aires: Agora, 1983. p. 31.

sea, y encadenamiento a la tierra como accesorio de ella, 'servidumbre' en el sentido estricto de la palabra", diz Otto Vargas[49].

E, portanto, de tal relação resulta "uma obrigação imposta ao produtor pela força, e independente de sua vontade, de cumprir certas exigências econômicas de um", "já cobrem sob a forma de serviços a prestar ou de obrigações a pagar em dinheiro ou espécie..." essa força não pode ser o poder militar do superior feudal, o costume respaldado em algum tipo de procedimento jurídico ou a força da lei".

As características fundamentais do modo de produção feudal — define Vargas — são: "una economía de base agraria; la existencia de grandes propiedades territoriales en manos de un grupo reducido de terratenientes; *una masa de campesinos bajo dependencia de esos terratenientes y de cuyo trabajo estos extraen amplios recursos bajo distintas formas...*" "*Su característica esencial está dada por el sometimiento del trabajador agrícola a todo tipo de trabas extraeconómicas que limitan su libertad y su propiedad personal*, por lo que, ni su fuerza de trabajo, ni el producto de su trabajo, se han convertido en auténticas mercancías, en simples objetos de intercambio libre"[50].

Em resumo, do sistema feudal e semifeudal imperante no campo, nasceram relações de trabalho que não necessariamente se identificam com a moderna definição do art. 22 da LCT, enquanto em dita norma se enfatiza "a dependência do trabalhador porém em forma voluntária e mediante o pagamento de uma remuneração".

Nas figuras "tradicionais" da relação de trabalho vinculada à propriedade da terra, ao trabalhador (produtor) de fato se considera uma extensão do domínio[51]. São exemplos, no subcontinente sul-americano, desse tipo de relações de trabalho: as repartições, as entregas; a meta; as concessões; as apresentações (mediações), etc.

"La institución del yaconazgo y la del peonaje son claves para comprender algunas formas constitutivas de un proceso fundamental en nuestros países. Por deudas se fijará a la tierra a los trabajadores en el noroeste y en el noreste argentinos, hasta avanzado incluso el siglo XX; pero éste no será un *Código negro* surgido del derrumbe de la colonia española", diz Otto Vargas.

Ao contrário, perpetuará nas republicas latino-americanas o espírito essencial das instituições feudais coloniais. O inquilinato chileno de traços semelhantes surgiu — desde a primeira metade do século XVIII — a partir do pagamento de boa parte do arrendamento ao latifundiário sob a forma de prestações de trabalho... semelhantes à condição feudal dos trabalhadores agrícolas permanentes das grandes propriedades territoriais do norte e leste da Alemanha.

---

(49) *Op. cit.*, p. 33.
(50) *Op. cit.*, p. 34.
(51) Ver nota de Vélez Sarsfield ao Título IV do Código Civil "De los Derechos Reales". Ali se lê: "diremos con Demelombe que el derecho real es el que crea entre la persona y la cosa una relación directa e inmediata" ... "El derecho real se tiene cuando entre la persona y la cosa que es el objeto, no hay intermediario alguno y existe independiente de toda obligación especial de una persona hacia otra"... "el derecho Romano no había formulado científicamente la clasificación de derechos reales y personales"... "que nació en la Edad Media" (notas arts. 2.502 y 2.503 C. Civil), ou seja, no feudalismo.

Em geral — conclui esse autor —, no interior das fazendas, como ocorre no interior da estância riopratense, e mais especialmente no norte argentino, vão se entremesclando diferentes formas de dependência, desde a escravidão e a meta até formas de arrendamento com elementos de servidão, onde o trabalho assalariado tem escassa importância, dominado por diferentes formas de peonagem que encerram natureza feudal ou semifeudal. Não obstante, esses traços se atenuam quando na relação de dependência com traços feudais intervém o efeito regulador e compensador da legislação do trabalho protetora e tarifada — segundo veremos mais adiante nesse mesmo capítulo.

C) *Modalidades e traços de aplicação no regime de trabalho agrário*

A Lei n. 22.248 (Regime Nacional do Trabalho Agrário), sancionada em 10.7.1980 em sua estrutura somente modal, está fortemente influenciada pela Lei n. 20.744 (Lei do Contrato de Trabalho), sancionada, segundo já assinalamos, poucos anos antes (Decreto n. 390/76 — *Boletim Oficial* 21.5.1976). Mas essa influência é quase puramente formal e se refere — por exemplo — à proibição de pactuar "condiciones o modalidades de trabajo, menos favorables para el trabajador que las contenidas en la presente ley" (art. 7º da Lei n. 22.248); a proibição de "discriminaciones fundadas en razones de sexo, edad, raza, nacionalidad, estado civil, opiniones políticas, gremiales o religiosas" (art. 8º)[52]; a duração da jornada de trabalho (art. 14) "la prohibición de trabajo en días domingos" (art. 16); a imposição do "descanso anual remunerado" (art. 19); a estipulação de remunerações mínimas "no inferiores al salario mínimo vital" (art. 28); intangibilidade dos salários (art. 35), etc.

No entanto, preste-se atenção a certa intenção discriminante e violadora do princípio de igualdade (art. 81 da LCT), do legislador, a respeito do trabalhador agrário, comparando alguns dos institutos enumerados em itens anteriores: A restrição ao exercício dos direitos e obrigações previstos no presente regime que significa interpretá-los "no sentido de manter" a presumida tradicional harmonia (?), que deve ser característica permanente no desenvolvimento do trabalho agrário (art. 13); o aumento da jornada de trabalho que implica reduzir o tempo de descanso entre uma e outra, de doze horas (art. 197 da LCT) a somente 10 horas (art. 14 da Lei n. 22.248); a diminuição do descanso hebdomadário, que no art. 204 da LCT se estende "desde as treze horas do sábado até as vinte e quatro horas do dia seguinte" (36 horas), enquanto no art. 16 da Lei n. 22.248 fica limitado ao domingo de cada semana (24 horas somente), e isso em forma relativa porque se autoriza ao empregador a iludir a obrigação, substituindo o descanso dominical por outro dos quinze dias seguintes sem outra compensação; outro caso de discriminação é o das férias anuais que o art. 150 da LCT estipula em 14; 21, 28 e 35 dias dependendo da

---

(52) Note-se que a enumeração de causas discriminatórias no art. 8º: inclui a de "estado civil", ausente nos arts. 17 e 81 da LCT; o que talvez se vincule à habitual contratação no campo de "casais" como caseiros, que convivem com seus filhos, mas que não estão unidos pela lei do matrimônio civil. Isso explicaria a proibição de discriminar por este motivo, ausente como se disse na LCT.

antiguidade do trabalhador, na Lei n. 22.248 (art. 19). Será apenas de 10, 15, 20 e 30 dias, também dependendo da antiguidade, esta última ligeiramente alterada; em matéria salarial a diferença entre dois sistemas de remunerações foi alterada com a sanção da Lei n. 24.700, que modificou o art. 105 da LCT, eliminando a proibição do pagamento em espécie que agora se mantém nos dois regimes (art. 28 da Lei n. 22.248) ainda que nesta última norma se exclua a possibilidade de que o trabalhador obtenha "benefícios ou garantias"[53]. Uma análise rigorosa da Lei n. 24.700 permitirá advertir outras diferenças caracterizadores dos dois regimes, violadoras a não duvidar, da Convenção n. 141 da OIT, que, ainda que coincida filosoficamente com o art. 2º da Lei n. 22.248 no que se refere à territorialidade para a qualificação do trabalho rural, é menos restritiva.

Convenção n. 141, art. 2º, da OIT: "Para os efeitos da presente Convenção, a expressão 'trabalhadores rurais' abarca a todas as pessoas dedicadas nas regiões rurais, a atividades agrícolas ou pecuárias; ou a ocupações similares ou conexas, tanto se se trate de peões como, ... de pessoas que trabalhem por conta própria, como arrendatários, meeiros ou pequenos proprietários".

---

(53) No art. 14 *bis* da Constituição Nacional argentina. Em seu parágrafo primeiro, assegura ao trabalhador a *"participación en las ganancias de las empresas";* instituto este que jamais havia sido regulamentado em normas aplicáveis ao trabalhador e não se aplica ao agrário; e que, curiosamente, se introduz no âmbito rural pelo art. 28 citado, que tampouco parece aplicável.

QUARTA PARTE

Capítulo I

Conceito de Empregador

Segundo a Lei do Contrato de Trabalho n. 20.744, "Se considera empleador a la persona física o conjunto de ellas, o jurídica, tenga o no personalidad jurídica propia, que requiera los servicios de un trabajador" (art. 26).

A lei brasileira, na CLT, se estende muito além do texto argentino e define:

Art. 2º Considera-se empregador a empresa, individual ou coletiva, que, assumindo os riscos da atividade econômica, admite, assalaria e dirige a prestação pessoal de serviço.

§ 1º Equiparam-se ao empregador, para os efeitos exclusivos da relação de emprego, os profissionais liberais, as instituições de beneficência, as associações recreativas ou outras instituições sem fins lucrativos, que admitirem trabalhadores como empregados.

§ 2º Sempre que uma ou mais empresas, tendo, embora, cada uma delas, personalidade jurídica própria, estiverem sob a direção, controle ou administração de outra, constituindo grupo industrial, comercial ou de qualquer outra atividade econômica, serão, para os efeitos da relação de emprego, solidariamente responsáveis a empresa principal e cada uma das subordinadas.

Segundo se pode apreciar, a extensa norma brasileira se estende em pontualizações, com a induvidável intenção de ofuscar qualquer intenção de evasão de responsabilidades. Mas nas duas normas laborais, ao se referir às pessoas coletivas, as designam como "pessoas jurídicas". No caso argentino, a Lei do Contrato de Trabalho se separa da terminologia do Código Civil, que em seu art. 31 determina: "las personas pueden ser de una existencia ideal o de una existencia visible...". A nota de Vélez Sarsfield ao art. 35 do Código Civil esclarece: "Para realizar la idea de la persona jurídica, era necesario crear una representación que remediase de una manera artificial su capacidad de obrar... Muchas veces las personas jurídicas, son creadas para otros fines más importantes que la capacidad de derecho privado, y entonces, los órganos generales de las personas jurídicas los representan al mismo tiempo en la materia de derecho privado". Está claro no texto do codificador que não se referia às relações laborais; contudo é verdade que, sendo o direito do trabalho também de natureza jurídica privada, era inevitável a aplicação do princípio, tal como esclarece Vélez Sarsfield.

No fundo dessas duas propostas esconde-se um debate que dividiu a doutrina: se a empresa como tal seria um dos sujeitos do Contrato de Trabalho, equiparando-a às pessoas físicas. Isso se evidencia no ordenamento das Leis Obreiras Argentinas de Unsain[1], onde não temos encontrado nenhuma referência definitiva sobre o tema, nem sequer no "Plano de Ordenamento da Obra", que inclui um desenvolvimento histórico da legislação do trabalho sobre a primeira lei de descanso dominical — Lei n. 4.661 —, sancionada no ano de 1905 e sobre trabalho de mulheres e menores — Lei n. 5.291, sancionada em 1907.

A ausência notória de tratamento do assunto não é casual nos primeiros autores da especialidade, conscientes como estavam da ideia de que a partir de 1915, com a Lei n. 9.688 sobre Acidentes do Trabalho — no dizer de Unsain — "comenzó la sanción de leyes fundamentales que **más que a la reglamentación de las condiciones de trabajo**, se refieren al derecho obrero modificando el derecho civil...".

No mesmo texto — no entanto — é transcrita a Lei n. 12.713 (sancionada em 29.9.1941). Sobre "Trabalhadores em domicílio" que, em seu art. 5º, evita a definição de empresa, ainda que implicitamente a descreva como: "Toda persona individual o colectiva que encarga a otros la ejecución de trabajos... (p. 150). Mais adiante, o autor se refere às "**Empresas Periodísticas**" ao transcrever o "Estatuto do Jornalista Profissional" (Lei n. 12.908, sancionada em 8.12.1945, mas sem avançar na questão.

Com o passar do tempo, a controvérsia se instalou no sentido de reconhecer que os direitos e obrigações laborais estão ligados — majoritariamente no sistema capitalista — ao funcionamento da empresa.

Porém o conceito de "empresa", abstrato sem dúvida, despersonaliza de alguma maneira o empregador. Na doutrina brasileira Evaristo de Moraes Filho, admite que "esta despersonalização do empregador leva diretamente ao reconhecimento de uma afirmativa nova e mais audaz, a de que o contrato de trabalho, uma vez celebrado, leva mais em consideração a empresa, que propriamente a pessoa de quem o concluiu pelo lado patronal" — e acrescenta — "não há como negar que o contrato de trabalho **se inserta diretamente na 'empresa'; ou no 'estabelecimento', com mais precisão.** Do lado patronal se toma como ponto de referência dos contratos de trabalho, não mais à pessoa física ou jurídica de seu titular e sim o próprio organismo produtivo"[2].

O critério aludido nos itens anteriores se reflete também na doutrina do legislador argentino. Porque na estrutura da Lei de Contrato de Trabalho (Lei n. 20.744), Norberto Oscar Centeno[3], fez preceder a definição de "empregador" (art. 26) pelas de "empresa" — "empresário" (art. 5º) e "estabelecimento" (art. 6º).

Com critério sistemático e partindo da ideia que sugere o título deste capítulo: "O empregador como sujeito do contrato de trabalho", começaremos analisando a afirmação do art. 26 da LCT:

---

(1) UNSAIN, Alejandro M. *Ordenamiento de las leyes obreras argentinas.* Buenos Aires: Losada, 1947. p. 16, 17 e ss.
(2) MORAES FILHO, Evaristo de. *Sucessão nas obrigações trabalhistas.* Rio de Janeiro: Forense, 1960. v. II, p. 131.
(3) Centeno Norberto Oscar: Foi o redator do projeto da Lei de Contrato de Trabalho. Advogado laboralista pela parte autora, soube refletir em sua obra sua formação científica e sua profunda compreensão do princípio protetor. Talvez por isso foi assassinado por esbirros da ditadura militar que obscureceu a Argentina depois do golpe de março de 1976. Que possam ir estas linhas como uma homenagem para ele e para Jorge Candeloro, seu colaborador e colega também assassinado.

"Se considera 'empleador' a la persona física o conjunto de ellas, o jurídica, tenga o no personalidad jurídica propia, que requiera los servicios de un trabajador".

Quanto ao princípio de "empresa" — "empresário", seguimos o critério do legislador, que com um ponto de vista juslaboralista o definiu desta maneira:

"A los fines de ésta ley, se entiende como 'empresa' la organización instrumental de medios personales, materiales e inmateriales, ordenados bajo una dirección para el logro de fines económicos o benéficos.

A los mismos fines, se llama 'empresario' a quien dirige la empresa por sí, o por medio de otras personas, y con el cual se relacionan jerárquicamente los trabajadores cualquiera sea la participación que las leyes asignen a éstos en la gestión y dirección de la empresa" (art. 5º da LCT).

Do mesmo modo seguimos o conceito de "estabelecimento":

"Se entiende por establecimiento, la unidad técnica de ejecución destinada al logro de los fines de la empresa, a través de una o más explotaciones" (art. 6º da LCT).

Convém recordar aqui que nem no Código Civil nem no Código de Comércio argentinos foram incluídas definições temáticas e conceituais dos termos aludidos nos artigos precedentes. No primeiro dos Códigos, no art. 1.648 se define somente o conceito de "sociedade" muito rapidamente, ainda que a nota de Vélez evidencie sua preocupação em destacar que não isso não existirá, "si las partes no han tenido en mira realizar el fin característico del Contrato de Sociedad que es obtener un beneficio".

Quanto ao Código de Comércio, a definição tem mais em comum com o conceito de "empresa" da Lei do Contrato de Trabalho (art. 5º), porque o faz do seguinte modo: "Habrá Sociedad Comercial cuando dos o más personas, en forma organizada..." se obriguem a realizar aportes para aplicá-los "a la producción o intercambio de bienes o servicios participando de los beneficios y soportando las pérdidas" (art. 1º da Lei n. 19.550).

Adverte-se no texto legal uma referência ao objeto do contrato que nos faz lembrar à norma laboral (art. 5º) quando menciona a organização de "meios instrumentais, pessoais, materiais e imateriais" e esgota o conceito de risco empresário ao afirmar que os sócios "participam dos benefícios e suportam as perdas".

Do ponto de vista histórico — então — faz-se evidente que na normativa laboral das primeiras décadas do século XX as categorias de "empresa/empresário" não figuravam. Na visão de Unsain só existe o binômio "empregador-empregado", o que parece congruente com o desenvolvimento limitado do direito do trabalho como ramo autônomo, independente — há não muito — do Direito Civil.

Consequentemente, as definições dos arts. 5º, 6º e 26 da LCT preencheram um vazio que se enriquece com a categoria de sócio-empregado (art. 27 da LCT) e a clara conceitualização da empresa não somente como uma sociedade de risco "de cuyos beneficios y perdidas participan los socios" (art. 1º da Lei n. 19.550), e sim também mais além, como uma entidade para a conquista de fins benéficos que, ainda que produza utilidades, as mesmas não são divisíveis entre os sócios, como bem aponta Vélez em sua nota do art. 1.648 do CC, *in fine*.

Cabe por último mencionar que nas últimas décadas os Consórcios Imobiliários criados por aplicação da Lei de Propriedade Horizontal, arts. 9º, 10, 11 e concordantes, são considerados empregadores com obrigações contratuais e judiciais derivadas do contrato de trabalho.

1. *Empresa e estabelecimento*

Como se tem assinalado, "a empresa" corresponde a um universalidade conceitual de pessoas inter-relacionadas por variadas modalidades de "relaciones y de bienes materiales e inmateriales estructurados, para el logro de fines económicos, culturales, sociales o benéficos" (art. 5º da LCT).

Por sua parte, "estabelecimento" é o âmbito físico onde a empresa realiza concretamente seu objeto (art. 6º). Na visão do direito do trabalho argentino é o lugar onde os dependentes da empresa cumprem com as obrigações ou ao qual se encontram vinculados ainda que realizem atividades externas ou trabalhos em seu próprio domicílio. Na normativa argentina também é denominado "residência laboral". No título XI sobre "transferência do Contrato de Trabalho", os arts. 225 a 230 da LCT se referem em todos os casos a "Transferência do Estabelecimento".

No entanto, "empresa" como "categoria" (em sentido filosófico[4]), é um conceito abstrato por sua universalidade, enquanto estabelecimento é "concreto" por sua singularidade. Da ótica do direito do Trabalho a relação entre empregador e empregado, de caráter jurídico, tem como sujeitos à "empresa" e ao "trabalhador".

A "empresa" — dissemos —, pode estar composta por uma pluralidade de pessoas e bens. Entre estes últimos os "estabelecimentos", que podem ser um ou vários; e ainda, nenhum, já que no universo da eletrônica contemporânea são possíveis intercâmbios financeiros e de mercancias (*comodities*) com fins de lucro, apenas mediante um computador alugado, e sem assento dos negócios que requeira representação física nem instalações para elaborar nem depositar produtos.

Em contrapartida, o "estabelecimento" é um conceito singular, cuja característica principal é sua localização, seu caráter "local"; e a ele se refere a "residência laboral" do trabalhador, que pode ou não coincidir com o "assento principal dos negócios" da empresa, ou com o domicílio legal dessa última.

Fica claro, assim, que uma empresa empregadora pode ter vários estabelecimentos, o da matriz, sucursais, filiais, oficinas, pontos de venda, agências, etc. a relação de emprego, do ponto de vista físico, vincula então o trabalhador com seu lugar de trabalho, que necessariamente é sempre seu "estabelecimento" ou "residência laboral"[5].

---

(4) "Categoria": Segundo Aristóteles, cada um dos conceitos mais gerais: o "lugar" e o "tempo" são categorias.
(5) "Estabelecimento": Lugar onde se exerce uma profissão. *Dicionário enciclopédico Larousse*, *Op. cit.*, p. 455.

Ainda assim, a normativa admite que, como parte de suas faculdades de direção (art. 65 da LCT), "o empregador" está autorizado a introduzir todas aquelas mudanças relativas à forma e modalidades da prestação de trabalho, enquanto essas mudanças não importem um exercício não razoável dessa faculdade, nem alterem modalidades essenciais do contrato, nem causem prejuízo material nem moral ao trabalhador[6] (art. 66 da LCT).

Contudo, voltando à empresa com múltiplos estabelecimentos, o exercício do *jus variandi* a autoriza também a transferir o empregado, de um estabelecimento a outro, sempre que isso não acarrete mudança de domicílio nem transtornos na escolaridade dos filhos ou da convivência familiar, fatores todos eles que podem ser considerados "um exercício abusivo de *jus variandi*, salvo — está claro — se o dependente apresente conformidade expressa com a transferência. No direito brasileiro, convém seguir sobre esse ponto Octavio Bueno Magano[7].

2. Grupo empregador

A concentração do poder econômico, fenômeno do capitalismo contemporâneo, não significou somente a constituição de grandes empresas, como sucedeu desde seus começos a finais do século XIX; e sim que no tempo e com a ampliação dos mercados internacionais, gerou a formação de grupos econômicos (trustes, cartéis, etc.) cujas empresas participantes, relacionadas entre si por interesses comuns, empreendem suas atividades associando-se de fato ou de direito.

A Lei de Contrato de Trabalho se refere por isso ao que denomina com propriedade "Empresas Subordinadas ou relacionadas".

> "Siempre que una o más empresas, aunque tuviesen cada una de ellas personalidad jurídica propia, estuviesen bajo la dirección, control o administración de otras, o de tal modo relacionadas que constituyan un conjunto económico de carácter permanente, serán a los fines de las obligaciones contraídas por cada una de ellas con sus trabajadores y con los organismos de seguridad social, solidariamente responsables, cuando hayan mediado maniobras fraudulentas o conducción temeraria"[8] (art. 31 da LCT).

Porém para maior aprofundamento, os arts. 29, 29 *bis* e 30 da LCT também se referem ao tema e são ou podem ser concordantes, de acordo com o caso. A rigor, às vezes pode não se tratar de empresas juridicamente agrupadas nos termos dos

---

(6) Limites O Exercício do *Jus Variandi*, que em caso de serem violados autorizam ao trabalhador a possibilidade de considerar-se despedido sem justa causa. Com um sentido muito mais moderno, a normativa atual "ha considerado que el ejercicio exagerado y arbitrario del *Jus Variandi* autoriza al trabajador a accionar persiguiendo el restablecimiento de las condiciones alteradas" la acción se sustanciará por el procedimiento sumarísimo" (art. 66 da LCT).

(7) MAGANO, Octavio Bueno. O empregador, a empresa, o estabelecimento, a secessão, o grupo de empresas e a solidariedade. In: *Direito do trabalho* — estudos. São Paulo: LTr, 1997 (coordenados no Estado do Paraná por José Alfonso Dallegrave Neto, os estudos compreendem vários tomos não numerados).

Esclarece-se que em português o conceito de "Sucessão" equivale ao de transferência do "fundo de comércio".

(8) O texto do art. 31 da LCT foi transcrito da edição *Leyes del trabajo*. Ediciones del País, 2002. p. 32, que corresponde textualmente a outras edições (ver *Leyes del trabajo*. Bregna, 1997. p. 166). No entanto, parece que conceitualmente deveria haver sido colocada uma "vírgula" antes da letra "y" ou parênteses encerrando "social y solidariamente".

arts. 367, 371, 372 e seguintes e concordantes da Lei n. 19.550 de Sociedades Comerciais, mas sua atividade concertada tendente a proporcionar trabalhadores à "empresa que utilice su prestación" (art. 29 da LCT) ou a "ceder total o parcialmente a otro el establecimiento o explotación habilitado a su nombre, contraten o subcontraten ... trabajos o servicios correspondientes a la actividad normal y específica propia del establecimiento ..." (art. 30 da LCT) autoriza considerar tais empresas como agrupadas.

3. A solidariedade no direito civil

Senão vejamos, as empresas ou conjunto de empresas e os grupos de pessoas que atuam coletivamente como empregadores, são ou podem ser solidariamente responsáveis nos termos do art. 699 do Código Civil argentino.

"La obligación mancomunada es solidaria, cuando la totalidad del objeto de ella puede, en virtud del título constitutivo de una disposición de la ley, ser demandada por cualquiera de los acreedores o a cualquiera de los deudores" (art. 699 do C. Civil).

E em relação direta com mencionada norma:

"El acreedor, o cada acreedor, o los acreedores juntos pueden exigir el pago de la deuda por entero contra todos los deudores solidarios juntamente, o contra cualquiera de ellos. Pueden exigir la parte que a un solo deudor corresponda. Si reclamasen el todo contra uno de los deudores, y resultase insolvente, pueden reclamarlo contra los demás. Si hubiesen reclamado solo la parte, o de otro modo hubiesen consentido en la división, respecto de un deudor, podrán reclamar el todo contra los demás, con deducción de la parte del deudor libertado de la solidaridad" (art. 705 do C. Civil).

Está claro, então, que no contexto do Direito Civil dão-se respostas nítidas também às problemáticas que são apresentadas a cada vez que a relação laboral vincula a um trabalhador ou a um conjunto de trabalhadores a um grupo empregador. O tema foi abordado além disso pela Câmara Nacional de Apelações do Trabalho, no plenário 309, convocado nos autos: "'Ramírez María Isidora c/ Russo Comunicaciones e Insumos S/A y Otro S/ Despido' que habilita a exigir el pago a cualquier deudor por aplicación del art. 705, del Cod. Civil. (Plenario de fecha 3.2.06 acta 2.448)".

Cabe analisar previamente, contudo, a questão das obrigações laborais que decorrem da relação entre um empregador grupal (formado por uma multiplicidade de empresas ou indistintamente de indivíduos), principalmente do direito do trabalho, porque a especialidade das relações que gera e regula, sua autonomia e seu monismo assim o exigem.

4. A solidariedade no direito laboral

Para isso, comecemos recordando que em Vélez Sarsfield o conceito de "solidariedade" do Direito Civil é relativo. Como bem aponta o autor do Código em sua nota ao art. 708, citando Savigny: "Existe una cuestión muy debatida entre los jurisconsultos referente a la obligación solidaria, tanto respecto de los acreedores, como respecto de los deudores".

Para tratamento do tema, tenha-se em mente que tanto o art. 690 do Código Civil argentino como o art. 691 se referem às obrigações mancomunadas como um conceito singular, e não plural[9]. Mais ainda, o título de tal Código denomina-se precisamente como "De las obligaciones simplemente Mancomunadas", ao mesmo tempo que o Título XIV, ao referir-se às obrigações solidárias e à inversa, não categoriza o conceito como "complexo", e sim como uma "suma", uma "ajuda mútua". Uma "dependência mútua"; uma relação entre singularidades, mas nunca uma pluralidade conceitual[10]. Tal a categorização da solidariedade no Direito Civil.

Em contrapartida, nas "relações especiais" que se configuram no direito laboral, as categorias jurídicas são também "especiais"; e diferentes. Se por um lado "considera-se trabalhador (conceito singular)", pelos fins desta lei, à pessoa física que se obriga ou presta serviços nas condições previstas nos arts. 21 e 22 desta Lei ... (art. 25 da LCT), também o é que como "sujeito" de Contrato de Trabalho pode ser considerado "un grupo de trabajadores actuando por intermedio de un delegado o representante..." (art. 101 da LCT); ou uma sociedade, associação, comunidade ou grupo de pessoas, com ou sem personalidade jurídica, (que) se obrigue à prestação de serviços, obras ou atos próprios de uma relação de trabalho por parte de seus integrantes, a favor de um terceiro... (art. 102 da LCT). Em ambas as hipóteses o trabalhador coletivo é denominado "equipe"[11].

Também o direito laboral admite a representação categorial coletiva no regime das Convenções Coletivas de Trabalho que estatui a Lei n. 14.250, modificada pela Lei n. 25.250, onde o sujeito "trabalhador" está substituído por uma "associação sindical" com "personalidade gremial" (art. 1º).

Em síntese e como bem pontificou Deveali, o caráter geral e abstrato das normas da convenção Coletiva constitui o elemento essencial pelo qual tal convenção se diferencia do contrato individual para se aproximar à lei. O caráter essencial — acrescentou — da convenção coletiva ... "consiste en el hecho de obligar a una categoría de personas, que aún no están individualizadas ni pueden individualizarse en el momento de la estipulación. Para que pueda hablarse de

---

(9) Art. 690 do Cód. Civil: "La obligación que tiene más de un acreedor o más de un deudor..."
Art. 691 do Cód. Civil: "En las obligaciones simplemente mancomunadas, el crédito de la deuda se divide en tantas partes iguales como acreedores o deudores haya..."
(10) Solidariedade: "ajuda mútua", "modalidade de uma obrigação".
Solidário: "que obriga a várias pessoas a uma mesma coisa"; "diz-se das pessoas que apoiam umas às outras".
Complexo: "Conjunto de indústrias destinadas a uma produção particular"; "Diz-se do conjunto de características culturais unidas por uma ideia central".
Simplesmente: "Simples"; oposto a "complexo".
Ver dicionário *Enciclopédico Larousse*. Buenos Aires, 1987. p. 253, 945, 953/545.
(11) Equipe: "grupo de pessoas para um fim determinado". *Dicionário Larousse*, p. 414.

convención colectiva en sentido propio es necesario que esté dirigida a una categoría abstracta de Trabajadores"[12].

É que, corrobora o uruguaio Plá Rodriguez *"la unión de los trabajadores está en el comienzo del fenómeno laboral y fue la respuesta natural a la injusticia y a la explotación realizada por los empresarios. Al principio la unión de los trabajadores llamó la atención pública sobre le fenómeno laboral. De esa atención por el fenómeno laboral derivó la legislación del trabajo. La legislación del trabajo fue reconociendo la realidad social y sindical, lo que significó suprimir trabas para la unión y, en un segundo momento crear estímulos para la unión de los trabajadores.* En la medida en que se formaron asociaciones profesionales surgió una nueva forma de creación del derecho del trabajo: la de origen profesional y extraetático que tuvo en los convenios colectivos su máxima expresión"[13].

Por isso, Krotoschin pôde dizer com razão: "Son sujetos colectivos específicos del derecho del trabajo las asociaciones profesionales de trabajadores y de empleadores"[14].

No direito do trabalho brasileiro, novamente o professor Süssekind, aborda o tema destacando que o art. 8º da Carta Magna brasileira afirma que "o sindicato representa à correspondente categoria (n. II), cabendo-lhe a defesa dos direitos e interesses coletivos ou individuais da mesma; seja em questões judiciais ou administrativas (n. III); seja nas negociações coletivas (n. IV)"[15].

Tais disposições sintonizam com o mandato do art. 513 da CLT, segundo o qual: incumbe ao sindicato "representar, perante as autoridades administrativas e judiciárias, os interesses gerais da respectiva categoria ou profissional liberal ou os interesses individuais dos associados relativos à atividade ou profissão exercida" (conf. o art. 857 da CLT).

Nas relações coletivas de trabalho, o sindicato é, portanto, "representativo da mesma categoria econômica ou profissional, ou profissão liberal, em uma dada base territorial" (art. 516 da CLT)[16].

"Trata-se, no entanto" — escreve Süssekind — "de uma representação *sui generis*, porque no Brasil a categoria profissional não outorga personalidade jurídica. Ela atende somente aos aspectos peculiares do direito coletivo do trabalho: os direitos defendidos ou conquistados em nome da categoria profissional se irradiam em proveito dos trabalhadores que a integram ou venham a integrá-la durante a vigência do respectivo instrumento normativo, sejam ou não instrumentos do sindicato". *Mutatis mutandi*, o mesmo ocorre com as empresas que compõem ou

---

(12) DEVEALI, Mario L. *Lineamientos de derecho del trabajo.* Buenos Aires: TEA, 1948, cit. VALENTÍN, Rubio. *Convenciones colectivas de trabajo.* Buenos Aires: Rubinzal-Culzoni, 2001. p. 12.
(13) RODRIGUEZ, Américo Plá. *Los principios de derecho del trabajo.* Buenos Aires: Depalma, 1998. p. 43.
(14) KROTOSCHIN, Ernesto. *Manual de derecho del trabajo.* Buenos Aires: Depalma, 1977. p. 56.
(15) SÜSSEKIND, Arnaldo Lopes. *Direito constitucional do trabalho.* Rio de Janeiro: Renovar, 2001. p. 392.
(16) Na legislação brasileira os sindicatos poderão ser: "distritais, municipais, intermunicipais, estaduais e interestaduais. Excepcionalmente, e atendendo às peculiaridades de determinadas categorias ou profissões, o ministro do Trabalho, Indústria e Comércio poderá autorizar o reconhecimento de sindicatos nacionais" (art. 517 da CLT). O parágrafo primeiro da norma dispõe também que "O ministro do Trabalho, Indústria e Comércio, outorgará e delimitará a base territorial do sindicato".

venham a compor a categoria econômica representada na negociação coletiva, arbitragem ou controvérsia coletiva.

Na realidade — destaca Carlos Simões[17] —, nessa representação legal, o sindicato (e em sua ausência a federação de grupo ou a confederação do ramo respectivo) **se confunde com a própria categoria.**

Como se pode apreciar, também na doutrina brasileira, a representação coletiva é sujeito do binômio obreiro/patronal que adquire desse modo o grau de abstração ao qual também se referem as doutrinas argentina e uruguaia como característica do direito laboral[18].

5. A solidariedade nas relações especiais do trabalho

No capítulo II da LCT, são descritos cinco tipos de relações solidárias (arts. 29, *in fine*; 29 *bis*; 30 e 31 da LCT), e se faz referência a uma quinta: "el régimen de solidaridad específico previsto en el art. 32 de la Ley n. 22.250" (art. 30, *in fine*).

A primeira interposição e mediação (art. 29) se refere à relação entre "terceros contratantes de trabajadores con vista a proporcionarlos a las empresas"; a segunda (art. 29 *in fine*), à relação entre "empresas de servicios eventuales". Habilitadas... para operar nos termos dos arts. 99 da LCT e 77 a 80 da Lei Nacional de Emprego e seus empregadores.

A terceira (art. 29 *bis* da LCT) se refere à relação entre o empregador que usa mão de obra por meio de uma empresa de serviços eventuais, habilitada por autoridade competente (e que será solidariamente responsável com aquela por todas as obrigações laborais e deverá reter, dos pagamentos que efetue à empresa de serviços eventuais, os aportes e contribuições respectivos para os organismos da seguridade social e depositá-los em termo).

A quarta, subcontratação e delegação (art. 30 da LCT), envolve a "quienes cedan total o parcialmente a otro el establecimiento, explotación habilitado a su nombre, contraten o subcontraten, cualquiera sea el acto que le dé origen, trabajos o servicios correspondientes a la actividad normal y específica propia del establecimiento... deberán ejercer el control sobre el cumplimiento de las obligaciones que tienen los cesionarios o subcontratista respecto de cada uno de los trabajadores que presten servicios...".

E por último, a quinta relação: EMPRESAS SUBORDINADAS OU RELACIONADAS (art. 31 da LCT) vincula a "una y más empresas, aunque tuviesen cada una de ellas personalidad jurídica propia, estuviesen bajo la dirección, control o administración de otras, o de tal modo relacionadas que constituyan un conjunto económica de carácter permanente...".

---

(17) SIMÕES, Carlos. Os sindicatos e a representação processual da categoria. In *Revista LTr*, n. 54, São Paulo, 1990. p. 400.
(18) SÜSSEKIND, Arnaldo Lopes. *Direito constitucional do trabalho*, cit., p. 392/395.

Em todas essas hipóteses específicas, as normas revelam relações especiais e também, em todas elas, tais relações geram obrigações solidárias, sempre de natureza laboral.

Isso faz crer que as relações de trabalho não requerem das instituições do direito civil para resolver controvérsias e conflitos do direito do trabalho; enquanto estas últimas estão contempladas na normativa especial que lhe é própria.

Apesar do exposto no parágrafo anterior, o certo é que não obstante isso, a realidade dos processos de concentração econômica, característica do capitalismo contemporâneo, não subordinou somente a instituição de grandes empresas. Foi mais além: instrumentou a formação de grupos econômicos, cujas empresas participantes, estreitamente relacionadas por interesses comuns, realizam suas atividades de intercâmbio sem dissimular suas associações de fato ou de direito.

Enquadrando o tema, a Lei argentina n. 19.550 de sociedades comerciais, em seu capítulo III se refere aos "Contratos de colaboração empresária" e em sua seção I aos "Agrupamentos de colaboração", assinalando taxativamente no art. 367 que ambas as figuras "no constituyen sociedades ni son sujetos de derecho". Quanto às "sociedades constituidas en el extranjero", a norma as assimila às argentinas, baseando-se no cumprimento do disposto no art. 318, § 3º da lei, que apenas requer "justificar la decisión de crear dicha representación y designar la persona a cuyo cargo ella estará". E se se tratar de uma sucursal, quando seja regida por leis especiais, determinar-se-á, além disso, o capital que lhe seja atribuído.

As meras referencias do art. 371 à direção e administração pouco acrescentam; mas em contrapartida o art. 373 da Lei n. 19.550 estabelece que "por las obligaciones que sus representantes asuman en nombre de la agrupación, los participantes responde ilimitada y solidariamente respecto de terceros. Queda expedita la acción contra estos, solo después de haberse interpelado infructuosamente al administrador de la agrupación"(?).

A limitação e simplicidade do enquadramento revela uma intenção restritiva do legislador, particularmente quando o art. 373 desvia-se de qualquer tratamento diferencial a favor dos credores laborais.

Isso se põe em evidência no ditame do senhor fiscal geral diante da Câmara Nacional de Apelações do Trabalho, doutor Eduardo O. Alvarez, na já citada Sentença Plenária 309, no que expressamente assinalou: "O Direito do Trabalho, para tutelar o dependente, recorreu a uma instituição do Direito Civil (as obrigações solidárias), que, como vimos, foi precisamente pensada para garantir a cobrança, potenciar a responsabilidade patrimonial e evitar ter que reclamar o pagamento a uma pessoa determinada quando se sabe que é ociosa ou, simplesmente, não a quer reivindicar".

E em citações anteriores o dr. Alvarez antecipava: As obrigações solidárias são uma superação histórica da finca, já que se cria um vínculo no qual todos os devedores são principais pagadores e não existe o benefício da desculpa, ou seja não há que se convocar primeiro a um dos sujeitos passivos, nem trazê-lo a juízo, nem procurar cobrar-lhe antes, executando seu patrimônio".

Por último, no direito argentino foram instituídas as denominadas "UNIÕES TRANSITÓRIAS DE EMPRESAS" (art. 377 da Lei n. 19.550), segundo as quais "las sociedades constituidas en la República y los empresarios individuales domiciliados en ella podrán, mediante un contrato de unión transitorio reunirse para el desarrollo o ejecución de una obra, servicio o suministro concreto dentro o fuera del territorio de la República".

6. A solidariedade no direito comparado — Brasil

A) Controlada

A Lei brasileira de Sociedades Anônimas n. 6.404, sancionada em 15.12.1976, se introduz no tema dos Contratos de Colaboração Empresária, definindo: controlada (art. 243, § 2º): "Considera-se controlada a sociedade na qual a controladora, diretamente ou através de outras controladas, é titular de direitos de sócio que lhe assegurem, de modo permanente, preponderância nas deliberações sociais e o poder de eleger a maioria dos administradores".

COLIGADAS (art. 243, § 1º): "São coligadas as sociedades nas quais a investidora tenha influência significativa". (*Redação dada pela Lei n. 11.941, de 2009*)

ACIONISTA CONTROLADOR (art. 116): "Entende-se por acionista controlador a pessoa, natural ou jurídica, ou o grupo de pessoas vinculadas por acordo de voto, ou sob controle comum..."

SUBSIDIÁRIA INTEGRAL (art. 251). Deve ter como único acionista a sociedade brasileira, havendo antes a constituição formal do "grupo de sociedades" (art. 265) e conferiu um sentido restritivo à figura do consórcio" (art. 275).

Como se depreende da citada Lei das Sociedades Anônimas, o conceito de "controle" de uma sociedade por outra depende do fato de ser a controladora titular dos direitos de sócio, diferenciando-se assim da Lei Argentina n. 19.550, que (segundo dissemos acima), em seu art. 367 diz que "no constituyen sociedades ni son sujeto de derecho".

A caracterização de "controladora" na norma brasileira possibilita que sua vontade prepondere nas deliberações da sociedade controlada, cuja maioria de administradores tem o poder de escolher o que nem sempre é uma imposição da lei argentina.

B) Brasil. Controle das sociedades na Consolidação das Leis do Trabalho

Na norma laboral brasileira, em contrapartida, "sempre que uma ou mais empresas, tendo, embora, cada uma delas, personalidade jurídica própria, estiverem sob a direção, controle ou administração de outra, constituindo grupo industrial, comercial ou de qualquer outra atividade econômica, serão, para os efeitos da relação de emprego, solidariamente responsáveis a empresa principal e cada uma das subordinadas" (art. 2º, § 2º).

A norma local é conforme o art. 173, inc. I da Constituição, que se refere ao estatuto jurídico da empresa pública; das sociedades de economia mista e de suas subsidiárias. Também se apoia na Lei n. 8.036, de 11.5.1990, sobre "Fundo de Garantia do Tempo de Serviço", cujo art. 15, inc. I, define empregador como: "a pessoa física ou a pessoa jurídica de direito privado ou de direito público, da administração pública direta, indireta ou fundacional de qualquer dos Poderes, da União, dos Estados, do Distrito Federal e dos Municípios, que admitir trabalhadores a seu serviço...".

Como se pode apreciar, o conceito de empregador na norma brasileira vai muito além do conceito do art. 26 da Lei do Contrato de Trabalho argentina, ao considerar aplicável a norma somente a "pessoa física ou a pessoa jurídica de direito privado ou de direito público, da administração pública direta, indireta ou fundacional de qualquer dos Poderes, da União, dos Estados, do Distrito Federal e dos Municípios, que admitir trabalhadores a seu serviço, bem assim aquele que, regido por legislação especial, encontrar-se nessa condição ou figurar como fornecedor ou tomador de mão de obra, independente da responsabilidade solidária e/ou subsidiária a que eventualmente venha obrigar-se".

A normativa juslaboralista brasileira estende assim sua aplicação à relação de emprego público e aos contratos estatais de emprego privado que na Argentina não são permitidos e que têm gerado todo tipo de fraude (contratos anuais, mensais, falsas bolsas, etc.) que contradizem os princípios do art. 14 *bis* da Constituição argentina e a estabilidade absoluta ao empregado público.

Com amplitude similar, no direito do trabalho brasileiro a responsabilidade solidária das empresas componentes de um grupo econômico, não depende de sua formalização como tal (art. 2º, § 2º da CLT). Faz-se evidente assim que o conceito de grupo empregador adaptado pela CLT, traduz uma posição ante os fenômenos de concentração econômico-financeira sem deter-se em questões de formalismo jurídico ante as evidências da realidade. Com este objeto, a Lei Laboral não distingue entre "empresa principal e cada uma das subordinadas". A expressão empresa principal pode significar uma pessoa natural, um grupo de acionistas ou outra pessoa jurídica.

Mais ainda, no conceito da lei brasileira, a identidade da pessoa que administra mais de uma empresa não implica que estas constituam necessariamente um grupo econômico, enquanto se acredite que as mesmas sejam independentes, autônomas e estejam fora do âmbito do sujeito comum que participa da direção de cada uma delas.

C) *Brasil: sucessão de empresas*

Os arts. 10 e 448 da CLT se referem ao tema. A sucessão de empresas, adquire, assim, na realidade, do ponto de vista do direito laboral, o caráter e a dimensão de uma sucessão de estabelecimentos, de maneira análoga ao prescrito no Direito argentino, cuja Lei de contrato de Trabalho, no Título XI "De la Transferencia del Contrato de Trabajo" passa em seguida a denominar no art. 225 da LCT a figura como: "Transferencia de Establecimiento".

Porque na figura da sucessão de empresas o direito do trabalho se refere na realidade à sucessão de estabelecimentos ou de alguns dos setores, ainda que a mudança de proprietários envolva a empresa como um todo.

É que o novo empregador responde pelos contratos vigentes, concluídos com o titular anterior, porque, na realidade, a transferência se refere na prática a uma organização produtiva.

Art. 10 da CLT: "Qualquer alteração na estrutura jurídica da empresa não afetará os direitos adquiridos por seus empregados".

Art. 448 da CLT: "A mudança na propriedade ou na estrutura jurídica da empresa não afetará os contratos de trabalho dos respectivos empregados".

É que, como aponta Délio Maranhão, o novo empregador responde pelos contratos vigentes, porque adquiriu uma organização produtiva, um bem que resulta do complexo de relações entre os diferentes fatores da produção por ela organizados, entre os quais se encontra a relação de trabalho indissolúvel de cada trabalhador que surge do Contrato de Trabalho[19].

Assim, a Sucessão de Empresas adquire, no Direito do Trabalho brasileiro, a mesma operatividade característica do direito argentino: *ope legis*. Qualquer que seja o negócio jurídico realizado entre os empresários que se substituem na iniciativa. Para os empregados que continuam trabalhando na mesma unidade de produção, em contrapartida, tal negócio é *res inter alios acta*[20].

Em conclusão, ainda que aparentemente não exista relação jurídica no mecanismo da sucessão entre os empresários que a substituam, o direito do trabalhador ao emprego deve ser assegurado; o determinante da continuidade é que se trata de uma sucessão econômica.

D) Terceirização e trabalho temporário na Argentina e no Brasil comparados

A terceirização dos contratos de trabalho é um fenômeno das relações de emprego que no entanto foi alheio aos mesmos em nossos países até os últimos anos da quinta década do século XX.

Nasceu, sem dúvida, um *ménage à trois*[21] cuja característica principal foi alentar o crescimento da dependência das economias dos países e das regiões e da

---

(19) MARANHÃO, Délio. Sujeitos do contrato de trabalho. In: SÜSSEKIND, Arnaldo e outros. *Instituições de direito do trabalho*. São Paulo: LTr, 1999. t. 1, p. 296.
(20) *Ope legis* e *Res Inter Alios Acta*: (Locuções Latinas no Direito clássico que se traduzem respectivamente como: "obra da Lei" e "as coisas outorgadas entre outros não podem aproveitar nem prejudicar".
(21) *Ménage à trois*: (por extensión) Locução francesa que alude a uma relação de três com sentido picaresco entre um homem e duas mulheres ou uma mulher e dois homens.

eliminação (ou pelo menos atenuação) das barreiras legais contra os fenômenos de tributação econômica externa que descapitalizam aos países subdesenvolvidos[22].

A maior influência da globalização sobre as economias de países como Argentina e Brasil tem sido exercida e se exerce a respeito das relações de trabalho, procurando diminuir a influência do valor dos salários na formação dos preços relativos e absolutos das mercancias. Dessa maneira se favorece o aumento da margem de lucro — particularmente dos capitais de origem externa — e do incremento dos retornos de suas utilidades para o exterior[23].

Tais retornos, por sua vez, têm sido e são geradores de requerimentos financeiros em divisas de livre convertibilidade (como dólar e euro), que provocam déficit habituais nas balanças de pagamentos de nossos países e consequências inflacionárias nas moedas locais, afetando diretamente o valor dos salários.

Assim se aplicam os motivos da diminuição de ingressos e contribuições que incidem sobre os salários destinados a financiar os sistemas de seguridade social.

E assim também se começa a compreender o auge das "empresas de terceirização do emprego", cuja principal função consiste precisamente em contribuir com a diminuição dos custos salariais dos empregadores diretos que os evitam usando o simples mecanismo de não pagar, porque as empresas terceirizadas não os incluem em suas faturas.

Trata-se, é claro, de outra forma de fraude laboral ou do também denominado "trabajo en negro", usando o simples trâmite de evitar o contrato direto, regido pelo direito do trabalho, substituindo-o por um contrato aparentemente comercial, outorgado aparentemente entre **duas empresas**.

O pretexto, é evidente, consiste em pretender que uma empresa especializada em determinada atividade (provisão de pessoal) é capaz de desenvolvê-la com maior rapidez, melhor tecnologia e a preços mais acessíveis.

No entanto, na legislação laboral argentina — já tratamos disso neste capítulo — "*los trabajadores que habiendo sido contratado por terceros con vista a proporcionarlos a las empresas, serán considerados empleados directos de quien utilice su prestación*" (art. 29 da LCT).

Qualquer que seja o ato ou a estipulação que acordem os terceiros contratantes e a empresa para a qual os trabalhadores prestem ou tenham prestado serviços, *responderão solidariamente por todas as obrigações emergentes da relação laboral e das que se derivem do regime de solidariedade social.*

O princípio de solidariedade se mantém também nas hipóteses do art. 99 da LCT e dos arts. 77 a 80 da Lei Nacional do Emprego n. 24.013; e pelo art. 29 bis

---

(22) Ver LIPOVETZKY, Jaime César; DANIEL, Andrés. *De cómo aprendieron a amar la deuda*. Buenos Aires: Distal, 1987; *El derecho del trabajo en los tiempos del ALCA*. Buenos Aires: Distal, 2002; e El derecho del trabajo en la integración regional, na compilação *El derecho del trabajo Iberoamericano*, de Teodosio Palomino. Lima: Juris Laboral, 2005. p. 145.
(23) SÜSSEKIND, Arnaldo. *Direito constitucional do trabalho*. Rio de Janeiro: Renovar, 2001. p. 99.

incorporado por esta última norma à Lei do Contrato de Trabalho: "El empleador que ocupa trabajadores a través de una empresa de servicios eventuales habilitada por la autoridad competente[24]; **será solidariamente responsable con aquella** por todas las obligaciones laborales y deberá retener de los pagos que efectúe a la empresa de servicios eventuales **los aportes** y **contribuciones respectivos** para los organismo de seguridad social, depositarlos en término..."

Na Legislação do Trabalho brasileira, em contrapartida, são admitidas exceções ao princípio da solidariedade.

Se pelo art. 1º da Lei n. 6.019, del 3.1.74: "La contratación de trabajadores por empresa interpuesta es ilegal, formándose el vinculo directamente con el tomador de los servicios" (conforme art. 29 da LCT na norma argentina), salvo em caso de trabalho temporário: "O certo é que pelo art. 3º da Lei n. 7.102, de 20.6.83, **se excetuam do vínculo de emprego** os empregadores que contratam "serviços de vigilância"; de "manutenção"; de "limpeza" e outros serviços especializados que ainda que estejam ligados à atividade meio do tomador, não reconhecem subordinação direta"[25].

De modo parecido, pelo art. 2º da Lei n. 7.102 se prescreve que no caso da "Administração Pública direta, indireta e fundacional (art. 37, II, da Constituição Federal), tal contratação por empresa interposta não gera relação de emprego.

Assim, a empresa contratante responsável, pela escolha da contratada, tem responsabilidade subsidiária somente, o que pressupõe o não pagamento da dívida pelo devedor da obrigação, **ressaltando-se que não se trata de responsabilidade solidária**.

Por outro lado a jurisprudência brasileira vem admitindo a terceirização dos serviços de restaurante, de preparação de alimentos, se segurança, de manutenção e assistência mecânica, jurídica, contábil, de transporte e de seleção e treinamento de pessoal.

Isso, apesar de grande parte da doutrina do país vizinho ser crítica: "No toyotismo", afirma Dallegrave Neto[26], "as empresas são horizontalizadas, terceirizando e subcontratando à maior quantidade possível de setores de produção" ... "Não há qualquer compensação ou atrativo para a classe trabalhadora que tem seus créditos apenas aplacados. O desemprego estrutural e a dificuldade de acesso ao consumo constituem atributos dos novos tempos de precarização".

E) Regulamentos de empresa — Direito comparado

Discute-se na doutrina acerca da natureza jurídica desse instituto, que é prática corrente em grandes e médias empresas, e que sem dúvida é uma projeção das

---

(24) Segundo o art. 19 da Lei n. 24.013: "El Poder Ejecutivo Nacional, a través del Ministerio del Trabajo y Seguridad Social, tendrá a su cargo la organización, conducción y supervisión del Sistema Único de Registro Nacional". Ver também os arts. 75 a 80 da mesma lei.
(25) ABDALA, Ventuil. Terceirização, atividade-fim e atividade-meio. *Rev. LTr*, n. 60, São Paulo, 1996. p. 587-8.
(26) DALLEGRAVE NETO, José Afonso. Novos contornos da relação de emprego ante os avanços tecnológicos. In: *Revista LTr — Legislação do Trabalho*, São Paulo, ano 67, maio 2003. p. 545.

faculdades de organização e direção do trabalho, aos quais se faz referência no capítulo VII da Lei do Contrato de Trabalho (Direitos e Deveres das Partes), arts. 62 a 81 e concordantes.

Para os partidários do "institucionalismo", os administradores da empresa têm o poder de regulamentar seu funcionamento e as relações com seus empregados (arts. 64 a 68 da LCT).

O texto do art. 64 diz o seguinte: "El empleador tiene facultades suficientes para organizar económica y técnicamente a la empresa, explotación o establecimiento".

No entanto, cabe distinguir tais faculdades das que emanam do Contrato de Trabalho (art. 65 da LCT).

Segundo o art. 65: "Las facultades de dirección que asisten al empleador deberán ejercitarse con carácter funcional atendiendo a los fines de la empresa, a las exigencias de la producción, *sin perjuicio de la preservación y mejora de los derechos personales y patrimoniales del trabajador*".

Por isso, a corrente doutrinária dos "contratualistas" insiste em que cumpre distinguir entre as regras referentes à organização e ao funcionamento da empresa, e aquelas outras relativas ao objeto dos contratos, que requerem o consentimento expresso ou tácito dos dependentes.

No direito comparado, revelam-se diferentes orientações alusivas ao regulamento da empresa. Na França, por exemplo, a inspiração da norma provém a todas as luzes do institucionalismo: o *reglement interieur*[27] é obrigatório em todas as empresas que tenham habitualmente mais de vinte empregados, deve conter obrigatoriamente determinadas cláusulas sobre disciplina e seguridade e higiene no trabalho. Contudo devem ajustar-se também à legislação e convenções coletivas de trabalho e deve ser consultada cada comissão interna das empresas, ou, no caso, o corpo de representantes do pessoal[28].

A aparente ambiguidade da norma não consegue ocultar sua origem institucional por seu caráter locativo. Talvez por isso Jeammaud pôde dizer: "le avènament de ce droit done éter compris comme une condition de la domination des rapport capitalistes et de l'attermissement irreversible de cette domination et non comme un simple reslet de mutations purement economiques"[29].

Na Itália, em virtude do acordo interconfederativo de 18 de abril de 1966, as comissões internas das empresas industriais têm a faculdade de examinar com os dirigentes da empresa, antes de sua aplicação, o denominado "regulamento de

---

(27) "Reglement interieur" (en francês): regulamento interno (em português).
(28) JAVILLIER, Jean-Claude. *Manual de direito do trabalho*. Paris: LGOJ, 1990. p. 66.
(29) JEAMMAUD, A. As funções do direito do trabalho. In: COLLINS, F. *et al*. *O direito capitalista do trabalho*. Universitaires de Grenoble Francia, 1980. p. 180: "O advento deste direito deve ser compreendido como uma condição da dominação das relações capitalistas; da influência irreversível dessa dominação e não como um simples reflexo de mudanças puramente econômicas". (Tradução livre)

fazenda", procurando a correta solução de possíveis controvérsias. Em alguns outros países europeus devem ser ouvidos os sindicatos.

No Brasil, a direção da empresa pode aprovar seu regulamento por ato unilateral, sem que esteja obrigada a submetê-lo a qualquer órgão ou entidade. E o mesmo pode corresponder a um texto sistematizado, qualquer que seja seu título ou um conjunto de instruções isoladas, cujas disposições são interpretáveis, precisamente como regulamento (art. 444 da CLT e Enunciado n. 51 do Tribunal Superior do Trabalho).

Na Argentina, o art. 68 da Lei de Contrato de Trabalho, ao regulamentar as faculdades disciplinarias do empregador, limita às "condições fixadas pela lei, os estatutos profissionais, as convenções coletivas de trabalho, os conselhos de empresa e, se houver "los reglamentos internos que estos dictaren".

Como assinalava Ernesto Krotoschin, as faculdades do empregador para ditar o regulamento interno dependem da autorização expressa da Lei (art. 78 da LCT) (Seus efeitos dependem de sua finalidade... e com as condições ou prestações que o empregador introduza unilateralmente)[30].

Na prática, assinala Krotoschin, o empregador e a representação do pessoal podem celebrar convênios que regulam questões atinentes à marcha da própria empresa, mas não relacionados diretamente com os contratos individuais e que "tampoco pueden ser considerados como comisiones colectivas de trabajo en sentido estrictos, porque en ellos no interviene directamente una asociación profesional de trabajadores con personería gremial"[31].

---

(30) KROTOSCHIN, Ernesto. *Manual de derecho del trabajo*. Buenos Aires: Depalma, 1977. p. 256.
(31) *Op. cit.*, p. 256-7.

Capítulo II

NATUREZA JURÍDICA DO CONTRATO DE TRABALHO E CONTRATOS AFINS

1. Teorias explicativas da relação de emprego

A evolução das relações de trabalho entre os homens sob o prisma da sociologia e do direito obsta o enquadramento do vínculo de emprego entre as fórmulas clássicas construídas pelos romanos ou consagradas no Código de Napoleão. Ao jurista contemporâneo já não interessa, sob esse prisma, a distinção entre *locatio operis* (locação da obra) que procurava o resultado do trabalho contratado; e a *locatio operarum* (locação de serviço) que tinha por objeto a locação da energia humana do trabalhador, pois como bem se assinalou na doutrina espanhola de antanho, hoje "no existe gran diferencia entre el que presta un servicio y el que ejecuta una obra, siendo que lo hagan para un empleador y bajo la dependencia de este"[1].

Há quem sustente, desde as teorias institucionais, que a relação de emprego é resultante de um ato-condição e não de um contrato, porque robustece — ainda antes de ser praticado "um verdadeiro estatuto legal convencional, jurisprudencial ou rotineiro (de costume) que lhe será aplicado logo que se realize a simples formalidade do consentimento"[2].

Convém assinalar — no entanto — que ainda que o conteúdo da relação de emprego seja, no principal, imposto por normas legais imperativas de ordem pública e com Convenções Coletivas de Trabalho de semelhante incidência, o certo é que o vínculo jurídico do empregado nas sociedades regidas pelo direito e a propriedade privados nasce do encontro bilateral de vontades: o do trabalhador, que se emprega e do empregador que o admite como empregado.

Porém, dito de outro modo — e em essência — não se trata, de nenhum ponto de vista somente de uma convenção entre duas partes marcada pela autonomia da vontade. Sim, em contrapartida, de um sistema de regulações sobre determinadas pela ordem pública laboral, como se depreende dos arts. 1º, 3º, 4º, 7º, 8º, 9º, 11, 12, 13, 14, 44 e concordantes da Lei de Contrato de Trabalho. Particularmente, ao mesmo tempo que preconiza a aplicação da norma mais favorável ao trabalhador sob pena de nulidade do contrato (arts. 7º e 44 da LCT).

---

(1) FOLCH, Alejandro Gallart. *Derecho español del trabajo*. Espanha: Labora Barcelona, 1936. p. 44.
(2) LACERDA, Dorval. Direito individual do trabalho. *Revista do Trabalho*, Rio de Janeiro, 1949. p. 54-5.

No entanto — devemos insistir — tal intervenção do Estado nas relações laborais não põe em dúvida, no dizer do uruguaio Barbagelata, "que o direito do trabalho pertence ao direito privado".

E cumpre esclarecer, por isso mesmo, que ainda que o conteúdo da relação de emprego seja, essencialmente, imposto por normas legais imperativas e por convenções coletivas de trabalho, de aplicação compulsiva, é certo que **tal compulsão estatal opera sobre a relação**; e não sobre cada uma das partes. Por isso a autonomia da vontade não opera — não pode operar — nem absoluta nem relativamente sobre a essência — repetimos — da relação, já que ambas nascem da potestade da lei, como bem tem apontado o prestigioso civilista Mosset Iturraspe[3].

Não obstante, tal intervenção do Estado nas relações de trabalho, que caracterizou o nascimento do Direito do Trabalho, proporcionou a elaboração de teorias que negam a contratualidade da relação de emprego; como aquelas influenciadas pelo direito norte-americano que naquele país desregula a relação de emprego a partir de negar a desigualdade entre empregados e empregadores e a proteção à parte mais frágil com o pretexto de que na Declaração de Independência dos Estados Unidos, § 2º, Thomas Jefferson prescreve: "Nós sustentamos como evidentes por si mesmas estas verdades, que todos os homens foram criados iguais diante de Deus"[4].

Dessa teoria nasceu a iniciativa para que se desregulem as relações de emprego na América Latina e no contexto da Área de Livre Comércio das Américas (ALCA) e em consequência as propostas "flexibilizadoras" das presumidas (e inexistentes) rigidezes do direito laboral, preconizadas na doutrina — entre outros — de Vazquez Vialard e Funes de Rioja na Argentina, além de Arion Sayão Romita no Brasil.

A respeito do Brasil, Evaristo de Moraes Filho[5] enriqueceu o tema, aludindo às doutrinas alemãs de pós-guerra, entre elas as de Molitor, para quem a origem da dependência pessoal do empregado não depende necessariamente de um contrato prévio. Mas simplesmente de sua **inserção ou incorporação** à empresa (influência das concepções feudais?) correspondente à relação fática do trabalho da qual resulta o poder diretivo patronal.

Com esta corrente doutrinária se identificam na atualidade comunitária europeia, de um modo geral, os relacionistas espanhóis como De Buen Madrid, Polo e La Cambra, chegando este último a supor, com tão escasso fundamento que, se o contrato for autêntico, ou seja, se possuir a escritura formal do ato bilateral estaria excluído por definição do Direito Social, provenha esta da ordem legal comunitária de integração regional ou do direito interno da Espanha.

Em outra ordem de ideias, autores franceses como Duguit, Scelle, Hauriou, Renard e outros, para os quais a adesão do empregado não constitui um ato

---

(3) MOSSET, Jorge Iturraspe; FALCÓN, Enrique A.; PIEDECASAS, Miguel A. *La frustración del contrato y la pesificación*. Buenos Aires: Rubinzal-Culzoni, 2002. p. 17.
(4) TIFFANY, Joel. *Gobierno y derecho constitucional según la teoría Americana*. Buenos Aires: Librería Marceli Bordoy, 1893. p. 9.
(5) *Tratado elementar de direito do trabalho*. Rio de Janeiro: Freitas Bastos, 1960. v. I, p. 405.

subjetivo, e sim um compromisso que acarreta a aplicação à relação de trabalho estabelecida, de todas as normas previamente estipuladas por lei, regulamentos, convenções coletivas ou decisões de autoridades competentes.

Há — sustenta essa doutrina — **independentemente da vontade do empregador ou do empregado, um conjunto de normas destinadas a reger a relação de trabalho iniciada pela conexão de ambos ou ato-condição originário.** Hauriou e seus discípulos na Argentina — e os há — supõem erroneamente que o Direito laboral está atrofiado e se excaminha para uma transformação, que naturalmente ainda não foi alcançada.

Para Krotoschin, em contrapartida, "la relación afectiva de trabajo es suficiente para el concepto del trabajador, independientemente de la existencia de un contrato válido sobre todo en lo que respecta a la protección del trabajo y a la organización social de la empresa..."[6].

De maneira um tanto eclética, tal autor acrescenta: "la solución correcta incluiría, pues, tantos elementos de la Teoría del Contrato como de la Teoría de la incorporación".

Em síntese, tanto na doutrina argentina como na brasileira e europeia, a grande maioria dos juslaboralistas sustenta hoje a contratualidade da relação de emprego. É certo que o trabalhador, na maioria das vezes, manifesta simplesmente sua adesão às condições previamente estipuladas pela lei, convenção coletiva ou regulamento de empresa, que correspondam ao conteúdo do negócio jurídico. Porém — insistimos —, isso não desnaturaliza a contratualidade da relação de emprego, sempre que suas cláusulas observem os preceitos básicos e imperativos de proteção ao trabalhador.

Precisamente, são as regras imperativas preexistentes, configurativas da "ordem pública laboral", as que estabelecem o equilíbrio entre as partes, essencial na contratualidade do vínculo jurídico bilateral.

2. Caracteres do contrato de trabalho

Como a relação de emprego não se assemelha nem ao contrato de compra e venda nem à locação de serviços, nem ao de sociedade, é forçoso concluir que se trata de um contrato autônomo com fisionomia e características próprias.

Em geral, pode-se afirmar que são poucas e limitadas as discrepâncias na doutrina, ao enumerar as características jurídicas no contrato de trabalho.

Para nós, elas são:

a) de Direito Privado, pois as relações são estabelecidas entre o trabalhador e a pessoa natural ou jurídica que o contrata no âmbito do direito privado. Pertence assim, à categoria das relações jurídicas de coordenação, nas quais a

---

(6) KROTOSCHIN, Ernesto. *Instituciones de derecho del trabajo*. Buenos Aires: Depalma, 1961. p. 40.

conexão entre as partes não implica, qualitativamente, menores dificuldades que em tantas outras relações jurídicas afetadas pelo interesse social. O *jus cogens* não é uma prerrogativa do direito público, ele aparece também nas relações jurídicas de direito privado sempre que o interesse individual permaneça inseparável do interesse social[7].

b) É consensual, pois, sua validade, salvo raras exceções, não depende de forma alguma prescrita na lei — pode ser verbal ou escrita, porque o simples consentimento verbal ou tácito aperfeiçoa o vínculo jurídico previsto pelas partes.

c) É de trato sucessivo, porque é efetuado continuamente através do tempo. Não se resolve com a execução de determinado ato, do que resulta uma relação de débito permanente.

Em contrapartida, e enquanto a relação perdure, os contratantes terão que executar, sucessivamente, as prestações e contraprestações que correspondem às obrigações de fazer e das que lhes são inerentes.

d) É *intuitu personae* em relação ao empregado, ainda que não necessariamente em relação ao empregador, como já foi assinalado.

e) É sinalagmático, no que se refere à reciprocidade das prestações que as partes se obrigaram entre si (sinalagma = bilateral), procurando a satisfação de obrigações recíprocas que equivalem entre si, comutatividade esta que se refere ao contrato em seu conjunto, e não particularmente a cada "prestação" (trabalho) ou "contraprestação" (salário). Deve-se interpretar por isso que na Argentina a remuneração do tempo não trabalhado (descanso entre jornadas, feriados semanais, feriados nacionais, etc., sistema denominado "nominal time" ou de "tiempo nominal") constitui uma obrigação legal para o empregador.

f) Subordinação: Pelo que o vínculo jurídico estabelecido se vincula com o objeto do contrato, a situação de dependência hierárquica do empregado em relação ao empregador; que permite a este último, por si ou por outros, a prestação de serviços do trabalhador. O empregado está assim juridicamente subordinado ao poder de direção do empregador.

3. Diferenciação do contrato de trabalho a respeito dos contratos afins

Dividem-se os contratos, segundo a dependência hierárquica de um dos contratantes com relação ao outro, em igualitários e subordinantes. Nos primeiros as partes intervêm em posição de igualdade, sem que se manifeste o fenômeno da subordinação. Nos subordinantes — em contrapartida — uma das partes deve acatar as ordens ou instruções da outra.

---

(7) KROTOSCHIN, Ernesto. *Ibidem*, p. 281.

A subordinação jurídica pode apresentar-se com diferentes graus, mas sempre se manifestando como mais intensa no contrato de trabalho. Além disso, as modalidades pessoais na prestação de serviços se manifesta com frequência e é comum aos mais diversos tipos de contratos; no entanto, a direção da prestação pessoal dos serviços contratados representa um elemento de relevância na configuração da relação de emprego.

Porém o mais importante fator é sem dúvida a assunção do risco da atividade empreendida, como já manifestamos em passagens anteriores, na execução do contrato de trabalho, **o risco da empresa é alheio ao trabalhador**; e o empregado, em nenhuma circunstância, pode participar do risco do negócio.

Ademais a subordinação jurídica ao empregador — peculiar do contrato de trabalho — se justifica somente porque é aquele que corre com o risco da atividade que empreendeu. No regime capitalista o empregador assume todo o risco econômico. O empregado nenhum.

O poder privativo de introduzir os meios de produção no processo de produção e de dirigi-lo se reflete imediatamente — nós temos visto — dentro da representação jurídica da relação de trabalho. Como fica claro na doutrina francesa nos conceitos de F. Collin, R. Dhoquois, P. H. Goutierre, A. Jeammaud, G. Lyon-Caen, A. Roudil e outros[8]: "O direito apresenta esta relação como um atributo da propriedade desses meios, que expressa assim a forma jurídica dessa propriedade...".

Dessa maneira, fica claro que o empregado aparece como diferenciado do trabalhador autônomo, precisamente porque o primeiro fica juridicamente subordinado em um contexto em que o empregador assume — repetimos — todo o risco da atividade econômica empreendida. Em contrapartida, o trabalhador autônomo efetua o trabalho que contrata por vontade própria assumindo o risco de tal atividade em seu próprio benefício.

No Brasil, existe o que se denomina contrato de "empreitada" segundo o qual um locador de serviços se obriga a fazer ou manda fazer certa obra, mediante retribuições proporcionais ao trabalho executado. Segundo Clóvis Bevilacqua[9], trata-se de um contrato cujo pagamento é combinado em função de determinada obra, cuja execução é efetuada pelo próprio "empreendedor" ou contratista, ou por empregados seus, cujos serviços dirige pessoalmente ou mediante delegados, utilizando material próprio ou provido pelo contratante. Nessa figura da "empreitada", ao "empreendedor" se proveem os materiais, cabe-lhe o risco pela má realização da obra (arts. 611 e 612 do Código Civil brasileiro), mas também quando somente proveja a mão de obra.

Na Argentina, a figura da locação de serviços de pessoa física ou jurídica deve ser examinada com rigor, porque se tem prestado e se presta a cometer fraudes à legislação laboral, que nos termos do art. 14 da LCT autoriza a propor a nulidade do contrato.

---

(8) COLLIN, F. e outros. *Le droit capitaliste du travail*. Collection Critique de droit. Universitaires de Grenoble, 1980. p. 188.
(9) BEVILACQUA, Clóvis. *Direito das obrigações*. Rio de Janeiro: Freitas Bastos, 1961. p. 351.

4. Trabalhador autônomo — As semelhanças com outras figuras no direito argentino e brasileiro

É aquele que exerce habitualmente e por conta própria uma atividade profissional remunerada.

Na Argentina, é muito comum a profissão de "representante comercial" de uma empresa ou de um produto, figura que se confunde muitas vezes com a do trabalhador autônomo. É frequente — por exemplo — que os fabricantes de certos artefatos de uso doméstico, ou de substâncias e perfumes destinados ao melhoramento na aparência das pessoas requeiram o serviço de pessoas individuais ou por grupos (supostas equipes) às vezes unidos por relações de família, com quem se pretende uma vinculação comercial na qual a parte provedora do produto simula vendê-lo como atacadista e/ou os requeridos supõem a si mesmos como compradores para depois revendê-lo diretamente aos consumidores domiciliares aos preços e condições que o provedor estipular.

O presumido "representante" é considerado assim em alguns casos, como um "sócio" comercial do atacadista, mas em outros, onde a figura do "representante" parece se confundir com a do "promotor independente" de vendas, a relação entre ambas as partes sugere que esse último é um trabalhador autônomo.

Senão vejamos, ainda que a rigor essa última pareceria se aproximar da configuração sugerida como de um trabalhador autônomo, na realidade poderia se tratar de um caso de relação de dependência laboral, ou seja, nem sócio comercial nem trabalhador autônomo.

Mas então o que acontece? A Lei n. 14.546 de Viajantes de Comércio e da Indústria (ano 1958), em seus arts. 1º e 2º define em suas partes pertinentes:

Art. 1º: "Quedan comprendidos en la presente ley los viajantes exclusivos o no, que haciendo de esa su actividad habitual... concierten negocios relativas al comercio o industria de su o sus representados mediante una remuneración...".

Art. 2º: "Dentro de la especificación genérica de viajante a que se refiere el art. 1º se encuentran comprendidos los distintos nombres con que se acostumbra a llamarlos, como ser viajantes... corredores... corredores de industria, corredores de plaza o interior, agentes, representantes, corredores domiciliarios o cualquier otra denominación que se les diera o pretendiera imponérseles para su calificación".

Como se pode apreciar, as semelhanças entre as distintas figuras pode surpreender até o jurista mais estudioso e isso se presta para facilitar a fraude laboral e as nulidades previstas no art. 14 da LCT.

A esse respeito poder-se-ia afirmar que, aparentemente, pouca diferença há entre a figura do "trabalhador autônomo" e a do "viajante ou corretor" porque ambas pertencem ao âmbito do direito laboral e no caso de controvérsias abrem a competência dos juízes laborais.

Porém, a rigor, a diferença entre ambas as tipologias marca a configuração da relação do viajante ou corretor (ou qualquer das outras denominações) com o empregador pela típica relação de dependência sem que possa dissimular-se o elemento-chave da subordinação econômica e jurídica.

Na legislação brasileira, a Lei n. 4.886 do ano de 1965, em contrapartida, regula as atividades dos representantes comerciais como "autônomos (um ato jurídico unilateral que não se vincula ao mandato), mas que, quando se outorgue a representação a um empregado "de confiança", pode existir ou não, com o contrato de trabalho[10]. Não obstante, na legislação brasileira, a atividade do representante comercial pode ser exercida não somente pela pessoa física, mas também pela jurídica, o que exclui a figura do direito laboral.

Algumas modalidades de certos contratos de sociedade civil como as cooperativas de trabalho e as parcerias rurais (esta última foi demarcada pela jurisprudência argentina como relação de emprego) são consideradas como locação de serviços porque prevalece o valor de *affectio societatis*.

No dizer de Evaristo de Moraes Filho e Antonio Carlos Flores de Moraes: nesse tipo de sociedade as partes se obrigam a "encaminhar seus esforços ou recursos para lograr fins comuns" (art. 1.981 do Código Civil brasileiro).

Não há salários, mas sim divisão de utilidades na forma contratada[11].

---

(10) MIRANDA, Francisco Pontes de. *Comentários à Constituição de 1967*. 2. ed. Rio de Janeiro: Revista dos Tribunais, 1970. p. 35, v. XLIV.
(11) *Introdução ao direito do trabalho*. 5. ed. São Paulo: LTr, 1991.

Capítulo III

LEGITIMAÇÃO DO CONTRATO — NULIDADES E SUAS CONSEQUÊNCIAS

1. Pressupostos e bases da validade contratual

Do art. 953 do Código Civil da nação argentina e da nota de seu autor, Dalmacio Vélez Sarsfield ao citado artigo, surge com clareza que na normativa argentina os contratos se legitimam quando sua validade pressupõe a capacidade jurídica dos contratantes e seu objeto lícito. A modalidade e solenidades do mesmo, segundo o art. 950 do mesmo código dependerá das leis e usos do lugar em que os atos se realizaram, que segundo o art. 12 do citado código "son las leyes del país donde se hubieren otorgado".

Em sua nota ao art. 953, Vélez esclarece também que a validação do ato jurídico depende "necesariamente de que (la) persona tenga capacidad de disponer de sus derechos" ... "Más los hechos contrarios al derecho y a la moral son puestos en la misma línea que los hechos imposibles, en el sentido que ellos no pueden ser objeto de una obligación eficaz, porque jamás se podrá invocar la protección de la justicia para asegurar su ejecución".

"El objeto de los actos jurídicos deben ser cosas que estén en el comercio, o que por un motivo especial no se hubiere prohibido que sean objeto de algún acto jurídico, o hechos que no sean imposibles, ilícitos, contrarios a las buenas costumbres o prohibidos por las leyes, o que se opongan a la libertad de las acciones o de la conciencia, o que perjudiquen los derechos de un tercero. *Los datos jurídicos que no sean conformes a esta disposición son nulos como si no hubiesen objeto*" (art. 953 do CC argentino).

Em consequência, são nulos os atos jurídicos e portanto os contratos quando: sejam outorgados por pessoas absolutamente incapazes (art. 54 do CC argentino); quando seu objeto seja ilícito ou impossível (art. 953 do CC); quando não revista a forma prevista em lei (arts. 12 e 950 do CC); quando seja requerida uma solenidade essencial para sua validade (arts. 950, 973 a 978 do CC argentino); e quando a lei expressamente o declare nulo ou sem efeito (art. 956 do CC e sua nota).

A isso se deve acrescentar que os atos jurídicos são anuláveis pela incapacidade da parte (art. 949 do CC) **e pelos vícios de erro, dolo, violência, intimidação ou simulação** (art. 954 do CC) e que tais nulidades podem ser alegadas por parte interessada ou pelo Ministério Público quando lhe caiba intervir, devendo ser resolvidas de ofício pelo juiz cada vez que conste qualquer das hipóteses de nulidades devidamente provadas.

"Podrán anularse los actos viciados de error, dolo, violencia, intimidación o simulación.

También podrá demandarse la nulidad o la modificación de los actos jurídicos cuando una de las partes explotando la necesidad, ligereza o inexperiencia de la otra, obtuviera por medio de ellos una ventaja patrimonial evidentemente desproporcionada y sin justificación.

Se presume, salvo prueba en contrario, que existe tal explotación en caso de notable desproporción de las prestaciones.

Los cálculos deberán hacerse según valores al tiempo del acto y la desproporción deberá subsistir en el momento de la demanda. Sólo el lesionado o sus herederos podrán ejercer la acción cuya prescripción se operará a los cinco años de otorgado el acto.

El accionante tiene opción para demandar la nulidad o un reajuste equitativo del convenio, pero la primera de estas acciones se transformará en acción de reajuste si éste fuera ofrecido por el demandado al contestar la demanda (art. 954 do CC)."

2. As nulidades nas relações laborais. Suas consequências

A declaração de nulidade tem ou pode ter efeito retroativo, mas no direito do trabalho, salvo no que se refere à incapacidade jurídica dos contratantes e à ilicitude de seu objeto, o contrato deve sobreviver, em todo caso, substituindo-se a cláusula nula por outra derivada da lei ou de outras fontes do direito.

Por outro lado, sempre que o contrato tenha sido extinto por ter — por exemplo — objeto ilícito, ainda assim, ao trabalhador são devidas as prestações derivadas do contrato nulo, sempre que sejam protegidas por lei.

Como o apontam a doutrina e a jurisprudência, a energia que o trabalhador aplica à prestação de serviços não pode ser devolvida nem pelo empregador nem pela sociedade. Por isso mesmo, a despeito da nulidade declarada, isso não implica necessariamente o efeito retroativo da mesma.

Como bem destaca o mestre uruguaio Plá Rodriguez, "otra manifestación de la tendencia a hacer predominar la continuidad de la relación laboral por encima de la infracción, se advierte en la permanencia del contrato, pese al incumplimiento o la violación en que ha incurrido el empleador". Y agrega "a pesar de tales infracciones el contrato continúa; conservando el trabajador el derecho a recuperar los beneficios trampeados u omitidos, que puede luego reclamarlos con retroactividad"[1].

Em outras palavras — insiste referido autor —, "el trabajador conserva siempre la acción para rescindir el contrato invocando la culpa patronal y aduciendo que se ha configurado un despido indirecto".

---
(1) RODRIGUEZ, Américo Plá. *Los principios del derecho del trabajo*. Buenos Aires: Depalma, 1998. p. 238.

E citando Deveali acrescenta "que en el campo del trabajo la continuidad de las relaciones tiene mayor interés que la inviolabilidad de los contratos"[2].

No direito laboral brasileiro, Rodrigues Pinto, ex-presidente da Academia Nacional de Direito do Trabalho, por seu lado, tem assinalado que "nas hipóteses de incapacidade dos empregados, e para todos os efeitos, a nulidade só alcança ao contrato para o futuro"[3]. Tal princípio — acrescenta o autor em outro trabalho[4] —, sendo princípio angular do Direito do Trabalho, se sustenta com a mesma energia nos campos de regulação dos interesses individuais e coletivos. Em razão disso, vamos a encontrá-lo como inspiração e fundamento também no direito coletivo.

No precursor do Direito do Trabalho na América Latina, o mexicano Mario de La Cueva, com precisa lucidez escreveu[5]:

"La nulidad de una cláusula no produce la nulidad del contrato; el efecto que se origina es la insubsistencia del pacto en el punto correcto, lo que a su vez, es consecuencia del hecho de lo que la ley pretende que es proteger realmente al trabajador a despecho de los pactos que se hubieren celebrado.

Por lo demás, siendo tendencia de la ley evitar hasta donde es posible la terminación de la relación de trabajo, y no dependiendo su contenido de la voluntad de las partes en lo que se refiere al contrato mínimo, habría resultado ilógico y sin razón alguna que lo apoyara, el decretar la nulidad de la relación..."

Mais adiante conclui: "La nulidad opera retroactivamente (solo en beneficio del trabajador de manera que este podrá exigir la compensación por el tiempo que hubiere durado la prestación del servicio y por el plazo de la prescripción".

No que se refere aos vícios de erro, dolo, violência, intimidação ou simulação"; ou quanto ao ato jurídico se depreenda "que una de las partes explotando la necesidad, ligereza o inexperiencia de la otra, obtuviera por medio de ellos una ventaja patrimonial evidentemente desproporcionada y sin justificación, **la perjudicada podrá articular la nulidad del acto**".

A isso se refere, precisamente, o art. 14 da LCT, quando viabiliza em forma expressa a nulidade do contrato, em particular quando **"las partes hayan procedido con simulación o fraude a la ley"**. Mas — reiteramos — isso não implica que a nulidade — ainda que plena — deva extinguir a relação de emprego.

3. *Capacidade das pessoas e objetos do contrato no direito argentino. Nulidades*

A capacidade ou incapacidade das pessoas se rege na República Argentina pelas normas do Código Civil, a partir do disposto em seu Livro Primeiro, Seção

---

(2) DEVEALI, Mario Levy. *La novación objetiva y subjetiva en el contrato de trabajo*. Revista Derecho del Trabajo, Buenos Aires: La Ley, 1947. p. 484.
(3) RODRIGUES PINTO, José Augusto. *Curso de direito individual do trabalho*. São Paulo: LTr, 2000. p. 190.
(4) RODRIGUES PINTO, José Augusto. *Direito sindical e coletivo do trabalho*. São Paulo: LTr, 2002. p. 170-1.
(5) CUEVA, Mario de La. *Derecho mexicano del trabajo*. México: Porrúa, 1949. t. I, p. 250-1.

Primeira, Título I (das Pessoas; das pessoas em geral; das pessoas jurídicas: arts. 31, 52 ao 62).

Em sua nota ao art. 31 do CC, assinala Vélez Sarsfield, que: "como en un Código Civil no se trata sino del derecho privado, la capacidad artificial de la persona de existencia ideal solo se aplica a las relaciones de derecho privado, y no a las de derecho público". E no art. 31, o autor do Código já havia definido: "Las personas son de una existencia ideal o de una existencia visible"... "su capacidad o incapacidad nace de esa facultad que en los casos dados les conceden o niegan las leyes".

Como se pode apreciar, o tema nos leva aos debates sobre a natureza jurídica do contrato de trabalho, que, como assinalamos na Parte Quarta, Capítulo III, é de "direito privado" e não de direito público. Daí que se deva analisar então o tema da capacidade das pessoas no campo do direito laboral, que no Código Civil se regula em geral nos arts. 1.149, 1.164, 1.165 e 1.166, mas que recebe um tratamento especial nos arts. 32 a 36 da Lei de Contrato de Trabalho. A esse respeito e por último é que, segundo o art. 11 da LCT:

"Cuando una cuestión no pueda resolverse por aplicación de las normas que rigen el contrato de trabajo **o por las leyes análogas**, se decidirán conforme a los principios de la justicia social, a los generales del derecho del trabajo, la equidad y la buena fe."

A norma deve ser interpretada no sentido disposto pelo art. 9º da LCT:

"En caso de duda sobre la aplicación de normas legales o convencionales, **prevalecerá la más favorable al trabajador, considerándose la norma o conjunto de normas que rija a cada una de las instituciones del derecho del trabajo.**"

Se a dúvida recaísse na interpretação ou alcance da Lei, os juízes ou encarregados de aplicá-la se decidirão no sentido mais favorável ao trabalhador:

"Las partes en ningún caso pueden pactar condiciones menos favorables para el trabajador que las dispuestas en las normas legales, convenciones colectivas de trabajo o laudos con fuerzas de tales, o que resulten contrarias a las mismas. **Tales actos llevan aparejada la sanción prevista en el art. 44 de esta ley**" (art. 7º da LCT).

A sanção a que se refere o art. 44 é "la nulidad del contrato por ilicitud o prohibición de su objeto"... Nulidade e proibições que se reiteram também nos arts. 38 a 44 da LCT: "Se trata pues de nulidades específicas de una rama del derecho: del derecho del trabajo".

Já havíamos antecipado mais acima que as regulações do Código Civil eram gerais e as das normas laborais eram especiais. Essas características diferenciais se põem também em evidência no campo das capacidades jurídicas que nas pessoas físicas não se confundem com as condições impostas pela lei ou regulamento para o exercício de cada atividade profissional. No entanto, não se pode ignorar que aquelas regras gerais, próprias do Direito Civil, foram as primeiras regras concernentes às relações contratuais de locação de serviços, antecedentes direitos do contrato de trabalho. Ao se tornar este último um ramo do autônomo do direito, separou-se do Direito Civil, mas é induvidável que as conexões existentes entre as citadas normas da ciência jurídica são ainda bastante estreitas. Como se tem demonstrado nos itens anteriores, a separação não pôde ser absoluta por força da unidade orgânica do direito.

Além disso, a importância indesmentível do Direito Civil, nas sociedades divididas nas classe sociais, e a amplitude que constitui o objeto de suas normas, diz Arnaldo Süssekind[6] que "tornam bastante fortes suas relações com todos os outros setores da enciclopédia jurídica".

Daí que Guillermo Cabanellas tenha afirmado que ainda que a aplicação da doutrina e da lei civil seja apenas supletória, nos países em que o Direito do Trabalho aparece codificado ou regulamentado, nem por isso desaparece a dependência que lhe imprime a comunidade de origem. "Aunque el Derecho del Trabajo sea autónomo — enfatiza — a cada paso tendremos que recurrir al Derecho Civil"[7].

Porém, como adverte Alejandro Unsain: "Las leyes del trabajo están al margen del derecho común, **se mueven en otro plano, se inspiran en otros principios, responden a otras necesidades bien diversas y tienen objetivos distintos. Por eso mismo, la apelación a las normas del derecho civil debe restringirse a los casos en que hubiere omisión del sistema especial y la regla civil invocada fuere compatible con los principios caracterizadores del derecho del trabajo**"[8].

4. Forma e validade dos contratos

Como já assinalamos, as formas prescritas nas leis são essenciais à validade do ato jurídico (art. 973 do CC). Vélez Sarsfield, na nota ao citado artigo demarca: "El número y calidad de las personas auxiliares que deben concurrir al acto jurídico (como en algunos casos el defensor de menores), el tiempo y el lugar en que debe notificarse, los escritos u otros medios a propósito para conservar la memoria. Todos estos elementos se hallan comprendidos en la idea de forma. Entre los actos jurídicos, unos tienen una forma rigurosamente establecida de la que toman su validez, y fuera de la cual no existen. Las prescripciones de la ley pueden recaer sobre tal o cual elemento constitutivo de la forma, o sobre muchos de ellos, o sobre todos a un tiempo. Otros actos no exigen para su existencia, ninguna forma especialmente prescripta, con tal que se hayan verificado y que puedan justificarse...".

Talvez desse último ensinamento do autor do Código Civil tenha resultado que, muitos anos depois, a legislação laboral não prescreveu forma alguma para a celebração do contrato de trabalho, como bem resulta do texto do art. 21 da LCT em sua parte pertinente:

---

(6) SÜSSEKIND, Arnaldo L. *Instituições de direito do trabalho*. São Paulo: LTr, v. 1, p. 145.
(7) TORRES, Guillermo Cabanellas de. *El derecho del trabajo y sus contratos*, 1945. p. 20 (citado por Süssekind). *Idem Compendio de derecho laboral*. Buenos Aires: Heliasta, 2001. t. I, p. 142.
(8) *Legislación del trabajo*. Buenos Aires: Losada, 1947. p. 44.

"Habrá Contrato de Trabajo, **cualquiera sea su forma denominación**, siempre que una persona física se obligue a realizar actos, ejecutar obras o prestar servicios a favor de la otra y bajo la dependencia de esta, durante un tiempo determinado o indeterminado de tiempo mediante el pago de una remuneración..."

Em última instância, o acordo tácito ou expreso que põe em relevo a relação contratual se expressará "cuando una persona realice actos, ejecute obras o preste servicios a favor de otra, bajo la dependencia de esta en forma voluntaria y mediante el pago de una remuneración, cualquiera sea el acto que le de origen" (art. 22 da LCT).

E **"el hecho de la prestación de servicios hace presumir la existencia de un contrato de trabajo**, salvo que por las circunstancias, las relaciones o causas que lo motiven se demostrase lo contrario"... (art. 23 da LCT).

É muito interessante que em sua parte final e resgatando fortemente os princípios mais elementares do Direito Laboral, essa última norma finalize: tal "presunción operará igualmente aún cuando se utilicen figuras no laborales para caracterizar el contrato, y en tanto que por las circunstancias no sea dado calificar de empresario a quien presta el servicio".

5. *A validade do contrato de trabalho no direito comparado. Suas nulidades e efeitos*

Brasil: o art. 166 do Código Civil brasileiro dispõe:

Art. 166. É nulo o negócio jurídico quando:

I — celebrado por pessoa absolutamente incapaz;

II — for ilícito, impossível ou indeterminável o seu objeto;

III — o motivo determinante, comum a ambas as partes, for ilícito;

IV — não revestir a forma prescrita em lei;

V — for preterida alguma solenidade que a lei considere essencial para a sua validade;

VI — tiver por objetivo fraudar lei imperativa;

VII — a lei taxativamente o declarar nulo, ou proibir-lhe a prática, sem cominar sanção.

Por sua vez, o art. 171 do mesmo Código prescreve:

Art. 171. Além dos casos expressamente declarados na lei, é anulável o negócio jurídico:

I — por incapacidade relativa do agente;

II — por vício resultante de erro, dolo, coação, estado de perigo, lesão ou fraude contra credores.

Na lei brasileira, as nulidades a que se refere o art. 166 do CC podem ser alegadas pela parte interessada ou pelo Ministério Público se lhe couber, devendo ser resolvidos de ofício pelo juiz, quando constate que qualquer das hipóteses de nulidade absoluta está diretamente provada (art. 168 do CC).

No que concerne às nulidades relativas, das quais trata o art. 171do Código Civil brasileiro e ao contrário do quem ocorre com o ato nulo, o ato anulável pode ser ratificado, com efeito retroativo, salvo os direitos dos terceiros (art. 172 do CCB); não tem efeitos antes de pronunciada a sentença, nem o juiz pode resolver de ofício, devendo ser apresentado por parte interessada (art. 177 do CCB).

Por outro lado, a nulidade parcial de um ato não afeta as partes válidas quando sejam divisíveis. Não obstante, se a medida da obrigação principal implica as obrigações acessórias, o princípio de reciprocidade não necessariamente se verifica (art. 184 do CCB).

Délio Maranhão tem destacado que ditas exceções à retroatividade da nulidade não é somente peculiar ao contrato de trabalho, e sim também a todos os contratos de trato sucessivo porque os efeitos não podem ser devolvidos. A Lei não é retroativa — acrescenta — "Mas esta máxima deve se combinar com a da aplicação imediata da lei, coisa perfeitamente normal", pontifica[9].

Do ponto de vista de uma sociologia da empresa, Evaristo de Moraes Filho[10] concorda com Maranhão: "na resolução do contrato por nulidade, os efeitos são igualmente diferentes. Nos contratos de vigência imediata se aplicam sem dificuldades as regras da retroatividade e da nulidade".

A brasileira CLT, em seu art. 9º, considera "nulos de pleno direito os atos praticados com o objetivo de desvirtuar, impedir ou fraudar a aplicação dos preceitos contidos na presente Consolidação". Mas como já temos assinalado, para o direito argentino, a nulidade, ainda que plena, de um ato jurídico, mesmo factível, não deve extinguir a relação de emprego.

No direito laboral do Brasil, se o vício resultante do erro, dolo, coação, simulação ou fraude torna apenas anulável o ato jurídico, corresponde a avaliar se a regra contratual respeita ou não o mínimo necessário derivado da lei, do instrumento normativo resultante ou de uma sentença normativa; e em tais hipóteses se viabilizará sua automática substituição. **A nulidade resulta em benefício do empregado, já que o contrato não pode ser negado pela vontade das partes.**

6. Capacidade e objeto no direito brasileiro

A incapacidade jurídica das pessoas físicas (ou naturais), também é regulamentada pelo Código Civil brasileiro, ainda que com traços muito particulares que a diferenciam notoriamente das vigentes na Argentina.

Para abordar o tem convém transcrever os arts. 3º e 4º do CCb:

"Art. 3º São absolutamente incapazes de exercer pessoalmente os atos da vida civil:

I — os menores de dezesseis anos;

II — os que, por enfermidade ou deficiência mental, não tiverem o necessário discernimento para a prática desses atos;

III — os que, mesmo por causa transitória, não puderem exprimir sua vontade."

---

(9) MARANHÃO, Délio. *Instituições de direito do trabalho*. São Paulo: LTr, 1999. v. 1, p. 179.
(10) MORAES FILHO, Evaristo de. *Contrato de trabalho como elemento da empresa*. São Paulo: LTr, 1993. p. 221.

Chama a atenção a redação da norma, tão diferente no Código Civil argentino, e as expressões usadas nos incisos II e III, para os dementes (arts. 140 a 152). Ainda que em castelhano "louco e demente" sejam sinônimos (e também em português, o certo é que o primeiro dos termos não é de uso corrente na literatura jurídica nem o Código de Vélez Sarsfield, cujo art. 141 é restritivo: "se declaran incapaces por demencia las personas que por causa de enfermedades mentales **no tengan aptitud para dirigir su persona o administrar sus bienes**".

Quanto aos "surdos-mudos", o art. 153 do Código Civil argentino restringe a incapacidade dos mesmos para os atos da vida civil ou "cuando fuesen tales que no puedan darse a entender por escrito". **Essa notável diferença nos sistemas legais dos dois países implica que para a lei brasileira a incapacidade dos surdos-mudos é absoluta e para a Argentina é relativa e limitada, somente para aqueles que não possam escrever.**

A questão não se esgota aqui, porque o art. 4º do Código Civil brasileiro (reformado pela Lei n. 10.406, de 10.1.02) configura uma hipótese clássica de discriminação que poremos em evidência a seguir:

"Art. 4º São incapazes, relativamente a certos atos, ou à maneira de os exercer:

I — os maiores de dezesseis e menores de dezoito anos;

II — os ébrios habituais, os viciados em tóxicos, e os que, por deficiência mental, tenham o discernimento reduzido;

III — os excepcionais, sem desenvolvimento mental completo;

IV — os pródigos.

Parágrafo único. A capacidade dos índios será regulada por legislação especial."

Capítulo IV

Contrato de Trabalho e Indeterminação no Prazo — Período de Prova e Forma

1. Falta de predeterminação do prazo

Até aqui tem ficado claro que a característica principal do contrato de trabalho e sua finalidade essencial é procurar a continuidade da relação de emprego. É que, *de per si*, a regulação que se pretende será necessariamente de trato sucessivo e sem prazo determinado, razão pela qual a indeterminação no tempo deve ser presumida.

Caberá — por conseguinte — à parte interessada reclamar à presunção salvo prova em contrário.

O art. 90 da Lei do Contrato de Trabalho estabelece o seguinte:

"El Contrato de Trabajo se entenderá celebrado por tiempo indeterminado, salvo que su término resulte de las siguientes circunstancias:

a) que se haya fijado en forma expresa y por escrito el tiempo de su duración;

b) que las modalidades de las tareas o de la actividad, razonablemente ofrecidas, así lo justifiquen.

La formalización de contratos por plazo determinado en forma sucesiva, que exceda de las exigencias previstas en el apartado "b" de este artículo, convierte al contrato en uno por tiempo indeterminado."

No Código Civil argentino, o art. 1.201, em sua parte pertinente, prescreve: "En los contratos bilaterales una de las partes no podrá demandar su cumplimiento, si no probase haberlo ella cumplido u ofreciese cumplirlo, o que su obligación es a plazo".

Isso implica que no direito civil, como regra, o contrato deve ser considerado por prazo indeterminado, e o prazo um elemento acidental do negócio jurídico de trato sucessivo. Por isso mesmo Guillermo Cabanellas pôde assinalar: "Se puede estimar como condición implícita en todo contrato de trabajo que el mismo debe mantenerse en cuanto persistan las causas que le dieran origen". "Lo expresado" — continua — "sirve para determinar, como expresión *invistatum*, que todo contrato de trabajo, salvo prueba en contrario, se considera concluido por tiempo indefinido"[1].

---

(1) CABANELLAS, Guillermo. El plazo en el contrato de trabajo. In: *Gaceta del trabajo*, Buenos Aires, v. 1, 1961. *Idem. Compendio de derecho laboral*. Buenos Aires: Heliasta, 2001. t. I, p. 501, n. 547.

2. Alcance

Para o art. 91 da LCT, no entanto, e a título de interpretação, define até quando se prolonga o contrato por tempo indeterminado. E afirma que "dura hasta que el trabajador se encuentre en condiciones de gozar de lo beneficios que le asignan los regímenes de seguridad social, por límites de edad y años de servicios, salvo que se configuren algunas de las causales de extinción previstos en la presente ley".

3. Prazo determinado — prova e carga da prova

De acordo com o art. 92 da LCT: "La carga de la prueba de que el contrato es por tiempo determinado estará a cargo del empleador".

De qualquer modo, será também de aplicação no caso a presunção do art. 23 da LCT: "El hecho de la prestación de servicios hace presumir la existencia de un contrato de trabajo" (isso inclui a indeterminação no prazo a que se refere o art. 90 da LCT). "Salvo que por las circunstancias, las relaciones o causas que lo motiven se demostrase lo contrario".

"Esa presunción operará igualmente, aún cuando se utilicen figuras no laborales, para caracterizar el contrato, y en tanto que por las circunstancias no sea dado calificar de empresario a quien presta el servicio."

4. Do período de prova e a introdução de normas flexibilizadoras

Com a sanção da (já derrogada) Lei n. 25.250, alterou-se um dos núcleos essenciais da lei do Contrato de Trabalho, introduzindo em seu Título III, Capítulo I, princípios flexibilizadores nas normas relativas ao período de prova.

Héctor P. Recalde e Mariano Recalde, ao ocuparem-se do assunto, assinalaram com ênfase que "Previo a cualquier disquisición en torno al proyecto de ley derogatorio de la Regla Estatal n. 25.250, debe manifestarse que *existía un imperativo ético que imponía la derogación inmediata de dicha norma*".[2]

Consideraram ambos os autores que, em consequência, constitui também um imperativo, "desplazar la legislación de la dictadura militar que, como uno de sus primeros actos normativos de facto, derogara, hiciera desaparecer, 27 artículos de la Ley Constitucional n. 20.744 (ADLA, XXXIV-D, 3207; XXXVI-B 1175) y mutilara, otros 99, todas ellas en perjuicio de los trabajadores argentinos. En esta obligada revisión" — continuam os Recalde (pai e filho) — "incluidos toda la legislación desprotectora y flexibilizadora de los derechos de obreros y empleados que se sancionó a partir de 1989".

A desvalorização conceitual da Lei n. 25.250, tão contundente nos Recalde e na doutrina majoritária, não tem merecido juízo igual de Carcavallo, habitualmente

---

[2] RECALDE; RECALDE. Modificaciones a la regulación de las relaciones individuales de trabajo. In: *Reforma laboral* — Ley n. 25.877, Buenos Aires: La Ley, mar. 2004. p. 34.

renitente em propiciar reparos críticos à flexibilização. Como evidencia: "Su Juicio adverso... sobre estas y otras reformas por no satisfacer la sentida necesidad de una revisión coherente y realista de la rama jurídica que cultivamos"[3].

Em resposta à postura restritiva desse último auto, convém analisar em sua parte pertinente o texto do art. 92 *bis* (versão da Lei n. 25.250 já derrogada) para logo passar à normativa atualmente vigente (segundo a Lei n. 24.465).

A) *Período de prova na Lei n. 25.250 (flexibilizado) — parte pertinente*

"Art. 92 *bis*: El contrato de trabajo por tiempo indeterminado ... se entiende celebrado a prueba durante los primeros tres (3) meses. **Los convenios colectivos de trabajo pueden modificar dicho plazo hasta un período de seis (6) meses.**

Si el empleador es una pequeña empresa definida por el art. 83 de la Ley n. 24.467, el contrato de trabajo por tiempo indeterminado se entenderá celebrado a prueba durante los primeros seis (6) meses. En este último caso los convenios colectivos de trabajo pueden modificar ese plazo hasta un máximo de doce (12) meses cuando se trata de trabajadores calificados según definición que efectuaran los convenios[4].

...

4) Durante el período de prueba, cualquiera de las partes **puede extinguir la relación sin expresión de causa, y sin obligación de preavisar. En tal caso, dicha extinción no genera derecho indemnizatorio alguno**.

...

6) ... Queda excluida la aplicación de lo prescripto en el cuarto párrafo del art. 212 de la Ley de Contrato de Trabajo.

7) ... El período de prueba, se computa como tiempo de servicio a todos los efectos laborales y de la seguridad social."

B) *Período de prova da Lei n. 25.877 (parte pertinente)*

Art. 92 *bis* (reformado pela Lei n. 25.877 e atualmente vigente): "El contrato de trabajo por tiempo indeterminado excepto el referido en el art. 96, se entenderá celebrado a prueba durante los primeros tres (3) meses de vigencia. Cualquiera de las partes podrá extinguir la relación durante ese lapso sin expresión de causa, sin derecho a indemnización con motivo de la extinción, **pero con obligación de preavisar según lo establecido en los arts. 231 y 232" (LCT)**[5].

---

(3) CARCAVALLO, Hugo R. El período de prueba y la Ley n. 25.877. In: *Reforma laboral* — Ley n. 25.877. Buenos Aires: La Ley, mar. 2004. p. 9.
(4) Nota do autor: Destaquei em negrito os parágrafos da versão do art. 92 *bis* da LCT, que — como se comentará em parágrafos posteriores — estão impregnados de princípios "flexibilizadores" que o direito do trabalho reprova; como, por exemplo, quando se admite que um convênio coletivo possa estender o período de prova que fixa a lei, de três (3) a seis (6) meses.
(5) Segundo o art. 231 da LCT (texto da Lei n. 25.877; parte pertinente) ... "El preaviso, cuando las partes no lo fijen en un término menor, deberá darse con la anticipación siguiente: por el trabajador de quince (15) días; por el empleador, de quince (15) días **cuando el trabajador se encontrase en período de prueba**; de un (1) mes cuando el trabajador tuviese una antigüedad en el empleo que no exceda de cinco (5) años y de dos 82) meses cuando fuere superior".

El período de prueba se regirá por las siguientes reglas.

Un empleador no puede contratar a un mismo trabajador más de una vez, utilizando el período de prueba. De hacerlo, se considerará de pleno derecho, que el empleador ha renunciado al período de prueba.

El uso abusivo del período de prueba con el objeto de evitar la efectivización de trabajadores será pasible de las sanciones previstas en los regímenes sobre infracciones a las leyes de trabajo. En especial se considerara abusiva la conducta del empleador que contratare sucesivamente a distintos trabajadores para un mismo puesto de trabajo de naturaleza permanente.

El empleador debe registrar[6] al trabajador que comienza su relación laboral por el período de prueba. Caso contrario, sin perjuicio de las consecuencias que se deriven de ese incumplimiento, se entenderá de pleno derecho que ha renunciado a dicho período.

Las partes tienen los derechos y obligaciones propias de la relación laboral, con las excepciones que se establecen en este artículo. Tal reconocimiento respecto del trabajador incluye los derechos sindicales.

Las partes están obligadas al pago de los aportes y contribuciones a la Seguridad Social.

El trabajador tiene derecho, durante el período de prueba, a las prestaciones por accidente o enfermedad del trabajo. También por accidente o enfermedad inculpable, que perdurará exclusivamente hasta la finalización del período de prueba, si el empleador rescindiere el contrato de trabajo durante ese lapso. Queda excluida la aplicación de lo prescripto en el cuarto párrafo del art. 212."

O período de prova se computará como tempo de serviço para todos os efeitos laborais e da Seguridade Social.

C) As duas versões do art. 92 bis da CLT — seus traços flexibilizados — o que significa flexibilização laboral?

Como com muita ênfase tem destacado o mestre uruguaio Plá Rodriguez, "el gran problema es como defender el derecho del trabajo frente al doble embate de la supresión de toda protección y del empuje de la mentalidad neoliberal"... "Está mentalidad neoliberal se traduce en el ámbito laboral en el impulso hacia la flexibilización"[7].

"Surge entonces, el peligro de que a la maleabilidad impuesta por la competitividad interna del mercado común que se crea (Mercosur)" — comenta o autor — "se agregue un componente ideológico o doctrinario, que tienda hacia la desregulación que es lo mismo que decir hacia la reducción del derecho del trabajo".

---

(6) O objeto desta norma parece puramente fiscalista, uma vez que o texto legal não anula de pleno direito o período de prova, mas o entende como una renúncia do empregador ao período de prova.

(7) RODRIGUEZ, Américo Plá. Problemática de los trabajadores en el Mercosur. In: BARBAGELATA, Héctor Hugo et al. (coords.). El derecho laboral del Mercosur ampliado. Montevidéu: Fundación de Cultura Universitaria y Oficina Internacional del Trabajo (CINTERFOR), 2000. p. 37.

Particularmente já tivemos a oportunidade de observá-lo anteriormente, em razão do projeto ALCA — Área de Livre Comércio das Américas[8], pondo em relevo a intenção desregulatória da diplomacia norte-americana, que não fez rodeios para propor a substituição do contrato de trabalho juridicamente regulado, pelas normas do mercado, como a maneira de assegurar a margem de lucros dos capitais investidos e diminuir desse modo o custo dos salários na América Latina — "elevados" demais — alegam os funcionários do país do norte.

Como se pode ver, dizer flexibilização laboral significa eliminar os princípios do direito do trabalho que a melhor doutrina considera inderrogáveis, a saber:

1) Princípio protetor que se pode concretizar nestas três regras:

   a) Regra *in dubio pro operario*.

   b) Regra de aplicação da norma mais favorável.

   c) Regra da condição mais benéfica.

2) Princípio da irrenunciabilidade dos direitos.

3) Princípio da continuidade da relação laboral.

4) Princípio da primazia da realidade.

5) Princípio da razoabilidade.

6) Princípio da boa-fé.

7) Princípio da não discriminação[9].

Há quem afirme que a inderrogabilidade dos princípios converte o direito do trabalho em uma coleção de regras rígidas que o tornam uma normativa inaplicável. Portanto, pretende Arion Sayão Romita, que já foi citado por nós, que "nos mercados globalizados a palavra-chave do discurso econômico e social dos últimos anos é a flexibilidade do mercado de trabalho"[10].

Porém, como Plá Rodriguez, nós entendemos que, desde seu nascimento, o direito do trabalho tem evidenciado uma grande flexibilidade em sua aplicação. No fundo — diz o autor — os propulsores dessa nova tendência "invocan una fundamentación que desborda lo aceptable" porque pretendem que seja necessário "suprimir todas las rígideces que puedan desanimar al inversor. Pero" — enfatiza mais adiante —, "suprimir todas las rigideces equivale destruir el derecho del trabajo"[11].

O que prescreve — afirma o autor citado —, "es que tras esta campaña por la flexibilización, que por lo expuesto no es tan necesaria ni justificada, se esconde una propuesta de desregulación".

---

(8) Ver LIPOVETZKY, Jaime César; DANIEL, Andrés. *El derecho del trabajo en los tiempos del ALCA*. Buenos Aires: Distal, 2002. p. 20.
(9) RODRIGUEZ, Américo Plá. *Los principios del derecho del trabajo*. Buenos Aires: Depalma, 1998. p. 39.
(10) ROMITA, Arion Sayão A flexibilização e os princípios do direito do trabalho. In: *Noções atuais de direito do trabalho*. São Paulo: LTr, 1995. p. 114, citado por RODRIGUEZ, Américo Plá. *Op. cit.*
(11) RODRIGUEZ, Américo Plá. *Op. cit.*, p. 56.

"La fundamentación que se invoca — suprimir las rigideces que limitan la conducta empresarial para fomentar la inversión — conduce a la destrucción del derecho laboral. Ese propósito hay que denunciarlo, resistirlo y combatirlo", conclui rotundamente.

Há autores — como Grisólia — que oscilam procurando um inexistente "ponto médio aristotélico": "el derecho del trabajo debe acompañar la evolución económica", sustenta equivocadamente[12]; e talvez por isso mesmo, subestima a ordem pública laboral até o grau de admitir — ainda que limitadamente com certeza — o princípio da "autonomía de la voluntad"[13].

Evidenciam-se pontos de vista comuns entre Grisolia e Vasquez Vialard. Esse último também como respaldo de sua argumentação flexibilizadora "afirma la inadecuación de los principios del derecho del trabajo al momento actual"[14].

Conforme Plá Rodriguez: "Se sostiene que es antihistórica la pretensión de que determinados principios pensados para otra situación, se quieran mantener en una época distinta. Se afirma que pretender conservar los principios en tales circunstancias equivale a imponer la inmovilidad del derecho del trabajo, desconociendo la realidad e ignorando la evolución de los tiempos".

Argumenta-se — acrescenta o autor — que tais princípios eram próprios de um tempo em que o Contrato de Trabalho era único a tempo completo e vitalício. E que "ahora hay pluralidad de empleos (?), muchos contratos son de tiempo parcial y sufren diversas formas de transitoriedad o temporalidad".

No entanto, conclui Plá Rodriguez — e concordamos com o autor —, não é verdade que essas modalidades contratuais apareceram recentemente. No Uruguai e também na Argentina "a pluralidade de empregos existe há muito tempo, conhecia-se o emprego a tempo parcial... e já se praticavam contratos de duração determinada sem condições nem controles" e continuam sendo praticados, porque — é preciso dizer — foram e continuam sendo modalidades próprias do capitalismo e da sociedade dividida em classes nas quais as leis do mercado impulsionam o empresário-empregador a diminuir os custos salariais e aos empregados a defenderem o valor constante dos salários e a elevá-los para melhorar seu nível de vida.

Em resumo, de que estamos tratando neste capítulo, a resposta surge dos conceitos que temos desenvolvido: o contrato de trabalho — essencialmente — gera um espaço de relações bilaterais entre empregadores e empregados cuja característica principal — sua rigidez nos princípios — se expressa no sistema de proteção para a parte mais frágil do binômio e sua pretensão de estabilidade no tempo, ao dotá-lo de um prazo indeterminado.

Em tal contexto, era quase previsível que as tendências contraditórias que se expressam na relação bilateral obreiro-patronal, pressionaram desde a parte

---

(12) GRISOLÍA, Julio Armando. *Derecho del trabajo y de la seguridad social*. Buenos Aires: Lexis-Nexis, 2003. p. 1036.
(13) *Op. cit.*, p. 10.
(14) Citado por RODRIGUEZ, Américo Plá. *Los principios del derecho del trabajo*. Buenos Aires: Depalma, 1998. p. 58.

empregadora, impulsionando a precariedade do contrato e — pelo menos — a redução dos mecanismos protetores.

E na normativa que se refere ao período de Prova — que estamos analisando —, fica claro que as reformas introduzidas com o art. 92 *bis* (segundo a Lei n. 25.250 e posteriormente segundo a Lei n. 25.877) se orientam — ambas — no sentido de precarização do contrato e redução da proteção

D) *Diferenças entre as duas versões do art. 92* bis *da CLT*

1) *Breves antecedentes da instituição do período de prova*

Algumas das primeiras referências normativas do período de prova se encontram na Lei n. 12.908, sancionada em 18.12.1946 (art. 25) que organiza o Estatuto do Jornalista Profissional, com um período de prova — "se assim o deseja o empregador" — não maior de 30 dias.

Porém, um tempo antes e com data de 15.5.1946, ditava-se o Decreto n. 13.839/46 ratificado depois pela Lei n. 12.921, relativo ao "Estatuto do Empregado Administrativo de Empresas Jornalísticas", que organizou também um Período de Prova, mas de três meses em seu art. 4º.

A Lei n. 12.867, estranhamente denominada "Condutores de Motores Móveis a Serviço de Particulares", havia sido sancionada com data de 30.9.1946 e promulgada em 11.10.1946. Em seu art. 1º estabelecia também uma sorte de período de prova "siempre que el empleado u obrero acreditara una antigüedad mínima de 60 días... al servicio de particulares".

Quase uma década depois e com data de 14.1.1956 foi sancionado o Decreto--Lei n. 326-56, que em seu art. 8 conferiu estabilidade ao Empregado Doméstico ("el contrato no podrá ser disuelto por voluntad de ninguna de las partes sin previo aviso dado con 5 días de anticipación") "a partir de los 90 días de iniciado el contrato de trabajo".

Uma menção especial merece a Lei n. 11.729, que modificou o Código de Comércio, em seus arts. 154 a 160, sancionada com data de 26.9.1933. Em seu art. 157, se por um lado não menciona o período de prova, por outro o faz presumir, uma vez que a jurisprudência predominante da época, sem limitações, não estabelece um mínimo de antiguidade no emprego para que o principal cumpra com sua obrigação de aviso-prévio. Mesmo que sua antiguidade seja menor que trinta dias, assiste-lhe esse direito, uma vez iniciado seu trabalho (Câmara Comercial, 15.3.37, Lei n. 61.042; C. Tr. Pleno, 3.6.52 Lei n. 67.354, 2. A. 1952-111-168; SCBA 17.11.59; 4037-5, DLL 5.3.60 e outras).

Por último, o tema aparece incluído no Decreto n. 33.302 sancionado em 20.12.1945, cujo art. 67 prevê a aplicação do art. 157 do Código de Comércio (Lei n. 11.129), o que também torna aplicável a jurisprudência majoritária citada em itens anteriores.

E como é possível observar, a doutrina legal e jurisprudencial antecedente sobre "período de prova" é pacificamente conteste — em síntese — em assegurar a estabilidade do trabalhador durante dita etapa da relação laboral, sem limitações nem contratempos. Põe em evidência a obrigação de pré-avisar em caso de despedida, instituto típico do contrato de trabalho.

2) *Análise do art. 92 bis na versão da Lei n. 25.250*

A característica fundamental da norma consiste nas extensões do período de prova para além daqueles 30 dias de duração habituais nas primeiras regulações legais do contrato de trabalho, agora "se entiende celebrado a prueba durante **los primeros tres (3) meses**, con la advertencia de que los primeros convenios colectivos de trabajo pueden modificar dicho plazo hasta **un período de seis (6) meses**, pero si el empleador es una pequeña empresa... se entiende celebrado a prueba **durante los primeros seis (6) meses;** ... y en éste último laso, los convenios colectivos de trabajo pueden modificar ese plazo hasta **un máximo de doce (12) meses cuando se trate de trabajadores calificados**".

Preste-se atenção em como a norma flexibilizadora desvirtua completamente o próprio instituto do "período de prova", que por decisão das primeiras leis estudadas foi entendido como de curtíssimo prazo (30 dias) coerentemente com a definição do dicionário[15] que interpreta o conceito como "demonstração // indício ou sinal de uma coisa // ensaio, experiência"// provar: "examinar as qualidades de uma pessoa". O que dá uma ideia de "precariedade", que significa, precisamente, "de pouca estabilidade"; termo este último que nos remete precisa e definitivamente: a curto prazo.

De tal modo que, como afirmamos mais acima, a norma desvirtua — sem dúvida — a denominação conceitual do "período de prova", categoria esta necessariamente limitada no tempo, que passou agora, de mãos dadas com a "flexibilização", a se constituir em um elemento do contrato de trabalho que renega a estabilidade da relação. Não de outro modo se pode interpretar o prolongamento do "período de prova" até doze meses, extenso lapso de tempo durante o qual "cualquiera de las partes puede extinguir la relación sin expresión de causal y sin obligación de preavisar. En tal caso, dicha extensión no genera derecho indemnizatorio alguno" (art. 92 *bis* inc. 4 da LCT).

Porém, o que acrescenta uma atmosfera de superficialidade ao trabalho do redator da norma, é sua pretensão estender o prazo do "período de prova" ao máximo (doze meses), justamente na hipótese que não o necessita, que é quando se trate de **trabalhadores qualificados** segundo a definição que efetuaram os convênios. Como se advertirá, trata-se de um contrassenso uma vez que a categoria laboral de "trabalhador qualificado", ao estar pré-qualificada pelos convênios, não requer "período de prova" (muito menos tão extensos), e como, segundo o dicionário, "qualificado" significa "enobrecer"[16], parece-nos um absurdo que se

---
(15) *Pequeno dicionário Larousse ilustrado.* Buenos Aires: Larousse, 1987.
(16) *Ibidem*, p. 181.

submeta o qualificado a uma segunda prova, uma vez que isso constituirá um caso de discriminação genérica, daquelas proibidas pelo art. 17 da LCT.

A extrema flexibilidade da norma que estamos comentando pôs-se em evidência quando, sem fundamento algum, a cláusula 6, *in fine*, do art. 92 *bis* (Lei n. 25.250), "excluiu da lei de contrato de trabalho" — como reconhece pacificamente a doutrina e a jurisprudência — a natureza jurídica da proteção ao trabalhador contra suas "enfermidades inculpáveis", que — disso se trata — é de índole previsional e irrenunciável. Esse benefício — diz o último parágrafo — "no es incompatible y se acumula con los que los estatutos especiales o convenios colectivos puedan disponer para tal supuesto".

3) Análise do art. 92 bis na versão da Lei n. 25.877

A reforma da versão anterior deste artigo foi sancionada pela Lei n. 25.877 com data de 2.3.2004 e promulgada em 8 de março do mesmo ano. Por seu art. 1º, esta Lei derrogou a de n. 25.250; com seu art. 2º substituiu a versão anterior do art. 92 *bis*; com seu art. 3º substituiu o art. 231 da LCT; com seu art. 4º substituiu o art. 233 da LCT e com seu art. 5º modificou o art. 245 da LCT. Nós nos abstivemos de comentar os demais artigos por se tratar de temas alheios ao que tratamos.

Como já assinalamos acima, concordamos com os Recalde, pai e filho, eminentes juslaboralistas quanto a que, com a sanção da Lei n. 25.877, "Se efectuó una obligada revisión de toda la legislación desprotectora y flexibilizadora de los derechos de obreros y empleadores que se sancionó a partir de 1989".

No entanto, "el mantenimiento de un período de prueba con el mismo espíritu con el que estaba concebido, en donde se regula — en realidad — un mero período de inestabilidad"[17], não nos parece o caminho adequado para transitar uma mudança da legislação laboral ditada pela ditadura militar e da flexibilização operada na década de 1990 e durante o governo da Aliança e isso para construir um direito do trabalho do século XXI mais justo, mais equitativo e que responda definitivamente aos princípios de justiça social.

Como certamente se recordará "a Lei n. 25.250, tristemente apelidada de "Lei Banelco[18], que havia nascido do delito", afirmam Meguira e Garcia[19].

Porém, acrescentam os mesmos, "el nuevo régimen quedó doblemente condicionado... por un lado, su alcance debía mantenerse acotado a los márgenes de la norma derogada; y por otro, se encuentra obligado a evitar transfusiones de contenidos que contagiaran a la ley del "estado de sospecha", que minó a la anterior hasta abatirla"[20].

---

(17) RECALDE, Héctor P.; RECALDE, Mariano. Modificaciones a la regulación de las relaciones individuales del trabajo. In: *Reforma laboral* — Ley n. 25.877. Buenos Aires: La Ley, 2004. p. 35.
(18) Alusão A "Banelco", marca de um cartão de débito bancário. Surgiu no ano 2000, quando o então ministro do Trabalho, Alberto Flamarique, teria afirmado que resolveria um impasse sobre a votação da polêmica Lei Trabalhista no Senado com "La Banelco". Ou seja, pagando aos senadores. O termo é usado de forma geral para o pagamento de subornos em empresas e governo. (N. da T.)
(19) MEGUIRA, Horacio David; GARCÍA, Héctor Omar. *Op. cit.*, p. 19.
(20) MEGUIRA; GARCÍA. *Op. cit.*, p. 19.

Por esse motivo e também com outros fundamentos, questionamos o espírito do legislador que se transluz na reforma, porque os vícios flexibilizantes permanecem na norma, ainda que limitados — certamente — como por exemplo "la exclusión de lo prescripto en el cuarto párrafo del art. 212 da LCT" (penúltimo parágrafo, *in fine*, do art. 92 *bis*).

5. Formas do contrato de trabalho — direito comparado

Em geral, a legislação do trabalho não requer forma alguma para a celebração do contrato de trabalho.

Na Argentina, a Lei do Contrato de Trabalho, nos arts. 48 e 49; no Brasil, a CLT, no art. 443. Em ambas as normativas se estabelece:

"Las partes pueden escoger libremente sobre las formas a observar para la celebración del contrato de trabajo, salvo lo que dispongan las leyes o convenciones colectivas en casos particulares (art. 48 da LCT).

O contrato individual de trabalho poderá ser acordado tácita ou expressamente, verbalmente ou por escrito e por prazo determinado ou indeterminado." (art. 443 da CLT)[21]

É preciso assinalar, no entanto, que os textos normativos de ambas as legislações remetem à existência de exceções dispostas em leis, estatutos ou convênios coletivos e casos particulares que requerem "una forma instrumental determinada, cuyo incumplimiento acarrea la inevitable sanción de nulidad ('se tendrán por no sucedidas', art. 49 da LCT)". Tais são os casos de tripulantes de navios ou aviões, de passageiros ou de carga; os contratos de artistas e artistas de variedades, os de deportistas profissionais (por exemplo) que estão regulamentados em legislações específicas que exigem instrumentos escritos e também registrados.

O princípio de um sistema registral sob controle do Ministério do Trabalho admite que com o mero registro do contrato o empregador cumpre com sua obrigação de detalhar os pormenores do mesmo. Ainda assim, o mero registro não constitui um cuidado indispensável para o aperfeiçoamento da regulação bilateral, uma vez que o contrato de trabalho pode ser provado por todos os meios previstos na legislação (arts. 50 e 51 da LCT) e na normativa brasileira nos arts. 40 e 456 da CLT.

Por conseguinte, a inexistência de prova escrita e/ou de registro não obstará ao reconhecimento das obrigações básicas, mínimos salariais, taxados e tarifados, que dependem de leis, regulamentos e convênios coletivos e ante a ausência destes últimos, a obrigação genérica das partes remete ao disposto no art. 62 da LCT, pois ficam obrigadas "a todos aqueles comportamentos" que sejam consequência do

---

(21) Abstivemo-nos de transcrever a totalidade do artigo do mesmo modo que o faremos com o art. 49 da LCT (argentina) por se tratar de normas suplementares de caráter interpretativo.

contrato, resultem da lei, dos estatutos profissionais ou convênios coletivos de trabalho "apreciados com critério de colaboração e solidariedade".

Do ponto de vista prático, convém destacar, ante a falta de prova suficiente acerca da quantia dos salários, sempre haverá que se ater ao princípio segundo o qual o empregado terá direito a perceber uma remuneração salarial igual àquela outra, que na mesma empresa se pague a outros trabalhadores por serviços equivalentes (cf. art. 460 da CLT).

Isso quer dizer que, como reforça a jurisprudência: " En los casos en los que concurren circunstancias iguales, la conducta empresaria (retributariamente hablando), no debe ser otra que la misma, habida cuenta, que una actitud diversa concretaría un obrar arbitrario" (C. N. Trab., Sala VIII, 26.9.91. Fiore Héctor Eduardo y otros e/ Hierro Patagónico Sierra Grande S.A. S.A.N — D.T. 1992 — A 914)[22].

---

(22) Publicada em *Digesto práctico la ley*, Buenos Aires: La Ley, 2003, t. I, p. 169, n. 1.507.

Capítulo V

Continuidade no Contrato de Trabalho

1. Uma vez mais: a indeterminação no tempo

Como vínhamos insistindo em capítulos anteriores, por ser de "trato sucessivo", habitualmente o Contrato de Trabalho é acordado sem explicitação do prazo.

Já havíamos assinalado que a continuidade na relação de emprego é uma das características e ao mesmo tempo o principal objetivo do direito laboral, de onde resulta que a indeterminação no tempo deve ser presumida.

Trata-se — no entanto — de uma presunção *juris tantum* que admite prova em contrário pela parte interessada. Daí o prescrito no art. 90 da LCT para as hipóteses do inc. *a* "que se haya fijado **en forma expresa y por escrito** el tiempo de su duración".

No direito brasileiro, o art. 443, § 1º, da CLT considera como de prazo determinado "o contrato de trabalho cuja vigência dependa de termo prefixado ou da execução de serviços especificados ou ainda da realização de certo acontecimento suscetível de previsão aproximada". (*Parágrafo único renumerado pelo Decreto-lei n. 229, de 28.2.1967.*)

Também temos recordado que no direito argentino, Guillermo Cabanellas comentava que a indeterminação no tempo é uma consequência inevitável do "trato sucessivo" do contrato de trabalho, enquanto se mantenham as causas que lhe deram origem. E isso deriva do disposto no art. 1.198 do Código Civil, que admite "los contratos bilaterales conmutativos... de ejecución continuada", mas Vélez Sarsfield ocupa-se de esclarecer na nota ao art. 1.200 do Código que "Nada hay más inexacto que decir — como en el art. 1.134 del Código francés, que las partes pueden revocar los contratos por mutuo consentimiento... Revocar un contrato significaría en términos jurídicos aniquilarlos retroactivamente, de modo que se juzgase que nunca había sido hecho; y ciertamente que el consentimiento de las partes no puede producir este resultado".

Desse modo, deve-se interpretar que "o prazo" representa somente uma contingência na convenção das partes, cuja continuidade é a regra presumida e a resolução putativa das partes[1].

---

(1) Cf. CABANELLAS, Guillermo. El plazo en el contrato de trabajo. In: *Gaceta del Trabajo*, Buenos Aires, v. 1, 1961. p. 463.

Do mesmo modo — dizemos — o princípio da continuidade se manifesta no princípio e com a presunção — suscetível de prova em contrário — de indeterminação no tempo do contrato de trabalho.

2. *Contrato de trabalho com prazo fixo*

O art. 93 da Lei do Contrato de Trabalho (LCT) o define do seguinte modo (Capítulo II, arts. 93 a 95): "El contrato de Trabajo a plazo fijo durará hasta el vencimiento del plazo convenido, no pudiendo celebrarse por más de 5 años".

"La carga de la prueba de que el contrato es por tiempo determinado estaba a cargo del empleador", havia previsto o art. 92 do capítulo anterior, e de certo modo o tema se vincula com o art. 92 da LCT quando analisa "o contrato de tempo parcial", que é aquele pelo qual "el trabajador se obliga a prestar servicios durante un determinado número de horas al día o a la semana o al mes, inferior a las dos terceras parte (2/3) de la jornada habitual de la actividad."

Naturalmente, a norma esclarece que: "En este caso la remuneración no podrá ser inferior a la proporción que le corresponda a un trabajador a tiempo completo establecida por ley o convenio colectivo, de la misma categoría o puesto de trabajo" (inciso 1).

Nos incisos posteriores se regulam as "horas extraordinárias", que ficam proibidas salvo em certos casos de perigo grave ou iminente (art. 89 da LCT); o referente às "cotizaciones de la Seguridad Social y las demás que se recaudan con esta" que serão calculadas proporcionalmente à arrecadação do trabalhador. Com uma referência ao pluriemprego e, em certos casos, à de o trabalhador escolher "entre las obras sociales a las que aporte" (inc. 2 e 3). O inciso 4 faz referência ao tipo previdenciário a que nos referimos.

No inciso 5 e último do art. 92 (texto de acordo com a Lei n. 24.465) é incorporada uma cláusula que nos parece novidade, segundo a qual "los convenios colectivos de trabajo podrán **establecer para los trabajadores a tiempo parcial prioridad para ocupar las vacantes a tiempo completo que se produjeren en la empresa**".

Senão vejamos, e voltando ao Capítulo II, o mesmo, além da definição do art. 93, contém somente dois artigos mais, o 94 e o 95 da LCT, que analisaremos a seguir:

No art. 94 da LCT impõe-se o dever de "preavisar la extinción del contrato con antelación no menor de un mes ni mayor de dos respecto de la expiración del plazo convenido". Salvo se se trate de um contrato por tempo determinado... inferior a um mês", reza a norma — e em seguida acrescenta: aquela parte que omitira, "**Se entenderá que acepta la conversión del mismo como de plazo indeterminado**, salvo acto expreso de renovación de un plazo igual o distinto del previsto originariamente y sin perjuicio de lo dispuesto en el art. 90, segunda parte, de esta ley".

O art. 95 da LCT — por sua vez — rege sobre a hipótese de "despido injustificado dispuesto antes del vencimiento del plazo", que dará direito ao trabalhador, **além das indenizações tarifadas** "que correspondan por extinción del contrato en tales condiciones, a la de daños y perjuicios provenientes del derecho común, la que se fijará en función directa de los que justifique haber sufrido quien los alegue o los que, a falta de demostración, fije el juez o el tribunal prudencialmente, por la sola ruptura anticipada del contrato".

Por último, a remissão ao art. 90 da LCT, segunda parte, que se efetua no art. 94 *in fine*, coloca no âmbito dos contratos de trabalho por tempo determinado ao de prazo fixo, como deve ser, além disso incorporando aquelas que "las modalidades de las tareas o de la actividad, razonablemente apreciadas, así lo justifiquen" com a advertência — previsível por certo — que "la formalización de contratos por tiempo determinado en forma sucesiva que exceda de las exigencias previstas en el apartado b) de este artículo, convierte el contrato en uno por tiempo indeterminado". Entre as consequências desse princípio, a jurisprudência tem resolvido que, quando se concedam ao trabalhador direitos em função de sua antiguidade, considera-se tempo de serviço o efetivamente trabalhado desde o começo da vinculação: "Es aplicable el art. 18 ley de contrato de trabajo al trabajador que reingresa en virtud de un contrato a plazo fijo justificado por las modalidades de las tareas, por lo que en tal caso ha de computarse la antigüedad cumplida para el mismo empleador en una contratación anterior por tiempo indeterminado" (C. N. Trab. Sala III, 21997/03/31 — Panella Sonia N. C/ Banco Italia y Río de la Plata S.A. — D.T. 1993-A-DJ. 1993-2-435).

3. O contrato de prazo determinado no direito comparado — Legislação brasileira (CLT — arts. 443, 445, 451 e 453)

O art. 443 da CLT, § 1º, considera como prazo determinado o contrato de trabalho cuja vigência dependa de termo prefixado ou de execução de serviços especializados especificados ou também da realização de certo acontecimento suscetível de previsão aproximada.

Há evidente similitude entre a normativa Argentina que temos estudado e a do Brasil. Se bem que neste último se efetuem aspectos que os diferenciem, como no art. 445, que reduz o prazo: "O contrato de trabalho por prazo determinado não poderá ser estipulado por mais de 2 (dois) anos, observada a regra do art. 451" *(Redação dada pelo Decreto-lei n. 229, de 28.2.1967)*. Com a limitação do art. 451 (CLT): "O contrato de trabalho por prazo determinado que, tácita ou expressamente, for prorrogado mais de uma vez passará a vigorar sem determinação de prazo".

Outra diferença — desta vez metodológica — é estabelecida no art. 452 da CLT, quando estabelece um prazo máximo de seis meses para o lapso entre dois contratos sucessivos por tempo determinado, que a legislação argentina nem sequer prevê conceitualmente em sua normativa: "Considera-se por prazo indeterminado todo contrato que suceder, dentro de 6 (seis) meses, a outro contrato por prazo determinado...".

E analogicamente o art. 453 da CLT, como o art. 18 na Lei de Contrato de Trabalho argentina, considera tempo de serviço os períodos computados, "ainda que não contínuos, em que tiver trabalhado anteriormente na empresa". O que não parece congruente é que a mesma norma restrinja sua aplicação nas hipóteses de empregado que tenha sido "despedido por falta grave, recebido indenização legal ou se aposentado espontaneamente".

É oportuno apontar — por último — que a normativa brasileira prevê no art. 481 da CLT que "Aos contratos por prazo determinado, que contiverem cláusula asseguratória do direito recíproco de rescisão antes de expirado o termo ajustado, aplicam-se, caso seja exercido tal direito por qualquer das partes, os princípios que regem a rescisão dos contratos por prazo indeterminado".

Não obstante as similitudes apontadas entre o direito brasileiro e o argentino, é imprescindível consignar que a CLT (diferentemente da Lei do Contrato de Trabalho argentina) somente viabiliza o prazo por tempo determinado nas condições a que se refere o § 2º do art. 443, cujo texto especifica:

"§ 2º O contrato por prazo determinado só será válido em se tratando:

a) de serviço cuja natureza ou transitoriedade justifique a predeterminação do prazo;

b) de atividades empresariais de caráter transitório;

c) de contrato de experiência" [de aprendizagem]."

Por isso mesmo o legislador brasileiro se viu incentivado a ampliar o âmbito de aplicação do contrato, autorizando a "instituir contrato de trabalho por tempo determinado — pela via dos Acordos Coletivos —, independentemente das condições estabelecidas no art. 443, § 2º.

4. Acordos coletivos e tempo determinado — Brasil, Lei n. 9.601 — flexibilização laboral

A Lei n. 9.601 foi sancionada em 21 de janeiro de 1998. Por seus arts. 1º e 2º são autorizados benefícios especiais sobre a base da instituição de contratos por tempo determinado.

Assim, pelo art. 1º, § 1º, I, as partes poderão acordar: "a indenização para as hipóteses de rescisão antecipada do contrato de que trata este artigo, por iniciativa do empregador ou do empregado, não se aplicando o disposto nos arts. 479 e 480 da CLT", a aplicação de "multas pelo descumprimento de suas cláusulas" (inciso II), a não aplicação do art. 451 da CLT quando estabelece que a prorrogação de contrato por prazo determinado "mais de uma vez passará a vigorar sem determinação de prazo". Ainda que sejam garantidas "a estabilidade provisória da gestante"; "do dirigente sindical", mesmo que suplente; do "empregado eleito para o cargo de comissões de prevenção de acidentes" e "do empregado acidentado" durante a vigência do contrato por prazo determinado, que não poderá ser rescindido antes do prazo determinado pelas partes.

Trata-se — a todas as luzes — de cláusulas flexibilizantes, destinadas a alentar o outorgamento do prazo determinado por acordo de partes violando o princípio de indeterminação ao qual se refere o art. 443 da CLT.

Se alguma dúvida caiba ao leitor desta advertência, tenha-se em mente que, pelo art. 2º, a Lei n. 9.601 reduz em cinquenta por cento de seu valor... as alíquotas das contribuições sociais destinadas ao Serviço Social da Indústria — SESI; Serviço Social do Comércio — SESC; Serviço Social do Transporte — SEST; Serviço Nacional de Aprendizagem Industrial — SENAI; Serviço Brasileiro de Apoio às Micro e Pequenas Empresas — SEBRAE; e Instituto Nacional de Colonização e Reforma Agrária — INCRA, assim como o **salário-educação e para o financiamento do seguro de acidente do trabalho.**

Adicionalmente e com o mesmo propósito flexibilizador do contrato por tempo indeterminado, no art. 5º dessa particularíssima lei, adverte-se que se, durante os seis meses posteriores à data de publicação da norma, as empresas "aumentarem seu quadro de pessoal em relação à média mensal" (art. 4º, *in fine*) terão preferência na obtenção de recursos no âmbito dos programas executados pelos estabelecimentos federais de crédito, especialmente no Banco Nacional de Desenvolvimento Econômico e Social — BNDES.

E se restar alguma dúvida, deve-se ter em mente que pouco tempo depois de sancionada a lei, com data de 4 de fevereiro de 1998, foi sancionado o Decreto Regulamentador n. 2.490, cujo art. 1º ratifica que "As convenções e os acordos coletivos de trabalho poderão instituir contrato de trabalho por prazo determinado, de que trata o art. 443 da Consolidação das Leis do Trabalho (CLT), independentemente das condições estabelecidas em seu § 2º, em qualquer atividade desenvolvida pela empresa ou estabelecimento, para admissões que representem acréscimo no número de empregados".

Convém assinalar, por último, que este tipo de norma é contrário aos princípios e garantias da Constituição Federal da República Federativa do Brasil (Reforma do ano de 1988 e Emenda n. 30, de 13.8.2000 — arts. 5º, 6º, 7º, 8º, 22 e seguintes).

5. Contrato de trabalho temporário

Essa modalidade de emprego é daquelas que suscitam sempre um grau de confusão na doutrina. Particularmente quando se trata de relações de trabalho nas zonas rurais onde se costuma confundir com o trabalho a prazo fixo vinculado com os períodos de colheita.

A rigor, a caracterização do contrato temporário, segundo o texto da Lei n. 24.013, é dada pelo art. 96 da Lei do Contrato de Trabalho: "Habrá contrato de trabajo de temporada cuando la relación entre las partes, originadas por actividades propias del giro normal de la empresa o explotación, se cumpla en determinadas épocas del año solamente y esté sujeta a repetirse en cada ciclo en razón de la naturaleza de la actividad".

Porém, já na jurisprudência anterior à sanção da Lei do Contrato de Trabalho, advertia-se que "la permanencia no debe confundirse con la continuidad de prestación de trabajo. Puede revertir carácter de permanente el trabajador que solo presta un trabajo discontinuo y con este criterio se resuelven, especialmente los casos de contrato de temporada" (CNAT 2ª, 29.2.68; J. A. 1968 — V-132).

Não obstante o caráter temporário das atividades realizadas, considera-se como permanente o vínculo com a empresa se o trabalho se repete efetivamente durante períodos sucessivos.

Esse é o caso dos trabalhadores gastronômicos das zonas turísticas de temporada, que, ano após ano, continuam trabalhando nas mesmas empresas ou estabelecimentos hoteleiros, restaurantes, bares, etc., subordinados à modalidades próprias de exploração (Conc. CNAT 1ª 21.2.52 — J.A. 1952 III — 256 — DT 1952 502; *Idem* SCBA 8.10.57, LL 92-417).

No entanto, o art. 97 da LCT equipara os "trabalhos de temporada" com os "Contratos a Prazo Fixo", o que parece um contrassenso, uma vez que o sinal distintivo do contrato de temporada é seu prolongamento no tempo por prazo indeterminado apesar de ser executado por lapsos ou ciclos que se repetem "en determinadas épocas del año en razón de la naturaleza de la actividad".

Não em vão o § 2º do art. 97 da LCT assinala taxativamente que "el trabajador adquiere los derechos que esta ley asigna a los trabajadores permanentes de prestación continua a partir de su contratación en la primera temporada, si ello respondiera a necesidades también permanentes de la empresa o explotación ejercida, con la modalidad prevista en este capítulo".

Por último, o art. 98 da LCT alude ao "comportamiento de las partes a la época de la reiniciación del trabajo" (texto de acordo com a Lei n. 24.013) impondo que "con una antelación no menor a (30) días respecto del inicio de cada temporada, el empleador deberá notificar en forma personal o por medios públicos idóneos a los trabajadores de su voluntad de reiterar la relación o contrato en los términos del ciclo anterior. El trabajador deberá manifestar su decisión de continuar o no la relación laboral en un plazo de (5) días de notificado, sea por escrito o presentándose ante el empleador. En caso que el empleador no cursara la notificación a que se hace referencia en el párrafo anterior, se considerará que rescinde unilateralmente el contrato y, por lo tanto, responderá por la consecuencia de la extinción del mismo".

6. *A transitoriedade no contrato brasileiro — direito comparado*

Não temos encontrado no direito laboral brasileiro referência alguma ao "contrato de temporada", tal como se figura no direito argentino. A CLT "uma concatenação dos textos e da coordenação dos princípios, entre compilação de leis e um Código"[2] que de algum modo reúne as normativas vigentes naquele país ao tempo de sua elaboração e sanção no ano de 1943 (o professor Arnaldo Süssekind, figura de destaque na jurisprudência e internacional, com 90 anos completados em 2007, tem mais de 64 anos dedicados ao direito do trabalho protetório, desde aquela sua participação antagônica, aos 26 anos de idade, na comissão redatora da obra) não contém referência alguma à categoria de "contrato de temporada".

No entanto, no articulado correspondente ao "contrato individual do trabalho" (arts. 442 a 453 da CLT) incluem-se dois textos normativos que poderiam ser interpretados como referentes ao tema: O primeiro, art. 443, § 2º, *b*, da CLT, se refere às "de atividades empresariais de caráter transitório" que são consideradas como de prazo determinado e a alusão, no art. 452 das CLT, a que se considera por prazo indeterminado todo contrato que se suceda, dentro de seis meses, a outro contrato por prazo determinado, salvo se a expiração deste dependeu da execução de serviços especializados ou da realização de certos acontecimentos.

Como será possível perceber, não se trata da mesma definição conceitual que expressa o art. 96 da LCT. Já dissemos que nada parecido se define e se regula no direito brasileiro, mas em todo caso, as ambigüidades e generalizações são úteis às vezes para conter por via de interpretações, os conflitos derivados de atividades próprias da rotatividade normal da empresa ou exploração (que) se cumprem em determinadas épocas do ano somente...

De qualquer modo a doutrina brasileira, como a argentina, tende a confundir às vezes os períodos descontínuos de trabalho (como o de temporada) com os de "safra" ou "colheita". Não obstante, para essas hipóteses a repetição de períodos temporais são conceituados no direito positivo dos países como contrato por prazo indeterminado.

oDélio Maranhão sustenta assim que a soma dos períodos descontínuos pressupõe que o último resulte em um contrato por tempo indeterminado, exceto quando, como no caso dos **safristas** e dos empregados de construção civil, a lei, por exceção preveja indenização por tempo de serviços, em relação a um contrato por tempo determinado que chega a seu termo[3]. Isso tem sido confirmado pelo mais alto Tribunal Federal do Brasil, que na Súmula n. 195 cita que o contrato de trabalho, por obra certa, ou de prazo determinado, transforma-se em contrato indeterminado, quando é prorrogado por mais de quatro anos.

Por último convém apontar que na legislação brasileira existe a figura do trabalho temporário: a Lei n. 6.019, de 3 de janeiro de 1974, "dispõe sobre o trabalho

---

(2) Extraímos o parágrafo entre aspas da Exposição de Motivos Item 9, com que o Ministro do Trabalho do Governo do Presidente Getúlio Vargas, Alexandre Marcondes Filho, apresentou, em 19 de abril de 1943, o projeto da Consolidação das Leis do Trabalho. Foi aprovada com a assinatura de ambos os mandatários (Vargas e Marcondes), pelo Decreto-Lei n. 5.452, de 1º de maio de 1943. Apesar de nas décadas posteriores haver sido reformada repetidas vezes, a Consolidação conserva toda a essência que lhe imprimiram seus redatores. Por tudo isso queremos render homenagem, na pessoa do dr. Süssekind, aos protagonistas de tão magnífica obra.

(3) SÜSSEKIND, Arnaldo; MARANHÃO, Délio e outros. *Instituições de direito do trabalho*. São Paulo: LTr, 1999. v. 1, p. 272.

temporário nas empresas urbanas..." e em seu art. 2º assim o define: "**trabalho temporário** é aquele prestado por pessoa física a uma empresa, para atender à necessidade transitória de substituição de seu pessoal regular e permanente ou à acréscimo extraordinário de serviços".

A contratação de pessoal temporário pode ser realizada por uma empresa de trabalho temporário que é definida no art. 4º da Lei n. 6.019 como uma "pessoa física ou jurídica urbana, cuja atividade consiste em colocar à disposição de outras empresas, temporariamente, trabalhadores, devidamente qualificados, por elas remunerados e assistidos".

7. Contratos de trabalho eventual

Na prática dos mercados de trabalho e em um contexto de normas flexibilizantes das regras de proteção ao trabalhador que caracterizam o direito laboral, nos últimos anos se tornaram habituais em certas empresas: A incorporação de trabalhadores não registrados; a substituição de pessoal permanente por contratados de curto prazo, sob pretexto de atividades não habituais; e por fim das condutas abusivas dos empregadores a respeito de sua obrigação de reter e pagar aportes e contribuições destinadas à cobertura da seguridade social.

Como bem precisou Carlos Etala[4]: "Las formas de evasión total comportan un intento de desplazamiento absoluto de las normas laborales y de seguridad social aplicables a la relación. El ejemplo más típico de evasión total se presenta cuando el empleador recurre al simple expediente de no registrar al trabajador en los libros y documentación laborales de la empresa, ocultando, la relación e impidiendo o dificultando de esa forma la prueba de su existencia por parte del trabajador...".

Por isso — nesses casos —, o art. 29 da LCT presume a existência de uma interposição fraudulenta, razão pela qual se coloca o trabalhador em relação direta com que utiliza seus serviços e se torna solidário com terceiro contratante (C. N. Trab. Sala I, 1986.4.28 — Rainoldi, Carlos Eduardo y otros c/ Cañogal S. R. L. y otro; DT 1986-B. 1277). A Lei n. 24.013 alterou a equação legal modificando a redação dos arts. 29 e 30 da LCT e acrescentando um novo artigo: o 29 *bis*, coincidindo as três normas em considerar solidariamente responsáveis as empresas que empreguem trabalhadores por meio de uma empresa de serviços eventuais habilitada pela autoridade competente.

A consequência da instrumentação habitual de práticas fraudulentas — por exemplo —, que quer convencer que são eventuais as atividades de "limpeza" do estabelecimento; ou as de "vigilância" em um Banco[5]; ou as de "pintura, manutenção e outras", que se prolongam no tempo e não parecem compatíveis com uma exigência transitória ou acidental que é sempre, por si mesma, momentânea, etc.

---

(4) ETALA, Carlos A. *Contrato de trabajo*. Buenos Aires: Astrea, 2000. p. 53.
(5) Ver C. N. Trab. Sala VII, 1987.9.29 Falla Salvador A. c/ Banco Nación Argentina T y SS, 1986. p. 350.

Daí a caracterização que introduziu a Lei n. 24.013 nos arts. 99 e 100 da Lei de Contrato de Trabalho:

"Art. 99. Cualquiera sea su denominación, se considerará que media contrato de trabajo eventual cuando la actividad del trabajador se ejerce bajo la dependencia de un empleador para la satisfacción de resultados concretos tenidos en vista por éste, en relación a servicios extraordinarios determinados de antemano, o exigencias extraordinarias y transitorias de la empresa, explotación o establecimiento, toda vez que no pueda preverse un plazo cierto para la finalización del contrato. Se entenderá además que media tal tipo de relación cuando el vínculo comienza y termina con la realización de la obra, la ejecución del acto o la prestación del servicio para el que fue contratado el trabajador.

El empleador que pretenda que el contrato inviste esta modalidad tendrá a su cargo la prueba de su aseveración."

"Art. 100. Condiciones. Los beneficios provenientes de esta ley se aplicarán a los trabajadores eventuales, en tanto resulten compatibles con la índole de la relación y reúnan los requisitos a que se condiciona la adquisición del derecho de los mismos."

8. Contrato de trabalho de grupo ou por equipe

Toda vez que uma empregadora contrata um grupo de trabalhadores para atividades que não podem ser realizadas senão por especialistas mediante a conjugação de esforços, estar-se-á diante de um caso dos denominados "contratos de equipe": ainda que a natureza jurídica da relação possa ficar configurada de maneira diversa.

Naturalmente, deve ficar claro que o contrato "por equipe" não implica necessariamente a simples conformação de um contrato múltiplo em um único instrumento, posto que deve supor, inevitavelmente, que seu objeto não é o trabalho em grupo, mas sim a atividade profissional dos que o compõem.

Escrevia Gustavo Raúl Meilij[6] que mediante a Lei de contrato de Trabalho se reconheceu no direito positivo argentino um sistema de trabalho cuja existência na prática, se bem admitida, gerava dificuldades ou se prestava a fraudes por falta de regulação legal.

E precisava: a hipótese regulada no art. 101 da LCT "debe diferenciarse del denominado "Trabajo por equipo" al que se refiere la Ley n. 11.544 con relación a la jornada de trabajo, que es una división del trabajo en la empresa; y en cambio el contrato de equipo implica una modalidad en la regulación del vínculo jurídico laboral".

"Art. 101. Caracterización — Relación directa con el empleador. Substitución de integrantes — Salario Colectivo — Distribución — Colaboradores. "Habrá contrato de trabajo de grupo o por equipo cuando el mismo se celebrase por un empleador con un grupo de trabajadores que, actuando por intermedio de un delegado o representantes, se obligue a la prestación de servicios propios de la actividad de aquél.

---

(6) MEILIJ, Gustavo Raúl. *Contrato de trabajo*. Buenos Aires: Depalma, 1930. t. I, p. 391.

El empleador tendrá respecto de cada uno de los integrantes del grupo, individualmente, los mismos deberes y obligaciones previstos en ésta ley, con las limitaciones que resulten de la modalidad de las tareas a efectuarse y la conformación del grupo.

Si el salario fuese pactado en forma colectiva, los componentes del grupo tendrán derecho a la participación que les corresponda según su contribución al resultado del trabajo. Cuando un trabajador dejase el grupo o equipo, el delegado o representante deberá substituirlo por otro, proponiendo el nuevo integrante a la aceptación del empleador, si ello resultare indispensable en razón de la modalidad de las tareas a efectuarse y a las calidades personales exigidas en la integración del grupo.

El trabajador que se hubiese retirado tendrá derecho a la liquidación de la participación que le corresponda en el trabajo ya realizado.

Los trabajadores incorporados por el empleador para colaborar con el grupo o equipo no participarán del salario común y correrán por cuenta de aquél."

Comentando a Lei n. 16.593, alguma vez Krotoschin se referiu a seu art. 2º, onde se define uma relação de trabalho por partes de uma sociedade cujos integrantes de forma permanente e exclusiva são considerados como equipe[7].

Como é possível perceber, na definição do trabalho por equipe dá o art. 101 da LCT, fica claro que como temos comentado mais acima, o objeto principal do contrato que estamos analisando "não é o trabalho do grupo, mas sim a atividade profissional dos que os compõem".

No contrato de equipe, o trabalho deve ser realizado com íntima ligação recíproca dos integrantes do grupo, mas também se interpreta tendo em vista que a atividade põe o empresário diante de um grupo unitário de trabalhadores que expressa a obrigação de todos e cada um de seus membros com uma relação indivisível.

Deve ficar claro — portanto — que na hipótese de uma relação entre uma equipe de trabalho e um empregador é admissível que o primeiro seja uma pessoa jurídica ou uma sociedade de fato (art. 102 da LCT). O conceito de "equipe" composto por trabalhadores pressupõe então individualização no contrato ainda que seu objeto contemple a atividade conjunta dos mesmos. E em todo caso, cada um dos trabalhadores terá com o empregador uma relação de dependência laboral ainda que sob a coordenação do chefe da equipe (cf. art. 47 da LCT).

"Art. 102. Trabajo prestado por integrantes de una sociedad. Equiparación. Condiciones. El contrato por el cual una sociedad, asociación, comunidad o grupo de personas, con o sin personalidad jurídica, se obligue a la prestación de servicios obras o actos propios de una relación de trabajo por parte de sus integrantes, a favor de un tercero, en forma permanente y exclusiva, será considerado contrato de trabajo por equipo, y cada uno de sus integrantes trabajador dependiente del tercero a quien se hubieran prestado efectivamente los mismos."

---

(7) KROTOSCHIN, Ernesto. *Código del trabajo*. Buenos Aires: Depalma, 1993. p. 176. A Lei n. 16.593 foi sancionada em 30.10.1964.

9. O contrato de trabalho de equipe na doutrina brasileira

Segundo ponderam os juslaboralistas brasileiros Gomes e Gottschalk[8]: "A obrigação de prestar serviço pode ser contraída individualmente pelo empregado ou em conjunto com outros trabalhadores" ... " O contrato que um dos trabalhadores ajusta para o grupo se denomina 'contrato coletivo de trabalho'(?) ou 'contrato de trabalho coletivo', ou também contrato de equipe".

De maneira similar a norma Argentina que regula a figura, segundo os autores citados, o contrato de equipe "é estipulado entre um empregador e uma pessoa jurídica. É por exemplo a relação que se trava entre o dono de um cassino e um maestro de orquestra, para que esta execute números de música todas as noites".

Porém — reconhecem os mesmos — "a denominação dada usualmente a tal ajuste tem sido acremente censurada por vários autores, em virtude da confusão que se pode fazer com outra instituição de direito do trabalho". Com efeito — acrescentam algumas legislações — designam sob esse nome a figura que com mais propriedade se deve chamar "convenção coletiva de trabalho "que se refere com exclusividade — claro — à convenções que se outorgam com a participação ineludível de associação sindical com personalidade gremial.

Trata-se de institutos jurídicos completamente diferentes, ainda que em versões anteriores da CLT tenha se empregado a expressão "contrato coletivo de trabalho" para denominar a regulamentação de um contrato de ajuste de equipes[9].

O contrato de "equipe" distingue-se assim do de *merchandagem* (que traduzimos como de "negociação") pela ausência de especialização por parte do chefe do grupo, pois a remuneração global ajustada é repartida entre todos em parcelas equivalentes, em vez de ficar nas mãos de um só, que tira proveito especulando sobre os salários dos demais.

No Brasil, a legislação identifica o contrato por equipe com o de "empreitada", que se assimilam quando são societárias as relações do grupo de trabalhadores (ou "equipe"). O art. 455 da CLT se refere ao tema, ao considerar que os contratistas e subcontratistas são responsáveis ante os trabalhadores por incumprimento de contrato.

E segundo afirma Délio Maranhão[10] efetivamente "o contrato de equipe" pressupõe que o trabalho não se possa realizar senão mediante os esforços de uma equipe de um grupo de empregados; e citando Krotoschin: "tal contrato pode asumir o la forma de un contrato de "empreitada" o la de un verdadero contrato de trabajo"[11]. Figura afimm do contrato de equipe é a da "subempreitada", que como já dissemos, está completamente no art. 455 da CLT.

---

(8) GOMES, Orlando; GOTTSCHALK, Élson. *Curso de direito do trabalho*. Atualizada por José Augusto Rodriguez Pinto. Rio de Janeiro: Forense, 2000. p. 171.
(9) GOMES; GOTTSCHALK. *Op. cit.*, p. 172.
(10) MARANHÃO, Délio. *Instituições de direito do trabalho*. São Paulo: LTr, 1999. v. 1, p. 277.
(11) KROTOSCHIN, Ernesto. *Instituciones de derecho del trabajo*. Buenos Aires: Depalma, 1974. v. 1, p. 316.

Assim, diz Maranhão para dirimir dúvidas atinentes à natureza jurídica do contrato de equipe, é importante levar em conta que o serviço deve ser prestado em conjunto pelos empregados e como tais qualificados, integrantes do grupo contratado, sob o poder de comando do empregador contratante ou de quem receba a respectiva delegação. Assim, não haverá relação de emprego quando:

a) o sujeito do negócio jurídico seja uma sociedade de direito ou de fato e não uma equipe composta de trabalhadores individualizados no contrato, ainda que o objeto deste seja a autoridade conjugada dos mesmos; e

b) os integrantes da equipe estejam juridicamente subordinados ao chefe do grupo e não ao empresário, ou ao representante que os contratou.

Capítulo VI

DIREITOS E DEVERES DAS PARTES CONTRATANTES

1. Obrigação genérica das partes

Em relação de emprego, as partes se obrigam a uma serie de condutas recíprocas que se caracterizam no contrato de trabalho e têm sido minuciosamente detalhadas no capítulo VII da Lei de Contrato de Trabalho (arts. 62 a 89 da LCT).

Do ponto de vista metodológico, parece-nos acertado que o legislador tenha abandonado o tema a partir da generalização das obrigações comuns às partes na relação bilateral e isso surge do art. 62 da LCT:

"Obligación Genérica de las partes: Las partes están obligadas, activa y pasivamente, no solo a lo que resulta expresamente de los términos del contrato, sino a todos aquellos comportamientos que sean consecuencia del mismo, resulten de esta ley, de los estatutos profesionales o convenciones colectivas de trabajo, apreciados con criterio de colaboración y solidaridad."

A amplitude da norma será levada em conta — por exemplo —, no momento de avaliar as condutas do empregador relacionadas com "a forma e as modalidades da prestação do trabalho" e o exercício do *jus variandi*. Porém, em todas as hipóteses, "las partes están obligadas a obrar de buena fé, ajustando su conducta a lo que es propio de un buen empleador y de un buen trabajador, tanto al celebrar, ejecutar o extinguir el contrato o la relación de trabajo" (art. 63 da LCT). Esta norma não é senão uma derivação do disposto no art. 1.198 do Código Civil (de acordo com a Lei n. 17.711) e o art. 218 do Código de Comércio[1].

Naturalmente, do conjunto de obrigações que assume o empregador deriva a imposição para o mesmo de assegurar que o cumprimento das atividades que se impõem ao trabalhador não cause a este último consequências danosas. Para isso deve adotar todas as medidas imprescindíveis para que a atividade laboral não agrida o trabalhador de maneira que possa afetar sua integridade psicofísica.

Como bem assinalou certa vez Carlos Pose[2]: "Es obvio... que el dependiente que considere que ha sufrido un daño como consecuencia del incumplimiento de las prescripciones del art. 75 da LCT, debe explicar cuales son las condiciones en

---

(1) Cf. ITURRASPE, Jorge Mosset; PIEDECASAS, Miguel A. *Código civil comentado.* Buenos Aires: Rubinzal-Culzoni, 2007. p. 390 ... "como le harían las personas correctas, los hombres probos y honestos de la comunidad...".
(2) POSE, Carlos. Las previsiones del art. 75 de la ley de contrato de trabajo bajo la óptica de la corte suprema de justicia de la nación. *DT* 1994-A, p. 852.

que se ha dado la prestación y que medidas concretas debió tomar el empleador para tutelar su integridad psicofísica y su dignidad".

2. Faculdades de organização do empregador (arts. 64 a 69 da LCT) — proibição art. 83 da LCT

Como se tem assinalado em capítulos anteriores, o empresário é quem assume o risco da empresa, "participando de los beneficios y soportando las pérdidas" (art. 1º da Lei n. 19.550). Isso é típico do regime de propriedade privada que caracteriza a sociedade capitalista. Daí se depreende o princípio segundo o qual "el empleador tiene facultades suficientes para organizar económica y técnicamente la empresa, explotación o establecimiento" (art. 64 da LCT); por isso, conta também com "'facultades de dirección' que asisten al empleador con carácter funcional" atendendo os fins da empresa às exigências da produção sem prejuízo da preservação e melhora dos direitos pessoais e patrimoniais do trabalhador (Cf. art. 65 da LCT).

Em consequência, ao empregador é facultado introduzir todas aquelas mudanças relativas à forma e às modalidades da prestação do trabalho, enquanto essas mudanças não importem um exercício inaceitável dessa faculdade (excesso no *jus variandi*) nem alterem modalidades essenciais do contrato, nem causem prejuízo material nem moral ao trabalhador.

Contudo — acrescenta a norma —, "cuando el empleador disponga medidas vedadas por este artículo, al trabajador le asistirá la posibilidad de optar por considerarse despedido sin causa o accionar persiguiendo el restablecimiento de las condiciones alteradas. En este último supuesto la acción se substanciará por el procedimiento sumarísimo, no pudiéndose innovar en las condiciones y modalidades de trabajo, salvo que estas sean generales para el establecimiento o sección, hasta que recaiga sentencia definitiva" (art. 66 da LCT).

Além disso, os arts. 67, 68 e 69 da LCT se referem respectivamente à "limitación de las facultades disciplinarias"; às "modalidades del ejercicio" das faculdades enumeradas nos itens anteriores e à "modificación del contrato de trabajo que queda **excluida como sanción disciplinaria**".

Proibição: (norma antidiscriminatória): "El empleador no podrá durante la duración del contrato de trabajo, o con vista a su disolución, obligar al trabajador a manifestar sus opiniones políticas, religiosas o sindicales" (art. 73 da LCT).

Não devem caber dúvidas de que essa norma está fortemente influenciada pelo Acordo n. 111 da OIT, cujo texto promove "a igualdade de oportunidades e de trabalho em matéria de emprego e ocupação com o objetivo de eliminar toda discriminação a respeito". O Acordo n. 111 foi amplamente ratificado e está vigente desde 1962[3].

---

(3) Ver MARTINEZ, Vivot Julio. *La discriminación laboral*. Buenos Aires: Usal, 2000. p. 167.

Porém, além disso, e por aplicação dos mesmos princípios antidiscriminatórios e do direito de igualdade, o art. 73 concorda com os arts. 17, 62, 63, 65, 68 e 81 da Lei de Contrato de Trabalho.

3. Outras obrigações do empregador no art. 75 da LCT e o dever de seguridade

Em primeiro lugar, e pelo art. 74 da LCT se impõe ao empregador a obrigação principal na relação bilateral: "el empleador está obligado a satisfacer el pago de la remuneración debida al trabajador en los plazos y condiciones previstas en esta ley".

A seguir, pelo art. 75 da LCT, impõe-se o dever de seguridade, segundo o qual:

1) el empleador está obligado a observar las normas legales sobre higiene y seguridad en el trabajo y a hacer observar las pausas y limitaciones a la duración del trabajo establecidas en el ordenamiento legal.

2) Los daños que sufra el trabajador como consecuencia del incumplimiento de las obligaciones del apartado anterior, se regirán por las normas que regulen la reparación de los daños provocados por accidentes en el trabajo y enfermedades profesionales, dando lugar únicamente a las prestaciones en ellas establecidas.

Como é evidente e necessário destacar, esta norma está estreitamente relacionada com a Lei n. 24.557 de "Riscos do Trabalho" e seus Decretos Regulamentadores ns. 170/96 e 334/96. Notoriamente, o art. 75 da LCT deve ser levado em consideração também quando se aciona com base na ação comum derivada da aplicação dos arts. 512, 1.109, 1.113, 1.201 e ss. do Código Civil[4].

A jurisprudência qualifica o "dever de seguridade" do art. 75 da LCT, como uma "obrigação de meio": "un derivado operativo del principio general del 'buen empleador'" (art. 63 LCT) y aquel, antes que una obligación de resultado configura una obligación de medio. Si del incumplimiento de tal obligación resulta un daño, ello puede presupuestar, perfectamente una condena resarcitoria con fundamento específico en dicha norma y en armonía con las disposiciones del derecho común" (de la nota del Dr. Moroni. C. N. Trab., Sala IV, 1994.25/25 — Gonzalez Juan c/ Y. P. F. — SD 69930 — Manual de jurisprudencia. Ley de contrato de trabajo. Buenos Aires: La Ley, 2002. p. 269).

4. Dever de ocupação (art. 78 da LCT)

Os arts. 76 e 77 consagram os deveres de "reintegração de gastos" — ressarcimento de danos e o dever de proteção em matéria de "alimento e moradia".

Porém, é o "Dever de Ocupação" que consagra o art. 76 que adquire uma relevância especial para a "relação laboral", uma vez que o art. 22 da LCT determina

---

(4) Cf. SOSA, Juan A. El art. 75 y la acción común. Legislación comparada. DT 1991-A. p. 411.

que: "Habrá relación de trabajo cuando una persona realice actos, ejecute obras o preste servicio a favor de la otra, bajo la dependencia de la otra en forma voluntaria y mediante el pago de una remuneración cualquiera sea el acto que le dé origen".

Ainda que — como já assinalamos — a doutrina a reconheça como uma relação assimétrica, na qual o trabalhador é a parte mais frágil, o certo é que, num regime de propriedade privada como é o capitalismo, a dependência do trabalhador a respeito do empregador, principalmente econômica, é também dependência fática, porque o trabalhador somente cumprirá previamente com seu dever de "garantir ocupação efetiva de acordo com sua qualificação ou categoria profissional".

O "dever de ocupação", então, que consagra o art. 78 da LCT constitui uma obrigação especial para o cumprimento do contrato, e assim deve ser interpretado no momento de definir o caráter das obrigações recíprocas. Por isso mesmo, o empregador manifestará sua vocação e vontade *in contraendo*, brindando ocupação; e em seu defeito, em simétrica intenção, o trabalhador deverá exigir — de acordo com o caso — a incorporação ou reincorporação às atividades que pelo contrato lhes forem oferecidas.

> Art. 78 da LCT: Deber de ocupación: El empleador deberá garantizar al trabajador ocupación efectiva, de acuerdo a su calificación o categoría profesional, salvo que el incumplimiento responda a motivos fundados que impidan la satisfacción de tal deber. Si el trabajador fuese destinado a tareas superiores, distintas de aquellas para la que fue contratado, tendrá derecho a percibir la remuneración correspondiente por el tiempo de su desempeño, si la asignación fuese de carácter transitorio.

Congruentemente com o "dever de ocupação", a lei impõe ao empregador um "dever de diligência" que lhe é compatível e ao mesmo tempo complementar, porque "si la observancia de las obligaciones dependiese de la iniciativa del empleador y, no probase el haber cumplido oportunamente de su parte las que estuviese en su cargo como agente de retención, contribuyente u otra condición similar" (art. 79 da LCT). E entre esses últimos deveres, ante os organismos sindicais e da seguridade social e de fazer entrega do "contrato de Trabalho".

> ART. 80 DA LCT; SANÇÕES POR DESCUMPRIMENTO: O importante no texto legal desta norma (segundo a Lei n. 25.345) é que inclui sanções por descumprimento de caráter compulsivo que por exemplo incrementam as previstas pelo art. 245 da LCT no caso de despedida sem justa causa.

Assim quando: "empleador no hiciera entrega de la constancia o del certificado previstos respectivamente en los apartados segundo y tercero de este artículo dentro de los dos (2) días hábiles computados a partir del día siguiente al de la recepción del requerimiento que a tal efecto le formulare el trabajador de modo fehaciente, será sancionado con una indemnización a favor de este último que será equivalente a tres veces la mejor remuneración mensual, normal y habitual percibida por el trabajador durante el último año o durante el tiempo de prestación de servicios, si éste fuere menor. Esta indemnización se devengará sin perjuicio de las sanciones conminatorias que para hacer cesar esa conducta omisiva pudiere imponer la autoridad judicial competente". (Parágrafo incorporado pelo art. 45 da *Lei n. 25.345* BO 17.11.2000)

Como se pode perceber, a omissão do empregador de cumprir com sua obrigação de entregar o contrato é considerada **uma injúria autônoma** e também a sanção que a mesma gera. Assim sustenta a jurisprudência "desde el momento que el trabajador ha de verse perjudicado al perder no solo el derecho a que se le computen los períodos trabajados"... "sino también el de obtener las correspondientes prestaciones, médico-asistenciales de la obra social con la que el empleador no contribuyó y ante la cual es responsable del aporte de sus trabajadores"[5].

Uma vez que "la obligación de entregar el certificado de trabajo — art. 80 da Ley n. 20.744 —, nace entonces a partir del momento en que se extingue la relación laboral — en el caso por despido directo — produciéndose la mora del empleador aún cuando no media petición del dependiente o la autoridad administrativa en tal sentido"[6].

5. Direitos e deveres do trabalhador

Pelo art. 82 se reconhece que "Las invenciones o descubrimientos personales del trabajador son propiedad de éste, aun cuando se haya valido de instrumentos que no le pertenecen".

Contudo, se o trabalhador se decidisse pela cessão de direitos à invenção ou o descobrimento "el empleador deberá ser preferido en igualdad de condiciones a los terceros" (art. 83 da LCT em sua parte pertinente).

Por outro lado, o dependente "debe prestar el servicio con puntualidad, asistencia regular y dedicación adecuada a las características de su empleo y a los medios instrumentales que se le provean" (art. 84 da LCT "De deberes de diligencia y colaboración").

Dever de fidelidade: Conseguintemente "el trabajador debe observar todos aquellos deberes de fidelidad que deriven de la índole de las tareas que tenga asignadas, guardando reserva o secreto de las informaciones a que tenga acceso y que exijan tal comportamiento de su parte" (art. 85 da LCT).

Por último, o dependente tem o dever de "cumplimiento de ordenes e instrucciones" (art. 86 da LCT); de "responsabilidad por los daños" (art. 87 da LCT); ... "deber de no concurrencia" (isto é: abster-se de executar negociações por conta própria ou alheia, que pudessem dificultar os interesses do empregador, salvo com autorização deste (art. 88 da LCT); e por último, conforme o art. 89 da LCT: "el trabajador está obligado a los 'auxilios o ayudas extraordinarias' ... que se requieran en caso de peligro grave o inminente para las personas o para las cosas incorporadas a la empresa".

Deixamos para o final a análise da segunda parte do art. 82 da LCT, que se refere às "invenções e descobrimentos de propriedade do empregador".

---

(5) C. N. Trab.; Sala VII, 1998.8.16. Galeano Zamudio L. C/ Treutel, Jorge N. y otro — *DT*, 1998-B. p. 2442.
(6) C. N. Trab:, Sala VII, 1999.7.1. Pragmático S.A. c/ Ministerio de Trabajo — *La Ley*, 2000-e. p. 443.

Art. 82 *in fine*... "Las invenciones o descubrimientos que se deriven de los procedimientos industriales, métodos o instalaciones del establecimiento o de experimentaciones, investigaciones, mejoras o perfeccionamiento de los ya empleados, son propiedad del empleador. Son igualmente de su propiedad, las invenciones o descubrimientos, fórmulas, diseños, materiales y combinaciones que se obtengan habiendo sido el trabajador contratado con tal objeto."

6. Direito comparado Brasil — doutrina

A. Boa-fé — colaboração das partes

No direito do trabalho brasileiro como em qualquer outro, o contrato de trabalho deve ser executado de boa-fé e com espírito de colaboração entre as partes. Sustenta Délio Maranhão que "o princípio de execução de boa-fé é um daqueles que constituem a base da sistemática jurídica em matéria de contrato"[7]. Sua origem se remonta à distinção do direito romano entre contratos de direito estrito e contratos de "boa-fé". Os primeiros eram de interpretação rigorosa, enquanto os segundos permitiam ao juiz indagar livremente a intenção das partes sem ficar prisioneiro de sua expressão literal.

Atualmente se supõe que todos os contratos se outorgam de boa-fé, de modo que a mesma deveria derivar também do dever de "colaboração" que caracteriza o contrato de trabalho.

Porém, a prática do trabalho não registrado, tão ou mais frequente no Brasil que na Argentina, e a flexibilização[8] dos princípios indicam claramente que em nenhum dos dois países a boa-fé e o espírito de colaboração dever se dar por certos.

"A solidariedade, estabelecida — em vista da utilidade social — pelo vínculo contratual, proíbe a cada uma das partes desinteressar-se pela outra" — continua Maranhão — "a diligência, obediência e fidelidade do empregado é preciso que corresponda à compreensão do empregador de que 'seu colaborador' é uma criatura humana 'dotada de cérebro e de coração, que como tal deve ser tratado e não como uma máquina"[9].

Apesar disso, certa doutrina brasileira — como por exemplo a de Arion Sayão Romita — se manifesta claramente restritiva a respeito do direito do trabalho ao reprovar "a rigidez com que as normas laborais regulam as relações individuais e coletivas de trabalho (que) não se justifica. Certa flexibilização há que ser admitida — pretende — em nome da eficiência da produção, que produz efeitos benéficos para todos, entre os quais se incluem desde logo os empregados"[10].

---

(7) SÜSSEKIND, Arnaldo; MARANHÃO, Délio e outros. *Instituições de direito do trabalho*. São Paulo: LTr. v. I, p. 262.
(8) ROMITA, Arion Sayão. *Direito do trabalho — temas em aberto*. São Paulo: LTr, 1990. *A flexibilização e os princípios do direito do trabalho*, p. 111 e ss.
(9) MARANHÃO, Délio. *Op. cit.*, p. 262.
(10) ROMITA, Arion Sayão. *Op. cit.*, p. 118.

E a seguir acrescenta: "Digo que se deve passar de uma ordem social imposta a um ordenamento jurídico negociado" (?). "Esta é a tônica hoje no direito moderno. Aportar a noção de que o estado onipresente, onisciente e onipotente deve impor aos atores sociais a ordem do dia logo cedo e a respeito do qual eles não poderão se separar, sob as penas da lei".

Obviamente, as opiniões de Romita, de clara inspiração neoliberal, são congruentes com as ideias do "pensamento único do Consenso de Washington" e por conseguinte negadoras da "ordem pública laboral", que substitui pelas regras do mercado.

E se pelo contrário houve e há no juslaboralismo brasileiro e latino-americano um pensador que pôs as coisas às claras, já há muito tempo, foi o emérito professor Arnaldo Süssekind, admitindo que o direito do trabalho: "Em nome da solidariedade, substituiu a igualdade pura pela igualdade jurídica, como regra de direito que impõe o 'interesse geral' sobre o particular, sem que, enquanto isso se anuel o indivíduo".

Nesse aspecto — continua — "a ação do Estado se faz sentir de maneiras diversas, seja regulamentando a iniciativa privada, seja fomentando ou vigiando-a, seja substituindo-se a ela em benefício do interesse coletivo"[11].

E mais adiante esclarece: "A intervenção do Estado na solução do problema social não é uma decorrência da 'teoria do Estado' de Laband e Jellinek, segundo a qual o Estado é uma pessoa moral, uma unidade ideal formada por três elementos — povo, território e governo — e sendo o problema de classes uma questão, entre outras, de um dos elementos do povo, não poderia o estado permitir a luta social, já que é seu dever velar pela prosperidade de todos os elementos da sociedade".

E insistindo no assunto: A existência das classes sociais é um elemento real que se impõe ao sociólogo, ao político e ao jurista, mas o estado atual encontra-se em uma dessas etapas das quais falava Engels; como elemento regulador das classes não pode permanecer inativo... porque sua função consiste, consequentemente, na intervenção nos fenômenos econômicos, a fim de que, dentro do sistema jurídico dominante cada classe obtenha exatamente aquilo que lhe pertence."

E citando o mexicano Mario de La Cueva, afirma: ... "por isso promulga a legislação do trabalho, proíbe os monopólios, resolve autoritariamente, por meio da arbitragem obrigatória ... nos conflitos entre capital e trabalho, etc."... O direito do trabalho nada mais é senão uma das formas dessa intervenção"[12], conclui.

7. Direito comparado — Brasil — traços normativos

Como se depreende dos itens anteriores, na doutrina brasileira se manifestam fortes opiniões contrárias ao que naquele país se denomina poder disciplinar do

---

(11) SÜSSEKIND, Arnaldo e outros. *Instituições do direito do trabalho*. São Paulo: LTr, 1999. v. 1, p. 41-2.
(12) SÜSSEKIND, Arnaldo e outros. *Op. cit.*, p. 96-7.

empregador. Não obstante, a normativa vigente contradiz tais opiniões, uma vez que o art. 474 da CLT prescreve que: "A suspensão do empregado por mais de 30 (trinta) dias consecutivos importa na rescisão injusta do contrato de trabalho", o que significa que até tal limite o empregador pode aplicar penalidades sem prejuízo do direito do empregado a recorrer à justiça do trabalho em bisca de sua anulação.

Na realidade, a casuística da normativa brasileira é mais reduzida que a que inclui o capítulo VII (arts. 62 a 89 da LCT) da lei argentina. Porém, abarca desde o conceito de dependência (art. 3º da CLT) (sem defini-la), a faculdade para o empregador "aprovar" o regulamento de "empresa" (art. 444 da CLT); a autorização para aplicar multas ao empregado por parte de seu empregador, admissível por lei ou pelas comissões coletivas somente; a cobrança de indenizações ao trabalhador por causar danos à empresa (art. 462 da CLT, § 1º); e o disposto na Lei n. 9.279, de 1996, cujo art. 90 reconhece ao empregado a titularidade exclusiva de seu "invento ou modelo de utilidade", quando se desenvolveu "sem correlação com o contrato de trabalho" e "não dependeu do uso de recursos, meios, dados, materiais, instalações, equipamentos do empregador". Em hipótese contrária o empregado terá que celebrar contrato a respeito com seu empregador, que será o titular da patente.

Capítulo VII

FORMA E PROVA DO CONTRATO DE TRABALHO

1. A formalidade instrumental — carteira de trabalho

As leis argentinas em matéria laboral não estipulam fórmulas sacramentais, aos efeitos da prova do contrato, exceto nos casos excepcionais da Indústria da Construção (Lei n. 22.250, art. 13); do pessoal do serviço doméstico (Decreto-Lei n. 326/56, arts. 11 e 12 e Decreto Regulamentador n. 7.979/56, art. 14); de Trabalhadores Rurais (Leis ns. 22.248; 25.191, art 1º e Decreto n. 453/01); e Regime de Encarregados de Casas de Renda e Propriedade Horizontal (Lei n. 12.981), que instituíram o outorgamento de carteiras de trabalho que "Tendrán el carácter de ... probatorias de la relación laboral"[1].

Trata-se, sem dúvida, de um meio de prova *juris tantum*, atento ao disposto nos arts. 23 e 50 da LCT e art. 51, 52 e 54 da mesma. Porém, ainda assim, deve-se considerar a carteira — pelos menos em determinados casos — como a prova adequada ante a reticência dos empregadores e a falta de controles por parte do Estado no disperso universo dos estabelecimentos agropecuários, das obras de construção, do serviço doméstico, etc.

De modo tal que, como o prescreve o art. 22 da LCT: "Habrá Contrato de Trabajo, cualquiera sea su forma o denominación siempre que una persona física se obligue a realizar actos, efectuar obras o prestar servicios a favor de la otra y bajo la depedencia de ésta, durante un período determinado o indeterminado de tiempo, mediante el pago de una remuneración"; e a prova do mesmo será ... "por los modos autorizados por las leyes procesales"... (art. 50 da LCT).

2. Livro especial — formalidades — proibições

O art. 52 da Lei do Contrato de Trabalho impõe que "los empleadores deberán llevar un libro especial registrado y rubricado en las mismas condiciones que se exigen para los libros principales de comercio, en el que se consignará:

a) individualización íntegra y actualizada del empleador;

b) nombre del trabajador;

---

(1) Os registros e anotações nas "libretas de trabajo" são obrigatórios para a parte empregadora e as leis autorizam sua exibição compulsória às autoridades, dado que a Lei n. 22.250 a reconhece "como meio para verificar sua aplicação" como "instrumento público" (segundo o art. 14, do Decreto-Lei n. 326/56) e como "probatoria de la relación laboral", conforme a Lei n. 25.191, art. 1º.

c) estado civil;

d) fecha de ingreso y egreso;

e) remuneraciones asignadas y percibidas;

f) individualización de personas que generen derecho a la percepción de asignaciones familiares;

g) demás datos que permitan una exacta evaluación a las obligaciones a su cargo;

h) lo que establezca la reglamentación."

Em seguida, a norma inclui uma série de proibições, a saber: "1) alterar los registros...; 2) dejar blancos o espacios; 3) hacer interlineaciones, raspaduras o enmiendas...; 4) tachar anotaciones, suprimir fojas o alterar su foliatura o registro..."[2].

3. Livro especial — omissão de exibição

"La falta de exhibición a requerimiento judicial o administrativo del libro, registro, planilla u otros elementos de contratos previstos por los arts. 52 y 54, será tenida como presunción a favor de las afirmaciones del trabajador o de sus causahabientes, sobre las circunstancias que debían constar en tales asientos" (art. 55 da LCT).

Torna-se conveniente ressaltar o texto da norma do art. 55 da LCT, porque o conteúdo da mesma tem permitido à doutrina e à jurisprudência argentina construir um mecanismo eficaz contra as tentativas de fraude laboral.

E como bem destaca Carlos Pose[3]: "Entre las presunciones legales de frecuente aplicación en el mundo del trabajo, figura la generada por el art. 55 de la Ley de Contrato de trabajo, que en juego armónico con las previsiones del art. 56 de la Ley de Contrato de Trabajo y art. 56 de la Ley n. 18.345 (potestad de fallar *ultra petita*) autorizan a los magistrados laborales a fijar el importe del crédito en debate".

No entanto, convém esclarecer também que a presunção do art. 55 da LCT "se limita a los hechos que deberían constar en el respectivo libro, siendo aplicable la norma cuando no se discute o se demuestra la existencia de un contrato de trabajo" (voto del Doctor Capon Filas en CNTr., Sala VI, 1986.10.31 — Obra Social del Personal de la Actividad Gastronómica c/ Godoy Alejandro H. Y otros — DT 1987-A, 204 — DJ 1987/2, p. 109).

De todas as maneiras, a falta de exibição do livro especial do art. 52 da LCT faz surgir uma presunção *juris tantum* a favor das afirmações da autora quanto aos

---

(2) Nós nos abstivemos de transcrever o texto íntegro das "prohibiciones" do art. 52, incisos 1 a 4, *brevitatis causa*, remetendo o leitor ao original na Lei de Contrato de Trabalho n. 20.744, art. 52, *in fine*.

(3) POSE, Carlos. La presunción del art. 55 de la ley de contrato de trabajo, bajo la óptica de la corte suprema de justicia de la nación. *DT*, 1997-A, p. 57.

assentos que devem ser registrados em tal livro (conf. C. Trabajo Córdoba, Sala 9, 1998.6.22, Borgoratti María T. C7 BUONANOTTE, Carlos F. y otros — LLC, 1999 — 1071 — 129-R).

A "Omissão de Exibição" do livro especial do art. 52 da LCT tem dado lugar a uma copiosa casuística jurisprudencial reconhecendo validade da presunção *juris tantum* a favor de tais atores envolvidos na demanda, que tem plena força convicional uma vez que não foi desvirtuada por prova em contrário. Assim tem sido reconhecido em disputas sobre "antiguidade"; "categoria laboral"; "falsa data de ingresso"; "horário de trabalho"; etc. (Conf. C. N. Trab, Sala I, 1987.11.30 — Quiróz Rodríguez Teodoro c/ Laveccia e hijos, Sebastián S.A. — DT 1988-B, 1535; *idem* C. N. Trab, Sala X, 1998.9.30; *idem*, Verez Ramón I. c/ Aguas Argentinas S.A. y otros — DT 1999-A — 700; C. Trab., Córdoba; *idem* Sala 6, 1997.10.13 — Zapata Silvia c/ Dignitas S.A. AFJP — LLC, 1998-985; *idem* CSJN, 1991.6.26 — Vexenat, Leónias O. c/ Huerta Ricardo — T. y S.S. 1991-982).

4. *Ônus da prova dos fatos e direitos*

Incumbirá a quem alega o ônus da prova da parte que afirme a existência de um fato controvertido. Assim, a jurisprudência tem decidido que "corresponde a la empleadora producir la prueba tendiente a enervar los efectos de la presunción (de la existencia del contrato de trabajo) establecida en el artículo 23 del régimen del contrato de trabajo" (C. N. Trab., Sala VII 1999.6.09, Saporosi Elsa M. C/ MAJOTUR Empresa de Viajes y Turismo de Strambini Susana N. DT 1998-B, 2272).

De modo similar, quando "es negada la relación laboral por la demandada, pero argumentando ésta la existencia de una sociedad, a ella le incumbirá la prueba de la inexistencia de tal vínculo en virtud de lo dispuesto por el art. 375 del CPCC y, no habiéndolo hecho, rige la presunción del art. 23 de la Ley de Contrato de Trabajo" (S. C. Buenos Aires, L, 33.119-s-1984.8.10 — Traverso Nilda J. C7 Massey Arturo H. S/ Despido. Manual de Jurisprudencia, Ley de contrato de Trabajo, la Ley n. 2002, p. 85; *idem* 52.303-s., 1994.9.09 — Yaryour Gladis M. C/ Gianotti de V. S. Devolución de Bienes A y S., 1994 — III-729).

Porém, em outros casos e de modo inverso, tem se resolvido que "si la parte demandada negó la relación laboral, argumentando que los actores ocupaban el inmueble como intrusos, corresponde a estos demostrar los contratos de trabajo invocados" (art. 375 CPCC) (S.C. Buenos Aires, L. 46.610-s., 1991.9.03 — Coronel Enrique y otra c/ INFICOR Sociedad de Ahorro y Préstamo para la vivienda y otros inmuebles S.A. s/ cobro de salarios y otros. *Manual de jurisprudencia, ley de contrato de trabajo*. Buenos Aires: La Ley 2002. p. 85).

Em síntese, fica claro que quem pretende a existência de um ato jurídico deverá provar os fatos controvertidos referentes à contenda. E no âmbito do Contrato de Trabalho, incumbirá o ônus da prova à parte que afirma a existência de um fato controvertido ou de um preceito jurídico que o juiz ou o Tribunal não tenha o dever de conhecer.

Cada uma das partes deverá provar o "presupuesto de hecho de la norma o normas que invocare como fundamento de su pretensión, defensa o excepción" (art. 377, CPE-C; de aplicación según lo dispuesto en el art. 155 de la Ley de Organización y Procedimiento 18.345).

5. Ônus da prova dos salários

Bem assinala Arnaldo Süssekind que "com o advento do direito do trabalho, a fase de liberdade contratual de índole formal teria de ser substituída pela de trabalho protegido, mediante limitações de uso dessa liberdade. Abandonando sua posição passiva ante as relações de trabalho, o estado passou a estabelecer barreiras à liberdade contratual (autonomia da vontade) em nome do interesse coletivo, da justiça social e da ordem jurídica e impor a observância de inumeráveis preceitos de amparo ao trabalhador"[4].

"Imprescindível se tornou o abandono do liberalismo econômico nas relações de trabalho" — continua o autor — "a fim de que sistemas jurídicos adequados pudessem frear ou atenuar os efeitos das leis econômicas em nome da dignidade humana e da justiça social"[5].

Em tal contexto, foi-se tornando evidente que "os salários não são somente governados por 'preços-demanda' nem tampouco por preços-oferta, e sim por um conjunto de causas que governam a oferta e a demanda; e para que essas causas dos mais diversos matizes não suponham o envilecimento dos salários, levando os trabalhadores à miséria...".

"As escolas liberais negam ao Estado o direito de intervir na questão dos salários. É uma pena" — insiste Süssekind — "que a mundialização do comércio, derivação da revolução informática e do descrédito do modelo soviético hajam motivado o ressurgimento das teorias liberais sobre o salário, com prejuízo para os trabalhadores desprovidos de sindicatos fortes".

Por isso mesmo porém — opinamos nós — têm-se gerado reações na doutrina que têm repercutido diretamente na normativa laboral de fundo, destinadas à salvaguarda dos salários e à maior proteção dos trabalhadores, como já foi analisado nesta obra. A isso é preciso acrescentar que as reações doutrinárias têm iniciado também no direito de forma, incrementando as salvaguardas das remunerações, mediante cuidados formais e meios de prova que — entre outros — aparecem legislados no Título IV, Capítulos I, II, III e IV da LCT (arts. 103 a 149 da Lei de Contrato de Trabalho; alguns dos quais — como os arts. 103 *bis* e 105 da LCT — foram sancionados e/ou modificados recentemente pela Lei n. 24.700; Decreto n. 815/03.

E no plano esterno, a OIT sancionou a Convenção n. 95, na Conferência de Genebra de 1949 (entrou em vigência em 24 de setembro de 1952) que conceitua

---

(4) SÜSSEKIND, Arnaldo e outros. *Da remuneração em instituições de direito do trabalho*. São Paulo: LTr, 1999. v. 1, p. 333.
(5) *Ibidem*, p. 336.

como salário qualquer que seja a denominação ou método de cálculo, a remuneração ou os lucros suscetíveis de serem valorados em espécie ou fixados por acordo ou pela legislação nacional, que são devidos em virtude de um contrato de locação de serviços, escrito ou verbal, por um empregador a um trabalhador, seja por trabalho efetuado ou porque deverá ser efetuado, seja por serviços prestados ou que devam ser prestados[6].

É oportuno esclarecer que na integração dos salários se incluem somas fixas e outras variáveis, muitas vezes dissimuladas atrás da fachada de uma ajuda de custo ou suplemento para gastos com viagens hotéis e refeições (art. 106 da LCT) aos que a normativa, a doutrina e a jurisprudência majoritária sempre reconheceram natureza salarial, particularmente quando o empregador os pagou regularmente sem reclamar rendição de contas (Conf. Tribunal del Trabajo Lomas de Zamora n. 3, 1993.8.06 — Commissaris Jannes J. C / Cervecería Bieckert S.A. — DT 1994-A, 751).

E quanto à OIT, a mesma denomina a estes últimos como "prestações adicionais", aos quais se considera como suplementos de salários ordinários", que são concedidos por iniciativa própria do empregador...[7].

Senão vejamos, na legislação argentina, no art. 103 da LCT "se entiende por remuneración la contraprestación que debe recibir el trabajador como consecuencia del contrato de trabajo. Dicha remuneración no podrá ser inferior al salario mínimo vital".

Uma particularidade da definição é que participa do conceito que diz que "a retribuição laboral deve ser para ao trabalhador, ainda que este não preste serviços, pela mera circunstância de haver posto sua força de trabalho à disposição do empregador, sistema este que se denomina 'nominal time', ou 'tempo nominal'".

E em tal texto normativo o ônus da prova do pagamento dos salários se impõe a quem a alega (art. 377 do Código Processual Civil e Comercial da Argentina).

"Quem sustenta a existência de um negócio jurídico deverá provar os fatos dos quais ele resulta. Quais sejam esses fatos, que é necessário e suficiente provar, é questão que depende da natureza mesma do negócio", sustenta Maranhão[8].

Assim, no contrato de trabalho, aqueles elementos que por lei o definem: subordinação, salário, prestação pessoal, etc., são os fatos que devem ser provados, porque são constitutivos essenciais no instituto. As demais circunstancias que devem concorrer para a validade do negócio, como, por exemplo, a capacidade das pessoas ou a ausência de um vício de vontade se presumem verificadas (art. 954, *in fine*, do CC argentino).

---

(6) Cf. SÜSSEKIND, Arnaldo e outros. *Instituições de direito do trabalho*. São Paulo: LTr, 1999. v. 1, p. 341. No entanto, a transcrição do texto normativo não corresponde textualmente à redação do mestre Süssekind, porque preferimos traduzir o texto da norma internacional de forma direta.
(7) *Ibidem*, p. 363.
(8) MARANHÃO, Délio. *Instituições de direito do trabalho*. São Paulo: LTr, 1999. v. 1, p. 261.

6. A prova dos salários — o ônus — direito comparado: Brasil

Nas Súmulas do TST, o tema do ônus da prova foi solucionado na que leva o n. 12: "As anotações apostas pelo empregador na carteira profissional do empregado não geram presunção *juris et de jure*, mas apenas *juris tantum*"[9].

Recorde-se aqui que a denominada "Carteira de Trabalho e Previdência Social" é no Brasil de uso generalizado e obrigatório, e por fim a prova da relação de emprego (arts. 20, 21, 25, 26, 29 a 34, 36 a 40, 435, 456 da CLT).

A instituição do instrumento como prova e sua obrigatoriedade, supõe, portanto, graves sanções ao empregador por descumprimento. A Lei n. 9.983, sancionada no ano 2000, incluiu no art. 297 do Código Penal, inc. 4, penas de prisão ao considerar a omissão patronal como crime sujeito a pena de reclusão de dois a seis anos.

A mencionada carteira é considerada, portanto, a prova por excelência do contrato de trabalho e dos salários. Não obstante, sua falta não impede que a mesma seja praticada por outros meios; e excepcionalmente na hipótese de trabalho marítimo, exigindo a Lei determinados requisitos formais para o cancelamento do contrato; o mesmo vale também para creditar os conteúdos[10].

---

(9) COSTA, Armando Casimiro; FERRARI, Irani *et al*. *Consolidação das leis do trabalho*. São Paulo: LTr, 2001. p. 560.
(10) MARANHÃO, Délio. *Op. cit.*, p. 260.

Capítulo VIII

DA EXTINÇÃO DO CONTRATO DE TRABALHO POR RENÚNCIA DO TRABALHADOR OU VONTADE CONCORRENTE DAS PARTES

1. A faculdade de renúncia — forma

O artigo da Lei do Contrato de Trabalho viabiliza:

"la extinción del Contrato de Trabajo por renuncia del trabajador, medie o no preaviso como requisito para su validez, deberá formalizarse mediante despacho telegráfico colacionado cursado personalmente por el trabajador a su empleador o ante la autoridad administrativa del trabajo."

"Los despachos telegráficos serán expedidos por las oficinas de correo en forma gratuita, requiriéndose la presencia personal del remitente y la justificación de su identidad."

"cuando la renuncia se formalizara ante la autoridad administrativa, esta dará inmediata comunicación de la misma al empleador, siendo ello suficiente a los fines del art. 235 de esta ley." (Preaviso)

A renúncia ao emprego constitui sem dúvida uma expressão de vontade. Porém é preciso esclarecer que, para ser válida, o empregado deve ter capacidade jurídica, a qual se supõe existir, toda vez que quem está habilitado legalmente para contratar também o estaria para romper unilateralmente o acordo de vontades.

No entanto, deve-se ter em mente que — sempre — o princípio de "irrenunciabilidade" ao qual se refere o art. 12 da LCT, **porém como ato bilateral**; e o de "indeterminação do prazo", que segundo o art. 90 da LCT se entende "celebrado" como parte do sinalagma e de forma expressa (inciso *a*).

Por semelhantes razões, e atento ao disposto no art. 187 da LCT, o trabalhador menor de idade (mais de 14 anos e menos de 18) pode celebrar todo tipo de contrato de trabalho nos termos do art. 32 da LCT e também pode rescindi-los, ainda que tal faculdade seja relativa, na medida em que o empregador viole as proibições do art. 190 da LCT.

Não é requisito o "aviso-prévio" para a validade da renúncia unilateral (art. 240 da LCT).

Mas o é o respeito pela formalidade, que deverá efetivar-se "mediante despacho telegráfico colacionado cursado personalmente por el trabajador a su empleador o ante la autoridad administrativa del trabajo".

Como se pode observar, a norma reflete a preocupação do legislador pela transcendência do ato, uma vez que nos dois últimos parágrafos aquela se enfatiza na necessidade de notificar à contraparte, cuidando para que se faça "inmediata comunicación de la misma al empleador, siendo ello suficiente a los fines del art. 235 da LCT" (aviso-prévio).

2. Renúncia e transação — despedida indireta — diferenças

Como já assinalou Vázquez Vialard[1], "en doctrina se distingue entre la renuncia que es un acto jurídico unilateral — aunque pueda ser consecuencia de un acuerdo anterior —, y el negocio bilateral — transacción, por el cual se extingue obligaciones litigiosas o dudosas. Aquí lo importante es que no hay certeza a la existencia de un derecho. No basta que sea litigioso; tiene que ser dudoso, por lo cual, la falta de certidumbre permite la transacción (que no es válida en la medida en que haya una renuncia simple y llana), cualquiera sea la faz bajo la cual se la disfrace (transacción, conciliación, etc.) y el momento en que se la realice (antes, durante o después de la ejecución del contrato)".

No direito argentino faz-se referência expressa à "despedida indireta", que, segundo o art. 246 da LCT, se configura: "Cuando el trabajador hiciese denuncia del contrato de trabajo fundado en justa causa", será a ruptura unilateral do contrato de trabalho provocada por conduta ilícita do empregador. Porém de nenhuma maneira pode se confundir esta figura com a da renúncia. Ambas são manifestações de vontade destinadas a extinguir situações jurídicas, relações de direito; porém a "despedida indireta" — como dissemos — tem sido estimulada ou impulsionada pela conduta patronal.

Sob esse último ponto de vista se evidencia então que a raiz da figura está no sinalagma da relação de emprego, no contrato bilateral de trabalho mesmo, o que autoriza a aplicar a *exceptio non adimpleti contractus*, que viabiliza o art. 1.201 do Código Civil e segundo a qual o contratante que não recebe da parte contrária a quota-parte de sua prestação pode por sua vez exigir seu cumprimento e quando for o caso a rescisão do contrato quando prove havê-lo cumprido ou que tenha oferecido cumpri-lo[2].

Insistimos então na diferença conceitual que existe entre a "renúncia" ao emprego por parte do dependente, que é de caráter unilateral e a "ruptura" do contrato por descumprimento do empregador (despedida indireta) que é um ato bilateral.

Quanto à transação, isso se refere a um ato jurídico bilateral caracterizado pela recomposição de direito protagonizado, pelas partes, que dessa maneira são feitas concessões recíprocas negando e reconhecendo direitos com vistas a extinguir

---

(1) VIALARD, Antonio Vázquez. *Derecho del trabajo y de la seguridad social*. Buenos Aires: Astrea, 2001. t. 1, p. 129. Citado em *Digesto Práctico La Ley*, 2003, t. 1, p. 142, n. 1307.
(2) Cf. MARANHÃO, Délio. *Instituições de direito do trabalho*. São Paulo: LTr, 1999. v. 1, p. 568.

obrigações litigiosas e duvidosas. Ou, como apontava Vázquez Vialard: "No basta que sea litigiosa, tiene que se dudosa" (art. 832 do Código Civil: La transacción es un acto jurídico bilateral, por el cual las partes haciéndose concesiones recíprocas, extinguen obligaciones litigiosas o dudosas).

Mosset Iturraspe definiu melhor o assunto:

El incumplimiento que funda la oposición a cumplir, puede ser total o parcial: En el primer caso, incumplimiento total, se configura la posibilidad de hacer valer la excepción: *exceptio non adimpleti contractus*, en el segundo caso, cumplimiento parcial, la doctrina admite la pocedencia de la *exceptio non rite adimpleti contractus*, una variante frente al incumplimiento defectuoso o parcial.

Pero en materia laboral, cualquiera de los supuestos puede configurar injuria para la contraparte y en el caso de los trabajadores, viabilizar el despido indirecto del art. 246 da LCT[3].

3. Extinção por vontade concorrente das partes — Formas e limites

O art. 241 da LCT prevê a possibilidade de extinção do contrato por "mútuo acordo". Interpretamos que se trata de uma hipótese de distrato diferente da transação; de um ato no qual se evidencia a vontade concorrente das partes destinadas a formalizar o distrato.

Evidencia-se também — sem dúvidas —, na intenção do legislador — a necessidade de tornar transparente o ato de tal modo que se evitem confusões com a renúncia, estabelecendo cuidados formais, mas atendendo, além disso, o comportamento conclusivo e recíproco das partes, que traduza inequivocamente o abandono da relação.

Art. 241, LCT: Las partes, por mutuo acuerdo, podrán extinguir el contrato de trabajo. El acto deberá formalizarse mediante escritura pública o ante la autoridad judicial o administrativa del trabajo.

Será nulo y sin valor el acto que se celebre sin la presencia personal del trabajador y los requisitos consignados precedentemente.

Se considerará igualmente que la relación laboral ha quedado extinguida por voluntad concurrente de las partes, si ello resultase del comportamiento concluyente y recíproco de las mismas, que traduzca inequívocamente el abandono de la relación.

Contudo, como bem se preocupou Vélez Sarsfield em assinalar:

"Revocar un contrato significaría en términos jurídicos aniquilarlo retroactivamente, de modo que se juzgase que nunca había sido hecho; y ciertamente que el consentimiento de las partes no puede producir este

---

(3) ITURRASPE, Jorge Mosset; PIEDECASAS, Miguel A. *Cód. civil comentado* — contratos parte general. Santa Fé: Rubinzal-Culzoni, 2004. p. 408/411.

resultado. Las partes pueden extinguir las obligaciones creadas" — afirma — pero no pueden hacer que esas obligaciones y esos derechos no hubieran existido con todos sus efectos...[4]

Deve-se interpretar, então, que a renúncia ou demissão do empregado, que é um ato de vontade livremente manifestado com a intenção de se desvincular de um contrato por tempo indeterminado não necessariamente implica um ato de renúncia à estabilidade, como o pretende certa doutrina flexibilizadora[5].

E é a manifestação da vontade do empregado, independentemente do fato de que a outra parte da relação tenha consentido, ou não, o que pode ser causa da resolução do contrato. Portanto, quando exista uma manifestação válida da vontade do empregado, bastará a declaração unilateral deste prestada com os cuidados da lei (arts. 240 e 241 da LCT) para legitimar a dissolução. Mas isso não implicará — repetimos —, uma renúncia à estabilidade, ou às consequências e direitos adquiridos por derivação da mesma, porque isso significaria a violação do art. 12 da LCT (irrenunciabilidade).

Porque se violaria esta última norma, se se obrigasse o empregado — antes ou durante a vigência da relação de emprego —, a não reclamar a estabilidade que virá a adquirir ou que adquiriu.

4. Limites e pressupostos da validade da renúncia

A validade da renúncia ou transação está sujeita a que se respeitem certos elementos constitutivos do contrato de trabalho:

A) Natureza do direito

O art. 1.038 do Código Civil argentino dispõe taxativamente:

> La nulidad de un acto es manifiesta, cuando la ley expresamente lo ha declarado nulo o le ha impuesto la pena de nulidad. Actos tales se reputan nulos aunque su nulidad no haya sido juzgada.

> Desde ahí, debe considerarse que será nulo el acto que tuviera por objeto restringir la aplicación del derecho vigente o del cual resultare la alteración de las condiciones pactadas en el campo del derecho dispositivo, cuando la modificación contractual implicare perjuicio directo o indirecto para el trabajador, salvo en los casos previstos en la propia ley laboral.[6]

B) Capacidade para renunciar ou negociar

Conforme o estatuído pelo art. 1.041 do Código Civil argentino:

---

(4) SARSFIELD, Dalmacio Vélez. *Nota al art. 1.200 del código civil de la nación Argentina*. Buenos Aires: Del País, 2003. p. 177.
(5) GOMES, Orlando; GOTSCHALK, Elson. *Curso de direito do trabalho*. Rio de Janeiro: Forense, 2000. p. 391.
(6) SÜSSEKIND, Arnaldo e outros. *Instituições de direito do trabalho*. São Paulo: LTr, 1999. v. 1, p. 218.

"Son nulos los actos jurídicos otorgados por personas *absolutamente incapaces* por su dependencia de una representación necesaria y *relativamente anulables* los actos otorgados por personas relativamente incapaces en cuanto al acto...".

Nesse mesmo sentido terá que se considerar absoluta ou relativamente nulos os atos outorgados por menores de 14 a 18 anos — aos quais já nos referimos anteriormente — que violem os arts. 187 a 195 da LCT[7].

C) Inexistência de vícios de consentimento

Em virtude do estabelecido no art. 954 do Código Civil argentino:

"Podrán anularse los actos viciados por error, dolo, violencia, intimidación o simulación"...

Trata-se de vícios da vontade que autorizam a pedir a nulidade ou a modificação dos atos jurídicos quando uma das partes, explorando a necessidade, rapidez ou inexperiência da outra, obtenha por meio disso uma vantagem patrimonial evidentemente desproporcional e sem justificação...

Trata-se também e portanto de que nos atos jurídicos geradores de distratos (renúncia ou transação) não se manifestem vícios de consentimento ou de vontade, em particular por parte dos trabalhadores (cf. art. 7º da LCT — Condições menos favoráveis — Nulidade).

No entanto, além disso, seve-se ter sempre em mente nesses casos a "Nulidade por Fraude Laboral", à qual se refere o art. 14 da LCT: quando "las partes hayan procedido con simulación o fraude a la ley laboral, sea aparentando normas contractuales no favorables, interposición de personas o de cualquier otro medio...".

D) Forma do ato

Os arts. 975 e 976 do Código Civil se referem à forma que devem assumir os dados jurídicos que devem ser outorgados "por escrito e por instrumento" respectivamente. A inobservância das formas podem atrair a "carência de efeitos" ou a nulidade do ato respectivamente.

Por sua vez o art. 48 da LCT deixa em liberdade as partes para escolher livremente formas de celebrar o contrato de trabalho, "salvo lo que dispongan las leyes o convenciones colectivas en casos particulares".

Precisamente, as hipóteses de "renúncia e transação" são duas das exceções às quais se refere a norma.

A renúncia ao emprego, "excluye de presunciones a su respecto" — reza o art. 58 da LCT — "no se admitirán presunciones en contra del trabajador ni derivadas de la ley ni de las convenciones colectivas de trabajo; que conduzcan a sostener la renuncia al empleo o a cualquier otro derecho...".

---

(7) *Op. cit.*, p. 219.

Por sua vez, e como já foi analisado, os arts. 241 e 241 da LCT abordam a questão das "formas" e das "modalidades" nas hipóteses de "extinção do contrato de trabalho" por "renúncia ao trabalho" e por "vontade concorrente das partes"; respectivamente, impondo formalidades, solenidades, procedimentos, notificações e protagonistas do ato, que asseguram sua validade sem prejuízo do que "resultase del comportamiento concluyente y recíproco de las mismas, que traduzca inequívocamente el abandono de la relación".

E) Ato explícito da interpretação respectiva[8]

Como afirma o mestre Süssekind, em virtude dos princípios que orientam o direito do trabalho, a renúncia e a negociação de direitos devem ser admitidas como exceção. Por isso mesmo não são admissíveis a renúncia nem a transação tacitamente manifestadas tal como se depreende taxativamente da regulação expressa de ambos os institutos nos arts. 240 e 241 da LCT.

5. Outorgamento do recibo de pagamento — proibição de renúncia no mesmo

O art. 145 da LCT proíbe taxativamente a inclusão de "renuncias de ninguna especie" no recibo de pagamento; "ni puede ser utilizado para instrumentar la extinción de la relación laboral".

A norma é complementar aos cuidados formais prescritos nos arts. 240 e 241 da LCT analisados acima; evitando assim uma possibilidade mais de fraude laboral sob alegação de nulidade.

> Renuncia. Nulidad: El recibo no debe contener renuncias de ninguna especie, ni puede ser utilizado para instrumentar la extinción de la relación laboral o la alteración de la calificación profesional en perjuicio del trabajador. Toda mención que contravenga esta disposición será nula. (art. 145 da LCT)

6. Renúncia e negociação no direito comparado — Brasil

No direito brasileiro a renúncia ou demissão do empregado é a manifestação da vontade do empregado, independentemente do fato de que a outra parte da relação tenha consentido, ou não, que pode ser causa de dissolução do contrato. Portanto, quando existe uma manifestação válida da vontade do empregado, bastará a declaração unilateral deste, apresentada com a assistência do sindicato ou de outros órgãos permitidos na lei para legitimar a dissolução[9].

---

(8) *Op. cit.*, p. 220.
(9) GOMES, Orlando; GOTTSCHALK, Elson. *Curso de direito do trabalho*. Atual. por José Augusto Rodriguez Pinto. Rio de Janeiro: Forense, 2000. p. 391.

Como se pode observar, os cuidados previstos na normativa do Brasil para os casos de renúncia unilateral aos empregos são mais rigorosos que os previstos nos arts. 240 e 241 da Lei de Contrato de Trabalho argentina, uma vez que a norma brasileira torna partícipe obrigatório do ato de renúncia unilateral do trabalhador também o sindicato com personalidade gremial.

E mais precisamente o art. 500 da Consolidação das Leis do Trabalho estabelece: "O pedido *de demissão* do empregado estável só será válido quando feito com a assistência do respectivo Sindicato e, se não o houver, perante autoridade local competente do Ministério do Trabalho e Previdência Social ou da Justiça do Trabalho". (Revigorado com nova redação, pela Lei n. 5.584, de 26.6.1970)

O pedido de para ser tido como renunciante ou demitido implica uma manifestação de vontade de renúncia também à estabilidade, motivo pelo qual o legislador o cercou de precauções, proporcionando-lhe uma assistência fiscalizadora e orientadora, no dizer de Gomes e Gottschalk[10].

Reconhece-se — é evidente — que não há em tal ato de renúncia do trabalhador uma violação do sistema protetor. Contudo haveria se se obrigasse o funcionário, **antes ou durante a vigência da relação de emprego,** a não reclamar a estabilidade que adquiriria no futuro ou que já adquiriu.

Os cuidados previstos na norma são portanto limitantes da declaração de vontade do empregado, com o objetivo de prevenir os vícios de consentimento que podem afastar afetar este último por erro ou coação.

A assistência do se apresenta, assim, como uma verdadeira **forma habilitante**, indispensável portanto, para a validade do ato. Se esse requisito fosse omitido, far-se-ia impossível o distrato e anulável a demissão.

"contudo, a norma autoriza que a renúncia se efetue com a participação do Ministério do Trabalho e da Justiça do Trabalho entre uma hipótese de ausência do sindicato da categoria profissional à qual pertence o empregado — esclarecem os autores que estamos citando. Este último cuidado se assemelha ao prescrito no art. 240 da LCT argentina."

Porém, esclarecemos por último, que não se trata de uma formalidade substancial, cuja inobservância determina a nulidade de pleno direito do ato. A ausência de cuidado acarreta apenas a anulação do ato, atento a que se trata de uma nulidade relativa.

---

(10) *Op. cit.*, p. 391.

Capítulo IX

DA SUSPENSÃO DE CERTOS EFEITOS DO CONTRATO DE TRABALHO (ARTS. 208 A 224 DA LCT ARGENTINA)

1. Introdução ao capítulo da suspensão — a incapacidade inculpável

A suspensão do contrato de trabalho constitui um capítulo que data de traços originais à Lei do Contrato de Trabalho argentina n. 20.744, porque envolve a relação de emprego por tempo determinado ou indeterminado, o instituto de sua "suspensão" por diversas causas predeterminadas (serviço militar, desempenhos de cargos eletivos, atividades sindicais, causas econômicas e disciplinares, força maior), que são comuns em outras legislações, com aquelas outras que o legislador acrescentou: a suspensão por "acidentes e enfermidades inculpáveis", instituição esta que se por um lado foi incorporada originalmente com o art. 155 da Lei n. 11.729 (argentina), por outro adquiriru uma dimensão especial com a sanção da Lei n. 20.477, sancionada em 11 de setembro de 1974.

Na doutrina há coincidência quanto à singularidade da figura que estamos comentando, havendo, porém, diferenças em sua qualificação. Para começar, convém assinalar, com alguns autores, que é um erro denominá-la como "enfermidade" ou "acidente" inculpável; porque em nosso direito do trabalho a Lei pretende compensar ao trabalhador pelas perdas de "capacidade laboral" e não por doença ou infortúnio que tenha causado[1].

E observando de outro ângulo, é mister considerar com Gustavo Raúl Meilij que "dicha obligación legal ha sido considerada como una asignación previsional que se origina en la extinción del contrato como un hecho extintivo que genera indemnización, sin que sea necesario la existencia de un despido... Esta denominada 'indemnización' no resulta así una sanción al empleador" — continua — "sino una contribución de tipo asistencial que procede por el hecho mismo de la incapacidad laboral, y que el legislador ha puesto a cargo del empleador"[2].

Isso significa que no contexto da Lei do Contrato de Trabalho argentina foi introduzido um benefício para o trabalhador e por sua vez uma obrigação para o empregador, cuja natureza jurídica não parece de direito laboral, mas sim previdenciário.

---

(1) Cf. MACHADO, José Daniel. El doscientos ocho (Efectos de la suspensión temporaria debida a incapacidad inculpable del trabajador). In: *Revista del derecho laboral*, Santa Fé: Rubinzal-Culzoni, 2003-1, Las suspensiones en el Derecho Laboral, p. 208.
(2) MEILIJ, Gustavo Raúl. *Contrato de trabajo*. Buenos Aires: Depalma, 1981. t. II, p. 349.

Tanto a jurisprudência como a doutrina assim têm reconhecido: "Esta obligación legal ha sido considerada como una asignación previsional que se origina en la extinción del Contrato por lo que sería procedente aún cuando el trabajador incapacitado cese en sus tareas para jubilarse"[3].

Contudo, foi José Daniel Machado quem melhor esclareceu o assunto, assinalando expressamente que "nuestra regulación constitucional y legal"... está..., "dando cuenta de una situación cooperativa en que los fines de la producción son atendidos por la actitud de recíproca colaboración, requerida por el art. 62 de la LCT, es notorio que así como hay exigencias puestas al trabajador que impiden se aferre de modo estricto a los términos del contrato para negar su debito, resulta igualmente lícito gravar al empleador con ciertas obligaciones fundadas en última instancia en la solidaridad y no en la prestación recibida"[4].

De qualquer maneira, e talvez como resposta a certas críticas excessivas de alguns setores patronais — particularmente de pequenas e médias empresas —, Machado faz eco a certas opiniões que sustentam "que ésta contingencia... debiera ser atendida mediante técnicas de la seguridad social, esto es, mediante la difusión del coste entre un universo amplio de módicos contribuyentes que conformarían un patrimonio de respuesta *ad hoc*"[5].

2. Conceito de enfermidade inculpável — compatibilidade com outras incapacidades — jurisprudência e doutrina

"Los accidentes y enfermedades inculpables son aquellos que no tienen ninguna relación con el trabajo" definiu a Suprema Corte da Província de Buenos Aires[6].

E no mesmo sentido se consideram tais "Todos aquellos estados patológicos cuya etiología, patogenia y/o mecanismo de producción no guardan vínculo de relación con la tarea realizada por el dependiente ni hayan sido modificadas en su evolución por el trabajo"[7].

Porém a rigor se define como "accidentes y enfermedades inculpables a aquellas alteraciones que sufre el trabajador en su organismo (ya sea bajo la forma de lesiones externas o internas, o de estados patológicos que afectan a la salud física o psíquica), por causas ajenas a su voluntad y a la relación de trabajo, y que constituyen un impedimento para la prestación del servicio"[8].

---

(3) Cf. Cámara Argentina del Trabajo, Sala IV, 28.12.76, T y SS, 1977-717; en sentido similar; Sala III, 8.11.78; LA. 1979 — IV — 389. Cam. Trab. Tucumán, 10.1.78.S.P.LL 1979-175 1996-P: citados por MEILIJ. *Op. cit.*, p. 348 (ver também S.C. Buenos Aires 1982.3.30. Maurizio Noé c/ Techint SADT 1982-1133 — DJ B.A. 122-319; C.N. Trab. Sala VIII, 1993.6.30 — Orcajo Manuel c/ Entel y otros *DT* 1994-A, 741).
(4) MACHADO, José Daniel. Efectos de la suspensión temporaria debido a incapacidad inculpable del trabajador. In: *Revista de Derecho Laboral*, Santa Fé: Rubinzal-Culzoni, 2003-1, Las Suspensiones en el Derecho Laboral, p. 362.
(5) *Op. cit.*, p. 363.
(6) SCBA, 1982.3.30 Maurizio Noé c/ Techint S.A. — *DT* 1982-1133 — DJ B.A. 122-319.
(7) T. Trab. Trenque Lauquen, 1993.8.26 — Robledo Jesús c/ Marengo S.A. LL.B.A. — 1994 — 638.
(8) MORENO, J. R. Accidentes y enfermedades inculpables en la ley de contrato de trabajo. *LT*, t. XXIV, p. 865.

O conceito de alheamento entre a incapacidade superveniente do trabalhador e sua vontade ou a relação de emprego — às quais se refere Moreno — deve ser interpretado então imprescindivelmente como **ausência** de culpabilidade na conduta de qualquer das partes. Ou melhor, dito de outra maneira, "enfermidade inculpável" é aquela cuja culpabilidade não se investiga porque não interessa aos fins da relação de emprego. Pelo mesmo motivo as ações indenizatórias que gera não são incompatíveis com aquelas outras resultantes das enfermidades ou acidentes do trabalho.

Digamos também, citando Machado, que a definição de "inculpável" é "toda patología que no guarda con el trabajo relación causal ni ocasional pero que afecta al contrato en tanto impide, siquiera temporariamente, la prestación del servicio"[9].

E se torna necessário agregar, para maiores e melhores informações sobre o assunto, que também a jurisprudência esteja de acordo com a doutrina: "las indemnizaciones por incapacidad definitiva prevista en la Ley n. 9.688 y las del art. 212 da LCT **son compatibles**"[10].

Sustentando, além disso, que "en caso de incapacidad absoluta derivada de accidente de trabajo, la indemnización establecida en el art. 212 de la LCT es acumulable a la fijada en el art. 8º de la Ley n. 9.688" (ver jurisprudência do Plenário 241, autos "Querro O.S. C/ Ferrocarriles Argentinos", LT XXX — 1034).

E por último, em tal matéria de acúmulo de indenizações, e atualizando a doutrina, Ackerman tem consignado taxativamente que "La Ley n. 24.557 de Riesgo de Trabajo ... no ha introducido un cambio que permita apartarse de los criterios establecidos con la legislación anterior"[11]1.

3. *Remuneração nos casos de suspensão do serviço por enfermidade inculpável*

Segundo o art. 208 da LCT:

Cada accidente o enfermedad inculpable que impida la prestación del servicio no afectará el derecho del trabajador a percibir su remuneración durante un período de 3 meses, si su antigüedad en el servicio fuere menor de 5 años, y de 6 meses si fuera mayor. En los casos que el trabajador tuviere cargas de familia y por las mismas circunstancias se encontrara impedido de concurrir al trabajo, los períodos durante los cuales tendrá derecho a percibir su remuneración se extenderán de 6 a 12 meses respectivamente, según si su antigüedad fuese inferior o superior a 5 años[12].

La suspensión por causas económicas o disciplinarias dispuestas por el empleador no afectará el derecho del trabajador a percibir la remuneración por las plazos previstos,

---

(9) MACHADO, José Daniel. *Op. cit.*, p. 361.
(10) Cf. Câmara Nacional do Trabalho, Sala IV — 24.11.78, Sent. 42.907 "Grillo Pascual c/ Establecimiento Industrial Febo CIFISA."; *Idem*. CNTrab. Sala III, 8.11.78, "Benvenuto Cosme D. c/ Saccol SACIF T y SS, 1979. p. 49; *idem* CNTrab. Sala I, 19.11.79, Cristianci Juan C. c/ Destilerías, Bodegas y Viñedos.
(11) ACKERMAN, Mario E. *El art. 212 de la LCT, incapacidad permanente y contrato de trabajo*. Buenos Aires: Hammurabi, 1997. p. 222.
(12) Nós nos abstivemos de transcrever o texto integral da norma por sua extensão; remetendo o leitor à versão oficial publicada por La Ley, 2007 — *Ley de contrato de trabajo y legislación complementaria*, p. 65 e ss.

sea que aquellos se dispusiera estando el trabajador enfermo o accidentado, o que estas circunstancias fuesen sobrevinientes.

Assim começa o Título X, Capítulo I da Lei do Contrato de Trabalho (arts. 208 a 224 da LCT), que em sua primeira parte (arts. 208 a 213) organiza o regime das suspensões "en general, para referirse luego a los supuestos específicos: 'Servicio Militar'" (art. 214 da LCT), "desempeño en cargos electivos en el orden nacional, provincial, municipal" (arts. 215/216); "desempeños de cargos electivos o representativos en asociaciones profesionales de trabajadores" (art. 217); "suspensiones por causas económicas y disciplinarias" (arts. 218/220); "fuerza mayor" (art. 221); y "situación de despido" (art. 222).

Os três últimos artigos do Título X, Capítulo V, regulamentam os "salarios de suspensión" (art. 223); "prestaciones no remunerativas fundadas en la falta o disminución del trabajo no imputable al empleador" (art. 223 bis, acrescentado pela Lei n. 24.700) y "suspensión preventiva" originada em denúncia criminal efetuada "por el empleador" (art. 224).

Agora vejamos, como corretamente aponta Machado, "la imposición al empleador de la obligación de abonar salario no obstante no tener a disposición el servicio, si bien altera el **sinalagma** normal del contrato de trabajo, no encuentra otra explicación que el contrato mismo en tanto aquí, como en muchos otros aspectos de su contenido, es el legislador quien ha entendido necesario regular un mínimo inderogable..."[13].

No entanto, não podemos concordar com Machado (que — repetimos — merece de nós o maior respeito em matéria de doutrina) quanto aos fundamentos do legislador na matéria, que atribui a deveres recíprocos fundados em uma "situação cooperativa e solidária".

É que, a rigor, a obrigação de pagamento dos salários nasce de uma imposição da Lei e da aplicação do princípio de *nominal time* (tempo nominal), segundo o qual "El empleador debe al trabajador la remuneración, aunque este no preste servicios, por la mera circunstancia de haber puesto su fuerza de trabajo a disposición de aquel" (art. 103 da LCT).

Não se deve buscar então os fundamentos da obrigação de pagamento dos salários em uma presumida "situação cooperativa e solidária" que a história da relação de emprego desmente. Porque, como afirma De La Cueva,

> el derecho del trabajo nació del conflicto de clases, de la disputa por el valor del salario que alcanzó elevados niveles de confrontación y de crisis del sistema, particularmente en los primeros años del industrialismo; hasta que en los finales del año XIX y principios del XX se procuró la terminación de la lucha y de esta oposición entre proletariado y burguesía, favorecida por el *laissez-faire, laissez-passer* del liberalismo, nació el derecho del trabajo como una concesión de la burguesía para calmar la inquietud de las clases laboriosas,

---

[13] MACHADO, José Daniel. *Op. cit.*, p. 374.

como una conquista violenta del proletariado, lograda por la fuerza que proporciona la unión, y como un esfuerzo final de la burguesía para obtener la paz social"[14].

E acrescenta Arnaldo Süssekind que

la existencia de las clases sociales es un elemento real que se impone al sociólogo, al político y al jurista, pero el Estado actual ... se encuentra pues, en una de esas etapas de las que hablaba Engels; como elemento regulador de las clases, no puede permanecer inactivo... su función consiste, consecuentemente, en la intervención en los fenómenos económicos, a fin de que, dentro del sistema jurídico dominante, cada clase obtenga aquello que justamente le pertenece. No tolerará, por eso, la explotación de una clase por otra y, para impedirlo, promulga la legislación del trabajo, prohíbe los monopolios (?), resuelve autoritariamente, por medio del arbitraje obligatorio en los conflictos entre el capital y el trabajo, etc.[15]

Apresentadas assim as coisas, pretender que as obrigações de abonar salários ainda em casos de suspensão, em consequência de um "paradigma de relação desejada", significa assumir obrigações puramente volitivas no sinalagma, incorporando no contrato de trabalho a "autonomia da vontade" como princípio e ignorando que os direitos e obrigações no contrato individual não nascem da mesma.

Como assinalamos em capítulos anteriores, citando ao emérito Mosset Iturraspe, "se está muy lejos hoy en día del dogma de la autonomía de la voluntad que oscurece la visión de la función del negocio jurídico y de la posición del sujeto en la vida social, y hace perder de vista los límites de la autonomía privada"[16].

4. Natureza jurídica da obrigação de pagamento na suspensão

Em síntese e como admite o mesmo Machado: "La Ley es explícita sobre este punto. La incapacidad sobreviviente del trabajador, no afectará el derecho a percibir su remuneración, en las condiciones que venimos analizando, expresión que no puede juzgarse equivoca o casual en tanto se reitera de modo semejante seis veces a lo largo del art. 208"[17].

Não cabem dúvidas, então, que em todos os efeitos laborais e previdenciários a prestação devida deve ser considerada como salário "quedando sujeta a los pertinentes descuentos por aportes y contribuciones y gozando de todas las prerrogativas y cualidades propias de la remuneración"[18].

---

(14) CUEVA, Mario de La. *Derecho mexicano del trabajo.* México: Porrúa, 1949. t. I, p. 18-19.
(15) SÜSSEKIND, Arnaldo. *Instituições de direito do trabalho.* São Paulo: LTr, 1999. v. I, p. 96-97.
(16) ITURRASPE, Jorge Mosset. *Contratos simulados y fraudulentos.* Santa Fé: Rubinzal-Culzoni, 2001. p. 12 e s.
(17) MACHADO, José Daniel. *Op. cit.*, p. 374.
(18) *Idem.*

Porém é mister destacar que como o estipula o mesmo art. 208 da LCT, "la remuneración que en estos casos corresponda abonar al trabajador, se liquidará conforme a lo que perciba en los momentos de interrupción de los servicios, con más los aumentos que durante el período de interrupción fueren acordados a los de su misma categoría por aplicación de una norma legal, convención colectiva de trabajo o decisión del empleador".

E "si el salario estuviere integrado por remuneraciones salariales, se liquidará en cuanto a esta parte, según el promedio de lo percibido en el último semestre de prestación de servicios, no pudiendo en ningún caso, la remuneración del trabajador enfermo o accidentado ser inferir a lo que hubiese percibido de no haberse operado el impedimento".

E por último, a norma estabelece (art. 208 *in fine*), que "la suspensión por causas económicas o disciplinarias dispuestas por el empleador, no afectará el derecho del trabajador a percibir la remuneración por los plazos previstos, sea que aquella se dispusiera estando el trabajador enfermo o accidentado, o que estas circunstancias fuesen sobrevinientes".

5. Vigência e reincorporação nos empregos

É interessante constatar no legislador a intenção de conservar os direitos do trabalhador a seu emprego, a despeito das interrupções ou das perdas de capacidade laboral do mesmo.

O assunto é abordado nos arts. 211, 212 e 213 da LCT. A última das normas suplementa as duas primeiras, a saber:

A) Conservação do emprego

Segundo o art. 211 da LCT:

vencidos los plazos de interrupción del trabajo por causa de accidente o enfermedad inculpable, si el trabajador no estuviera en condiciones de volver a su empleo **el empleador deberá conservárselo durante el lazo de un año contado desde el vencimiento de aquellos**. Vencido dicho plazo, la relación de empleo subsistirá hasta tanto alguna de las partes decida y notifique a la otra su voluntad de rescindirla: La extinción del contrato de trabajo en tal forma, exime a las partes de responsabilidad indemnizatoria.

A rigor, a mera constatação por ambas as partes da incapacidade prática de dependente para continuar desempenhando atividades viabiliza o distrato — se se trata de uma incapacidade parcial em cujo caso o empregador esta obrigado a outorgar atividades compatíveis com suas condições psicofísicas de trabalho. Trata-se, como é evidente, de incapacidades "de fato" (Cf. CNTrab. Sala VII 1991.6.20. Pérez Rolandi Fedora c/ Administración General de Puertos, DT 1991-B, 1482).

B) Recursos de ação

Segundo o art. 212 da LCT:

> Vigente el plazo de conservación del empleo, si del accidente o enfermedad resultase una disminución definitiva en la capacidad laboral del trabajador y este no estuviere en condiciones de realizar las tareas que anteriormente cumplía, el empleador deberá asignarle otra que pueda ejecutar sin disminución de su remuneración.
>
> Si el empleador no pudiera dar cumplimiento a esta obligación por causa que no le fuera imputable, deberá abonar al trabajador una indemnización igual a la prevista en el art. 247 de esta Ley[19].

Se, estando em condições de fazê-lo, não lhe forem designadas tarefas compatíveis com a aptidão física ou psíquica do trabalhador, o empregador estará obrigado a abonar-lhe uma indenização de montante igual à expressa no art. 245 da LCT.

Esse benefício não é incompatível e se acumula com os que os estatutos especiais ou convencionais coletivos possam dispor para tal hipótese.

C) Despedida do trabalhador

E por último, de acordo com o disposto no art. 213 da LCT:

> Si el empleador despidiese al trabajador durante el plazo de las interrupciones pagas por accidente o enfermedad inculpable, **deberá abonar, además de las indemnizaciones por despido injustificado, los salarios correspondientes a todo el tiempo que faltare para el vencimiento de aquella o a la fecha del alta, según demostración que hiciere el trabajador**.

Convém esclarecer, no entanto, que a indenização "por despedida" à qual alude o art. 213 da LCT não é idêntica às que preveem o art. 212 da LCT e os §§ 2º, 3º e 4º. Nessas últimas se faz referência somente aos arts. 245 e 247 da LCT (indenização por antiguidade). Em contrapartida, a "indenização por despedida injustificada" inclui a correspondente pela "falta de aviso-prévio ao qual se faz referência nos arts. 231, 232 e 233 da LCT"[20].

A jurisprudência também tem se ocupado do assunto, confirmando a interpretação do parágrafo anterior:

> Si bien el art. 213 da LCT no se refiere al caso concreto de despido indirecto, la situación resulta plenamente asimilable con él. El art. 212 da LCT reconoce al trabajador la particularidad de disolver el vínculo laboral cuando se origina una situación injuriosa

---

(19) Art. 247 da LCT: "...indemnización equivalente a la mitad de la prevista en el art. 245 da LCT".
Art. 245 da LCT: "...indemnización equivalente a un mes de sueldo por cada año de servicio o fracción mayor de tres meses tomando como base la mayor remuneración mensual normal y habitual devengada durante el último año o durante el tiempo de prestación de servicios si este fuere menor".
(20) Chamamos a atenção sobre a redação deste último parágrafo do art. 212 da LCT, porque é interpretável como se a indenização por omissão de outorgamento de "tarefas compatíveis" (§ 3º do art. 212 da LCT) é **implicável** se está também assim disposto em estatutos especiais e convênios coletivos.

de la cual se trasmita la voluntad del principal de extinguir la relación. Esta voluntad "presunta" permite asimilar, en todos sus efectos, la situación del trabajador que se considera despedido con aquel que lo fue mediante un acto expreso del empleador. En esta inteligencia estimo que el art. 213 da LCT, no se limita al caso, expresamente contemplado allí, es decir despido directo, sino también al supuesto de "despido indirecto" (CNTrab. Sala III 1993/08/26 — Fernández, Blas c/ Dota S.A. de Transporte Automotor — Sentencia n. 15.207 — *Manual de jurisprudencia. ley de contrato de trabajo.* 4. ed. Buenos Aires: La Ley, 2002. p. 559)

Capítulo X

Remuneração do Tempo Nominal (Nominal Time). Interrupções Pagas e Recarga do Tempo de Trabalho (arts. 196-207 da LCT)

1. Jornada de trabalho

"La extensión de la jornada de trabajo es uniforme para toda la Nación y **se regirá por la Ley n. 11.544** con exclusión de toda disposición provincial en contrario" (art. 196 da LCT) ...

"**Se entiende por jornada de trabajo todo el tiempo durante el cual el trabajador esté a disposición del empleador** en tanto no pueda disponer de su actividad en beneficio propio" (art. 197 da LCT) ...

"Integrarán la jornada de trabajo los períodos de inactividad a que obligue la prestación contratada, con exclusión de los que se produzcan por decisión **unilateral del trabajador**" (art. 197, § 2º, da LCT).

No que se refere à Lei n. 11.544, de antiga prosápia laboral (foi sancionada em 29.8.1929, promulgada em 12.9.1929 e modificada pelo Decreto-Lei n. 10.375/56 e pela Lei n. 16.115/33), estabeleceu em seu art. 12: "La duración del trabajo no podrá exceder de 8 horas diarias o 48 semanales para toda persona que trabaje por cuenta ajena en explotaciones públicas o privadas, **aunque no persigan fines de lucro**". A novidade — se se quer —, foi em seu momento a inclusão na norma dos empregados "por cuenta ajena en explotaciones públicas o privadas, aunque no persigan fines de lucro".

O Decreto n. 16.126, sancionado em 3.1.1933, em seu art. 1º, inc. *d*, faz referência aos trabalhos que por sua natureza permitam "una permanencia mayor en los locales que equivalga a un trabajo real de 8 horas o 48 semanales, en la forma que asegura la Ley n. 11.544 y este decreto para los demás trabajos..." **introduzindo assim o instituto do** "tempo nominal".

A Corte Suprema de Justiça da Nação argentina assinalou a respeito: "En materia de jornada de trabajo, en la legislación nacional rige la doctrina del 'nominal time' o tiempo a disposición del patrón, y comprende aún los períodos de inactividad e interrupciones de la jornada continua a que obligue la prestación, excluyéndose el tiempo de traslado del trabajador desde su domicilio hasta el lugar donde presta servicios" (CS 1989-08-01 — Luna Juan Carlos y otros c/ Compañía

Naviera Pérez Companc S.A., con nota de Lima Osvaldo J. y Lima (h) Osvaldo J. T. y S. S., 1989-108).

A jurisprudência ratifica assim o disposto no art. 197 da LCT, § 2º: "Integran la jornada de trabajo los períodos de inactividad a que obligue la prestación contratada...".

No entanto devemos consignar com Capon Filas, "Que el horario y el lugar de trabajo son elementos estructurales de la relación laboral al incidir en el tiempo libre y en la organización espacio temporal que, **respecto a su vida personal ha diseñado el trabajador y, por ello, se encuentran fuera del** *jus variandi*", que somente pode ser exercido sobre os aspectos conjunturais da relação, pelo que o trabalhador pode se negarse a trabajar en el nuevo horario y/o en el nuevo lugar, sin siquiera alegar perjuicio[1].

2. Jornada reduzida ou ampliada

Não obstante o disposto no art. 1º da Lei n. 11.544, o certo é que o art. 198 da LCT autoriza que "La reducción de la jornada máxima legal solamente procederá cuando lo establezcan las disposiciones nacionales reglamentarias de la materia, estipulación particular de los contratos individuales o convenios colectivos de trabajo...."

O art. 199 da LCT acrescenta que: "El límite de duración del trabajo admitirá las excepciones que las leyes consagren en razón de la índole de la actividad, del carácter del empleo del trabajador y de las circunstancias permanentes o temporarias que hagan admisibles las mismas, en las condiciones que fije la reglamentación".

O Convênio n. 1 da OIT (ratificado pela República Argentina pela Lei n. 11.726), prevê por sua vez no art. 3º que o limite de trabalho de 8 horas pode ser "ultrapassado" em caso de acidente ou grave risco de acidente, quando seja preciso realizar-se trabalhos urgentes nas máquinas ou instalações ou em casos de força maior, mas somente no indispensável para evitar uma grave perturbação no funcionamento normal da empresa.

O Convênio n. 30 da OIT (ratificado na Argentina pela Lei n. 13.560 e relativo às "horas de trabalho em comércio e escritórios") prevê também exceções ao limite de 8 horas para a jornada laboral de forma "permanente" (art. 1º) e de forma "temporária" (art. 2º). Em qualquer das hipóteses e salvo os casos de "acidente ou grave risco de acidente" (art. 2º, inc. *a*) os regulamentos deverão determinar o número de horas de trabalho extraordinários que poderão ser permitidas por dia, e para as exceções temporais, ao ano.

E por último, o art. 4º do Convênio n. 30.015 prescreve que a tarifa (taxa) salarial aplicada ao pagamento das horas de trabalho adicionais na norma analisada nos itens anteriores... "será aumentada em 25% em relação ao salário normal".

---

(1) CN del Trabajo, sala VI 1996.3.04, Rivero María c/ Limpiolux S.A. *DT* 1996 B, 2395 (Del voto del Dr. Rodolfo Capon Filas).

3. Trabalho noturno ou insalubre

Art. 200 da LCT:

La jornada de trabajo íntegramente nocturna no podrá exceder de siete (7) horas entendiéndose por tal la que se cumpla entre la hora veintiuna de un día y la hora seis del día siguiente. Esta limitación no tendrá vigencia, cuando se apliquen los horarios rotativos del régimen de trabajo por equipos. **Cuando se alternen horas diurnas con nocturnas se reducirá proporcionalmente la jornada en ocho (8) minutos por cada hora nocturna trabajado o se pagarán los ocho (8) minutos de exceso como tiempo suplementario según las pautas del art. 201**[(2)].

No caso em que a autoridade de aplicação constatasse o desempenho de atividades em condições de insalubridade, intimará previamente ao empregador a adequar ambientalmente o lugar, estabelecimento ou atividade para que o trabalho se desenvolva em condições de salubridade dentro do prazo razoável que para tal efeito se determine. Se o empregador não cumpra a tempo e na forma a intimação praticada, a autoridade de aplicação procederá a qualificação das tarefas ou condições ambientais do lugar de que se trate.

A jornada de trabalho nas atividades ou condições consideradas insalubres não poderá exceder de seis horas diárias ou trinta e seis semanais. A insalubridade não existirá sem declaração prévia da autoridade de aplicação, com fundamentos em ditames médicos de rigor científico. Somente poderá ser tornado sem efeito pela mesma autoridade se desaparecerem as circunstâncias determinantes da insalubridade. A redução de jornada não importará diminuição das remunerações.

Esgotada a via administrativa, toda declaração de insalubridade ou a que denegue deixá-la sem efeito, será recorrível nos termos, formas e procedimentos que rejam para a apelação de sentenças na jurisdição judicial laboral da Capital Federal. Ao fundar este recurso o apelante poderá propor novas provas.

Pela Lei Nacional se fixarão as jornadas reduzidas que correspondam a atividades penosas, mortais ou arriscadas com indicação precisa e individualizada das mesmas.

O longo art. 200 da LCT, do ponto de vista metodológico, poderia dividir-se — segundo se pode apreciar — em quatro partes, a saber:

a) Trabalho noturno.

b) Trabalho insalubre.

---

(2) "MINUTOS VERDES": "El Decreto n. 11.115/33, reglamentario de la Ley n. 11.544 no manda que las horas nocturnas de la jornada mixta se paguen como una hora y ocho minutos, **sino simplemente que se computen así a los efectos de la determinación de la jornada**. Cuando se trabajó ocho horas, corresponde pagar la hora que excede" (CNTr. 2 da. 28.6.68 — ver también CN Tr 1ª, 30.9.68; JA 1969-I-157).

Antes da sanção da Lei do Contrato de Trabalho n. 20.744 (texto ordenado pelo Decreto n. 390/76; e por causa de certos conflitos na indústria automotriz, a jurisprudência se viu impulsionada a se pronunciar sobre a validade do que os trabalhadores denominaram ironicamente "Minutos Verdes".

Trata-se de uma mudança nos horários de trabalho noturno que certas empresas introduziram ilegalmente segundo a qual o horário noturno se estendia somente entre as "vinte e uma horas de um dia e as **cinco** do dia seguinte".

c) Jornadas reduzidas nas hipóteses anteriores.

d) Tarifas remunerativas.

Como ressaltou certa vez Vázquez Vialard[3], "la jornada nocturna es la que se hace entre las 21 y las seis horas del día siguiente, salvo las que se hacen en horarios rotativos del régimen de trabajo por equipos. Respecto de los menores, la nocturnidad se considera de las 20 a las seis horas del día siguiente, art. 190, § 3º LCT. La jornada no puede sobrepasar las 7 horas diarias".

No que se refere à insalubridade, a jurisprudência da Corte Suprema tem se encarregado de esclarecer a partir do caso "Rphel Hans y otros c/ J. C. Sieburguer (20.9.67)" que a qualificação de insalubridade não depende da data em que outorgou, e sim daquela em que se efetuou a inspeção respectiva e a partir da qual se pôs em marcha o procedimento para determinação administrativa das condições de trabalho (conf. CNtrab., Sala III, 1990.12.20 — Formica Antonio C/ E. L. M. A. Sent. 60972 — *Manual de jurisprudencia, ley de contrato de trabajo*. 4. ed. Buenos Aires: La Ley, 2002. p. 532).

O tema das jornadas reduzidas por sua vez deve ser implantado em regime de caráter misto da jornada de trabalho, "en cuyo caso, se debe reducir proporcionalmente la jornada de ocho horas por cada hora nocturna, trabajada de acuerdo con lo dispuesto por el art. 200 da LCT § 1º (DT, 1976, p. 238); de lo contrario, se deben pagar los ocho minutos de exceso como tiempo suplementario" (CNTrab. Sala I, 1997.4.21 — Chavez Natividad de J. c/ Plaza de la república S.A. — DT 1998-A, 298). Dito de outro modo, debe-se interpretar que cada hora de trabalho noturno deve ser paga como uma hora e oito minutos.

Por outro lado, e sempre nas hipóteses de jornadas mistas, "según el art. 200 LCT, los ocho minutos de exceso por cada hora nocturna de trabajo deban calcularse con el criterio del art. 201 LCT, es decir como tiempo suplementario (hora extra)" (SCBA 1992.6.16 — Soriano Enrique O y otros c/ Cia. La Paz Amador Moure, S.A. Ty S.S., 1999-685).

Além disso, e finalmente, deve-se consignar que "en los supuestos de trabajo por equipos, por cada 7 días nocturnos deberá concederse un descanso equivalente a una jornada de trabajo — además del correspondiente al descanso hebdomadario, siempre que se trabajen los 7 días durante el horario nocturno" (CNTrab., Sala III, 1998.2.28 Alamo Javierd c/ Fabricaciones de Relaciones Especiales S.A. — DT 1995 B. 1393).

4. Horas suplementares — horas extras (art. 201 da LCT)

Às jornadas legais de trabalho se referem os arts. 196 e ss. da LCT; a Lei n. 11.544 e seu decreto regulamentador, n. 16.125; em seus aspectos qualitativos que assinalam taxativamente as atividades que devem ser prestadas por força do

---

[3] VÁZQUEZ, Vialard Antonio. *Derecho del trabajo y de la seguridad social*. Buenos Aires: Astrea, 2001. t. 1, p. 424.

contrato. Torna-se assim evidente que os caracteres do trabalho não podem ser alterados unilateralmente porque constituem um dos elementos essenciais do contrato. Pelo mesmo motivo não pode o empregador reclamar do funcionário prestações além do estipulado nem reduzi-las com prejuízo para as remunerações do empregado.

Pelo contrário, as jornadas de trabalho podem ser reduzidas, sob a condição de manter a intangibilidade do salário porque, no caso, a mudança será favorável ao trabalhador (conf. arts. 7º, 8º, 9º e 10 da LCT).

Para o princípio geral que temos exposto, são reconhecidas, no entanto, exceções. É que a norma legal admite a prestação de serviços em horas suplementares (art. 201 da LCT), ainda que imponha o pagamento dos salários "con un incremento en un 50% del salario habitual, si se trata de días comunes, y del 100% en días sábados después de las 13 horas, domingos y feriados".

Uma característica do Instituto é que pelo Decreto n. 484/00 (DT 2000-B, 1467 — BO 20.11.2000) se estabelece que a partir de sua vigência, "el número máximo de horas suplementarias queda establecido en 30 horas mensuales y 200 anuales" sem necessidade de autorização administrativa prévia.

Não obstante, "la prestación de tareas en tiempo suplementario no puede, en principio, ser impuesta por la patronal y en consecuencia, su no cumplimiento no puede ser causal de injuria justificante de la ruptura de la relación de trabajo por más que en forma normal y habitual, el trabajador laborase horas extras" (CNTrab., Salas II, 1993.11.24. Lallitto Juan C. c/ Transporte Nueve de Julio S. A. D. T. 1994-A, 508).

E no que se refere ao horário de trabalho, é preciso assinalar que sobre o empregador pesam quatro cargas: 1 — colocar em avisos visíveis o começo e o fim da jornada, indicando se o trabalho se realiza por equipes; 2 — detalhar em tais avisos os descansos durante a jornada e que não se computam nela; 3 — registrar as horas suplementares realizadas; 4 — assentar no livro especial o horário, uma vez que o art. 52 da LCT exige a apresentação dos demais dados, que lhe permitam uma exata avaliação das obrigações a seu cargo (Lei n. 11.544, art. 60) (cf. CNTrab. Sala VI, 1996.6.07 — Romano Adan E. c/ Rampello y otro — DT 1996-B 2099).

Por último, pelo art. 203 da LCT, cria-se uma exceção ao disposto quanto à não obrigação de horas extras. Estas se fazem exigíveis "en caso de peligro o accidente ocurrido o inminente de fuerza mayor, o por exigencias excepcionales de la economía nacional o de la empresa, juzgando su comportamiento en base al criterio de colaboración en el logro de los fines de la misma".

5. Do descanso semanal (arts. 204/207 da LCT)

A prescrição do art. 204 que impõe um descanso semanal de 36 horas contínuas — "desde las 15 horas del día sábado hasta las 24 horas del día siguiente" — reconhece sua origem na Lei n. 4.661, sancionada em 31 de agosto de 1905 e promulgada em 6.9.1905; cujo art. 1º "prohibía el trabajo material por cuenta ajena" aos domingos e também na Lei n. 11.640, de 29 de setembro de 1932, de 7.10.1932, que em seu art. 1º declarou compreendidos na proibição da Lei n. 4.661 os sábados após as 13 horas[4].

Sendo assim, o descanso semanal (a cada sete dias) caracteristicamente é periódico, contínuo, simultâneo e não deve afetar o salário nem o tempo de trabalho. Segundo pontua Fernández Madrid:

> El descanso tiene, en principio, periodicidad semanal, y como regla abarca desde las 13 horas del sábado hasta las 24 horas del domingo (es decir dura 35 horas). De esta manera se supera la previsión de los convenios internacionales que prevén solo 24 horas de descanso. La continuidad del descanso es solo una condición que hace al cumplimiento de la finalidad de la institución (higiene, esparcimientos, formación). El carácter de simultaneidad es una nota que permite canalizar y desarrollar en común (la familia, la comunidad y aspectos espirituales (religión) y sociales del individuo. Por el último de los caracteres arriba expresados se complementan las normas sobre descanso, jornada y salario[5].

Preste-se atenção para o fato de que a normativa citada nos itens anteriores coincide ao "considerar o trabalho hebdomadário como proibido", tradição esta de origem bíblica, que hoje se vê refletida no art. 204 da LCT, segundo a qual "queda prohibida la ocupación del trabajador desde las 13 horas del sábado hasta las veinticuatro horas del día siguiente, salvo en los casos de excepción ... que las leyes o reglamentaciones prevean..." (CNTrab. Sala VIII 1998.10.21. Álvarez Roson, Diego c/ Modart S. A. D. T. 1999-A, 847).

6. Do descanso semanal e seus salários (art. 205 da LCT)

Certo setor da doutrina tem sustentado equivocadamente que

> en realidad, el descanso no se remunera sino que solo debe "respetarse", por lo que un trabajador que ingresó a trabajar una vez establecido el régimen de descanso obligatorio (es decir actualmente en la totalidad de los casos), sea jornalizado o mensualizado, **no tiene derecho alguno a que se le retribuya por los días en que no trabaja.** Sino solo a que se respeten en su caso las pausas diarias y semanales necesarias para su descanso[6].

A rigor, na apresentação se comete um erro, uma vez que a proibição de trabalhar desde as 13 horas do sábado até as 24 horas do domingo seguinte não obedece somente — ou pelo menos principalmente — a razões de descanso, mas também e principalmente — enfatizam Fernandez Madrid e outros citados acima[7]

---

(4) UNSAIN, Alejandro M. *Ordenamiento de las leyes obreras argentinas.* Buenos Aires: Losada, 1947. p. 49 e 50.
(5) MADRID, Juan C. Fernández; LÓPEZ, Justo; CENTENO, Norberto. *Ley de contrato de trabajo comentada.* Buenos Aires: Moderna SAIC, 1987. p. 736.
(6) PIROLO, Miguel A. Instituciones destinadas a proteger la salud del trabajador..., *DT*, 1991-A, p. 933.
(7) Ver *infra* nota 329.

— como meio para assegurar ao trabalhador condições para sua higiene, lazer, integração com sua família e em especial ao que se refere a aspectos espirituais e sociais do indivíduo. Isso justifica que o legislador — com critério integrador — tenha optado por um regime salarial em nosso país que se caracteriza por remunerar o "tempo nominal" (*nominal time*) que regula o contrato de trabalho no interesse da ordem pública laboral.

Art. 205 da LCT: "La prohibición de trabajo establecida en el art. 204 no llevará aparejada la disminución o supresión de la remuneración que tuviere asignada el trabajador en los días y horarios a que se refiere la misma ni importará disminución del total semanal de horas de trabajo".

Art. 206 da LCT: "En ningún plazo se podrán aplicar las excepciones que se dicten a los trabajadores menores de dieciséis (16) años."

7. Aumento salarial por descanso não gozado (art. 207 da LCA)

As décadas dos anos 70 e 80 do século 20 foram prodígios nos conflitos laborais contra as grandes empresas, que sistematicamente, e desde antes do golpe militar de 26 de março de 1976 na Argentina, se empenhavam em violar os direitos a descansos semanais, férias anuais e feriados nacionais outorgavam a então novíssimo Lei de Contrato de Trabalho n. 20.744, sancionada em 11 de setembro de 1974 (promulgada em 20.9.74) com texto determinado pelo Decreto n. 390/76 (BO 21.5.76).

Foi um fato característico que gerou na Justiça do Trabalho Nacional milhares de ações por descansos semanais, feriados semanais e férias anuais não gozadas e menos indenizadas como prescreviam os arts. Respectivos da Lei de Contrato do Trabalho.

Para o ano de 1982, a Câmara Nacional de Apelações do Trabalho, integrada por 18 de Juízes de Alçada, por maioria de votos (12 contra 6) acolhia as ações dos trabalhadores em matéria vocacional e descanso semanal, dirigida principalmente contra a Empresa de Ferrocarriles Argentinos e outras pertencentes ao Estado Nacional.

Subitamente o Poder Executivo de então ampliou o número de Camaristas de 18 para 24, e assim se convocou duas sentenças plenárias, a de "n. 236 de 28.6.82 caratulado León Forte Angel y otros s/ Ferrocarriles Argentinos (publicado en LL, 1982-0-88 DT. 1982-1139:9 y el n. 237, del 16.8.82 caratulado Castagno Domingo y otros c/ Ferrocarriles Argentinos (publicado en LL 1982-0-207; DT 1982-1114)", este último relativo ao art. 166 do RCT sobre descanso semanal e sua suplementação, **que é o tema que estamos tratando.**

Reunida a Câmara em Plenário, votou-se se o pessoal que, havendo trabalhado em dias feriados, deveria ser compensado ou não com o aumento de 100% ao qual alude o art. 166, *in fine*, da LCT ou não, e o resultado foi um empate: 12 votos a favor e 12 votos contra. O Presidente da Câmara, já falecido, para esses casos, contava com voto duplo, e desempatou a favor da empregadora, com o que a sentença foi atrasada[8].

Tratou-se sem dúvida de duas falhas arbitrais que hoje já não são de aplicação, porque como bem assinala Diego Fernández Mario[9] "la normativa señalada no responde a la redacción actual de la Ley n. 20.744" e "se refiere a un convenio colectivo que no rige en la actualidad", respectivamente. Porém, ao letrado que subscreve estas linhas — protagonistas dos fatos, e quase uma vítima daqueles por um pedido de injustas sanções por parte de algum Juiz que logo se viu impulsionado a desistir delas — não escapa que aquele foi mais um episódio repressivo da ditadura militar que se abateu sobre a Argentina a partir de 26.3.1976.

Segundo o art. 207 da LCT:

Salarios por días de descanso no gozados: Cuando el trabajador prestase servicios en los días y horas mencionados en el art. 204, **medie o no autorización;** sea por disposición del empleador o por cualquiera de las circunstancias previstas en el art. 203, o por estar comprendido en las excepciones que con carácter permanente o transitorio se dicten, y se omitiere el otorgamiento de descanso compensatorio en tiempo y forma, el trabajador **podrá hacer uso de ese derecho a partir del primer día hábil de la semana subsiguiente, previa comunicación formal de ello efectuada con una anticipación no menor de 24 horas. El empleador, en tal caso, estará obligado a abonar el salario habitual con el ciento por ciento (100%) de recargo.**

A interpretação do texto da norma oferece certas dificuldades na prática: assim — por exemplo — o parágrafo que se refere a que, em casos de omissão de outorgamento dos descansos, "el trabajador podrá hacer uso de ese derecho a partir del primer día hábil de la semana subsiguiente" (porém) prévia comunicação formal disso efetuada com antecipação não menor que 24 horas aparece como um contrassenso.

Porque é evidente que alguém que trabalhou sábado depois das 13 horas e domingo até as 24 horas não poderá ter descanso a partir do primeiro dia útil da semana seguinte (segunda-feira), porque a antecipação não menor de 24 horas torna-se de cumprimento impossível. É que a antecipação da ausência com 24 horas de antecedência e as possíveis demoras do correio farão com que o requisito postergue o descanso até o quarto ou quinto dia útil da semana, alterando assim o cronograma produtivo habitual das empresas.

O prático e sensato será então que o legislador elimine o requisito do aviso-prévio de 24 horas e o autorize a ser efetuado inclusive durante o mesmo dia da ausência do empregado.

Definitivamente, se como o interpreta a jurisprudência, "para que proceda el recargo de los salarios por días de descanso no gozados en los términos del art. 207

---

(8) O art. 166 da LCT concorda com o art. 207 da LCT, uma vez que ambas as normas são coincidentes em remunerar "los feriados obligatorios y días no laborales" nos quais os trabalhadores prestem serviços; "con la remuneración normal de los días laborales más una cantidad igual" (texto do art. 166 da LCT). O texto do art. 207, *in fine*, é similar quando impõe "abonar el salario habitual con el cien por ciento de recargo".

(9) MARIO, Diego Fernández. *Fallos plenarios de la justicia nacional del trabajo*. Buenos Aires: Errepar, 2004. p. 97.

LCT, es necesario que el trabajador... decida gozar del franco en forma compulsiva", para isso deve facilitar tanto o aviso-prévio como o próprio exercício do descanso omitido[10].

8. Direito comparado Brasil: a interrupção de atividade remunerada

Na doutrina brasileira, como se viu no capítulo anterior, a interrupção do contrato de trabalho a que se refere a Consolidação das Leis do Trabalho gera para o empregador a obrigação de pagar — no todo ou em parte — o salário do funcionário, ainda que este não lhe preste serviços. Em tais circunstâncias, o vínculo contratual não se interrompe.

Quer dizer então que quando a Lei autoriza a ausência do empregado ao serviço e cria para o mesmo empregador a obrigação de remunerá-lo, trata-se de uma mera *interrupção do serviço e não da suspensão do Contrato de Trabalho*.

Como destaca Süssekind[11], "o que distingue no direito positivo brasileiro a suspensão do contrato da interrupção do serviço é que se em ambas as hipóteses o vínculo contratual não se extingue, porém na segunda o empregador está obrigado a pagar, no todo ou em parte, o salário do empregado. Enquanto na primeira o contrato não se executa em nenhum de seus aspectos".

Ainda executando parcialmente o contrato — continua Süssekind — "no que se refere aos salários, torna-se evidente que as vantagens atribuídas à categoria do respectivo empregado na empresa ser-lhe-ão asseguradas imediatamente, no que, direta ou indiretamente, digam respeito a cláusula salarial".

E "uma vez esgotado o período legal ou contratual da ausência remunerada, deverá o empregado retomar imediatamente o serviço na empresa, sob pena de perder, a partir desse mesmo dia, o direito aos salários correspondentes e incorrer, depois de 30 dias, em abandono de trabalho. Consequentemente, é obvio que se o período de interrupção se transformou, pelo transcurso do tempo, em suspensão contratual, não deverá o empregado voltar ao trabalho".

Em outra ordem de ideias e contrariamente ao que se verifica nos casos de suspensão do contrato de trabalho, os períodos de interrupção remunerada de prestação de serviços são sempre computados como tempo de serviço para todos os efeitos legais. Porém o sistema não entra no conceito de "tempo nominal" característico do direito argentino. É que nessa hipótese o contrato se manifesta por meio de circunstância imperiosa e importante de que o patrão continua a pagar ao trabalhador a remuneração ajustada ou parte dela. E por isso, vigente o contrato, o tempo de interrupção integra, para todos os efeitos, o prazo de serviço efetivo do empregado.

---

(10) CNTrab. Sala V, 1992/069/30. Germino, Gladis c/ TIA S.A. — Sent. 47.933. *Manual de jurisprudencia* — ley de contrato de trabajo. Buenos Aires: La Ley, 2002. p. 544.
(11) *Op. cit.*, p. 519.

Se como vimos — conclui o mesmo autor — "a interrupção tende a proteger o empregado, autorizando-lhe a faltar ao trabalho sem perdas salariais, não pode se privar da inclusão do tempo de ausências em seu tempo de serviço, sob pena de grave contradição".

Não obstante — opinamos do ponto de vista do direito argentino — seria conveniente analisar a conversão da figura da interrupção em suspensão de serviços como uma verdadeira inovação da obrigação em consequencia da qual o empregador perde a responsabilidade pelo pagamento de salários, que no art. 212 da LCT adquire a natureza de uma obrigação previdenciária, mas com a responsabilidade do pagamento sobre o empregador.

A fina perspicácia do mestre Süssekind lhe permitiu discernir corretamente que a natureza jurídica nos casos de interrupção por impedimentos previstos e cujo risco se quer atribuir à empresa, a prestação pecuniária do empregador ao trabalhador é indenizatória, cinda quando perdure a relação de emprego[12].

Não obstante isso, o autor brasileiro discorda da doutrina brasileira, citando Barassi, da Universidade Católica de Milão, cuja tese contradiz o direito brasileiro, segundo o qual "os salários dos descansos semanais e das férias não devem corresponder, nem teórica nem praticamente, a prestação de serviço". A natureza jurídica do pagamento devido pelo empregador é indenizatória — interpreta —, quando se trata de hipótese de interrupção imprevista, contudo nas pausas normais há de ser a mesma retribuição concernente aos demais casos em que o empregado pode interromper a prestação de serviço sem prejuízo de remuneração. Ainda que — conclui — **nem sempre existirá uma estreita correlação entre trabalho executado e o salário respectivo; porém o moderno conceito de salário prescinde dessa correlação de cunho civilista.**

A legislação brasileira, ao dispor sobre as diversas hipóteses de interrupção do contrato de trabalho, realçou claramente a natureza salarial da obrigação atribuída ao respectivo empregador. Aplicam-se, portanto, a mencionada remuneração todas as normas disciplinares e protetoras do salário.

9. Direito comparado Brasil: ausências legais pré-autorizadas (art. 473 da CLT)

O art. 473 da CLT (Capítulo IV), modificado pelos Decretos-Leis ns. 229/67 e 737/69 se refere às ausências que normativamente estão reguladas autorizando ao trabalhador para que deixe de cumprir suas tarefas sem perda de remuneração.

Art. 473. O empregado poderá deixar de comparecer ao serviço sem prejuízo do salário: (Redação dada pelo Decreto-lei n. 229, de 28.2.1967)

I — até 2 (dois) dias consecutivos, em caso de falecimento do cônjuge, ascendente, descendente, irmão ou pessoa que, declarada em sua carteira de trabalho e previdência

---

(12) SÜSSEKIND, Arnaldo L. Suspensão e interrupção do contrato de trabalho. In: SÜSSEKIND, Arnaldo. *Instituições de direito do trabalho*. São Paulo: LTr, 1999. v. I, p. 521.

social, viva sob sua dependência econômica; (Inciso incluído pelo Decreto-lei n. 229, de 28.2.1967)

II — até 3 (três) dias consecutivos, em virtude de casamento; (Inciso incluído pelo Decreto-lei n. 229, de 28.2.1967)

III — por um dia, em caso de nascimento de filho no decorrer da primeira semana; (Inciso incluído pelo Decreto-lei n. 229, de 28.2.1967)

IV — por um dia, em cada 12 (doze) meses de trabalho, em caso de doação voluntária de sangue devidamente comprovada; (Inciso incluído pelo Decreto-lei n. 229, de 28.2.1967)

V — até 2 (dois) dias consecutivos ou não, para o fim de se alistar eleitor, nos termos da lei respectiva. (Inciso incluído pelo Decreto-lei n. 229, de 28.2.1967)

VI — no período de tempo em que tiver de cumprir as exigências do Serviço Militar referidas na letra *c* do art. 65 da Lei n. 4.375, de 17 de agosto de 1964 (Lei do Serviço Militar). (Incluído pelo Decreto-lei n. 757, de 12.8.1969)

VII — nos dias em que estiver comprovadamente realizando provas de exame vestibular para ingresso em estabelecimento de ensino superior. (Inciso incluído pela Lei n. 9.471, de 14.7.1997)

VIII — pelo tempo que se fizer necessário, quando tiver que comparecer a juízo. (Inciso incluído pela Lei n. 9.853, de 27.10.1999)

IX — pelo tempo que se fizer necessário, quando, na qualidade de representante de entidade sindical, estiver participando de reunião oficial de organismo internacional do qual o Brasil seja membro. (Incluído pela Lei n. 11.304, de 2006)

Como assinala a doutrina, as hipóteses enumeradas precedentemente não necessitam de esclarecimento algum[13]. Salvo talvez o comentário de que na Argentina não seria de aplicação analógica o inciso VI do art. 473, porque o Serviço Militar obrigatório foi revogado. No regime legal brasileiro, a remissão do inciso VI à Lei do Serviço Militar impõe também deveres ao reservista ainda que alheios às relações de emprego.

Deve-se esclarecer, não obstante, que o Decreto-Lei n. 715, de 1969 ampliou os casos de interrupção remunerada da prestação de serviços para os reservistas "convocados" cujas "faltas são abonadas para todos os efeitos"[14].

Outras hipóteses têm sua origem:

A) Na Constituição reformada em 1988, que em seu art. 7º, XIX, estabeleceu a licença-paternidade, que foi estipulada por lei em cinco dias, também remunerados, com a ressalva de que a natureza do pagamento é salarial e não previdenciária[15].

B) No art. 822 da CLT se prevê que as pessoas citadas a depor como testemunhas "não poderão sofrer qualquer desconto pelas faltas ao serviço,

---

(13) *Op. cit.*, p. 522.
(14) *Op. cit.*, p. 523.
(15) A norma constitucional se refere ao art. 10, § 1º, do Ato das Disposições Constitucionais Transitórias, que expressamente dispõe o seguinte: "§ 1º Até que a lei venha a disciplinar o disposto no art. 7º, XIX, da Constituição, o prazo da licença-paternidade a que se refere o inciso é de cinco dias".

ocasionadas pelo seu comparecimento para depor, quando devidamente arroladas ou convocadas".

A jurisprudência do Superior Tribunal do Trabalho (TST), Súmula n. 155, taxativamente tem refletido o princípio: "As horas em que o empregado falta ao serviço para comparecimento necessário, como parte, à Justiça do Trabalho, não serão descontadas de seus salários".

C) O § 3º do art. 60 da Lei n. 8.213, de 24 de julho de 1991 (Dispõe sobre os planos de benefícios de previdência social e dá outras providências), prescreve que "§ 3º Durante os primeiros quinze dias consecutivos ao do afastamento da atividade por motivo de doença, incumbirá à empresa pagar ao segurado empregado o seu salário integral" (Redação dada pela Lei n. 9.876, de 26.11.99). Os artigos seguintes da Lei (se estendem até o art. 118) incluem referências aos salários-maternidade e ao prazo mínimo de manutenção de seu contrato de trabalho de doze meses[16].

10. Direito comparado Brasil: descanso remunerado: semanais, feriados, férias anuais, licenças para a gestante

Uma vez mais recorremos ao mestre e fundador do moderno direito brasileiro do trabalho que diz que "é a Constituição brasileira a que impõe ao empregador remunerar a seu empregado nos dias de repouso semanal compulsório e nos feriados; o que caracteriza essas pausas periódicas no trabalho como simples interrupção da prestação de serviços, com as consequências jurídicas já expostas"[17].

No que se refere às férias anuais remuneradas, o mesmo se verifica porque o período de gozo correspondente à interrupção do contrato é considerado como tempo de serviço do empregado.

Outra é a figura da interpretação da prestação de serviços à qual a Constituição brasileira reformada em 1988 se refere como "licença à empregada gestante" em seu art. 7º, § XVIII, cuja duração está prevista em "cento e vinte dias" e que no art. 10, inc. II, *b*, do "Ato das Disposições Constitucionais Transitórias" proíbe a despedida arbitrária e sem justa causa da mesma, desde a confirmação da gravidez até cinco meses depois do parto.

Cabe apontar a esse respeito que a Lei n. 6.136, de 1974 inclui o salário--maternidade entre as prestações da Previdência Social, motivo pelo qual disso resulta — assinala Süssekind[18] — que os salários pagos pelo empregador à mulher gestante são mais tarde reembolsados ao primeiro, ainda que isso não converta a

---

(16) Ver *CLT*. São Paulo: LTr, 2001. p. 254. Ver também SÜSSEKIND, Arnaldo. *Instituições de direito do trabalho*. São Paulo: LTr, 1999. v. I, p. 524.
(17) *Op. cit.*, p. 525.
(18) *Op. cit.*, p. 526.

licença-maternidade em suspensão do contrato de trabalho e tal período de até "5 meses depois do parto" deve ser computado como tempo de serviço.

É interessante constatar, afirma o autor que estamos citando, que o "fundo comum" construído com os aportes de tais empregadores procura diluir a carga de pagamento dos salários durante a licença-maternidade e com isso remover a "principal" causa de discriminação contra o trabalho da mulher.

11. Direito comparado Brasil: paralisação e risco da empresa (art. 2º da CLT)

A CLT, em seu art. 2º, define como empregador "a empresa, individual ou coletiva, que, assumindo os riscos da atividade econômica, admite, assalaria e dirige a prestação pessoal de serviço". E acrescenta: "Equiparam-se ao empregador, para os efeitos exclusivos da relação de emprego, os profissionais liberais, as instituições de beneficência, as associações recreativas ou outras instituições sem fins lucrativos, que admitirem trabalhadores como empregados" (art. 2º, § 1º, da CLT).

Por sua vez, o art. 4º da LCT "considera como de tiempo efectivo el período en que el empleado esté a disposición del empleador aguardando o efectuando ordenes, salvo disposición especial expresamente consignada...".

Naturalmente, é a partir do conceito de risco empresarial que deverão ser analisadas as "paralisações temporárias" das atividades empresariais, já que, pelo contrário, as paralisações permanentes com o fechamento do estabelecimento, o desaparecimento da empresa e a supressão das atividades corresponde à figura de "cessação do contrato de trabalho", que pertence à esfera de fatores de conveniência do empresário. Por conseguinte, na primeira das hipóteses a paralisação temporária se identifica também com a figura da "interrupção remunerada", que impõe ao empregador o pagamento dos salários vencidos; e na segunda hipótese — em contrapartida — se configura um caso de "suspensão" (por troca ou reparação de maquinário ou por excesso de produção em relação às necessidades do mercado consumidor) por conveniência e em tal hipótese também o empregador incorrerá com o encargo do pagamento de salários e indenizações de lei.

De modo parecido ao disposto no direito laboral argentino pelo art. 247 da Lei do Contrato de Trabalho, "a força maior" é considerada na CLT (arts. 501 a 504) como causa de cessação das atividades da empresa que não exclui o pagamento das indenizações por despedida, em relação à vontade do empregador, para a realização do qual este não concorreu, direta ou indiretamente. A imprevidência do empregador — no entanto — "exclui a razão de força maior" (art. 501, § 1º).

Por sua vez, o art. 502 da CLT taxativamente prevê que:

Ocorrendo motivo de força maior que determine a extinção da empresa, ou de um dos estabelecimentos em que trabalhe o empregado, é assegurada a este, quando despedido, uma indenização na forma seguinte:

I — sendo estável, nos termos dos arts. 477 e 478;

II — não tendo direito à estabilidade, metade da que seria devida em caso de rescisão sem justa causa;

III — havendo contrato por prazo determinado, aquela a que se refere o art. 479 desta Lei, reduzida igualmente à metade. (Cf. art. 479 em sua parte pertinente)

Como se pode apreciar, assiste razão à melhor doutrina brasileira quando interpreta que nas hipóteses de "força maior" a indenização por despedida se reduz à metade, e como aponta Süssekind[19]: a "força maior" não libera o empregador de suas obrigações, apenas **atenua** sua responsabilidade, já que se vê compelido a indenizar, porém pela metade as obrigações correspondentes aos empregados despedidos com rescisão injustificada do contrato de trabalho.

Segundo se infere, a lei de consolidação regula os efeitos jurídicos da "força maior" a respeito da execução do contrato de trabalho, viabilizando diferentes soluções, conforme as consequências que dela resultarem para a atividade empreendida pela empresa: "a força maior", compreensiva dos casos fortuitos, pode impor: a necessidade de **trabalho suplementar** para atender a realização ou conclusão de serviços impostergáveis ou cuja inexecução possa ocasionar prejuízos manifestos; **a redução geral dos salários** para atenuar as obrigações da empresa durante um período de recuperação econômica e normalização de seu funcionamento mediante convenção ou acordo coletivo com o sindicato dos respectivos trabalhadores (art. 72, VI, da CF); **a rescisão dos contratos de trabalho**, se se tornar impossível a sobrevivência da empresa ou de um de seus estabelecimentos; a paralisação temporária, com recuperação posterior das horas perdidas. Nessas quatro hipóteses se encontram sem dúvida os diferentes casos, relativos ao contrato de trabalho, originados pelas circunstâncias de força maior.

Por último, o "ato do príncipe" é conceituado, às vezes, como "força maior". Com efeito, o art. 486 da CLT considera que: "No caso de paralisação temporária ou definitiva do trabalho, motivada por ato de autoridade municipal, estadual ou federal, ou pela promulgação de lei ou resolução que impossibilite a continuação da atividade, prevalecerá o pagamento da indenização, que ficará a cargo do governo responsável" (Redação dada pela Lei n. 1.530, de 26.12.1951).

Curiosamente, o § 1º do mesmo artigo estatui um procedimento para viabilizar o instituto, que adquire caracteres mistos: laborais e administrativos: porque "Sempre que o empregador invocar em sua defesa o preceito do presente artigo, o tribunal do trabalho competente notificará a pessoa de direito público apontada como responsável pela paralisação do trabalho, para que, no prazo de 30 (trinta) dias, alegue o que entender devido, passando a figurar no processo como chamada à autoria" (art. 486, § 1º, da CLT).

---

(19) *Op. cit.*, p. 223.

Por sua vez, o § 2º da norma prescreve: "Sempre que a parte interessada, firmada em documento hábil, invocar defesa baseada na disposição deste artigo e indicar qual o juiz competente, será ouvida a parte contrária, para, dentro de 3 (três) dias, falar sobre essa alegação" (Redação dada pela Lei n. 1.530, de 26.12.1951).

E em definitivo (§ 3º): "Verificada qual a autoridade responsável, a Junta de Conciliação ou Juiz dar-se-á por incompetente, remetendo os autos ao Juiz Privativo da Fazenda, perante o qual correrá o feito nos termos previstos no processo comum" (Incluído pela Lei n. 1.530, de 26.12.1951).

Capítulo XI

Modificações no Contrato de Trabalho — Alteração de Condições — Desregulação e Flexibilização Laborais

1. Retenção — introdução ao tema

Guillermo Cabanellas de Torres dói um precursor na América Latina da sistematização do Direito do Trabalho. Contemporâneo de Mario de La Cueva[1] no esforço de organizar a que até a década de 1940 foi apenas um ordenamento das leis trabalhistas[2], Cabanellas foi mais além, porque também fundou a "Associação Iberoamericana do Direito do Trabalho e da Seguridade Social, entidade internacional que concentra juslaboralistas que com justiça leva seu nome, e que através dos anos e de numerosos congressos, vem enriquecendo a doutrina latinoamericana[3].

No ano de 1949, Cabanellas escrevia "El de Trabajo es un contrato de tracto sucesivo que se prolonga en el tiempo, indefinidamente; por ello se producen con frecuencia en él modificaciones que repercuten, tanto cuantitativa como cualitativamente, en el derecho de las partes, con carácter bilateral o unilateral, por el consenso de los contratantes o por voluntad exclusiva del patrono"[4]. Tais alterações — continua — "se presentan, para algunos autores, como la simple expresión laboral de la **novación** civil, que consiste en una transformación de una obligación en otra, con extinción de lo anterior".

Contudo a inovação não se presume, motivo pelo qual há de conbstar claramente a vontade das partes ou ser incompatível a nova obrigação com a precedente à que substitui. Se as novas estipulações mantêm o objeto e a causa, estima-se que existe **modificação obrigacional e não novação**. Esta exige, em todo caso, o *animus novandi* — a intenção das partes — no sentido de extinguir o vínculo anterior e substituí-lo por outro, dentro de maior ou menor similitude obrigacional entre o primeiro e o que o substitui.

---

(1) CUEVA, Mario de La. *Derecho mexicano del trabajo*. 1. ed. 1943 cf. México: Porrúa, 1949. Prólogo, p. XV, v. 1949
(2) UNSAIN, Alejandro M. *Ordenamiento de las leyes obreras argentinas* foi publicado pela primeira vez no ano de 1944. Teve duas edições mais, sendo a última da Losada, 1947.
(3) TORRES, Guillermo Cabanellas de. *Tratado de derecho laboral*. Madrid, 1949. *Compendio de derecho laboral*. 4. ed. Buenos Aires: Heliasta, 2001. *Curso de derecho laboral*. Buenos Aires, 1950 e muitos outros.
(4) TORRES, Guillermo Cabanellas de. *Compendio de derecho laboral*. 4. ed. atual. por José N. Gómez Escalante. Buenos Aires: Heliasta, 2001. v. 1, p. 523.

"En el ámbito laboral" — insiste Cabanellas — "la subsistencia de las prestaciones y la del nexo contractual — pese a las variaciones admitidas — impiden que se pueda hablar de una novación al estilo de los civilistas, con extinción de la obligación anterior. Es decir, no se reconoce la novación verdadera o extintiva, sino la novación impropia modificativa, con supervivencia de la obligación inicial, aunque con cambios de mayor y menor importancia".

Senão vejamos, o caráter de trato sucessivo que o Contrato de Trabalho confere às obrigações que gera institui uma "relação de débito permanente" e recíproca entre as partes às quais se referem, entre outros, os arts. 21, 22, 25 e 26 da LCT, e ainda que seja previsível que nos contratos por tempo indeterminado suas cláusulas permaneçam imutáveis, o certo é que suas modalidades de aplicação podem mudar no tempo sempre que suas cláusulas, "en cuanto a la formula y condiciones de la prestación, queden sometidas a las disposiciones de orden público, los estatutos, las convenciones colectivas o los laudos con fuerza de tales y los usos y costumbres" (cf. art. 21 da LCT *in fine*).

O art. 1.197 do Código Civil argentino estabelece que "las convenciones hechas en los contratos forman para las partes una regla a la que deben someterse como la Ley misma". E o art. 1.198 do mesmo Código impõe que os mesmos "deben celebrarse, interpretarse y ejecutarse de buena fé y de acuerdo a lo que verosímilmente las partes entendieron o pudieron entender, obrando con cuidado y previsión".

Claro está, que, como afirma Délio Maranhão[5], o contrato de trabalho também obriga: "como consequência do dirigismo contratual, próprio de nossa época, que não se limita ao terreno das relações de trabalho", acrescenta. Tal fato não desnaturaliza, no entanto, a índole jurídica do contrato de trabalho, cuja natureza — já dissemos em capítulos anteriores —, **é de direito privado mas de ordem pública** (não confundir disposições legais de "ordem pública" com direito público ou direito social); é *intuitu personae* em relação à pessoa do empregado; é **sinalagmático** porque dele derivam obrigações contrárias que, ainda que **notoriamente desiguais, a relação de emprego as supõe equivalentes**: é "consensual"; é de "trato sucessivo" e de "débito permanente" com a continuidade como elemento típico; é "oneroso": a cada prestação de trabalho deve corresponder o pagamento dos salários; e por último é um contrato que pode estar acompanhado de outros contratos, como o contrato de depósito, quando o empregador fica como depositário das ferramentas de trabalho pertencentes ao funcionário, ou este último, quando, trabalhando como corretor ou viajante, se torna depositário do mostruário de propriedade do empregador.

E por isso, desde a ordem pública laboral, e desde a natureza contratual da relação de trabalho surge com nitidez o princípio da força obrigatória dos contratos como verdadeira garantia do empregado contra o arbítrio do empregador. Porém

---

(5) MARANHÃO, Delio. *Instituições de direito do trabalho*. São Paulo: LTr, v. 1, p. 248-249.

a nota distintiva do contrato de trabalho é que este último se presta a favor de um empregador[6].

Sendo assim, tenhamos presente que ainda que o contrato de trabalho seja regido pelos princípios da sistemática jurídica em matéria contratual, apresenta também características particulares, inerentes à natureza da relação que o contrato origina, e que determina um desvio da origem jurídica do direito civil. Esses desvios são, ao fim e ao cabo, os que fazem do direito do trabalho um direito especial, protetor, monista e autônomo.

Da mesma maneira, é concebível que tal direito especial, e os contratos que pelo mesmo se regem, possam ser objeto de alterações objetivas; e obrigatórias ou voluntárias, unilaterais ou bilaterais, benéficas ou prejudiciais ao empregado. Assim, por exemplo — escrevia Krotoschin[7] "la aceptación de cambios en las condiciones de trabajo (incluso el cambio de dueño de la empresa), puede declararse tácitamente. Lo mismo el silencio opuesto a la suspensión de 30 días (Ley n. 33.302/45, art. 66) es considerado como aceptación, interpretándose acertadamente *a contrario sensu* que en todos estos casos 'hay obligación de expresarse por la ley".

2. Alterações obrigatórias das condições de trabalho

Apresentadas as coisas no ponto anterior, deve ficar claro que o **sistema laboral protetório** estabelece um estatuto básico para o trabalhador, com um mínimo de garantias que de nenhuma maneira pode ser ignorado pela vontade das partes. Trata-se — como se pode apreciar — de normas imperativas e de ordem pública sobre as quais se constrói o contrato de trabalho.

Deve-se interpretar — então — que toda modificação nas relações de emprego repercutirá também no contrato. Porém, no dizer de João de Lima Teixeira Filho[8] "A normatização estatutária das relações de trabalho não se restringe aos ditames do poder legislativo". Os convênios coletivos, os contratos individuais, os regulamentos de empresas "son otras tantas fuentes formales del derecho del trabajo: contienen como la Ley, una regla jurídica general y abstracta. En los límites de su campo de aplicación, cuyo radio de aplicación, es menor que el de la ley, presentan los mismos caracteres de imperatividad que les trasmite igual eficacia. Se da, en consecuencia, el fenómeno de la sustitución automática de la cláusula contractual por fuerza de alteración del estatuto legal; las condiciones de trabajo automáticamente se modifican"[9].

Entre as alterações mais comuns nas condições de trabalho de origem normativa (legal ou contratual) devem se computar as modificações salariais como

---

(6) Cf. MADRID, Juan C. Fernández. Las profesiones liberales y el contrato de trabajo. *DT*, XLVIII A, p. 181.
(7) KROTOSCHIN, Ernesto. El contrato de trabajo y el derecho de las obligaciones. *LT*, XX, p. 950.
(8) SÜSSEKIND, Arnaldo; MARANHÃO, Délio; TEIXEIRA FILHO, João de Lima *et al*. *Instituições de direito do trabalho*. São Paulo: LTr, 1999. v. 1, p. 538.
(9) Cf. TORRES, Guillermo Cabanellas de. *Compendio de derecho laboral*, cit., p. 523.

derivação dos incrementos no salário mínimo ou nos básicos de acordos. Porém são também habituais as reduções horárias em determinadas circunstâncias do processo produtivo ou para certas categorias de trabalhadores, tudo isso dentro da ordem pública laboral que assim o autoriza; ainda que isso jamais será compatível com a redução proporcional dos salários.

Os arts. 116 a 120 da Lei do Contrato de Trabalho se referem ao assunto (Capítulo II "Do salário mínimo vital e móvel") e, em particular, o art. 119 prescreve:

Prohibición de abonar salarios inferiores: Por ninguna causa podrán abonarse salarios inferiores a los que se fijen de conformidad al presente capítulo, salvo los que resulten de reducciones para aprendices o menores o para trabajadores de capacidad manifiestamente disminuida o que cumplan jornadas de trabajo reducida, no impuesta por la calificación, de acuerdo con lo dispuesto en el art. 200" (trabajo nocturno o insalubre).

A intangibilidade dos salários está também garantida pelo art. 140 da Lei Nacional do Emprego (argentina) n. 24.013, sancionada em 13.11.1991, que inclui entre seus beneficiários "Todos los Trabajadores comprendidos en la Ley de Contrato de Trabajo, pero también a los de la administración pública nacional, de todas las entidades y organismos en que el Estado Nacional actúe como empleador" (que) "tendrán derecho a percibir una remuneración no inferior al salario mínimo vital y móvil, que se establezca de conformidad a lo preceptuado en esta ley".

Como se torna evidente, a "alteração obrigatória de trabalho", nasce então como consequencia do interesse abstrato do grupo ou da categoria; porém às vezes se origina também em hipóteses de trato desigual para dependentes de igual categoria, por exemplo, no caso dos empregados públicos contratados por tempo determinado cujos salários são inferiores aos do companheiro de trabalho. A alteração se produz por aplicação do princípio de isonomia equiparando-se os salários ao nível do trabalhador mais bem remunerado.

Obviamente a modificação não se produzirá de maneira automática, e sim a requerimento de parte interessada com intervenção da justiça competente e a sentença que recaia terá caráter constitutivo[10].

3. Modificação voluntária — o jus variandi e seus excessos. Faculdade de modificar as formas e modalidades do trabalho

O empregador tem direito de apresentar todas essas mudanças sobre a forma e os meios de desempenhar o trabalho, de modo que essas mudanças não provoquem um exercício irracional desse poder, não alterem as modalidades essenciais do contrato nem deem origem a causa material ou dano moral do trabalhador.

---

(10) Justiça competente: Na hipótese apresentada de contradição entre um empregado contratado e outro temporário, a heteronomia gerará um conflito de "competências" em matéria processual porque se tratando de dois empregados do Estado, ao temporário se aplicariam as normas de direito público administrativo; e ao contratado (relação de direito privado) as normas do direito laboral. Assim, ao trabalhador discriminado se abre a competência da justiça do trabalho.

Cuando el empleador disponga medidas vedadas por este artículo, al trabajador le asistirá la posibilidad de optar por considerarse despedido sin causa o accionar persiguiendo el restablecimiento de las condiciones alteradas. En este último supuesto la acción se substanciará por el procedimiento sumarísimo, no pudiéndose innovar en las condiciones y modalidades de trabajo, salvo que estas sean generales para el establecimiento o sección, hasta que recaiga sentencia definitiva. (art. 66 da LCT)

Os artigos posteriores, 67, 68 e 69, não fazem outra coisa que complementar o disposto no art. 66: limitam as faculdades disciplináveis, regulam seu exercício e sobretudo proíbem taxativamente que uma "sanción disciplinaria constituya una modificación del contrato de trabajo".

Porque definitivamente o exercício do *jus variandi* implica excluir a arbitrariedade e certo **princípio de proporcionalidade**. O poder sancionador do empregador que deriva de sua faculdade de direção da empresa laboral não pode ser exercida de maneira absoluta e muito menos indiscriminada e arbitrariamente, já que entra a falta e a pena que receberá o trabalhador, que sempre e em cada caso é de duplo caráter, pois o aspecto "moral que implica toda sanción se agrega la pérdida de salario" (CNTrab. Sala VII, 1998.12.26 — Bilbao Pacheco Carlos J. c/ Intersec S.A. — T. y S. S., 1989-263 — Cf. T. Trabajo La Matanza n. 2, 1997.11.20 — Carkend Luis c/ Nuevo Federal S.A. LLBA 1998-632).

"Permitir" — por lo tanto — "que la modificación de tareas sea equiparada a una sanción correctiva, es darle validez a una deformación del *jus variandi*, y consagrar en el ámbito laboral, penas no previstas en el repertorio de usos, costumbres y normas del derecho del trabajo" (C. Trab. Córdoba, Sala 6, 1984.7.10 — Miranda Carlos O. c/ Banco de La Provincia de Córdoba — LLC 1985-302).

E ainda que não fosse substancial, é preciso acrescentar que a alteração das condições de trabalho não devem resultar do mero capricho do empregador, que "siempre se cuidará de satisfacer las exigencias de la organización del trabajo en la empresa y el respeto a la dignidad del trabajador y sus derechos patrimoniales excluyendo toda forma de abuso del derecho" (art. 68 da LCT, *in fine*).

4. *Regulamentos de empresa*

Como se sabe, os regulamentos de empresas são atos jurídicos unilaterais. Emanados do empregador, não são fontes de regulação do contrato da relação de trabalho (art. 1º da LCT), isto é, direitos e obrigações podem emanar do contrato, como ato jurídico bilateral (do voto do Dr. Morando) (CNTrab. — Sala VI – 1987.12.10. — Segivia Ramón P. C./ Hoteles Sheraton de Argentina S.A. — DT 1988-A — 626).

Assim a doutrina considera o regulamento como um ato que escapa aos limites do *jus variandi*. Por isso cabe ao empregador o direito de modificá-lo no exercício de sua capacidade de dirigir a empresa e ao trabalhador a possibilidade de aderir-

-lhe de forma tácita ou expressa. Ainda que seja oportuno esclarecer que tal adesão implica que as cláusulas regulamentárias das condições de trabalho passam — consequentemente — a integrar os contratos individuais "criando para os empregados um direito contratualmente adquirido", e como certa vez assinalou o Tribunal Superior do Trabalho brasileiro, em sua Súmula n. 51: "As cláusulas regulamentares, que revoguem ou alterem vantagens deferidas anteriormente, só atingirão os trabalhadores admitidos após a revogação ou alteração do regulamento".

Senão vejamos, na análise instrumental do "regulamento", é necessário distinguir entre normas de natureza "técnica" e aquelas outras que possuem natureza contratual. Porque como se encarregaram de esclarecer tanto o mestre Arnaldo Süssekind como Délio Maranhão[11] ,"se o regulamento de empresa, em seu conjunto, não pode ser considerado 'fonte de direito', nem o empregador um 'monarca' absoluto, não é menos certo que a este, como titular de uma organização, o direito confere um poder diretivo sobre os que trabalham nessa organização".

Uma potestade — reconheçamos — que nasce da natureza do direito privado, mas que os conflitos laborais do capitalismo têm revelado como geradora de todo tipo de excessos e arbitrariedades que não se pode ignorar.

Essa mesma potestade — é evidente — inclui faculdades para estabelecer lineamentos ou políticas relativas à economia da empresa, mas neste âmbito é onde se assume com maior nitidez o risco da mesma e "simetricamente a possibilidade — que lhe é reconhecida — de proceder à reorganização da empresa".

Consequentemente, deve-se interpretar que quando se trata de normas de "caráter técnico ou organizacional", as alterações nas condições de trabalho por parte do empregador não dependem, para sua eficácia jurídica, do consentimento dos empregados e por isso mesmo **não são parte dos respectivos contratos de trabalho** (cf. art. 2º da LCT argentina). As outras obras são de natureza contratual e, por aceitação expressa ou tácita do funcionário, passam a construir cláusulas do contrato de trabalho (art. 444 da CLT).

5. *Alteração por transferência de estabelecimento (arts. 225 a 250 da LCT)*

Um caso especial é a alteração do contrato de trabalho que se configura nas hipóteses de "transferencia del contrato de trabajo" (Título XI da LCT) por transferência de estabelecimento. Com efeito, e tal como já adiantamos em capítulos anteriores, o estabelecimento é a relação de emprego, o elemento singular e material que simboliza a residencia laboral do trabalhador e, com isso, um dos pressupostos básicos do contrato e da competência judicial para intervir nos conflitos entre empregadores e empregados (art. 6º da LCT e art. 24 da Lei n. 18.345 de Organização e Procedimento).

---

(11) *Instituições do direito do trabalho*, cit., p. 541.

Não por acaso os arts. 225 e 226 da LCT se referem ao tema, ainda que sob angulos diferentes: o art. 225 contempla a continuidade das obrigações emergentes de contrato de trabalho em situação de transferência de estabelecimento. Porém, é no art. 226 que convém nos determos:

Art. 226. Situación de despido

El trabajador podrá considerar extinguido el contrato de trabajo si, con motivo de la transferencia del establecimiento, se le infiriese un perjuicio que, apreciado con el criterio del art. 242, justificare el acto de denuncia. A tal objeto se ponderarán especialmente los casos en que, por razón de la transferencia, se cambia el objeto de la explotación, se alteran las funciones, cargo o empleo, o si mediare una separación entre diversas secciones, dependencia o sucursales de la empresa, de modo que se derive de ello disminución de la responsabilidad patrimonial del empleador.

Porque no dizer de Norberto Centeno[12]:

La transferencia no configura, en principio, causa de extinción del contrato, de allí que la ley promueve los casos en que el trabajador puede considerarse en situación de despido apartándose de la regla aludida. Nada obliga al trabajador, por supuesto, a continuar a las ordenes del nuevo empleador. Pero su negativa, salvo que se fundare en las circunstancias a que haremos mención, no le quita el carácter de renuncia o división, que deberá hacerse con las formalidades del art. 240 o, dado el caso como configurativa de justa causa de receso, conforme el art. 244, segundo párrafo, hecha la intimación por el sucesorio adquiriente, como lo expresaba Ramírez Gronda con respecto al art. 157, inc. 4 del Código de Comercio, Ley n. 11.729, la norma del art. 226 LCT, resuelve la cuestión en el sentido de que "el cambio de firma no justifica como tal cambio, la resolución del contrato (pero) nada impide que el trabajador pueda invocar justa causa de dimisión cuando a raíz del cambio, se haya transformado fundamentalmente la relación de trabajo, **lo mismo que en cualquier otra hipótesis de alteración unilateral de la relación**" es lo que se establece a través de la remisión a lo dispuesto en el art. 242 de la ley, que el trabajador puede ejercitar mediante la facultad de denuncia del art. 246. El principio señalado al comienzo no es absoluto, y como toda regla general admite las excepciones que la justifican.

Ainda que, como reconheceu mais tarde Garcia Martínez[13] com relação ao mesmo assunto: "também existe, na regulação legal uma manifesta proteção da empresa como unidade produtiva (leia-se unidade produtiva de propriedade privada) velando por sua continuação, ao impedir que o trabalhador possa rescindir o contrato de trabalho somente pelo fato da transferência, salvo a existência de causas especiais (art. 226 da LCT). Não por acaso o art. 230 da LCT exclui taxativamente do disposto no Título XI as empresas 'cuja transferência se opere a

---

(12) O art. 242 da LCT se refere a situações de "extinção do contrato de trabalho por justa causa".
(13) MARTÍNEZ, Roberto García. La transferencia del contrato de trabajo, sus fundamentos. *Legislación del trabajo*, Buenos Aires, año XXX, n. 357, p. 773, set. 1982.

favor do Estado" em cujo caso, até que se acordem estatutos ou convênios particulares, **os trabalhadores poderão ser regidos pelos estatutos ou acordos de empresa do Estado similares.**

Por último, aos arts. 227, 228 e 229 da LCT se referem respectivamente aos casos de "arrendamento ou cessão transitória do estabelecimento"; de solidariedade" e de "cessão do pessoal". No primeiro caso se dispõe que as regras sobre transferência dos arts. 225 e 226 da LCT " se aplican en caso de arrendamiento o cesión transitoria del establecimiento". Em particular "el legislador a impuesto al propietario del establecimiento con relación al arrendatario, las mismas obligaciones que median entre trasmitente y adquiriente del fondo de comercio" (CNTrab. Sala V, 1988.4.27 — Jofré de Jorquiera, Rosa c/ AMCAP Asociación Mutual del Personal de la Corporación Argentina de Carnes y otros. — T. S. S., 1998, 811). No entanto, o princípio não é aplicável nas **concorrências e falências**, já que, conforme o art. 199 da Lei n. 24.522 "el adquirente de la empresa cuya explotación haya continuado, no es considerado sucesor del fallido y del concurso respecto de todos los contratos laborales existentes a la fecha de la transferencia".

A sentença da Câmara Nacional de Trabalho argentina, em pleno n. 289 a respeito de "BAGLIERI, Osvaldo D. c/ NEMEC, Francisco y Cía. S. R. L. y otro de fecha 1997.8.08 puso fin al debate de los temas planteados en los renglones anterior. El adquirente de un establecimiento en las condiciones previstas en el art. 228 de la LCT (Ad. La, XXXIV-D, 3207; XXXVI-B, 1175) es responsable por las obligaciones del trasmitente derivadas de las relaciones laborales extinguidas con anterioridad a la transmisión"[14].

Em todo caso vale recordar — para finalizar — que o art. 229 da LCT prescreve: "La cesión del personal sin que comprenda el establecimiento, requiere la aceptación expresa y por escrito del trabajador. Aun cuando mediare tal conformidad, cedente y cesionario responden solidariamente por todas las obligaciones resultantes de la relación de trabajo cedida".

5. *Alteração do contrato, desregulação laboral, flexibilização e questões constitucionais*

No sistema argentino de regulação das relações de emprego a rigidez das normas e as exigências de sua aplicação tendem a desestimular a violação das obrigações normatizadas no contrato de trabalho, asseguradas na lei e/ou garantidas pela ordem pública laboral. Advertir-se-á então que estamos abordando questões básicas de direito do trabalho, que por isso mesmo adquirem hierarquia constitucional e são, portanto, o pico da pirâmide jurídica daquele país.

---

(14) Conf. Simón Julio C. y Simon (h) Julio C: "Acerca del Plenario 'Baglieri' — *RDL*, 2001. p. 268/269 — Buenos Aires: DGPLL, 2003. v. II, p. 581, quienes afirman con fundamento que un efecto del fallo que no resulta de una primera lectura es que su doctrina alcanza no solamente a las obligaciones laborales, sino también a las provenientes del régimen de seguridad social...".

Como bem pontifica o mestre Carlos Fayt,

no obrante constituir una categoría independiente, los derechos sociales son hoy estudiados juntamente con los derechos económicos y culturales, dado que todos ellos han tenido un desarrollo normativo común en el ámbito del sistema internacional de protección de los derechos humanos.

Los derechos sociales no deben estar a merced de los avatares de la economía. Su inclusión en la Constitución los instala definitivamente como derechos fundamentales que deben ser considerados por el Estado como Institutos centrales de su acción política. Los intereses particulares, por más que la sociedad adquiera el carácter singular de una sociedad posesiva de mercado, no pueden desproteger desvalorizar e incumplir con su deber de garantizarlos y preservarlos de todo enfrentamiento con intereses particulares. No se requiere un Estado benefactor, sino un estado inteligente que cumpla su deber con la sociedad, un estado social inteligente que utilice los fondos para hacer realidad los derechos sociales, absteniéndose de usarlos en prácticas viciosas de clientelismo político o gastos suntuarios. **Ese estado inteligente — dice — deberá reformular un modelo económico de una justa distribución del ingreso y una estructura basada en la cultura del trabajo** cuyos ejes deberían ser la actividad productiva agroindustrial, industrial y energética con miras a lograr el pleno desarrollo humano y la homogeneidad social, convirtiendo los impuestos en capital instalado y puestos de trabajo, promoviendo la cultura del trabajo, la educación, la investigación científica, el desarrollo tecnológico y todo cuanto se vincule con el dinamismo del mundo contemporáneo.[15]

Nessa mesma ordem de ideias — insiste Fayt —, segundo V. Linares Quintana expressou[16], antes da reforma constitucional de 1949, e ainda quando não haviam sido mencionados expressamente os direitos do trabalhador, estes estavam implicitamente reconhecidos e garantidos pela lei suprema, cujo amplo e generoso conteúdo teleológico da liberdade, justiça e bem-estar geral, permitia cobiçar em seu seio as mais avançadas convicções de amparo e proteção do trabalhador...

De todas as maneiras pode-se afirmar com razão que somente com a Reforma Constitucional de 1957 que se incorporaram expressamente na Carta Magna mudanças paradigmáticas na noção do trabalho, iniciadas com a Reforma de 1949, e que já não se trata de um direito civil regido pelas normas que regem os contratos entre particulares, e sim que, antes disso, nos vemos diante de um direito social, com uma tutela especial por parte do Estado.

---

(15) FAYT, Carlos S. Los derechos sociales en la constitución nacional. In: *Suplemento de la Ley Constitucional* (28.12.2007), Buenos Aires: La Ley, 2007. p. 1 a 13. O Dr. Fayt é um veterano Ministro da Corte Suprema de Justicia de la Nación. Porém para quem isto escreve, foi principalmente seu mestre de Pós-graduação em um curso de três anos sobre ciências políticas que Fayt organizou e dirigiu no Colégio de Advogados da Cidade de La Plata com a participação como discípulos de um numeroso grupo de graduados em Direito na Universidade Nacional daquella cidade na República Argentina.

(16) QUINTANA, Segundo. V. Linhares. *Tratado de la ciencia del derecho constitucional argentino y comparado.* Buenos Aires: ALFA-TV, 1953. p. 25.

A irrenunciabilidade desses direitos, a intangibilidade dos salários e o princípio da aplicação da norma mais favorável aos trabalhadores são pilares que sustentam o reconhecimento de faculdades por parte da ordem pública imperante; assim como a imposição de obrigações sobre a base do caráter necessário desses direitos, que as faz não desreguláveis nem flexíveis.

Consequentemente — esclarece Fayt —, a norma se insipra nos princípios de justiça social, **imperativa tanto para o Estado como para os particulares, que em consequência devem se abster de realizar qualquer conduta que possa se tornar violatória dos direitos.**

Mais adiante, mencionado autor sintetiza:

Por lo demás, la norma debe ser interpretada de forma amplia, en función del principio protectorio que de allí surge respecto de todas las formas de trabajo y del carácter integral e irrenunciable conferido a la seguridad social. La tarea interpretativa — agrega — debe además ser guiada por un criterio armonizador respecto del resto del texto constitucional, al ser este una estructura sistemática cuyas partes deben guardar coherencia entre sí.[17]

A enumeração pela formulação do princípio protetor, reitor da matéria e pauta de interpretação da norma. O trabalho, em todas as suas formas, gozará da proteção das leis, pretende Fayt, conceito este que não gera dúvidas e, uma vez em rigor, o "princípio protetor" aparece no parágrafo posterior: (...) As leis (...) que asseguravam ao trabalhador condições dignas e equitativas de trabalho; jornada limitada; descanso e férias remuneradas; retribuição justa; salário mínimo vital e móvel; igual remuneração por igual atividade; participação nos lucros das empresas com controle da produção e colaboração na direção; proteção contra a despedida arbitrária; estabilidade do empregado público; organização sindical livre e democrática, reconhecida pela simples inscrição em um registro...

De qualquer maneira concordamos com o critério doutrinário de que "a proteção formulada deve ser interpretada com caráter amplo, isto é, respeito a qualquer forma de trabalho, e não somente respeito ao trabalhador empregado" porque também compreende ao trabalhador autônomo. "Trata-se, definitivamente, de um princípio com nível constitucional ao qual o legislador deverá adequar-se e que, por sua vez, será utilizado como diretriz para a interpretação da legislação laboral".

Por outro lado, devemos acrescentar, com Walter F. Carnotta[18] que "el origen institucional, si se quiere de la cláusula social en nuestro orden constitucional, fue azaroso al depender de la voluntad y decisión de un gobierno de facto como fue el surgido de la llamada "Revolución Libertadora de 1955".

---

(17) FERNÁNDEZ, Mario Juan C. La constitución nacional y los derechos sociales (segunda parte). *Legislación del Trabajo*, n. 427-428, Buenos Aires, 1988. p. 510.
(18) CARNOTTA, Walter F. El art. 14 *bis* a la Luz de la Jurisprudencia actual de la corte suprema de justicia de la nación: homenaje y balance. In: *Suplemento La Ley Constitucional*, sexta-feira, 28.12.2007, Buenos Aires, p. 32-34.

Se se compara tal experiência com o "momento Constitucional" do ano de 1994 — sustenta Carnotta — "observamos que este también con su grado de eficacia, fue 'maximalista' y optimista en el campo de los derechos humanos, en donde cabe inscribir sin ninguna duda" ... "Sin ir más lejos, la estrategia de haber conferido 'jerarquía constitucional' u once documentos internacionales de derechos humanos en el art. 75 inc. 22 deja perplejos a no pocos expertos extranjeros, como índice de la penetración del orden internacional en el derecho doméstico".

A Corte Suprema de Justiça Nacional no caso "Vizzoti" (sentença de 14 de setembro de 2004, Fallosa: 327: 3678 — Buenos Aires: La Ley, 2004 — E, 192), pontualizou (no considerando décimo) que sustentar que o trabalhador é sujeito de atenção constitucional preferencial não é conclusão somente imposta pelo art 14 *bis*, e sim pelo renovado ritmo universal que representa o Direito Internacional dos Direitos Humanos, que conta com a hierarquia constitucional a partir da reforma de 1994. no caso "Aquino" (sentença do dia 21 de setembro de 2004, Fallos: 327:3753, La Ley, 2004. p. 95) os juízes Petracchi e Zaffaroni expressaram no considerando oitavo de seu voto concorrente, "que la vigencia constitucional del art. 14 *bis*, que tiene ya cumplios 47 años, a su vez se ha visto fortalecida y agigantada por la singular protección reconocida a toda persona trabajadora en textos internacionales de derechos humanos que, desde 1994, tienen jerarquía constitucional".

Obviamente — continua Carnotta —, "en el nuevo enfoque del art. 14 bis no solo entra a actual la reforma de 1994. El derecho infraconstitucional en materia laboral y previsional tuvo un considerable despliegue entre nosotros entre 1957 y 1994 (piénsese sino en la Ley de Contrato de Trabajo — 1974 — en la Ley n. 23.551 de Asociaciones Profesionales — 1988 — y en las leyes 18.037 y 18.038 de Jubilaciones y Pensiones — 1968 — entre muchas otras (Adla XLVIII-8; 1408; XXIX-A, 47; 65)".

Encerremos este item relativo à complexa matéria das alterações do Contrato de Trabalho, a flexibilização laboral e as reformas constitucionais precedidas de "numerosos e muito significativos votos em branco", citando a perspicaz María Angélica Gelli:

> De tal manera reingresaron en la Constitución Nacional, los derechos y garantías sociales; se consagró el derecho de los trabajadores a la organización libre y democrática; se dispuso del reconocimiento de derechos a los sindicatos y las consecuentes obligaciones del estado frente a los titulares de aquellos derechos y garantías[19].

7. *Alteração e flexibilização no direito comparado — Brasil*

Se há algo em comum no direito laboral latino-americano comparado é o contrato de trabalho de trato sucessivo e prazo indeterminado, e se em algo se

---

(19) GELLI, María Angélica. Los derechos sociales y el amparo en los entresijos de la historia argentina. In: *Suplemento La Ley Constitucional*, Directora: María Angélica Gelli, sexta-feira, 28.12.2007, Buenos Aires: La Ley, p. 67-70.

parecem e se diferenciam é que todos eles se caracterizam por sua natureza protetora irrenunciável e também por haver sido vítimas simultâneas de uma ofensiva desreguladora e flexibilizadora maiormente originada ideologicamente no "Consenso de Washington", o "neoliberalismo econômico" e os projetos de livre comércio e livre câmbio continental.

Simetricamente hão se gerado respostas na doutrina e na jurisprudência — também comuns em geral, e coincidentes na negação da "desregulação contratual" da "flexibilização laboral" e críticos das alterações do contrato de trabalho no que se refere à pessoa do contratante, no que concerne ao objeto e às condições pactuadas para sua execução.

Talvez seja o direito brasileiro o mais afetado na região pelas tendências flexibilizadoras apesar de sua riqueza conceitual e de sua enorme expansão geográfica, da essência de seus doutrinamentos e de uma abertura de sua organização judicial ao longo e ao largo do imenso país.

a) Alteração flexibilizante de origem constitucional

Chama a atenção que os constituintes da reforma da Constituição Federal brasileira do ano de 1988 tenham consentido em introduzir, no art. 7º da atual Carta Magna brasileira, cláusulas flexibilizantes, contraditórias com o objeto mesmo da norma que em seu § 1º estabelece: "São direitos dos trabalhadores urbanos e rurais, além de outros que visem à melhoria de sua condição social" ... etc., que são detalhados minuciosamente em 34 incisos.

As alterações flexibilizantes do contrato de trabalho são três, incluídas nas cláusulas VI, XIII e XIV, a saber[20]:

---

(20) Art. 7º São direitos dos trabalhadores urbanos e rurais, além de outros que visem à melhoria de sua condição social:
I — relação de emprego protegida contra despedida arbitrária ou sem justa causa, nos termos de lei complementar, que preverá indenização compensatória, dentre outros direitos;
II — seguro-desemprego, em caso de desemprego involuntário;
III — fundo de garantia do tempo de serviço;
IV — salário mínimo, fixado em lei, nacionalmente unificado, capaz de atender a suas necessidades vitais básicas e às de sua família com moradia, alimentação, educação, saúde, lazer, vestuário, higiene, transporte e previdência social, com reajustes periódicos que lhe preservem o poder aquisitivo, sendo vedada sua vinculação para qualquer fim;
V — piso salarial proporcional à extensão e à complexidade do trabalho;
VI — irredutibilidade do salário, salvo o disposto em convenção ou acordo coletivo;
VII — garantia de salário, nunca inferior ao mínimo, para os que percebem remuneração variável;
VIII — décimo terceiro salário com base na remuneração integral ou no valor da aposentadoria;
IX — remuneração do trabalho noturno superior à do diurno;
X — proteção do salário na forma da lei, constituindo crime sua retenção dolosa;
XI — participação nos lucros, ou resultados, desvinculada da remuneração, e, excepcionalmente, participação na gestão da empresa, conforme definido em lei;
XII — salário-família pago em razão do dependente do trabalhador de baixa renda nos termos da lei; (Redação dada pela Emenda Constitucional n. 20, de 1998)
XIII — duração do trabalho normal não superior a oito horas diárias e quarenta e quatro semanais, facultada a compensação de horários e a redução da jornada, mediante acordo ou convenção coletiva de trabalho; (*vide* Decreto-Lei n. 5.452, de 1943)
XIV — jornada de seis horas para o trabalho realizado em turnos ininterruptos de revezamento, salvo negociação coletiva;
XV — repouso semanal remunerado, preferencialmente aos domingos;

- Art. 7º, da Constituição Federal, inc. VI: "irredutibilidade do salário, salvo o disposto em convenção ou acordo coletivo";

- Art. 7º, inc. XIII: "duração do trabalho normal não superior a oito horas diárias e quarenta e quatro semanais, facultada a compensação de horários e a redução da jornada, mediante acordo ou convenção coletiva de trabalho";

- Art. 7º, inc. XIV: "jornada de seis horas para o trabalho realizado em turnos ininterruptos de revezamento, salvo negociação coletiva";

Não por acaso o eminente jurista brasileiro, prof. Arnaldo Süssekind, coautor no ano de 1943 do projeto que logo foi sancionado, como Lei n. 5.452 (1º.5.1943), Consolidação das Leis do Trabalho, escrevia em seu *Direito Constitucional do Trabalho*[21] A flexibilização do direito do trabalho, irradiada depois da primeira crise petroleira, foi sensivelmente ampliada a partir do fenômeno da globalização econômica. Ela vem sendo admitida, em níveis diferentes, tanto pelos neoliberais — a maioria dos quais quer na realidade a desregulamentação do direito do trabalho — como os defensores do Estado Social... que admitem a redução do grau de intervenção da lei para abrir espaço à complementação do piso protetor irrenunciável ou para flexibilizar sua aplicação mediante a negociação coletiva, ou seja, com a participação dos correspondentes sindicatos...

Portanto — esclarece o aoutor — **a desregulamentação do direito do trabalho retira a proteção do Estado ao trabalhador, permitindo que a autonomia da**

XVI — remuneração do serviço extraordinário superior, no mínimo, em cinqüenta por cento à do normal; (*vide* Decreto-Lei n. 5.452, art. 59, § 1º)
XVII — gozo de férias anuais remuneradas com, pelo menos, um terço a mais do que o salário normal;
XVIII — licença à gestante, sem prejuízo do emprego e do salário, com a duração de cento e vinte dias;
XIX — licença-paternidade, nos termos fixados em lei;
XX — proteção do mercado de trabalho da mulher, mediante incentivos específicos, nos termos da lei;
XXI — aviso prévio proporcional ao tempo de serviço, sendo no mínimo de trinta dias, nos termos da lei;
XXII — redução dos riscos inerentes ao trabalho, por meio de normas de saúde, higiene e segurança;
XXIII — adicional de remuneração para as atividades penosas, insalubres ou perigosas, na forma da lei;
XXIV — aposentadoria;
XXV — assistência gratuita aos filhos e dependentes desde o nascimento até 5 (cinco) anos de idade em creches e pré-escolas; (Redação dada pela Emenda Constitucional n. 53, de 2006)
XXVI — reconhecimento das convenções e acordos coletivos de trabalho;
XXVII — proteção em face da automação, na forma da lei;
XXVIII — seguro contra acidentes de trabalho, a cargo do empregador, sem excluir a indenização a que este está obrigado, quando incorrer em dolo ou culpa;
XXIX — ação, quanto aos créditos resultantes das relações de trabalho, com prazo prescricional de cinco anos para os trabalhadores urbanos e rurais, até o limite de dois anos após a extinção do contrato de trabalho; (Redação dada pela Emenda Constitucional n. 28, de 25.5.2000)
XXX — proibição de diferença de salários, de exercício de funções e de critério de admissão por motivo de sexo, idade, cor ou estado civil;
XXXI — proibição de qualquer discriminação no tocante a salário e critérios de admissão do trabalhador portador de deficiência;
XXXII — proibição de distinção entre trabalho manual, técnico e intelectual ou entre os profissionais respectivos;
XXXIII — proibição de trabalho noturno, perigoso ou insalubre a menores de dezoito e de qualquer trabalho a menores de dezesseis anos, salvo na condição de aprendiz, a partir de quatorze anos; (Redação dada pela Emenda Constitucional n. 20, de 1998)
XXXIV — igualdade de direitos entre o trabalhador com vínculo empregatício permanente e o trabalhador avulso.
Parágrafo único. São assegurados à categoria dos trabalhadores domésticos os direitos previstos nos incisos IV, VI, VIII, XV, XVII, XVIII, XIX, XXI e XXIV, bem como a sua integração à previdência social.
(21) SÜSSEKIND, Arnaldo. *Direito constitucional do trabalho*. Rio de Janeiro: Renovar, 2001. p. 51 e ss.

vontade, individual ou coletiva, regule as condições de trabalho e os direitos e obrigações derivados da relação de emprego.

Em síntese — conclui citando Georges Ripert – "a liberdade não basta para assegurar a igualdade, pois os mais fortes rapidamente se tornam opressores. Daí a necessidade de normas legais imperativas, com a condição de indisponibilidade. Porém elas devem corresponder ao nível de proteção sob o qual não se pode admitir o trabalho humano com dignidade".

Ao final — prescreve o art. 1º da Constituição brasileira, que um dos fundamentos do "estado Democrático de Direito" é "a dignidade da pessoa humana", o que parece inconcebível — admite —, *posto que é socialmente inaceitável e politicamente perigoso que o mundo seja impulsionado unicamente pelas leis de mercado.*

Em tal contexto — no entanto — a Constituição brasileira de 5 de outubro de 1988 possibilitou a flexibilização de alguma de suas normas: redutibilidade salarial, compensação de horários e trabalho em turnos alternativos ou de substituição (art. 7º, VI, XIII e XIV), mas sempre sob tutela sindical e convém apontar, quanto aos agentes da flexibilização, que o direito comparado indica que ela pode ser: a) unilateral, quando é imposta pela autoridade pública ou pelo próprio empregador (por exemplo: Chile, Panamá e Peru); b) quando é negociada com o sindicato (Brasil, Espanha e Itália); c) mista, isto é, unilateral ou negociada (por exemplo: Argentina).

Mas voltando ao caso do Brasil, melhor houvesse sido, segundo Süssekind, "que a Carta Magna houvesse possibilitado à lei ordinária indicar restritivamente as hipóteses nas quais as partes, por convenção ou acordo coletivo, pudessem flexibilizar a aplicação do preceito estatal, fixando os limites insuscetíveis de ser violados pelos instrumentos de autocomposição".

b) Alteração do contrato e limites no jus variandi — *Brasil: arts. 463/470 da CLT*

Os arts. 468, 469 e 470 da CLT se referem à alteração do Contrato de Trabalho por mútuo consentimento, ainda que, é evidente, com a exceção de que é adjudicado ao empregador um limitado *jus variandi*.

Art. 468. Nos contratos individuais de trabalho só é lícita a alteração das respectivas condições por mútuo consentimento, e ainda assim desde que não resultem, direta ou indiretamente, prejuízos ao empregado, sob pena de nulidade da cláusula infringente desta garantia.

Parágrafo único. Não se considera alteração unilateral a determinação do empregador para que o respectivo empregado reverta ao cargo efetivo, anteriormente ocupado, deixando o exercício de função de confiança.

Art. 469. Ao empregador é vedado transferir o empregado, sem a sua anuência, para localidade diversa da que resultar do contrato, não se considerando transferência a que não acarretar necessariamente a mudança do seu domicílio.

§ 1º Não estão compreendidos na proibição deste artigo: os empregados que exerçam cargo de confiança e aqueles cujos contratos tenham como condição, implícita ou explícita, a transferência, quando esta decorra de real necessidade de serviço. (Redação dada pela Lei n. 6.203, de 17.4.1975)

§ 2º É lícita a transferência quando ocorrer extinção do estabelecimento em que trabalhar o empregado.

§ 3º Em caso de necessidade de serviço o empregador poderá transferir o empregado para localidade diversa da que resultar do contrato, não obstante as restrições do artigo anterior, mas, nesse caso, ficará obrigado a um pagamento suplementar, nunca inferior a 25% (vinte e cinco por cento) dos salários que o empregado percebia naquela localidade, enquanto durar essa situação. (Parágrafo incluído pela Lei n. 6.203, de 17.4.1975)

Art. 470. As despesas resultantes da transferência correrão por conta do empregador. (Redação dada pela Lei n. 6.203, de 17.4.1975)

Convém ressaltar por último nesses temas que, conforme o resolvido na Súmula n. 51 do TST, "As cláusulas regulamentares, que revoguem ou alterem vantagens deferidas anteriormente, só atingirão os trabalhadores admitidos após a revogação ou alteração do regulamento".

Porém, basicamente nas alterações contratuais que afetem destinatários plurais de setor ou estabelecimento, com modalidades de produção complexas e técnicas variadas; convém aplicar as teorias sobre "conglobação dos objetos", investigando se as modificações prejudiciais aos funcionários serão ou não compensadas pelos benefícios que simultaneamente lhes são outorgados e, aqui sim, aplicar o princípio da norma mais favorável.

Capítulo XII

DA EXTINÇÃO DO CONTRATO DE TRABALHO
(ARTS. 231/255 DA LCT)

1. Acerca da ruptura do contrato

A hipótese de ruptura é a preexistência do contrato. Haverá possibilidade de distrato, pois, se previamente as partes inevitáveis no contrato de trabalho: empregador e empregado, houvessem concordado nas obrigações recíprocas nos termos a que se refere o art. 21 da Lei de Contrato de Trabalho:

> Habrá Contrato de Trabajo, cualquiera fuera su forma o denominación, siempre que una persona física se obligue a realizar actos, efectuar obras o prestar servicios a favor de la otra bajo la dependencia de esta, durante un período determinado o indeterminado de tiempo, mediante el pago de una remuneración. Sus cláusulas, en cuanto a la forma y condiciones de la prestación, **quedan sometidas a las disposiciones de orden público, los estatutos, las convenciones colectivas o los laudos con fuerza de tales y los usos y costumbres.**

As formas e modalidades que adquirirá o distrato, estão reguladas nos arts. 240 e 241 da LCT, a saber: "La extinción del contrato de trabajo por renuncia del trabajador" e "por mutuo acuerdo" respectivamente. Mas sempre — em ambas as hipóteses estará presente a bilateralidade do ato — posta de manifesto na formalidade do despacho telegráfico colacionado cursado pelo trabalhador a seu empregador ou ante a autoridade administrativa do trabalho — no primeiro caso e no segundo — "las partes por mutuo acuerdo... que deberá formalizarse mediante escritura pública o ante la autoridad judicial o administrativa del trabajo" sob pena de nulidade, em caso de celebrar-se o ato sem a presença pessoal do trabalhador e os requisitos precedentes.

Assim, a segunda das normas citadas termina consignando: "se considerará igualmente que la relación laboral ha quedado extinguida por voluntad concurrente de las partes, **si ello resultase del comportamiento concluyente y recíproco de las mismas, que traduzca inequívocamente el abandono de la relación**". Como se pode apreciar, a bilateralidade é condição de máxima e de mínima, tanto para o nascimento da convenção como para sua ruptura; e funda o carácter "recíproco" da renúncia, "lo que implica que el distracto recién queda configurado, y también sus efectos extintivos y cancelatorios, cuando la contraparte reciba la comunicación de dicha renuncia" (CNTrab. Sala 1, 1986/03/31; Castelli Osvaldo c/ Compañía S.K.F Argentina S.A. — DT 1987-A, 507 — DJ 1987.2.157).

Se configura en cambio, una simulación fraudulenta, si el principal con el concurso de la voluntad del trabajador quiso transformar el despido (acto oculto) en una renuncia (acto ostensible) (S. C. Buenos Aires, 1992.4.07 — GATTA, Domingo Antonio c/ Alpargata S. A. I. C. s/ indemnización por despido — La Ley, 1993-A, 289 — DJ 1993.1.593- JA, 1993-II — 641).

2. Do aviso-prévio (arts. 231/239)

A) Antecedentes

A intituição do "aviso-prévio" tem por objeto, como o indica sempre seu nome, fazer conhecer, por uma das partes contratantes à outra com um prazo razoável, seu propósito de resolver o contrato.

Trata-se também de um ato unilateral que faz cessar para o futuro os efeitos do contrato de trabalho por tempo indeterminado; como apontou certa vez Cabanellas de Torres "se está ante un acto voluntario, lícito, que tiene por fin inmediato aniquilar los derechos emanados del contrato de trabajo"[1].

Em síntese, o conceito de aviso-prévio significa a notificação que uma das partes — qualquer delas — efetua à outra de sua decisão de rescindir o contrato de trabalho, vencido o prazo estipulado na nota. O ato do aviso-prévio pressupõe a ruptura unilateral do contrato, por denúncia que efetua uma parte ou outra e que "deberá siempre probase por escrito" (art. 235 da LCT).

O instituto do aviso-prévio no direito argentino reconhece seus antecedentes no Código de Comércio promulgado pela Província de Buenos Aires em 1859 e adaptado como Lei Nacional no ano de 1862. Se por um lado a reforma de 1889 manteve o aviso-prévio em casos de "cesantía injustificada de los factores o dependientes"; o certo é que a sanção da Lei n. 20.744, do Contrato de Trabalho, art. 7º, ficaram revogados os arts. 231 a 255 desta última (com textos modificados segundo a Lei n. 25.877, sancionada em 2004, arts. 3º e 4º).

Porém, de qualquer modo, a denúncia antecipada do contrato de trabalho é uma das instituições consolidadas no e pelo direito laboral com ela o aviso-prévio; e antes de sua normativa, pelo costume; que não demorou a se impor como uma forma de assegurar a estabilidade nos empregos e atenuar no possível a interrupção súbita da produção e a desocupação repentina dos trabalhadores.

Em resumo, com o aviso-prévio, conclui Cabanellas, não se proíbem somente as despedidas; mas se previne o interessado e se limita o direito dos empregados de demitir o trabalhador a qualquer momento. Por isso, na maioria dos países tem--se regulado essa instituição com independência da indenização por antiguidade;

---

(1) TORRES, Guillermo Cabanellas de. *Compendio de derecho laboral*. 4. ed. Buenos Aires: Heliasta, 2001. t. I, p. 848.

e seu desenvolvimento tem se manifestado de forma diferente segundo o lugar, a atividade ou a empresa em que se aplica[2].

3. Aviso-prévio — *natureza jurídica*

É evidente, então, que com o aviso-prévio se concretiza uma declaração informativa que dá conta da vocação e vontade de uma das partes no Contrato de Trabalho à outra, que se põe de manifesto antes que se produza o distrato. Caracteriza-se também por um período de tempo que antecede à efetiva dissolução do vínculo contratual, mas que se antecipa ao conhecimento pela contraparte da decisão que se tornará efetiva a partir de determinado prazo.

É importante que se esclareça, no entanto, que durante o período em que se efetiva tal prazo, a relação de emprego persisite, e que durante o mesmo as duas partes poderão adotar as medidas conducentes à proteção dos respectivos interesses.

Também está claro que o aviso-prévio constitui um ato preparatório do distrato, porque transforma o contrato de trabalho por tempo indeterminado em outro por tempo determinado. Ainda que, como bem pontualizou Cabanellas, o ato deva se adequar a dstinte fonte jurídica que o tenha implantado e regule, seja a mesma de índole legal, de estipulação **contratual** ou de origem **consuetudinário**.

Já adiantamos além disso que se deve interpretar mais como uma potestade que como um direito, não é uma obrigação absolutamente exigível, e sim uma mudança suscetível de ser compensada por uma indenização de valor equivalente — se do patrão se trata — à dos salários que haveria tido que pagar durante o lapso de espera até a efetivação da despedida.

Porém quando se trata de uma despedida indireta, e o trabalhador não faz aviso-prévio, está obrigado a pagar ao empregador a indenização substitutiva do aviso-prévio, como no caso anterior, e também nesta hipótese o montante da indenização equivalerá ao valor dos salários devidos até o vencimento do prazo previsto para o aviso-prévio.

Isso pressupõe que o aviso-prévio é de aplicação em todas as modalidades do distrato laboral, seja por despedida direta ou indireta, e os fundamentos da imposição têm de ser buscados na intenção de evitar as consequências de um final imprevisto do contrato de trabalho. Na despedida indireta o trabalhador terá de levar em consideração como fundamentos do mesmo as injúrias do empregador configurativas da culpa patronal.

4. *O aviso-prévio e os prazos (arts. 231, 233, 236, 237, 238, 239)*

Diz o art. 231 da LCT:

---

(2) *Op. cit.*, p. 849.

El contrato de trabajo no podrá ser disuelto por voluntad de una de las partes, sin previo aviso, o en su defecto, indemnización además de la que corresponda al trabajador por su antigüedad en el empleo, cuando el contrato se disuelva por voluntad del empleador. El preaviso, cuando las partes no lo fijen en un término mayor, deberá darse con la anticipación siguiente:

a) por el trabajador, de QUINCE (15) días;

b) por el empleador, de QUINCE (15) días cuando el trabajador se encontrare en período de prueba; de UN (1) mes cuando el trabajador tuviese una antigüedad en el empleo que no exceda de CINCO (5) años y de DOS (2) meses cuando fuere superior.

(Artículo substituido por art. 3º de la Ley n. 25.877 BO 19.3.2004)

A) Aviso-prévio

Começo do prazo e integração da indenização com os salários do mês de despedida

No direito argentino a questão dos prazos está estreitamente vinculada com a problemática do começo e do esgotamento do processo de distrato; e consulte-se também a questão autônoma. Em primeiro lugar o começo do prazo não coincide com o da tomada da decisão nem com as datas da notificação; e é evidente que a legislação de fundo tem levado em consideração o disposto pela Lei de Organização e Procedimento da Justiça Nacional do Trabalho (18.345) que em seu art. 53 (LO) sobre "Prazos processuais" dipõe que todos os prazos processuais "serán improrrogables y perentorios y **correrán desde el día siguiente al de la notificación...**".

Precisamente, quanto ao começo dos prazos de aviso-prévio, "éstos correrán a partir del día siguiente al de la notificación..." (art. 233 da LCT, § 1º).

Mas é de interessante constatação que em nenhum caso, para a lei, quando a extinção do contrato de trabalho disposta pelo empregador se produza sem aviso-prévio e em data que não coincida com o último dia do mês, a indenização substitutiva devida ao trabalhador se integrará com o montante igual aos salários pelos dias faltantes até o último dia do mês em que ocorra, razão pela qual, nas liquidações respectivas, também "sempre" deverá ser incluído com destaque o denominado "integração do mês de despedida".

O último parágrafo da norma, esclarece no entanto, que o destaque "integração do mês de despedida" não procederá quando a extinção se produza durante o período de prova estabelecido no art. 92 *bis* da LCT.

5. Aviso-prévio: indenização substitutiva, retratação e prova (arts. 232, 234 e 235)

A violação das obrigações impostas pelo art. 231 da LCT, quanto a que se a parte omite o aviso-prévio ou o outorgue de maneira insuficiente, deverá abonar a outra indenização substitutiva equivalente à remuneração que corresponderia ao trabalhador durante os prazos assinalados no art. 231.

No direito laboral argentino, a indenização por despedida sem justa causa foi concebida por Deveali como "obligación patronal derivada del propio contrato individual de trabajo.

La indemnización por despido se presenta pues, como un apéndice de la obligación del preaviso; como un plazo suplementario del preaviso durante el cual el empleado despedido guarda el derecho sin tener el deber de prestar servicio"[3].

Essa curiosa citação do mestre Deveali[4] extraímos de Egon Felix Golttschalk, um importante autor clássico do Direito do Trabalho brasileiro e latino-americano[5] que assinalou com toda correção que a estabilidade é o último grau de garantia que a lei confere ao empregado para manter seu lugar de trabalho... A natureza jurídica do direito tanto à indenização como à estabilidade não vão muito além dessa responsabilidade social, delimitando o poder jurídico do empregador. Não há direito a indenização — no sistema do direito brasileiro — no caso de demissão voluntária ou de morte do empregado, evidenciando-se desse modo a natureza jurídica desse direito como derivado de um ato ilícito, ou melhor, do descumprimento de uma obrigação, imposta ao empregador.

Tal obrigação tem caráter imperativo, e por isso mesmo seu descumprimento gera somente uma sanção para o empregador, que, como assinalamos em itens anteriores, é de natureza econômica (art. 232 da LCT). **Mas a despedida não poderá ser retratada** — estipula o art. 234 da LCT — exceto por acordo das partes.

No entanto é necessário refletir sobre a redação da norma, porque poderia ser interpretada como contraditória, a saber: 1. A despedida é irrevogável e, *de per si,* configura uma injúria laboral; 2. por conseguinte gera irrenunciáveis direitos indenizatórios que não admitem "condiciones menos favorables para el trabajador que las dispuestas en las normas legales"... etc. (art. 7º da LCT) (cf. arts. 12; 103 e s. da LCT) e 3. por conseguinte o acordo de partes não invalida, não pode invalidar o direito do trabalhador a cobrar a indenização pela despedida. Em todo caso, sua reincorporação ao trabalho **configura um novo contrato.**

E ainda que a jurisprudência não seja pacífica, o certo é que tem se resolvido: "Es procedente indemnizar por despido — con más la integración del mes de despido y la sustitutiva del preaviso — al trabajador que, una vez retractado el despido a su respecto, reingresó al empleo en virtud de un nuevo contrato de trabajo, con otra fecha de ingreso a la que anteriormente tenía, y sin que ello signifique un enriquecimiento sin causa por haber cobrado las remuneraciones

---

(3) DEVEALI, Mario L. Naturaleza de la indemnización por despido. In: *Rev. Derecho del Trabajo,* Buenos Aires: La Ley, 1941. p. 308 e ss.
(4) Já relatamos em outra nota deste livro que fomos discípulos de graduação e de pós-graduação, enquanto cursávamos Direito na Universidade Nacional de La Plata, República Argentina, do professor Mario L. Deveali; que ditava suas aulas de Direito Social (?) Depois que foi especialmente contratado, quando chegou à Argentina, fugindo da discriminação antissemita dos nazistas na efêmera República de Salo, encabeçada por Mussolini.
(5) GOTTSCHALK, Egon Felix. *Norma pública e privada no direito do trabalho.* São Paulo: LTr, p. 224-225.

correspondientes al nuevo contrato" (CNTrab., Sala VI, 2000.11.13 Gill Raimundo A. c/ Kepner S.A. — La Ley 2001-D, 299).

Por último, e sempre com relação à notificação do aviso-prévio, ela "deberá probarse por escrito" (art. 235 e 240 da LCT).

6. Aviso-prévio: extinção e renúncia ao prazo faltante — extinção ao prestar serviços — licença diária (art. 236/239 da LCT)

Tal como foi desenvolvido no item anterior deste capítulo, está claro que a instituição do aviso-prévio, no direito argentino, constitui sem dúvida uma parte imprescindível do mecanismo da dissolução do contrato de trabalho pela vontade do empregador. Não o é, em contrapartida, quando ainda antes da extinção do prazo respectivo o trabalhador considera operada a dissolução do vínculo laboral que o unia ao empregador.

Desenvolvendo o tema, a jurisprudência tem precisado que "la primera hipótesis regulada por el art. 236 de la LCT se refiere a la situación habitual del trabajador a quien se ha notificado el preaviso con prestación de servicios y que ha obtenido un nuevo empleo al que debe incorporarse de inmediato, supuesto en el que *se lo faculta a renunciar al plazo faltante y, obviamente, a las remuneraciones que a el corresponderían, sin que el empleador pueda oponerse*. Se sacrifica el eventual interés del empleador en la prestación laboral durante el plazo completo, privilegiando la necesidad del trabajador de obtener un nuevo empleo" (CNTrab., Sala VI — 1992.5-.29- Alcare Francisco R. c/ Uñas Esculpidas SRL. — DT. 1992-B. 2302 — DJ 199371-557).

Em todo caso convém recordar que, "Durante el transcurso del preaviso subsistirán las obligaciones emergentes del contrato de trabajo" (art. 238 da LCT) "que mientras subsista el plazo del preaviso *el trabajador tendrá derecho, sin reducción de salario, a gozar de una licencia de dos horas diarias dentro de la jornada legal de trabajo, pudiendo optar por las dos primeras o las dos últimas de la jornada. El trabajador podrá igualmente optar por acumular las horas de licencia en una o más jornadas integras*" (art. 237 da LCT)[6].

E esgotando os temas em análise, com relação à eficácia do aviso-prévio (art. 234 da LCT), é necessário prever uma variedade de situações que envolvem e podem emoldurá-la, como por exemplo o aviso-prévio anterior e durante uma greve; durante uma enfermidade e em período de férias anuais. Ou também em hipóteses que afetem a estabilidade do integrante de sindicato e outros.

Como bem assinalou Cabanellas[7], "sea legítima o ilegítima, es inválida la notificación del preaviso hecha en el curso de una huelga: porque suspendida la

---

[6] Por uma questão metodológica, preferimos alterar a ordem de alguns dos artigos da Ley de Contrato de Trabajo correspondentes ao Título XI, Capítulo I, que estamos analisando.
[7] TORRES, Guillermo Cabanellas de. *Compendio de derecho laboral*. Buenos Aires: Heliasta, 2001. t. I, p. 863. (4. ed. atual. por José N. Gómez Escalante)

obligación de prestar servicio, se torna imposible el derecho del trabajador a disfrutar de una licencia diaria dentro de su jornada normadle trabajo. Si no existe dicha prestación de servicios, no puede haber tampoco licencia".

7. Aviso-prévio e doença (arts. 208, 213 da LCT)

Cabe aqui uma análise minuciosa das circunstâncias que são geradas a partir da suspensão do contrato de trabalho em hipóteses de acidentes ou doenças inculpáveis.

Como se sabe, o art. 211 da LCT dispõe conservar o posto do trabalhador durante um ano posterior aos prazos de interrupção, durante o qual se mantém a obrigação do empregador de pagar a remuneração. Como bem esclarece Krotoschin[8], que ao concluir mencionado ano, o distrato "no se produce por sí solo, sino por el empleador (o el trabajador) debe exteriorizar de alguna manera su intención de no continuar el vínculo".

No entanto — acrescenta — "no se trata propiamente de un preaviso — como tampoco cabe la indemnización sustitutiva en caso de omisión — puesto que (en el segundo año) el derecho a la remuneración ya no existe. La rescisión en este caso es de efecto inmediato y exime a las partes de responsabilidad indemnizatoria".

Convém esclarecer, além disso, que "cuando resultare una incapacidad absoluta del trabajador, la extinción del contrato se funda en la imposibilidad del cumplimiento" devidamente constatada pelas partes (Cf. T. S. Misiones, 2000.6.15 — Vicente c/ Expreso Singer S. A. T. D. T. 2001-B, 2141) o que, com mais razão, torna improcedente o aviso-prévio.

Assim — conclui Krotoschin — "conforme el art. 239, no solo no comienza a correr los plazos del preaviso, sino que este mismo carece de efectos salvo que se lo haya otorgado expresamente para comenzar a correr a partir del momento sin que cesara la causa de suspensión de la prestación de servicios, de modo que debe renovarse una vez cesada la interrupción del contrato a causa de la enfermedad".

Se ao contrário, a enfermidade ou acidente sobrevenha durante o prazo de aviso-prévio, este fica suspenso pelo lapso da licença remunerada, ou a incapacidade real do trabalhador, já que o contrato ainda não se dissolveu e o empregador deve cumprir com as obrigações que lhe impõe a lei até a extinção deste (cf. art. 238 da LCT).

8. Aviso-prévio: falências e concursos (arts. 251, 261 a 274 – Lei n. 24.522)

Conforme o art. 251 da LCT:

Si la quiebra del empleador motivara la la extinción del contrato de trabajo y aquélla fuera debida a causas no imputables al mismo, la indemnización correspondiente al trabajador será la prevista en el art. 247. En cualquier otro supuesto dicha indemnización se calculará conforme a los previstos en el art. 245. La determinación de las circunstancias a que se refiere este artículo será efectuada por el juez de la quiebra al momento de dictar la resolución sobre procedencia y alcances de las solicitudes de verificación formuladas por los acreedores.

(Artículo sustituido por art. 294 de la Ley n. 24.522 BO 9.8.1995)

Temos abordado o tratamento deste tema — como deve ser em um livro de direito do trabalho — do ponto de vista da norma laboral incluída no Título XII, Capítulo IX da Lei de Contrato de Trabalho argentina.

No entanto, a norma laboral parte de uma hipótese que de nenhuma maneira se configura no contexto da Lei n. 24.522 de Concursos e Falências, cujo art. 196 estabelece taxativamente que "La quiebra no produce la disolución del contrato de trabajo sino su suspensión de pleno derecho por el término de 60 (sesenta) días corridos".

Do que se trata então é de conjugar ambas normativas para determinar a predominante no caso concreto atendendo — sempre que envolva um contrato de trabalho — ao disposto nos arts. 3º, 9º, 11 e seguintes da LCT.

Senão vejamos, segundo o art. 90 da LCT, que foi analisado em capítulo anterior, "el contrato de trabajo se entenderá celebrado por tiempo indeterminado...", princípio este de caráter essencial na análise da figura, porque constitui uma presunção *juris tantum* suscetível somente de prova em contrário (determinação no tempo) por parte do empregador (art. 92 da LCT). De tal modo que, à luz dos princípios juslaboralistas, a suspensão do contrato de trabalho, de acordo com o art. 196 da *Ley de Concursos y Quiebras* e não o distrato pelo término de sessenta dias corridos, é congruente com o princípio de continuidade do contrato de trabalho ao qual se refere o art. 10 da LCT.

Daí, portanto, se deve partir para determinar a viabilidade ou não do aviso-prévio ou de sua indenização substitutiva, dependendo da posterior extinção do contrato de trabalho (despedida pelo síndico; fechamento da empresa ou aquisição por um terceiro) conforme prevê o art. 198 da Lei n. 24.522.

Não obstante o exposto em itens anteriores, não se deve supor — como o quer certo setor da doutrina comercialista — que "la Ley n. 24.522 y no la LCT deberá obrar como la normativa predominante en la materia"[9].

Matorell talvez confunda os alcances do art. 8º, inc. 9, do Código de Comércio, que por sua antiguidade (a norma foi redigida por Vélez Sarsfield e sancionada em 1862) fica absolutamente desatualizado e derrogado a partir da sanção da LCT e em particular do disposto nos arts. 1º, 3º, 4º e 9º, e o art. 14 bis da Constituição argentina.

Mais ainda, do ponto de vista da abordagem metodológica, comete o erro de designar a um proeminente juslaboralista como o cordovês Altamira Gigena, a

---

(8) KROTOSCHIN, Ernesto. *Manual de derecho del trabajo*. Buenos Aires: Depalma, 1977. p. 132-134.
(9) Conf. MARTORELLI, Ernesto Eduardo. *Concurso y quiebra de la empresa Ley n. 24.522. Problemática laboral*. Buenos Aires: Ad-Hoc, 1996. p. 227.

responsabilidae por insistir no predomínio (?) da legislação laboral (LCT), ignorando assim o princípio protetório de origem legal que consagram o art. 14 *bis* da Constituição Nacional argentina e ratifica o art. 9º da Lei n. 20.744.

A rigor, o que Martorelli — um estudioso sem dúvida — subestima é o princípio geral de interpretação que introduz o art. 31 da Carta Magna, quanto a que indiscriminadamente: "Esta Constitución, las leyes de la Nación que en su consecuencia se dicten por el Congreso y los tratados con las potencias extranjeras son la ley suprema de la Nación". Dessa maneira a única supremacia que a lei admite gera a pirâmide jurídica que organiza a Constituição Nacional mesmo com as leis que regulamentam seu exercício.

Apresentadas assim as coisas, convenhamos que a Lei n. 24.522 introduziu um critério inovador em matéria de falências, quando, diferenciando-se da antiga Lei n. 11.729 (revogada) e da doutrina imperante, introduziu uma novidade de vigência transitória: "con la falencia del principal ya no sobrevendría el distracto y el derecho a la indemnización por despido" (art. 157, inc. 5 da Lei n. 11.729), e sim que em contrapartida, por um período muito limitado de 60 (sessenta) dias corridos, "la quiebra no produce la disolución del contrato de trabajo, sino su suspensión de pleno derecho" (art. 196 da Lei n. 24.522).

Senão vejamos, que fundamentos tem a "postergação" do distrato por 60 dias, como indica o § 2º do art. 196 da Lei n. 24.552?

Observando em detalhes a Lei do Contrato de Trabalho, é possível notar que o Título XII se denomina: "De la extinción del Contrato de Trabajo" e regulamenta a figura em dez capítulos (desde o capítulo II a XI) e referências complementares nos arts. 231 a 239; 240; 241; 242 a 246; 247; 248; 249; 250; 252 a 253; 254 a 255, todo eles alheios ao instituto da falência.

Para o art. 251 (Capítulo IX: De la Extinción del Contrato de Trabajo por Quiebra o Concurso del empleador) ingressa diretamente no tema da extinção por falência ou concurso de que estamos tratando, tarifando a indenização por despedida sem culpa do empregador na metade (art. 247 da LCT) da que fixa o art. 245 da LCT para qualquer outra causa determinada pelo juiz da falência.

Como é evidente, a norma do art. 251 da LCT incorporou o tema falência e concurso no coração do sistema laboral que logo, estende ao Título XIV (De los Principios), Capítulo I (De la Preferencia de los créditos laborales) arts. 261 a 274 da LCT) ainda que a origem da norma esteja na Lei n. 24.522.

Em particular, no art. 268 da LCT (Título XIV, Capítulo II), que se refere aos Privilégios Especiais, reproduz (com algumna diferença de redação não significativa) o texto do art. 241 da Lei n. 24.522 (de Concursos e falências) pelo qual "los créditos por remuneraciones debidas al trabajador por 6 meses y los provenientes de indemnizaciones por accidente de trabajo, antigüedad o despido, falta de preaviso y fondo de desempleo, gozan de privilegio especial sobre las mercaderías, materias primas y maquinarias que integran el establecimiento donde haya prestado sus servicios o que sirva para la explotación de que aquel forma parte...".

Como adiantamos, **quase** não há diferença na redação de ambas as normas — por exemplo — enquanto a LCT estende o **privilégio especial "sobre las mercaderías, materias primas y maquinarias que integran el establecimiento donde hay prestado sus servicios o que sirva para la explotación** de que aquel forma parte", o art. 241 da Lei de Concursos e Falências restringe o privilégio "a los mismos vienes pero en tanto y en cuanto siendo propiedad del concursado, se encuentren en el establecimiento donde haya prestado sus servicios o que sirvan para su explotación".

Segundo a jurisprudência comercial, a "extinción del asiento correspondiente a los créditos laborales con privilegio especial deben juzgarse según lo dispuesto por el art. 241 inc. 2 de la Ley n. 24.522, que suprimió la extensión del privilegio sobre otros bienes que fueren resultado de la explotación. **Si bien esa referencia se mantiene en el art. 268, § 2º de la Ley de Contrato de Trabajo**; siendo una supresión específica introducida por aquella, debe entenderse que es derogatoria de la Ley anterior en el aspecto indicado". (CN Com. Sala C, 1997.7.08 — Camarasa Jose C/ Celulosa Jujuy S.A. — La Ley, 1997-F, 814 —DJ 1998-1/743).

A jurisprudência anotada refere-se ao debate doutrinário a respeito de se a normativa laboral autoriza ou não o exercício do privilégio sobre coisas alheias que estejam permanentemente destinadas ao funcionamento do estabelecimento (Cf. LÓPEZ, Justo; CENTENO, Norberto O.; FERNÁNDEZ, J. C. *Ley de contrato de trabajo comentada*. Madrid: Contabilidad Moderna, 1987. t. II, p. 1360)[10].

A rigor, o debate subsiste, como o evidencia nosso comentário crítico das teses de Martorelli sobre a "predominância" de um ramo do direito sobre o outro. Por isso mesmo insistimos: Que importância tem a postergação do distrato por 60 dias como o dispõe o art. 196 da Lei n. 24.522, § 2º?

A transcendência da suspensão do distrato adquire seu significado porque supõe uma postergação do aviso-prévio por 60 dias e a correção monetária sobre a indenização por despedida e a qual é devida por falta de aviso-prévio. Miguel Maza tem assinalado com precisão que "se define el preaviso como el aviso anticipado a una fecha cierta y estipulada por la cual una persona hace conocer su decisión de retirarse de un contrato..."[11]. Isso, acrescenta o autor, concordando com Deveali, "como una derivación directa del deber de obrar de buena fe, presente en todos los contratos".

Krotoschin, por sua vez, assinala com razão que "la quiebra o el concurso del empleador no produce 'coipso' la extinción del contrato, pero puede

---

(10) Nota em *Digesto práctico la ley* — ley de contrato de trabajo. Buenos Aires: La Ley, t. II, p. 994.
(11) MAZA, Miguel A. El preaviso en el contrato de trabajo: distintos regímenes legales en vigencia. *RDL*, 2000-1-117.

motivarla"[12]; e se se resolve não continuar a exploração, o contrato se dissolve e fica notificada a despedida derivada da falência, correspondendo ao trabalhador as indenizações por despedida e falta de aviso-prévio (cf. Tribunal del Trabajo de Lomas de Zamora n. 3, 1993.10.20: Correa Raúl T. c/ Lorenzi Hnos. S.A. DT 1994-B, 1199).

Por isso, "cuando el contrato de trabajo se extingue por motivo de la quiebra — haya mediado o no despido formal — el trabajador tiene derecho a la indemnización prevista para el caso de la extinción del contrato por fuerza mayor o por falta o discriminación del trabajo, siempre que la quiebra se debiera a causas no imputables al empleador. De lo contrario corresponde la indemnización plana, como en caso de extinción del contrato sin causa"[13].

E Krotoschin, com referência expressa ao art. 251 da LCT, na nota de rodapé 29 de sua citada obra[14], conclui: "la determinación de las circunstancias referidas debe ser efectuada por el juez con competencia en lo laboral (art. 251 da LCT); criterio que compartimos y nos parece absolutamente congruente".

9. Aviso-prévio: da extinção do contrato de trabalho por justa causa. Despedida direta — o conceito de injúria trabalhista (arts. 242 a 246 da LCT)

Quando se faz referência à extinção do contrato de trabalho, está-se falando de ruptura do vínculo contratual entre empregador e empregado, de "distrato" em suma. No contexto em que a continuidade do contrato de trabalho e sua indeterminação no tempo são a regra; a extinção ou o distrato são figuras que deveriam se manifestar como exceção, mas que nas circunstâncias contemporâneas de globalização e de crise do capitalismo têm-se tornado muito frequentes, gerando fenômenos de desemprego em massa que caracterizam a época.

A "despedida sem justa causa" constitui assim a causal mais frequente de extinção do contrato, e sua abordagem revelará que configura o pretexto mais habitual dos empregadores para justificar a ruptura do vínculo com os trabalhadores — como apontou corretamente Guillermo Cabanellas, se trata na realidade de um "abuso de direito" que encerra uma antítese ou paradoxo jurídico; porque onde o abuso começa, ali termina o direito[15].

A rigor, a figura do "abuso de direito" é de aplicação no direito do trabalho contemporâneo, porque os atributos de ambas as partes não são nada além de meios conducentes à regulação da relação de emprego, e em virtude disso seu uso é lícito quando se trate do cumprimento do contrato. Por isso mesmo a teoria do "abuso do direito" desempenha um papel de destaque no desenvolvimento do contrato de

---

(12) KROTOSCHIN, Ernesto. *Manual del derecho del trabajo*. Buenos Aires: Depalma, 1977. p. 126.
(13) *Op. cit.*, p. 127-128.
(14) *Op. cit.*, p. 128.
(15) TORRES, Guillermo Cabanellas de. *Compendio de derecho laboral*. Buenos Aires: Heliasta, 2000. t. I, p. 749.

trabalho, fundamentalmente no que se refere à ruptura do mesmo, enfocada como decisão abusiva quando se adota unilateralmente e sem justa causa[16].

Na doutrina tem-se definido a estabilidade no emprego como "un derecho que se incorpora al patrimonio económico del trabajador y revela la preocupación del Estado por el mantenimiento del contrato de trabajo" — insiste Cabanellas — "siempre que el trabajador no haya dado causa para la respectiva denuncia. Es que la estabilidad" — conclui —, "implica el tratamiento jurídico especial que se dá a quien se encuentra en determinadas condiciones; es decir, a quien reviste la calidad de permanente; se necesita para ello, que medie una limitación a la facultad de poner fin a la relación; es decir, que exista la protección jurídica. La estabilidad no es sino un modo de ser de la permanencia"[17].

Por tudo isso, o legislador, no art. 242, previu que:

Una de las partes podrá hacer denuncia del contrato de trabajo en caso de **inobservancia por parte de la otra de las obligaciones resultantes del mismo que configuren injuria** y que, por su gravedad, no consienta la prosecución de la relación.

La valoración deberá ser hecha prudencialmente por los jueces, teniendo en consideración el carácter de las relaciones que resulta de un contrato de trabajo, según lo dispuesto en la presente ley, y las modalidades y circunstancias personales en cada caso.

10. Injúria

Para caracterizar a "injúria trabalhista", a normativa e a doutrina têm usado o termo definindo-o como qualquer dano material, físico ou moral, produzido pela conduta de uma das partes e que afeta gravemente a essência da relação de trabalho que se estriba no cumprimento leal dos deveres mútuos, segundo Krotoschin[18].

Porém sobre tudo a injúria infligida deve tornar totalmente iníqua a obrigação de pagar indenizações e tão grave que nem sequer a continuação da relação pelo término do aviso-prévio pode ser consentida.

De outro ponto de vista, a injúria não necessariamente tem de consistir em uma violação culpável das obrigações derivadas do contrato de trabalho, pode resultar também de um estado de inaptidão ou morbosidade do trabalhador, de mudanças substanciais na empresa ou na conduta habitual das partes (cf. art. 226 da LCT).

Em geral — tem-se dito — "la injuria laboral está dada por todo acto u omisión en que puede incurrir tanto el trabajador como el empleador, que importen daño,

---

(16) *Op. cit.*, p. 750.
(17) *Idem.*
(18) KROTOSCHIN, Ernesto. *Manual de derecho del trabajo*, cit., p. 135.

menoscabo o perjuicio a la seguridad, honor o intereses de una de las partes, o se que para erigirse en justa causa de despido, el obrar contrario a derecho debe asumir magnitud suficiente para desplazar del primer plano el principio de conservación del contrato" (C. Trabajo — Mendoza, 1992.9.02 Ferrando Roberto A. y otro c/ Banco de Mendoza — DT 1992-B-2074).

Como exemplo de condutas patronais que facultam ao trabalhador o considerar-se injuriado, citaremos:

1) em caso de pagamento insuficiente de salários (art. 260 da LCT) e de atraso ou falta de pagamento (art. 74 da LCT) dos mesmos;

2) descumprimento das obrigações de registrar o contrato de trabalho (arts. 51, 52, 54 e ss. da LCT).

3) falta de pagamento dos depósitos e das contribuições das obrigações do empregador para com os organismos sindicais e de seguridade social (art. 80 da LCT).

4) em caso de exercício abusivo do direito de variar as condições de trabalho (excesso no *jus variandi*) como por exemplo mudança de atividade, de lugar (residência laboral), de horários, de modalidades e formas de trabalho (art. 66, § 2º da LCT).

5) sanções disciplinárias que possam significar modificações no contrato de trabalho e/ou condutas arbitrárias do empregador.

6) agressões, insultos (medidos segundo o nível cultural das partes) ou falta de respeito (arts. 68 e 70 da LCT).

7) descumprimento do dever de ocupação por parte do empregador (arts. 75, 77 e 78 da LCT e outros).

Em todas as hipóteses, a despedida deverá ser declarada de modo tal que seja uma consequência imediata do fato gerador, porque a postergação no tempo dará direito ao empregador de considerar extinta a injúria.

Por outro lado, a jurisprudência tem considerado como "injúrias graves" contra o empregador, entre outras, as seguintes:

a) descumprimento das obrigações do trabalhador dependendo da importância e/ou gravidade das mesmas.

b) faltas aos deveres de diligência e colaboração (art. 84 da LCT) por parte do funcionário.

c) descumprimento de ordens e instruções reiteradas (art. 86 da LCT).

d) abandono reiterado do serviço (art. 244 da LCT) e outros.

Sendo assim, a injúria trabalhista serve de sustento e pode ser esgrimida pela parte ofendida se o empregador, para fundamentar uma despedida com justa causa (art. 242 da LCT) e se é o empregado a sustentar uma despedida indireta (art. 246 da LCT), sem justa causa.

11. Despedida sem justa causa

Senão vejamos, tanto a despedida com justa causa disposta pelo empregador como a denúncia do contrato de trabalho fundada em justa causa por culpa do trabalhador deverão ser comunicadas por escrito, com expressão suficientemente clara dos motivos em que se funda a ruptura do contrato (art. 243 da LCT); e conclui a norma: "Ante la demanda que promoviese la parte interesada, no se admitirá la modificación de la causa del despido consignada en las comunicaciones antes referida".

Em torno das prescrições do art. 243 da LCT tem ocorrido um debate na doutrina e na jurisprudência. Em certo momento Krotoschin havia advertido sobre a necessidade de "proteger la relación de trabajo... contra una disolución intempestiva o de mala fé"[19]. Isso vale — acrescenta — "sobre todo, para la relación de trabajo por tiempo indeterminado (excepcionalmente en caso de ruptura *ante tempus*, también para el contrato a plazo fijo".

Regra geral — explica o mestre — "esta relación constituye para el trabajador la base económica de su existencia, de modo que la protección contra su disolución injustificada o abrupta, adquiere una importancia especial. Al efecto, el legislador argentino siguiendo diversos modelos técnicos que ofrece la teoría y el derecho comparado, ha creado varias posibilidades que las partes — **y naturalmente el trabajador en primer término** — pueden usar contra 'despidos arbitrarios' (art. 14 *bis* **de la Constitución Nacional) o inoportunos. Estas posibilidades**" — acrescenta — "van desde la nulidad y la consiguiente reincorporación hasta la obligación (graduada) de indemnización".

"Las normas de protección contra el despido limitan solo el derecho de despido del empleador, no afectan el derecho de denuncia del contrato de trabajo por parte del trabajador"[20], conclui o autor.

E a Corte Suprema de Justiça Nacional ratifica o critério de interpretação que temos adotado:

La obligación de ratificar las causas del despido y no poder modificar estas en juicios responde a la finalidad de dar al dependiente la posibilidad de estructurar en forma adecuada la defensa, pues se trata del basamento mismo para que los preceptos contenidos en el artículo 18 de la Constitución Nacional, pueden hallar plena vigencia en la solución del conflicto a desarrollarse...[21].

Contudo, antes da sentença parcialmente transcrita a Suprema Corte de Justiça da Província de Buenos Aires decidia: "Las formalidades establecidas por el art. 243 de la Ley de Contrato de Trabajo **son de cumplimiento imprescindible cuando se invoca extinción del contrato con justa causa**"[22].

---

(19) KROTOSCHIN, Ernesto. *Op. cit.*, p. 139-140.
(20) *Op. cit.*
(21) CSJN, 2001.8.09 — Vera Daniel A c/ Droguería Saporiti S.A. — DT 2002-A, 71 com nota de Pose Carlos.
(22) SCBA 1996.7.07 — Villalba Jorge o. c/ Danal Sociedad de Hecho y otros s/ *Despido* — manual de jurisprudencia. *Ley de contrato de trabajo*. 4. ed. Buenos Aires: La Ley, 2002. p. 663.

12. Despedida indireta

Art. 246 da LCT: "Cuando el trabajador hiciese denuncia del contrato de trabajo fundado en justa causa, tendrá derecho a las indemnizaciones previstas en los arts. 232, 233 y 245"[23].

O critério que segue a norma é que a "despedida indireta" se configura a partir da ruptura do contrato de trabalho por iniciativa do trabalhador baseado em "injusta causa", imputável ao empregador.

As normas gerais referidas à despedida do trabalhador sem justa causa são pois aplicáveis ao caso; desde que a rigor a despedida indireta equivale a uma ruptura do contrato com fundamento na lei, mas absolutamente imputável ao empregador. A diferença com a despedida direta se estriba no rol que desempenham os protagonistas do ato. Neste último, o papel do trabalhador é passivo; enquanto na despedida indireta sua posição é ativa, pois é quem se considera despedido.

As figuras do "abandono de trabalho" (art. 244 da LCT) e da "indenização" por despedida sem justa causa serão tratadas separadamente apesar de ambas estarem incluídas no Título XII, Capítulo IV da LCT.

ABANDONO DE TRABALHO: Sempre que se concretize a ausência do empregado e suas atividades, descumprindo o dever de comparecimento do funcionário ao local de trabalho, o empregador terá de intimá-lo a retomar imediatamente suas atividades sob risco de ser considerado em situação de abandono das mesmas.

Art. 244, da LCT: El abandono del trabajo como acto de incumplimiento del trabajador sólo se configurará previa constitución en mora, mediante intimación hecha en forma fehaciente a que se reintegre al trabajo, por el plazo que impongan las modalidades que resulten en cada caso.

13. Indenização por despedida sem justa causa

Assim como apresenta Ackerman[24],

a pauta general para el abordaje del análisis de las normas legales y reglamentarias relacionadas con la protección contra el despido arbitrario, el criterio expuesto por la Corte Suprema ha sido el de reconocer amplias facultades tanto al poder Legislativo como al Ejecutivo. Con relación al primero, señaló el Máximo Tribunal que "en cumplimiento del deber constitucional del Estado de asegurar la protección contra el despido arbitrario, corresponde al legislador establecer las bases jurídicas que reglamentan las relaciones de trabajo y las consecuencias que se derivan de la naturaleza del contrato laboral, sin que los jueces se hallen facultados para decidir sobre el

---

(23) Conforme Lei n. 24.013 arts. 6º, 7º e ss.
(24) ACKERMAN, Mario E. Validez constitucional de la tarifa con tope en la indemnización por despido arbitrario de cara a la doctrina actual de la Corte Suprema de Justicia. RDL 2001-170. Reproduzido em *Digesto Práctico La Ley*, 2003. t. II. p. 757.

mérito o conveniencia de la legislación sobre la materia ("Paluri", con cita de fallo 238:60) y en algún caso hizo expresa referencia a la imposibilidad de que el Poder Judicial revise el criterio del legislador sobre la conveniencia de que la naturaleza y la medida de los beneficios reconocidos a los trabajadores pueda figurar en normas uniformes o la imposibilidad de que ellos se consiga porque las peculiaridades de la actividad laboral no permiten esa unidad ("Paluri": con cita de los fallos 190: 245). Una posición similar asume frente a las facultades conferidas al Poder Ejecutivo para determinar la política económica y social a quien consideró que corresponde reconocer **una razonable amplitud de criterio para su ejercicio en aras del bienestar general** y en concordancia con los lineamientos generales que la inspiran ("Ulman"). Como consecuencia de ello, y también como pauta general, admitió que "Los motivos de equidad subjetivamente apreciados no pueden servir de pretexto para que los jueces dejen de aplicar las normas legales cuya sanción y abrogación está reservada a otros poderes del Estado ("Razunglia" con cita de fallos 306:783).

Em outra parte da sentença, Ackerman destaca que seria irrazoável a reparação tarifada se, como conseqüência do salário mínimo vital que deva ser levado em conta, aquela tenha manifestamente resultado insuficiente como adequada proteção contra a segregação sem motivo do trabalhador — parecer do Procurador-geral da Nação argentina compartilhado pela Corte Suprema.

Miguel Angel Maza, com sua prosa impecável, esclarece em relato "La Corte Suprema Federal ha dicho con toda claridad — en el caso 'Vizzot'; del 14.9.2004 — que el importe de la indemnización del art. 245 de la LCT está fijado en nuestro país, desde su aplicación en 1934, como una tarifa cuya rigidez se relativiza en tanto el importe resultante tiende a adecuarse a la realidad a la que pretende dar respuesta y ello en base al cómputo de dos circunstancias propias del contrato disuelto, antigüedad y salario del trabajador despedido. El tribunal" — destaca Maza — "considero oportuno destacar que el legislador ha buscado la protección contra el despido arbitrario en concreto por intermedio de la referencia a la realidad, con apego a las circunstancias de cada caso tenidas por relevantes"[25].

"En tal situación" — continua mais adiante o autor — "La Corte considera que siendo el propósito del instituto reparar, es indudable que debe haber "una razonable vinculación y proporción con los elementos fácticos que el propio legislador eligió como significativos para calcular la prestación, ya que no podría considerarse que la ley lograse su declarada finalidad reparadora si terminara desconociendo la concreta realidad a la que quiso atender, a causa de limitaciones en la evaluación de uno de los elementos de cálculo que, precisa e inequívocamente, constituye uno de los dos indicadores de esa realidad: el salario realmente percibido por el trabajador despedido y no por otro u otros"[26].

---

(25) MAZA, Miguel Ángel. El tope salarial del art. 245 de la LCT y la doctrina del caso Vizzoti de la Corte Suprema. In: *Fallos recientes de la corte suprema de justicia de la nación*. Buenos Aires: Rubinzal-Culzoni, 2004. p. 41 e ss.
(26) *Idem*.

A análise que efetua Miguel Angel Maza é valiosa porque suas conclusões se originam em uma caracterização ajustada do que havia sido a orientação político--doutrinária das Cortes anteriore e porque o Dr. Maza é também um Juiz da Câmara Nacional de Apelações do Trabalho argentina, cuja opinião como jurista interessa.

Ao se referir à composição das Cortes anteriores, o autor assinalava "Na década de 90..." a integração do máximo Tribunal se distinguiu particularmente por haver estabelecido interpretações das normas sociais que, **além de contrastar com as linhas de pensamento judicial de muitas décadas**, se nutriam de postulados economicistas difíceis de compatibilizar com os princípios do direito do trabalho e da seguridade social a par destas enfrentados ao claro mandato do art. 14 *bis* da Constituição argentina.

Naturalmente — para concluir — faz-se necessário transcrever algumas partes da sentença CSJN Vizzoti Carlos Alberto c/ Amsa. s/ de 14.9.2004, reproduzidas a seguir:

> No es razonable, justo ni equitativo, que la base salarial prevista en el primer párrafo del citado art. 245 de la Ley de Contrato de Trabajo, vale decir la mejor remuneración mensual normal y habitual percibida durante el último año o durante el tiempo de prestación de servicios si este fuera menor, pueda verse reducida en más de un 33%, por imperio de su segundo y tercer párrafos. Esta pauta, por cierto, recuerda conocida jurisprudencia del Tribunal, relativa ha que la confiscatoriedad se produce cuando la presión social excede el señalado porcentaje (fallos: 209:114:125/126 y 210: 310, 320 considerando 6º entre muchos otros.

Porém, onde se adverte mais contundentemente a reviravolta doutrinária da Corte, em um sentido crítico do consenso de Washington e do neoliberalismo é quando na mesma sentença afirma:

> El hombre no debe ser objeto de mercado alguno, sino señor de todos estos, los cuales solo encuentran sentido y validez si tributan a la realización de los derechos de aquel y del bien común. De ahí que no debe ser el mercado el que someta a sus reglas y pretensiones, las medidas del hombre ni los contenidos y alcances de los derechos humanos. Por el contrario, es el mercado el que debe adaptarse a los moldes fundamentales que representa la Constitución Nacional y el Derecho Internacional de los Derechos Humanos de jerarquía constitucional, bajo pena de caer en la ilegalidad[27].

> Art. 245 da LCT: (texto según Ley n. 21.877): "En los casos de despido dispuesto por el empleador sin justa causa, habiendo o no mediado preaviso, este deberá abonar al trabajador una indemnización equivalente a un (1) mes de sueldo por cada año de servicio o fracción de tres (3) meses, tomando como base la mejor remuneración mensual, normal y habitual devengada durante el mismo año o durante el tiempo de prestación de servicios si este fuera menor".

---

(27) *Sentenças recentes da corte suprema de justiça da nação.* Buenos Aires: Rubinzal-Culzoni, p. 8-9.

Dicha base no podrá exceder el equivalente de tres (3) veces el importe mensual de la suma que resulte del promedio de todas las remuneraciones aplicable al trabajador, al momento del despido por la jornada legal o convencional, excluida la antigüedad. Al Ministerio de Trabajo, Empleo y Seguridad Social, le corresponderá fijar y publicar el promedio resultante, juntamente con las escalas salariales de cada Convenio Colectivo de Trabajo.

Para aquellos trabajadores excluidos del Convenio Colectivo de Trabajo el tope establecido en el párrafo anterior será el del convenio aplicable al establecimiento donde preste servicios o al convenio más favorable en el caso que hubiere más de uno.

Para aquello trabajadores remunerados a comisión o con remuneraciones variables, será de aplicación el convenio al que pertenezcan o aquel que se aplique en la empresa o establecimiento donde presta servicios, si éste fuera más favorable.

El importe de estas indemnizaciones en ningún caso podrá ser inferior a un (1) mes de sueldo calculado sobre la base del sistema establecido en el § 1º.

14. A proibição da despedida na OIT — Convenções ns. 158 e 159 — pessoas com capacidades diferentes — incapacitadas

A tendência a garantir a estabilidade absoluta no emprego se fortaleceu no plano internacional a partir da sanção pela OIT da Convenção n. 158, complementada pela Recomendação n. 166, ambas as normas contêm recomendações destinadas a efetivar o direito à estabilidade absoluta.

O art. 4º da Convenção repete o texto da Recomendação OIT n. 119, do ano de 1963, cujo conteúdo reza o seguinte:

Art. 4º No se debe proceder a la terminación de la relación de trabajo, a menos que exista una causa justificada relacionada con la capacidad o la conducta del trabajador o si hace en las necesidades de funcionamiento de la empresa, del establecimiento o del servicio.

O fim perseguido pela norma convencional é a reincorporação a seu emprego do trabalhador arbitrariamente despedido e a anulação do ato que o gerou. Mas o texto se flexibilizou em função da legislação vigente em muitos países que não aceitam a reincorporação, como por exemplo a Argentina, que não ratificou a Convenção n. 158.

De todas as maneiras no texto do art. 10 se concedeu a tais países "la facultad de sustituir la estabilidad por le pago de una indemnización adecuada u otra reparación que considere adecuada". O Brasil originalmente ratificou a citada convenção, mas logo foi denunciada pelo Decreto n. 2.100, do 20.12.1996 e até hoje subsiste o princípio da estabilidade relativa.

Por outro lado a Convenção n. 159 da OIT contém recomendações relativas à proteção em seu emprego das pessoas deficientes. Entendendo-se por tais "a todas las personas cuyas posibilidad de obtener y conservar un empleo adecuado o de progresar en el mismo quedan sustancialmente reducidas debido a una deficiencia de carácter físico o mental debidamente comprobada" (Parte 1, art. 1º).

Para esses efeitos "todo país miembro deberá considerar que la finalidad de la rehabilitación profesional es la de permitir que la persona discapacitada obtenga y conserve un empleo y progrese en el mismo y que se promueva así, la integración o la reintegración de esa persona en la sociedad" (Parte 1, art. 2º).

15. Direito comparado: a instituição da despedida e a dissolução do contrato de trabalho no direito brasileiro

A) Garantias de emprego previstas na Constituição Federal de 1988

"A estabilidade no emprego para o trabalhador foi um dos assuntos que maior controvérsia gerou no seio da Assembléia Nacional Constituinte (1988)" — conta Süssekind[28] — "com ressonância entre os interessados e estudiosos do Direito do Trabalho. Expressivas organizações sindicais e partidos políticos de esquerda, com a ostensiva assessoria do Departamento Internacional de Assessoria Parlamentar (DIAP) conseguiram nas primeiras etapas da Constituinte, a aprovação de disposições assegurando a estabilidade no emprego, com restrições à administração empresarial hoje inadmissíveis na quase totalidade dos países".

Convém esclarecer, que Süssekind, ao se referir a esta primeira etapa da constituinte conceitua que aquela estabilidade era absoluta e não relativa, o que motivou a reação dos empresários, de alguns setores governamentais e de diversos órgãos de imprensa; o que se refletiu na Assembléia Constituinte. Surgiu então o acordo entre a maioria das lideranças político-partidárias com a adesão de alguns dirigentes sindicais, cuja fórmula foi adotada pelo plenário nos dois turnos de votação. "Esse acordo teve o objetivo de substituir a estabilidade no emprego pela garantia de uma indenização compensatória..." — reconhece Süssekind — "... que adotada como regra, exclui a reincoprporação, que seria o corolário jurídico da despedida sem justa causa do empregado com direito a estabilidade".

Tanto na legislação brasileira (art. 8º, VII, da CLT) como na normativa argentina (art. 217 da LCT e art. 217 da Lei n. 23.551 de Asociaciones Profesionales de Trabajadores e Decreto n. 467.788) se consagram hipóteses especiais de estabilidade absoluta, por exemplo, para os dirigentes ou representantes sindicais; ou a proibição de despedida por causa de matrimônio (art. 180 da LCT); e de gravidez (art. 177 da LCT § 3) no Brasil (art. 10, inc. II *a* e *b*).

Mas, sustenta Süssekind, na realidade, a Constituição brasileira "não configura a estabilidade 'absoluta' nem a 'relativa' uma vez que não garante o emprego,

---

(28) SÜSSEKIND, Arnaldo *et al. Instituições de direito do trabalho.* São Paulo: LTr, 1999. v. 1, p. 703.

corresponde apenas a normas que objetivam e compensam a despedida arbitrária, na qual se insere a despedida sem justa causa"[29].

Desta maneira, o ordenamento jurídico a respeito estatuído pela nova Constituição procura de qualquer modo a "efetividade" do empregado e não, como regra, a "estabilidade".

Em semelhante contexto normativo, apesar de Süssekind sempre haver defendido a tese de que a despedida arbitrária deveria gerar o direito à reincorporação do trabalhador[30] — consequência lógica e jurídica da estabilidade no emprego (foi redator do art. 165 da Consolidação das Leis do Trabalho) — que por exemplo estabelece que os titulares da representação dos empregados na CIPA Comissão Interna de Prevenção de Acidentes (arts. 163/164 da CLT) não poderão sofrer despedida arbitrária, entendendo-se como tal a que não se funde em motivo disciplinar, técnico, econômico ou financeiro".

16. Dissolução do contrato de trabalho

Orlando Gomes e Elson Goltschalk, eminentes catedráticos juslaboralistas de Salvador, Bahia, publicaram de forma conjunta uma primeira edição de seu Curso de direito do Trabalho em 1963, obra esta que tem feito história na doutrina brasileira[31] e que foi reeditada repetidas vezes até que no ano 2000 surgiu a 16. ed. ver. e atual. por outro eminente doutrinário contemporâneo, que é José Augusto Rodrigues Pinto, também citado em capítulos anteriores.

Do ponto de vista prático, defendem tais autores, importam a distinção entre as causas que dão lugar ao direito de indenização do empregado e as que o negam. É interessante então classificá-las em função desse direito, ainda que na atualidade esteja sujeita à admissão pelo Fundo de Garantia do Tempo de Serviço (Lei n. 8.036, cujo art. 15 impõe aportes aos empregadores de 8% sobre o valor da remuneração destinado a um fundo compensador de tempo de serviço e outras providências).

De qualquer maneira — insistem — convém classificar as causas de dissolução do contrato de trabalho, a saber: a) despedida arbitrária e sem justa causa e excepcionalmente despedida indireta não por vontade do funcionário; b) força maior, que dão lugar à indenização. Em contrapartida, ficam dispensados do pagamento em caso de: a) morte do empregado; b) vencimento do prazo ou condição do contrato (prazo fixo); c) despedida com justa causa; d) distrato.

Ainda quando seja interessante a classificação que obedece ao critério indicado, faz-se mister, todavia, fixar o sentido das expressões que designam as formas de cessação da relação de trabalho, porque a terminologia que se usa na doutrina brasileira evidencia divergências e deslizes — que prejudicam a uniformidade dos conceitos...

---

(29) SÜSSEKIND, Arnaldo *et al. Op. cit.*, p. 704, 705.
(30) SÜSSEKIND, Arnaldo. Direitos sociais na constituinte. 1986, p. 77 e ss. citado em *op. cit.*, v. 1, p. 705.
(31) GOMES, Orlando; GOTTSCHALK, Elson. *Curso de direito do trabalho*. Rio de Janeiro: Forense, 2000. p. 343-344. Atualizada por J. A. Rodriguez Pinto.

Da "dissolução" se costuma distinguir a "extinção" ou morte natural do contrato. Esta última se verifica quando o contrato produziu todos os efeitos enquanto a primeira é uma forma de caducidade que faz cessar para o futuro os efeitos do contrato. Causas sobreviventes determinam a ineficácia, dissolvendo o vínculo que caso contrário poderia perdurar. Os efeitos produzidos se conservam, os futuros não se produzem: se extinguem.

Assim — esclarecem os autores — pode se reservar o vocábulo "dissolução" para significar toda forma de "ineficácia sobrevivente" do contrato.

Dissolve-se, então, o contrato de trabalho quando cessam seus efeitos — por exemplo — em caso de morte do empregado, por força maior, por vontade de uma das partes.

17. Modos de dissolução — o distrato

No direito e na doutrina brasileiras é preciso distinguir quatro modos e designações para a extinção do contrato de trabalho:

a) a resolução;

b) a resilição;

c) a caducidade;

d) o distrato.

RESOLUÇÃO é a figura que define a "dissolução" ou "extinção" do contrato de trabalho como consequência da inexecução por parte de um dos contratantes, por sua **culpa** ou não. O que caracteriza esse modo de resolução dos contratos, nas legislações que como a do Brasil seguem o sistema francês, **é o imperativo do prévio pronunciamento judicial.** Isso significa que ainda que esteja prevista uma cláusula de resolução expressa no contrato não haverá ruptura sem **ação judicial** expressa.

E no que diz respeito ao empregador, não poderá reclamar senão judicialmente a "resolução" por descumprimento, culposo ou doloso, do empregado, do contrato em execução.

Porém não haverá lugar para a "resolução judicial" e sim para a "caducidade do contrato" nas hipóteses de "força maior".

A "RESCISÃO" OU "RESILIÇÃO" do contrato, implica a cessação dos efeitos de um contrato por decisão de ambas as partes ou somente de uma delas, independentemente da intervenção judicial. Afirma Délio Maranhão[32] que a Lei, em certos casos "limita essa faculdade": no Contrato de Trabalho, a rescisão unilateral encontra uma particular justificativa na natureza "fiduciária" da relação que exige do empregador e do empregado que se prestem constante e mútua

---

(32) MARANHÃO, Délio. Extinção do contrato de trabalho. In: SÜSSEKIND, Arnaldo et al. Instituições de direito do trabalho. São Paulo: LTr, 1999. v. HI, p. 566.

colaboração e que, em consequência, não possam ser obrigados, um a empenhar sua personalidade e energia de trabalho e, o outro a prosseguir naquela colaboração se por qualquer motivo, perdeu a confiança no prestador de serviço.

É que na definição da doutrina brasileira a "resilição" ou "rescisão" configura um direito potestativo. A declaração de vontade que produz o exercício desse direito tem caráter "receptivo" e não está subordinado ao requisito de forma. Ela se dirige a um "destinatário determinado e o considera um ato perfeito" independentemente de sua aceitação. Ainda que dependa de sua notificação à outra parte e do prazo que possa ter a mesma para se concretizar. Não obstante, uma vez realizada a notificação, não poderá revogar-se sem consentimento do destinatário.

Por isso, sendo a rescisão unilateral um ato potestativo, o ato de sua declaração é de índole constitutiva porque extingue uma "relação jurídica", um "ato jurídico". A "resilição", em resumo, não tem efeitos retroativos, e sim — em contrapartida — definitivos.

CADUCIDADE: Voltando a este tema em que tocamos tangencialmente acima, é importante esclarecer que a figura da caducidade do contrato de trabalho opera em função de três causas: 1) morte do empregado; 2) força maior e/ou vencimento do prazo do contrato e/ou 3) implemento de uma condição resolutiva. Em qualquer de tais hipóteses o vínculo se dissolve de puro direito (*ipso jure*).

Em primeiro lugar, a morte do empregado determina a caducidade, em razão de que a atividade, qualquer que seja, deve ser efetuada pessoalmente pelo empregado. Não se trata de uma obrigação *intuitu personae* referida àquelas em que uma das partes tem em vista somente as qualidades pessoais — próprias, intransferíveis — da outra. Na realidade, isso nunca ocorre no contrato de trabalho como regra, pois a rigor nenhum empregador — pelo menos nas grandes empresas — aponta a personalidade do trabalhador durante o processo de seleção. Mas a confusão conceitual se origina porque as obrigações laborais devem ser cumpridas pessoalmente pelo funcionário, fazendo uso de suas qualidades pessoais.

Naturalmente, não ocorre o mesmo com o pessoal "de confiança" cuja seleção depende sim — em grande medida — das qualidades pessoais do candidato. Ainda assim, a experiência nas empresas contemporâneas põe de manifesto que nem a hierarquia do empregado nem suas qualidades pessoais o deixam a salvo das contingências derivadas da perda da estabilidade, nem da eventual caducidade do contrato.

De qualquer maneira, como apontam Gomes e Goltschalk[33], é a personalidade da prestação do empregado que impede a sobrevivencia do contrato após a morte daquele.

Em outra ordem de ideias, cabe esclarecer que circunstâncias de força maior, que podem determinar a extinção de uma empresa, também podem — consequentemente — gerar a caducidade dos contratos de trabalho que estavam

---

(33) GOMES, Orlando; GOTTSCHALK, Elson. *Curso de direito do trabalho*, cit., p. 352.

em vigência. No entanto, a sobrevivência da empresa em tais casos pode significar a continuidade dos contratos, com a possibilidade de que os trabalhadores que se tornem incapacitados total ou parcialmente em virtude de infortúnio, sejam devidamente indenizados.

Obviamente as hipóteses de incapacidade total ou permanente do empregado geram a ruptura do vínculo laboral que nesses casos se torna ineficaz. A dissolução se verifica por ministério de lei, sem intervenção da vontade das partes. Configura--se assim a hipótese de caducidade à qual aludimos em itens anteriores; ainda que também se poderia incluir entre as hipóteses de "resolução", posto que a "força maior" pode implicar inexecução contratual ainda que sem culpa dos contratantes, que se veem assim impossibilitados de cumprir as obrigações pactuadas.

Não será necessário — consequentemente — que a "resolução" do contrato dependa de uma decisão judicial. Acreditada que seja a impossibilidade de que continuem seus efeitos, o contrato "caduca" sem mais trâmites.

Convém assinalar, no entanto, que também "caducam" os contratos por tempo determinado, ainda que tal efeito se cumpra somente com o vencimento do prazo, ou, se for o caso, pelo implemento da condição. Porém, se o contrato se dissolve antes do prazo, não se configura a "caducidade", já que para o direito brasileiro nessa hipótese haverá que falar de "resolução" do contrato de trabalho; e de rescisão se esse mesmo fato se opera em um contrato por prazo determinado.

Senão vejamos, no contexto do sistema "protetório" do Brasil, o descumprimento de obrigações por parte do funcionário — culpável ou não — autorizará o empregador a "rescindir" o contrato sem justa causa, prévio pagamento da respectiva indenização por antiguidade e o aviso-prévio, salvo se se torne possível uma condenação judicial que obrigue o empregado.

18. Brasil: Fundo de Garantia do Tempo de Serviço — Lei n. 8.036, de 14.5.90

O FGTS não interfere no mecanismo de dissolução do contrato de trabalho ao qual nos referimos no presente capítulo.

Segundo a lei que o instituiu, n. 8.036, em vigor, ele se caracteriza por transferir a obrigação de indenizar ao empregado — nos casos de dissolução da relação jurídico-contratual — para um fundo de garantia de tempo de serviço: alimentado mensalmente pelo empregador por meio de um depósito equivalente a 8% do valor da remuneração paga ou adiantada correspondente ao mês anterior por cada um dos trabalhadores (art. 18).

O FGTS já havia sido instituído pela Lei n. 5.107, de 13 de setembro de 1966, ainda que o texto legal tenha sido autorizado pela lei ainda vigente que estamos analisando. Tudo isso explica que as remunerações às quais se refere o art. 15 sejam as que se mencionam nos arts. 457 e 458 da CLT e a gratificação natalina, Lei n. 4.090, de 13 de julho de 1962, com as modificações da Lei n. 9.749, de 12 de agosto de 1965.

Os depósitos que efetue o empregador serão em conta vinculada do empregado em um banco autorizado pelo Banco central livremente escolhido pelo empregador. Mas para que esse regime se opere é imprescindível que o funcionário manifeste sua preferência pelo mesmo, mediante declaração escrita e anotada em sua carteira de trabalho, sujeita — não obstante — à possibilidade de uma retratação no prazo de um ano, devidamente homologado pela justiça do trabalho.

Segundo o art. 18 da Lei n. 8.036 (FGTS)

Art. 18. Ocorrendo rescisão do contrato de trabalho, por parte do empregador, ficará este obrigado a depositar na conta vinculada do trabalhador no FGTS os valores relativos aos depósitos referentes ao mês da rescisão e ao imediatamente anterior, que ainda não houver sido recolhido, sem prejuízo das cominações legais. (Redação dada pela Lei n. 9.491, de 1997)

Convém esclarecer, no entanto, que nos §§ 1º e 2º do art. 18 se estabelece que:

§ 1º Na hipótese de despedida pelo empregador sem justa causa, depositará este, na conta vinculada do trabalhador no FGTS, importância igual a quarenta por cento do montante de todos os depósitos realizados na conta vinculada durante a vigência do contrato de trabalho, atualizados monetariamente e acrescidos dos respectivos juros. (Redação dada pela Lei n. 9.491, de 1997)

§ 2º Quando ocorrer despedida por culpa recíproca ou força maior, reconhecida pela Justiça do Trabalho, o percentual de que trata o § 1º será de 20% (vinte por cento).

Os arts. 19 e 19-A, da Lei n. 8.036, de 11.5.1990, dispõem o seguinte:

Art. 19. No caso de extinção do contrato de trabalho prevista no art. 14 desta lei, serão observados os seguintes critérios:

I — havendo indenização a ser paga, o empregador, mediante comprovação do pagamento daquela, poderá sacar o saldo dos valores por ele depositados na conta individualizada do trabalhador;

II — não havendo indenização a ser paga, ou decorrido o prazo prescricional para a reclamação de direitos por parte do trabalhador, o empregador poderá levantar em seu favor o saldo da respectiva conta individualizada, mediante comprovação perante o órgão competente do Ministério do Trabalho e da Previdência Social.

Art. 19-A. É devido o depósito do FGTS na conta vinculada do trabalhador cujo contrato de trabalho seja declarado nulo nas hipóteses previstas no art. 37, § 2º, da Constituição Federal, quando mantido o direito ao salário. *(Incluído pela Medida Provisória n. 2.164-41, de 2001)*

Parágrafo único. O saldo existente em conta vinculada, oriundo de contrato declarado nulo até 28 de julho de 2001, nas condições do *caput*, que não tenha sido levantado até essa data, será liberado ao trabalhador a partir do mês de agosto de 2002. *(Incluído pela Medida Provisória n. 2.164-41, de 2001)*

No art. 20 se esclarecem os motivos pelos quais a conta vinculada pode se tornar disponível ao trabalhador em inúmeras situações (despedida, fechamento do estabelecimento, falecimentos, enfermidades malignas, etc.).

O sistema do FGTS, na atualidade, está sendo regido pelo Ministério de Ação Social e a doutrina brasileira está dividida no que se refere ao futuro de sua finalidade[34].

---

(34) GOMES, Orlando; GOTTSCHALK, Elson. *Curso de direito do trabalho*, cit., p. 354.

Por último cabe destacar que na República argentina não é operado nenhum sistema de fundos de garantia vinculados com as obrigações salariais e/ou indenizatórias, derivadas do descumprimento do contrato de trabalho.

19. Brasil: sobre o aviso-prévio — art. 7º da CF e arts. 487/491 da CLT

Como temos assinalado em cada abordagem do direito brasileiro comparado, também no Brasil a norma e a doutrina reconhecem coincidências com o direito argentino em matéria de aviso-prévio.

Em todo caso, o peculiar do instituto na lei brasileira é que tem sido definido na Constituição Federal de 1988, art. 7º, como

... direitos dos trabalhadores urbanos e rurais, além de outros...

...

XXI — aviso-prévio proporcional ao tempo de serviço, sendo no mínimo de trinta dias, nos termos da lei;

Do ponto de vista conceitual, na doutrina o aviso-prévio é um instituto referido a todo contrato por tempo indeterminado e execução continuada, particularmente dentro do âmbito das relações laborais.

Nos termos do art. 487 da CLT, a definição de aviso-prévio é a seguinte:

Não havendo prazo estipulado, a parte que, sem justo motivo, quiser rescindir o contrato deverá avisar a outra da sua resolução com a antecedência mínima de:

I — oito dias, se o pagamento for efetuado por semana ou tempo inferior; (Redação dada pela Lei n. 1.530, de 26.12.1951)

II — trinta dias aos que perceberem por quinzena ou mês, ou que tenham mais de 12 (doze) meses de serviço na empresa. (Redação dada pela Lei n. 1.530, de 26.12.1951)

§ 1º A falta do aviso-prévio por parte do empregador dá ao empregado o direito aos salários correspondentes ao prazo do aviso, garantida sempre a integração desse período no seu tempo de serviço.

§ 2º A falta de aviso-prévio por parte do empregado dá ao empregador o direito de descontar os salários correspondentes ao prazo respectivo.

§ 3º Em se tratando de salário pago na base de tarefa, o cálculo, para os efeitos dos parágrafos anteriores, será feito de acordo com a média dos últimos 12 (doze) meses de serviço.

§ 4º É devido o aviso-prévio na despedida indireta. (Parágrafo incluído pela Lei n. 7.108, de 5.7.1983)

Em síntese, como se adverte, trata-se de uma notificação ou advertência que faz um contratista a outro preveni-lo da dissolução do contrato e da cessação de seus efeitos.

O aviso-prévio adquire, assim, no direito laboral brasileiro, o caráter de uma "denúncia" do contrato; esta é de um aviso de que será dissolvido, e não requer uma forma especial, mas sim um sentido inequívoco.

Consequentemente, a comunicação da denúncia deve ser efetuada de tal modo que se possa creditar o momento de sua recepção para facilitar o cômputo do período determinado nas hipóteses do art. 487 da CLT e seus incisos e parágrafos. Portanto, o texto pode ser remetido por carta, telegrama e ainda por outros meios eletrônicos que permitam seu conhecimento e até um "aviso" fixado em um quadro, com transcrição dos nomes de parte interessada para sua identificação, de tal modo que se facilite a prova a quem alega.

Assim, parece óbvio que o "aviso-prévio" é condição *sine qua non* para que as partes promovam a "rescisão" do contrato de trabalho por tempo indeterminado ainda que sem "justa causa" e por despedida indireta. Mas admite restrições para o empregador, que não pode denunciar o contrato de trabalho do empregado com estabilidade, exceto "falta grave" (art. 482 da CLT) ou nos casos de delegados sindicais, ou dirigentes com cargos nas Associações Profissionais (Lei n. 7.543, de 2.10.86).

Tal como ocorre no direito argentino (arts. 231-233 da LCT), a denúncia do contrato de trabalho que expressa o "aviso-prévio" somente constitui em mora à parte pré-avisada. É um erro supor que o "aviso-prévio" transforma um contrato por tempo indeterminado em outro por tempo determinado (cf. Súmula n. 348 do STF). Trata-se somente — como apontamos acima — de um ato "receptivo" de expressão da vontade de quem avisa e não requer o consentimento da contraparte. Por outro lado, como expressão de pré-aviso, naturalmente reflete um direito potestativo e não arbitrário.

Na prática, o "aviso-prévio" jamais deve ser interpretado como algo que transforma o contrato de trabalho original e a observação não é gratuita. Porque na suspensão do contrato por força maior relacionada com a incapacidade do empregado (acidente de trabalho, enfermidade, etc.) fica suspenso também o aviso--prévio.

QUINTA PARTE

Capítulo I

DA REMUNERAÇÃO DO TRABALHADOR

Segundo definiu conceitualmente o francês Robert Castel[1], a construção da relação salarial moderna supôs a reunião de certas condições: a possibilidade de circunscrever o conjunto da população ativa, uma enumeração rigorosa dos diferentes tipos de emprego e a classificação das categorias de emprego ambíguas (como o trabalho em domicílio ou as atividades agrícolas), uma delimitação firme dos tempos de atividade em oposição aos períodos de inatividade, a medição precisa do tempo de trabalho, etc.

E sabemos que Carlos Marx elaborou uma teoria do salário a partir do proletariado moderno, segundo a qual, no capitalismo a força do trabalho é uma mercadoria que vende seu próprio possuidor pelo preço que lhe impõe o mercado, mas não por seu valor real, o que gera o fenômeno da mais-valia. A Organização Internacional do Trabalho tem rejeitado o conceito de "trabalho" como "mercadoria", mas interpretamos essa rejeição como mera manifestação de uma aspiração de contudo humanitário que não se compadece com a realidade. E Arturo Sampay, em sua monumental *História das Constituições argentinas*, também reconhece que o trabalho é uma mercadoria.

De qualquer modo não cabem dúvidas de que a remuneração do trabalho implica "um valor" e que tal valor não é nem idêntico nem equivalente nas diferentes regiões, circunstância esta que está na base e explica o intercâmbio desigual entre países. Emmanuel Arghiri calcula que: "el salario promedio en los países desarrollados es aproximadamente treinta veces más que en los países atrasados"[2]. De acordo com o autor, "entonces el capital fluye de los países capitalistas desarrollados hacia los países subdesarrollados, en primer lugar, para aprovecharse de las enormes diferencias en el costo de la fuerza de trabajo". Seria preciso concordar com Samir Amin[3] que a referida diferença do valor dos salários entre países tributários como Argentina e Brasil, também está na base de suas diversas condiciones de produção e histórias nacionais e o evidente intercâmbio desigual[4].

---
(1) CASTEL Robert: *Las metamorfosis de la cuestión social* (una crónica del salariado). Buenos Aires: Paidós, 1997. p. 109 (do original francês *Les métamorphoses de la question sociale*. Librairie Artheme Fanarel, 1995).
(2) EMMANUEL, Arghiri. *El intercambio desigual*. México: El Caballito, 1979. p. 19.
(3) SAMIR AMIN: *Más allá del capitalismo senil*. Buenos Aires: Paidos, 2005. p. 155 y ss.
(4) Ver de LIPOVETZKY, Jaime César; LIPOVETZKY, Daniel Andrés. *El derecho del trabajo en los tiempos del ALCA*. Buenos Aires: Distal, 2002. p. 225 e s.

Essas são as circunstâncias que devem fundamentar qualquer análise da questão salarial em geral, mas especialmente aquelas que se referem ao tratamento das relações laborais no contexto dos processos de integração regional da América Latina, que são uma característica da época que estamos transitando (início do ano de 2009).

Já manifestamos em outras oportunidades que o panorama internacional se caracteriza atualmente porque os mercados simultaneamente se globalizam e se regionalizam em blocos de integração regional que constituem plataformas privilegiadas de inserção no sistema globalizado.

Em tal fundamento, o tema das relações laborais adquire uma importância relevante, uma vez que nas negociações inevitáveis dos processos sempre desempenham um papel os debates em torno da regulação ou não de tais relações e da tarifação ou não dos contratos de trabalho.

É que na evolução histórica do capitalismo a situação do trabalhador empregado se tornou mais complexa, constituindo-se uma nova condição salarial segundo a qual a remuneração deixou de ser a retribuição pontual de uma atividade para dar acesso a prestações fora do trabalho (enfermidades, acidentes, aposentadoria, descansos, ET).

Por tudo isso, temos assinalado anteriormente que tanto os problemas de desenvolvimento desigual e as assimetrias como as do intercâmbio internacional não podem ser corretamente estudados, permanecendo no plano das relações imediatas e é necessário abordá-las desde a análise dos processos e das condições de produção; ou nas palavras de Samir Amin: "es preciso ir a la esencia, por lo tanto, del proceso de producción: A LA VENTA DE LA FUERZA DE TRABAJO"[5].

E daí as superestruturas jurídicas que as refletem; ao mesmo tempo que regulam e determinam o caráter das instituições e das normas jurídicas. É que o desenvolvimento desigual e a lei do valor mundializado geram remunerações do trabalho também desiguais por produtividade igual e isso faz a diferença entre os contratos de trabalho dos países centrais e suas periferias; e também dos países das periferias entre si, como destacamos em nosso estudo sobre o "costo laboral argentino y el salario neto: análisis comparativo con los países del Cono Sur de América Latina" (Brasil, Chile, Paraguay y Uruguay)[6].

Refletindo tal problemática, a encíclica Mater et Magistra do Papa João XXIII, não por acaso, considera que a fixação dos níveis salariais não pode ser deixada inteiramente sob competência nem arbítrio dos poderosos, e deve ser elaborada segundo as normas da justiça e da equidade. Estas exigem que os trabalhadores recebam um salário suficiente para que possam levar uma vida humanamente digna

---

(5) SAMIR, Amin. *El intercambio desigual y la ley del valor.* México: Siglo XXI, 1987. p. 30.
(6) LIPOVETZKY, Jaime César; LIPOVETZKY, Daniel Andrés. *El derecho del trabajo en los tiempos del ALCA.* Buenos Aires: Distal, 2002. p. 225-230.

e atender convenientemente às necessidades de sua família... A prosperidade econômica de um povo deve ser medida não tanto pela soma total de seus bens e riquezas mas sim pela justa distribuição delas...

1. Conceito de salário (Título IV — Capítulo I — arts. 103 a 115 da CLT)

De acordo com o art. 103 da LCT argentina:

A los fines de esta ley, se entiende por remuneración la contraprestación que debe percibir el trabajador como consecuencia del contrato de trabajo. Dicha remuneración no podrá ser inferior al salario mínimo vital. El empleador debe al trabajador la remuneración, aunque éste no preste servicios, por la mera circunstancia de haber puesto su fuerza de trabajo a disposición de aquél.

As obrigações resultantes do contrato de trabalho são, pois, "sinalagmáticas, dependentes umas das outras", apontava Krotoschin[7]. Mas como esclarece a última parte do art. 103 da LCT, no direito argentino, se remunera o trabalhador aplicando o princípio do tempo nominal" que significa a obrigação de remunerar todo o tempo que o trabalhador põe sua força de trabalho à disposição do empregador. Consequentemente são pagos também os períodos de descanso.

É que, como esclareceu a Corte Suprema de Justiça nacional argentina: "En el desenvolvimento contemporáneo de la doctrina y de los principios jurídicos, es pensamiento pacíficamente aceptado que el descanso, por su íntima vinculación con la limitación de la jornada, **no es otra cosa que inmediata consecuencia de la prestación del servicio cuantitativamente considerada, y elemento básico del contrato de trabajo**"[8].

E naturalmente a norma se ajusta às prescrições do art. 14 *bis* da Constituição argentina quando assegura ao trabalhador: retribuição justa, salário mínimo vital e móvel, igual remuneração por trabalho igual... Não obstante, deixemos registrado que o sistema legal argentino ainda não regulamentou a participação — do trabalhador — nos lucros das empresas, o que também é assegurado pelo art. 14 *bis* da Constituição.

Por último, no que se refere ao assunto: "el salario, como medio de sustento del trabajador y su familia, tiene carácter alimentario, por lo que la regulación de que ha sido objeto ha buscado garantizar su percepción en forma íntegra, oportuna, cómoda y asegurara su libre disposición" (conf. CNTrab. Sala VI, 1988.8.24. Britos Nestor H. c/ Place Boutique S.A. — DT 1988-B, 2151 — Ver Plenario 284 Justicia Nacional del Trabajo tema 24.6.94. Jacobson Jorge Alberto c/ Producciones Argentinas de Televisión S.A. s/ Diferencias de Salario).

---

(7) KROTOSCHIN, Ernesto. *Tratado práctico de derecho del trabajo*. Buenos Aires: Depalma, 1978. t. 1, p. 244.
(8) CSJN. Juárez Argenio Vicente e outros c/ García e AIN, sentença 233151 (rev. *La Ley*, t. 81, p. 335, sentença 38321).

2. Formas de determinar a remuneração (art. 104 da LCT) — formas de pagamento e prestações complementares — art. 105 da LCT e art. 105 bis da LCT. Comissões — participação nos lucros — stock options

Do ponto de vista conceitual, existe uma relação muito estreita entre os arts. 104, 105 e 105 *bis* da LCT, que por isso são estudados como um conjunto com outras normas (arts. 108 e 109 da LCT).

De acordo com o art. 104 da LCT,

> El salario puede fijarse por tiempo o por rendimiento del trabajo, y en este último caso por unidad de obra, comisión individual o colectiva, habilitación, gratificación o participación en las utilidades e integrarse con premios en cualquiera de sus formas o modalidades.

Segundo Krotoschin[9]: "Se distingue entre la remuneración en dinero y la remuneración en especie (por ejemplo, alimentos, tierra para huerta, etc. Pero, dentro de la remuneración en dinero que es la regla, es posible diferenciar entre la remuneración por tiempo y la remuneración por rendimiento (art. 104 da LCT)". La remuneración por tiempo se computa por espacios de tiempo determinados (hora, día, semana, mes).

A remuneração por rendimento segue diversos sistemas. A forma comum é a empreitada; paga-se o trabalhador por peça ou por medida. Segundo Krotoschin, a remuneraçãode trabalho por empreitada supera a remuneração por tempo, o que não é certo. Trata-se de um modelo de trabalho que alimentou o "fordismo" como o que refletia aquela recordada cena do filme de Charles Chaplin, Tempos Modernos, onde o protagonista tentava sem sucesso seguir o ritmo da linha de montagem, procurando maior rendimento, resta dizer que — impotente em sua medida humana — terminava devorado pela roda da empresa.

Por isso não foi por acaso que o movimento sindical argentino durante muitos anos rejeitou o trabalho por empreitada por considerá-lo um artifício destinado a ocultar a diminuição no valor dos salários por unidade de tempo, que é o modelo retributivo ao qual se refere o art. 104 da LCT. A jurisprudência consolidou o princípio ao dizer que a ordem pública laboral "da un piso mínimo de condiciones laborales, por debajo del cual no pueden pactarse otras más desfavorables para el dependiente" (CNTrab. Sala VII – 1991.11.15 — Roveda Ricardo Horacio c/ Banco Español del Río de La Plata Ltda. S.A. — DT 1992-A. 448).

Em todo caso a proporção entre o tempo de trabalho e o rendimento deve ser calculado de tal maneira que o trabalhador possa ganhar a remuneração aumentada sem esforços anormais ou excessivos.

Também no art. 104 da LCT se prevê o pagamento de gratificações ou prêmios caracterizados porque se paga um importe adicional que depende do rendimento

---

(9) KROTOSCHIN, Ernesto. *Manual de derecho del trabajo.* Buenos Aires: Depalma, 1977. p. 79.

do trabalhador em quantidade e/ou qualidade. Ainda que o aumento não seja calculado conforme unidades de produção e sim como prêmio ou incentivo para uma maior dedicação.

3. *Comissões*

Na profissão de viajante ou representante de vendas, o habitual é que a remuneração seja estabelecida como uma porcentagem a ser calculada sobre os pedidos, as vendas ou cobranças que são denominadas "comissões". Ocorre, também, às vezes, como um adicional de um salário fixo acordado (ver Lei n. 14.546, argentina, e arts. 108 e 109 da LCT). As comissões por vendas são devidas ao trabalhador com base nas notas de pedido de mercadorias, ainda que tal pedido deva ser aceito pelo empregador dentro do prazo de 15 dias, de forma expressa. O silêncio deste último, no prazo aludido será considerado como uma aceitação (art. 5º da Lei n. 14.546).

A lei prevê o pagamento da comissão, ainda que a venta se concretize sem a intervenção do representante ou corretor, toda vez que se trate de um cliente pertencente à região atribuída a estes últimos ou pertença a uma área que lhes foi conferida pela empregadora.

O art. 109 da LCT contempla o pagamento de comissões coletivas sobre vendas efetuadas por um grupo de pessoas, em cujo caso o resulotado se distribui entre os integrantes do mesmo. Essa hipótese se assemelha à do trabalho em equipe, ao qual se refere o art. 101 da LCT.

Um comentário especial merece o caso do "pessoal gastronômico" e as "gorjetas", gratificação esta que reconhece venerável antiguidade na Argentina e que implica um reconhecimento voluntário do cliente À pessoa que o atende em um restaurante, bar, confeitarias e outros estabelecimentos. A Lei n. 12.921 suprimiu a gorjeta, proibindo-a e substituindo-a por uma porcentagem sobre o consumo do cliente, fixado por um protocolo do Ministério do Trabalho que incluiu a cobrança de gorjetas como injúria laboral (falta grave) que justifica a despedida.

Acrescentemos que, neste tema das gratificações, deve ser incluído o "salário anual complementar", que não constitui uma gratificação e cujo pagamento é obrigatório.

Por último — no que se refere ao art. 104 da LCT — cabe tratamento da última parte do texto da norma acerca da **participação nas utilidades**...

Segundo Krotoschin[10], "La participación en las ganancias no debería considerarse remuneración, puesto que es una participación en el beneficio total que el trabajo con otros factores, arroja para la empresa", pretende. Mas não concordamos com tal critério, segundo veremos a seguir.

---

(10) KROTOSCHIN, Ernesto. *Op. cit.*, p. 83.

Em primeiro lugar, o valor do salário, como integrante dos custos da empresa, também incide na formação dos preços dos produtos elaborados pela mesma. Estamos falando do valor de todos os produtos de uma economia: ou seja, dos preços relativos e absolutos.

E na formação de tais preços a disputa entre empregadores e empregados pelo valor dos salários no contrato de trabalho influirá notavelmente na porcentagem de lucro sobre o capital investido.

Consequentemente, a participação do trabalhador nos lucros se se relaciona com o valor dos salários e obviamente tem natureza salarial, porque é — ou pode ser — uma forma diferente de retribuir o valor do trabalho. Tenha-se presente que a Carta Magna (art. 14 *bis* da Constituição argentina) o item "participação nos lucros das empresas" — como relação da norma, está incluído dentro do longo primeiro parágrafo do artigo, dedicado à "proteção do trabalho", às condições dignas e equitativas de trabalho"; e a uma retribuição justa, salário mínimo vital móvel, igual remuneração por igual trabalho... e a participação nos lucros das empresas. O controle da produção e colaboração na direção são todos conceitos que não transformam a natureza da dependência laboral mas que, em contrapartida, incrementam os direitos e as obrigações do funcionário em benefício da produção.

A participação do trabalhador nos lucros, qualquer que seja a porcentagem desta última e sem importar a proporção da primeira no total da segunda; não muda, não pode mudar a "essência" do conceito de salário, posto que não faz outra coisa — ao fim e ao cabo — que remunerar a força de trabalho. É que no modo capitalista de produção, uma vez que o produto social toma a forma de uma mercadoria, inclui a força de trabalho e o equipamento da empresa, porque o capital é móvel e o "lucro" não é outra coisa que a manifestação do excedente[11].

Por essa razão — alega Krotoschin — "La participación en las ganancias no sustituye al salario, ni puede servir para librar al empleador del pago de una 'retribución justa' y no se diferencia de la 'habilitación' a la que se refiere el art. 104 da LCT 'que en ciertas cosas, se otorga a altos empleados' por vía de remuneración"[12]. Por outro lado, note-se que o art. 104 da LCT não distingue (ao exemplificar) entre "salário" e "participações nas utilidades". Ainda o art. 140 da LCT se refere à habilitação ou formas similares calculadas sobre utilidades.

4. Stock options

São planos de aquisição de ações para empregados a que certo setor da doutrina pós-moderna adjudica função de gratificação e consistem basicamente no direito que, de forma onerosa ou gratuita, confere a empresa ao empregado para que este, em um prazo determinado, possa adquirir ações da própria companhia, ou de outra vinculada, estabelecendo-se para isso um preço,

---

(11) Ver SAMIR, Amin. *A questão agrária e o capitalismo*. Rio de Janeiro: Paz e Terra, 1977. p. 11.
(12) Cf. *Op. cit.*, p. 83.

frequentemente o valor da ação em bolsa no dia em que se outorga o direito, possibilitando que, após o vencimento do momento de exercício da opção e uma vez exercitada, o trabalhador possa receber seja a diferença de preço de mercado das ações entre ambos momentos (outorgamento e exercício), seja as próprias ações a preço fixado no momento do outorgamento do direito.

Tal definição padece de insuficiência, uma vez que ignora o aspecto puramente especulativo das operações de compra e venda de títulos e ações no mercado, cujo preço pode oscilar, o que conspira contra o princípio de intangibilidade dos salários. De tal modo que do ponto de vista puramente comutativo a figura das "ações", para cancelar obrigações de natureza jurídico-laboral, não resiste à menor análise e se contradiz flagrantemente com as disposições do art. 103 da LCT; "que define remuneración la contraprestación que debe percibir el trabajador como consecuencia del contrato de trabajo. Dicha remuneración no podrá ser inferior al salario mínimo vital".

Por tudo isso, constitui um erro afirmar — como Arias[13] que "en nuestro derecho no cabe sino considerar el beneficio derivado del otorgamiento de dichos planes como de carácter remunerativo".

Não por acaso, a Sentença do Plenário n. 161, de 5.8.1971, Bonet, Angel y otros c/ Sadema S.A., se refere ao tema quando resolveu que: "Ante la supresión o rebaja de 'premios' y 'plus' acordados al margen del salario establecido por ley o convención colectiva, **el trabajador que no disolvió el contrato por injuria** tiene derecho a la integración de su remuneración con los rubros excluidos"[14].

Por último, deve-se interpretar como de aplicação no caso das nulidades previstas nos arts. 7º e 12 da LCT conforme arts. 9º, 10, 11 e ss. da LCT.

5. As formas de pagamento e pretensões complementares (art. 105 da LCT)

Como veremos a seguir, a regulamentação das formas de pagamento às quais se refere o art. 105 da LCT ratificam em um todo os conceitos referidos nos pontos anteriores quanto à natureza jurídica dos emolumentos que se efetivam pela empregadora como retribuição pelas obrigações do trabalhador. Não é por acaso que o texto da norma comece se referindo às "remuneraciones en dinero debidas al trabajador"... e termine facultando a este último "exigir que su remuneración sea abonada en efectivo" e como se fosse necessária maior clareza, o texto normativo do art. 105 esclarece:

> Las prestaciones complementarias, sean en dinero o en especie, integran la remuneración del trabajador, con excepción de:
>
> a) Los retiros de socios de gerentes de sociedades de responsabilidad limitada, a cuenta de las utilidades del ejercicio debidamente contabilizada en el balance;

---

(13) ARIAS, Juan M. Planes de opciones de compras de acciones (*stock options*). DT 2002-B, 1743.
(14) La Ley, 144-29. *DT* 1971 — 608 — Plenário Vigente e relacionado com o art. 260 LCT — Cf. DIEGO, Fernández Madrid. *Sentenças plenárias da justiça nacional do trabalho*. Buenos Aires: Errepar, 2004. p. 71.

b) Los reintegros de gastos sin comprobantes correspondientes al uso del automóvil de propiedad de la empresa o del empleado, calculado en base a kilómetro recorrido, conforme los parámetros fijados o que se fijen como deducibles en el futuro por la DGI;

c) Los viáticos de viajantes de comercio acreditados con comprobantes en los términos del art. 6º de la Ley n. 24.241, y los reintegros de automóvil en las mismas condiciones que las especificadas en el inciso anterior;

d) El comodato de casa-habitación del propiedad del empleador, ubicadoen barrios o complejos circundantes al lugar de trabajo, o la locación, en los supuestos de grave dificultad en el acceso a la vivienda. *(Artículo sustituido por art. 2º de la Ley n. 24.700 BO 14.10.1996)*

A Lei n. 24.241 (Lei Nacional do Sistema Integrado de Aposentadorias e Pensões da argentina) completa, na longa enumeração de seu art. 6º, a definição do art. 103 da LCT e as precisões do art. 105 da LCT, sintetizando o conceito de remuneração como "toda otra retribución, cualquiera fuera la denominación que se le asigne, percibida por servicios ordinarios o extraordinarios prestados en relación de dependencia".

Por sua vez a Lei n. 24.700 que acrescentou o art. 103 *bis* à LCT (modificado por Decreto n. 815/01[15]) por via de exclusão denomina "beneficios sociales a las prestaciones de naturaleza jurídica de seguridad social, **no remunerativas, no dinerarias, no acumulables ni sustituibles en dinero, que brinda el empleador al trabajador** por sí o por medio de terceros, que tiene por objeto mejorar la calidad de vida del dependiente o de su familia a cargo". O art. 107 da LCT impõe que "Las remuneraciones que se fijen en convenios colectivos deberán expresarse en su totalidad en dinero".

6. Vale-alimentação

O mesmo art. 103 *bis*, em seus incisos *b* e *c* faz referência aos vale-alimentação como carentes de natureza salarial. Tanto a jurisprudência como a doutrina foram críticas da norma durante anos ao considerá-la violatória do Acordo n. 95 da OIT. Em particular, o Dr. Hector Recalde, advogado da Confederação Geral do Trabalho, Deputado Nacional e notável jurisconsulto laboral argentino, levou adiante uma campanha para modificar pela via legal a natureza jurídica da prestação, apresentando um projeto de lei que foi sancionado como Lei n. 26.341, de 12.12.07 e promulgada em 21.12.07, derrogando assim os incisos b e c do art. 103 da LCT e o art. 104 da Lei n. 24.700.

A norma, em seu art. 3º, dispõe que as prestações do art. 103 "adquieran carácter remunerativo de manera escalonada y progresiva a todos los efectos legales y convencionales, a razón de un diez por ciento (10%) de su valor pecuniario por cada bimestre calendario a partir de la entrada en vigencia de la presente ley....".

---

(15) Cf. *Ley de contrato de yrabajo*. Buenos Aires: La Ley, 2007.

Além disso, as somas incorporadas à remuneração do trabalhador em conformidade com o disposto no art. 3º dessa Lei serão incrementadas em um montante equivalente ao que corresponda em conceito de aportes por conta do trabalhador, previstos pela legislação destinados ao Sistema de Seguridade Social, ao Sistema Nacional de Obras Sociais e ao Instituto Nacional de Obras Sociais para Aposentados e Pensionistas.

Contudo, voltando ao longo texto do art. 103 *bis*, convém assinalar com Bustos Fierro[16] "Que el vale alimentario se encuentra incorporado culturalmente por los trabajadores como ingreso, cuya naturaleza salarial creemos no admite discusión" não obstante as disposições em contrário da norma... "cuya falta de adecuación a la Constitución Nacional sostenemos que resulta manifiesta por el art. 14 *bis* y el art. 75 inc. 22 de la Ley Fundamental ... al atribuir carácter no remunerativo a los vales alimentarios, colisiona abiertamente con el Convenio n. 95 de la DIJ de Jerarquía Superior y de cumplimiento obligatorio por parte de la Nación Argentina".

E completando a análise do citado art. 103 *bis* da LCT, pontualizemos que os sete incisos restantes na norma que se referem a prestações não reconhecidas como de natureza salarial incluem em sua parte pertinente os serviços de refeitório na empresa; reembolso de gastos com medicamentos e despesas médicas e odontológicas...; o fornecimento de uniforme de trabalho...; fornecimento de materiais escolares, aventais; o outorgamento ou pagamento de cursos ou seminários de capacitação...; e o pagamento dos gastos de sepultamento de familiares a cargo do trabalhador.

7. Cesta básica ou vale-alimentação (art. 105 **bis** da LCT)

O art. 105 *bis* da LCT, primeiro incorporado pelo Decreto n. 1.477/89, revogado logo pelo Decreto n. 773/96 e por último novamente vigente em virtude da Lei n. 24.700, de 25.9.96, em uma hipótese que revela a influência sobre o legislador dos gestores de negócios para empresas terceirizadoras "expressamente habilitadas ao efeito" (!!) para "subministrar aos trabalhadores o benefício social da assistência à cesta básica alimentar por meio da provisão de **caixas de alimentos ou de vale-alimentação**, benefício este que — certamente — "não terá caráter remuneratório para os efeitos do direito do trabalho e da seguridade social, nem a nenhum outro efeito (!!).

Para bom entendedor: A participação de empresas terceirizadas como provedoras de "empregos"; de serviços; de cestas básicas ou de "vales", negando o caráter salarial do "benefício" só atende ao objetivo de reduzir os valores remuneratórios das "férias anuais" (arts. 155 e 156 da LCT)[17]; do salário anual complementar (arts. 121, 122 e 123 da LCT); das indenizações por "despedida sem

---

(16) FIERROS, Marcelo Bustos. Vales alimentarios de nuevo como beneficio social... *DT* 1996-B, 2698.

(17) O art. 155 da LCT se refere à retribuição do período de férias cujo cálculo — de forma genérica — se efetua "dividiendo por 25 el importe del sueldo del trabajador en el momento de su otorgamiento y multiplicando el resultado por la cantidad de días de licencia que varía según la antigüedad del dependiente en su empleo" (art. 150 da LCT).Contudo, a alínea *d* da norma, esclarece que, "se entenderá

justa causa" (art. 245 da LCT) e entre muitas outras hipóteses, dos aportes e contribuições aos sistemas previdenciários e sindicais. Porque está claro — consequentemente — que para a Lei os contratos de empregadores com empresas terceirizadas provedoras de serviços e vales não configuram, aparentemente, relações laborais e habilitam situações de fraude. Os termos do art. 14 da LCT autorizam ao advogado de parte ou ao juiz, quando for o caso, a adotar as arrecadações destinadas a obter a nulidade do contrato por fraude laboral (Cf. CARLOS, Pose. Situaciones de fraude laboral generadas por la concesión del beneficio social del ticket canasta. *DT,* 1997-B, 1555).

8. Acerca dos viáticos — as comissões suplementárias e gorjetas (arts. 106 a 115 da LCT)

VIÁTICOS: Em princípio "toda cantidad entregada en concepto de viáticos sin obligación de rendir cuentas o sin la posibilidad de comprobar documentadamente el gasto, tiene carácter salarial" (CNTrab., Sala II, 1990.5.17 — Palacios Noemí B. c/ Caja de subsidios familiares para empleados de comercio. *DT,* 1990-B, 1983).

Ainda que Deveali, talvez com maior critério didático, tenha definido o conceito de outro ponto de vista "Los viáticos son el importe de los gastos que el empleado o funcionario tiene que efectuar en ocasión de los traslados que le son ordenados por el principal; gastos de movilidad que comprenden los destinados al transporte, a la comida y al hotel, además de los otros marginales como los de comunicaciones telefónicas, telegráficas, etc."[18]. Naturalmente, a mais de cinquenta anos dessa definição e com os aspectos em matéria tecnológica que agregou a ciência à matéria, aos exemplos finais de Deveali seria preciso acrescentar aparatos telefônicos celulares, computadores, serviços de internet, etc.

Por outro lado, e corroborando a doutrina jurisprudencial citada acima, a Câmara Nacional de Apleações do Trabalho tem pontualizado que o art. 208 da LCT "coloca en cabeza del empleador la responsabilidad de abonar la remuneración del trabajador enfermo durante el tiempo de licencia paga y estable..." "por lo que deben abonar no solo los rubros fijos sino también las variables, como las horas extras y **los gastos de viajes y comidas que se perciben sin rendición de cuentas**" (CNTrab., Sala IV, 1992.3.08 — Anabia Miguel A. c/ Entel. *DT,* 1992-B, 1438 — DJ 1992.2.846).

Em definitivo, o art. 106 da LCT estabelece que "los viáticos serán considerados como remuneración, excepto en la parte efectivamente gastada y acreditada por

---

integrando la remuneración del trabajador, todo lo que este perciba por trabajos ordinarios o extraordinarios, bonificación por antigüedad y otras remuneraciones accesorias lo que con criterio amplio autorizaría a computar como remuneración los valores de las canastas familiares y valer tercerizados" (Cf. CN Trab., Sala VI, 1997/06/10 Antognini Ricardo A. c/ Stilton S.A. — *DT* 1997-B; 1553, com nota de Pose Carlos).

(18) DEVEALI, Mario L. Naturaleza y régimen de los viáticos. *DT* 1954-357.

medios de comprobantes, salvo lo que en particular dispongan los estatutos profesionales y convenciones colectivas de trabajo" (Cf. Plenario n. 247 CNAT — Aiello Aurelio C/ Transporte Automotores Chevallier S.A.).

8.1. Comissões suplementares dos salários

Definição: Entre os significados sobre o termo com que nos brinda o dicionário, no que pertine se incluem "quantidade que cobra um comerciante por efetuar um encargo alheio" e (sinônimo): "tanto por cento". Preste-se atenção ao sentido indeterminado de ambas as definições: Pela primeira se faz depender a quantidade resultante de "um" (indefinido) encargo alheio; pela segunda, de uma preposição "percentual" cujo importe definitivo depende do resultado do negócio.

No art. 7º da Lei n. 14.546 (sancionada em 29.9.58) sobre Regime Legal de Viajantes de Comércio e da Indústria, estabelece que a remuneração do viajante será constituída no todo ou em parte, com "base a comisión **a porcentaje**, sobre el importe de las ventas". A norma citada é concordante com o art. 5º da Lei, relativo à maneira de calcular as comissões (alínea *j*) e com o art. 8º da mesma, que se refere a "uma comissão a porcentagem" acordada pelas tarefas de cobrança.

E por último, resulta definitório plenamente o art. 108 da LCT quando impõe: "cuando el trabajador sea remunerado en base a comisión, **esta se liquidará sobre las operaciones concertadas**" (Acerca do caráter variável da comissão, ver CNTrab., Sala III 1991.5.31. Couto Fernando M. c/ Ferretería Francesa S.A. *DT* 1991-B, 1201).

Convém assinalar, consequentemente, que algum setor da doutrina, como Ackerman, erra quando pretende que "la comisión es un ingreso salarial consistente en una **suma fija**"[19] ... ou uma porcentagem relacionada com o resultado de um negócio... Talvez se trate de um erro conceitual involuntário, o que é crível em razão de o título do trabalho referenciado, polo que convém emendá-lo.

8.2. Comissões coletivas

No que se refere às comissões coletivas do art. 109 da LCT, é suficiente esclarecer que se trata de porcentagens coletivas sobre vendas para ser distribuídas segundo o resultado econômico obtido entre o todo ou parte do pessoal.

8.3. Gorjetas

Segundo Maurício Birgin[20]:

la propina consiste en una suma de dinero abonada no por el empleador mismo como en el caso de la gratificación, sino por un tercero con quien el asalariado

---

(19) ACKERMAN, Mario E. Alteraciones salariales (variación de la remuneración y remuneraciones variables). *DT* 1990-A, 563 citado em *Digesto prático*. Buenos Aires: La Ley, 2003. t. II, p. 90.
(20) BIRGIN, Mauricio. A propósito de la propina. *DT*, 1993-A, 760.

ha entrado en relación con motivo del cumplimiento de sus funciones, su entrega refleja la satisfacción del cliente, por la forma en que ha sido atendido.

A rigor, a definição é correta, apesar de ser preciso esclarecer que nem todas as funções laborais que pode cumprir um funcionário se prestam a merecer uma gorjeta. Sim, por exemplo, naqueles casos em que, sob relação de dependência como os gastronômicos, os acomodadores em cinema, teatros, salas de espetáculos, entregadores, etc., que prestam um serviço a terceiras pessoas que, satisfeitas, gratificam o trabalhador.

Mas é impensável supor que se gratifique o vendedor de uma loja ou de um supermercado, etc., ou ao trabalhador de uma fábrica ou ao funcionário de um banco, etc.

A gorjeta como integradora da remuneração nasceu há muitas décadas e tem se generalizado em grande parte da América e pelo resto do mundo. Na Argentina foi tolerada, ainda que a partir dos anos 1940 foi encarada pelo sindicato gastronômico como contrária a sua dignidade e ao direito dos trabalhadores à intangibilidade dos salários. Com o laudo de 4.9.1945, ditado naquela data pela então Secretaria de Trabalho e Ação Social Direta, e com a participação dos representantes patronais e da parte sindical se interpretou que as dificuldades surgiam quando era necessário fixar retribuições e a determinação das deduções legais ou o cálculo das indenizações tornavam aconselhável a proibição da gorjeta; e assim, por seu:

> Art. 2º En los establecimientos (gastronómicos) enunciados en el artículo precedente, queda prohibido el otorgamiento y percepción de importes de dinero considerados como propina, bajo apercibimiento de la aplicación de sanciones que al efecto se establecen.
>
> Art. 4º La aceptación por el empleado de cualquier recompensa en dinero efectuada por la clientela.,..., será considerada falta grave... y justificativa de despido....
>
> Art. 7º En sustitución de la propina que dejaran de percibir, el personal... tendrá derecho además de la remuneración fija, a una **comisión proporcional individual de porcentaje...**

Durante anos, nas faturas de consumo de hotéis, bares e restaurantes se "adicionou" uma porcentagem sobre o consumo, o que não obstou que a gorjeta gratificadora continuasse vigente até que o laudo fosse revogado pela Lei n. 22.310... porém não a propina, que tem sido recepcionada no art. 113 da LCT "como formando parte de la remuneración".

9. Determinação da remuneração pelos juízes (art. 114 da LCT) — onerosidade presumida

Atento ao que o art. 115 prescreve: "El trabajo no se presume gratuito", entende-se e é coerente com o disposto no artigo anterior (114), segundo o qual

Cuando no hubiese sueldo fijado por convenciones colectivas o actos emanados de autoridad competente o convenidos por las partes, su cuantía fijada por los jueces ateniéndose a la importancia de los servicios y demás condiciones en que se prestan los mismos, el esfuerzo realizado y a los resultados obtenidos.

A melhor doutrina concorda que:

Se prevé la actuación jurisdiccional en los casos en que la cuantía del salario no haya sido establecida por acuerdo de partes, por convenio colectivo o acto estatal. En estos supuestos será necesario una estimación lisa y llana del monto total del salario que, por lo que resulta de la misma norma, será excepcional y aplicable en aquellos supuestos en que se discuta la naturaleza misma de los servicios. Es decir que una de las partes invoque su gravedad y la otra su onerosidad[21].

---

(21) LÓPEZ, Justo Centeno Norberto; MADRID, Juan L. Fernández. *Los de contrato de trabajo*. Buenos Aires: Contabilidad Moderna, 1978. t. 1, p. 52.

Capítulo II

Do Salário Mínimo Vital e Móvel

1. Antecedentes

Com o Decreto n. 33.302/45 se introduziu na legislação laboral argentina, pela primeira vez, concretamente, a instituição do salário mínimo vital, cuja inspiração talvez deva ser reconhecida na Convenção n. 16 da OIT, sancionada no ano de 1928, na qual se debateu e foram estabilizados os **salários mínimos** destinados aos trabalhadores da indústria e do comércio, incluindo aqueles com trabalho em domicílio. O critério que se adotou foi o da obrigatoriedade do salário mínimo, critério este que se manteve nas Convenções n. 63, de 1938 e posteriores.

Sem dúvida, o critério influenciou também nas constituintes de 1949, que no art. 37, inc. 2 incluíram não somente o conceito de "direito a uma retribuição justa", indo mais além, "garantizar al trabajador una retribución moral y material que satisfaga sus necesidades vitales...".

E ainda que a Constituição de 1949 tenha sido simplesmente abolida por um tipo de ordenança ou resolução autoritária somente, que repôs a vigência da Carta Magna de 1853/1860 e possibilitou a Reforma de 1957. Esta, por sua vez, habilitou a sanção do denominado "artigo novo" mais tarde "14 *bis*", que deu hierarquia constitucional ao "salário mínimo vital e móvel que por sua vez foi regulamentado pela Lei n. 16.459, sancionada em 7.6.64.

Com a sanção da Lei do Contrato de Trabalho n. 20.744 (texto obrigatório n. 390/76), o conceito de salário mínimo vital e móvel ficou incorporado à normativa básica do direito do trabalho argentino.

2. Conceito

Como afirmava Krotoschin[1]:

El salario **vital mínimo** es la menor remuneración que debe percibir en efectivo el trabajador sin cargas de familia. Para la fijación de éste salario se tiene en cuenta que el trabajador no solo **vende** su trabajo a la empresa sino que se entrega enteramente; su personalidad y el lugar que debe ocupar en la sociedad no quedan, prácticamente, fuera de la relación de trabajo, ya que todos los

---
[1] KROTOSCHIN, Ernesto. *Manual de derecho del trabajo*. Buenos Aires: Depalma, 1977. p. 78.

aspectos de la vida del trabajador tienen realidad en función de los medios de existencia que le procura el trabajo. El salario mínimo vital comprende, pués, no solo la parte remunerativa del trabajo propiamente dicho, sino también el costo que supone la manutención material y espiritual del hombre total (alimentación adecuada, vivienda digna, educación, vestuario, asistencia sanitaria, transporte y esparcimientos, vacaciones y previsión.

A rigor, quando o autor da definição que antecede, e com a qual concordamos, publicava estas linhas (abril de 1977), a República Argentina padecia de uma das ditaduras mais repressivas de sua história havia um ano, o que tornava a definição de Krotoschin em pouco mais que um desejo fantasioso. No entanto, é preciso levar em conta que na época e apesar das restrições houve juízes do trabalho dignos que reivindicaram que "en materia salarial jamás podría establecerse un salario inferior al salario mínimo vital (arts. 14 nuevo, Constitución Nacional, y 112 (116) Ley n. 20.744. Adla XXXIV-D, 3207)..." (Cf. ST entre Ríos, Sala Penal y del Trabajo, 1979.12.27. UTA c/ Empresa Mariano Moreno.Buenos Aires: La Ley, 980-442).

No que se refere à jurisprudência do mais alto Tribunal Federal argentino, é preciso assinalar que a Corte Suprema de Justiça da Nação, depois de interpretar que a determinação do salário mínimo vital e móvel (criado pela Lei n. 16.459, sancionada em 7.6.1964 e ratificado por Lei n. 21.307) e sua determinação periódica é atribuição do Conselho Nacional do Salário Vital, Mínimo e Móvel e é parte das faculdades do Poder Executivo Nacional (ver Decreto n. 6.009, de 7.8.1964; Decreto n. 3.775/85 e complementares). Seria pertinente então dizer de tais atribuições que são partes das que deve exercer o governo para fixar a política econômica e social com uma razoável amplitude de critérios em favor do bem-estar geral e em concordância com os lineamentos gerais que a inspiraram. "Pero el Alto Tribunal no descartó que en otros supuestos se pudieran presentar circunstancias que autoricen una solución distinta, si se comprobase que la remuneración mínima fijada configura la supresión o desnaturalización del derecho que se pretende asegurar, o cuando dicho importe hubiera sido establecido en forma absurda o arbitraria, doctrina que resultó aplicable en los supuestos en los cuales la fijación del salario mínimo vital y móvil (durante el período 1989/1990) estuvo a cargo del Consejo de Integración Paritaria..." (CS 1996.6.25 — Vega Leonardo M. y otros c/ D'Angiola Arcurci — DT 1997-R, 1.098)[2].

3. Alcance ou modalidades de sua determinação — inembargabilidade (arts. 117, 118 e 120 da LCT)

No que se refere à norma e seu alcance, o art. 117 assegura o salário mínimo vital "a todo trabalhador maior de 18 anos de idade.

---

(2) A citação foi extraída do *Digesto práctico la ley. Ley de contrato de trabajo.* Buenos Aires: La Ley, 2003. p. 128. Dirigido por Vázquez Vialard Antonio. Tal texto foi publicado com nota de CARCAVALLO, Hugo R. *Revista Derecho del Trabajo* (*DT*), citada mais acima.

As modalidades de sua determinação (art. 118 da LCT) se referem a que os valores do salário mínimo vital se expressaram de forma mensal, diária ou horária. Chama a atenção que aparentemente se tenham excluído os salários semanais.

O salário mínimo vital e móvel é inembargável em sua totalidade, segundo o que dispõe o Decreto n. 484/87, em seu art. 1º e com as modalidades dos arts. 2º, 3º e 4º.

Capítulo III

Do Salário Anual Complementar

1. Conceito

As modificações introduzidas no texto do art. 121 da LCT pela Lei n. 23.041, sancionada em 6.4.1984 transformaram o conceito de "salário anual complementar", que passou de equivaler a um doze avos do total das remunerações definidas no art. 103 da LCT e percebidas pelo trabalhador no respectivo ano calendário em uma fração da maior remuneração mensal de cada semestre.

Com efeito, o Decreto n. 1.078/84, regulamentador da Lei n. 23.041, estabeleceu, em seu art. 1º que a liquidação do salário anual complementar será proporcional ao tempo trabalhado em cada um dos semestres.

E em todos os casos a proporcionalidade à qual se refere o art. anterior "se efectuará sobre la base del 50% de la mayor remuneración mensual nominal devengada por todo concepto en el semestre que se considere" (cf. arts. 2º, 3º e 4º do citado decreto).

Segundo o art. 122 da LCT o salário anual complementar será pago em duas quotas: "la primera de ellas el 30 de junio y la segunda el 31 de diciembre de cada año".

2. Extinção do contrato — pagamento proporcional

Conforme o art. 123 da LCT,

cuando se opere la extinción de trabajo por cualquier causa, el trabajador o los derechos habientes que determina esta ley tendrán derecho a percibir la parte del sueldo anual complementario que se establecerá como la doceava parte de las remuneraciones devengadas en la fracción de semestre trabajado, hasta el momento de dejar el servicio.

É preciso dizer, a respeito da norma, que se por um lado a redução da mesma aparece influenciada pelas reformas da Lei n. 23.041, o certo é que a jurisprudência tem interpretado que, na hipótese de extinção do contrato com anterioridade às datas de pagamento determinadas na lei, é "el derecho del trabajador a percibir la parte de SAC proporcional al tiempo trabajado en el semestre" (CNTrab., Sala VI, 1989.7.03 — Alvar Aluminio Argentino S.A. *DT* 1989-B, 2025).

Capítulo IV

Da Tutela e Pagamento da Remuneração

1. Doutrina

A doutrina e a jurisprudência não concordam que sendo a remuneração o único meio de vida para o trabalhador, é imprescindível que seja protegida para evitar descontos e reduções, pelo menos até certos limites.

Esse conceito sustenta, sem dúvida, os fundamentos do art. 124 da LCT e todo o Capítulo IV da quinta parte da lei. É por isso que no texto do complexo articulado têm-se desenvolvido preceitos pontuais relativos à proteção contra atos do empregador, contra a intervenção de terceiros e ainda contra possíveis atos de disposição do mesmo trabalhador.

Daí, como defendia Krotoschin, "la sede de la materia está en la LCT, arts. 124 y ss., sin perjuicio de regulaciones divergentes en algunos estatutos especiales"[1].

Porém, as reformas constitucionais de 1994, art. 75, inc. 22 e 24 introduziram mudanças profundas que validaram os Tratados de origem externa, reconhecendo-lhes "hierarquia superior às leis", entre eles os acordos internacionais e em particular o Acordo n. 95 da OIT "sobre a proteção do salário", cujo art. 1º prescreve que "los salarios que deban pagarse en efectivo se pagarán exclusivamente en moneda de curso legal y deberá prohibirse el pago con pagarés, vales, cupones o en cualquier otra forma que se considere representativa de la moneda de curso legal" (aprovada em 1949 e com vigência internacional desde 25.4.58).

Por isso Carlos Etala[2] pode escrever que a estipulação pode ser feita em moeda estrangeira, o pagamento, em contrapartida, deverá ser realizado ineludivelmente em moeda argentina, efetuando a correspondente conversão no momento de efetivá-lo.

Mas por outro lado, no direito laboral argentino (Lei n. 20.744, art. 124 e Decreto n. 847/97) dispôs que as remunerações devem ser pagas em dinheiro, cheque ou mediante crédito em conta bancária (Resoluções do Ministério do Trabalho e Seguridade Social ns. 644/97 e 790/99). Não obstante, como autoriza o art. 124 da

---

(1) KROTOSCHIN, Ernesto. *Manual de derecho del trabajo*. Buenos Aires: Depalma, 1977. p. 85.
(2) ETALA, Carlos A. Obligaciones laborales pactadas en moneda extranjera. *DT*, 1981-A, p. 413.

LCT *in fine*, o trabalhador poderá exigir que sua remuneração seja paga em dinheiro. Em todo caso, convém assinalar que os créditos em conta bancária devem ser efetuados com o controle da autoridade competente porque caso contrário poderá ser declarado nulo; entre outros motivos porque a documentação operante no banco constituirá prova suficiente o fato do pagamento (art. 125 da LCT).

Os períodos de pagamento serão previstos nos arts. 126 e128 da LCT mas devem ser efetuados no lugar de trabalho e durante a prestação do serviço (art. 129 da LCT) com a particularidade de sua proibição em lugares onde se vendam mercadorias ou se distribuam bebidas alcoólicas como negócio principal ou acessório, à exceção dos casos em que se trate de pessoal que trabalhe em estabelecimentos com tal objeto[3].

Os adiantamentos de remunerações estão "limitados al 50% de las mismas correspondientes a un período de pago" apesar de se admitirem exceções "en caso de especial gravedad y urgencias" (art. 130 da LCT). De qualquer modo há uma proibição geral de efetuar deduções, retenções e compensações que superem "el 20% del total de la remuneración en dinero que deba recibir el trabajador" (art. 133 da LCT) salvo lo dispuesto en el art. 130.

Um comentário especial merece o art. 136 da LCT no que se refere ao pessoal contratado por contratistas ou intermediários, que terão direito a exigir do empregador principal solidário... que retenha o que devem perceber aqueles... e lhe façam pagamento da importância devida em conceito de remunerações ou outros direitos apreciáveis em dinheiro provenientes da relação laboral. A mora no pagamento das remunerações se produzirá pelo vencimento dos prazos (cf. arts. 128, 131, 132 e 133 da LCT).

2. Quota de embargabilidade (art. 147 da LCT)

"Las remuneraciones debidas a los trabajadores serán inembargables", estabelece o art. 147 da LCT — "en la proporción resultante de la aplicación del art. 120, salvo por deudas alimentarias. En lo que excedan de este monto, quedarán afectadas a embargo en la proporción que fije la reglamentación que dicte el Poder Ejecutivo Nacional...".

Evidencia-se que a norma sofre influência pelo referido art. 120 e também pelo comentado art. 133, mas sobretudo deve-se estudar em sua correlação com os arts. 103, 107, 116, 120, 131 a 135 da LCT e em particular com o Decreto n. 484/87, que estabeleceu: "la remuneración mensual (monto bruto en dinero) y el SAC son inembargables hasta el importe fijado por el salario mínimo vital y móvil. El

---

(3) Talvez a origem remota desta última proibição devesse ser procurada na instituição de despacho de bebidas em estabelecimentos rurais muito distantes dos centros urbanos, que serviram de marco propício para facilitar o pagamento dos salários em vales para consumo de alimentos e bebidas, sem controle adequado e comercializados a preços maiores que nos estabelecimentos de povoados e cidades e com vantagens para o empregador.

excedente hasta el doble de ese importe, lo es en la proporción del 10%, y lo que supera ese tope, está afectado en el 20%"[4].

3. Recibos e outros comprovantes de pagamento (arts. 13 a 146 da LCT)

Certa vez Norberto Centeno escreveu: A nosso critério, e como expressa Justo López, "el recibo es la confesión extrajudicial del pago que hace el acreedor", o que, como assinala o mesmo autor, tem importância na matéria que tratamos... "porque la ley no admite el uso del recibo como un mero instrumento de liberación sin pago efectivo"...[5].

Não por acaso, então, o autor do projeto de Lei de Contrato de Trabalho incluiu na mesma o art. 138, que taxativamente prescreve:

> Todo pago en concepto de salario u otra forma de remuneración deberá instrumentarse mediante recibo firmado por el trabajador, o en las condiciones del art. 59 de esta ley, si fuese el caso, los que deberán ajustarse en su forma y contenido en las disposiciones siguientes:

E em seguida requer... "**doble ejemplar**, debiendo hacer entrega del duplicado al trabajador" (art. 139) "**recibos separados** para cada uno de los conceptos: vacaciones, licencias pagas, asignaciones familiares y las que correspondan a indemnizaciones debidas al trabajador con motivo de la relación de Trabajo o su extinción..." (art. 141).

Pelo art. 143 obriga-se o empregador "a conservar los recibos y otras constancias de pago durante todo el plazo correspondiente a la prescripción liberatoria del beneficio de que se trate" (dois anos cf. art. 256 da LCT); porque "la firma que se exigirá al trabajador en libros, planillas o documentos similares, no excluye el otorgamiento de los recibos de pago con el contenido y formalidades previstas en esta ley" (art. 144).

4. Conteúdo necessário dos recibos (art. 140 da LCT)

Inserta entre o numeroso articulado do Título IV, Capítulo IV da Lei do Contrato de Trabalho, a norma do art. 140 de algum modo está influenciada pelo espírito regulamentarista do art. 129 da LCT que se refere aos:

> días, horas y lugares de pago, pero que incluye un detalle minucioso de circunstancias y recaudos destinados a asegurar el pago salarial en tiempo y forma. De modo parecido, el art. 140 requiere un "contenido necesario" del recibo que incluye:
>
> a) nombre integro del empleador o razón social, su domicilio y su Clave Única de Identificación Tributaria (CUIT).

---

(4) Cf. *Digesto práctico*. Buenos Aires: La Ley, 2003. p. 225.
(5) CENTENO, Norberto. *De nuevo sobre el recibo de pago de salarios*. T. y S.S. 1973/74. p. 229.

b) nombre y apellido del trabajador, su calificación profesional y su Código Único de Identificación (CUI).

c) Todo tipo de remuneración que perciba con la indicación sustancial de su determinación. Si se trata de porcentajes o comisiones de ventas, se indicarán los importes totales de éstas últimas, y el porcentaje o comisión asignada al trabajador.

d) Los requisitos del art. 12 del Decreto-Ley n. 17.250/67 (Establecimiento de las obligaciones previsionales de empleadores y trabajadores autónomos)[6].

e) Total bruto de la remuneración básica o fija y porcentual devengado y tiempo que corresponda. En los trabajos remunerados a jornal o por hora, el número de jornadas u horas trabajadas, y si se tratase de remuneración por pieza o medida, número de estas, importe por unidad adoptado y monto global correspondiente al lapso liquidado.

f) Importe de las deducciones que se efectúan por aportes jubilatorios u otras autorizadas por esta ley; embargos y demás descuentos que legalmente correspondan,

g) importe neto percibido, expresado en números y letras.

h) Constancia de la recepción del duplicado por el trabajador;

i) lugar y fecha que deberán corresponder al pago real y efectivo de la remuneración al trabajador:

j) en el caso de los arts. 124 y 129 de esta ley, firma y sello de los funcionarios o agentes dependientes de la autoridad y supervisión de los pagos;

k) Fecha de ingreso y tarea cumplida o categoría en que efectivamente se desempeñó durante el período pago.

Para finalizar este capítulo, e diante das mudanças tecnológicas que foram introduzidas na edição de recibos a que se referem os arts. 140 e ss. da LCT e normas complementares, é importante esclarecer que "el sistema de identificación de las categorías de personal mediante una identificación numérica, incorporada a los recibos de sueldo en un recuadro en el que se inserta la equivalencia del código en letras, no está reñido con las previsiones del art. 140 inc. *b* y *k* de la LCT" (CNTrab., Sala V, 1990.08.17. Bank of América — T y SS, 1990-734).

Concluindo: "Lo dispuesto en el presente capítulo, en lo que resulte aplicable, regirá respecto de las indemnizaciones debidas al trabajador o sus derecho-habientes, con motivo del contrato de trabajo o de su extinción" (art. 149).

5. Atualização dos salários por desvalorização monetária (Lei n. 23.616)

O art. 276 da LCT está em vigor na versão da Lei n. 23.616. Essa nossa interpretação, a despeito de certas doutrinas e jurisprudências restritivas que pretendem o contrário[7][8].

---

(6) Ver *Digesto prático*. Buenos Aires: La Ley, 2003. p. 209.
(7) Antonio Vázquez Vialard: ver nota desse autor que na qualidade de diretor se preocupou em esclarecer — sem expressar seus fundamentos — "no estar en vigencia la norma que admite la actualización monetaria"... In: *Digesto prático*. Buenos Aires: La Ley, 2003. p. 1027.
(8) Art. 276 da LCT: (Texto segundo a Ley n. 23.616): "Los créditos provenientes de las relaciones individuales de trabajo; **serán actualizados**, cuando resulten afectados por la depreciación monetaria, teniendo en cuenta la variación que experimente el índice de

E os fundamentos sobre a continuada vigência do princípio de atualização dos salários descansam, por um lado, na reconhecida continuação e continuidade do processo inflacionário e subsequente desvalorização da moeda argentina, que é pública e notória; e por outro lado, na pacífica jurisprudência da Corte Suprema de Justiça no que se refere à atualização monetária não torna a dívida mais onerosa, mas mantém o valor econômico da moeda frente a seu progressivo envilecimento. Sobre tal base não cabe atribuir à atualização monetária um caráter sancionatório estranho a sua função própria, que não é outra coisa que manter inalterável o capital que se deve pagar. (cf. CSNJ, 1992.11.03 — Bonatti Celerino J. M. c/ Caja Nacional de Previsión de la Industria, Comercio y Actividades Civiles — DT 1993-A, 502. T y SS 1993-966; Cf. CSJN 1990.09.25 Fitam Sacifi c/ MA-CER Sacifi; CS 1990.02.13; Idem PRONAR, Samic c/ Provincia de Buenos Aires. Manual de jurisprudencia, ley de contrato de trabajo. 4. ed. Buenos Aires: La Ley, 2002. p. 816).

E a jurisprudência da Corte não faz outra coisa que reivindicar o princípio da "irrenunciabilidade", que consagra o art. 12 da LCT[9]; em sua concordância com o art. 119 da LCT, que impõe: "Por ninguna causa podrán abonarse salarios inferiores..."[10]. Ambos sustentados no art. 14 bis da Constituição Nacional.

Porque, definitivamente, os créditos laborais devem ser atualizados a fim de mitigar a iniquidade que resulta de uma interpretação estritamente literal das normas em jogo. A não atualização de créditos é violatória do imperativo constitucional de "afiançar a justiça", devendo declarar-se a inconstitucionalidade da norma que viole tal princípio (Do voto em minoria do doutor De la Fuente, en CNTrab., Sala I, 1996.02.15. Steckler Carlos O. c/ Sudamérica CIA de Seguros. DT, 1996-A 834, com nota de Pose Carlos).

6. Consolidação das dívidas do Estado (Lei Nacional n. 23.982 e Decretos Regulamentares) — pagamento em bônus

Em uma situação de emergência econômica do Estado Nacional e em um contexto de *déficit* das balanças de pagamento, com data de 21 de agosto de 1991, o governo do Presidente Menem e do Ministro da Economia Caballo, foram ditadas a Lei de Consolidação de Dívidas n. 23.982 e seu Decreto Regulamentador n. 1.652/91.

Como resultado de tais normas deixou-se de pagar e se consolidaram no Estado Nacional obrigações vencidas ou de causa ou título anterior a 1º de abril de 1991,

---

los precios al consumidor en la Capital Federal, desde la fecha en que debieron haberse abonado hasta el momento de efectivo pago. (Dicha actualización será aplicada por los jueces o por la autoridad administrativa de aplicación de oficio o a petición de parte incluso en los casos de concurso del deudor, como así también, después de la declaración de quiebra.

(9) Art. 12 da LCT: "Será nula y sin valor toda convención de partes que suprima o reduzca los derechos previstos en esta ley, los estatutos profesionales o las convenciones colectivas, ya sea al tiempo de su celebración o de su ejecución, o del ejercicio de derechos provenientes de su extinción".

(10) Art. 119 da LCT: "Por ninguna causa podrán abonarse salarios inferiores a los que se fijen de conformidad al presente capítulo, salvo los que resulten de reducciones para aprendices o menores o para trabajadores de capacidad manifiestamente disminuida o que cumplan jornadas de trabajo reducida, no impuesta por la calificación, de acuerdo con lo dispuesto en el art. 200".

que consistiam no pagamento de soma em dinheiro... reclamadas judicial ou administrativamente e tenha sido alcançado por suspensões dispostas por leis ou decretos ditados com fundamento nos poderes de Emergência de Estado até 1º de abril de 1991 (cf. art. 1º).

Por seu art. 7º e em sua parte pertinente se concolidaram, entre outros: "b) toda otra prestación de naturaleza alimentaria, **créditos laborales** o nacidos con motivo de la relación de empleo públicos los créditos derivados del trabajo o de la actividad profesional..."

Consequentemente e por seu art. 10 se dispôs:

> Alternativamente a la forma de pago prevista, los acreedores podrán optar por suscribir a la par, por el importe total o parcial de su crédito en moneda nacional los Bonos de Consolidación en moneda nacional, cuya emisión autoriza la presente ley.
>
> Asimismo, podrán optar por recalcular su crédito para reexpresarlos en dólares, valorizando al tipo de cambio vendedor en el mercado libre o su equivalente que correspondía a la fecha de origen de la obligación, con el fin de suscribir con tal crédito reexpresado en dólares Bonos de Consolidación emitidos en esa moneda. (esta variante depois de um certo tempo foi suprimida por disposição legal posterior)

Pelo art. 9º da Lei previu-se o passivo consolidado a 1º.4.1991 para ser cancelado "en un plazo máximo de dieciséis (16) años para las obligaciones generales y de diez (10) años para las de origen previsional...". E confirmando de alguma maneira tal praxo pelo art. 12, "se emitieron los bonos de consolidación de dieciséis años de plazo". No entanto, posteriormente foram efetuadas novas emissões, ainda que interpretemos que a consolidação de dívidas da Lei n. 23.982 caducou em 1º de abril de 2007, motivo pelo qual a consolidação de dívidas do ano de 1991 e seu cancelamento em bônus de posterioridade a 1º.4.2007 será ilegal e inconstitucional.

E para esgotar este breve resumo da "consolidação" referida, é preciso acrescentar que a Lei n. 23.982 viabilizou inúmeras violações dos princípios do direito laboral protetor e das garantias de intangibilidade e irrenunciabilidade dos salários. Prova disso são os cancelamentos de obrigações laborais em bônus de menor valor no mercado ao equivalente das liquidações judiciais dos créditos "aprovados e firmes" (art. 5º da Lei n. 23.982) e a falta de cômputos da desvalorização monetária (art. 276 da LCT) e dos interesses (arts. 622 a 624 do Código Civil) porque a consolidação "congelou" as liquidações em 1º.4.1991 sem que decorram novas correções nem composto de desvalorização monetária, já que a mora no cancelamento dos créditos mediante a tardia entrega dos bônus não gera anatocismo (art. 623 do CC, segundo a Lei n. 23.982).

A isso devemos acrescentar que por disposição do art. 17 da Lei n. 23.982,

> La consolidación legal del pasivo público alcanzado por la presente implica la novación de la obligación original y de cualquiera de sus accesorios así como la extinción de todos los efectos inmediatos, mediatos o remotos que la imposibilidad de cumplir sus obligaciones por parte de cualquiera de las personas jurídicas u organismos

comprendidos por el art. 2º pudieran provocar o haber provocado. En lo sucesivo sólo subsisten a su respecto los derechos derivados de la consolidación.

Naturalmente o sistema da consolidação — consequentemente — deve ser considerado como violador dos arts. 7º a 14 e ss. da Lei de Contrato de Trabalho e do art. 14 *bis* da Constituição Nacional.

7. A questão salarial no direito comparado — Brasil

Segundo Süssekind[11], a política salarial do Brasil tem transitado por diferentes etapas históricas que foram ocorrendo sucessivamente desde a liberdade contratual de índole formal até sua substituição pelo trabalho protegido, mediante limitações ao uso dessa liberdade. Abandonando sua posição passiva ente as relações de trabalho, o Estado passou a estabelecer barreiras à liberdade contratual, em nome do interesse coletivo e da justiça social, a fim de impor as observâncias de inumeráveis preceitos de amparo ao trabalhador.

E como aponta também o mestre, ainda que os sistemas adaptados pelos diferentes países apresentem certas diferenças no que se refere à política do salário, o certo é que de um modo geral instituíram métodos de fixação de salários mínimos sob os quais não é permitida a estipulação do salário do empregado.

Também na Argentina foram adotadas políticas similares incluindo todos eles, o salário igual para igual trabalho; a prevalência das normas pactuadas nas convenções coletivas de trabalho sobre as condições ajustadas nos contratos individuais, previram enfim métodos adequados à solução de conflitos de trabalho preferentemente por meio da negociação coletiva e em seu defeito, mediante a arbitragem ou decisão do tribunal do trabalho ou do órgão competente da administração pública. Com a globalização da economia — conclui Süssekind[12] —, que vem caracterizando o final do século XX e início do XXI — acentua-se o prestígio da autonomia privada coletiva, inclusive no que se refere à flexibilização em matéria de salário.

7.1. Significado do vocábulo

Como explica o mesmo autor[13], a palavra "remuneração" é empregada normalmente, com sentido lato, correspondendo ao gênero do qual são espécies principais os termos: "salários", "vencimentos", "ordenados", "soldo" e "honorários" (todas expressões portuguesas) e citando Martins Catharino, acrescenta: "por costume chamamos 'vencimentos' à remuneração dos magistrados, professores e funcionários em geral; 'soldo', o que recebem os militares; 'honorários', o que os profissionais liberais ganham no exercício autônomo da profissão; 'ordenado', o

---

(11) SÜSSEKIND, Arnaldo Lopes. *Instituições de direito do trabalho*. São Paulo: LTr, 1999. v. 1. p. 333.
(12) SÜSSEKIND, Arnaldo Lopes. *Op. cit.*, p. 334.
(13) SÜSSEKIND, Arnaldo Lopes. *Op. cit.*, p. 392.

que percebem os empregados em geral, isto é, os trabalhadores cujo esforço mental prepondera sobre o físico; e finalmente, 'salário', o que ganham os operários. Mas em síntese, e na prática, constitui 'salário' a remuneração devida pelo empregador ao empregado na execução do contrato de trabalho, qualquer que seja a categoria profissional deste. Dessa regra estão excluídas somente as relações de emprego público, sejam de índole civil ou militar".

A Consolidação das Leis do Trabalho (CLT), sancionada pelo Decreto-Lei n. 5.452, com data de 1º.5.1943, pelo governo do presidente Getúlio Vargas (e que teve entre seus redatores o professor Arnaldo Süssekind, naquela época com somente 23 anos de idade) se refere ao "salário" como um dos pressupostos essenciais da relação de emprego (art. 3º da CLT).

Em tal art. 3º se faz menção expressa do conceito "salário" como um dos elementos básicos da relação de emprego[14], toda vez que não admite distinções entre trabalho manual, técnico, intelectual, nem profissional (cf. art. 7º da CF, inc. XXXII[15]). Assim, no Brasil, toda remuneração de trabalho em relação de emprego é "salário" (cf. CF, art. 7º, incs. IV, VI, VII e X).

No entanto, no contexto da CLT, os conceitos de "remuneração" e "salário" se visualizam como diferentes. Assim o prescreve o art. 457 da CLT: "Compreendem-se na remuneração do empregado, para todos os efeitos legais, além do salário devido e pago diretamente pelo empregador, como contraprestação do serviço, as gorjetas que receber" (Redação dada pela Lei n. 1.999, de 1º.10.1953).

De tudo isso infere Süssekind[16]: **Salário** é a retribuição dos serviços prestados pelo empregado, por força do contrato de trabalho, sendo adequado o pagamento pelo empregador que dele se vale para os fins previstos pela empresa; **remuneração** é a resultante da soma do salário percebido em virtude do contrato de trabalho e das gratificações obtidas de terceiros, habitualmente, pelos serviços efetuados por força do mesmo contrato.

Tal distinção, oriunda dos conceitos legais de remuneração e de salário, é de inquestionável importância para a aplicação de diversas normas jurídicas alusivas às relações de trabalho, incluindo as que dizem respeito à Seguridade Social. Assim, por exemplo, no cálculo do salário mínimo pertinente ao "salário" e não à "remuneração", não podem ser computadas as "gorjetas" que o empregado receba; porque estas constituirão somente uma parcela da "remuneração", independentemente do **salário** devido e pago pelo empregador.

E no que se refere — continua Süssekind — ao cálculo da indenização por despedida sem justa causa, das contribuições para o FGTS, dos rendimentos de férias, das contribuições para a Previdência Social, etc., computa-se a remuneração percebida pelo empregado, isto é, o salário pago por seu empregador mais as

---

(14) Art. 3º Considera-se empregado toda pessoa física que prestar serviços de natureza não eventual a empregador, sob a dependência deste e mediante salário.
(15) Art. 7º, inciso XXXII: proibição de distinção entre trabalho manual, técnico e intelectual ou entre os profissionais respectivos.
(16) SÜSSEKIND, Arnaldo. Op. cit., p. 353.

gorjetas habitualmente recebidas de terceiros, pelos serviços prestados na execução do respectivo contrato de trabalho.

7.2. Natureza jurídica do salário — tempo nominal — valores salariais

De modo parecido ao estabelecido no art. 103 da LCT vigente na República Argentina, no que se refere à remuneração do trabalhador pelo sistema do *nomina time* (tempo nominal) à disposição do patrão; também no Brasil, o art. 4º da CLT consagra o princípio segundo o qual se remunera como de serviço efetivo o período no qual o empregado está a disposição do empregador, aguardando ou executando ordens, salvo disposição especial expressamente consignada.

Um exemplo interessante de uma hipótese de "tempo nominal" a disposição do empregador é dado pela jurisprudência do Tribunal Superior do Trabalho brasileiro, referindo-se aos ferroviários e ao "sobreaviso", que é o "Tempo no qual o empregado deve permanecer em sua residência aguardando a qualquer momento o chamado para o Serviço"[17] (Conforme Súmulas (resumo) de jurisprudência do TST ns. 324 e 325; TST 1ª Turma, TST-RR-498, 136/98, *DJ* 21.2.2003).

Além disso, em diversos artigos da CLT e leis complementares se dispõe: o pagamento dos salários nos dias de repouso compulsório (descanso hebdomadário e feriados civis e religiosos — Lei n. 605, de 5.1.1949, art. 1º); impondo o pagamento da remuneração normal durante as férias anuais do empregado (arts. 140 e 142 a 148 da CLT); assegurando ao empregado enfermo, nos primeiros 15 dias de ausência ao serviço, o direito a perceber os salários por conta de seu empregador (ver Súmula TST n. 146, Lei n. 3.807, de 26.8.1960, art. 25).

Pode-se constatar certas diferenças entre a normativa brasileira e a argentina em matéria de remuneração das férias anuais: no Brasil e por aplicação do art. 7º, inc. XVII da CF, os salários do período, remunerados "com, pelo menos, um terço a mais do que o salário normal"; enquanto na Argentina, e por aplicação do art. 155 da LCT, "tratándose de trabajos remunerados mensualmente y dividiendo por 25 al importe del sueldo que perciba en el momento de su otorgamiento", logo multiplicando o resultado pela quantidade de dias de licença. De qualquer modo, ambos os regimes remuneratórios das "férias anuais" ou "vacaciones anuales" contemplam o mesmo critério de incrementar os salários nesses dias de descanso além dos dias trabalhados.

Assim, toda investigação sobre a natureza jurídica do salário no direito laboral brasileiro passa pelo disposto no art. 457 da CLT, que define:

> Art. 457. Compreendem-se na remuneração do empregado, para todos os efeitos legais, além do salário devido e pago diretamente pelo empregador, como contraprestação do serviço, as gorjetas que receber. (Redação dada pela Lei n. 1.999, de 1º.10.1953)

---

(17) Esse serviço também existe na Argentina, mas com outras denominações.

§ 1º Integram o salário não só a importância fixa estipulada, como também as comissões, percentagens, gratificações ajustadas, diárias para viagens e abonos pagos pelo empregador. (Redação dada pela Lei n. 1.999, de 1º.10.1953)

§ 2º Não se incluem nos salários as ajudas de custo, assim como as diárias para viagem que não excedam de 50% (cinquenta por cento) do salário percebido pelo empregado. (Redação dada pela Lei n. 1.999, de 1º.10.1953)

§ 3º Considera-se gorjeta não só a importância espontaneamente dada pelo cliente ao empregado, como também aquela que for cobrada pela empresa ao cliente, como adicional nas contas, a qualquer título, e destinada a distribuição aos empregados. (Redação dada pelo Decreto-lei n. 229, de 28.2.1967)

Em função conceitual da norma, é possível, doutrinariamente, começar descrevendo o que é e o que não é: "salário" no direito brasileiro — para certo setor não é o preço do trabalho porque não é mercadoria; não é indenização dada ao trabalhador em compensação pelo dispêndio de energia dedicada à produção, porque o propósito e a natureza da indenização são essencialmente diversos da retribuição. Não é tampouco crédito alimentar porque além desta, possui outras finalidades, como educação, transporte, vestuário, higiene, etc. O acerto no dizer de Dorval Lacerda citado por Süssekind[18] se baseia em **considerar o salário como a retribuição devida pela empresa ao trabalhador, em equivalência subjetiva ao valor da contribuição deste na consecução dos fins objetivados pelo respectivo empreendimento.(?)**

Como certamente se poderá apreciar, esse tipo de "não definição" de Lacerda e sua negação da natureza alimentar dos salários, tampouco se compadece com o direito argentino nem com as normas internacionais (art. 103 da LCT e Convenção n. 95 da OIT).

Mas de qualquer modo é resgatável o conceito de que a natureza do crédito salarial está inevitavelmente vinculada coma natureza jurídica da própria relação de emprego; que reconhece a inalterabilidade salarial derivada do princípio protetor[19].

Como correlato, convém apontar que Gomes e Gottschalk apresentaram com clareza que o salário deve ser fixado proporcionalmente à natureza, à quantidade e à qualidade do trabalho prestado. O chamado "salário normativo", criado pelo TST é uma forma de proporcionalizar o salário com a natureza da prestação (Instrução n. 1, de 15.10.1982)[20].

Em resumo, descartando os aspectos puramente comutativos do salário e em consonância com os princípios protetores, podemos afirmar que o salário constitui a obrigação patronal, que corresponde à obrigação do trabalhador de pôr suas energias (e seu tempo) à disposição do empregador, sem que devam concordar

---

(18) LACERDA, Dorval. El contrato individual de trabajo. 1939. p. 166-167. In: SÜSSEKIND, Arnaldo. *Instituições de direito do trabalho*. São Paulo: LTr, 1999. v. 1, p. 356.
(19) SÜSSEKIND, Arnaldo. *Op. cit.*, p. 155.
(20) GOMES, Orlando; GOTTSCHALCK, Elson. *Curso do direito do trabalho*. Atualizado pelo prof. José Augusto Rodriguez Pinto. Rio de Janeiro: Forense, 2000. p. 200.

pontualmente cada pagamento com cada prestação. A onerosidade surge da equivalência das duas prestações em seu conjunto e não no detalhe de cada serviço e de cada pagamento, interpreta corretamente Süssekind citando Plá Rodriguez[21].

Porém, além disso — interpretamos —, o caráter sinalagmático do contrato de trabalho não autoriza a supor em geral a equivalência das prestações. Nosso estudo comparativo sobre o custo laboral e os salários líquidos no Cone Sul da América Latina, publicado primeiro em *MERCOSUR: Estrategias para la integración*[22] e atualizado logo em *El Derecho del Trabajo en los Tiempos del ALCA*[23] põe em evidência que em condições de produção — em partes similares e ainda sobre a base comum — do contrato de trabalho como sustento regulador, as diferenças subsistentes geram custos laborais completamente discrepantes.

Convém recordar, assim mesmo, que pelo menos em nossa região tais países são subordinados, com estruturas econômicas internas atrasadas, que incluem regiões geográficas com setores justapostos que realizam escassos intercâmbios entre si, diferenciando-se do que sucede nas economias dos países centrais.

Surgem por isso fenômenos de sub-regionalização econômica interna que constituem polos atrasados, com setores de latifúndios semifeudais e formas de produção pré-capitalistas, desvinculados dos segmentos externalizados da economia — presumivelmente os mais modernos de nossos países — e ambos estreitamente ligados com o mercado mundial globalizado.

Ainda que simultaneamente tal externalização opere com o intercâmbio de produtos para o mercado externo, cujos preços são fixados pelos países maiores exportadores ou menores exportadores com um mecanismo gerador de remessas de utilidades de livre câmbio (dólares, euros, ienes, etc.) determinante também de maior desacumulação econômica pelo fenômeno da denominada "tributação externa", que tem contribuído para um desenvolvimento, é somente o da acumulação nos países centrais e a pauperização da periferia mundial caracterizada por seus baixos salários: ou seja, o desenvolvimento do subdesenvolvimento.

É por isso que tanto os problemas de desenvolvimento desigual, das assimetrias e do valor dos salários, como os do intercâmbio internacional, não podem ser corretamente estudados permanecendo no plano das relações imediatas e dos contratos individuais ou coletivos; e é necessário abordá-las partindo da análise dos processos e das "condições de produção"[24] de cada país, de cada região e naturalmente partindo das experiências e modalidades dos fenômenos de "Integração Regional", que sem dúvida sobredeterminarão os valores e a ordem pública laboral. Como bem aponta Samir Amin[25] "es preciso ir a la esencia, por lo

---

(21) SÜSSEKIND, Arnaldo. *Instituições de direito do trabalho*, cit., p. 355.
(22) LIPOVETZKY, Jaime César; LIPOVETZKY, Daniel Andrés. *MERCOSUR:* Estrategias para la Integración. Ed bilíngue (español--portugués). São Paulo: LTr, 1994. p. 344-350.
(23) LIPOVETZKY, Jaime César; LIPOVETZKY, Daniel Andrés. *El derecho del trabajo en los tiempos del ALCA*. Buenos Aires: Distal, 2002. p. 225-237.
(24) LIPOVETZKY, Jaime César. *De cómo aprendieron a amar la deuda*. Buenos Aires: Distal, 1987. p. 149 (em particular o ponto: "condiciones de producción como categoría").
(25) AMIN, Samir. *El intercambio desigual y la ley del valor.* México: Siglo XXI, 1987. p. 30.

tanto, del proceso de producción a la venta de la fuerza de trabajo" e daí para as estruturas jurídicas que as refletem; ao mesmo tempo que regulam e determinam o caráter das instituições e das normas jurídicas[26].

Porque o desenvolvimento desigual e a lei de valor mundializado geram remunerações do trabalho desiguais por produtividade igual e isso faz as diferenças entre os contratos de trabalho dos países centrais e das periferias e também dos países e as regiões das periferias entre si.

E finalmente desde todo ponto de vista — concordamos com Süssekind — hoje o contrato de trabalho é sinalagmático em seu conjunto, e não prestação por prestação.

7.3. Brasil: comparação objetiva dos elementos do salário (arts. 457 e 458 da CLT)

A doutrina brasileira é coincidente quando diz que: na morfologia do salário entram dois elementos: a) o básico, isto é, a soma em dinheiro prefixada no contrato de trabalho; b) os marginais que podem ser fixos ou variáveis e ser pagos em dinheiro ou "espécie"[27].

E citando o italiano Barassi, considera que as necessidades de ajustar o nível dos salários às exigências da vida, as possibilidades de produção e ao rendimento do trabalho, à experiência mostra sempre as coisas — e o engenho sutil dos homens considera —, indispensável decompor a retribuição, identificada com tal a composição global ao trabalhador — em elementos múltiplos, cada um dos quais com um regime próprio e desta variada conjunção se pode conseguir o melhor ajuste possível da retribuição, confirma Süssekind[28].

Quando iniciamos a tratar deste tema salarial no direito comparado Brasil-Argentina, transcrevemos a primeira parte do art. 457 da CLT. Continuamos agora com os §§ 1º, 2º e 3º da mesma norma:

> § 1º Integram o salário não só a importância fixa estipulada, como também as comissões, percentagens, gratificações ajustadas, diárias para viagens e abonos pagos pelo empregador. (Redação dada pela Lei n. 1.999, de 1º.10.1953)
>
> § 2º Não se incluem nos salários as ajudas de custo, assim como as diárias para viagem que não excedam de 50% (cinquenta por cento) do salário percebido pelo empregado. (Redação dada pela Lei n. 1.999, de 1º.10.1953)
>
> § 3º Considera-se gorjeta não só a importância espontaneamente dada pelo cliente ao empregado, como também aquela que for cobrada pela empresa ao cliente, como adicional nas contas, a qualquer título, e destinada a distribuição aos empregados. (Redação dada pelo Decreto-lei n. 229, de 28.2.1967)

Os elementos que fazem parte integradora dos salários, segundo o estatuído no art. 457 da CLT são os seguintes:

---

(26) LIPOVETZKY, Jaime César. *De cómo aprendieron a amar la deuda*, cit., p. 187.
(27) SAAD, Eduardo Gabriel e outros. *CLT comentada*. São Paulo: LTr, 2008. p. 448.
(28) SÜSSEKIND, Arnaldo L. *Instituições de direito do trabalho*. São Paulo: LTr, 1999. v. 1, p. 359.

a) aqueles aos quais se refere a primeira parte da norma que incluem as comissões, porcentagens, gratificações, etc.

b) os gastos diários que excedam 50% do salário recebido pelo empregado...

c) os salários familiares; as habilitações, os vestuários e gratificações que por fora do contrato ou do costume se pague habitualmente ao empregado, com a exceção de que em nenhum caso será permitido o pagamento com bebidas alcoólicas ou drogas nocivas (art. 458).

d) os valores atribuídos às prestações em espécie que deverão ser justos e razoáveis não podendo exceder em cada caso os dos percentuais das parcelas, componentes do salário mínimo (arts. 81 e 82 da CLT) (art. 458, § 1º, da CLT).

e) § 2º Para os efeitos previstos neste artigo, não serão considerados como salário as seguintes utilidades concedidas pelo empregador: (Redação dada pela Lei n. 10.243, de 19.6.2001); vestuários, equipamentos e outros acessórios previstos aos empregados utilizados no domicílio laboral para a prestação do serviço; educação em estabelecimento de ensino, próprio ou de terceiro, compreendendo os valores relativos à matrícula, mensalidade, anualidade, livros e material didático.

f) transporte destinado ao traslado até o trabalho e retorno em trajeto servido ou não por transporte público.

g) assistência médica, hospitalar ou odontológica, prestada diretamente ou mediante seguro de saúde.

h) seguro de vida ou de acidentes pessoais.

i) previdência privada.

Em seu § 3º o art. 458 da CLT esclarece que "A habitação e a alimentação fornecidas como salário-utilidade deverão atender aos fins a que se destinam e não poderão exceder, respectivamente, a 25% (vinte e cinco por cento) e 20% (vinte por cento) do salário-contratual" (Incluído pela Lei n. 8.860, de 24.3.1994).

E conclui no § 4º: "Tratando-se de habitação coletiva, o valor do salário-utilidade a ela correspondente será obtido mediante a divisão do justo valor da habitação pelo número de coabitantes, vedada, em qualquer hipótese, a utilização da mesma unidade residencial por mais de uma família" (Incluído pela Lei n. 8.860, de 24.3.1994).

7.4. Alteração ilícita do salário — sua nulidade — trabalho gratuito — sua validade

Afirma Délio Maranhão que, sendo o salário uma das principais condições de trabalho não pode ser alterado unilateralmente segundo dispõe o art. 468 da CLT, porque, quando a "forma" fica estabelecida, fica fixado também o valor[29].

A rigor, o art. 468 da CLT proíbe qualquer alteração nas condições de trabalho, ainda que por mútuo consentimento, desde **que seja prejudicial para o funcionário,** sob pena de nulidade.

---

(29) MARANHÃO, Délio et al. *Instituições de direito do trabalho*. São Paulo: LTr, 1999. v. 1, p. 560.

Até onde se possa interpretar — no entanto —, tanto no direito laboral brasileiro como no argentino qualquer redução do salário prejudicará forçosamente a quem dele depende para sua subsistência (cf. art. 468 da CLT brasileira e art. 119 da LCT argentina).

Não obstante o princípio da irredutibilidade salarial na Constituição brasileira (art. 7º, inc. VI). A jurisprudência tem flexibilizado o critério, admitindo que é plenamente possível o melhoramento da carga horária a custa da redução do valor da remuneração (TRT, 15ª Região (Campinas/São Paulo) RO 0820-2006-149--155-00-8 (Ac. 58469/06 — PATR 10º C) Juiz Relator José Antonio Pancotti. *DDJSP* 12.1.07, p. 116).

Em outra ordem de coisas deve ficar claro que no direito laboral brasileiro (art. 3º da CLT) o elemento definidor da relação de emprego é o salário. Deixa de existir — apontam Eduardo Gabriel Saad, José Eduardo Duarte Saad e Ana Maria Saad Castelo Branco[30] — quando e onde a pessoa presta serviço a outra, ainda que sob sua dependência, sem exigir a contraprestação que é o salário. O trabalho gratuito não gera a relação de emprego. No que se refere ao art. 2º da CLT, recordemos que segundo a citada norma: "Considera-se empregador a empresa, individual ou coletiva, que, assumindo os riscos da atividade econômica, admite, assalaria e dirige a prestação pessoal de serviço".

No direito argentino o tema se resolve no art. 103 da LCT, que "entiende por remuneración **la contraprestación que debe percibir el trabajador como consecuencia del contrato de trabajo"**.

7.5. *O salário-utilidade — pagamento em espécie — vale-refeição — PAT (Programa de Alimentação do Trabalhador — Lei n. 6.321, de 14.4.1976)*

Na normativa e na jurisprudência brasileiras se denomina "salário-utilidade" a remuneração em espécie (salário *in natura*) que o empregador põe à disposição do funcionário de forma habitual e previamente acordada entre as partes pelo trabalho realizado.

As Súmulas ns. 241, 258 e 367 do TST, entre muitas outras se referm ao assunto:

Súmula n. 241: Alimentação: "O vale para refeição, fornecido por força do contrato de trabalho, tem caráter salarial, integrando a remuneração do empregado, para todos os efeitos legais" (ver art. 458 da CLT).

Súmula n. 258: Percentuais: "Os percentuais fixados em lei relativos ao salário *in natura* apenas se referem às hipóteses em que o empregado percebe salário mínimo, apurando-se, nas demais, o real valor da utilidade" (cf. art. 458 da CLT, §§ 3º e 4º da CLT).

Súmula n. 367: Habitação: "I — A habitação, a energia elétrica e veículo fornecidos pelo empregador ao empregado, quando indispensáveis para a realização do trabalho,

---

(30) SAAD, Eduardo Gabriel e outros. *CLT comentada*. São Paulo: LTr, 2008, nota ao art. 3º da CLT.

não têm natureza salarial, ainda que, no caso de veículo, seja ele utilizado pelo empregado também em atividades particulares. II — O cigarro não se considera salário utilidade em face de sua nocividade à saúde" (!!).

A Lei n. 6.321, de 14.4.1976 e seu Decreto n. 5, de 14.1.1991, regulamentador da citada lei, deram origem ao Programa de Alimentação do Trabalhador (PAT), que, segundo a Portaria n. 87, de 21.1.1997, tem por objetivo a melhoria da situação nutricional dos trabalhadores, procurando promover sua saúde e prevenir as enfermidades profissionais.

Os programas de alimentação aos quais se refere o art. 1º da Lei n. 6.321, deverão conferir prioridade à atenção dos trabalhadores de baixa renda e limitar-se aos contratados por pessoa jurídica beneficiária.

É necessário esclarecer que, pelos §§ 2º e 3º do art. 2º da Lei:

§ 2º As pessoas jurídicas beneficiárias do Programa de Alimentação do Trabalhador — PAT poderão estender o benefício previsto nesse Programa aos trabalhadores por elas dispensados, no período de transição para um novo emprego, limitada a extensão ao período de seis meses (Incluído pela Medida Provisória n. 2.164-41, de 2001)

§ 3º As pessoas jurídicas beneficiárias do PAT poderão estender o benefício previsto nesse Programa aos empregados que estejam com contrato suspenso para participação em curso ou programa de qualificação profissional, limitada essa extensão ao período de cinco meses. (Incluído pela Medida Provisória n. 2.164-41, de 2001)

E segundo o citado Decreto n. 5 (art. 4º):

Para a execução dos programas de alimentação do trabalhador, a pessoa jurídica beneficiária pode manter serviço próprio de refeições, distribuir alimentos e firmar convênio com entidades fornecedoras de alimentação coletiva, sociedades civis, sociedades comerciais e sociedades cooperativas (Com a redação dada pelo Decreto n. 2.101, de 23.12.1996).

Deve-se esclarecer — por último — que a alimentação prevista no PAT não se confunde com a prestação em espécie derivada da aplicação do art. 458 da CLT, cujo extenso e detalhado texto nos eximimos de transcrever. Esta última possui natureza salarial, enquanto a primeira é puramente assistencial e suplementar do Contrato de Trabalho. O trabalhador, pode, em consequência, abrir mão dela com base no disposto no citado art. 458 da CLT, § 2º.

7.6. Vale-transporte

O vale-transporte foi imposto pela Lei n. 7.418, de 16.9.1985, posteriormente modificada pela Lei n. 7.619, de 30.9.1987, que revogou o § 2º do art. 1º, renumerando aos demais. Pelo art. 1º, "Fica instituído o vale-transporte (vetado) que o empregador, pessoa física ou jurídica, antecipará ao empregado para utilização efetiva em despesas de deslocamento residência-trabalho e vice-versa, através do sistema de transporte coletivo público, urbano ou intermunicipal e/ou interestadual com características semelhantes aos urbanos...".

O vale-transporte — figura típica do direito brasileiro que não tem comparação no restante da América Latina,

a) não tem natureza salarial, nem se incorpora à remuneração para quaisquer efeitos;

b) não constitui base de incidência de contribuição previdenciária ou de Fundo de Garantia por Tempo de Serviço;

c) não se configura como rendimento tributável do trabalhador. (art. 2º)

Pelo art. 5º da Lei, "a empresa operadora do sistema de transporte coletivo público fica obrigada a emitir e a comercializar o vale-transporte, ao preço da tarifa vigente, colocando-o à disposição dos empregadores em geral e assumindo os custos dessa obrigação, sem repassá-los para a tarifa dos serviços (artigo renumerado pela Lei n. 7.619, de 30.9.1987). A norma transcrita parcialmente inclui doze artigos, entre eles o 6º, prevendo sanções para a empresa operadora do serviço, em caso de insuficiência de estoque de vales-transportes necessários para atender ao requerimento da demanda.

Uma lei posterior, a Lei n. 10.243, de 19.6.2001, modificou a redação do art. 458 da CLT, § 2º, inc. III, onde se esclarece que a norma não distingue entre transporte público ou individual. Significa que o automóvel entregue ao empregado para tal uso não deve ser considerado salário, exceto nos casos de empregados de confiança e alta representatividade, pois está claro que onde aquele está também está a empresa, razão pela qual na Súmula n. 367 do STJ e por exceção lhe é reconhecida a natureza salarial remuneratória.

7.7. Salário igual para trabalho de igual valor — Convenções OIT ns. 100 e 111 — Brasil

A Convenção n. 100 da OIT, aprovada na 34ª reunião da Conferência Internacional do Trabalho (Genebra 1951), entrou em vigor no plano internacional em 23.5.1953. O Brasil a aprovou em 29.5.1956 pelo decreto legislativo do Congresso Nacional n. 24 e foi ratificada em 25.4.1957. A vigência nacional de tal Convenção, denominada "SOBRE A IGUALDADE DE REMUNERAÇÃO, DE 1951", leva data de 25.4.1958. Internacionalmente foi ratificada por 119 países a partir de 23.5.1953.

Pelo art. 1º, alínea *b*, da convenção se esclarece que a expressão "igualdade de remuneração para a mão de obra masculina e mão de obra feminina por um trabalho de igual valor, se refere a atividades de remuneração fixas sem discriminação fundada em sexo".

Porém logo se estende o princípio para "assegurar a aplicação a todos os trabalhadores da... igualdade de remuneração... por um trabalho de igual valor prescindindo do sexo" (art. 2º).

Posteriormente se sancionou a Convenção n. 111 da OIT sobre "discriminação em matéria de emprego e ocupação" ratificada pelo Brasil em 25 de novembro de 1965 pelo Decreto Legislativo n. 104, de 24.11.1964 e com entrada em vigor em 26.11.1966. Internacionalmente entrou em vigor a partir de 15.6.1960 com 117 ratificações.

Art. 1º

1) Para os fins da presente Convenção, o termo "discriminação" compreende:

a) Toda a distinção, exclusão ou preferência fundada na raça, cor, sexo, religião, opinião política, ascendência nacional ou origem social, que tenha por efeito destruir ou alterar a igualdade de oportunidades ou de tratamento em matéria de emprego ou profissão;

b) Toda e qualquer distinção, exclusão ou preferência que tenha por efeito destruir ou alterar a igualdade de oportunidades ou de tratamento em matéria de emprego ou profissão, que poderá ser especificada pelo Estado-Membro interessado depois de consultadas as organizações representativas de patrões e trabalhadores, quando estas existam, e outros organismos adequados.

2) As distinções, exclusões ou preferências fundadas em qualificações exigidas para determinado emprego não são consideradas como discriminação.

3) Para fins da presente Convenção as palavras "emprego" e "profissão"» incluem não só o acesso à formação profissional, ao emprego e às diferentes profissões, como também as condições de emprego.

Art. 2º

Todo o Estado-Membro para qual a presente Convenção se encontre em vigor compromete-se a definir e aplicar uma política nacional que tenha por fim promover, por métodos adequados às circunstancias e aos usos nacionais, a igualdade de oportunidades e de tratamento em matéria de emprego e profissão, com o objetivo de eliminar toda a discriminação.

Naturalmente, o texto da convenção se estende em outras recomendações relacionadas com os temas expostos que nos abstemos de transcrever *brevitatis causa*.

De qualquer modo convém apontar que no plano internacional preocupações pelo princípio de um "salário igual por um trabalho de igual valor" nasce com o Tratado de Versalhes de 1919.

7.8. Direito brasileiro e o professor Arnaldo Lopes Süssekind — o conceito de "isonomia" para designar "igual salário por igual trabalho"

Afirmamos sem temor de nos equivocarmos que a história do Direito do trabalho brasileiro reconhece um autor e por sua vez o protagonista no professor Arnaldo Lopes Süssekind, juslaboralista de profissão, profundo e profuso investigador e reconhecido inspirador da principal normativa laboral no Brasil — e não exageramos —, como já adiantamos em outros capítulos deste livro — porque sua biografia pessoal é um "contínuo" que se sucede assim mesmo; entre as atividades públicas desde muito jovem, sua participação protagonista e como corredator da CLT[31], sua designação como Ministro do Trabalho, Membro relevante da OIT, Presidente da Academia Federal do Trabalho, etc.

---

(31) O projeto definitivo da norma foi denominado originalmente como "Consolidação das Leis de Proteção do Trabalho" e sua redação foi concluída no ano de 1943, durante o governo do Presidente Getúlio Vargas, quando Süssekind tinha apenas 23 anos de idade.

No que diz respeito ao conceito de "isonomia" salarial, ao que nos tem acostumado Süssekind ao se referir ao princípio de "igual salário para igual trabalho", está regulado pelo art. 461 da CLT e quando o paradigma seja estrangeiro, pelo art. 358 da mesma[32]. De todas as maneiras, do ponto de vista histórico a norma se origina na reação que se produziu contra o arraigado costume entre os empregadores de preferir o trabalho de mulheres e menores, buscando a redução do custo da mão de obra, já que a estes eram pagos salários inferiores aos dos trabalhadores do sexo masculino adultos. Essa prática, ainda que em menor escala, continuou sendo empregada depois do advento do Direito do Trabalho, exigindo nas legislações normas especiais tendentes a reprimi-las.

Por sua vez — relata Süssekind —, diversas empresas, sobretudo as de capital estrangeiro, passaram a dar preferência aos empregados de nacionalidade dos correspondentes proprietários, pagando-lhes salários superiores aos demais empregados que realizavam atividades análogas.

Com o objetivo de sanear as apontadas anomalias, consagrou-se no Tratado de Versalhes de 1919 o princípio de "salário igual sem distinção de sexo, para trabalho de igual valor" (art. 427, § 7º), estabelecendo, além disso, em um preceito de grande alcance "que as regras que em cada país sejam ditadas, a respeito das condições de trabalho, deverão assegurar um tratamento econômico equitativo a todos os operários que residam legalmente no país" (art. 427, §§ 7º e 8º).

Tais normas inspiraram a legislação de muitos países em matéria de não discriminação (art. 17 da LCT argentina; arts. 358 e 461 da CLT brasileira)[33]; mas somente no ano de 1951 foi adotada uma Convenção Internacional "sobre igualdade de remuneração" (n. 100, à que nos referimos mais acima) ainda que restrita à "igualdade de remuneração entre mão de obra masculina e feminina para um trabalho de igual valor", foi no entanto o antecedente da Convenção n. 111 — que também transcrevemos mais acima — concernente à discriminação em matéria de emprego e profissão.

7.9. Direito positivo brasileiro — sistema de proteção nacional

Sempre de mãos dadas com Süssekind consignamos que o princípio de equiparação salarial por trabalho de igual valor foi introduzido na legislação brasileira "com o confesso objetivo de proteger o trabalhador nacional". Constituiu com esse caráter uma das preocupações da (denominada) Revolução de 1930[34], que ditou o Decreto n. 20.261, de 29.7.1931 com a finalidade de proibir o pagamento

---

(32) SÜSSEKIND, Arnaldo Lopes. *Instituições de direito do trabalho*. São Paulo: LTr, 1999. v. 1, p. 441.
(33) Art. 17 da LCT argentina: Proibição de Discriminação: "Por esta ley se prohíbe cualquier tipo de discriminación entre los trabajadores por motivos de sexo, raza, nacionalidad, religiosos, políticos, gremiales o de edad".
(34) O autor deste livro foi testemunha ocular de uma polêmica que sustentou Süssekind em um Congresso realizado em sua homenagem no Rio de Janeiro em outubro de 2002, onde recordou que aquele governo nascido da Revolução de 1930 incluiu três ou quatro ministros de extração política socialista e anarquista, o que explicaria de certo modo as preocupações sociais e laborais de tal período.

de maiores salários ao empregado estrangeiro quando se trata de trabalho análogo ao do brasileiro. Com o Decreto-Lei n. 1.843, de 7.12.1939 foi mantido o princípio, ainda que com traços mais acentuados na proteção do trabalhador nacional.

A Constituição do ano de 1934 adotou pela primeira vez esse nível normativo, o princípio de "isonomia" "igual valor por igual trabalho", por motivo de idade, sexo, nacionalidade ou estado civil (art. 121, § 1º). As Constituições seguintes — exceto a de 1937 que omitiu o assunto — o incluíram (1946 e 1967) ainda que brevemente. A Carta Magna originada na Reforma de 1988, que se encontra vigente, proibiu, em seu art. 7º, XXX, diferença de salários, de exercício de funções e de critério de admissão por motivo de sexo, idade, cor ou estado civil" e também "qualquer discriminação no tocante a salário e critérios de admissão do trabalhador portador de deficiência" (art. 7º, XXXI).

Também na Consolidação das Leis do Trabalho abordou-se o tema taxativamente. Assim, o art. 5º da CLT define: "A todo trabalho de igual valor corresponderá salário igual, sem distinção de sexo".

A doutrina brasileira mais recente é conteste em que o artigo sob estudo procura assegurar salário igual a todos aqueles que realizem trabalhos de igual valor. Trabalho de igual valor é aquele que apresenta a mesma produtividade e perfeição técnica do empregado paradigma, sem estas hipóteses não se pode falar de equiparação salarial[35].

A normativa — escrevem — torna impossível em nosso ordenamento jurídico a inserção de lei que autorize o estabelecimento de salário menor para a mulher, ainda que cumpra tarefa igual à de um homem, sob o duplo prisma da perfeição e da produtividade. A cor da pele não pode ser um fator capaz de determinar a escolha de um empregado a serviço da empresa. É o repúdio da discriminação racial nas relações de trabalho.

Tampouco o estado civil de uma pessoa (casada, solteira ou viúva) justifica diferença de salários ou critérios de comissões. "A norma constitucional" (art. 7º, XXX, citado mais acima) "reflete uma ânsia de justiça da comunidade no que se refere às oportunidades que todos devem ter, independentemente do estado civil, cor, ou sexo, para obter emprego", concluem citados autores.

Mas a verdade — esclarecem — é que na prática as empresas dão preferência a empregados jovens e resistem em admitir os que têm mais de 40 anos. Em determinadas atividades, sobretudo naquelas que exigem grande atividade muscular, é compreensível (?) a conduta dos empresários em relação ao tema. Em muitos casos, no entanto, o jovem é preferido a um homem de idade madura sem nenhum motivo aceitável à luz da lógica — afirmam sem fundamento os autores — uma vez que por trás da opção pelos jovens se evidencia sempre, tanto no Brasil como na Argentina, a motivação econômico-remunerativa já que o custo salarial

---

(35) SAAD, Eduardo Gabriel; SAAD, José Eduardo; SAAD, Ana María. *CLT comentada*. São Paulo: LTr, 2008. p. 65.

daqueles é menor (menores aportes e contribuições, menor encargo por antiguidade, menor custo de saúde, menores licenças por nascimentos de filhos, menos ausências por motivo de doença, etc.).

Não por acaso, os autores brasileiros têm reconhecido que certas circunstâncias, como o sexo do empregado jovem influencia na seleção do funcionário, porque as empresas temem as consequências da ausência no serviço da mulher grávida. "Ainda nas hipóteses em que o salário-maternidade corra por conta da previdência social, a maternidade — para o empregador — tem outros efeitos, como a substituição da gestante por alguém que levará certo tempo para se adaptar às novas funções e o período pós-parto sempre caracterizado por dificuldades na amamentação e sustento da creche".

E talvez para reforças o princípio de isonomia a jurisprudência do Tribunal Superior do Trabalho tem se encarregado de resolver que "Para efeito de equiparação de salários em caso de trabalho igual, conta-se o tempo de serviço na função e não no emprego" (Súmula n. 135 do TST).

Capítulo V

PARTICIPAÇÃO NOS LUCROS (DIREITO COMPARADO) E PROCESSOS DE INTEGRAÇÃO REGIONAL

No capítulo 1 deste livro fizemos um comentário ao art. 14 *bis* da Constituição argentina, que no parágrafo referente à "retribuição justa"; "salário mínimo vital móvel" e "igual remuneração por igual atividade", inclui também a "participação nos lucros das empresas com controle de produção e colaboração na direção..."

Isso deve ser interpretado, como dissemos, como se a participação nos lucros a que faz alusão a Constituição **tenha natureza jurídica salarial,** o que talvez explique por que a 52 anos de sua sanção, a norma ainda não tenha sido regulamentada nem seja aplicada.

No Brasil, a Constituição Federal de 1988, em seu art. 7º, XI, na contramão do disposto na norma argentina, estabelece:

Art. 7º São direitos dos trabalhadores urbanos e rurais, além de outros que visem à melhoria de sua condição social:

...

XI — participação nos lucros, ou resultados, desvinculada da remuneração, e, excepcionalmente, participação na gestão da empresa, conforme definido em lei.

É curioso que o legislador constituinte brasileiro tenha optado por tal critério (exclusão da "participação no lucro" como salário) porque pouco antes o TST, na Súmula n. 251, de 12.12.1985 havia resolvido: "A parcela participação nos lucros da empresa, habitualmente paga, tem natureza salarial, para todos os efeitos legais"[1].

De qualquer modo, como o reconhece Süssekind em seu *Direito Constitucional do Trabalho*[2]: A participação nos lucros da empresa constitui um método de remuneração complementar do empregado, com o qual se garante uma parcela dos lucros conseguidos pelo empreendimento econômico do qual participa. Por isso — acrescenta —, no direito comparado e também na doutrina brasileira, prevalece a teoria **que a conceitua como uma prestação aleatória de natureza salarial**; porém com base no estatuído pelo art. 7º, XI, da Constituição, essa participação já não constitui salário no sistema legal brasileiro. Naturalmente, comentamos, tal situação

---
(1) A Súmula n. 251 foi derrogada pela Resolução TST n. 33, de 27.4.94 que **assentou nova jurisprudência**: "A parcela" participação nos lucros não se integra ao salário dos trabalhadores. A Constituição Federal (art. 7º, inc. XI) derrogou seu "caráter salarial" (Acordo TST 2ª T. rel. Min. Rider de Brito, *DJ* 9.11.96).
(2) SÜSSEKIND, Arnaldo. *Direito constitucional do trabalho*. Rio de Janeiro: Renovar.

não se configura no direito Constitucional Argentino, porque como esclarecemos alguns itens atrás, o art. 14 *bis* da CN argentina, diz o contrário e não existe norma regulamentadora que se oponha a ele.

Contraditoriamente, na doutrina brasileira, se acentua o conceito de que "a participação nos lucros da empresa é perfeitamente compatível com o contrato de trabalho". Se a relação de emprego está configurada pla coexistência dos elementos que a caracterizam, a participação dos empregados nos lucros da empresa não transforma o contrato de trabalho em contrato de sociedade, nem o convertem em um contrato misto, afirma Nélio Reis[3] — e nós acrescentamos: **A participação nos lucros em tal hipótese não muda nem pode mudar a natureza jurídica do contrato de trabalho. Em todo caso, "supõe somente uma condição imposta pela lei, negociação coletiva ou acordo entre as partes contratantes, integrantes do próprio contrato de trabalho**, que não alterará a essência da relação de dependência do trabalhador, qualquer que seja a natureza do regime econômico social que o caracterize, nem que o estado seja o empregador".

O tema que estamos abordando é de grande atualidade e importância no contexto dos processos de **integração regional da América Latina, não somente do ponto de vista macroeconômico, no qual deve atuar um rol trascendente de sobrevivência da ordem pública laboral, mas também da regulação das relações de trabalho, mesmo nas hipóteses de transição de um regime capitalista e privatístico para outro socialista de produção e distribuição da riqueza. O contrato de trabalho se converterá assim, simplesmente, no marco e instrumento para o esforço compartilhado da luta por transformar as condições e as relações de produção.**

1. *Regulamentação da normativa constitucional*

O Tratado de Assunção, constitutivo do Mercado Comum do Sul (Mercosul), foi outorgado em março de 1991, com o objetivo de vigorar a partir de 31 de dezembro de 1994.

Por isso, talvez não tenha sido por acaso que em 29 de dezembro de 1994, o Presidente da República Federativa do Brasil, Itamar Franco[4], tenha assinado a Medida Provisória n. 794, regulamentando o art. 7º, XI, da Constituição Federal, tornando obrigatória a participação dos empregados nos lucros ou nos resultados da empresa. Tal medida provisória foi renovada mensalmente até entrar em vigor a Lei n. 10.101, de 19 de dezembro de 2000. Por seu art. 1º: "Esta Lei regula a participação dos trabalhadores nos lucros ou resultados da empresa como instrumento de integração entre o capital e o trabalho e como incentivo à produtividade, nos termos do art. 7º, inciso XI, da Constituição".

---

(3) REIS, Nélio. *Participação nos lucros da empresa*. São Paulo: Revista do Trabalho, 1946. p. 50.
(4) As Constituições brasileiras foram muitas vezes modificadas ao longo da história. A partir da década de 30 no século XX se ditaram Constituições em 1934, 1937, 1946, 1967 e 1988. A primeira daquelas Cartas Magnas foi a Constituição do Império de 1824 instituindo uma monarquia parlamentar. Em 1891 se instituiu formalmente a república proclamada em 15 de novembro de 1888, etc.

A novidade que introduziu a norma é que substituiu a regulação do benefício mediante Convênio Coletivo, por um acordo outorgado entre a empresa e **uma comissão eleita pelos empregados,** critério este que foi severamente criticado por Süssekind[5] e Irany Ferrari[6] ao sustentar que em matéria de normas e condições de trabalho, "A tutela sindical procura evitar que os trabalhadores sejam prejudicados no ajuste". Agregando que, como dispõe o art. 8º, inciso III, da Constituição Federal: "ao sindicato cabe a defesa dos direitos e interesses coletivos ou individuais da categoria, inclusive em questões judiciais ou administrativas".

No entanto — interpretamos — de maneira parecida à legislação sindical argentina que prevê a formação do corpo de delegados e comissões internas do pessoal nas empresas, com faculdades diretas **de representação do pessoal ante os patrões e delegação do sindicato**; no Brasil, o art. 11 da Constituição Federal também estabelece que "Nas empresas de mais de duzentos empregados, é assegurada a eleição de um representante destes com a finalidade exclusiva de promover-lhes o entendimento direto com os empregadores".

E com a sanção da Lei n. 10.101, de 19 de dezembro de 2000, estabeleceu-se taxativamente, no art. 2º que:

A participação nos lucros ou resultados será objeto de negociação entre a empresa e seus empregados, mediante um dos procedimentos a seguir descritos, escolhidos pelas partes de comum acordo:

I — comissão escolhida pelas partes, integrada, também, por um representante indicado pelo sindicato da respectiva categoria;

II — convenção ou acordo coletivo.

Por último, do art. 3º, § 2º da citada Lei n. 10.101, fica claro que "É vedado o pagamento de qualquer antecipação ou distribuição de valores a título de participação nos lucros ou resultados da empresa em periodicidade inferior a um semestre civil, ou mais de duas vezes no mesmo ano civil".

E, "caso a negociação visando à participação nos lucros ou resultados da empresa resulte em impasse, as partes poderão utilizar-se dos seguintes mecanismos de solução do litígio: I — mediação; II — arbitragem de ofertas finais".

2. Fundo de Garantia do Tempo de Serviço (FGTS)

Segundo Délio Maranhão e João de Lima Teixeira Filho, o Fundo de Garantia do Tempo de Serviço foi criado pela Lei n. 5.107, de 13.9.66: modificada logo pelo Decreto-Lei n. 20, de 14.9.66 e regulamentada pelo Decreto n. 59.820, de 20.12.66; modificado por sua vez pelo Decreto n. 61.405, de 28.9.67; que instituiu, com caráter optativo, um novo sistema de "indenização", uma nova disciplina legal relativa ao tempo de serviço do empregado. **Tal sistema excluía a estabilidade**[7].

---

(5) SÜSSEKIND, Arnaldo. *Direito constitucional do trabalho*. Rio de Janeiro: Renovar, 2001. p. 197.
(6) FERRARI, Irani. In: *Suplemento Trabalhista LTr*, n. 133/97, p. 762.
(7) MARANHÃO, Délio; TEIXEIRA FILHO, João de Lima. *Instituições de direito do trabalho*. São Paulo: LTr, 1998. v. 1, p. 661.

Por opção do trabalhador, continuavam em vigor as normas da Consolidação em matéria de estabilidade e de extinção do contrato de trabalho (arts. 492 a 500 da CLT).

Teoricamente, eram dois sistemas paralelos, cabendo ao funcionário escolher entre os dois. Deve-se destacar, não obstante, que em relação a todos os empregados, com estabilidade ou sem ela, ficava o empregador obrigado a aportar 8% sobre as remunerações do mês anterior para formar o Fundo.

Com a Reforma Constitucional de 1988, o trabalhador rural ficou equiparado ao trabalhador urbano (art. 7º, *caput* e inciso III da CF) a partir de 5.10.88, e a Medida Provisória n. 90, de 26.9.89, facilitou a transferência dos aportes depositados nos Bancos ao Fundo para sua gestão. Ainda assim, a dispersão da rede bancária impôs a criação da Caixa Econômica Federal, que com um cadastro registral único deu consistência ao sistema.

Individualmente, o FGTS deve ser considerado um sistema de poupança forçada (fins fiscais) que **abre um crédito aos trabalhadores para socorrê-los em caso de necessidades excepcionais durante a vigência da relação de emprego ou em caso de distrato, de forma instantânea ou a futuro, de acordo com a causa determinante da cessação contratual.**

Porém, como apontamos em itens anteriores, os fins fiscais da arrecadação colaboram com o financiamento da construção de moradias populares, obras de saneamento básico e de infraestrutura urbana, etc. Os economistas — dizem os autores — defendem que se trata de fundos privados dos trabalhadores ainda que sejam tratados como recursos públicos.

Desde a Reforma Constitucional de 1988, extinguiu-se o instituto da opção, já não existem dois regimes alternativos, o FGTS passou assim a ser un **regime único e todos os empregados, a partir de 5.10.88, ingressam automaticamente ao sistema do fundo**, tornando-se titulares de contas vinculadas.

No que se refere às contribuições, a base de cálculo dos depósitos para o FGTS, segundo a Lei n. 8.036/90, é a "remuneração" paga ou devida a cada trabalhador, correspondente ao mês anterior, que inclui "comissões", "gratificações", "porcentagens", "gastos diários para viagens (que não excedam 50% do salário e gorjetas (art. 457 da CLT) e também os "pagamentos em espécie" (art. 458 da CLT) e as gratificações de Natal (art. 15 da CLT) — como já explicamos referindo-nos ao tema dos salários no Brasil, o conceito de "remuneração" de ano laboral determina os alcances e os limites para estabelecer a base de cálculo dos aportes aos quais se refere a regulamentação legal do FGTS, equivalente a 8% da remuneração.

O segmento da doutrina brasileira que estamos citando, em particular Délio Maranhão, insistem que o fundo que constituem os depósitos de 8% das remunerações salariais não tem caráter fiduciário nem possui a natureza jurídica de contribuição fiscal e nem sequer parafiscal. Mas como muitas de suas similares na América Latina, mesmo aquelas que originalmente gozaram de um regime de autarquia administrativa, com representação tripartida dos trabalhadores, os empregadores e o Estado, contribuíram para solver o *déficit* fiscal crônico gerado pelo caráter tributário das economias nacionais.

Os aportes salariais constituem então uma economia forçada do trabalhador por mais que tenham se concentrado em uma denominada "Caixa", o mais precisamente em razão disso e mesmo quando, no dizer de Maranhão, traduzem un pagamento com vistas ... à tutela de direitos privados ou individuais[8].

No que diz respeito à prescrição da cobrança dos depósitos e contribuições, a jurisprudência do Superior Tribunal do Trabalho tem determinado: "É trintenária a prescrição do direito de reclamar contra o não recolhimento da contribuição para o Fundo de Garantia do Tempo de Serviço (cancelada em decorrência da sua incorporação à nova redação da Súmula n. 362)"[9].

Por último, para a reclamação judicial do pagamento dos aportes e depósitos dos mesmos na Caixa Econômica Federal, é competente a Justiça do Trabalho, sendo os reclamantes o empregado, seus sucessores ou o sindicato "ao qual esteja vinculado". O Ministério do Trabalho será parte no juízo com a qualidade de litisconsorte ativo (art. 26 da Lei n. 8.036, de 11.5.1990) com a advertência de que "a Caixa Econômica Federal e o Ministério do Trabalho e Previdência Social deverão ser notificados da propositura da reclamação" (art. 25, parágrafo único).

---

[8] MARANHÃO, Délio. *Op. cit.*, p. 685.
[9] Súmula n. 362 do TST: "É trintenária a prescrição do direito de reclamar contra o não recolhimento da contribuição para o FGTS, observado o prazo de 2 (dois) anos após o término do contrato de trabalho". (N. da T.)

SEXTA PARTE

Capítulo I

DAS FÉRIAS E OUTRAS LICENÇAS REMUNERADAS

1. Regime geral

Nos capítulos anteriores, ao nos referirmos ao tema das regulações salariais, fizemos alusão ao sistema de emprego regulado na República Argentina e denominado "de tiempo nominal", "de nominal time": que descreve todo o tempo em que o trabalhador se mantém a disposição do empregador. Todo o tempo: aquele em que está trabalhando e aquele dos períodos de descanso; aquele em que cumpre tarefas e aquele outro, o da Bíblia: "trabalharás seis dias e o sétimo descansarás"[1] que por isso mesmo também se denomina "descanso hebdomadário"[2]; e o tempo dos feriados nacionais, o das incapacidades e por fim o das férias anuais.

É que como bem assinala Silvia E. Pinto Varela,

el descanso es la contracara de uno de los institutos más importante de nuestra disciplina: la jornada de trabajo. En relación — aduce —, si bien se trata de dos instituciones diferentes, la jornada es el tiempo en que el trabajador pone a disposición del empleador su fuerza de trabajo, y el descanso está referido al lapso en que el dependiente tiene derecho al reposo y los fundamentos del régimen de descanso son los mismos que los que sustentan la limitación de la jornada[3].

O descanso, definitivamente, é um complemento desta última.

E assim é, porque no dizer da autora, "la existencia de un régimen normativo en materia de descanso es el medio necesario para que el trabajador pueda reponer energías gastadas; para posibilitarle una adecuada vida de relación; la oportunidad de satisfacer sus inquietudes intelectuales y gozar de su tiempo libre"[4].

Porém, quando se refere aos tipos de descanso, a doutrina em geral, é unânime em distinguir: descansos durante a jornada de trabalho; descanso cotidiano; o descanso semanal e o descanso anual. No presente capítulo abordaremos primeiramente o tema do descanso anual ao qual se refere o Título V, Capítulo I e

---

(1) "Sábado" em hebreu se diz "shabat". A etimologia desta última palavra se refere ao número "sete" (sheva) do texto bíblico " no sétimo dia descansarás", porque desde os tempos bíblicos o sétimo dia da semana é o sábado.
(2) "Hebdomadário" significa "semanal".
(3) VARELA, Silvia E. Pinto. Algunas consideraciones respecto del descanso semanal. In: *Revista de Derecho Laboral*. Santa Fé: Rubinzal-Culzoni, 2006. p. 289.
(4) VARELA, Silvia E. Pinto. *Op. cit.*

os arts. 150 a 157 e 162 a 164 da LCT; para nos referirmos a **licenças especiais** (arts. 158 a 161 da LCT; e aos "feriados obrigatórios e dias não laborais" e na parte de direito comparado analisaremos as diferenças e similitudes dos regimes de Brasil e Argentina.

2. Pirâmide jurídica

Em matéria de períodos de férias, a pirâmide jurídica argentina se estrutura a partir dos Convênios da OIT (com hierarquia superior às leis — art. 75, incisos 22 e 23 da CN); a Constituição Nacional (o art. 14 *bis* e o princípio da norma mais favorável (arts. 7º a 12 da LCT); a Lei de Contrato de Trabalho n. 20.744 e a Lei de Convenções Coletivas de Trabalho n. 14.250.

2.1. Convenção n. 52 da OIT sobre Férias Anuais Remuneradas Aprovada na 20ª Reunião da Conferência Internacional do Trabalho (Genebra, 1936) com vigência internacional a partir de 22.9.39 e ratificada na República Argentina pela Lei n. 13.560

...Parte pertinente:

Art. 2.1: Toda pessoa à qual se aplique o presente convênio terá direito, depois de um ano de serviço contínuo, a férias anuais remuneradas **de seis dias laborais pelo menos.**

Art. 2.2: As pessoas menores de dezesseis anos, incluídos os aprendizes, terão direito, depois de um ano de serviço contínuo, a férias anuais remuneradas de **doze dias pelo menos.**

Art. 2.3: Não se computam para efeitos das férias anuais remuneradas:

a) Os dias festivos oficiais ou impostos pelo costume;

b) As interrupções de trabalho devidas a doenças.

Art. 2.4. Em cada país, a legislação nacional poderá autorizar, a título excepcional, o fracionamento das férias anuais; mas unicamente no que se refere à parte desta que exceda da duração mínima prevista pelo presente artigo.

Art. 2.5: A duração das férias anuais remuneradas deverá aumentar progressivamente com a duração do serviço, segundo modalidades que determinará a legislação nacional.

Os arts. 1º a 7º contêm, sucessivamente, disposições sobre remunerações de férias; irrenunciabilidade do direito a férias; proibição de pagamento de remuneração em dobro para quem trabalha durante as férias remuneradas; retribuição do descanso não gozado pelo trabalhador despedido; obrigação para o empregador de inscrever em um registro as datas de ingresso de cada trabalhador incorporado à empresa e a duração das férias anuais remuneradas correspondentes a cada um com as respectivas datas de outorgamento; e, por último, o importe do salário de férias de cada funcionário.

Por sua vez, os arts. 8º e 9º obrigam aos países ratificantes do Convênio OIT n. 52 a implantar um sistema de sanções e por último prescreve que "nenhuma das disposições do presente Convênio poderá afetar "...condições mais favoráveis que as previstas no presente Convênio" (art. 9º).

2.2. Constituição Nacional: arts. 14; 14 bis e 75, incs. 12, 19, 22 e 24

A Carta Magna assenta as bases dos direitos ao descanso anual, ao reconocer o direito para todos os habitantes da nação... "de trabajar" (art. 14) e que "El trabajo en sus diversas formas gozará de la protección de las leyes, **las que asegurarán al trabajador... descanso y vacaciones pagadas**" (art. 14 bis).

Além disso, no pluritemático art. 75 da CN, se dispõe que "corresponde al Congreso... Dictar los Códigos... del Trabajo y la Seguridad Social..." (12º); e na parte pertinente do inciso 19: "Proveer lo conducente al desarrollo humano; al progreso económico con justicia social, ... a la generación de empleo..." .

Mais adiante, no trascendente inciso 22 se faculta: "Aprobar o desechar Tratados concluidos con las demás naciones y con las organizaciones internacionales..." (isso inclui "as convenções" outorgadas no texto da OIT no que se refere à doutrina internacional, que as considera *jus cogens* — "direito das gentes") o que autoriza a considerá-las como expressões que reforçam a condição de compromisso obrigatório" ... destacando a eventual inconstitucionalidade ou ilegitimidade das disposições que contradigam o preceituado" ... (cf. Barbagelata Héctor Hugo)[5]. E este último com mais razão quando os acordos tenham sido ratificados por lei; aprovados pelo Congresso com o voto das duas terceiras partes da totalidade dos membros de cada Câmara e que "gozan por ello de jerarquía constitucional" (inc. 22 *in fine*).

Para concluir este ponto, o art. 75, inc. 24 da CN argentina autoriza o Congresso Nacional a "Aprobar tratados de integración que deleguen competencia y jurisdicción a organizaciones supraestatales en condiciones de reciprocidad e igualdad, y que respeten el orden democrático y los derechos humanos", e o direito do trabalho, com seus regimes de descansos e proteções salariais irrenunciáveis — são — já o dissemos em outras oportunidades — parte dos direitos do homem.

2.3. Lei n. 20.744 de contrato de trabalho — arts. 150 a 164

Art. 150. LICENCIA ORDINARIA: El trabajador gozará de un período mínimo y continuado de descanso anual remunerado, por los siguientes plazos:

a) De 14 días corridos cuando la antigüedad en empleo no exceda de 5 años:

b) De 21 días corrido cuando siendo la antigüedad mayos de 5 años no exceda de 10:

c) de 28 días corridos cuando la antigüedad siendo mayor de 10 años no exceda de 20;

d) de 35 días corridos cuando la antigüedad exceda de 20 años.

---

(5) BARBAGELATA, Héctor Hugo e outros. *El derecho laboral del Mercosur ampliado*. (Instituto de Derecho del Trabajo y la Seguridad Social). Montevidéu: FCU e CINTERFOR (OIT), 2000. p. 639.

Para determinar a extensão das férias atendendo a antiguidade no emprego, se computará como tal aquela que teria o trabalhador a 31 de dezembro do ano que correspondam às mesmas.

Art. 151. REQUISITO PARA SU GOCE — COMIENZO DE LA LICENCIA: El trabajador para tener derecho cada año al beneficio establecido en el art. 150 de ésta ley, deberá haber prestado servicios durante la mitad como mínimo de los días hábiles comprendidos en el año calendario o aniversario respectivo. A este efecto, se computarán como hábiles los días feriados en que el trabajador debiera normalmente prestar servicios.

La licencia comenzará en día lunes o el siguiente hábil si aquel fuese feriado. Tratándose de trabajadores que prestan servicios en días inhábiles, las vacaciones deberán comenzar el día siguiente a aquel en que el trabajador gozará del descanso semanal o el subsiguiente hábil si aquel fuese feriado.

Para gozar de éste beneficio no se requerirá antigüedad mínima en el empleo.

Art. 152. TIEMPO TRABAJADO. SU CÓMPUTO: Se computarán como trabajados, los días en que el trabajador no preste servicios por gozar de una licencia legal o convencional, o por estar afectado por una enfermedad inculpable o por infortunio en el trabajo, o por otras causas no imputables al mismo.

Art. 153. FALTA DE TIEMPO MÍNIMO. LICENCIA PROPORCIONAL: Cuando el trabajador no llegase a totalizar el tiempo mínimo de trabajo previsto en el art. 151 de esta ley, gozará de un período de descanso anual, en proporción de un (1) día de descanso por cada veinte (20) días de trabajo efectivo, computable de acuerdo al artículo anterior. En el caso de suspensión de las actividades normales del establecimiento por vacaciones por un período superior al tiempo de licencia que le corresponda al trabajador sin que éste sea ocupado por su empleador en otras tareas, se considerará que media una suspensión de hecho hasta que se reinicien las tareas habituales del establecimiento. Dicha suspensión de hecho quedará sujeta al cumplimiento de los requisitos previstos por los arts. 218 y siguientes, debiendo ser previamente admitida por la autoridad de aplicación la justa causa que se invoque.

Art. 154. ÉPOCA DE OTORGAMIENTO. COMUNICACIÓN: El empleador deberá conceder el goce de vacaciones de cada año dentro del período comprendido entre el 1º de octubre y el 30 de abril del año siguiente. La fecha de iniciación de las vacaciones deberá ser comunicada por escrito, con una anticipación no menor de cuarenta y cinco (45) días al trabajador, ello sin perjuicio de que las convenciones colectivas puedan instituir sistemas distintos acordes con las modalidades de cada actividad.

La autoridad de aplicación, mediante resolución fundada, podrá autorizar la concesión de vacaciones en períodos distintos a los fijados, cuando así lo requiera la característica especial de la actividad de que se trate.

Cuando las vacaciones no se otorguen en forma simultánea a todos los trabajadores ocupados por el empleador en el establecimiento, lugar de trabajo, sección o sector donde se desempeñe, y las mismas se acuerden individualmente o por grupo, el empleador deberá proceder en forma tal para que a cada trabajador le corresponda el goce de éstas por lo menos en una temporada de verano cada tres períodos.

Art. 155. RETRIBUCIÓN: El trabajador percibirá retribución durante el período de vacaciones, la que se determinará de la siguiente manera:

a) Tratándose de trabajos remunerados con sueldo mensual, dividiendo por veinticinco (25) el importe del sueldo que perciba en el momento de su otorgamiento.

b) Si la remuneración se hubiere fijado por día o por hora, se abonará por cada día de vacación el importe que le hubiere correspondido percibir al trabajador en la jornada anterior a la fecha en que comience en el goce de las mismas, tomando a tal efecto la remuneración que deba abonarse conforme a las normas legales o convencionales o a lo pactado, si fuere mayor. Si la jornada habitual fuere superior a la de ocho (8) horas, se tomará como jornada la real, en tanto no exceda de nueve (9) horas. Cuando la jornada tomada en consideración sea, por razones circunstanciales, inferior a la habitual del trabajador la remuneración se calculará como si la misma coincidiera con la legal. Si el trabajador remunerado por día o por hora hubiere percibido además remuneraciones accesorias, tales como por horas complementarias, se estará a lo que prevén los incisos siguientes:

c) En caso de salario a destajo, comisiones individuales o colectivas, porcentajes u otras formas variables, de acuerdo al promedio de los sueldos devengados durante el año que corresponda al otorgamiento de las vacaciones o, a opción del trabajador, durante los últimos seis (6) meses de prestación de servicios.

d) Se entenderá integrando la remuneración del trabajador todo lo que éste perciba por trabajos ordinarios o extraordinarios, bonificación por antigüedad u otras remuneraciones accesorias.

La retribución correspondiente al período de vacaciones deberá ser satisfecha a la iniciación del mismo.

Art. 156. INDEMNIZACIÓN: Cuando por cualquier causa se produjera la extinción del contrato de trabajo, el trabajador tendrá derecho a percibir una indemnización equivalente al salario correspondiente al período de descanso proporcional a la fracción del año trabajada.

Si la extinción del contrato de trabajo se produjera por muerte del trabajador, los causa-habientes del mismo tendrán derecho a percibir la indemnización prevista en el presente artículo.

Art. 157. OMISIÓN DEL OTORGAMIENTO: Si vencido el plazo para efectuar la comunicación al trabajador de la fecha de comienzo de sus vacaciones, el empleador no la hubiere practicado, aquél hará uso de ese derecho previa notificación fehaciente de ello, de modo que aquéllas concluyan antes del 31 de mayo.

Chama a atenção do leitor deste capítulo, sobre a circunstância — laudatória por certo — de que o regime de férias argentino, ainda que respeitoso das normas contidas na Convenção n. 52 da OIT; vai muito além e é avançado em normas favoráveis ao trabalhador que as regras internacionais. Um exemplo disso é dado pelo art. 151 *in fine*, que não requer antiguidade mínima no emprego para gozar do benefício, enquanto a Convenção preconiza que se outorgue "depois de um ano de serviço contínuo" (art. 2.1).

E o segundo exemplo, é dado pelo art. 3º, que recomenda o pagamento do salário de férias com a remuneração habitual ... que ainda que "aumentada" com o equivalente da remuneração em espécie, não é suficiente para se comparar à remuneração estabelecida no art. 155 da LCT, que a quantifica da seguinte maneira:

a) "tratando-se de trabalhos remunerados com salário mensal, dividindo por 25 o valor do salário que perceba no momento de sua concessão" (do descanso) e multiplicando o resultado pela quantidade de dias de férias correspondentes[6].

2.4. Licenças especiais (arts. 158 a 161 da Lei de Contrato de Trabalho)

O art. 158 da LCT organiza o regime de licenças especiais:

a) por nacimiento del hijo, dos días corridos;

b) por matrimonio, 10 días corridos;

c) por fallecimiento de cónyuge o de la persona con la cual estuviese unido en aparente matrimonio,... de hijos o de padres, 3 días corridos;

d) por fallecimiento de hermano un día;

e) para rendir examen en la enseñanza media o universitaria, 2 días corridos por examen, con un número de 10 días por año calendario.

O salário dessas licenças às quais se refere o art. 158 da LCT se calculará de acordo com o disposto para as férias anuais no art. 155 da LCT, ou seja, dividindo o salário mensal por 25 e multiplicando o resultado pela quantidade de dias licenciados segundo o art. 158 da LCT.

Quanto aos arts. 160 e 161 da LCT, os mesmos dispõem que as licenças se computarão como dia hábil quando caiam em domingo, feriados ou dias não laborais; e nas hipóteses previstas no inciso e do art. 158, os exames "deberán estar referidos a los planes de enseñanza oficiales o autorizados..."; e o beneficiário deverá comprovar o comparecimento mediante a apresentação do certificado expedido pelo instituto no qual curse os estudos.

2.5. Dos feriados obrigatórios e dias não laboráveis (arts. 165 a 171 da LCT). Leis ns. 21.329; 23.555 e complementares

2.5.1. Art. 165. Serán feriados nacionales y días no laborables los establecidos en el régimen legal que los regule.

Art. 166. APLICACIÓN DE LAS NORMAS SOBRE DESCANSO SEMANAL. SALARIO. SUPLEMENTACIÓN. En los días feriados nacionales rigen las normas legales sobre el descanso dominical. En dichos días los trabajadores que no gozaren de la remuneración respectiva percibirán el salario correspondiente a los mismos, aún cuando coincidan en domingo.

En caso que presten servicios en tales días, cobrarán la remuneración normal de los días laborables más una cantidad igual.

---

(6) Para esclarecer as diferenças nos resultados: Em uma hipótese de salário mensal de R$ 3.000,00; dividindo essa soma pelos 30 dias trabalhados em um mês, o resultado será de R$ 100 por dia. Se a divisão é por 25, como quer o art. 155 da LCT, o resultado será de R$ 125,00 por dia, ou seja, um incremento no salário de férias equivalente a 25% (no exemplo: R$ 125 por dia de férias multiplicado também por hipotéticos 30 dias, seria um salário de férias de R$ 3.750,00 por mês).

Art. 167. DÍAS NO LABORABLES. OPCIÓN. En los días no laborables, el trabajo será optativo para el empleador, salvo en bancos, seguros y actividades afines, conforme lo determine la reglamentación. En dichos días, los trabajadores que presten servicio, percibirán el salario simple.

En caso de optar el empleador como día no laborable, el jornal será igualmente abonado al trabajador.

Art. 168. CONDICIONES PARA PERCIBIR EL SALARIO. Los trabajadores tendrán derecho a percibir la remuneración indicada en el artículo 166, párrafo primero, siempre que hubiesen trabajado a las órdenes de un mismo empleador cuarenta y ocho (48) horas o seis (6) jornadas dentro del término de diez (10) días hábiles anteriores al feriado.

Igual derecho tendrán los que hubiesen trabajado la víspera hábil del día feriado y continuaran trabajando en cualquiera de los cinco (5) días hábiles subsiguientes.

Art. 169. SALARIO. SU DETERMINACIÓN. Para liquidar las remuneraciones se tomará como base de su cálculo lo dispuesto en el art. 155. Si se tratase de personal a destajo, se tomará como salario base el promedio de lo percibido en los seis (6) días de trabajo efectivo inmediatamente anteriores al feriado, o el que corresponde al menor número de días trabajados.

En el caso de trabajadores remunerados por otra forma variable, la determinación se efectuará tomando como base el promedio percibido en los treinta (30) días inmediatamente anteriores al feriado.

Art. 170. CASO DE ACCIDENTE O ENFERMEDAD. En caso de accidente o enfermedad, los salarios correspondientes a los días feriados se liquidarán de acuerdo a los arts. 166 y 167 de esta ley.

Art. 171. TRABAJO A DOMICILIO. Los estatutos profesionales y las convenciones colectivas de trabajo regularán las condiciones que debe reunir el trabajador y la forma del cálculo del salario en el caso del trabajo a domicilio.

2.5.2. Leis complementares: como se pode apreciar, o texto da Lei de Contrato de Trabalho (arts. 165 a 171) é puramente pragmático uma vez que não detalha o regime legal da regulação dos feriados nacionais.

Assim, convém então assinalar que sua enumeração sucessiva foi estabelecida na Lei n. 21.329, cujo art. 1º menciona os seguintes:

"1º de enero
Viernes Santo
1º de mayo
25 de mayo
20 de junio9 de julio
17 de agosto
12 de octubre
8 de diciembre
25 de diciembre
No laborales
Jueves Santo"

Por seu art. 2º, a Lei suprime qualquer outro feriado ou dia não laborável disposto nos estatutos profissionais ou convenções coletivas de trabalho.

2.5.3. Traslado de feriados para a segunda-feira: a Lei n. 23.555, em seu art. 1º dispõe que "los feriados nacionales obligatorios cuyas fechas coincidan con los días martes y miércoles serán trasladados al día lunes anterior. Los que coincidan con los días jueves y viernes serán trasladados al día lunes siguiente".

Quando as segundas-feiras sejam feriados, gozarão do mesmo regime remunerativo que os feriados nacionais obrigatórios.

2.5.4. Dias não laboráveis para quem professem as religiões judias (Lei n. 24.571) e islâmica (Lei n. 24.757).

3. Direito comparado — os repousos anuais remunerados no Brasil

A Constituição (Reforma de 1988) da República Federativa do Brasil, em seu art. 7º estabelece: "São direitos dos trabalhadores urbanos e rurais, além de outros que visem à melhoria de sua condição social: ... XVII — gozo de férias anuais remuneradas com, pelo menos, um terço a mais do que o salário normal".

Como se poderá perceber, também a legislação brasileira — desta vez com hierarquia constitucional — vai além da Convenção n. 52 da OIT e de sua modificatória n. 132[7] quando assegura como salário de férias "um terço ou mais do salário normal", superando assim o salário nacional do art. 155 da LCT na legislação argentina que, apesar de também ser superior ao recomendado pela OIT, segundo já explicamos em itens anteriores, é no entanto inferior à tarifa brasileira.

É resgatável também na legislação constitucional brasileira, o preceito que faz referência aos trabalhadores em geral, ou seja, tanto aos da cidade como aos do campo, ainda que o texto normativo se limite a declarar que anualmente os trabalhadores devem ter férias remuneradas. Porém, além disso, como apontam Eduardo Gabriel, José Eduardo Duarte e Ana Maria Saad[8]: o parágrafo único do art. 129 da Consolidação das Leis do Trabalho (CLT), em sua redação original e revogada, fazia expressa referência ao trabalhador rural. O que o texto em vigor silenciou. Não se deve deduzir disso é que o mesmo foi marginalizado — acrescentam. Em primeiro lugar porque a Constituição Federal não efetua nenhuma discriminação e, em segundo, porque a Lei n. 5.889, de 1973, sobre "Trabalho Rural", **diz imperativamente que todas as disposições da CLT são aplicáveis ao trabalho rural**, em tudo aquilo que não conflite com suas próprias disposições.

Daí — concluem os autores brasileiros — que o trabalhador rural tenha direito às férias anuais remuneradas, sob as mesmas condições ainda que sejam concedidas ao trabalhador urbano.

---

(7) Ratificada em 22.9.1938 e com vigência desde 22.9.1939. O decreto de aprovação leva o n. 481, de 8.6.1938. Porém tal convenção foi substituída pela de n. 132 da OIT ratificada pelo Decreto n. 3.197, de 5.10.1999 que acarretou a denúncia automática da Convenção n. 52 e a vigência da Convenção n. 132 para o Brasil a partir de 3.9.1999.
(8) SAAD, Eduardo Gabriel e outros. *Consolidação das leis do trabalho.* São Paulo: LTr, 2008. p. 181.

Por outro lado, pelo teor dos incisos XVII e XXXIV do art. 70 da Constituição Federal, o trabalhador autônomo ("avulso") também tem direito à remuneração do descanso anual, com, pelo menos, um terço mais do salário normal. O direito do trabalhador autônomo tem sido regulado na Lei n. 8.630, de 25.2.1993, mas em geral, o direito às férias anuais concedido a qualquer empregado das cidades e dos campos. E entre eles os corretores comissionados, os trabalhadores por tarefa (tarefeiros), ao trabalhador em domicílio, ao trabalhador doméstico (Lei n. 5.859, de 11.12.1972 regulamentado pelo Decreto n. 71.885, de 9.3.1973; ao trabalhador temporário (art. 146 da CLT) etc.

4. Capítulo IV da Consolidação das Leis do Trabalho arts. 130 a 138 da CLT. As férias anuais

O art. 130 da CLT — com um critério diferente ao do art. 151 da LCT no direito argentino que já analisamos — regulamenta a concessão de férias a partir do vencimento:

> Art. 130. Após cada período de 12 (doze) meses de vigência do contrato de trabalho, o empregado terá direito a férias, na seguinte proporção: (Redação dada pelo Decreto-lei n. 1.535, de 13.4.1977)
>
> I — 30 (trinta) dias corridos, quando não houver faltado ao serviço mais de 5 (cinco) vezes; (Incluído pelo Decreto-lei n. 1.535, de 13.4.1977)
>
> II — 24 (vinte e quatro) dias corridos, quando houver tido de 6 (seis) a 14 (quatorze) faltas; (Incluído pelo Decreto-lei n. 1.535, de 13.4.1977)
>
> III — 18 (dezoito) dias corridos, quando houver tido de 15 (quinze) a 23 (vinte e três) faltas; (Incluído pelo Decreto-lei n. 1.535, de 13.4.1977)
>
> IV — 12 (doze) dias corridos, quando houver tido de 24 (vinte e quatro) a 32 (trinta e duas) faltas. (Incluído pelo Decreto-lei n. 1.535, de 13.4.1977)
>
> § 1º É vedado descontar, do período de férias, as faltas do empregado ao serviço. (Incluído pelo Decreto-lei n. 1.535, de 13.4.1977)
>
> § 2º O período das férias será computado, para todos os efeitos, como tempo de serviço. (Incluído pelo Decreto-lei n. 1.535, de 13.4.1977)

Em uma versão anterior da norma, o texto logo revogado, dizia que o direito a licencia anual "nascia do período de 12 meses em que o empregado estivesse a disposição do empregador.

Entre o articulado do Capítulo IV, foi incluído, por disposição da Medida Provisória n. 1.952-21, de 2.3.2000 (atual MP n. 2.164, de 24.8.2001) o art. 130-A sobre as **modalidades de férias nos contratos de trabalho de tempo parcial**. Também nesta norma se esclarecem as licenças segundo a duração do período contratual:

> I — dezoito dias, para a duração do trabalho semanal superior a vinte e duas horas, até vinte e cinco horas; (Incluído pela Medida Provisória n. 2.164-41, de 2001)
>
> II — dezesseis dias, para a duração do trabalho semanal superior a vinte horas, até vinte e duas horas; (Incluído pela Medida Provisória n. 2.164-41, de 2001)

III — quatorze dias, para a duração do trabalho semanal superior a quinze horas, até vinte horas; (Incluído pela Medida Provisória n. 2.164-41, de 2001)

IV — doze dias, para a duração do trabalho semanal superior a dez horas, até quinze horas; (Incluído pela Medida Provisória n. 2.164-41, de 2001)

V — dez dias, para a duração do trabalho semanal superior a cinco horas, até dez horas; (Incluído pela Medida Provisória n. 2.164-41, de 2001)

VI — oito dias, para a duração do trabalho semanal igual ou inferior a cinco horas. (Incluído pela Medida Provisória n. 2.164-41, de 2001)

Parágrafo único. O empregado contratado sob o regime de tempo parcial que tiver mais de sete faltas injustificadas ao longo do período aquisitivo terá o seu período de férias reduzido à metade. (Incluído pela Medida Provisória n. 2.164-41, de 2001)

Os demais artigos do Capítulo regulamentam aspectos complementares das modalidades de férias brasileiras, a saber: As faltas ao serviço que se consideram ou não para o cômputo dos dias para os efeitos dos arts. 130 e 130-A; acerca da perda do direito a férias e suas causas (art. 133 da CLT); o referente à concessão e época do gozo das férias (arts. 134 a 136 da CLT) que inclui na última das três normas a advertência que "a época da concessão das licenças será a que melhor consulte os interesses do empregador"[(9)] diferenciando-se notoriamente do critério seguido pela norma argentina; o art. 137 da CLT prevê a possibilidade de reclamar judicialmente o outorgamento da licença e sanções ao empregador por descumprimento; com proibição no art. 138 de que o empregado possa prestar serviços a outro empregador salvo autorização expressa.

Para culminar este breve resumo do Capítulo IV, do Título II da CLT, na Seção do mesmo, se regulam as férias coletivas nos arts. 139 a 141; e na Seção IV se trata das remunerações e do abono das férias em casos particulares (art. 142 da CLT) com autorização expressa do empregador para substituir o descanso de férias até 1/3 do mesmo com seus salários incrementados segundo os casos (art. 143 da CLT); a Seção V se refere aos efeitos da cessação do Contrato de Trabalho (art. 146) e a natureza salarial da remuneração de férias (art. 148) e por último, o art. 149 da CLT regula o começo do curso da prescrição do direito a reclamar judicialmente a concessão das férias ou o pagamento da remuneração correspondente que corre a partir do vencimento do prazo de 12 meses subsequente à data em que o empregado tenha adquirido o direito (art. 134 da Consolidação das Leis do Trabalho).

4.1. Prazo de prescrição

Conforme o art. 7º, inc. XXIX da Constituição Federal, se fixa **em 5 anos o prazo da prescrição em matéria laboral; prazo este que não pode em nenhuma hipóteses, ir além dos dois anos posteriores à extinção do contrato de trabalho**[(10)].

---

(9) Na Lei de Contrato Argentina, a época de outorgamento das férias não depende da conveniência do empregador e está fixada entre primeiro de outubro de cada ano e 30 de abril do ano seguinte, período este que se identifica com o turismo familiar de verão.
(10) Cf. SAAD, Eduardo Gabriel e outros. *CLT comentada*. São Paulo: LTr, 2008. p. 196. Nota ao art. 149.

4.2. O direito às férias anuais na doutrina constitucional brasileira

Bem assinala Süssekind em seu *Direito Constitucional do Trabalho*[11] que "a licença anual remunerada não representa um prêmio a ser concedido ao empregado, e sim um direito cujo exercício é assegurado pelo estado por meio da legislação de ordem pública. Trata-se, portanto, de um direito irrenunciável, que os neoliberais instalados nos poderes públicos e em alguns setores da sociedade brasileira, ainda não conseguiram incluir entre as hipóteses de flexibilização laboral".

O direito às férias — continua o autor — corresponde a uma relação jurídica complexa, que somente se aperfeiçoa no efetivo início da interrupção remunerada do contrato de trabalho... e **o funcionário é o único titular do direito a férias**...

É que, em relação com as férias anuais, somente o empregado que adquire o direito, pois a outorga das mesmas é uma obrigação e não um direito do empregador.

Deve-se recordar aqui que **ainda que o Brasil tenha ratificado — conforme já consignamos acima — a Convenção n. 132 da OIT com data de 6.10.99, suas disposições não revogam ou alteram nenhuma lei, sentença, costume ou acordo que garantam aos trabalhadores condições mais favoráveis em matéria de licenças anuais.**

---

(11) SÜSSEKIND, Arnaldo Lopes. *Direito constitucional do trabalho*. Rio de Janeiro: Renovar, 2001. p. 241.

SÉTIMA PARTE

Capítulo I

TRABALHO DE MULHERES

1. Antecedentes históricos

Mario de La Cueva, já no ano de 1949 escrevia que "el derecho protector de las mujeres forma parte del derecho del trabajo y de numerosas legislaciones y doctrinas que lo consideran una parte especial, cuyos caracteres particulares, sus propósitos especiales y la importancia que ha adquirido auguran transformaciones que aún no han concluido y que en el futuro es probable que pasen a ser un capítulo de la previsión social"[(1)].

Naturalmente, a antecipação do mestre mexicano não é casual, uma vez que foi precursor na matéria quando afirmava que "el derecho protector de las mujeres y de los menores... integran junto con el derecho individual del trabajo y la previsión social, lo que hemos denominado el núcleo del derecho del trabajo". Porém, esclarecendo com precisão que a proteção particular que se outorga às mulheres e aos menores não é em razão de incapacidade e menos ainda de inferioridade.

O homem e a mulher são contemplados como seres iguais — conceituou — mas, pelas funções naturais de uns e outras, a lei teve a necessidade de ditar normas específicas, que permitam o cumprimento de tais funções naturais e sociais da mulher.

Talvez com parecidos fundamentos, a Assembleia Geral das Nações Unidas, no ano de 1972 resolveu comemorar entre os anos 1975/1985 o "Decênio das Nações Unidas para a Mulher", período durante o qual se realizou todo tipo de atividades acadêmicas e de investigação.

No mesmo ano de 1975 e na cidade do México, realizou-se a Conferência Mundial do ano Internacional da Mulher; e cinco anos depois, em 1980, em Copenhague (Dinamarca) a Conferência Mundial do Decênio das Nações Unidas para a Mulher, a igualdade, o desenvolvimento e a paz e por último a evolução dos resultados em Wairolú (Kenia) no ano de 1985.

Para a mesma época, a Organização Internacional do Trabalho (OIT) realizou diversas Convenções vinculadas com a temática feminina, em particular alentando

---

(1) CUEVA, Mario de La. *Derecho mexicano del trabajo*. México: Porrùa, 1949. t. 1, p. 898.

tratados multilaterais sobre não discriminação em matéria salarial por razões de gênero (Convenções n. 100 (Genebra, 1951); Convención n. 111 (Genebra) 1958) e outras.

É notório além disso, que no curso do decênio 1975/1985, as estatísticas internacionais permitem verificar que ainda que aumente a participação feminina no conjunto da mão de obra ocupada, também se incrementou a discriminação contra o trabalho feminino, o que se refletiu principalmente no valor dos salários, mas também na recusa dos empregadores em designar mulheres para cargos executivos e nas seções de admissão e despedida sem justa causa.

É interessante constatar — aponta Süssekind[(2)] — que recentes estudos da OIT revelam que nas grandes empresas alemãs, somente 12% dos postos diretivos de nível médio e 60% do nível superior são ocupados por mulheres; na Grã-Bretanha a proporção de mulheres entre diretores não passa de 40%; na França, 13% dos cargos de nível executivo são exercidos por mulheres; na Holanda essa porcentagem alcança 18%; **no Brasil, somente 3% dos diretores de grandes empresas são mulheres; e na Argentina não passa de 5%** (informativo OIT de 11.12.97).

Porém, no principal, o trato discriminatório da mulher como trabalhadora se baseia, por um lado, em vetustos prejuízos machistas de certos empregadores e selecionadores de pessoal; e pelo outro em critérios economicistas das empresas que ignoram os princípios protetores do direito laboral, nas aras da margem de lucros e sob pretexto de que o custo dos salários femininos é mais elevado que o dos homens pela obrigação de cumprir com os descansos diários obrigatórios, as licenças mensais e as que são obrigatórias por parto ou enfermidades motivadas pela gravidez ou o parto.

Talvez como uma obrigatória resposta internacional a tanta discriminação, já no ano de 1919 foi aprovada a Convenção OIT n. 3 de proteção à maternidade, ratificada na Argentina pela Lei n. 11.726, cujo articulado estabelecía que a mujer (art. 3º) "a) **no estará autorizada para trabajar durante un período de seis semanas después del parto**; b) **tendrá derecho a abandonar el trabajo** mediante la presentación de un certificado que declare que el parto sobrevendrá probablemente en un término de seis semanas; c) **recibirá durante todo el período en que permanezca ausente... prestaciones suficientes para su manutención y la del hijo** en buenas condiciones de higiene... cuyo importe exacto será fijado por la autoridad competente en cada país, serán satisfechas por el Tesoro público o se pagarán por un sistema de seguro ... d) tendrá derecho en todo caso, si amamanta a su hijo, **a dos descansos de media hora cada uno por día para permitir la lactancia** (art. 4º)... cuando una mujer esté ausente... por un período mayor a consecuencia de una enfermedad... motivada por el embarazo o el parto será ilegal... que su empleador le comunique su despido durante dicha ausencia...", etc.

A mencionada recomendação internacional foi revisada pela Convenção n. 103 do ano de 1952; e mais adiante pela n. 183, de 2000. Porém na República

---

[(2)] SÜSSEKIND, Arnaldo. *Direito constitucional do trabalho*. Rio de Janeiro: Renovar, 2001. p. 278-279, nota 2.

Argentina se ratificou com data de 28.5.85 a "Convención sobre la eliminación de todas las formas de discriminación contra la mujer", sancionada pela Lei n. 23.179[3].

Segundo a norma citada: "os Estados-Partes adotaram todas as medidas apropriadas para eliminar a discriminação contra a mulher na esfera do emprego a fim de assegurar em condições de igualdade entre homens e mulheres os mesmos direitos, em particular:

a) o direito ao trabalho como direito inalienável a todo ser humano;

b) o direito às mesmas oportunidades de emprego, inclusive aos mesmos critérios de seleção de emprego.

c) o direito a escolher livremente profissão e emprego, o direito à promoção, à estabilidade no emprego e a todas as prestações e outras condições de serviço, e o direito ao acesso à formação profissional e à reciclagem profissional, incluída a aprendizagem, em formação profissional superior e o treinamento periódico;

d) o direito a igual remuneração, inclusive prestações e a igualdade de trato con respecto a un trabajo de igual valor así como igualdad de trato com respeito à avaliação da qualidade de trabalho;

e) o direito à seguridade social, em particular nos casos de aposentadoria, desemprego, enfermidade, invalidez, velhice ou outra incapacidade para trabalhar, assim como o direito às férias remuneradas;

f) o direito à proteção da saúde e à seguridade nas condições de trabalho, inclusive a salvaguarda da função de reprodução.

2. Eliminação de todas as formas de discriminação contra a mulher

O art. 75, inc. 22, da Constituição Nacional argentina confere hierarquia superior às Leis para a Convenção Internacional sobre a eliminação de todas as formas de discriminação contra a mulher.

Mas a rigor, o tema já estava envolvido nas disposições dos arts. 14 *bis* CN sobre proteção do princípio de "igual remuneración por igual tarea"; e 16 CN, que garante:... "la igualdad ante la ley y la admisibilidad en los empleos sin otra condición que la idoneidad...".

3. Lei de contrato de trabalho — trabalho de mulheres — Título VII — Capítulo 1 (arts. 172 a 186)

ART. 172. CAPACIDAD — PROHIBICIÓN DE TRATO DISCRIMINATORIO: La mujer podrá celebrar toda clase de contratos de trabajo, no pudiendo consagrarse por las Convenciones Colectivas de Trabajo, o reglamentaciones autorizadas, ningún tipo de

---

(3) A Convenção foi adotada pela Assembleia Geral das Nações Unidas na Resolução n. 34/180, de 18 de dezembro de 1979, entrando em vigor em 3 de dezembro de 1981.

discriminación en su empleo fundada en el sexo o estado civil de la misma, aunque este último se altere en el curso de la relación laboral.

En las convenciones colectivas o tarifas de salarios que se elaboren se garantizará la plena observancia del principio de igualdad de retribución por trabajo de igual valor.

Art. 173: A DISCRIMINAÇÃO INVERSA E A ELIMINAÇÃO DA PROIBIÇÃO DE TRABALHO NOTURNO: Em função das pautas antidiscriminatórias estabelecidas na Convenção n. 89 da OIT, em vigência internacional desde 27.2.51, e que proibia o trabalho noturno das mulheres "sin distinción de edad", as regulamentações nacionais na matéria, haviam consagrado a proibição em quase todos os países latino-americanos.

Na Argentina esteve incluída como parte da versão anterior do art. 173 da LCT, com o objetivo de proteger a vida familiar das mulheres, esposas e mães. Obviamente a proibição de trabalho noturno foi objetada pela parte empregadora, maiormente aquela que realizava o trabalho em três turnos por equipes que incluíam mulheres, o que explica a derrogação da norma, ainda que em nossa opinião não a justifica. Não foi por acaso, então, que a derrogação do primitivo art. 173 da LCT se originara no contexto da infame[4] Lei n. 24.013 de Reforma Laboral flexibilizante que revogou desta maneira a proibição do trabalho noturno para a mulher em um claro ato de discriminação inversa.

É necessário — e lamentável — reconhecer, que também no plano internacional gerou-se esse tipo de discriminação inversa. Já antes do "Decênio das Nações Unidas para a Mulher" (1975/1995), a OIT, que havia consagrado a tese da "não discriminação" na Convenção n. 100, de 1951 ("igual salário por igual trabalho") e na Convenção n. 111, de 1956, relativa ao "direito de emprego sem distinção de sexo"; no ano de 1990 e mudando a orientación geral, aprovou o Protocolo Complementar da Convenção n. 89, que revisou os antecedentes, incluindo exceções às proibições anteriores de trabalho noturno para a mulher. Como reconhece Süssekind, o pretexto foi que se eliminava dessa maneira "uma fonte de discriminação contra o emprego da mulher"[5]. Porém, na prática, a medida está favorecendo uma nova forma de discriminação contra a mulher que trabalha.

ART. 174. DESCANSO AL MEDIODÍA. La norma impone la obligación de que "Las mujeres que trabajen en horas de la mañana y de la tarde dispondrán de un descanso de dos (2) horas al mediodía, salvo que por la extensión de la jornada a que estuviese sometida la trabajadora, las características de las tareas que realice, los perjuicios que la interrupción del trabajo pudiese ocasionar a las propias beneficiarias o al interés general, se autorizare la adopción de horarios continuos, con supresión o reducción de dicho período de descanso.

---

(4) A Lei n. 24.013 tem sido criticada pela doutrina como parte da "legislación laboral regresiva y flexibilización operada en la década del noventa y durante el gobierno de la Alianza" (ver RECALDE, Héctor P.; MARIANO. *Reforma laboral Ley n. 25.877*. Buenos Aires: La Ley, 2004. p. 38 *in fine*). Sancionada em 13.11.1991, mereceu reprovações de caráter ético que justificam amplamente seu desprestígio. Daí ser tachada de "Ley infame", que segundo o dicionário Pequeno Larousse Ilustrado significa: "sem fama nem reputação, carente de honra, censurável".

(5) SÜSSEKIND, Arnaldo. *Direito constitucional do trabalho*. Rio de Janeiro: Renovar, 2001. p. 277 e s.

ART. 175. LCT e a proibição de atribuir trabalho em domicílio a mulheres ocupadas em um local ou outras dependências da empresa — Proibição de atividades penosas, perigosas ou insalubres (arts. 176 e 195 da LCT).

Temos encontrado na doutrina, muito poucas referências à casuística que refere este artigo da Lei de Contrato de Trabalho. Porém, Fernández Madrid, se referiu a ela alertando com sentido crítico "que si se pudiera encargar a la mujer ocupada en la empresa, la ejecución de trabajos en su domicilio, ellas sumarían al trabajo normal dicha tarea y — por vía indirecta —, se violaría el tope de la ley de jornada"[6].

También Krotoschin[7] se ocupó del tema, advertindo sagazmente que

la dependencia económica en que se halla el trabajador a domicilio supera, por regla general, la del trabajador común, sobre todo en los casos en que el trabajo es distribuido por un solo empleador o intermediario en el lugar donde reside aquel, de modo que el obrero no pueda elegir entre varios empleadores. **Consecutivamente es más grande el peligro de que se le impongan condiciones de trabajo no equitativas**".

O art. 175 da LCT reflete sem dúvida essas mesmas preocupações no legislador, que reconhece um antecedente ambíguo na antiga Lei n. 12.713, de "Trabalho em Domicílio", cujas limitações foram motivo de comentários críticos da jurisprudência da época (Câmara Nacional de Apelações do Trabalho, in Pleno, 3.6.52, *DT* 1952- -423 com nota de Deveali).

De qualquer modo, tanto a jurisprudência como a doutrina foram omissas em destacar a aplicação possível da proibição do art. 175 da LCT ao costume, arraigado em certos empregadores, que com critério retrógrado impõem, às funcionárias de sua empresa, a obrigação de realizar atividades de limpeza também no domicílio particular do empregador com ou sem remuneração adicional. Hoje essa atividade adicional está proibida e é admissível como injúria para os efeitos de uma despedida indireto (art. 246 da LCT).

Com o mesmo critério protetor o art. 176 da LCT proíbe taxativamente "ocupar a mujeres en trabajos que revisten carácter penoso, peligroso o insalubre". Com a possibilidade de remeter o caso ao disposto no art. 195 da LCT, que expressamente dispõe:

a los efectos de las responsabilidades e indemnizaciones previstas en la legislación laboral, en caso de accidente de trabajo o de enfermedad... *si se comprueba ser su causa alguna de las tareas prohibidas a su respecto, o efectuada en condiciones que signifiquen infracción a sus requisitos, se considerará por ese solo hecho al accidente o a la enfermedad como resultante de la acción u omisión del empleador, en los términos del art. 1.072 y concordantes del Código Civil, sin admitirse prueba en contrario*[8].

---

(6) MADRID, Juan C. Fernández. *Tratado práctico del derecho del trabajo*. Buenos Aires: La Ley, 1989. T. HI, p. 1877.

(7) KROTOSCHIN, Ernesto. *Manual de derecho del trabajo*. Buenos Aires: Depalma, 1977. p. 328.

(8) Por aplicação da Lei n. 18.609, fica proibida a contratação de mulheres e menores em trabalhos de fabricação de pinturas, esmaltes o vernizes que contenham "cerusa, sulfato de chumbo, arsênico ou qualquer outra matéria tóxica". A citada norma reflete a proibição da cerusa, incluída na Convenção Internacional da OIT n. 13, de 1921.

4. Da proteção da maternidade (arts. 177 a 179 da LCT)

O Capítulo II, do Título VII da Lei de Contrato de Trabalho se ocupa do tema, ainda que a diferença de outras legislações somente inclui no sistema de proteção a mulher mas não ao homem.

Na legislação brasileira — em contrapartida — a Constituição Federal de 1988, em seu art. 7º, incs. XVIII y XIX, dispõe que são direito dos trabalhadores urbanos e rurais... "a **licença da gestante, sem** prejuízo do emprego e do salário, com uma duração de cento e vinte dias" e "a **licença-paternidade,** nos termos fixados em lei" (cinco dias segundo o Ato das Disposições Constitucionais Transitórias — ACDT — art. 10, § 1º).

A rigor, a legislação argentina prevê no art. 158, sobre "Régimen de Licencias Especiales para el Trabajador" sem distinção de gênero: "a) por nacimiento de hijos 2 días corridos". Benefício este que não é especialmente referido à paternidade, como de alguma maneira o reflete a jurisprudência quando decidiu que "no es obligación del empleador, ni de la seguridad social, abonar la licencia por adopción..." (CNTrab., Sala III 1993.08.31. Del Pino Florencia S. c/ Galeano Previsión Médica S.A. *JA* 1994 — III — 423). Como se pode apreciar, a citação jurisprudencial **não parte do conceito amplo de paternidade, que obviamente inclui as hipóteses de adoção.**

> Art. 177 da LCT (Texto según la Ley n. 21.824): "Queda prohibido el trabajo del personal femenino durante los cuarenta y cinco (45) días anteriores al parto y hasta cuarenta y cinco (45) días después del mismo. Sin embargo, la interesada podrá optar por que se le reduzca la licencia anterior al parto, que en tal caso no podrá ser inferior a treinta (30) días; el resto del período total de licencia se acumulará al período de descanso posterior al parto. En caso de nacimiento pre-término se acumulará al descanso posterior todo el lapso de licencia que no se hubiere gozado antes del parto, de modo de completar los noventa (90) días.
>
> La trabajadora deberá comunicar fehacientemente su embarazo al empleador, con presentación de certificado médico en el que conste la fecha presunta del parto, o requerir su comprobación por el empleador. La trabajadora conservará su empleo durante los períodos indicados, y gozará de las asignaciones que le confieren los sistemas de seguridad social, que garantizarán a la misma la percepción de una suma igual a la retribución que corresponda al período de licencia legal, todo de conformidad con las exigencias y demás requisitos que prevean las reglamentaciones respectivas.
>
> **Garantízase a toda mujer durante la gestación el derecho a la estabilidad en el empleo**. El mismo tendrá carácter de derecho adquirido a partir del momento en que la trabajadora practique la notificación a que se refiere el párrafo anterior[(9)].
>
> En caso de permanecer ausente de su trabajo durante un tiempo mayor, a consecuencia de enfermedad que según certificación médica deba su origen al embarazo o parto y

---

[(9)] "La prohibición de trabajar impuesta a la madre trabajadora, obedece a la necesidad de protegerla y preservar la salud del niño en gestación" (Cámara del Trabajo, 1978.06.30 — Scarafía de Deffant, Teresa y otra c/ Bazzani, Osvaldo L. y otros J.A. 1979/03/141). Por conseguinte interpretamos que se trata de uma hipótese de cumprimento obrigatório para as partes não redimível em dinheiro.

la incapacite para reanudarlo vencidos aquellos plazos, la mujer será acreedora a los beneficios previstos en el art. 208 de esta ley[10].

A norma transcrita, reconhece a influência do Convênio OIT n. 3, de 1919, Ratificado pela República Argentina pela Lei n. 11.726, cujo art. 3º inc. *a*, proíbe o trabalho das mulheres "durante um período de seis semanas depois do parto" e lhe adjudica o direito de abandonar o trabalho (prévia entrega de um certificado médico que declare que o parto sobrevirá provavelmente em um prazo de seis semanas (art. 3º, al. a).

Por sua vez o art. 4º de tal convênio declara que "será ilegal que... seu empregador lhe comunique sua despedida durante essa ausência ou a comunique de sorte que o plazo estipulado no aviso expire durante a mencionada ausencia.

Para mais esclarecimento, a Reforma da Constituição argentina de 1994, introduziu, no art. 75, inc. 23, a obrigação para o Congresso Nacional de "dictar un régimen de seguridad social especial e integral en protección del niño en situación de desamparo, desde el embarazo hasta la finalización del período de enseñanza elemental y de la **madre durante el embarazo y el tiempo de la lactancia**"; isso depois que a mesma norma garanta a obrigação de "legislar y promover medidas de acción positiva que garanticen la igualdad real de oportunidades y de trato, y el pleno goce y **el ejercicio de los derechos reconocidos por esta Constitución y por los tratados internacionales vigentes sobre derechos humanos, en particular respecto de los niños, las mujeres, los ancianos y las personas con discapacidad**".

É preciso atentar para que dessa maneira e por essa via se reconhece às mulheres, às crianças, aos idosos e às pessoas com deficiência **uma proteção que, conforme com o disposto no art. 22 da CN,** *in fine,* **adquire hierarquia superior às leis.**

Dessa maneira deve-se interpretar que os arts. 172 a 182 (Título VII — Capítulos I, II, III, **têm hierarquia superior às leis**).

Em particular, o art. 178 da LCT que dispõe:

Art. 178. **Presunción.** Se presume, salvo prueba en contrario, que el despido de la mujer trabajadora obedece a razones de maternidad o embarazo cuando fuese dispuesto dentro del plazo de siete y medio (7 y 1/2) meses anteriores o posteriores a la fecha del parto, siempre y cuando la mujer haya cumplido con su obligación de notificar y acreditar en forma el hecho del embarazo así, en su caso, el del nacimiento. En tales condiciones, dará lugar al pago de una indemnización igual a la prevista en el artículo 182 de esta ley[11].

Os descansos diários por lactância, previstos no art. 179 ("de media hora para amamantar a su hijo, en el transcurso de la jornada de trabajo, y por un período no

---

(10) O art. 208 da LCT se refere às enfermidades inculpáveis e sua remuneração.

(11) O art. 180 da LCT **proíbe a despedida por causa de matrimônio**. O art. 181 da mesma cria a presunção de que a despedida foi sem justa causa quando ocorra **dentro dos três meses anteriores ou seis meses posteriores ao matrimônio**... (ver texto completo da norma), e por último, o art. 182 da LCT. Em caso de descumprimento do disposto no art. anterior: "el empleador **abonará una indemnización equivalente a un año de remuneraciones**, que se acumulará a la establecida en el art. 245" (art. 182 da LCT).

superior a un año posterior a la fecha del nacimiento...") fazem parte inevitável do sistema normativo protetor da mulher, com hierarquia superior às leis, segundo temos afirmado miss acima.

5. Da proibição da despedida por causa de matrimônio (arts. 180 a 182 da LCT)

Fernández Madrid supunha que os atos, contratos ou regulamentações que estabeleçam como causa de despedida o casamento configuram o objeto da proibição do art. 180 da LCT — mas acrescenta: "no se prohíbe el despido en sí, cuya adopción en tales condiciones (medien o no tales pactos), en cuanto se lo relaciones con el matrimonio, da lugar al pago de la indemnización especial del art. 182 LCT"[12].

Porém, com um critério oposto, alguma jurisprudência considerou que "el art. 180 de la Ley de Contrato de Trabajo (Adla XXVI-B, 1175), **fulmina con nulidad absoluta** toda convención o norma que permita el despido del personal por causa de matrimonio" (Câmara 2ª do Trabalho, Mendoza, 1980.04.25 — Squiff, Raúl c/ Hudson Ciovini y Cía. *DT* 1980-649; *Digesto práctico*. Buenos Aires: La Ley, 2003. p. 330 n. 8603).

É que, como bem apontou Livellara: "En nuestro país, la protección contra el despido por causa de matrimonio, **nació y se desarrolló en defensa de la institución familiar**... y para evitar la discriminación de que eran víctimas, fundamentalmente las trabajadoras que resultaban despedidas por la sola circunstancia de contraer matrimonio, por empresarios inescrupulosos que pretendían de ese modo evitarse repercusiones negativas a su empresa que el mero estado civil de su dependientes les depararía (fundamentalmente por tener que otorgarle diversas licencias)"[13].

Daí, e por aplicação da "Convenção sobre a Eliminação de todas as formas de discriminação contra a mulher" (adoptada pela Assembleia Geral das Nações Unidas em sua Resolução n. 34/180, de 18.12.79 e em vigência a partir de 3.9.81) cujo art. 16.1 impõe que "os Estados Partes adotarão todas as medidas adequadas para eliminar a discriminação contra a mulher **em todos os assuntos relacionados com o matrimônio e as relações familiares**... que "**têm hierarquia constitucional" (art. 75, inc. 22, CN argentina),** a proibição de despedida por causa de matrimônio com caráter absoluto porque é de ordem pública. Por isso não admite nem consente a indenização do art. 182 da LCT, que relativiza a proibição de hierarquia constitucional que é obrigatória para ambas as partes (empregador e empregada) e irrenunciável de acordo com nossa interpretação, o que autoriza a defender a nulidade absoluta desta última — segundo o previsto no art. 1.047 do Código Civil argentino, e em seu caso "puede y debe ser planteada por el juez, aún sin petición de parte cuando aparece manifiesta en el acto (y) puede ser alegada por todos los

---

(12) MADRID, Juan Carlos Fernández. *Tratado práctico de derecho del trabajo*. Buenos Aires: La Ley, 1989. t. II, p. 1877.
(13) LIVELLARA, Carlos A. El despido por causa del matrimonio notificado no celebrado. *DT* 1991-B, 2230.

que tengan interés en hacerlo, excepto el que ha ejecutado el acto, sabiendo o debiendo saber el vicio que lo invalidaba; puede también pedirse su declaración por el Ministerio Público, en el interés de la moral o de la ley. La nulidad absoluta no es susceptible de confirmación"[14].

Devemos assinalar, por último, que a este respeito existe jurisprudência **reiterada com sentido crítico**, sobre a substituição da estabilidade da mulher, nas hipóteses de despedida por causa de matrimônio. Assim, por exemplo, tem-se resolvido: "Como en tantas otras situaciones, el ordenamiento jurídico nacional, en lugar de sancionar la nulidad del despido y establecer la inmediata reincorporación de la víctima, ha regulado una indemnización agravada, sin tener en cuenta los derechos humanos en juego" (CNTrab., Sala VI, 1999.05.10. Scordo, María Laura c/ Banca Nazionale del Laboro S.A. s/ despido — Sentencia Definitiva n. 51.238 — RDL 2000-1 Sum, 66 — *Digesto práctico*. Buenos Aires: La Ley, t. II — ano 2003, p. 334, n. 8.639, *Idem*; CNTrab. 1999/10/29 — Díaz, Miriam Sandra c/ Tesgran S.A. s/ despido — Sen. Def. n. 52.147 — RDL 2000, Sum, 67).

6. A proibição de despedida por causa de matrimônio aplicável ao varão

El bien tutelado en el Título VII de la Ley de Contrato de Trabajo, es la mujer, pero también la familia, la que se consolida y tiene su origen en el matrimonio, a cuyo instituto también se lo protege obviamente, por lo cual, el acto del empleador al disponer una rescisión del contrato de trabajo dentro de los tres meses anteriores o seis meses posteriores al matrimonio sin demostrar una legítima causa invocada a tal fin, afecta por igual a ambos integrantes de la pareja, porque atenta contra la institución matrimonial y con arreglo asimismo a los principios que informan la Ley n. 20.744 (TO). (Suprema Corte de Buenos Aires — SCBA, 1991.02.26. Servidio Hugo A. c/ Cargill S.A. — Ley n. 45.578, La Ley, 1991-D, 104 *DJ*, 1991-2-754 — ED 142--527 Idem ED (El derecho) 1991.12.23. Goñi Campagiomi, Javier J. C/ Motores Werskpoor. La Ley, 1992-B, 426 — *DJ* 1992.2.33 — DJBA, 143-3754 — El derecho, 147-187).

E para mais esclarecimentos, o mesmo Superior Tribunal da Província de Buenos Aires, a *SCBA*, acrescentou: "No cabe que se formulen distinciones basadas en el sexo respecto de la indemnización contemplada en el art. 182 de la Ley de Contrato de Trabajo" (*SCBA*, 1991.02.26 Idem Servidio c/ Cargill citada más arriba".

Também a Corte Suprema de Tucumán, sala Laboral e Contencioso Administrativo, resolveu que idêntica conclusão "atiende al principio de no discriminación entre hombres y mujeres, en aras de proteger la institución familiar" (CS Tucumán, 1997.02.25 — Santillan José L. C/ Ortega y Cía. S.A. — La Ley NOA, 1998-647).

---

(14) Ver Título VI do Código Civil Argentino: "De la nulidad de los actos jurídicos" (arts. 1.037 a 1.058 *bis*). Em particular destacamos os arts. 1.047 e sua nota de Vélez Sarsfield; 1.050; 1.052 e 1.058. Novamente, no caso apresentado a norma civil é aplicável conforme arts. 9º, 10 e 11 da LCT.

7. Acerca do estado de excedência (arts. 183 a 186 da LCT). Natureza jurídica

Segundo Guillermo López, "se puede tipificar la situación de excedencia conceptualizando" que consiste na suspensão da relação de trabalho disposta pela decisão da mulher trabalhadora que tem um filho, durante o lapso permitido pela lei. De tal maneira — afirma — "la naturaleza jurídica de la situación es la de una suspensión de la relación laboral. Suspensión que constituye el primer caso, en nuestra legislación de trabajo, en que la medida puede adoptarse por decisión unilateral del trabajador"[15].

Art. 183 LCT: ... La mujer trabajadora que, vigente la relación laboral, tuviera un hijo y continuara residiendo en el país podrá optar entre las siguientes situaciones:

a) Continuar su trabajo en la empresa, en las mismas condiciones en que lo venía haciendo.

b) Rescindir su contrato de trabajo, percibiendo la compensación por tiempo de servicio que se le asigna por este inciso, o los mayores beneficios que surjan de los estatutos profesionales o convenciones colectivas de trabajo.

En tal caso, la compensación será equivalente al veinticinco por ciento (25%) de la remuneración de la trabajadora, calculada en base al promedio fijado en el art. 245 por cada año de servicio, la que no podrá exceder de un salario mínimo vital por año de servicio o fracción mayor de tres (3) meses.

c) Quedar en situación de excedencia por un período no inferior a tres (3) meses ni superior a seis (6) meses.

Se considera situación de excedencia la que asuma voluntariamente la mujer trabajadora que le permite reintegrarse a las tareas que desempeñaba en la empresa a la época del alumbramiento, dentro de los plazos fijados. La mujer trabajadora que hallándose en situación de excedencia formalizara nuevo contrato de trabajo con otro empleador quedará privada de pleno derecho de la facultad de reintegrarse.

Lo normado en los incisos b) y c) del presente artículo es de aplicación para la madre en el supuesto justificado de cuidado de hijo enfermo menor de edad a su cargo, con los alcances y limitaciones que establezca la reglamentación.

Convém apontar a modo de interpretação, que a indenização à qual se refere a alínea *b*, do art. 183 da LCT é independente da prevista para a hipótese de despedida sem justa causa (art. 245 da LCT); com o esclarecimento de que o limite máximo da indenização do art. 183, alínea *b*, não pode ser estabelecido sobre a base do salário mínimo vital e móvel. A jurisprudência tem sido clara no que se refere a dispor que "La compensación a la que alude el art. 183 inc. *b*, de la LCT ha de calcularse sobre el promedio fijado en el art. 245 LCT, modificado por el art. 153 de la Ley Nacional de Empleo (*DT*, 1991-B, 2533) sin tope máximo" (CNTrab., Sala IV, 1997.02.17, González Alicia M. c/ Selsa M.R. La Sudamericana S.A. — *DT* 1997-B, 1560).

---

(15) LÓPEZ, Guillermo A. F. La suspensión de la relación de trabajo por situación de excedencia. *DT* 1978-445.

Também se torna imprescindível assinalar que "el legislador ha previsto el periodo de excedencia a fin de que **la trabajadora pueda permanecer un mayor período con su hijo recién nacido** o para el supuesto justificado de enfermedad del hijo menor de edad..." (cf. CNTrab., Sala IX, 2001.12.08 — Díaz Beatriz M. c/ Agencia Española de Cooperación Internacional AECI. *DT* 2002-A, 92).

Quanto às condições para o reingresso da mulher trabalhadora em situação de excedência, deverão ser produzidas ao término do período pelo qual optara (art. 178 da LCT).

El empleador podrá disponerlo:

a) En el cargo de la misma categoría que tenía al momento del alumbramiento o de la enfermedad.

b) En el cargo o empleo superior o inferior al indicado, de común acuerdo con la mujer trabajadora.

Sino fuese admitida, será indemnizada como si se tratara de despido injustificado, salvo que el empleador demostrara la imposibilidad de reincorporarla, en cuyo caso la indemnización se limitará a la prevista en el art. 183 inciso *b* párrafo final.

Los plazos de excedencia no se computarán como tiempo de servicio. (art. 184 da LCT).

O Capítulo IV, sobre Estado de Excedência, se completa com o art. 185 da LCT, que condiciona o reconhecimento dos direitos do art. 183 à trabalhadora que tenha pelo menos um ano na empresa. E por último, com o art. 186 da LCT, onde se dispõe que quando "la mujer no se reincorporara a su empleo luego de vencidos los plazos de licencia previstos por el art. 177 da LCT" (por gravidez e parto) "y no comunicara a su empleador que se acoge a los plazos de excedencia dentro de las 48 horas... se entenderá que opta por la percepción de la compensación establecida en el art. 183 inc. *b* párrafo final". "El derecho que se reconoce a la mujer trabajadora en mérito a lo antes dispuesto no enerva los derechos que le corresponden a la misma por aplicación de otras normas."

OITAVA PARTE

Capítulo I

TRABALHO DOS MENORES

1. Conceito de minoridade

Naturalmente, o conceito de "menoridade", a categoría jurídica de "menor", está estreitamente vinculado com o tema da "idade das pessoas". Assim o concebeu Vélez Sarsfield e assim define o Código Civil argentino que, no Título IX, art. 126 conceitua: "son menores las personas que no hubieren cumplido la **edad de veintiún años**"[1].

E sempre partindo de princípios etários, o art. 128 do mesmo Código introduz o tema na gestão laboral impondo: "Desde **los dieciocho años el menor** puede celebrar contrato de trabajo en actividad honesta...".

O que chama a atenção é que na nota ao art. 128 do CC argentino e citando Savigny, pode-se ler "La incapacidad de los menores es limitada al derecho privado y no se extiende al derecho público. El hijo sujeto a la patria potestad podía como su padre, por el derecho Romano, votar en la asamblea del pueblo, y ejercer las más altas magistraturas".

Tudo isso, vem a calhar, porque a abordagem do Trabalho de Menores como tema, não aparece na doutrina relacionando-o à noção de infância, que, como bem assinala a psiquiatra Sara Elba Amores[2]:

> Es de aparición tardía en el mundo occidental y como consecuencia, las instituciones y profesiones que se ocupan de los niños se han ido formando en un largo proceso histórico.
>
> En la Antigüedad el trato despiadado a los niños, la práctica del infanticidio, el abandono y la negligencia, las torturas, palizas y encierros eran hechos habituales.
>
> En la Edad Media, los niños hasta los 6-7 años eran cuidados por mujeres. A partir de esa edad los varones eran incorporados al mundo reproductivo y las niñas paulatinamente, al trabajo doméstico. El concepto de familia amplia, de

---

(1) Dalmacio Vélez Sarsfield, autor do Código Civil, em sua versão original, sancionada em 25.IX.1869, definiu do seguinte modo: "son menores los individuos de uno y otro sexo, que no tuvieran la edad de 22 años cumplidos". A Lei n. 17.711 modificou o texto normativo e com se reduziu a idade mínima para 21 anos.
(2) AMORES, Sara E. *Clínica del niño y su familia*. Buenos Aires: Distal, 2000. p. 19.

parentela "abierta" y límites fluctuantes en el que predominaba el "señor", y sus sirvientes y esclavos.

"Recordemos" — continua dizendo Amores — "que la palabra 'familia' deriva del latín *fammlus* que quiere decir *sirviente*, 'esclavo'". Porém — acrescentamos nós[3] — também significa "conjunto dos escravos e criados de uma pessoa" por isso partiremos desses conceitos para a análise.

Como primeira aproximação, assinalamos com a autora citada que recentemente na Idade Moderna (que) começa a se desenhar a noção de infância. A criança começa a ser considerada, mas sua imagem está formada pelo pensamento da época anterior, ela ainda **é olhada como um adulto em miniatura**.

Um exemplo disso se apresenta na biografia do Barão de Mauá, banqueiro na época do Imperador Don Pedro II (1840/1889) que atuou como financista na Guerra da Tripla Aliança (Argentina, Brasil e Uruguai contra Paraguai). Dele queremos mencionar sua infância, que transcorreu no Rio de Janeiro, durante a segunda década do século XIX, **onde com 9 anos de idade, nos arredores do Porto daquela cidade, afastado de sua família, trabalhou em uma típica provedoria naval, cujo proprietário emigrou para a Grã-Bretanha, deixando-o como único encarregado dos negócios, que sem dúvida eram complexos.** Claro que na mesma época Pedro II foi designado regente do Brasil com 5 anos de idade e logo Imperador quando foi declarado maior de idade aos 14 anos cumpridos.

A anedota histórica corrobora aquilo de que os menores de idade eram considerados como "adultos em miniatura", designando-lhes atividades de responsabilidade. Porém, como é imaginável, na maioria dos casos e em todo os países, a contratação de menores serviu na realidade para pretextar o pagamento de salários miseráveis, como nos relatos de Charles Dickens na velha Inglaterra que referem à utilização do trabalho infantil nas minas de carvão e nas piores condições de servidão junto a seus pais.

Com esse relato, queremos mostrar, que a não diferenciação do menor em relação ao trabalho dos adultos e a suas obrigações, às vezes tão perigosas (como nos subterrâneos das minas de carvão, transportando pesadas cargas em ambientes contaminados de gás grisu), não permitiu — nas origens do capitalismo — que apareçam modalidades e normas de conduta protetoras do trabalho infantil. Tampouco leis.

Talvez por isso mesmo Mario de La Cueva[4] pôde dizer que "la protección a los menores es el acto inicial del derecho del trabajo pues fue el 'Moral and Health Act' (Acta sobre Moral y Salud) expedido por Sir Robert Peel en el año 1802[5] la primera norma legal concreta que responde a la idea contemporánea del derecho

---

(3) Cf. COROMINAS, Juan. *Breve diccionario etimológico de la lengua castellana*. Madrid: Gredos, 1976. p. 267.
(4) CUEVA, Mario de La. *Derecho mexicano del trabajo*. México: Porrùa, 1949. p. 906.
(5) Robert Peel foi um Ministro inglês de origem conservadora — várias vezes Primeiro Ministro (ver *Diccionario pequeño Larousse ilustrado*. Buenos Aires: Larousse, 1987. p. 1500).

del trabajo". Isto é, tratava-se de uma regra aplicável de forma não diferenciada tanto a menores como aos adultos, o que não deve chamar a atenção, porque naquela época os trabalhos ainda se assemelhavam a uma servidão que prestava ao senhor feudal o grupo familiar (pais, mães, filhos e enteados).

Não por acaso demos ênfase mais acima na acepção do conceito arcaico de "família" como conjunto dos escravos e criados de uma pessoa porque o instituto do conchavo se projeta como acepção. Ainda na atualidade latino-americana e argentina quando tanto nas "safras" da cana-de-açúcar, nas fazendas, ou nas minas se costuma contratar para o trabalho o pai ou a mãe com um só salário, e isso inclui também os filhos, que cumprem tarefas sem serem incorporados ao contrato de trabalho e sem direitos — por exemplo — em caso de acidentes ou enfermidades laborais.

2. Antecedentes históricos — primeiras normas internacionais

Escrevia Unsain no ano de 1925 (antecipando-se assim em mais de 70 anos ao debate atual entre os que reivindicam o direito laboral protetor e os partidários do Consenso de Washington, os neoliberais que sustentam a necessidade da desregulamentação do contrato de trabalho e sua substituição pelas leis econômicas do mercado): "Si puede discutirse la necesidad de que el Estado intervenga en la reglamentación general del trabajo de los adultos, nadie discute la conveniencia de que lo haga respecto de dos agentes del trabajo perfectamente caracterizados como dignos de un máximo de protección: el niño y la mujer"[6].

"La misma legislación obrera, en efecto, tiene en ellos su origen" — continua o autor — "El industrialismo recurrió, tiempo hace, a esta clase de trabajadores con el propósito de obtener de ellos el máximo de beneficios junta a una retribución mínima"[7].

E como assinalamos em itens anteriores, o primeiro esforço legislativo se deve à Inglaterra e data de 1802[8]. Modificada em 1819, a lei primitiva aparecia tímida dentro do campo da proteção uma vez que autorizava a jornada de trabalho de 12 horas para crianças de 9 anos.

Em 1841, a França adotava uma lei semelhante, que proibiu o trabalho de menores de oito anos.

"Si se desea apreciar de un solo golpe el camino inmenso recorrido por la legislación" — pontualizava Unsain — "en todo el mundo, estas leyes pueden ser de referencia"[9]. Antes se considerava un êxito proibir um menor de 9 anos de realizar um trabalho efetivo superior a 12 horas. Hoje não se permite a um adulto trabalhar mais de 8.

---

(6) UNSAIN, Alejandro M. *Legislación del trabajo*. Buenos Aires: Valerio Abeledo, 1925. t. I, p. 395.
(7) UNSAIN, Alejandro M. *Op. cit.*
(8) Ver referência ao Ministro Robert Peel (nota 509).
(9) UNSAIN, Alejandro M. *Op. cit.*

E nós acrescentamos ainda que antes de Inglaterra e França: Suíça em 1779 e Áustria em 1786 haviam adotado medidas parecidas, e na atualidade (escrevemos este capítulo no princípio de 2009) em todos aqueles países são habituais as jornadas reduzidas de trabalho de 6 horas diárias e 35 semanais.

De qualquer modo, o certo é que despois daqueles passos iniciais, somente no Congresso de Berlim de 1890 foi aprovado um protocolo, no qual alguns governos europeus que participaram desse primero conclave oficial decidiram incrementar a legislação do trabalho e se comprometeram a fixar em 14 anos a idade mínima de admissão de menores nas minas, exceto nos países meridionais, onde o limite seria de 12 anos, provavelmente por razões climáticas.

Posteriormente, no primeiro Congresso internacional para a proteção legal dos trabalhadores, reunido na cidade suíça de Zurich, cuidou-se detidamente do problema do trabalho de mulheres e menores.

No Congresso de Bruxelas (1988) se fez o mesmo; e isso se repetiu no Congresso de 1902 e nas Conferências de Berna de 1905 e 1906.

Na quarta assembleia geral da Associação Internacional (1906), o trabalho de crianças e mulheres voltou a ser tratado e isso permitiu uma votação unânime favorecendo uma estrita regulamentação.

Despois da Primeira Guerra Mundial (1914/1918) os países vitoriosos se reuniram em Versalles (França) em 1919, onde se aprovou o Tratado de mesmo nome no qual se consagraram princípios em torno da supressão do trabalho das crianças e da obrigação de introduzir no dos jovens de ambos os sexos as limitações necessárias para permitir-lhes continuar os estudos e assegurar seu desenvolvimento físico.

E no mesmo ano de 1919 se reuniu em Washington a Conferência que sancionou o Convênio n. 5 da OIT, que entrou en vigor em 13.6.1921 e foi ratificada pela Argentina com a Lei n. 11.726. Esse Convênio, no art. 2º introduziu "a proibição de trabalhar, e que não poderão ser empregados as crianças menores de quatorze anos em empresas industriais públicas ou privadas ou em suas dependências", e curiosamente se excetuava da proibição as empresas "em que unicamente estejam empregados os membros de uma mesma família", com o que encorajava o sistema do "conchavo" ao qual nos referimos criticamente acima.

3. Antecedentes na legislação argentina sobre trabalho de menores

Aventurava Unsain na obra citada[10] que "no era seguro que en la República Argentina existiesen en los años que precedieron a la Sanción de la Ley n. 5.291, del año 1904, situaciones igualmente horrorosas como las constatadas en Inglaterra, Italia, Bélgica o Estados Unidos. Es seguro, sin embargo, que la situación de nuestros niños y mujeres, más que mala era pésima. Las jornadas de 12 horas" — continuava

---

(10) UNSAIN, Alejandro M. Op. cit.

— "eran corrientes y a ella estaban sujetas mujeres y niños, lo mismo en la ciudad de Buenos Aires que en el interior del país".

Em sua mensagem de 6 de maio de 1904, o Poder Executivo, referindo-se ao trabalho de mulheres e menores, dizia que "las leyes protectoras son reclamadas con conmovedora unanimidad, afuera como adentro del país y las investigaciones del Poder Ejecutivo solo dan como triste consecuencia la situación más afligente de estas dos categorías de obreros a quienes las leyes de la vida" (?) "obligan a ejecutar trabajos iguales en condiciones a las del hombre adulto".

O dr. José Nicolás Matienzo, primeiro presidente do (naquela época) recentemente criado "Departamento Nacional del Trabajo", em um informe sobre os antecedentes da Lei n. 5.291, dizia: "Hay que remontar hasta el año 1892, en el que el dr. José Pena redactó un proyecto de ley sobre la protección de las leyes en la industria que fuera presentado ante la Municipalidad de la Ciudad de Buenos Aires y en el mismo año el Dr. Emilio Coni formuló un proyecto de ordenanza municipal reglamentando el trabajo de los niños".

Posteriormente geraram-se diversas iniciativas de corte normativo, cujos projetos perante o Patronato da Infância e o Senado Nacional não prosperaram. Entre eles um do Senador Miguel Cané que, com don Lidoro Avellaneda, apresentou ao senado, em 1902, um projeto de Lei **sobre a admissão de crianças na indústria (?), o que foi fundamentado pelo primeiro**[11]; ainda que definitivamente nunca tenha sido aprovado por haver-se extinto o prazo regulamentar.

Para a mesma época, a Senhora Gabriela L. De Coni, que foi inspetora *ad honorem* de estabelecimentos industriais que empregavam menores e mulheres, apresentou por sua vez um projeto à Intendência Municipal de Buenos Aires relativo a esses temas, que constava de 18 artigos, antecipatórios de toda a legislação posterior em matéria protetora do trabalho de menores.

Em 1904 o ministro do interior, Joaquín V. González, formulou o projeto de Lei Nacional do Trabalho, que em diferentes partes regulamenta com minuciosidade o trabalho de mulheres e de crianças. No Título VI — diz Unsain[12] — se ocupa da "duración y suspensión del trabajo, aportando disposiciones protectorias de este género de obreros".

E apenas dois anos depois — en 1906 —, o Deputado Socialista, Dr. Alfredo Palacios, apresentou à Câmara um projeto de lei sobre o trabalho de mulheres e menores que foi sancionado com o apoio do Poder Executivo no contexto de grandes manifestações sociais protagonizadas pelos trabalhadores organizados desde a Federação Obreira da República Argentina (FORA). Refletindo com objetividade o nível do debate aberto com os critérios mais restritivos das doutrinas imperantes na matéria, os trabalhadores pediam a proibição do trabalho de crianças nas fábricas

---

(11) Miguel Cané foi o autor de "Juvenilia", relato de memórias estudantis que o tornou famoso. Mas também foi advogado e Senador da Nação e Membro da Geração de 90 que perfilhou a nefasta Lei de Residência n. 4.144 da que foi autor; cuja orientação discriminante propiciou a expulsão do país a todo trabalhador estrangeiro que exercesse o direito de greve.

(12) UNSAIN, Alejandro M. *Op. cit.*, p. 402.

para que não prejudicassem seus frágeis corpos, tivessem tempo de crescer e desenvolver-se nas escolas suas inteligências e corações. Em uma palavra, para que crescessem e chegassem a ser cidadãos robustos e valentes.

E no que seria talvez uma resposta adequada às dúvidas de Unsain que transcrevemos no início desta parte, acrescentavam: em nenhum país sucede o que ocorre aqui com as crianças proletárias; ... os patrões obrigando nossas mulheres e nossos filhos a trabalhar em oficinas ou no campo, destruindo nossa família... pedimos a sanção de uma Lei que proíba o trabalho dos menores de 14 anos em todos os ramos da indústria que afetem seus organismos.

Esta primeira etapa histórica dos antecedentes da legislação sobre o trabalho de menores (vinculada como se pode apreciar com os temas sobre a mulher trabalhadora) culminou de alguma maneira com a sanção da Lei n. 5.291 sobre descanso dominical, que, como antecipamos acima, se deveu aos esforços persistentes do Dr. Alfredo L. Palacios[13], que polemizou veementemente com os detratores da incipiente ordem pública laboral que se insinuava lentamente naquelas primeiras normas, dando margem a que seus críticos na doutrina (ontem como hoje) imputassem ao Estado argentino um excessivo intervencionismo nas relações de emprego que não era real nem o é na atualidade, uma vez que se limitou a fazer valer e cumprir as prescrições de ordem pública às quais se referem os arts. 417, 502, 521, 794, 872, 1.261 e 3.951 do Código Civil[14] nas condições de sua vigência; e a partir da sanção sistematizada do contrato de trabalho, de disposições vigentes como a do art. 21 da LCT, que em sua parte pertinente subordina suas "cláusulas, en cuanto a la forma y condiciones de la prestación, **que quedan sometidas a las disposiciones de orden público**, los estatutos, las convenciones colectivas, o los laudos con fuerza de tales y los usos y costumbres".

O conteúdo daqueles primeiros debates, ainda que vinculado com o tema do trabalho de menores, não ocultava a resistência dos empregadores à implementação incipiente, do que por volta de 40 anos depois, o mesmo Alfredo L. Palacios denominava El nuevo Derecho no início da quarta década do século XX. Mas, enquanto isso, os debates se prolongaram longamente em diferentes períodos dos anos 1905, 1907, 1915, 1917 e 1924. As leituras das Atas no Congresso evidenciam as rudezas da controvérsia que, de alguma maneira, se começa a saldar com a sanção, no ano de 1924, da Lei n. 11.317 sobre *Trabajo de Mujeres y Niños*, cujo art. 1º proibia em todo o território da República argentina usar menores de 12 anos de idade em qualquer tipo de trabalho por conta alheia, inclusive os trabalhos rurais.

E mais adiante, no mesmo art. 1º se proibia "la ejecución de trabajos ligeros a los menores de 14 años durante el período de 14 horas consecutivas que comprenda el intervalo que transcurre entre las 20 horas y las 8 horas del día siguiente".

---

(13) O dr. Alfredo L. Palacios foi, muitos anos depois, meu professor de graduação e de pós-graduação em Economia Política e Política Econômica respectivamente, na Faculdade de Direito da Universidade Nacional de La Plata, casa esta de Altos Estudos que foi também presidida pelo "Mestre" em várias oportunidades. Sempre procurou em suas classes e discursos a proteção dos trabalhadores e a reivindicação das questões nacionais.

(14) Art. 21 do Código Civil: "Las convenciones particulares no pueden dejar sin efecto las leyes en cuya observancia están interesados *el orden público y las buenas costumbres*".

Segundo a norma, se consideravam trabalhos leves (ligeros) "ocupaciones tales como las de mensajeros, repartidores de periódicos, trabajos relacionados con los deportes y los juegos y recolección y venta de flores y frutos".

Ainda que se tratasse de uma semântica hoje arcaica, o texto é eloquente para evidenciar as preocupações do legislador daquele tempo, no qual começava a ser uma técnica protetora do menor trabalhador apoiada em uma incipiente "ordem pública laboral" baseada ainda no Código Civil, já que ainda se estava longe da sanção do que hoje é uma lei geral de contratos de trabalho.

As disposições da Lei n. 11.517, com um texto original de 24 artigos, se aplicaram até a década de 70 do século XX, como o evidenciam — entre outros — os Decretos Regulamentares e modificadores ns. 4.910/57 e 4.364/66 e suas normas subsistiram até a sanção da Lei n. 20.744, de 11.9.74 que as substituiu em seu Título VIII pelos arts. 187 a 195 e ss.

Enquanto isso e durante todo esse longo período de tempo, a jurisprudência e a doutrina evoluíram conceitualmente tanto em matéria de definição e alcance da "ordem pública laboral" como no conceito de "menor de idade".

Assim, por exemplo, a Câmara Nacional de Apelações do Trabalho, teve ocasião de definir com absoluta precisão que: "Ubicados los sujetos de la relación de trabajo, en un estado de relación par asimétrica, en la cual el empleador está por encima del trabajador desde el punto de vista económico y cultural, **el derecho del trabajo debe acordar derechos subjetivos apoyados por el orden público para hacerlo irrenunciables** y evitar imposiciones unilaterales derivadas de la conveniencia económica del empleador y esto debe ocurrir aún más allá del límite fijado por las leyes y los convenios colectivos" (CNTrab., Sala IV, jun. 17-989 — García Miriam M. y otros c/ John Wieth Laboratorios. DT 988-B, p. 1282).

4. Sobre o conceito de menoridade — a Convenção sobre direitos da criança

No mesmo sentido da jurisprudência transcrita nos itens anteriores, que reconhece uma relação assimétrica entre empregadores e empregados e na qual estes últimos expressam a parte mais "frágil" do binômio, afirma Daniel Hugo D'Antonio — citando a italiana Paola Ronfani[15], que existe uma tensão entre dois modelos de regulação jurídica do sujeito considerado "frágil" — neste caso: "o menor de idade" — com uma perspectiva caracterizada pela diferença e a tutela, confrontada com o sentido da igualdade e da paridade.

As diferenças existentes entre os dois modelos antes mencionados são diversas e específicas, ainda quando da composição de seus elementos deriva um resultado também diverso quanto a abordagem das questões que se referem ao menor de idade.

---

(15) DÁNTONIO, Daniel Hugo. La convención sobre los derechos del niño: ¿Una opción entre dos modelos? In: *Digesto judicial la ley*. Buenos Aires: La Ley, 2005. t. 3, p. 843-845 Ref.: PAOLA, Ronfani. *I diritti del mnore*. Milano: Guerim, 1995. p. 7.

E ainda que parecesse, à primeira vista, que se trata de uma situação banal, grande parte da doutrina e das leis que respondem à posição igualitária, também denominada "liberacionista", acreditam que a referência ao menor de idade está impregnada de discriminação e deve ser substituída pelos vocábulos "criança ou adolescente".

Segundo o *Pequeno Dicionário Larousse Ilustrado*, a "infância" é o primeiro período da vida humana, que chega até a adolescência. Mas também neste campo das definições se cometem erros conceituais que no caso possam levar a confusões quanto aos alcances; como quando — por exemplo — a professora espanhola María Isabel Álvarez Vélez entende o vocábulo "criança" como aquele que define em cada pessoa o período compreendido entre "o nascimento e a puberdade".

Porque, segundo o Dicionário citado, a "puberdade" é "a época da vida em que se manifesta a aptidão para a reprodução" (aproximadamente entre os doze e os quatorze anos) o que presumivelmente implicaria que o período de infância termina entre tais anos de idade.

No entanto, no mesmo Dicionário se define como "adolescência" "o período de transição entre a infância e a idade adulta", o que sugere que se estende até os 18 anos ou até os 22, segundo as normas vigentes em cada país.

Portanto, como bem aponta D'Antonio, as diferenças aludidas sugerem "lo impreciso de su aplicación en nuestro sistema jurídico que autorizaría en síntesis a dividir el curso de la vida humana en dos únicas etapas: la mayor y la menor edad"[16].

Concluindo, diz o autor que, "cuando se hace referencia al menor, tratase de la proyección jurídica de la persona (sujeto de derecho) en relación con la edad como elemento determinante de su condición jurídica; cabe admitir que tal mención resultará inapropiada en otros ámbitos disciplinarios próximos pero ajenos al derecho, tales como los concernientes a la psicología o a la sociología".

O certo é que o processo formativo do ser humano é longo e frustrante. As diversas contingências nas distintas etapas de seu desenvolvimento pessoal requerem a presença ativa dos responsáveis por sua formação e o ineludível acionar subsidiário do Estado, como garantidor do bem comum.

E daí precisamente que, como tem sido desenvolvido em nossas páginas anteriores, a doutrina e a jurisprudência nacional e internacional evoluíram reconhecendo na criança que trabalha sob relação de dependência laboral, a parte mais **frágil** de tal relação e a necessidade de protegê-la em interesses da ordem pública e do próprio menor e su família.

A isso é preciso acrescentar que o ilustre Lorenzatti — Ministro da Corte Suprema de Justiça Nacional da Argentina — pontualizou com meridiana clareza que "a partir de la concepción de derecho privado como protección del individuo

---

(16) D'ANTONIO, Daniel Hugo. *Op. cit.*, p. 844.

particular, la pertenencia del niño a un sector específico en cuanto integrante de una categoría que reúne una calidad especial, rige **para el resguardo de sus derechos el principio** *favor debilis*[17].

A) Convenção internacional sobre direitos da criança

A Lei n. 23.849 com data 27.9.90 pôs em vigência na normativa argentina a citada convenção que por aplicação do art. 75, inc. 22, da Constituição Nacional que "en las condiciones de su vigencia, **tiene jerarquía constitucional**", não derroga artigo algum da primeira parte desta Constituição e deve ser entendida como complementar dos direitos e garantias por ela reconhecidos.

O art. 3º da citada Convenção resgata sem dúvida o princípio de *favor debilis* (a parte mais frágil das relações econômicas) ao estabelecer:

1. Los Estados Partes reconocen el derecho del niño a estar protegido contra la explotación económica y contra el desempeño de cualquier trabajo que pueda ser peligroso o entorpecer su educación, o que sea nocivo para su salud o para su desarrollo físico, mental, espiritual, moral o social.

2. Los Estados Partes adoptarán medidas legislativas, administrativas, sociales y educacionales para garantizar la aplicación del presente artículo. Con ese propósito y teniendo en cuenta las disposiciones pertinentes de otros instrumentos internacionales, los Estados Partes en particular:

a) Fijarán una edad o edades mínimas para trabajar

b) Dispondrán la reglamentación apropiada de los honorarios y condiciones de trabajo.

c) Estipularán las penalidades u otras sanciones apropiadas para asegurar la aplicación efectiva del presente artículo.

Preste-se atenção no entanto que a norma, se por um lado prescreve aos Estados Partes que "fijen una edad o edades mínimas para trabajar", não a estipulam nem a exigem, deixando o tema livre a cada parte. Porém anteriormente, o Convênio n. 5 da Organização Internacional do Trabalho OIT havia determinado em seu art. 2º que "los niños menores de catorce años no podrán ser empleados, ni podrán trabajar, en empresas industriales públicas o privadas o en sus dependencias..."[18].

Os Convênios n. 7 (ratificado pela Lei n. 11.727); n. 10 (ratificado pela Lei n. 12.232); n. 33 (ratificado pela Lei n. 12.727) e n. 138 (ratificado pela Lei n. 24.650) mantêm **a idade mínima para trabalhar nos 14 anos**; mas este último também inclui no art. 3º, § 3º **a possibilidade de "autorizar el empleo o el trabajo a partir de la edad** de dieciséis años...".

---

(17) LORENZETTI, Ricardo Luis. *Las normas fundamentales de derecho privado*. Santa Fé: Rubinzal-Culzoni, 1995. p. 97.
(18) Convênio n. 5 da OIT: Ver texto completo em *Digesto práctico la ley*. Buenos Aires: La Ley, 2003. t. II, p. 362. Abstivemo-nos de transcrever o art. 2º completo, *brevitatis causa*. O Convênio n. 5 da OIT entrou em vigência com data de 13.6.21 e foi ratificado pela Lei n. 11.726. Posteriormente foi revisado pelo Convênio n. 59, do ano 1937.

A Convenção Internacional sobre Direitos da Criança, reconhece, além disso, como conexos em matéria de idade mínima de admissão no emprego, os seguintes: "Convênio sobre a idade mínima" (Indústria), de 1919; Idem (Trabalho Marítimo), de 1920; Idem (Agricultura), de 1921; Idem (Trabalhadores em tecelagem e Foguistas), de 1921; Idem (Trabalhos não Industriais), de 1932; Idem (Indústria), de 1937; Idem (Trabalhos não Industriais), de 1937; (Pescadores), de 1959 e (Trabalho Subterrâneo), de 1965[19].

Com a Reforma Constitucional de 24 de agosto de 1994, incorporou-se, pelo art. 75, inc. 23, no Congresso Nacional, a obrigação de

> Legislar y promover medidas de acción positivas que garanticen la igualdad real de oportunidades y de trato, y el pleno goce y ejercicio de los derechos reconocidos por esta Constitución y por los Tratados Internacionales vigentes sobre derechos humanos, en particular, **respecto de los niños**, las mujeres, los ancianos y las personas con discapacidade...

> Dictar un régimen de Seguridad Social especial e integral en protección del niño en situación de desamparo, desde el embarazo hasta la finalización del período de enseñanza elemental, y de la madre durante el embarazo y el tiempo de lactancia.

5. As reformas recentes no título VIII sobre "trabalho de menores" nos arts. 187, 189, 189bis, 190, 191, 192 e 194 da Lei de Contrato de Trabalho — o art. 192 foi derrogado pelo art. 11 da Lei n. 26.390 (BO 25.6.08)

a) As mudanças no paradigma etário: Com a modificação dos arts. 187 e 189 da LCT, a idade mínima para celebrar todo tipo de contrato de trabalho se elevou de 14 para 16 anos nas condições previstas nos arts. 32 e seguintes da LCT, que se referem à capacidade para celebrar contratos de trabalho.

O art. 189 da LCT, taxativamente, proíbe o emprego de menores de dezesseis (16) anos; com a particularidade de que se "prohíbe a los empleadores ocupar menores de dieciséis (16) años **en cualquier tipo de actividad persiga o no fines de lucro**". (modificações introduzidas pela Lei n. 26.390).

Trata-se sem dúvida de um avanço, uma vez que a proteção vai além dos 14 anos (começo da crise adolescente) prolongando-se até os 16 anos (etapa esta em que o indivíduo alcança certa estruturação) que se prolonga até os 18/21 anos quando se ingressa na maioridade.

Desta maneira se confirma o antecipado no Convênio OIT n. 138 ratificado pela Lei n. 24.650, no que se refere à idade mínima de 16 anos para outorgar contrato de trabalho e a proibição de que realize qualquer tipo de atividade, visando ou não fins de lucro.

b) Com o acréscimo do art. 139 *bis* que não existia na versão anterior do Título VIII (Lei n. 20.744 TO. Decreto n. 390/76) e que estabelece: "Las personas mayores

---

(19) Cf. Convênio n. 138 da OIT.

de catorce (14) y menores a la edad indicada en el artículo anterior podrán ser ocupados en empresas cuyo titular sea su padre, madre o tutor, en jornadas que no podrán superar las tres (3) horas diarias, y las quince (15) horas semanales, siempre que no se trate de tareas penosas, peligrosas y/o insalubres, y que cumplan con la asistencia escolar..."

Nosso comentário a esta norma, inevitavelmente, é que o legislador ignorou a primeira parte do art. 32 da "Convenção sobre os Direitos da Criança", segundo a qual: "Os Estados Partes reconhecem os Direitos da Criança a estar protegida contra a exploração econômica ...". A exceção que apresenta o art. 139 *bis*, quando autoriza às pessoas maiores de 14 anos e menores de 16 a trabalhar sob relação de dependência laboral para seu pai, mãe ou tutor, o que inevitavelmente recria a relação de dependência econômica à qual se referem os arts. 4º e 21 da Lei de Contrato de Trabalho e com ela a exploração proibida pela norma internacional que tem hierarquia constitucional.

Quanto aos demais artigos do Título III: Pelo art. 190 se modifica a jornada de trabalho e o trabalho noturno; e se estabelece que "no podrá ocuparse a personas de dieciséis (16) a dieciocho (18) años de edad en ningún tipo de tareas durante más de seis (6) horas diarias o treinta y seis (36) semanales. La distribución desigual de horas laborales no podrá superar las siete (7) horas diarias. Sin embargo, podrá extenderse para menores de más de dieciséis (16) años previa autorización de la autoridad administrativa laboral de cada jurisdicción a ocho (8) horas diarias o cuarenta y ocho (48) semanales".

E além disso, quanto ao trabalho noturno, se proíbe para os menores de dezoito (18) anos no intervalo compreendido entre as vinte (20) e as seis (6) horas do dia seguinte, e nos estabelecimentos fabris que desenvolvam atividades em três turnos diários que abranjam as vinte e quatro horas (24), se substitui a proibição por um lapso compreendido entre as vinte e duas (22) e as seis (6) horas do dia seguinte, mas somente para as pessoas menores de mais de dezesseis (16) anos.

Pelo art. 191 da LCT, se mantêm os conceitos originais, apesar de se suprimirem os menores "de uno o de otro sexo" aos quais aludia a versão anterior da norma.

O art. 192 foi revogado pelo art. 11 da Lei n. 26.390 e o art. 194 da LCT sobre "férias" se limitou a referir-se a "las personas menores de dieciocho años" texto que não se incluía na versão anterior.

Não se modificou, deixando intacto o princípio de que em matéria de "acidente ou enfermidade de um menor" se mantém a presunção de culpa do empregador sem admitir prova em contrário (cf. art. 195 da LCT).

c) *Poupança*: por último, os arts. 192 e 193 da LCT mantêm sem modificações a metodologia imposta pela Lei n. 22.276 em matéria salarial, segundo a qual, "el empleador dentro de los treinta días de la ocupación de un menor... deberá gestionar la apertura de una cuenta de ahorro en la Caja Nacional de Ahorro y Seguro. Dicha entidad otorgará a las mismas el tratamiento propio de las cuentas de ahorro especial".

A documentação respectiva permanecerá em poder e custódia do empregador, enquanto o menor trabalhe sob suas ordens, devendo ser devolvida a este ou a seus pais ou tutores ao se extinguir o contrato de trabalho ou quando o menor completar 16 anos de idade.

E segundo dispõe o art. 193 da LCT, "el empleador deberá depositar en la cuenta del menor el diez (10%) por ciento de la remuneración que le corresponda, dentro de los tres (3) días subsiguientes a su pago, **importe que le será deducido de aquélla**".

Porém, como bem aponta Julián A. de Diego[20] "... el menor se ubica en una situación de desventaja. En principio recibe una remuneración inferior a la del adulto, dada su falta de conocimiento de la actividad de que se trate. En este orden existen también abusos".

"... En efecto" — continua o autor — "a tenor de una serie de normas legales, **la remuneración del trabajo menor, se ve sensiblemente disminuida, con el fin de financiar... un falso ahorro**".

A rigor — acrescentamos — o objeto de retenções como as que se efetuam sobre o salário da criança oculta fins puramente fiscais, **sem aportes patronais**; puramente à custa do menor.

6. Direito comparado — Brasil: trabalho do menor — antecedentes

Se por um lado a legislação e a doutrina brasileiras, nesta matéria, reconhecem uma venerável antiguidade (Decreto n. 1.313, de 17.1.1890), ditando regulações sobre o trabalho de menores nas fábricas do Distrito Federal[21], o certo é que como esclarece Segadas Vianna[22], a medida jamais foi regulamentada e caiu no esquecimento em pouco tempo, apesar de a doutrina, que assim como na Argentina, para aquela época, reclamava em vão. Evaristo de Moraes, ilustre professor de Direito do Trabalho, velava em seus "Apontamentos de Direito Operário", de 1915, pelo amparo das crianças nas fábricas.

No projeto "4 — A" de 1912, se proibia o trabalho de menores de 10 anos e se limitava o tempo de trabalho, desde os 10 até os 15 anos, a 6 horas diárias, condicionada a admissão a um exame médico e ter frequentado a escola primária.

Nicanor Nascimento[23] — deputado na época —, protestava contra a exploração miserável de menores nas fábricas: "... em cem crianças de uma fábrica, um médico encontrou 80% de homens perdidos; todas as formas de depauperação, de desnutrição, de vícios orgânicos e vícios morais transformavam esses meninos em inválidos".

---

(20) DIEGO, Julian A. de. Las retenciones legales del salario de los menores. *DT*, Buenos Aires: La Ley, 1979. p. 69.
(21) No final do século XIX, a Capital Federal do Brasil era a cidade do Rio de Janeiro, denominada naquela época Distrito Federal.
(22) VIANNA, Segadas. Trabajo del menor. In: *Instituições de direito do trabalho*. São Paulo: LTr, 1999. v. II, p. 1002.
(23) VIANNA, S. *Op. cit.*, p. 1003.

Não obstante, a maioria dos deputados impugnava a intervenção do Estado para proteger aos menores trabalhadores, dizendo que o projeto interferia no pátrio poder, que era uma tirania contra os pais, que impediria a aprendizagem, etc.

Enquanto isso, a imprensa debatia o assunto — conta Vianna —, e Jorge Street, um grande industrial daquele tempo, declarava em uma entrevista no "Jornal do Comércio" de 10.9.1017: "Se a futura lei permitisse somente o trabalho de crianças na metade do tempo que eles hoje trabalham, nós, os industriais, poderemos naturalmente nos adaptar a essa exigência legal, organizando dois turnos, um para a manhã e outro para a tarde. Mas certamente nesse caso, **forçados a pagar, também a metade do salário pela metade do trabalho executado**". E acrescentava o empresário: "são crianças (na fábrica de juta[24]) alguns de 11 anos e o maior número, entre 12 e 13" (todos com salários miseráveis, segundo detalhes que nos abstemos de transcrever).

Depois de diversas alternativas que incluíram, em 1923, o Decreto n. 18.300 e posteriormente a Lei n. 5.083, de 1º.12.1926 que proibiam aos menores de 18 anos trabalhar mais de seis horas a cada vinte e quatro..., mas que nunca foram aplicadas; finalmente com o Decreto n. 17.943, de 12.10.1927 foi sancionado o "Código de Menores", que incluiu um capítulo sobre o **trabalho destes**.

Esta norma estabeleceu, além disso, a proibição de trabalhar para crianças até os 12 anos de idade, a proibição do trabalho noturno aos menores de 18 anos e a proibição nas praças públicas de contratar menores até os 14 anos para trabalhar sob relação de emprego.

Assim nascia no Brasil a normativa legal protetora da criança que trabalha.

A) Legislação vigente

A Constituição brasileira (Reforma de 1988) veio a reimpor a idade mínima de 14 anos para o trabalho das crianças, estipulada nos 12 anos na Carta Magna de 1967.

Voltando, porém, à Constituição de 1988, atualmente vigente, em seu art. 7º, § XXXIII, se assegura o seguinte:

Art. 7º São direitos dos trabalhadores urbanos e rurais, além de outros que visem à melhoria de sua condição social:

XXXIII — proibição de trabalho noturno, perigoso ou insalubre a menores de dezoito e de qualquer trabalho a menores de dezesseis anos, salvo na condição de aprendiz, a partir de quatorze anos; *(Redação dada pela Emenda Constitucional n. 20, de 1998)*

Como aponta João de Lima Teixeira Filho[25], o texto constitucional transcrito erige, na realidade, o direito do menor a não trabalhar, não assumir a carga do

---

(24) A "juta" é uma fibra de origem vegetal com a qual se trançam cordas e fios com os quais se confeccionam bolsas para embalar cereais. As fibras que escapam da "juta" contaminam os ambientes de sua elaboração e a inalação das mesmas pelas vias respiratórias produz alterações bronquiais e pulmonares, enfermidade denominada "pneumoconiose" (CARDENAL, L. *Dicionário terminológico de ciências médicas*. Baoelona: Salvat., 1958. p. 832).

(25) TEIXEIRA FILHO, João de Lima. *Instituições de direito do trabalho*. Segadas Vianna é coautor do capítulo sobre *Trabalho do menor, op. cit.*, v. II, p. 1005.

sistema próprio e o de sua família nessa faixa etária, o que é reiterado no art. 227, § 3º, inc. I.

§ 3º O direito a proteção especial abrangerá os seguintes aspectos:

I — idade mínima de quatorze anos para admissão ao trabalho, observado o disposto no art. 7º, XXXIII;

Em consonância com a citada orientação constitucional — diz o autor citado —, foi sancionado o "Estatuto da Criança e do Aldolescente" (Lei n. 8.069, de 13.7.90, que dedicou um capítulo específico ao "Direito à profissionalização e à proteção ao trabalho do menor". Contudo, algumas de suas disposições se superpõem desnecessariamente com o articulado do Capítulo IV da CLT[26] enquanto outro se contrapõem a eles, revogando-as depois.

E a propósito da CLT, no art. 402 se define:

Art. 402. Considera-se menor para os efeitos desta Consolidação o trabalhador de quatorze até dezoito anos. *(Redação dada pela Lei n. 10.097, de 19.12.2000)*

Parágrafo único. O trabalho do menor reger-se-á pelas disposições do presente Capítulo, exceto no serviço em oficinas em que trabalhem exclusivamente pessoas da família do menor e esteja este sob a direção do pai, mãe ou tutor, observado, entretanto, o disposto nos arts. 404, 405 e na Seção II. *(Redação dada pelo Decreto-lei n. 229, de 28.2.1967)*

A Constituição anterior, nos incisos III a X do art. 165, autorizava diferença salarial em virtude da idade e proibia o trabalho de menores de 12 anos; aos menores de 18 anos vedava o trabalho em ambiente insalubre.

E a nova Constituição, de 5.10.88, no inciso XXX do art. 7º, proíbe a diferença de salários por motivo de sexo, idade, cor e estado civil.

Por sua vez, o inciso XXXIII do mesmo art. 7º, com redação dada pela Emenda n. 20, de 16.12.98, proíbe o trabalho noturno, perigoso e insalubre a menores de dezoito e de qualquer trabalho a menores de dezesseis anos, salvo na condição de aprendiz, a partir dos quatorze anos. Por imposição dessa inovação constitucional, o menor, para os efeitos da CLT, no transcrito art. 402, é o trabalhador de 14 a 18 anos.

De todas as maneiras, pelo art. 403 da CLT "É proibido qualquer trabalho a menores de dezesseis anos de idade, salvo na condição de aprendiz, a partir dos quatorze anos" (Redação dada pela Lei n. 10.097, de 19.12.2000).

E ao menor de dezoito anos "é vedado o trabalho noturno, considerado este o que for executado no período compreendido entre as 22 (vinte e duas) e as 5 (cinco) horas" (art. 404 da CLT). Esta norma se apoia, sem dúvida no art. 7º, inciso XXXIII, da Constituição Federal vigente, que transcrevemos em itens anteriores e que é de cumprimento imperativo, ainda naquelas hipóteses em que se conte com a autorização do responsável legal do menor.

---

(26) Ver SAAD, Eduardo Gabriel e filhos. *Consolidação das leis do trabalho comentada*. São Paulo: LTr, 2008. Capítulo IV (arts. 402 a 441), p. 374-389.

O art. 405 da CLT contém uma curiosa lista de proibições relativas ao trabajo dos menores, poucas vezes advertida no direito comparado, incluindo o da Argentina e demais países do Mercosul: a partir do § 3º:

> Considera-se prejudicial à moralidade do menor o trabalho: *(Redação dada pelo Decreto-lei n. 229, de 28.2.1967)*
>
> a) prestado de qualquer modo, em teatros de revista, cinemas, boates, cassinos, cabarés, *dancings* e estabelecimentos análogos; *(Incluída pelo Decreto-lei n. 229, de 28.2.1967)*
>
> b) em empresas circenses, em funções de acróbata, saltimbanco, ginasta e outras semelhantes; *(Incluída pelo Decreto-lei n. 229, de 28.2.1967)*
>
> c) de produção, composição, entrega ou venda de escritos, impressos, cartazes, desenhos, gravuras, pinturas, emblemas, imagens e quaisquer outros objetos que possam, a juízo da autoridade competente, prejudicar sua formação moral; *(Incluída pelo Decreto-lei n. 229, de 28.2.1967)*
>
> d) consistente na venda, a varejo, de bebidas alcoólicas. *(Incluída pelo Decreto-lei n. 229, de 28.2.1967)*

Por último, a norma ordena a aplicação — no caso do trabalho de menores — das disposições do art. 390 da CLT, que proíbe os serviços que demandem o emprego de força muscular superior aos 20 (vinte) quilos, para trabalho contínuo, ou 25 (vinte e cinco) quilos de trabalho ocasional(?). Mas **não proíbe** a impulsão ou tração de vagonetes sobre vias, de carros de mão... (?).

Como apontam Eduardo Gabriel Saad e seus filhos[27] em sua nota comentário ao art. 405 da CLT: "A rígida interpretação que a norma faz do art. 7º, inc. XXXIII, da Constituição Federal vai dificultar sobremaneira a aprendizagem de alguns ofícios"... "A Convenção n. 138 da OIT, aprovada pelo Decreto n. 4.134, de 15.2.02, em seu art. 3º, § 3º, permite o trabalho do menor, a partir dos 16 anos, em ambiente insalubre desde que sua saúde e sua moral sejam eficazmente protegidos. No entanto, o preceito não se aplica por ser contrário à Constituição Federal e por isso, infelizmente, não integra nosso sistema legal".

O final da seção I, arts. 406 ao 410 da CLT, se resume a uma série de preceitos normativos, que se limitam a detalhar as faculdades dos juízes para autorizar ao menor os trabalhos proibidos nos incisos *a* e *b* do § 3º do art. 405; ao controle das autoridades competentes para verificar se o trabalho efetuado pelo menor é prejudicial, para sua saúde e as medidas corretivas que pode dispor; as faculdades do responsável legal do menor para acionar judicialmente para extinguir o contrato de trabalho que possa prejudicar física ou moralmente a criança; e as arrecadações que a autoridade fiscalizadora e o Ministério do Trabalho possam adotar para modificar as condições de trabalho e dos descansos se eles prejudicam a saúde dos menores (arts. 409 e 410 da CLT).

---

(27) SAAD, Eduardo Gabriel. *Op. cit.*, p. 377.

B) Da duração do trabalho do menor (Cap. IV — Seção II — arts. 411 a 414 da CLT)

Basicamente a duração do trabalho do menor, se regula na legislação brasileira pelas disposições relativas à duração do trabalho em geral, com as restrições estabelecidas neste capítulo (art. 411 da CLT). Mas depois de cada período de trabalho efetivo, contínuo ou dividido em dois turnos, haverá um intervalo de repouso não inferior a onze horas (art. 413):

I. Até 2 (duas) horas mais, independentemente do incremento do salário, mediante convenção ou acordo coletivo... desde que o excesso de horas em um dia será compensado pela diminuição em outro, de modo que seja observado o limite máximo de 44 (quarenta e quatro) horas semanais ou outro inferior legalmente fixado.

II. Excepcionalmente, por motivo de força maior, até o máximo de 12 (doze) horas com incremento salarial, de pelo menos, 50% (cinquenta por cento) sobre a hora normal e desde que o trabalho do menor seja imprescindível para o funcionamento do estabelecimento (adicional modificado de 25% sobre o mínimo de 50% conforme Constituição Federal de 1988, art. 7º, inc. XI).

C) Limitação

O art. 414 da CLT admite a pluriatividade profissional do menor, mas não permite que as jornadas de trabalho reunidas superem as 8 horas diárias ou 44 semanais. Exemplificando — diz Saad[28] — em uma empresa pode trabalhar cinco horas e em outra três. Esta norma tão particular reconhece poucos o nenhum antecedente no direito comparado. Por isso nos perguntamos: nos processos de integração regional poderia um menor de idade trabalhar em estabelecimentos diferentes em ambos os lados de uma fronteira comum, excedendo as 8 horas entre ambos? E em tal hipótese, será aplicável a limitação? Com que supervisão e autoridade de controle e aplicação?

D) Dos deveres dos responsáveis legais de menores e dos empregadores

Estatuto da Criança e do Adolescente.

Art. 424. É dever dos responsáveis legais de menores, pais, mães, ou tutores, afastá-los de empregos que diminuam consideravelmente o seu tempo de estudo, reduzam o tempo de repouso necessário à sua saúde e constituição física, ou prejudiquem a sua educação moral.

A Lei n. 8.069, de 13.7.90, criou no Brasil o "Estatuto da Criança e do Adolescente", que em seu art. 21, dispõe que a "pátria potestade", será exercida em igualdade de condições, pelo pai e pela mãe e em caso de divergências entre eles, o Poder Judicial poderá dirimir a controvérsia.

---

(28) SAAD, Eduardo e outros. *Op. cit.*, p. 380. Nota de Autor: Os arts. 415 a 423 da CLT foram derrogados.

Arts. 425 a 427 da CLT: Os empregadores de menores de 18 (dezoito) anos são obrigados a velar pela observância, nos seus estabelecimentos ou empresas, dos bons costumes e da decência pública, bem como das regras da segurança e da medicina do trabalho (art. 425).

Os arts. 426 e 427 da CLT impõem ao empregador novamente deveres de proteção à saúde do menor, mas neste caso, até a possibilidade de mudar de trabalho em caso de prejuízo para os estudos e obrigando-os a conceder-lhes mais tempo que seja necessário para assistir às aulas.

E) Contrato de aprendizagem (arts. 428 a 433 da CLT)

Art. 428. Contrato de aprendizagem é o contrato de trabalho especial, ajustado por escrito e por prazo determinado, em que o empregador se compromete a assegurar ao maior de 14 (quatorze) e menor de 24 (vinte e quatro) anos inscrito em programa de aprendizagem de formação técnico-profissional metódica, compatível com o seu desenvolvimento físico, moral e psicológico, e o aprendiz, a executar com zelo e diligência as tarefas necessárias a essa formação. (Redação dada pela Lei n. 11.180, de 2005)

§ 1º A validade do contrato de aprendizagem pressupõe anotação na Carteira de Trabalho e Previdência Social, matrícula e freqüência do aprendiz na escola, caso não haja concluído o ensino médio, e inscrição em programa de aprendizagem desenvolvido sob orientação de entidade qualificada em formação técnico-profissional metódica. (Redação dada pela Lei n. 11.788, de 2008)

§ 2º Ao menor aprendiz, salvo condição mais favorável, será garantido o salário mínimo hora. (Incluído pela Lei n. 10.097, de 19.12.2000)

§ 3º O contrato de aprendizagem não poderá ser estipulado por mais de 2 (dois) anos, exceto quando se tratar de aprendiz portador de deficiência. (Redação dada pela Lei n. 11.788, de 2008)

§ 4º A formação técnico-profissional a que se refere o *caput* deste artigo caracteriza-se por atividades teóricas e práticas, metodicamente organizadas em tarefas de complexidade progressiva desenvolvidas no ambiente de trabalho. (Incluído pela Lei n. 10.097, de 19.12.2000)

§ 5º A idade máxima prevista no *caput* deste artigo não se aplica a aprendizes portadores de deficiência. (Incluído pela Lei n. 11.180, de 2005)

§ 6º Para os fins do contrato de aprendizagem, a comprovação da escolaridade de aprendiz portador de deficiência mental deve considerar, sobretudo, as habilidades e competências relacionadas com a profissionalização. (Incluído pela Lei n. 11.180, de 2005)

Com Eduardo Saad e seus filhos em seu comentário do art. 428 da CLT, convém destacar que tanto o parágrafo introdutório da norma como os §§ 5º e 6º se apoiam na redação da Lei n. 11.180, de 23.9.2005 (DOU 26.9.2005) que instituiu, também, o projeto "Escola de Fábrica", autorizando a concessão de bolsas de permanência a estudantes beneficiários do "Programa Universidade para Todos"[29].

---

(29) SAAD, Eduardo e outros. *Consolidação das leis do trabalho comentada e anotada*. São Paulo: LTr, 2008. p. 383.

Acrescentamos a isso, que o Estatuto da Criança e do Adolescente, foi criado pelo Decreto n. 5.598, de 1º.12.2005 que regulamenta a contratação de aprendizes e cuida da formação técnico-profissional e das Entidades Qualificadas na Formação Técnico-Profissional Metódica.

A Consolidação das Leis do Trabalho, em seu texto original, não incluía o conceito de "Contrato de Aprendizagem". E o que agora brilha no artigo *ut supra*, foi dado originalmente pela Lei n. 10.097, de 19.12.2000; reiterado mais tarde novamente na Lei n. 11.180/05 citada acima.

É necessário fazer notar a persistência do legislador brasileiro em ir incluindo, com o correr do tempo e o avanço de ideias e experiências na sociedade contemporânea, novos institutos e modalidades no texto da CLT, que como apontamos em oportunidade de comentar *ab initio* o direito comparado do Brasil, na Exposição da Motivos do "Projeto Definitivo de Consolidação das Leis de Proteção ao Trabalho" (que tal foi sua denominação original): "entre a compilação ou coleção de leis e um código — que são respectivamente os momentos extremos de um processo de corporização do direito — existe a consolidação, que é fase própria de concatenação dos textos e da coordenação dos princípios, quando já se denuncia primeiro o pensamento do sistema depois de haverem sido reguladas, de modo amplo, as relações sociais em determinado plano da vida política"[30].

Porém nossa ênfase na legislação laboral do Brasil aponta melhor ao comparar a normativa argentina com a brasileira, já que este capítulo põe em evidência que no texto da Lei n. 20.744, não se incluem — salvo uma pequena referência, no art. 187 *in fine* da LCT, "al régimen de aprendizaje y orientación profesional aplicable a los menores de 14 a 18 años" com a remissão — por outro lado — "a las disposiciones respectivas vigentes que al efecto se dictan".

E voltando então à normativa brasileira, assinalamos taxativamente, que no art. 429 da CLT se obrigam "Os estabelecimentos de qualquer natureza são obrigados a empregar e matricular nos cursos dos Serviços Nacionais de Aprendizagem número de aprendizes equivalente a cinco por cento, no mínimo, e quinze por cento, no máximo, dos trabalhadores existentes em cada estabelecimento, cujas funções demandem formação profissional". Isso sem prejuízo de que "Na hipótese de os Serviços Nacionais de Aprendizagem não oferecerem cursos ou vagas suficientes para atender à demanda dos estabelecimentos, esta poderá ser suprida por outras entidades qualificadas em formação técnico-profissional metódica, a saber: (art. 430 da CLT).

Os arts. 431, 432 e 433 da CLT foram todos parcialmente revogados, deixando a salvo no art. 432 da CLT que a "A duração do trabalho do aprendiz não excederá de seis horas diárias, sendo vedadas a prorrogação e a compensação de jornada";

---

(30) MARCONDES FILHO, Alexandre. Assina a exposição de Motivos dirigida ao Presidente Getulio Vargas na qualidade de integrante do grupo de juristas que incluiu também ao notável professor Arnaldo Lopes Süssekind, pioneiro de Direito do Trabalho Internacional. O Decreto-Lei sancionatório da Consolidação foi emitido pelo presidente Vargas com o n. 5.452, de 1º.5.1943.

criando uma exceção a esta regra segundo a qual o limite poderá ser estendido a oito horas diárias para os aprendizes que já tenham completado o ensino fundamental...

Completando o assunto, pelo art. 433 da CLT se conclui que o contrato de aprendizagem se extinguirá a seu término ou quando o aprendiz cumpra 24 anos excetuando a hipótese de deficiência à qual faz alusão § 5º do art. 428 da CLT.

Concluindo: já foi sublinhado, diz *Saad*, que o art. 428 da CLT declara também que o contrato de aprendizagem de prazo determinado terá uma duração máxima de dois anos, salvo quando o aprendiz complete 18 anos; seja inadaptado para a função; pratique falta disciplinar grave ou falte às aulas a ponto de perder o ano letivo.

f) Das penalidades e disposições finais do capítulo IV, seção II, arts. 434 a 441 da CLT — competências judiciais e administrativas — prescrição

Os arts. 434 e 435 da CLT estabelecem diferentes multas ante hipóteses de descumprimento das disposições incluídas nos artigos anteriores do capítulo. Em geral se quantificam em um salário mínimo regional multiplicado por tantas vezes quantos sejam os menores contratados com violação à lei, mas sem superar as 150 vezes o valor de referência.

As sanções pecuniárias se estendem contra o empregador que altere as anotações na Carteira de Trabalho do Menor (art. 435).

As penalidades aludidas podem ser impostas por:

a) No Distrito Federal, a autoridade de primeira instância no Departamento Nacional do Trabalho.

b) Nos Estados, os delegados regionais do Ministério do Trabajo e Previdência Social ou seus funcionários por ele designados para tal fim (art. 438 da CLT).

As disposições finais do Capítulo detalham que é lícito para o menor outorgar recibos de salários, mas não para o menor de 18 anos quando se trata da rescisão do Contrato de Trabalho com quitação da indenização, correspondente em caso de ser obrigatório o consentimento dos responsáveis legais (art. 439).

Prescrição: Art. 440 da CLT "contra os menores de 18 anos não corre nenhum prazo de prescrição".

Nota: Os arts. 436 e 437 foram revogados.

O art. 441 remete a outras penalidades previstas no art. 401 da CLT é revisável a cada dois anos.

NONA PARTE

Capítulo I

A Organização e a Liberdade Sindical.
História e Legislação Comparada

1. Origens das organizações sindicais

Como temos apontado no capítulo relativo ao direito coletivo do trabalho, uma história geral do mesmo deve começar pelo relato do que foi o **direito de coalizão**, que como pontualizou Mario de La Cueva[1], foi sua base geral. O **direito de coalizão** é a faculdade de se unir em defesa dos interesses comuns; se essa liberdade falta, não são possíveis, nem a greve nem o *lock-out*, nem a associação profissional, nem poderia pactuar-se o contrato coletivo de trabalho. A primeira conquista, pois, teve de se sustentar para conseguir a liberdade e o direito de coalizão.

A segunda batalha — uma vez proclamada a liberdade de coalizão — foi pela conquista da tolerância para a greve e o *lock-out*, desde que a simples coalizão, se não se permitisse a suspensão coletiva dos trabalhos seria um direito ilusório, porque ficaria limitada a mero direito de petição.

Porém, como temos consignado em capítulos anteriores, a greve, se bem tolerada, ainda **não era reconhecida pelo Estado como um direito**. Consistia apenas em um fato; significativo, é certo, porque implicava a suspensão coletiva do trabalho e deixou de ser um delito; mas gerava — no dizer de De La Cueva — a ruptura dos contratos individuais de trabalho: o empresário tinha liberdade para despedir a seus funcionários e empregar novos trabalhadores; qualquer conduta que pretendesse estorvar este último direito, constituía um delito.

A terceira batalha, que foi a passagem da tolerância ao reconhecimento da greve como um direito das maiorias obreiras, se preparou na Inglaterra durante o século XIX e se configurou, pela primeira vez no direito contemporâneo na Constituição Mexicana de 1917.

O que ocorreu depois, particularmente após a segunda guerra mundial, consistiu na incorporação às legislações vigentes, **de restrições ao direito de greve, particularmente nos serviços públicos**. Na República Argentina, exemplo deste último constitui a Declaração dos Direitos do Trabalhador (Decreto do Presidente Perón n. 4.865/47)[2] que nem sequer menciona "o direito de greve"; e a reforma

---
(1) CUEVA, Mario de La. *Derecho mexicano de trabajo*. México: Porrùa, 1949. t. II, p. 247-248.
(2) Ver UNSAIN, Alejandro M. *Ordenamiento de las leyes obreras argentinas*. Buenos Aires: Losada, 1947. p. 33-36.

constitucional do ano 1957, propiciada pela ditadura militar que derrubou Perón em 1955 e que incorporou um novo artigo, o denominado 14 *bis*, que apesar de haver reconhecido o direito de greve, não o colocou na cabeça dos trabalhadores diretos — seus protagonistas — senão dos sindicatos[3].

2. A história começa

O desenvolvimento histórico das Associações de Trabalhadores, se por um lado esteve ligada à evolução da greve e à conquista do direito de greve, o certo é que o processo das Organizações Sindicais se diferenciou e foi variando segundo os diferentes países da Europa e da América, onde se desenvolveu.

Na Inglaterra, tanto a liberdade de coalizão como a de greve e a Associação Profissional se desenvolveram desde a terceira década do século XIX como questões de fato, posto que a ordem jurídica vigente as tolerou, ignorando-as sem reprimi-las. Ainda assim a de associação não constituiu um direito, não gozou de personalidade jurídica, nem foi obrigatória para os empregadores reconhecê-las ou concretizar acordos com elas, ainda que as empresas tenham se visto obrigadas a negociar com as mesmas.

Na França, a liberdade de coalizão e de greve foi conseguida a partir de 1864 ainda que tenham subsistido as proibições para as associações profissionais. Décadas depois, o Estado francês reconheceu a existência da associação profissional de trabalhadores e lhes outorgou personalidade jurídica; porém, na prática, não foi considerado como um direito dos funcionários ante seus empregadores nem estes últimos estavam obrigados a tratar com os primeiros, se bem que na época já se outorgavam contratos e pactos coletivos.

Na América Latina, e mais precisamente na Constituição Mexicana de 1917, o direito das associações de trabalhadores foi reconhecido pela primeira vez no art. 123 da mesma e na região, a associação profissional de trabalhadores, se converteu paulatinamente em um direito dos trabalhadores ante os empregadores que foi se expandindo por todo o subcontinente impondo ao empresariado a obrigação de negociar com ela as condições de trabalho.

Como bem sintetiza De La Cueva na obra citada[4]

> el derecho colectivo de trabajo en su etapa final y en sus instituciones: libertad de coalición, libertad y derecho de asociación profesional, derecho de huelga, contrato colectivo y reglamento interior de trabajo como parte del derecho del trabajo, participan de la naturaleza de este y son, en consecuencia, garantías sociales en beneficio de los trabajadores... 2. El derecho colectivo del trabajo

---

[3] Da Constituinte de 1957, não participou o peronismo, que estava prescrito, nem a Unión Cívica Radical Intransigente (o partido que Arturo Frondizi dirigia) cujos deputados se retiraram do Congresso. Em contrapartida, participaram entre outros a Unión Cívica Radical del Pueblo (que era dirigida por Ricardo Balbín), o Partido Conservador e o Partido Comunista, que convalidaram as reformas, apesar dos pecados de origem da convocatória, aos que já nos referimos em outra parte deste livro.

[4] CUEVA, Mario de La. *Op. cit.*, p. 249.

es una garantía para la realidad y efectividad del derecho individual del trabajo, del derecho protector de las mujeres, de los menores y de la previsión social, pero no obstante ser derecho instrumental y **no constituir una finalidad en sí mismo**, tiene sustantividad propia, porque la libertad de "coalición" — el "derecho a crecer juntos" — es uno de los derechos primordiales del hombre porque es un presupuesto de la libertad.

3. A história continua — América Latina

Ainda que na atualidade a maioria das Constituições da América Latina contenham normas regulatórias do contrato de trabalho, protetoras dos trabalhadores e garantistas em matéria sindical, o certo é que a legislação ordinária precedeu no tempo às normas constitucionais, como o evidencia a República Argentina, que sancionou suas primeiras leis nos anos 1905 (Lei sobre Descanso Dominical n. 4.601); 1907 (Lei n. 5.291 regulamentadora do trabalho de mulheres e menores e outras nos anos imediatamente posteriores, etapa que logo, em 1915, culminou com a sanção da Lei n. 9.688 sobre indenização por acidentes do trabalho "que aportó así el tema desde el estrecho horizonte del derecho civil y transformó la doctrina civilista sobre la responsabilidad patronal para sustituirla por el nuevo principio del riesgo profesional"[5].

Senão vejamos, naquele mesmo Decreto n. 4.865/47, que rubricou o Presidente Perón no acordo geral de Ministros intitulado "Declaración de los Derechos del Trabajador" ao qual fizemos referência acima e que não fez menção alguma ao "direito de greve"; em contrapartida, incluiu em seu ponto X: "Direito à Defesa dos Interesses Profissionais" o seguinte: "El Derecho de agremiarse libremente y de participar en otras actividades lícitas tendientes a la defensa de los intereses profesionales, contribuyen atribuciones esenciales de los trabajadores que la sociedad debe respetar y proteger asegurando su libre ejercicio y reprimiendo todo acto que pueda dificultarlo o impedirlo" (esta declaração foi incorporada à Constituição de 11 de março de 1949).

Com essa norma legal ficou assim expedido o caminho para o qual foi a Lei n. 14.445 (*Régimen Legal de las Asociaciones Profesionales de Trabajadores*) sancionada em 8.8.58 e modificada pela Lei n. 14.783 (sancionada em 10.12.58).

Segundo o art. 2º da norma,

Los trabajadores (tenían) el derecho de constituir libremente y sin necesidad de autorización previa, asociaciones profesionales, sindicatos o uniones, y asimismo, el de afiliarse a esas organizaciones.

Las asociaciones profesionales de primer grado (pudieron entonces) constituir federaciones de la actividad respectiva o afiliarse a las mismas y las federaciones o uniones... constituir asociaciones de grado superior o adherirse a ellas.

---

(5) UNSAIN, Alejandro M. *Ordenamiento de las leyes obreras argentinas*. Buenos Aires: Losada, 1974. p. 16.

Adicionalmente — rezava a norma — "el derecho de afiliarse comprendió el de no afiliarse y desafiliarse"; e em todos os casos a afiliação estava condicionada ao cumprimento dos requisitos estatutários respectivos.

Pelos arts. 18 a 25 da lei que estamos comentando, se regulamentou a outorga de "personería gremial a la asociación profesional de trabajadores más representativa de la actividad de que se trate" (art. 18)... "y la que la hubiere obtenido; a partir de la fecha de su otorgamiento adquiría el carácter de persona jurídica" com as faculdades de lei.

A) Por outro lado, no **Chile**, sancionou-se pela primeira vez, em 1924, a lei sobre contrato de trabalho que mais tarde se incorporou ao Código de Trabalho de 1931. Esse código incluiu normas como seus arts. 17 e seguintes que preveem que os contratos coletivos podem ser outorgados por "organizaciones profesionales y obligan a todos los patrones y trabajadores miembros de las asociaciones respectivas".

B) A Legislação da **Costa Rica** tem sido — sin dúvida — fortemente influenciada pela normativa mexicana que derivou da Constituição de 1917; ainda que também reconheça a incidência do juslaboralismo de outros países. Seu Código do Trabalho aborda o direito coletivo desde o tratamento dos contratos coletivos, as convenções coletivas de trabalho e as convenções de indústria, de atividade econômica ou de regiões determinadas.

O art. 55 do Código, inspirado no direito mexicano, torna obrigatório para todas as partes a convenção coletiva de trabalho com o expresso esclarecimento de que isso sucederá à medida que favoreça aos trabalhadores, mas não em seu prejuízo. O Direito do Trabalho da Costa Rica — assinalou certa vez De La Cueva[6] — reconhece assim o rol dos sindicatos e ao direito laboral como direito protetor dos trabalhadores.

C) O Código de Trabalho da **Colômbia** foi sancionado em 1945. Naquela época, esse corpo de leis apenas esboçava o que seria o resultado da união de várias leis que Marco Naranjo López reuniu em um volume ao qual denominou "Código del Trabajo". Apesar de avançado na proteção do trabalhador, o mesmo padecia de sérios defeitos em matéria de direito coletivo do trabalho.

O direito coletivo do trabalho na Colômbia, nasce com as primeiras sociedades democráticas "que se fundaron en la ciudad de Bogotá, por corrientes socialistas influidas por movimientos históricos mundiales que tuvieron su expresión en la Segunda Revolución Francesa, entre 1847 y 1848, bajo la presidencia de José Hilario López", relata Alberto López Fajardo en su "Elementos de Derecho del Trabajo"[7].

O primeiro sindicato oficialmente reconhecido em Bogotá, o foi em 1907, com o nome de "Asociación de Tipógrafos de Bogotá", e no mesmo ano foi fundada a "Asociación de Artesanos de Sonson", ambas instituições evoluíram lentamente, acrescenta o autor citado.

---

(6) CUEVA. Mario de La. *Op. cit.*, p. 549-550.
(7) FAJARDO, Alberto López. *Elementos del derecho del trabajo*. Bogotá: Profesional, 2006. p. 433 e s.

Entre 1913 e 1918 se começa a sentir na Colômbia a influência da Revolução Russa e dos fatos que deram origem à Primeira Guerra Mundial e ao posterior Tratado de Paz de Versalhes que lhe pôs fim, em 1919. A primeira série de grandes greves na história do país se limitou aos portos de Barranquilla, Cartagena e Santa Marta e em 30 de janeiro de 1918 explodiu em Barranquillas uma greve à qual sucedeu uma paralisação dos trabalhadores ferroviários do Ferrocarril La Dorada e outra em Cartagena, de carroceiros e empregados do porto organizado pela Sociedade de Artesãos e Trabalhadores.

Em 19 de novembro de 1919 sancionou-se a Lei n. 78 sobre greves e conflitos coletivos. Define-se nessa lei — nos diz López Fajardo — a greve em fábricas ou em empresas agrícolas, e se impõe o regime de castigo em caso de greves ilegais. Para a mesma época, no congresso Obreiro de 1919, José D. Célis, representante da Sociedade de "Mútuo Auxílio" apresentou suas afinidades pelo socialismo científico e a rejeição às ideologias políticas tradicionais.

Em 1924, a primeira greve petroleira ocorre na Tropical Oil Company e em 1928 ocorre uma matança pela greve das bananeiras na zona Bananeira de Santa Marta onde se reprime um movimento de trabalhadores que somente faziam reivindicações de caráter social e em protesto pelas discriminações laborais cometidas pela empresa norte-americana United Fruti Company. Ali a repressão adquiriu tal violência que o correspondente do jornal "El Espectador" chegou a calcular 100 mortos e 238 feridos entre os grevistas, fatos ocorridos em 13 de dezembro de 1928.

Entre os anos 1930 e 1946, diversos governos encabeçados por políticos do Partido Liberal (Olaya Herrera, López Pumarejo, Santos, Echandía y Alberto Lleras Camargo) reconheceram diversas organizações sindicais e a partir de 7 de agosto de 1942, durante o segundo governo do presidente Alfonso López Pumarejo, se dita o Decreto n. 2.350, de 1944, que versa sobre contrato de trabalho, garantias sociais, fórum sindical, etc., ratificado pela Lei n. 6, de 1945.

Esta última norma dá origem ao reconhecimento das associações profissionais; trata sobre contratos sindicais; direito de greve; convenções coletivas e a maneira de resolvê-los. Por outro lado, se estabelece a remuneração por descanso dominical e se cria a jurisdição especial do trabalho.

O Direito de Livre Associação está garantido na Colômbia pelos arts. 37, 38, 39, 53, 55, 56, 93 e 214, entre outros da Constituição Nacional sancionada em 1991 e os arts. 353 a 384 do **Código Sustantivo del Trabajo** adotado como legislação permanente pela Lei n. 141, de 1961. O art. 39 da Constituição reconhece: "que los trabajadores y empleadores tienen derecho a constituir sindicatos, sin intervención del Estado". Porém, não obstante, no inciso 2 é imposto — contraditoriamente — **submeter-se** "a la inspección y vigilancia del gobierno, en cuanto concierne al orden público".

De qualquer modo — afirma o destacado jurista López Fajardo — "el derecho sindical, como institución jurídica, se caracteriza como la parte del derecho laboral colectivo que comprende el conjunto de normas jurídicas que reconoce la facultad de todo empleador o trabajador, para asociarse en defensa de sus intereses profesionales"[8].

A Lei n. 50, de 1990, que modificou o art. 354 do Estatuto Laboral colombiano explica que "Queda prohibido a toda persona atentar contra el derecho de asociación sindical, y que **toda persona que atente en cualquier forma contra el derecho de asociación sindical será castigada cada vez con una multa equivalente al monto de cinco a cien veces el salario mínimo mensual más alto vigente, que le será impuesto por el respectivo funcionario administrativo del trabajo**, sin perjuicio de las sanciones penales a que haya lugar"[9]. Da perspectiva jurisprudencial — assinala o professor López Fajardo[10] — a Honorável Corte Constitucional da Colômbia, em Sentença de Unificação n. 342, de 1995, se refere à proteção dos direitos de associação e sindicalização assinalando — entre outros — os seguintes atos atentatórios contra os mesmos:

> a) Cuando el patrono descansa el derecho de los trabajadores a constituir sindicatos, o a afiliarse a estos, o promueve su desafiliación, o entorpece o impide el incumplimiento de las gestiones propias de los representantes sindicales, o de las actividades que competen al sindicato, adopta medidas represivas contra los trabajadores sindicalizados o que pretendan afiliarse al sindicato. **Igualmente, cuando el patrono obstaculiza o desconoce el ejercicio del derecho de huelga, en los casos que esta es permitida;** b) Cuando el patrono obstaculiza o impide el ejercicio del derecho a la negociación colectiva. Aún cuando tal derecho no figura entre los derechos fundamentales, puede ser protegido a través de la tutela porque su desconocimiento puede implicar la violación o amenaza de vulneración del derecho al trabajo, como también el derecho de asociación sindical, si se tiene en cuenta que una de las funciones de los sindicatos es la de presentar pliegos de peticiones que luego del trámite correspondiente conduce a la celebración de la respectiva convención colectiva de trabajo.

D) Equador: a Constituição de 2008. A Assembleia Constituinte convocada pelo Presidente Correa, sancionou a Constituição da República do Equador de 2008, que se encontra vigente, ao mesmo tempo em que por uma disposição final derrogou a Constituição Política de 11 de agosto de 1998 e toda norma que se oponha ao novo texto.

A Nova Carta Magna está dividida em Títulos, Capítulos e Seções.

Os temas referidos ao "Trabajo y la Seguridad Social", estão regulados em duas partes que transcrevemos a seguir, conforme a metodologia Constitucional vigente; a saber:

a) "Trabajo y Seguridad Social" (Título I; Capítulo Segundo; Sección Octava; arts. 33 y 34).

Art. 33. El trabajo es un derecho y un deber social, y un derecho económico, fuente de realización personal y base de la economía. El Estado garantizará a las personas

---

(8) FAJARDO, Alberto López. *Op. cit.*, p. 442.
(9) FAJARDO, Alberto López. *Op. cit.*, p. 444.
(10) FAJARDO, Alberto López. *Op. cit.*, p. 445.

trabajadoras el pleno respeto a su dignidad, una vida decorosa, remuneraciones y retribuciones justas y el desempeño de un trabajo saludable y libremente escogido o aceptado.

Art. 34. El derecho a la seguridad social es un derecho irrenunciable de todas las personas, y será deber y responsabilidad primordial del Estado. La seguridad social se regirá por los principios de solidaridad, obligatoriedad, universalidad, equidad, eficiencia, subsidiaridad, suficiencia, transparencia y participación, para la atención de las necesidades individuales y colectivas.

El Estado garantizará y hará efectivo el ejercicio pleno del derecho a la seguridad social, que incluye a las personas que realizan trabajo no remunerado en los hogares, actividades para el auto sustento en el campo, toda forma de trabajo autónomo y a quienes se encuentran en situación de desempleo.

b) "Formas de Trabajo y su retribución" (Título VI; Capitulo Sexto; Sección Tercera — arts. 325 al 333).

Art. 325. El Estado garantizará el derecho al trabajo. Se reconocen todas las modalidades de trabajo, en relación de dependencia o autónomas, con inclusión de labores de autosustento y cuidado humano; y como actores sociales productivos, a todas las trabajadoras y trabajadores.

Art. 326. El derecho al trabajo se sustenta en los siguientes principios:

1. El Estado impulsará el pleno empleo y la eliminación del subempleo y del desempleo.

2. Los derechos laborales son irrenunciables e intangibles. Será nula toda estipulación en contrario.

3. En caso de duda sobre el alcance de las disposiciones legales, reglamentarias o contractuales en materia laboral, estas se aplicarán **en el sentido más favorable a las personas trabajadoras.**

4. A trabajo de igual valor corresponderá igual remuneración.

5. Toda persona tendrá derecho a desarrollar sus labores en un ambiente adecuado y propicio, que garantice su salud, integridad, seguridad, higiene y bienestar.

6. Toda persona rehabilitada después de un accidente de trabajo o enfermedad, tendrá derecho a ser reintegrada al trabajo y a mantener la relación laboral, de acuerdo con la ley.

7. Se garantizará el derecho y la libertad de organización de las personas trabajadoras, sin autorización previa. Este derecho comprende el del formar sindicatos, gremios, asociaciones y otras formas de organización, afiliarse a las de su elección y desafiliarse libremente.

De igual forma, se garantizará la organización de los empleadores.

8. El Estado estimulará la creación de organizaciones de las trabajadoras y trabajadores, y empleadoras y empleadores, de acuerdo con la ley; y promoverá su funcionamiento democrático, participativo y transparente con alternabilidad en la dirección.

9. Para todos los efectos de la relación laboral en las instituciones del Estado, el sector laboral estará representado por una sola organización.

10. Se adoptará el diálogo social para la solución de conflictos de trabajo y formulación de acuerdos.

11. Será valida la transacción en materia laboral siempre que no implique renuncia de derechos y se celebre ante autoridad administrativa o juez competente.

12. Los conflictos colectivos de trabajo, en todas sus instancias, serán sometidos a tribunales de conciliación y arbitraje.

13. Se garantizará la contratación colectiva entre personas trabajadoras y empleadoras, con las excepciones que establezca la ley.

14. Se reconocerá el derecho de las personas trabajadoras y sus organizaciones sindicales a la huelga. Los representantes gremiales gozarán de las garantías necesarias en estos casos. Las personas empleadoras tendrán derecho al paro de acuerdo con la ley.

15. Se prohíbe la paralización de los servicios públicos de salud y saneamiento ambiental, educación, justicia, bomberos, seguridad social, energía eléctrica, agua potable y alcantarillado, producción hidrocarburífera, procesamiento, transporte y distribución de combustibles, transportación pública, correos y telecomunicaciones. La ley establecerá límites que aseguren el funcionamiento de dichos servicios.

16. En las instituciones del Estado y en las entidades de derecho privado en las que haya participación mayoritaria de recursos públicos, quienes cumplan actividades de representación, directivas, administrativas o profesionales, se sujetarán a las leyes que regulan la administración pública. Aquellos que no se incluyen en esta categorización estarán amparados por el Código del Trabajo.

Art. 327. La relación laboral entre personas trabajadoras y empleadoras será bilateral y directa.

Se prohíbe toda forma de precarización, como la intermediación laboral y la tercerización en las actividades propias y habituales de la empresa o persona empleadora, la contratación laboral por horas, o cualquiera otra que afecte los derechos de las personas trabajadoras en forma individual o colectiva. El incumplimiento de obligaciones, el fraude, la simulación, y el enriquecimiento injusto en materia laboral se penalizarán y sancionarán de acuerdo con la ley.

Art. 328. La remuneración será justa, con un salario digno que cubra al menos las necesidades básicas de la persona trabajadora, así como las de su familia; será inembargable, salvo para el pago de pensiones por alimentos.

El Estado fijará y revisará anualmente el salario básico establecido en la ley, de aplicación general y obligatoria.

El pago de remuneraciones se dará en los plazos convenidos y no podrá ser disminuido ni descontado, salvo con autorización expresa de la persona trabajadora y de acuerdo con la ley.

Lo que el empleador deba a las trabajadoras y trabajadores, por cualquier concepto, constituye crédito privilegiado de primera clase, con preferencia aun a los hipotecarios.

Para el pago de indemnizaciones, la remuneración comprende todo lo que perciba la persona trabajadora en dinero, en servicios o en especies, inclusive lo que reciba por los trabajos extraordinarios y suplementarios, a destajo, comisiones, participación en beneficios o cualquier otra retribución que tenga carácter normal. Se exceptuarán el porcentaje legal de utilidades, los viáticos o subsidios ocasionales y las remuneraciones adicionales.

Las personas trabajadoras del sector privado tienen derecho a participar de las utilidades liquidas de las empresas, de acuerdo con la ley. La ley fijará los límites de esa participación en las empresas de explotación de recursos no renovables. En las empresas en las cuales el Estado tenga participación mayoritaria, no habrá pago de utilidades. Todo fraude o falsedad en la declaración de utilidades que perjudique este derecho se sancionará por la ley.

Art. 329. Las jóvenes y los jóvenes tendrán el derecho de ser sujetos activos en la producción, así como en las labores de autosustento, cuidado familiar e iniciativas comunitarias. Se impulsarán condiciones y oportunidades con este fin.

Para el cumplimiento del derecho al trabajo de las comunidades, pueblos y nacionalidades, el Estado adoptará medidas específicas a fin de eliminar discriminaciones que los afecten, reconocerá y apoyará sus formas de organización del trabajo, y garantizará el acceso al empleo en igualdad de condiciones.

Se reconocerá y protegerá el trabajo autónomo y por cuenta propia realizado en espacios públicos, permitidos por la ley y otras regulaciones.

Se prohíbe toda forma de confiscación de sus productos, materiales o herramientas de trabajo.

Los procesos de selección, contratación y promoción laboral se basarán en requisitos de habilidades, destrezas, formación, méritos y capacidades. Se prohíbe el uso de criterios e instrumentos discriminatorios que afecten la privacidad, la dignidad e integridad de las personas.

El Estado impulsará la formación y capacitación para mejorar el acceso y calidad del empleo y las iniciativas de trabajo autónomo. El Estado velará por el respeto a los derechos laborales de las trabajadoras y trabajadores ecuatorianos en el exterior, y promoverá convenios y acuerdos con otros países para la regularización de tales trabajadores.

Art. 330. Se garantizará la inserción y accesibilidad en igualdad de condiciones al trabajo remunerado de las personas con discapacidad. El Estado y los empleadores implementarán servicios sociales y de ayuda especial para facilitar su actividad. Se prohíbe disminuir la remuneración del trabajador con discapacidad por cualquier circunstancia relativa a su condición.

Art. 331. El Estado garantizará a las mujeres igualdad en el acceso al empleo, a la formación y promoción laboral y profesional, a la remuneración equitativa, y a la iniciativa de trabajo autónomo. Se adoptarán todas las medidas necesarias para eliminar las desigualdades.

Se prohíbe toda forma de discriminación, acoso o acto de violencia de cualquier índole, sea directa o indirecta, que afecte a las mujeres en el trabajo.

Art. 332. El Estado garantizará el respeto a los derechos reproductivos de las personas trabajadoras, lo que incluye la eliminación de riesgos laborales que afecten la salud reproductiva, el acceso y estabilidad en el empleo sin limitaciones por embarazo o número de hijas e hijos, derechos de maternidad, lactancia, y el derecho a licencia por paternidad.

Se prohíbe el despido de la mujer trabajadora asociado a su condición de gestación y maternidad, así como la discriminación vinculada con los roles reproductivos.

Art. 333. Se reconoce como labor productiva el trabajo no remunerado de autosustento y cuidado humano que se realza en los hogares.

El Estado promoverá un régimen laboral que funcione en armonía con las necesidades del cuidado humano, que facilite servicios, infraestructura y horarios de trabajo adecuados; de manera especial, proveerá servicios de cuidado infantil, de atención a las personas con discapacidad y otros necesarios para que las personas trabajadoras puedan desempeñar sus actividades laborales; e impulsará la corresponsabilidad y reciprocidad de hombres y mujeres en el trabajo doméstico y en las obligaciones familiares.

La protección de la seguridad social se extenderá de manera progresiva a las personas que tengan a su cargo el trabajo familiar no remunerado en el hogar, conforme a las condiciones generales del sistema y la ley.

O primeiro **Código do Trabalho do Equador** foi promulgado em 1938 e é também um produto da influência que exerceu na América Latina a Constituição Mexicana de 1917. O art. 158 do Código Equatoriano, virtualmente reproduz uma norma do direito mexicano: "Cuando el contrato colectivo haya sido celebrado por las dos terceras partes, tanto de patrones como de trabajadores organizados dentro de una misma rama de la industria y en determinada provincia, será obligatorio para todos los patrones y trabajadores de la industria y provincia de que se trate, si así se resolviere por decreto ejecutivo". Como se evidencia, a norma acabava sendo contraditória uma vez que a vigência legal dependia de uma resolução expressa (Decreto) do Poder Executivo.

Seu Título V, Capítulo I, é dedicado aos **Acidentes de Trabalhadores, às Convenções Coletivas, Comitê de Empresas e Direito de Greve** (arts. 445 a 523 Código do Trabalho).

O art. 445 sobre liberdade e Associação expressa:

Los trabajadores y los empleadores, sin ninguna distinción y sin necesidad de autorización previa, tienen derecho a constituir las asociaciones profesionales o sindicales que estimen conveniente, de afiliarse a ellos o de retirarse de los mismos con observancia de la ley y de los estatutos de las respectivas asociaciones.

Las asociaciones profesionales o sindicatos tienen derecho de constituirse en federaciones, confederaciones o cualesquiera otras agrupaciones sindicales, así como afiliarse o retirarse de las mismas o de las organizaciones internacionales de trabajadores o empleadores.

Todo trabajador mayor de catorce años puede pertenecer a una asociación profesional o a un sindicato.

Las organizaciones de trabajadores no podrán ser suspendidas o disueltas, sino mediante procedimiento judicial ante el Juez de Trabajo.

Cuando un empleador o empresa tuviera varias agencias o sucursales en diferentes provincias, los trabajadores en cada una de ellas pueden constituir sindicato o asociación profesional. Los requisito de número y los demás que exija la ley se establecerán en relación con cada una de tales agencias o sucursales[11].

---

(11) A adequação dos requisitos de número e os demais que exija a lei para cada uma das sucursais deve-se interpretar como regidas pela lei local.

É interessante constatar, que a normativa equatoriana, prevê especialmente a constituição do que o art. 466 do Código do Trabalho denomina "Comité de Empresa" elegível em assembleia constituída por cinquenta por cento dos trabalhadores, mas em nenhum caso com um número inferior a trinta trabalhadores (art. 459). Suas funções incluem a de "celebrar contratos colectivos"; "intervenir en los conflictos colectivos"; e (no que consideramos um conceito muito interessante e adequado) "defender los derechos de clase", especialmente quando se trata de seus afiliados (art. 468: 1ª; 2ª e 3ª).

O art. 474 do Código do Trabalho "reconoce a los trabajadores el derecho de huelga..."; definindo: "Huelga es la suspensión colectiva del trabajo por los trabajadores coaligados".

Complementarmente, a normativa atribui ao Ministério do Trabalho e Recursos Humanos[12] faculdades para "hacer cumplir los fallos o actas con los cuales se dá término a los conflictos colectivos" (art. 498).

A peculiaridade do procedimento previsto para a execução do que se acorde na ata de conciliação ou seja resolvido na sentença ditada em conflito coletivo de trabalho, reside em que "si se ordenare el embargo de bienes que ya estuviesen embargados por providencia dictada en un juicio no laboral... se cancelará el embargo anterior y se efectuará el ordenado por el funcionario del trabajo, y el acreedor cuyo embargo se canceló conservará el derecho de presentarse como tercerista" (art. 500 do Código do Trabalho equatoriano).

Porém — o que é muito importante e deve ser destacado porque se diferencia de outras normativas latino-americanas — é que o art. 505 sobre "Declaração de Greve" dispõe: "la huelga no podrá declararse sino por el Comité de Empresa, donde lo hubiere, o por la mitad más uno de los trabajadores de la empresa o fábrica"[13].

E) O Código de Trabalho da **Nicarágua** foi sancionado em 1945. Mas segundo afirma Rodolfo Sandino Arguello em seu Prólogo ao *Derecho Procesal* do destacado Alemán Mena[14]: "dicho cuerpo de leyes apenas esbozaba los que serían los Jueces del Trabajo y los procedimientos de los juicios de trabajo para lo que se remitía al viejo esbozo del derecho procesal civil. No se desprendía, pues" — diz Arguello — "del cordón umbilical del Código Civil del año 1904, vigente por más de un siglo...".

Ainda assim, em seu meduloso *Derecho del Trabajo Nicaragüense*, Donald Aleman Mena[15], citando ao Código do Trabalho em seu art. 203, define

---

(12) PALOMINO, Teodosio A. *Administración de recursos humanos*. Lima: Braphos, p. 5-7. É inadmissível que o homem seja considerado como um recurso. Não se pode confundir a pessoa humana, fim supremo em si mesma, com um simples recurso. E este apotegma, que é uma verdade axiomática, tem validade universal.
(13) Recorde-se que a normativa constitucional argentina, art. 14 *bis*, coloca o direito de greve na cabeça dos sindicatos e não dos trabalhadores.
(14) MENA, Donald Aleman. *Derecho procesal del trabajo nicaragüense*. Managua: La Vpoli, 2005. p. 8.
(15) MENA, Donald Aleman. *Derecho procesal del trabajo nicaragüense*. Managua: Pavsa, 2004. p. 201.

sindicato como "la asociación de trabajadores o empleadores constituida para la representación y defensa de sus respectivos intereses", diferenciando-o da coalizão.

E mais adiante, citando o art. 231 do Código do Trabalho e o art. 87 da Constituição da Nicarágua, acrescenta "La sindicalización es un derecho de los trabajadores, su ejercicio es potestativo, no obligatorio".

Contudo, o que faz diferente esse trabalho do dr. Aleman Mena é sua contundente afirmação de que "Las personas jurídicas no pueden ejercer el derecho a la huelga, por lo que la titularidad del derecho le corresponde a los trabajadores de manera individual, quienes pueden optar a ejercer el derecho a la huelga, retirarse de la huelga y el de volverse a reintegrar".

Na doutrina argentina, quem escreve estas linhas, compartilha e elogia a postura do dr. Aleman Mena no que se refere à titularidade do "derecho de huelga" que no país o legislador constituinte, colocou sobre a cabeça do sindicato e não dos trabalhadores (art. 14 *bis* da CN): Não obstante, ainda em um contexto legal que se baseia nos princípios do direito privado, as normas e princípios do direito coletivo do trabalho que reconhecem o direito de coalizão e de sindicalização, autorizam a considerar que o direito de greve pertence ao trabalhador singular, mas este somente o pode exercer como integrando um coletivo associacionista.

Isso porque é impossível imaginar a decisão e o exercício da greve laboral como o resultado da ação de um só indivíduo. Assim o sustentamos no subtítulo 2 deste capítulo.

F) A Constituição da República de **Cuba** — Socialista — e o Direito, a Estrutura e incumbências do movimento obreiro cubano, estão naturalmente imersos nas grandes mudanças sociais e econômicas que se produziram na Ilha a partir da Revolução Cubana de 1958, encabeçada por Fidel e Raúl Castro, protagonizada também por "Che Guevara" e foram expressos nitidamente na Constituição vigente desde 24 de fevereiro de 1976.

No art. 9º da Carta Magna se lê: "La Constitución y las Leyes del Estado Socialista son expresión jurídica de las relaciones socialistas de producción y de los intereses y la voluntad del pueblo trabajador..." De alguma maneira, a norma está ratificando o art. 1º da mesma, cujo texto reza: "La República de Cuba es un Estado Socialista de obreros y campesinos y demás trabajadores manuales e intelectuales".

E se for necessário, no art. 14 da CRC se reitera: "En la República de Cuba rige el sistema socialista de economía basado en la propiedad socialista de todo el pueblo sobre los medios de producción y en la supresión de la explotación del hombre por el hombre".

Mas se algumas de tais normas refletem as características das novas relações de produção (estrutura econômica) que foram introduzidas no país caribenho, elas são os arts. 19 e o 22 da Constituição, a saber:

> **Art. 19**: "En la República de Cuba rige el principio socialista" de cada qual segundo sua capacidade; a cada qual segundo seu trabalho. "La Ley establece las regulaciones que garantizan el efectivo cumplimiento de éste principio".

Art. 22: "**Se garantiza la propiedad personal sobre los ingresos y ahorros procedentes del trabajo propio**, sobre la vivienda que se posea con justo título de dominio y los demás bienes y objetos que sirven para la satisfacción de las necesidades materiales y culturales de la persona".

Ainda que não seja tema vinculado com o presente capítulo, a normativa constitucional precedentemente transcrita, contém os elementos básicos de um direito do trabalho que, ainda que de profunda vocação socialista, não consegue dissimular a bilateralidade da relação entre o trabalhador — individual e coletiva — por um lado; e por outro, do empregador — privado ou estatal —, que utiliza e paga um valor pela atividade do primeiro. Vistas assim as coisas, nessa relação se adverte ainda o estreito horizonte do direito burguês que, se por um lado reconhece a desigualdade entre obreiros e patrões, tenta corrigi-la, mas sem chegar a suprimi-la.

Outra coisa sucederia em uma sociedade na qual se fizesse realidade o antigo apotegma cristão: "a cada qual segundo sua capacidade, **a cada qual segundo sua necessidade**".

Ainda assim, de alguma maneira se confirmam as reflexões destes últimos itens, no texto do art. 7º da Constituição que estamos comentando, cuja parte pertinente estabelece: "El Estado Socialista cubano reconoce, **protege** y estimula a las organizaciones sociales y de masas, como la Central de Trabajadores de Cuba, que comprende en sus filas a la clase fundamental de nuestra sociedad...".

A dra. Gretel Hernández Oliva, especialista principal e analista de Assuntos Laborais Internacionais de Cuba escreve: "Entre los principios fundamentales que rigen el derecho laboral cubano aparece que todo trabajador tiene derecho a participar en la gestión de la producción y lo Servicios"[16]. Entre os direitos dos sindicatos nacionais e da Central de Trabalhadores, está sua característica participação na proteção e defesa dos direitos dos trabalhadores, que se manifesta expressamente: na faculdade de "propugnar el mejoramiento de las condiciones de vida y de trabajo"[17]; de participar da eleição dos Conselhos de Trabalho e valer por seu funcionamento de exigir e controlar o cumprimento da legislação laboral; de seguridade social e de proteção e higiene do trabalho; assim como também da inspeção sindical.

A proteção e defesa dos direitos dos trabalhadores se manifesta também no direito (e não a obrigação?) da organização sindical de representar aos trabalhadores ante a administração; **de subscrever convênios coletivos de trabalho e controlar seu cumprimento**; de exigir o cumprimento da legislação laboral; de seguridade e higiene no trabalho e participar na administração e distribuição dos fundos de estimulação individual e coletiva.

---
(16) OLIVA, Gretel Hernández. La participación de los trabajadores en la gestión de la producción y los servicios en la República de Cuba. In: *Revista Jurídica 14*, Havana: Ministério da Justicia, jan./mar. 1987. p. 155 e ss.

(17) "La Central de Trabajadores de Cuba y los sindicatos son organizaciones de masas. Por su carácter no estatal y no partidista, agrupan y organizan sindicalmente a todos los trabajadores... son organizaciones de masas autónomas, en la que los miembros aprueban sus propios estatutos..." (HERNÁNDEZ, Olivia Gretel. *Op. cit.*, p. 167).

4. O conjunto de convênios coletivos de trabalho em Cuba

Segundo o Decreto-Lei n. 74, de 1983, "El Convenio Colectivo de Trabajo es el Acuerdo concertado por la administración de una entidad, de una parte, y la organización sindical, en representación de los trabajadores de dicha entidad, de la otra, donde se precisen las condiciones de trabajo, los deberes y derechos recíprocos que regirán las relaciones laborales entre ambas partes, **a fin de impulsar la ejecución de los planes técnico-económicos mediante la gestión administrativa** y el amplio desarrollo de la actividad e iniciativa creadora de todos los trabajadores".

Na interpretação de Hernández Oliva, tudo sugere que os convênios coletivos em Cuba, "recogen los derechos y deberes respectivos en cuanto a garantizar el plan técnico económico y el incremento de la productividad del trabajo"[18]; conceitos estes que parecem limitar a negociação bilateral ao alcance de objetivos próprios da parte empregadora somente sem atender nem resolver melhoras salariais e das condições de trabalho dos obreiros.

Talvez a visão limitada da autora esteja influenciada por sua opinião de que "la participación de los trabajadores en la gestión de la producción y los servicios se presenta como una forma de acceso normal e institucionalizado al proceso de toma de decisiones; **basada en la colaboración y no en el conflicto**, que se lleva a cabo directamente por los trabajadores, o indirectamente por sus representantes"[19]. Parece irrisória tal afirmação depois que tomou *status* público internacional a célebre polêmica de Mao Tse Tung com as ideias de Stalin acerca da continuação das lutas de classe no socialismo. E com maior razão se estamos nos referindo a temas de direito laboral que, como o caracterizou Mario de La Cueva, nasceu do conflito entre empregadores e empregados e persistirá "en tanto subsista la sociedad dividida en clases sociales", como protetor da classe mais frágil[20].

Ainda assim, haverá que admitir com a dra. Hernández Oliva, que essa forma de participação dos trabalhadores nas decisões das empresas, surgiu espontaneamente "en las masas trabajadoras como respuesta al bloqueo económico impuesto por Estados Unidos a Cuba"[21].

5. As empresas mistas e as inversões estrangeiras em Cuba — regime laboral e terceirização

O Decreto-Lei n. 50, Capítulo I, de 1º.10.93, regula a constituição de Associações econômicas que possam adotar a forma de "empresas mixtas de capital cubano y extranjero, con personalidad y patrimonios propios, u otras formas diversas que no signifiquen la creación de una persona jurídica" (art. 1º).

---

(18) OLIVA, Gretel Hernández. *Op. cit.*, p. 189.
(19) OLIVA, Gretel Hernández. *Op. cit.*, p. 210.
(20) CUEVA, Mario de La. *Op. cit.*, p. 236.
(21) OLIVA, Gretel Hernández. *Op. cit.*, p. 197.

A autoridade pertinente pode facultar que empresas estatais ou outras organizações nacionais "arrienden a empresas mixtas...o aporten a las mismas en usufructo temporal como capital, terrenos o instalaciones industriales, turísticas o de otro tipo, existentes o que se construyan en territorio nacional..." (art. 2º).

As normas seguintes se referem às modalidades de associações econômicas; os prazos de duração dos contratos; as características das empresas estatais e uniões de empresas estatais que participam por Cuba; as características das entidades que expressam a parte estrangeira, sua origem, funcionamento, etc.

As empresas mistas têm por sua vez nacionalidade cubana e seu domicílio no território nacional. Podem criar escritórios, representações, sucursais e filiais no extrangeiro, assim como ter participações em entidades no exterior. O funcionamento das empresas mistas e suas relações entre os sócios se regulam pelos convênios de associação e os estatutos que se outorguem.

Os conflitos internos entre as partes de uma empresa mista se resolvem segundo os convênios e estatutos orgânicos da empresa.

As "regulações financeiras"; as "obrigações fiscais" e as "regulações mercantis" se tratam especificamente nos Capítulos II; III e IV do Decreto-Lei n. 50. Ainda que aos efeitos diretos do presente trabalho convenha adiantar que no art. 26 inc. *b* se cria um imposto sobre os ingressos dos trabalhadores (impostos sobre a folha de pagamento) "equivalente al 25% sobre la totalidad de los salarios y demás ingresos que por cualquier concepto perciban los trabajadores cubanos, excepto los que reciban con cargo al fondo de estimulación económica de los trabajadores" ao qual já nos referimos em itens anteriores entre as faculdades dos sindicatos para participar na administração e distribuição dos fundos de estimulação econômica dos trabalhadores.

6. Regime laboral e terceirização — disposições especiais

O regime laboral nas instalações arrendadas a entidades estrangeiras é o que resulta do Capítulo V do Decreto-Lei n. 50; com a exceção de que **neste caso a força de trabalho cubana é contratada pela entidade arrendadora ou por outra empresa ou entidade cubana, segundo o que decida o Comitê Executivo do Conselho de Ministros.**

Decreto-Lei n. 50:

Art. 36. La fuerza de trabajo que preste servicio en las empresas mixtas debe ser cubana, salvo la que las partes acuerden para cubrir determinados cargos de dirección o algunos puestos de trabajo de carácter técnico de alta especialización.

Art. 37. La entidad cubana que participa en la empresa mixta, u otra empresa o entidad cubana, contrata con la empresa mixta la utilización de la fuerza de trabajo cubana que ambas partes acuerdan, mediante el pago de una suma mensual equivalente al importe total de los salarios y demás remuneraciones devengadas por el personal cubano.

Art. 38. Los trabajadores cubanos que presten servicio a la empresa mixta, cualquiera que sea su categoría ocupacional, **mantienen su relación contractual de trabajo con la entidad cubana que contrata la fuerza de dicha empresa. La entidad cubana paga a dichos trabajadores sus salarios y demás remuneraciones.**

Os arts. 39, 41, 42, 43 e 44 (Capítulo V) do Decreto-Lei n. 50, abundam em precisões sobre as obrigações das empresas mistas em matéria de "Legislación vigente sobre protección e higiene del trabajo"; "sobre las tarifas salariales del personal dirigente cubano, **cuyos importes son convenidos entre las partes de la asociación económica en correspondencia con el salario asignado al personal dirigente extranjero**"; com a contratação livre de pessoal técnico de administração estrangeiro que requeiram as empresas mistas, com **salários acordados pelas partes que esse pessoal poderá remeter ao exterior em porcentagem que determine o Banco Nacional de Cuba.**

Mas as características particulares do articulado, por um lado, tendem a dissimular que **as tarifas salariais do pessoal cubano são as que expressa a legislação (cubana) vigente** (em moeda de uso interno com cotação menor do que as das moedas conversíveis) enquanto (por exemplo) nas regiões turísticas os preços e os salários são cotados em pesos conversíveis e na moeda argentina se calculam as liquidações da "suma mensual equivalente al importe total de los salarios y demás remuneraciones devengadas por el personal cubano" (art. 37, Decreto-Lei n. 50) que cobram as empresas cubanas terceirizadoras mas não os trabalhadores.

Faz-se assim evidente que se discrimina ao pessoal cubano, se desregularam as tarifas salariais nas empresas mistas e se flexibilizaram os termos dos contratos de trabalho e das tarifas salariais.

Certa vez o autor deste livro (JCL) esteve presente em um Congresso sobre a ALCA (Área de Livre Comércio das Américas) presidido por Fidel Castro; que, ante certos questionamentos dos assistentes internacionais, explicou didaticamente como os trabalhadores de seu país, além de seus salários, recebiam outros valores não remunerativos mas alimentares como o leite e o acesso gratuito aos jornais; à assistência médica e à educação de três níveis para os filhos. Mas o juslaboralismo internacional requer o pagamento de salários acordados nos contratos de trabalho individuais e nos convênios coletivos de trabalho nos quais se reivindica a relação bilateral entre empregadores e empregados. E as obrigações salariais das empresas tercerizadoras e as empregadoras diretas para com o pessoal contratado, tal como o querem o art. 94 da Constituição da República Bolivariana da Venezuela; ou o art. 29*bis* da Lei de Contrato de Trabalho da Argentina. De qualquer maneira — repetimos — não se oculta que, em Cuba, as circunstâncias e modalidades das empresas mistas e contratos terceirizados foram influenciados pelo execrável bloqueio econômico estadounidense e suas consequências sobre o povo da Ilha. O texto da Constituição não inclui norma alguma sobre o direito de greve.

G) Constituição política da República Dominicana — código do trabalho. A Constituição política da República Dominicana foi sancionada em 28 de novembro de 1966 e continua vigente em fins do primeiro trimestre de 2009, quando se terminava a redação deste livro. Como a maioria das Constituições latino-americanas, inclui normativa relativa de liberdades fundamentais vinculadas com o direito de associação e ao direito de greve (arts. 8º, inc. 7 e 11, *a* e *b*). Mas, os Convênios Coletivos de Trabalho e os Sindicatos, estão regulados respectivamente pelos arts. 103 a 128 e 317 a 394 do Código do Trabalho.

Em nossa interpretação a constituição política correlaciona a "libertad de trabajo" (art. 8º, ap. 11) com o direito a uma "organización sindical" livre e democrática (inc. 11 apart. *a*).

Esta última norma estabelece: "La organización Sindical es libre, siempre que los sindicatos, gremios u otras asociaciones de la misma índole se ajusten en sus estatutos y en su conducta a una organización democrática compatible".

O que chama atenção em tal chamativa e exigente normativa "pró-dominicanos" é que no art. 138 do citado Código se comete um ato de discriminação inversa

> al exceptuar de las disposiciones de los artículos 135 y 137 los extranjeros siguientes: 1º **Los que ejercen exclusivamente funciones de dirección o administración de una empresa**; 2º Los trabajadores técnicos siempre que, a juicio (?)[22] del Departamento de Trabajo, no haya dominicanos desocupados con aptitudes para sustituirlos; 3º Los trabajadores de talleres de familia; 4º Los extranjeros casados con personas dominicanas que tengan en el país más de tres años de residencia ininterrumpida.

7. Dos sindicatos e das classes de sindicatos na República Dominicana (Código do Trabalho e Regulamento: Livro Quinto, Título I — arts. 317/324)

Na citada normativa se denomina "sindicato" a toda associação de trabalhadores ou de empregadores constituídos de acordo com este Código, para o estudo. Melhoramento e defesa dos interesses comuns de seus membros (art. 317).

Ainda que no art. 318 (CT) se imponha às autoridades públicas **abster-se de toda intervenção que tenda a limitar ou entorpecer o exercício da liberdade sindical**. E aos sindicatos "conservar su independencia frente a los partidos políticos y a las entidades religiosas... con prohibición de recibir subsidios o ayudas de los mismos". O certo é que o acento restritivo do texto sugere precisamente o contrário, diferenciando-se assim da Convenção n. 87 da OIT sobre Liberdade Sindical[23] que a norma parece reproduzir textualmente no primeiro parágrafo do art. 318, mas que de fato a desvirtua ao silenciar no texto deste último a referência a essa convenção cujo art. 3º inciso 1 dispõe que os sindicatos "tendrán el derecho de elaborar sus estatutos y reglamentos administrativos, de elegir **libremente** a sus

---

(22) O legislador não esclarece sobre que bases haverá de apoiar-se o Departamento de Trabalho para fundar seu juízo.
(23) Convenção n. 87 da OIT: art. 3º, inciso 2: "Las autoridades públicas deberán abstenerse de cualquier interrupción que pueda limitar ese derecho o poner trabas a su ejercicio legal".

representantes, de organizar la gestión y la actividad de los mismos y de formular su programa de acción".

Na interpretação do autor deste livro, os sindicatos devem atuar principalmente por "livre-arbítrio" de seus integrantes e não somente por império da Lei; com total "independência dos patrões, do estado e dos partidos políticos", critério este que se relaciona com as melhores tradições em nível mundial do movimento obreiro organizado que naturalmente inclui a diversidade de crenças religiosas de seus membros ao mesmo tempo em que exclui as discriminações por igual motivo.

Por similares razões "as organizações de trabalhadores e de empregadores terão o direito de constituir federações e confederações, assim como também afiliar-se às mesmas e toda organização, federação ou confederação terá direito a se afiliar às organizações internacionais de trabalhadores e de empregadores" (Convenção n. 87 da OIT, art. 5º).

No entanto, não parece que seja a mesma a orientação da normativa dominicana cujo art. 383 do Código do Trabalho é limitativo: "Los sindicatos pueden formar federación con los principios consagrados en esta Constitución y para fines estrictamente laborales y pacíficos".

O art. 8º, inc. 11, d: admite o direito dos trabalhadores à greve e dos patrões à paralisação com as empresas privadas sempre que se exerçam de acordo com a Lei e para resolver conflitos estritamente laborais... "Será ilícita toda huelga, paro, interrupción, entorpecimiento o reducción intencional de rendimiento que afecten la Administración, los servicios públicos o los de utilidad pública. La ley dispondrá las medidas necesarias para garantizar la observancia de estas normas".

No entanto, advertem-se certos traços restritivos na norma constitucional sobre direito de greve, que o legislador introduziu — por exemplo — no art. 8º, inciso 11, § d, onde "se prohíbe toda interrupción, entorpecimiento, paralización de actividades o reducción intencional de rendimiento de las labores en las empresas privadas o del estado".

No que se refere ao Código do Trabalho e a seu Regulamento, o primeiro deles foi sancionado pela Lei n. 16, de 1992 e o segundo pelo Decreto n. 258, de 1993. O Livro segundo, Título I do Código regula o que se denomina Convênio Coletivo de Condições de Trabalho: cujo art. 103 define: "... es el que, con la intervención de los organismos más representativos, tanto de empleadores como de trabajadores, y uno o varios empleadores o uno o varios sindicatos de empleadores, con el objeto de establecer las condiciones a que deben sujetarse los contratos de trabajo de una o varias empresas".

Trata-se — como se puede apreciar — de uma normativa de direito coletivo que no art. 104 precisa: "En el Convenio Colectivo pueden reglamentarse el monto de los salarios, la duración de la jornada, los descansos y vacaciones y las demás condiciones de trabajo".

Senão vejamos, na prolongada enumeração de direitos e obrigações que contém esta parte do Código de Trabalho, o jurista estrangeiro que não conheça suficientemente a história da Ilha que os indígenas denominaram Quisqueya e que compartilharam e disputaram historicamente com República Dominicana e Haiti, talvez chame a atenção o conteúdo do Livro Terceiro, Título I, designado "De la Nacionalización del Trabajo" (arts. 135/145 CDT) cuja peculiaridade consiste em enfatizar que oitenta por cento, pelo menos, do número total de trabalhadores de uma empresa devem estar integrados por dominicanos (art. 135); e que os salários percebidos pelos trabalhadores dominicanos de uma empresa devem ascender, em conjunto, a oitenta por cento, pelo menos, do valor correspondente ao pagamento de todo o pessoal (art. 136).

A tão pontuais porcentagens gerais de trabalhadores dominicanos (não se esclarece se nativos ou por opção) que impõe a norma legal às empresas, se acrescenta a seguinte pontualização (art. 137):

> Cuando el número de trabajadores de una empresa es menor de diez, rigen las reglas siguientes: **1º Si son nueve los trabajadores, cinco deben ser dominicanos; 2º Si son ocho o siete los trabajadores, cinco debe ser dominicanos; 3º Si son seis los trabajadores, cuatro deben ser dominicanos; 4º Si son cinco o cuatro los trabajadores, tres deben ser dominicanos; 5º Si son tres los trabajadores, dos deben ser dominicanos; 6º Si son dos los trabajadores, uno debe ser dominicano; 7º Si se trata de un solo trabajador, este debe ser dominicano**.

Por outro lado, como dissemos acima, **os sindicatos podem formar federações municipais, provinciais, regionais ou nacionais**.

Estas, por sua vez, podem formar confederações com o voto das duas terceiras partes de seus membros, reunidos em assembleia geral. A diretiva segundo se pode apreciar, não se refere a que as federações e confederações tenham direito a se afiliar às organizações internacionais de trabalhadores ou de empregadores, critério este que em princípio, parece se opor à participação ativa dos sindicatos dominicanos nos processos de negociação e estruturação de espaços de integração regional como os blocos regionais de países latino-americanos que caracterizam o subcontinente nesta época e que requerem negociações em torno das problemáticas da regulação dos contratos de trabalho, do intercâmbio internacional de mão de obra, das incumbências e protagonismos sindicais e de um inevitável sistema de justiça internacional do trabalho.

H) Constituição da República Bolivariana da Venezuela — normas de segurança social e de conteúdo juslaboralista — os direitos contratuais do trabalho — os direitos sindicais — arts. 86 a 97. A Constituição da Venezuela, ainda vigente, foi sancionada em 1999 e seu texto, que analisaremos nas partes pertinentes, é o publicado no Diário Oficial n. 5.453 Extraordinário, de sexta-feira, 24 de março de 2000.

Em seu preâmbulo — entre outros princípios — se expressa

> ... el fin supremo de re-fundar la República para establecer una sociedad democrática, participativa y protagónica, multiétnica y pluricultural en un estado de justicia federal y descentralizado, que consolide los valores de la libertad, la independencia, la paz, la solidaridad, el bien común la integridad

territorial, la convivencia y el imperio de la ley para esta y las futuras generaciones; asegure el derecho a la vida, al trabajo, a la cultura, a la educación, a la justicia social y a la igualdad sin discriminación alguna; **promueva la cooperación pacífica entre las naciones e impulse y consolide la integración latinoamericana ...**

Seu art. 2º consagra que a "Venezuela se constituye en un Estado democrático y social de Derecho y Justicia, que propugna como valores superiores de su ordenamiento jurídico y de su actuación, la vida, la libertad, la justicia, la igualdad, la solidaridad, la democracia, la responsabilidad social y, en general la prominencia de los derechos humanos, la ética y el **pluralismo político**".

Toda persona tiene derecho a la **seguridad social como servicio público de carácter no lucrativo**, que garantice la salud y asegure protección en contingencias de maternidad, paternidad, enfermedad, invalidez, enfermedades catastróficas, discapacidad, necesidades especiales, riesgos laborales, pérdida de empleo, desempleo, vejez, viudedad, orfandad, vivienda, cargas derivadas de la vida familiar y cualquier otra circunstancia de previsión social. El Estado tiene la obligación de asegurar la efectividad de este derecho, creando un sistema de seguridad social universal, integral, de funcionamiento solidario, unitario, eficiente, y participativo, de contribuciones directas o indirectas. La ausencia de capacidad contributiva no será motivo para excluir a las personas de su protección. Los recursos financieros de la seguridad social no podrán ser destinados a otros fines. Las cotizaciones obligatorias que realicen los trabajadores y las trabajadoras para cubrir los servicios médicos y asistenciales y demás beneficios de la seguridad social podrán ser administrados solo con fines sociales bajo la rectoría del estado... (**art. 86 da Constitución de la República Bolivariana de Venezuela**).

Se por um lado nos abstemos de transcrever o texto total da norma porque contém referências de direito público, não podemos menos que chamar a atenção sobre a última parte do parágrafo transcrito, que impõe o pagamento das "cotizaciones obligatorias" (que no direito do trabalho argentino se denominam *aportes y contribuciones*) somente aos "trabajadores y trabajadoras" mas não aos empregadores. Ignoramos os fundamentos que pôde ter o legislador constituinte venezuelano para impor o gravame unicamente ao assalariado e não ao empregador; porém, de alguma maneira, se estão vulnerando princípios protetores da parte mais frágil do binômio obreiro-patronal, como o da norma mais favorável ao trabalhador e o da intangibilidade dos salários que asseguram a ordem pública laboral em todos os países da América-Latina e também os arts. 88 e 89 da Constituição venezuelana.

Toda persona tiene derecho al trabajo y el deber de trabajar. El Estado garantizará la adopción de medidas necesarias a los fines de que toda persona pueda obtener ocupación productiva; que le proporcione una existencia digna y decorosa y le garantice el pleno ejercicio de éste derecho. Es fin del estado fomentar el empleo. La Ley adoptará medidas tendientes a garantizar el ejercicio de los derechos laborales de los trabajadores y trabajadoras no dependientes. La libertad de trabajo no será sometida a otras restricciones que las que la ley establezca.

Todo patrono o patrona garantizará a sus trabajadores y trabajadoras condiciones de seguridad, higiene y ambiente de trabajo adecuados. El estado adoptará medidas y creará instituciones que permitan el control y la promoción de estas condiciones. (art. 87 CRBV)

El trabajo es un hecho social y gozará de la protección del Estado. La ley dispondrá lo necesario para mejorar las condiciones materiales, morales e intelectuales de los trabajadores y trabajadoras. Para el cumplimiento de esta obligación del Estado se establecen los siguientes principios:

1. Ninguna ley podrá establecer disposiciones que alteren la intangibilidad y progresividad de los derechos y beneficios laborales. En las relaciones laborales prevalece la realidad sobre las formas o apariencias.

2. Los derechos laborales son irrenunciables. Es nula toda acción, acuerdo o convenio que implique renuncia o menoscabo de estos derechos. Sólo es posible la transacción y convenimiento al término de la relación laboral, de conformidad con los requisitos que establezca la ley[24]. **(Se hace evidente la diferencia doctrinaria entre la normativa constitucional venezolana y lo autorizado y dispuesto en el artículo 14 bis de la Constitución Argentina y el art. 12 LCT que expresamente "considera nula y sin valor toda convención de partes que suprima los derechos previstos en esta ley, los estatutos profesionales o las convenciones colectivas... o de ejercicio de derechos provenientes"... de la extinción del contrato).**

3. Cuando hubiere dudas acerca de la aplicación o concurrencia de varias normas, o en la interpretación de una determinada norma, se aplicará la más favorable al trabajador o trabajadora. La norma adoptada se aplicará en su integridad.

4. Toda medida o acto del patrono o patrona contrario a esta Constitución es nulo y no genera efecto alguno.

5. Se prohíbe todo tipo de discriminación por razones de política, edad, raza, sexo o credo o por cualquier otra condición.

6. Se prohíbe el trabajo de adolescentes en labores que puedan afectar su desarrollo integral. El Estado los o las protegerá contra cualquier explotación económica y social. (art. 89 CRBV)

La jornada de trabajo diurna no excederá de ocho horas diarias ni de cuarenta y cuatro horas semanales. En los casos en que la ley lo permita, la jornada de trabajo nocturna no excederá de siete horas diarias ni de treinta y cinco semanales. Ningún patrono o patrona podrá obligar a los trabajadores o trabajadoras a laborar horas extraordinarias. Se propenderá a la progresiva disminución de la jornada de trabajo dentro del interés social y del ámbito que se determine y se dispondrá lo conveniente para la mejor utilización del tiempo libre en beneficio del desarrollo físico, espiritual y cultural de los trabajadores y trabajadoras.

---

(24) O nível conseguido por cima das leis ou dos acordos coletivos não podem ser renunciados já que essa renúncia contradiz as disposições dos arts. 7º e 12 da LCT e sobretudo vulnera a garantia protetora da constituição (Cf. Constitución Argentina, art. 14 bis — FILAS, Rodolfo Capon. Derecho del trabajo. La Plata: Platense, 1998. p. 251. Cf. CNTrab. Sala X 1998/02/26 Romero Alberto c/ Seefeld SR. DT 1998.8. 2449. Idem SCBA 1993.8.10: Prieto Roberto J. c/ Eurocroft e outros — DT 1998.II.921)

Los trabajadores y trabajadoras tienen derecho al descanso semanal y **vacaciones remunerados en las mismas condiciones que las jornadas efectivamente laboradas**[25]. (art. 90, CRBV)

Todo trabajador o trabajadora tiene derecho a un salario suficiente que le permita vivir con dignidad y cubrir para sí y su familia las necesidades básicas materiales, sociales e intelectuales. Se garantizará el pago de igual salario por igual trabajo y se fijará la participación que debe corresponder a los trabajadores y trabajadoras en el beneficio de la empresa. **El salario es inembargable** y se pagará periódica y oportunamente en moneda de curso legal, salvo la excepción de la obligación alimentaria, de conformidad con la ley[26].

El Estado garantizará a los trabajadores y trabajadoras del sector público y del sector privado un salario mínimo vital que será ajustado cada año, tomando como una de las referencias el costo de la canasta básica. La ley establecerá la forma y el procedimiento. (art. 91, CRBV)

Todos los trabajadores y trabajadoras tienen derecho a prestaciones sociales que les recompensen la antigüedad en el servicio y los amparen en caso de cesantía. El salario y las prestaciones sociales son créditos laborales de exigibilidad inmediata. Toda mora en su pago genera intereses, los cuales constituyen deudas de valor y gozarán de los mismos privilegios y garantías de la deuda principal. (art. 92, CRBV)

La ley garantizará la estabilidad en el trabajo y dispondrá lo conducente para limitar toda forma de despido no justificado. Los despidos contrarios a esta Constitución son nulos. (art. 93, CRBV)

La ley determinará la responsabilidad que corresponda a la persona natural o jurídica en cuyo provecho se presta el servicio mediante intermediario o contratista, sin perjuicio de la responsabilidad solidaria de éstos. El Estado establecerá, a través del órgano competente, la responsabilidad que corresponda a los patronos o patronas en general, en caso de simulación o fraude, con el propósito de desvirtuar, desconocer u obstaculizar la aplicación de la legislación laboral. (art. 94, CRBV)

A Constituição venezuelana e as organizações sindicais: O art. 95 da CRB de V.

Los trabajadores y las trabajadoras, sin distinción alguna y sin necesidad de autorización previa, tienen derecho a constituir libremente las organizaciones sindicales que estimen convenientes para la mejor defensa de sus derechos e intereses, así como a afiliarse o no a ellas, de conformidad con la ley. Estas organizaciones no están sujetas a intervención, suspensión o disolución administrativa. Los trabajadores y trabajadoras están protegidos y protegidas contra todo acto de discriminación o de injerencia contrario al ejercicio de este derecho. Los promotores o promotoras y los o las integrantes de las directivas de las organizaciones sindicales gozarán de

---

(25) Como se pode apreciar, na redação do art. 90 da Constituição Venezuelana, se incluem conceitos avançados sobre as condições de trabalho. **No entanto nem os descansos semanais** (hebdomadários) **nem as férias remuneradas são pagos com os incrementos salariais de outros países**. Na Argentina, por exemplo — e segundo o art. 155 da LCT —, os salários de férias são calculados dividindo-se por vinte e cinco o valor do salário que se perceba no momento de sua outorga e multiplicando o resultado pela quantidade de dias de descanso anual remunerado. O valor que se obtenha do cálculo, inevitavelmente será "maior" e não o mesmo que "nas condições de jornadas efetivamente trabalhadas".

(26) **A inembargabilidade total dos salários** — salvo por créditos alimentares — é um conceito protetor muito avançado que na legislação constitucional comparada quase não existe e parece muito adequado em períodos de crise econômica.

inamovilidad laboral durante el tiempo y en las condiciones que se requieran para el ejercicio de sus funciones.

Para el ejercicio de la democracia sindical, **los estatutos y reglamentos de las organizaciones sindicales establecerán la alternabilidad de los y las integrantes de las directivas y representantes mediante el sufragio universal, directo y secreto**[27]. Los y las integrantes de las directivas y representantes sindicales que abusen de los beneficios derivados de la libertad sindical para su lucro o interés personal, serán sancionados o sancionadas de conformidad con la ley. Los y las integrantes de las directivas de las organizaciones sindicales estarán obligados u obligadas a hacer declaración jurada de bienes.

8. A negociação coletiva, os sindicatos e o direito à greve — arts. 96 e 97 da CRBV — Lei Orgânica do Trabalho (arts. 396-399 e conc.)

Art. 96. Todos los trabajadores y trabajadoras del sector público y del privado tienen derecho a la negociación colectiva voluntaria y a celebrar convenciones colectivas de trabajo sin más requisitos que los que establezca la ley. El estado garantizará su desarrollo y establecerá lo conducente para favorecer las relaciones colectivas y la solución de los conflictos laborales. Las convenciones colectivas ampararán a todos los trabajadores y trabajadoras activos y activas al momento de su suscripción y a quienes ingresen con posterioridad.

Art. 97. Todos los trabajadores y trabajadoras del sector público y del sector privado **tienen derecho a la huelga** dentro de las condiciones que establezca la ley.

Direito Coletivo do Trabalho: (arts. 396 a 399 da Lei Orgânica do Trabalho — Capítulos I e II):

Art. 396. Se favorecerán armónicas relaciones colectivas entre trabajadores y patronos para la mejor realización de la persona del trabajador y para mayor beneficio del mismo y de su familia, así como para el desarrollo económico y social de la nación.

A tales fines, el Estado garantiza a los trabajadores y a los patronos, y a las organizaciones que ellos constituyan, el derecho a negociar colectivamente y a solucionar pacíficamente los conflictos. Los trabajadores tienen **el derecho de huelga** y lo ejercerán en los términos establecidos en este Título.

Art. 397. La organización sindical constituye un derecho inviolable de los trabajadores y patronos. Los sindicatos, federaciones y confederaciones sindicales gozarán de autonomía y tendrán la protección especial del Estado para el cumplimiento de sus fines.

Art. 398. Las convenciones colectivas de trabajo prevalecerán sobre toda otra norma, contrato o acuerdo, en cuanto beneficien a los trabajadores. Se favorecerá su extensión a los trabajadores no incluidos en las organizaciones que las celebren.

Art. 399. Las autoridades se esforzarán en facilitar y estimular la solución pacífica de los conflictos laborales.

---

(27) Esta última parte da normativa que institui a alternância nos cargos dos diretores e representantes nos sindicatos é novidade nos países da região, onde é habitual a eternização das diligências com as possíveis sequelas de corrupções e perdas de independência do sindicato com relação aos patrões, ao estado e aos partidos políticos. Também nos parece apropriada a imposição de hierarquia constitucional que obriga aos diretores a efetuar declaração jurada de bens, como uma prevenção contra o enriquecimento indevido dos dirigentes venais.

Capítulo II

Art. 400. (cf. art. 396) Tanto los trabajadores como los patronos tienen el derecho de asociarse libremente en sindicatos y éstos, a su vez, el de constituir federaciones y confederaciones.

...

Art. 405. Las cámaras de comercio, industria, agricultura o cualquier rama de producción o de servicios y sus federaciones y confederaciones, siempre que tengan personalidad jurídica, podrán ejercer las atribuciones que en esta Ley se reconocen a los sindicatos de patronos, previo registro en el Ministerio del ramo del trabajo.

Así mismo, los colegios de profesionales legalmente establecidos y sus federaciones y confederaciones **gozarán de igual derecho para ejercer las atribuciones de los organismos sindicales de trabajadores en representación de sus miembros, previo registro en el Ministerio del ramo del trabajo.**

Chamamos a atenção do advogado leitor, sobre as linhas anteriores, que identificam como iguais o gozo de direitos dos colégios profissionais e os sindicatos para representar a seus membros desde que — pelo menos na República Argentina — ambas figuras não têm nem podem adquirir a mesma natureza jurídica. Os colégios profissionais (de advogados, médicos, etc.) **são pessoas jurídicas de direito público não estatal que atuam como delegados do Estado** principalmente na custódia das matrículas profissionais, da ética profissional e do correto exercício das profissões cuja origem prévia, provém sempre de um título outorgado por Universidades reconhecidas pelo Estado.

No entanto — como diz a Lei Venezuelana e conceitualmente as dos demais países — os trabalhadores e os patrões têm o direito de se associar livremente, constituindo, portanto, pessoas de direito privado, tal como o especifica taxativamente o art. 33 do Código Civil da Nação Argentina.

9. *Principais características da legislação laboral impulsionada pelo presidente Chávez*

O Tenente Coronel (R.) Hugo Chávez Frías ganhou as eleições presidenciais pela primeira vez em 1998, o que constituiu uma derrota dos grupos políticos que governaram a Venezuela desde a queda no ano de 1958, da ditadura militar, encabeçada por Pérez Jiménez. Tanto a Constituição Nacional vigente desde 1999 como as modificações na legislação laboral que seguiram e que foram estabelecidas pela Assembleia Nacional Constituinte em três "atos constituintes" são expressão de frontal enfrentamento entre o movimento sindical e o novo regime, que no dizer do jurista venezuelano Oscar Hernández Alvarez[28] "ya se había reflejado a inicios de este último, cuando el Ejecutivo Nacional, se abstuvo de convocar, en conformidad con lo establecido por la **Ley Orgánica del Trabajo**", e seu

---

(28) ÁLVAREZ, Oscar Hernández. Setenta años de legislación laboral en Venezuela. In: ARTURO, Bronstein *et al. Cincuenta años de derecho del trabajo en América-Latina*. Santa Fé: Rubinzal Culzoni, 2007. p. 490 e s.

regulamento, à "Comisión Tripartita Nacional que debería reunirse para la fijación de los salarios mínimos".

Posteriormente, por outro dos atos constituintes, fizeram abandonar em suas funções os diretores laborais e principais, que, segundo a Lei Orgânica do Trabalho, **eram dois**, e representavam os trabalhadores nas Juntas Administradoras ou Conselhos de Administração dos institutos autônomos, dos organismos de desenvolvimento econômico e social do setor público **e das empresas em que o Estado é titular de 50% do capital**. Além disso, se dispôs que ambos os diretores se obrigariam por votação direta e secreta e maioria qualificada dos trabalhadores das referidas empresas; e que esses diretores **não cobrariam remuneração adicional ao salário percebido, pelo cargo que ocupem na empresa, exceto os gastos inerentes ao exercício de suas funções de representação**.

Trata-se — na interpretação do autor argentino que escreve este livro — de uma medida moralizante, destinada a evitar o enriquecimento injusto, daqueles que foram eleitos pelos trabalhadores para representá-los na administração da empresa e conseguiram com isso beneficiar-se de uma inequitativa desigualdade salarial. O fato se inscreve — sem dúvida — no contexto da célebre polêmica que protagonizaram soviéticos e maoístas na sexta década do século XX, sobre o tema dos "estímulos materiais e morais" na produção; mas na Venezuela também se relaciona com as intensas confrontações que inevitavelmente geram o projeto do Presidente Chávez de levar à República Bolivariana até o "socialismo do século XXI".

A esse respeito, carecemos de suficiente informação sobre o modelo que haverá de seguir o projeto da atual condução política venezuelana, porém — não temos dúvidas — lutará por construir uma sociedade mais igualitária, com a forte intervenção do Estado, como de alguma maneira o antecipam algumas das normativas adotadas, em matéria de direito coletivo — por exemplo —, na "legislação" que consagrou o direito à sindicalização, mas dispôs que seja o "Conselho Nacional Eleitoral" o ente encarregado das eleições públicas que também terá a função de organizar as eleições de sindicatos e agremiações profissionais, o qual tem sido considerado como contrário à liberdade sindical pelos órgãos de controle da OIT[29].

Como seguramente se advertirá, na doutrina venezuelana, não se tem levado em consideração que as relações laborais são de direito privado. Que o são também as relações que geram os contratos de trabalho individuais e coletivos e as organizações sociais que reúnem os trabalhadores, tais como os sindicatos e federações.

Isso que acabamos de afirmar nos itens anteriores **não deve ser interpretado como uma reprovação ao caminho socialista** que possa escolher o povo venezuelano, mas sim, em todo caso, como um assinalamento daqueles erros já cometidos historicamente em modelos que o precederam como o soviético, que considerou aos funcionários das empresas do Estado como sob relações de direito público, desdenhando o contrato de trabalho que — repetimos —, individual ou coletivo, é

---

(29) ÁLVAREZ, Oscar Hernández. Setenta años de legislación Llboral en Venezuela. In: *Op. cit.*, p. 489.

de direito privado e fortemente influenciado pelos princípios dos direitos humanos universais.

E, voltando uma vez mais ao direito positivo venezuelano, chama a atenção que "se consagre el derecho a la negociación colectiva, **pero prohibiéndose la inclusión en las mismas de las cláusulas sindicales**"[30].

De qualquer maneira, o que temos expressado deve somente ser considerado como uma preocupação doutrinária, emoldurada nas interrogações que geram os processos de integração regional da América Latina, particularmente no que se refere à demorada incorporação da Venezuela ao Mercosul e às regulações sobre o intercâmbio de mão de obra e os conflitos de leis que se suscitem entre as partes a propósito da norma mais favorável (*favor debilis*) que haverá de ser aplicada (escrevemos estas linhas no princípio de 2009).

Reiteramos o assinalado acima e em páginas anteriores, que não se oculta que o processo de mudanças impulsionado no país de Bolívar incentivou os conflitos de classe e pôs em destaque todo o sistema de estruturas sindicais herdadas dos antigos regimes, tal como ocorreu em outros países da América Latina.

10. A nova Constituição política do Estado da Bolívia

É composta de quatro núcleos fundamentais: O primeiro estabelece a igualdade de todos os bolivianos a quem são reconhecidos os mesmos direitos. O segundo regula as diversas formas de trabalho, incluindo as ancestrais, que nas Cartas Magnas anteriores nem sequer se reconheciam. O terceiro núcleo do texto normativo aborda a importantíssima questão do direito dos povos, das nações originárias, das regiões e departamentos e das formas de autogoverno e o quarto núcleo inclui o reconhecimento dos direitos econômicos e sociais de todo o país.

Segundo a Revista Veintitres[31], o novo texto converte em constitucionais duas bases do Estado de Bem-estar que já foi fundado por Evo Morales (Presidente da Nação): o pagamento da Renda dignidade (uma aposentadoria universal para todos os maiores de 60 anos) y Abono Juancito Pinto (um auxílio anual em dinheiro para todos os alunos). O mesmo *status* de imodificabilidade é concedido à nacionalização dos recursos naturais: nenhum governo futuro poderá privatizar a propriedade das empresas do Estado.

11. Acerca do Texto Constitucional Boliviano (Decreto Supremo n. 28.699 do Presidente Evo Morales Ayma — ano 2007)

Considerando:

Que la Constitución Política del Estado en sus arts. 157 y 158, determina que el Estado tiene la obligación de crear condiciones que garanticen para todos, posibilidades de

---

(30) ÁLVAREZ, Oscar Hernández. *Op. cit.*, p. 489.
(31) BAVIO, Alfredo Grieco y. El día de Evo. In: *Revista Veintitrés*, Buenos Aires, año 10, n. 538, 23.10.2008. p. 49.

ocupación laboral, estabilidad en el trabajo y remuneración justa, asegurando sobre todo la continuidad de sus medios de subsistencia para mejorar las condiciones de vida de las familias.

BASES FUNDAMENTALES DEL ESTADO (CAPÍTULO I — MODELO DEL ESTADO):

Art. 1º Bolivia se constituye en un Estado Unitario Social de Derecho Plurinacional Comunitario, libre, independiente, soberano, democrático, intercultural, descentralizado y con autonomías. Se funda en la pluralidad y el pluralismo político, económico, jurídico, cultural y lingüístico, dentro del proceso integrador del país.

Art. 2º Dada la existencia precolonial de las naciones y pueblos indígenas originarios campesinos y su dominio ancestral sobre sus territorios, se garantiza su libre determinación en el marco de la unidad del Estado, que consiste en su derecho a la autonomía, al autogobierno, a su cultura, y al reconocimiento de sus instituciones y a la consolidación de sus entidades territoriales, conforme a esta Constitución y a la ley.

Art. 3º La nación boliviana está conformado por la totalidad de las bolivianas y los bolivianos, las naciones y pueblos indígena originario campesinos, y las comunidades interculturales y afrobolivianas que en conjunto constituyen el pueblo boliviano.

Art. 4º El Estado respeta y garantiza la libertad de religión y creencias espirituales de acuerdo a sus cosmovisiones. Se establece la independencia del Estado con la religión.

Art. 5º I. Son idiomas oficiales del Estado el castellano y todos los idiomas de las naciones y pueblos indígena originario campesinos, que son el aymara, araona, baure, bésiro, canichana, cavineño, cayubaba, chácobo, chimán, ese ejja, guaraní, guarasuwe, guarayu, itonama, leco, machajuyai-kallawaya, machineri, maropa, mojeño-trinitario, mojeño-ignaciano, moré, mosetén, movima, pacawara, puquina, quechua, sirionó, tacana, tapieté, toromona, uru-chipaya, weenhayek, yaminawa, yuki, yuracaré y zamuco.

II. El gobierno plurinacional y los gobiernos departamentales deberán utilizar al menos dos idiomas oficiales. Uno de ellos debe ser el castellano, y el otro se decidirá tomando en cuenta el uso, la conveniencia, las circunstancias y las necesidades y preferencias de la población en su totalidad o del territorio en cuestión. Los demás gobiernos autónomos deberán utilizar los idiomas propios de su territorio, y uno de ellos debe ser el castellano.

12. Geral do Trabalho: Decreto Supremo de 24 de maio de 1939 — elevado a Lei em 8 de dezembro de 1942, atualizada em 2007

Esta norma revelava de alguma maneira, as essências do complexo processo de transformações pelo qual transitou e ainda transita o povo boliviano durante as últimas décadas, nos diversos planos das relações de trabalho, que põem de manifesto as diferenças e contradições entre a cidade e o campo, as discriminações que padeceram e ainda padecem os povos originários e a resistência contra a opressão estrangeira, por exemplo.

Não por acaso, o articgo primeiro define: "La presente Ley determina con carácter general **los derechos y obligaciones emergentes del trabajo, con excepción del agrícola**, que será objeto de disposición especial. Se aplica también a las explotaciones del Estado y cualquiera asociación pública o privada, aunque no persiga fines de lucro, salvo las excepciones que se determinan".

Não obstante chama a atenção a pouca precisão acerca do conceito que inclui entre os empregadores "cualquier asociación pública" sem definir se se trata de uma associação estatal ou não estatal, já que a relação de emprego será, na primeira das hipóteses, de direito administrativo e natureza jurídica pública; e na segunda hipótese será de direito laboral e natureza jurídica privada. Do ponto de vista do direito do trabalho argentino se considera "empregador" a pessoa física ou o conjunto delas, ou jurídica, "**tenga o no personalidad jurídica propia**, que requiera los servicios de un trabajador" (art. 26 da LCT).

E a esse último respeito: o art. 2º da Lei boliviana

> Patrono es la persona natural o jurídica que proporciona trabajo, **por cuenta propia o ajena**, para la ejecución o explotación de una obra o empresa. Empleado y obrero es el que trabaja por cuenta ajena. Se distingue el primero por prestar servicios en tal carácter; o por trabajar en oficina con horario y condiciones especiales, desarrollando un esfuerzo predominantemente intelectual. Quedan comprendidos en esta categoría de empleados todos los trabajadores favorecidos por leyes especiales. Se caracteriza el obrero por presentar servicios de índole material o manual comprendiéndose en esta categoría, también, al que prepara o vigila el trabajo de otros obreros, tales como capataces y vigilantes.

Não fica claro no texto da norma transcrita que alcances tem a expressão de que "patrono es la persona natural o jurídica que proporciona trabajo por cuenta propia o ajena"... No melhor dos casos falta agregar como na legislação comparada "os trabalhadores, havendo sido contratados por terceiros com intuito de repassá-los às empresas, serão considerados empregados diretos de quem utilize seus préstimos e qualquer que seja o ato ou estipulação que acordem os terceiros contratantes e a empresa para a qual os trabalhadores prestem ou tenham prestado serviços, responderão solidariamente por todas as obrigações resultantes da relação laboral e das que derivem do regime de seguridade social..." (conforme com o art. 29 da Lei de Contrato de Trabalho da República Argentina — texto segundo a Lei n. 24.013).

No entanto, não cabem nem podem caber dúvidas no que se refere à maneira de interpretar a norma aludida, com base na Constituição Política do Estado, sancionada pelo Decreto Supremo n. 28.699 do Presidente Evo Morales Ayma, que estabelece em seu art. 4º.

a) Princípio protetor: no qual o Estado tem a obrigação de proteger ao trabalhador assalariado entendido com base nas seguintes regras:

— *in dubio pro operario*, en caso de existir duda sobre la interpretación de una norma, **se debe preferir aquella más favorable al trabajador;**

— de la condición más beneficiosa, en caso de existir una situación concreta anteriormente reconocida **esta debe ser respetada en la medida que sea más favorable al trabajador ante la misma norma que se ha de aplicar.**

Deve-se valorizar esta normativa constitucional na medida em que **constitui a base para resolver os conflitos de leis em matéria laboral e no molde dos processos de integração regional, cuja solução sempre deve se basear no princípio da norma mais favorável ao trabalhador, comum a toda a legislação do trabalho latino-americana.**

De qualquer maneira e voltando à lei geral do trabalho da Bolívia, se destaca no art. 3º da mesma, a intenção nacionalizante da norma. "En ninguna empresa o establecimiento, el número de trabajadores extranjeros podrá exceder del 15 por ciento del total y comprenderá exclusivamente a técnicos. El personal femenino tampoco podrá pasar del 45 por ciento (?) en las empresas o establecimientos que por su índole no requieran usar del trabajo de esta en una proporción mayor".

No art. 5º da Lei se introduzem os temas de direito coletivo: "El contrato de trabajo es individual o colectivo, según que se pacte entre un patrono o grupo de patrono y un empleado u obrero; o entre un patrono o asociación de patronos y un sindicato, federación o confederación de sindicatos de trabajadores".

O art. 23 amplia o conceito: o contrato coletivo não só obriga aos que o tenham celebrado, como também aos trabalhadores que depois se adiram a ele por escrito, e a quem posteriormente ingresse ao sindicato contratante.

13. Título IX — Das Organizações de Trabalhadores e Patrões — Capítulo I — Art. 99

"Se reconoce el derecho de asociación en sindicatos que podrán ser patronales, gremiales o profesionales, mixtos o industriales o de empresas. Para actuar como tal, el sindicato deberá tener carácter de personería, haber legalizado su personería y constituirse con arreglo a las reglas legales."

La finalidad esencial del sindicato es la defensa de los intereses colectivos que representa, los trabajadores particularmente tendrán facultades para: celebrar con los patrones contratos colectivos y hacer valer los derechos emergentes; representar a sus miembros en el ejercicio de derechos emanados de contratos individuales, cuando los interesados lo requieran expresamente; representar a sus miembros en los conflictos colectivos y en las instancias de conciliación y arbitraje; crear escuelas profesionales e industriales, bibliotecas populares, etc.; organizar cooperativas de producción y consumo, exceptuando la elaboración de artículos similares a los que fabrica la empresa o industria en que trabaja. (art. 100)

Da Nacionalização dos Sindicatos

No contexto, a normativa sindical boliviana reflete as preocupações do legislador ou por resolver aspectos das relações de classes sociais que historicamente tenham dado motivos para temer a influência sobre os conflitos entre maiorias e minorias nacionais, as patronais empresarias de estrangeiros e o Estado. Como expressam os arts. 1º; 5º e 9º da Constituição: "Bolivia se constituye en un Estado Unitario Social de Derecho Plurinacional Comunitario, cuyos idiomas oficiales del Estado: el castellano y todos los idiomas de las naciones y pueblos indígena originario campesinos", que temos detalhado em itens anteriores.

Não é de estranhar então que no art. 101 da Lei Geral do Trabalho, se tenha estabelecido que "Los sindicatos se dirigirán por un Comité responsable, cuyos miembros serán bolivianos de nacimiento"; ainda que não se possa compreender que em tal contexto se proíbam "organizarse sindicalmente a los funcionarios públicos cualquiera que sea su categoría y condición" (art. 104).

Por último, ainda que pelo art. 114 se reconheça nos trabalhadores "que podrán declarar la huelga", também se legaliza o *lock-out* patronal, o que parece um contrassenso se se considera que pelo art. 118 da mesma lei "queda prohibida la suspensión del trabajo en los servicios de carácter público". Com a advertência de que "su contravención será penada con la máxima sanción de la ley".

14. Constituição Política dos Estados Unidos Mexicanos (Sancionada em 1917 com as últimas reformas publicadas até 26.9.2008) do Trabalho e da Previdência Social

Em capítulos anteriores temos destacado o rol precursor que desempenhou a Constituição do México, sancionada em 1917, na configuração posterior do direito do trabalho latino-americano e das instituições representativas das forças sociais (trabalhadores e patrões) que caracterizam o meio e terminaram reconhecendo o direito à greve e à organização sindical.

No relato do mestre uruguaio Barbagelata[32]... "después de algunas resistencias — que apelaban al argumento de que la técnica jurídica no admitía la introducción de preceptos concretos sobre la duración del trabajo (entre otros) en la Carta Magna — el texto correspondiente fue redactado y adoptado por la Asamblea en enero de 1917". A rigor — como também aponta Barbagelata — "se debe atender también al artículo 123, aún vigente de la Constitución Mexicana, cuyo texto — extenso por cierto — influenció a los Códigos del Trabajo de varios Estados que integran esa República Federativa y más tarde, habiéndose federalizado la jurisdicción laboral en el año 1931, sirvió de modelo a la Ley Federal del Trabajo, que más adelante también serviría de ejemplo a otros países de América Latina".

Dada a especialidade do presente capítulo, nos absteremos de analisar e transcrever a totalidade do art. 123 da Constituição Política dos Estados Unidos Mexicanos, limitando-nos ao estudo somente daqueles pontos vinculados com as organizações sindicais; o direito coletivo do trabalho, o direito salarial e a greve.

> **Art. 123.** Toda persona tiene derecho al trabajo digno y socialmente útil; al efecto, se promoverán la creación de empleos y la organización social de trabajo, conforme a la ley.

---

(32) BARBAGELATA, Héctor Hugo. *O direito do trabalho na América-Latina*. Rio de Janeiro: Forense, 1985. p. 39.

El Congreso de la Unión, sin contravenir a las bases siguientes deberá expedir leyes sobre el trabajo, las cuales regirán:

A. Entre los obreros, jornaleros, empleados domésticos, artesanos y de una manera general, todo contrato de trabajo:

I. La duración de la jornada máxima será de ocho horas.

II. La jornada máxima de trabajo nocturno será de 7 horas. Quedan prohibidas: las labores insalubres o peligrosas, el trabajo nocturno industrial y todo otro trabajo después de las diez de la noche, de los menores de dieciséis años;

III. Queda prohibida la utilización del trabajo de los menores de catorce años. Los mayores de esta edad y menores de dieciséis tendrán como jornada máxima la de seis horas.

IV. Por cada seis días de trabajo deberá disfrutar el operario de un día de descanso, cuando menos.

V. Las mujeres durante el embarazo no realizarán trabajos que exijan un esfuerzo considerable y signifiquen un peligro para su salud en relación con la gestación; gozarán forzosamente de un descanso de seis semanas anteriores a la fecha fijada aproximadamente para el parto y seis semanas posteriores al mismo, debiendo percibir su salario íntegro y conservar su empleo y los derechos que hubieren adquirido por la relación de trabajo. En el período de lactancia tendrán dos descansos extraordinarios por día, de media hora cada uno para alimentar a sus hijos;

VI. Los salarios mínimos que deberán disfrutar los trabajadores serán generales o profesionales... suficientes para satisfacer las necesidades normales de un jefe de familia, en el orden material, social y cultural, y para proveer a la educación obligatoria de los hijos...[33]

VII. Para trabajo igual debe corresponder salario igual, sin tener en cuenta sexo ni nacionalidad.

VIII. El salario mínimo quedará exceptuado de embargo, compensación o descuento.

IX. Los trabajadores tendrán derecho a una participación en las utilidades de las empresas, regulada de conformidad con las siguientes normas...

...

f) El derecho de los trabajadores a participar en las utilidades no implica la facultad de intervenir en la dirección o administración de las empresas.

X. El salario deberá pagarse precisamente en moneda de curso legal, no siendo permitido hacerlo efectivo con mercancías, ni con vales, fichas o cualquier otro signo representativo con que se pretenda sustituir la moneda ...

...

XV. El patrón estará obligado a observar, de acuerdo con la naturaleza de su negociación, los preceptos legales sobre higiene y seguridad en las instalaciones de su establecimiento, y a adoptar las medidas adecuadas para prevenir accidentes en el uso de las máquinas, instrumentos y materiales de trabajo...

---

(33) Nós nos abstivemos de transcrever o texto completo do articulado *brevitatis causa*. De qualquer maneira consideramos a parte transcrita pelo menos ilustrativa da intenção do legislador constituinte.

XVI. Tanto los obreros como los empresarios tendrán derecho para coaligarse en defensa de sus respectivos intereses, formando sindicatos, asociaciones profesionales, etc.

XVII. Las leyes reconocerán como un derecho de los obreros y de los patronos, las huelgas y los paros.

XVIII. Las huelgas serán lícitas cuando tengan por objeto conseguir el equilibrio entre los diversos factores de la producción, armonizando los derechos del trabajo con los del capital...[34]

Nota: O art. 123, inciso B, ap. X, assegura que "los trabajadores tendrán el derecho de asociarse para la defensa de sus intereses comunes. Podrán asimismo, hacer uso del derecho de huelga previo el cumplimiento de los requisitos que determine la Ley ...".

Aparentemente e conforme o texto constitucional mexicano, o direito de greve estaria sobre "os trabalhadores". Porém, o art. 440 da Lei Federal do Trabalho se refere à medida de força como "llevada a cabo por una coalición de trabajadores", acrescentando (art. 441) que "Para los efectos de este título los sindicatos de trabajadores son coaliciones permanentes". Essa última afirmação implica a possibilidade conceitual de coalizões não permanentes, como titulares do direito e isso nos leva a conceber que, como bem apontam Alberto e Jorge Trueba na doutrina mexicana: "con motivo del escamoteo de sus utilidades por parte de las empresas; **los sindicatos o los trabajadores coaligados podrán obtener el cumplimiento de las disposiciones respectivas, mediante el ejercicio del derecho de huelga**"[35].

Certa vez em uma de suas aulas sobre direito de greve e como exemplo, o professor Deveali, de quem fui aluno de graduação e de pós-graduação na Faculdade de Direito da Universidade Nacional de La Plata, afirmou — comparando o direito laboral argentino com o mexicano a possibilidade teórica neste último país de que três trabalhadores reunidos poderiam decidir uma greve. A recordação de quem subscreve estas linhas, vem a propósito de que no direito argentino — segundo já adiantamos neste livro — o direito de greve não está na cabeça dos trabalhadores nem das coalizões temporárias, e sim dos sindicatos com personalidade gremial.

15. A Lei Federal do Trabalho nos Estados Unidos Mexicanos

Conforme foi sancionada e publicada com data de 18 de abril de 1970 e posteriormente atualizada e publicada no Diário Oficial da Federação — DOF —, de 17.1.2006, durante a Presidência Constitucional de Gustavo Díaz Ordaz.

---

(34) Adverte-se na norma um condicionante do direito de greve que de alguma maneira o limita. É que não se pode pretender que em pleno conflito as partes subordinem a medida de força "el equilibrio entre los diversos factores de la producción" já que "conflito" pressupõe necessariamente o conceito de desequilíbrio e conflito de interesses; de nenhuma maneira "harmonização" como o quis o legislador mexicano.

(35) URBINA, Alberto Trueba; BARRERA, Jorge Trueba. *Ley federal del trabajo* (comentarios, prontuario, jurisprudencia, etc.). México: Porrùa, 1990. p. 204.

Em seu art. 1º se expressa: "La presente Ley es de observancia general, en toda la República y rige las relaciones de trabajo comprendidas en el art. 123, § A de la Constitución". Que, como bem assinalam os autores mexicanos citados acima, nasce com a Constituição Mexicana de 1917, anterior à terminação da Primeira Guerra Mundial, em 1918, e assinatura do Tratado de Paz de Versalles de 1919[36].

a) Coalizões: Em seu **Título VII, Capítulo 1, art. 354,** a norma se refere às coalizões reconhecendo "la libertad de coalición de trabajadores y patrones". E o art. 355 esclarece: "Coalición es el acuerdo temporal de un grupo de trabajadores o de patrones para la defensa de sus intereses comunes".

A Coalizão — aponta a doutrina que estamos citando[37] —, tanto de trabalhadores como de patrões, "es el primer acto que se realiza en ejercicio de la libertad sindical, para constituir las organizaciones de defensa de los intereses comunes de las clases sociales". E recordando Paúl Pic: "La declaración da a la huelga lo que el ultimátum a la declaración de guerra".

b) Sindicatos, Federações e Confederações: (arts. 356 a 385 da Lei Federal do Trabalho): Sindicato é a associação de trabalhadores ou patrões, constituída para o estudo, melhoramento e defesa de seus respectivos interesses.

Em honra ao caráter precursor da legislação laboral mexicana se impõe que reconheçamos, com sua melhor doutrina, que, se por um lado o direito de associação profissional (art. 357) deriva do disposto na fração XVI, § A, do art. 123 da Constituição Mexicana; o certo é que as associações de trabalhadores e as de patrões perseguem distintos objetivos. A associação profissional dos trabalhadores é uma expressão de vontade coletiva, que tem por objetivo a luta pelo melhoramento das condições econômicas dos trabalhadores enquanto a associação profissional dos empregadores tem por objeto a defesa de seus interesses patrimoniais[38]. A isso, acrescentamos que sempre é preciso ter em mente **que no sistema capitalista enquanto a produção é invariavelmente social ou coletiva; a apropriação do produto — em contrapartida — é individual**. Disso resulta uma tendência quase natural dos trabalhadores a se agrupar ou coalizionar-se — segundo se diz acima — para a defesa de suas reivindicações comuns; enquanto não é esse o caso dos empresários patronais habitualmente confrontados pelas leis da competência econômica.

O legislador mexicano, talvez pelos motivos que apontamos nos últimos itens, tem resolvido no art. 363 da Lei Federal do Trabalho que não podem ingressar nos sindicatos dos demais trabalhadores, os trabalhadores de confiança o que não obsta que estes últimos possam formar seus próprios sindicatos[39].

De qualquer modo (art. 375) "Los sindicatos representan a sus miembros en la defensa de los derechos individuales que les correspondan, sin perjuicio del

---

(36) URBINA, Alberto Trueba; BARRERA, Jorge Trueba. *Op. cit.*, p. XIX.
(37) URBINA, Alberto Trueba; BARRERA, Jorge Trueba. *Op. cit.*, p. 173.
(38) URBINA, Alberto Trueba; BARRERA, Jorge Trueba. *Op. cit.*, p. 174.
(39) No dizer do egípcio Samir Amin, trabalhadores de confiança são aqueles com quem o empregador compartilha os conhecimentos reservados do giro comercial ou técnico da empresa.

derecho de los trabajadores para obrar o intervenir directamente, cesando entonces, a petición del trabajador, la intervención del sindicato".

E o art. 378 da Lei Federal dispõe além disso:

Queda prohibido a los sindicatos:

I. Intervenir en asuntos religiosos; y

II. Ejercer la profesión de comerciantes con animo de lucro.

Uma vez mais recorremos ao comentário de doutrina de Alberto e Jorge Trueba, que destacam que a norma transcrita se inscreve no "mismo ideario de la Antigua Ley, que por reforma propuesta por el Presidente Cárdenas, suprimió la prohibición de que los sindicatos intervinieran en política del país o ejercitaran como sindicatos actividades políticas". Confirmava-se assim o princípio segundo o qual os sindicatos como pessoas morais de direito social — afirmam — "tienen facultades de ejercitar toda clase de actividades políticas, ya que la política está íntimamente relacionada con la vida sindical".

16. *Acerca do Contrato Coletivo de Trabalho: arts. 386 a 421 da Lei Federal do Trabalho (reformada) do México*

Na legislação mexicana (art. 386) se denomina "contrato colectivo de trabajo el convenio celebrado entre uno o varios sindicatos de trabajadores y uno o varios patrones; o uno o varios sindicatos de patrones, con objeto de establecer las condiciones según las cuales debe prestarse el trabajo en una o más empresas o establecimientos".

No contexto que apresenta o art. 123 da Constituição daquele país, o contrato coletivo de trabalho, não poderá conter nenhuma cláusula inferior às estabelecidas na norma, o costume e a jurisprudência quanto a beneficiar o trabalhador[40]: "En las relaciones laborales no existe autonomía de la voluntad, desde el momento en que la ley obliga a la parte patronal a celebrar el contrato de trabajo aún contra su voluntad". O comentário da doutrina vem ao caso, porque, segundo o art. 387 da LFTR, se o patrão se nega a outorgar o contrato coletivo, "podrán los trabajadores ejercitar el derecho de huelga consignado en el art. 450".

> "El contrato colectivo de trabajo deberá celebrarse por escrito, bajo pena de nulidad" (art. 390) "Se hará por triplicado entregándose un ejemplar a cada una de las partes y se depositará el otro tanto en la Junta de Conciliación y Arbitraje o en la Junta Federal o Local de Conciliación, la que después de anotar la fecha y hora de presentación del documento lo remitirá a la Junta Federal o local de Conciliación y Arbitraje."

> "El contrato surtirá efectos desde la fecha y hora de presentación del documento, salvo que las partes hubiesen convenido en una fecha distinta."

É interessante constatar que (art. 392) os contratos coletivos poderão estabelecer "La organización de comisiones mixtas para el cumplimiento de determinadas

---

(40) URBINA, Alberto Trueba; BARRERA, Jorge Trueba. *Op. cit.*, p. 184.

funciones sociales y económicas", cujas resoluções poderão ser declaradas obrigatórias em cujo caso poderá se declarar seu cumprimento perante as Juntas de Conciliação e Arbitragem. Também cabe esclarecer que "No producirá efectos de contrato colectivo el convenio al que falte la determinación de los salarios..." (art. 393).

E em definitivo, "el contrato colectivo no podrá concertarse en condiciones menos favorables para los trabajadores que las contenidas en contratos vigentes en la empresa o establecimiento" (art. 394 da LFTR).

Cabe esclarecer por último que, segundo o art. 400, se nenhuma das partes solicitou a revisão do contrato nos plazos a que se refere o art. 399 ou não se exercitou o direito de greve, o contrato coletivo se prorrogará por um período igual ao de sua duração ou continuará por tempo indeterminado.

17. Contrato-lei

Na legislação laboral mexicana, é uma figura do direito coletivo muito particular, cuja origem provável reside nas singularidades de sua geografia econômica.

Sua regulação legal no art. 404 da LFTR é similar à do Contrato Coletivo de Trabalho: "Contrato-Lei" — rege la norma:

> es el convenio celebrado entre uno o varios sindicatos de trabajadores y varios patrones, o uno o varios sindicatos de patrones, con objeto de establecer las condiciones según las cuales debe prestarse el trabajo **en un rama determinada de la industria, y declarado obligatorio en una o varias entidades federativas, en una o varias zonas económicas que abarquen una o mas de dichas entidades, o en todo el territorio nacional.**

"Los Contratos Ley pueden celebrarse para industrias de jurisdicción federal o local" (art. 405 da LFTR); mas **a gestão de solicitudes para elevar os contratos coletivos de trabalho de natureza local a contratos-lei em uma entidade federativa**, devem se dirigir aos governadores dos Estados, ou ao chefe do Departamento do Distrito Federal, e quando se trate de elevar os contratos coletivos de matéria federal a contratos-lei ou quando se refiram a duas ou mais entidades federativas, as solicitudes deverão ser dirigidas à Secretaria do Trabalho e Previdência Social. Também quando se trate de indústrias de jurisdição federal em uma entidade federativa[41].

Pueden solicitar la celebración de un contrato-ley los sindicatos que representen las dos terceras partes de los trabajadores sindicalizados, por lo menos, de una rama de la industria en una o varias Entidades Federativas, en una o mas zonas económicas, que abarque una o mas de dichas Entidades o en todo el territorio nacional. (art. 406 da LFTR).

---

(41) Cf. BARRERA, Jorge Trueba. Nota do art. 405 da LFTR. Ver *Ley federal del trabajo reformada*. México: Porrúa, 1990. p. 189-190.

Para todas as hipóteses viabilizantes de contratos-lei, e a tramitação da respectiva norma (cf. art. 405 citado), os solicitantes justificarão que satisfazem o requisito de maioria mencionado no art. 406.

Os organismos estatais de controle já citados... depois de verificar o requisito de maioria **se em sua opinião é oportuna e beneficia a indústria a celebração do contrato-lei, convocará uma convenção com os sindicatos de trabalhadores e aos patrões que possam ser afetados** (art. 409). Conforme aponta a doutrina mexicana, "Las convenciones de trabajadores y patrones, desde hace muchos años, se encargaban de formular el contrato-ley, de manera que esta práctica ha sido recogida por la nueva ley, aprovechándose muchas experiencias sobre el particular. En estas convenciones nace el derecho autónomo de carácter colectivo"[42].

Resumindo: entre os arts. 410 e 418 da Lei Federal do Trabalho Reformada — RFTR, a normativa regulamenta minuciosamente o contrato-lei, incluindo detalhes sobre sua publicidade em meios oficiais da Federação ou da Entidade Federativa; sobre o Regulamento e Presidência da Convenção que se convoque; sobre os dados filiatórios dos sindicatos de trabalhadores e dos patrões que compareceram à convenção; sobre as condições de trabalho, as regras conforme as quais se formularam os planos e programas e estipulações que acordem as partes. Porém, devemos destacar além disso que, no art. 412 da LFTR, inciso III, se estabelece taxativamente que nos contratos-lei "su duración no podrá exceder de dos años".

18. A estipulação mais favorável

Agora vejamos, cabe destacar que, segundo o art. 417 "el contrato-ley se aplicara no obstante cualquier disposición en contrario contenida en el contrato colectivo que la empresa tenga celebrado, **salvo en aquellos puntos en que estas estipulaciones sean mas favorables al trabajador**". Com o que a norma ratifica o princípio da norma mais favorável ao trabalhador e da interpretação mais favorável ao trabalhador em caso de dúvida a que se refere o art. 18 da LFTR.

Quanto à duração do contrato-lei, a mesma é dependente "del pedido de revisión por las partes o cuando no se efectúa el derecho de huelga; en cuyo supuestos el contrato se prorrogará por un período igual al que se haya fijado para su duración" (art. 420) ... "si al concluir el procedimiento de revisión, los sindicatos de trabajadores y los patrones no llegan a un convenio, salvo que aquellos ejerciten el derecho de huelga" (art. 421 da LFTR).

19. Greves: Título Oitavo — Capítulo I — Disposições Gerais e Capítulo II — Objetivos e Procedimentos

O direito de greve, reconhecido no art. 123 da Constituição Política dos Estados Unidos Mexicanos, está regulamentado nos arts. 440 e seguintes da Lei Federal do

---

(42) Cf. BARRERA, Jorge Trueba. *Op. cit.*, p. 190.

Trabalho Reformada, com a particularidade de que numerosos artigos do Título Oitavo, Capítulo II, foram derrogados (arts. 452 a 458, 460 a 465, 467 a 468 e 470 a 471 e substituídos pelos arts. 920 a 928, 929 a 934, e 937 a 938 da LFTR).

Em nossa opinião, o que pontua o direito de greve mexicano, segundo afirmamos em páginas anteriores, é que se reconhecem como titular do mesmo as coalizões de trabalhadores: isso quer dizer aos trabalhadores e também aos sindicatos (art. 441) de trabalhadores que são coalizões permanentes. Greve é a suspensão temporal do trabalho **levada a cabo por uma coalizão de trabalhadores**. Isso é coerente com a afirmação de doutrina que diz que "la huelga es un derecho social económico cuyo ejercicio le permite a los trabajadores alcanzar mejores condiciones de trabajo, prestaciones y salarios, y en el porvenir sus reivindicaciones sociales"[(43)].

Seguramente que no por casualidad, la huelga — como un hecho — siempre ha sido reconocida por la jurisprudencia laboral, virtualmente en la mayoría — sino todos — los países latinoamericanos, salvo en circunstancias excepcionales; como cuando en México se la considera ilícita si se cometen "actos violentos por la mayoría de los huelguistas" o "en caso de guerra".

Sin embargo, la normativa laboral considera la huelga como lícita cuando existan circunstancias económicas que lo justifiquen (art. 426 da LFTR) lo que indica — según la jurisprudencia — "que dentro de las relaciones laborales se dan circunstancias internas y externas que alteran el equilibrio de los factores de la producción y a ello concretamente se refiere el art. 426 da LFTR ... que expresamente señala "que el aumento del costo de la vida origina un desequilibrio entre el capital y el trabajo" (sent Ejecutoria: Informe n. 1.984, 2ª parte, 4ª Sala, Tesis 45, p. 41 y 42).

20. *Objetivos e procedimentos da greve*

Segundo o art. 450 da LFTR,

La huelga deberá tener por objeto:

I. Conseguir el equilibrio entre los diversos factores de la producción, armonizando los derechos del trabajo con los del capital;

II. Obtener del patrón o patrones la celebración del contrato colectivo de trabajo y exigir su revisión al terminar el periodo de su vigencia...;

III. Obtener de los patrones la celebración del Contrato-Ley y exigir su revisión al terminar el periodo de su vigencia...;

IV. Exigir el cumplimiento del Contrato Colectivo de Trabajo o del Contrato-Ley en las empresas o establecimientos en que hubiese sido violado;

V. Exigir el **cumplimiento de las disposiciones legales sobre participación de utilidades**;

---

(43) Cf. BARRERA, Jorge Trueba. *Op. cit.*, p. 202.

VI. Apoyar una huelga que tenga por objeto alguno de los enumerados en las fracciones anteriores; y

VII. Exigir la revisión de los salarios contractuales a que se refieren los art. 399 *bis* y 419 *bis* ("revisión de salarios colectivos por cuota diaria" en los contratos colectivos y en los Contratos-Ley).

Nós nos eximimos de transcrever e comentar os arts. 920 a 938 da LFTR, também sobre "Procedimento de Greve", que detalham minuciosamente os trâmites escritos perante a Junta de Conciliação e Arbitragem. Mas também evidenciam traços restritivos tais como as hipóteses pelo art. 923, que proíbe

dar trámite al escrito de emplazamiento de huelga cuando este no sea formulado conforme a los requisitos del art. 920 o sea presentado por un sindicato que no sea el titular del contrato colectivo de trabajo, o el administrador del contrato ley, o cuando se pretenda exigir la firma de un contrato colectivo, no obstante existir ya uno depositado en la Junta de Conciliación y Arbitraje competente.

O comentário de alguma doutrina parece-nos restritivo, uma vez que interpreta a norma como destinada a "evitar daños irreparables a las fuentes de trabajo, perjudicando con ello a los propios trabajadores" — diz — "por luchas políticas intersindicales de detentaciones de contratos colectivos o contratos ley, a través del procedimiento de huelga".

Na realidade, o argumento se assemelha ao que na Argentina utilizam aqueles que reivindicam o monopólio do direito de greve somente aos sindicatos com "personería gremial", sob pretexto de que isso assegura "la unidad del movimiento obrero". Quando, a rigor, se trata é de assegurar também sua independência do Estado, dos patrões e dos partidos políticos.

Por isso devemos resgatar a reflexão de Alberto e Jorge Trueba, que alertam contra as fraudes legais que se cometem em prejuízo dos trabalhadores através da confabulação entre patrões e líderes desonestos, já que mediante a simples declaração de greve se suspendia a execução de sentenças laborais contra as empresas[44].

21. A Constituição da República do Paraguai

Foi sancionada em 20 de junho de 1992, com uma última atualização em 17 de janeiro de 2002. Seu Capítulo VIII: "Del Trabajo; Sección I: de Los Derechos Laborales" se estende desde os arts. 86 ao 100 nos seguintes termos:

Art. 86. DEL DERECHO AL TRABAJO

Todos los habitantes de la República tienen derecho a un trabajo lícito, libremente escogido y a realizarse en condiciones dignas y justas.

La ley protegerá el trabajo en todas sus formas y los derechos que ella otorga al trabajador son irrenunciables.

---

(44) URBINA, Alberto Trueba; BARRERA, Jorge Trueba. *Op. cit.*, p. 428.

Art. 87. DEL PLENO EMPLEO

El Estado promoverá políticas que tiendas al plano empleo y a la formación profesional de recursos humanos, dando preferencia al trabajador nacional.

Art. 88. DE LA NO DISCRIMINACION

No se admitirá discriminación alguna entre los trabajadores por motivos étnicos, de sexo, edad, religión, condición social y preferencias políticas o sindicales.

El trabajo de las personas con limitaciones o incapacidades físicas o mentales será especialmente amparado.

Art. 89. DEL TRABAJO DE LAS MUJERES

Los trabajadores de uno y otro sexo tienen los mismos derechos y obligaciones laborales, pero la maternidad será objeto de especial protección, que comprenderá los servicios asistenciales y los descansos correspondientes, los cuales no serán inferiores a doce semanas. La mujer no será despedida durante el embarazo, y tampoco mientras duren los descansos por maternidad.

La ley establecerá el régimen de licencias por paternidad.

Art. 90. DEL TRABAJO DE LOS MENORES

Se dará prioridad a los derechos del menor trabajador para garantizar su normal desarrollo físico, intelectual y moral.

Art. 91. DE LAS JORNADAS DE TRABAJO Y DE DESCANSO

La duración máxima de la jornada ordinaria de trabajo no excederá de ocho horas diarias y cuarenta y ocho horas semanales, diurnas, salvo las legalmente establecidas por motivos especiales. La ley fijará jornadas más favorables para las tareas insalubres, peligrosas, penosas, nocturnas o las que se desarrollen en turnos continuos rotativos.

Los descansos y las vacaciones anuales serán remunerados conforme con la ley.

Art. 92. DE LA RETRIBUCIÓN DEL TRABAJO

El trabajador tienen derechos a disfrutar de una remuneración que le asegure, a él y a su familia, una existencia libre y digna.

La ley consagrará el salario vital mínimo, el aguinaldo anual, la bonificación familiar, el reconocimiento de un salario superior al básico por horas de trabajo insalubre o riesgoso, y las horas extraordinarias, nocturnas y en días feriados. Corresponde, básicamente, igual salario por igual trabajo.

Art. 93. DE LOS BENEFICIOS ADICIONALES AL TRABAJADOR

El Estado establecerá un régimen de estímulo a las empresas que incentiven con beneficios adicionales a sus trabajadores. Tales emolumentos serán independientes de los respectivos salarios y de otros beneficios legales.

Art. 94. DE LA ESTABILIDAD Y DE LA INDEMNIZACIÓN

El derecho a la estabilidad del trabajador queda garantizado dentro de los límites que la ley establezca, así como su derecho a la indemnización en caso de despido injustificado.

Art. 95. DE LA SEGURIDAD SOCIAL

El sistema obligatorio e integral de seguridad social para el trabajador dependiente y su familia será establecido por la ley. Se promoverá su extensión a todos los sectores de la población.

Los servicios del sistema de seguridad social podrán ser públicos, privados o mixtos, y en todos los casos estarán supervisados por el Estado.

Los recursos financieros de los seguros sociales no serán desviados de sus fines específicos y; estarán disponibles para este objetivo, sin perjuicio de las inversiones lucrativas que puedan acrecentar su patrimonio.

Art. 96. DE LA LIBERTAD SINDICAL

Todos los trabajadores públicos y privados tienen derecho a organizarse en sindicatos sin necesidad de autorización previa. Quedan exceptuados de este derecho los miembros de las Fuerzas Armadas y de las Policiales. Los empleadores gozan de igual libertad de organización. Nadie puede ser obligado a pertenecer a un sindicato.

Para el reconocimiento de un sindicato, bastará con la inscripción del mismo en el órgano administrativo competente.

En la elección de las autoridades y en el funcionamiento de los sindicatos se observarán las prácticas democráticas establecidas en la ley, la cual garantizará también la estabilidad del dirigente sindical.

Art. 97. DE LOS CONVENIOS COLECTIVOS

Los sindicatos tienen el derechos a promover acciones colectivas y a concertar convenios sobre las condiciones de trabajo.

El Estado favorecerá las soluciones conciliatorias de los conflictos de trabajo y la concertación social. El arbitraje será optativo.

Art. 98. DEL DERECHO DE HUELGA Y DE PARO

Todos los trabajadores de los sectores públicos y privados tienen el derecho a recurrir a la huelga en caso de conflicto de intereses. Los empleadores gozan del derecho de paro en las mismas condiciones.

Los derechos de huelga y de paro no alcanzan a los miembros de las Fuerzas Armadas de la Nación, ni a los de las policiales.

La ley regulará el ejercicio de estos derechos, de tal manera que no afecten servicios públicos imprescindibles para la comunidad.

Art. 99. DEL CUMPLIMIENTO DE LAS NORMAS LABORALES

El cumplimiento de las normas laborales y el de las de seguridad e higiene en el trabajo quedarán sujetos a la fiscalización de las autoridades creadas por la ley, la cual establecerá las sanciones en caso de su violación.

Art. 100. DEL DERECHO A LA VIVIENDA

Todos los habitantes de la República tienen derecho a una vivienda digna.

El Estado establecerá las condiciones para hacer efectivo este derecho, y promoverá planes de vivienda de interés social, especialmente las destinadas a familias de escasos recursos, mediante sistemas de financiamiento adecuados.

21.1. Paraguai: a normativa infraconstitucional

Segundo Cristaldo Montaner[45]: "Al establecer la Constitución vigente que el estado protegerá la seguridad social de la persona, y los derechos conexos, *no instituye ningún derecho inmediatamente exigible. Se trata de cláusulas programáticas que necesitan para su operatividad del ulterior desarrollo por la legislación ordinaria y por las políticas públicas*".

Porém, o § 1º do art. 95 da Constituição Paraguaia, ainda não foi regulamentado e, em consequência, tal como o afirma Cristaldo Montaner: a inexistência de uma lei regulamentária desse artigo, "hace difícil prever lo que será el sistema integral de seguridad social".

Sendo assim — e citando sempre o reconhecido juslaboralista paraguaio —, o certo é, que "la aplicación de las normas declarativas contenidas en la Constitución no sería posible, en la práctica, si no se dictan leyes especiales que reglamenten el ejercicio de los derechos y deberes contenidos en aquella, en los limites y condiciones exigidas por el bien común y **las posibilidades reales del país**" (?)[46].

De qualquer maneira devemos consignar — concordando com Cristaldo-Montaner, que a legislação paraguaia "en materia de seguridad social no es muy extensa". E que as "leyes vigentes... no son ni muy malas ni muy buenas"... ainda que a tendência legislativa não demonstre que se procura o melhoramento gradual do sistema vigente, mas sim todo o contrário.

Podemos avaliar com similar critério à legislação laboral paraguaia, segundo o detalhe das normativas sobre seguridade social e legislação do trabalho que transcreveremos em separado, segundo regulamentem as normas constitucionais sobre seguridade social (arts. 86, 87, 95, 100 e conc. da CNP) e laborais respectivamente (arts. 86, § 2º, 87, 88, 89, 90, 91, 92, 93 e 94 da CNP).

21.2. Leis sobre seguridade social

Desde o final do século XIX em diante, sancionaram-se no Paraguai numerosas leis sobre seguridade social; e, entre elas, as sancionadas desde 30.7.1880 até 16.8.1989, sobre matérias tão diversas como a que declara obrigatória a vacinação contra varíola; a que cria o Conselho de Medicina; a que fundou o Conselho Nacional de Higiene, etc.

A partir de 1902 foram sancionadas — entre outras: a Lei de Aposentadoria e Pensões de 24.7.1902; Lei de 30.8.1911, que aumenta a pensão acordada aos "Veteranos da Tripla Aliança"; Lei n. 153, de 15.1.1915, que organiza o Departamento

---

(45) MONTANER, José Darío Cristaldo. *Hacia la seguridad social*. Asunción: Litocolor, 2005. p. 257-259.
(46) Interpretamos que a expressão em negrito pertence ao Dr. Cristaldo. Porém, conceitualmente entendemos que os benefícios da seguridade social não deveriam submeter-se a um conceito tão ambíguo como o das "possibilidades reais do país" porque implica necessariamente um ato de valorização política, contrário os princípios de intangibilidade e irrenunciabilidade comuns ao direito do trabalho e ao da seguridade social.

Nacional de Higiene; Lei n. 641, de 15.5.1921 e que traz várias reformas que foi sustituída pela Lei n. 238, de 8.9.1954, que mudou a estrutura da mesma e sua denominação pela "Caixa de Seguros Sociais de Empregados e Trabalhadores Ferroviários, etc. (Cf. MONTANER, Cristaldo. *Op. cit.*, p. 259-260).

21.3. Leis do trabalho

Com data de 31.8.1961, foi sancionado o Código do Trabalho do Paraguai (Lei n. 729); posteriormente e com data de 26.12.1964, foram sancionadas: a Lei n. 63, que ratificou o Convênio n. 107 da OIT relativo à proteção e integração das populações indígenas e tribais nos países independentes; a Lei n. 122, de 4.1.1991 que estabelece direitos e privilégios para os impedidos, etc.

Com data de 30.10.1993, foi sancionada, com o n. 213, a Lei que impõe um novo Código do Trabalho. A posteriori e com data de 26.12.2000 foi sancionada a Lei n. 1.652, que cria o "Sistema Nacional de Formación y Capacitación Laboral"; a Lei n. 1.680, de 30.5.01 que criou o Código da Infância e da Adolescência.

Nos anos seguintes e com data de 19.6.2002, foram ditadas: a Lei n. 1.925, que ratifica a Convenção Latino-americana para a eliminação de toda forma de discriminação contra as pessoas com incapacidade; a Lei n. 2.169/03, que estabelece a maioria de idade, etc.

21.4. Acerca dos convênios coletivos

Como já antecipamos acima, a Constituição da República do Paraguai, prevê em seu art. 97 que os sindicatos "tienen el derecho a promover acciones colectivas y a concertar convenios sobre las condiciones de trabajo".

E como também assinala Cristaldo Montaner[47], ... os convênios coletivos são um instrumento de melhoramento econômico, social e cultural, que só pode ser utilizado pelos trabalhadores em relação de dependência, estejam ou não sindicalizados (art. 97 da Constituição e art. 314 do Código Laboral).

Convém acrescentar, porém, que os convênios coletivos, são também um instrumento valioso para regular as relações obreiro-patronais no contexto das empresas binacionais, particularmente naqueles casos em que, como Yacyretá, os estados soberanos associados, constituíram uma pessoa de direito público não estatal que goza de imunidade de jurisdição, motivo pelo qual as controvérsias sobre jurisdição são resolvidas — de acordo com o caso — nos domicílios da empresa ou seguindo o princípio da *lex loci actum* (arts. 1º, 2º, 3º, 4º, 5º e 6º do Protocolo do Trabalho e Seguridade Social da Entidade Binacional Yacyreta outorgado pela Argentina e Paraguai em Assunção com data de 27.7.76 e ratificado pela Argentina pela Lei n. 21.564 (BO 28.4.77).

---

(47) MONTANER, José Darío Cristaldo. *Op. cit.*

Um caso diferente foi Itaipu Binacional que conta com um regulamento outorgado por dois Protocolos cuja elaboração foi encomendada a dois dos mais eminentes juslaboralistas brasileiros, professores Arnaldo Lopez Süssekind e Délio Maranhão, tema sobre o qual voltaremos no último capítulo deste livro (Nona Parte, Capítulo II), intitulado *O Direito Internacional e as Assimetrias Regionais — A Integração de Países Desiguais*.

Neste último instrumento, recorreu-se à técnica de elaborar algumas regras uniformes diretas de pura cepa laboral.

22. A Constituição da República Oriental do Uruguai

Foi sancionada em 1967 e posteriormente modificada com base em plebiscitos de 28 de novembro de 1969; 26 de novembro de 1994 e de 8 de dezembro de 1996.

22.1. A doutrina uruguaia de direito do trabalho no processo da integração regional

Como a maioria das Constituições latino-americanas, a Carta Magna do Uruguai, orientou sua normativa sobre a base da propriedade privada, que segundo seu art. 32: "es un derecho inviolable, pero sujeto a lo que dispongan las leyes que se establecieren por razones de interés general".

E como bem aponta Plá Rodriguez, "Un dato de la realidad que no puede ignorarse es el de que los gobiernos de los (en aquel entonces) cuatro países signatarios del Tratado de Asunción proclaman una política neoliberal, basada en la pura competitividad de la actividad privada, sin regímenes de protección estatal". E acrescenta: "esta mentalidad neoliberal se traduce en el ámbito laboral en el impulso hacia la flexibilización"; ... que tende para a desregulação; ... e que sob o pretexto do Mercosul "se busque reducir y debilitar el derecho laboral, presentando como el gran obstáculo contra la competitividad"[48].

Aqui convém determo-nos e pontuar uma vez mais, em coincidência com a melhor doutrina, que "las normas legales del derecho laboral nacieron del derecho civil"[49] siendo que el instituto básico del primero es el contrato de trabajo, "cuya naturaleza jurídica es indudablemente el derecho privado"; ainda que o fato de que o Direito do Trabalho se consubstancie com inumeráveis normas irrenunciáveis, por ser de ordem pública, não têm, no entanto, força suficiente para desviá-lo até o campo do direito público.

Dessa maneira, a proteção oferecida pelo direito uruguaio à parte mais frágil da relação jurídico-laboral não se diferencia no substancial da que oferecem os demais países do Mercosul, com exceção das relações que surgem do direito coletivo — porque, como assinala Barbagelata — "la diferencia extrema entre el abstencionismo

---

(48) RODRIGUEZ, Américo Plá e outros. *El derecho laboral del Mercosur ampliado.* Dirigido por Héctor Hugo Barbagelata. Montevidéu: Conjunta da Fundación de Cultura Universitaria e da OIT "CINTERFOR", 2000. p. 37.
(49) Cf. BARBAGELATA, Hugo. In: *El derecho laboral del Mercosur ampliado,* cit., p. 625-627.

legislativo en materia de derecho sindical, que caracteriza al Uruguay respecto del intervensionismo, que en diversos grados, se registra en los restantes países" (em particular no Modelo Sindical Argentino, que organiza relações privilegiadas para as Associações dotadas de personalidade gremial pelo Ministério do Trabalho).

"Aún así, no parecen existir actualmente impedimentos legales insalvables para una acción concertada de las organizaciones profesionales de los cinco países del Mercosul, con vistas a una cierta forma de negociación colectiva transnacional, o que sin llegar a serlo, sirva para establecer a través de convenios colectivos nacionales" — insiste o mestre uruguaio — "un haz de normas iguales para varios países por rama o por empresa"[50].

Não se pode subestimar a ausência, no contexto, de uma justiça internacional do trabalho e de normas laborais e processuais do trabalho sob estruturas com base no princípio comum de todas as legislações envolvidas, que é — sem dúdiva — o da norma mais favorável ao trabalhador como a parte mas frágil da relação.

O autor deste livro tem lutado nos fóruns internacionais pela inclusão deste tema na agenda dos negociadores diplomáticos dos processos de integração regional, concordando assim com a melhor doutrina uruguaia; mas sem êxito, como evidenciam os seis Encontros de Cortes Supremas dos Estados-Partes do Mercosul e Associados realizadas até agora — o último em 31 de novembro de 2008 em Brasília — nos quais o tema não foi tratado, ainda que tenha sido defendida reiteradamente por representantes das Cortes Supremas de Justiça, como o Dr. Rolando Gialdino — Secretário Judicial da CSJN da Argentina em uma intervenção durante o VI Encontro; e também por quem isso escreve, em encontros anteriores, onde participou como observador convidado.

De qualquer maneira, a prática — apontou Barbagelata — está assinalando caminhos para firmar convênios coletivos transnacionais, como o acordo coletivo outorgado em 29.3.99 entre a Empresa de Automotores Volkswagen com estabelecimentos em Buenos Aires e São Paulo e os correspondentes sindicatos de ambos países (SMATA de Argentina e Sindicato dos Metalúrgicos, Mecânicos e de Materiais Elétricos e Eletrônicos, Siderúrgicas e Automobilísticas e de Autopeças, etc. de vários distritos de São Paulo. O referido convênio tem prevista sua possível extensão aos demais países do Mercosul, para o caso de a empresa VW se instalar neles[51].

Sendo assim, devemos concordar que a doutrina uruguaia, e, em particular, a emanada da Cátedra de Direito Laboral da Universidade de Montevidéu, fundada por Frugoni no primeiro quarto do século XX e do Instituto de Direito do Trabalho e a Seguridade Social que preside o benemérito Professor Héctor Hugo Barbagelata, e integram e destacam os eminentes Américo Plá Rodriguez, Oscar Ermida Uriarte,

---

(50) Cf. BARBAGELATA, Hugo. In: *Idem*.
(51) Ver LAAT, Bernardo Vander. Dimensiones internacionales de la negociación colectiva internacional. In: *Revista Derecho Laboral*, Montevidéu, t. XL, n. 188, 1997. p. 803 e ss.; e VERGE, Pierre. La negociación colectiva internacional. In: *Revista Derecho Laboral*, Montevidéu, t. XL, n. 188, 1997. p. 839 e ss.

Helios Sarthou e Juan Raso Delgue, entre muitos outros; tem se caracterizado por interpretar a "nova conjunção científica" que propõe o título deste livro: "Sistema de Derecho del Trabajo en la Integración Regional". É que, como muito bem expressa Barbagelata[52], "no es posible considerar el derecho del trabajo del Mercosur haciendo abstracción de su inserción en el proceso de integración".

E por isso, precisamente, é que "no está justificado la eliminación de las diferencias entre las normas laborales de los distintos países, como una condición *sine qua non* de la integración, ni suponer que una regulación de las relaciones laborales menos protectora del trabajo, representa siempre una ventaja para los empresarios en la competencia internacional"[53].

22.2. A regulação do trabalho na Constituição do Uruguai — os sindicatos gremiais — a greve

Os arts. 53 a 57 da Carta Magna do país dizem que "El trabajo esta bajo la protección especial de la ley..." com um reenvio geral às normas do direito laboral. Porém, o art. 57 remete especialmente a que "La Ley promoverá la organización de sindicatos gremiales, acordándoles franquicias y dictando normas para reconocerles personería jurídica".

"Promoverá asimismo, la creación de tribunales de conciliación y arbitraje."

"Declarase que la huelga es un derecho gremial. Sobre esta base se reglamentará su ejercicio y efectividad."

Chama a atenção de quem subscreve estas linhas que a normativa constitucional uruguaia, tão democrática em outros aspectos, seja parcialmente restritiva no campo dos "sindicatos gremiais". Mas vejamos:

Por um lado, o § 1º do art. 57 da CRU se refere — é evidente — somente aos "sindicatos gremiais", isto é, segundo o dicionário: "o que é relativo ao grêmio ou ofício"; o que de alguma maneira configura uma redundância, porque "gremialismo" é também sinônimo de "sindicalismo". Nós queremos supor que, a rigor, a intenção do legislador constitucional uruguaio foi a de distinguir o conceito de "sindicato" como o de uma "união" ou "coalizão" de trabalhadores somente; eludindo o modelo de outras legislações que admitem também sindicatos patronais.

Mas por outro lado, e seguindo — talvez — o modelo normativo da legislação laboral mexicana, a lei uruguaia "Declara que la huelga es un derecho gremial" sem especificar se é ou não dos trabalhadores como "coalición temporaria o permanente, esto es como agrupación transitoria de voluntades; o sustituida esta última por la persona jurídica o gremial que propone el denominado "modelo sindical argentino". Recordemos no entanto que, no direito laboral da República

---

(52) BARBAGELATA, Héctor Hugo, *Op. cit.*, p. 625.
(53) *Ibidem*, p. 630.

Oriental do Uruguai, o sindicato não requer para sua atividade o outorgamento de pessoa jurídica[54].

Um comentário a respeito nos obriga a recordar que no direito do trabalho latino-americano comparado, o Uruguai se destaca porque sua legislação nunca foi sistematizada nem codificada, ainda que numerosas leis tenham regulamentado, desde 1915 em diante: a jornada laboral de oito horas; o descanso semanal; as indenizações por despedida; por acidentes e enfermidades laborais; as férias anuais; atividades insalubres e outros[55].

Não obstante, a doutrina e a jurisprudência uruguaias consideraram plenamente aplicáveis e sistematizantes os convênios da OIT ratificados pela República irmã, que desse modo supriram a falta de legislação em matéria de sindicatos, negociação coletiva e direito de greve.

No ano de 1943, havia sido sancionada uma lei sobre Conselhos de Salários, que deu origem a um molde adequado para as negociações salariais e as condições de trabalho. Posteriormente — e no final da década de 60 do século passado —, no contexto de um marcado processo inflacionário, foi sancionada em 1968 uma lei suspendendo as negociações salariais nos Conselhos de Salários e se constituiu a "Comissão de Produtividade, preços e salários", destinada a articular meios encaminhados a contrarrestar os atuais fatores inflacionários... a fixar os tetos salariais e os preços máximos. Adicionalmente e como era de prever se restringiu o direito de greve, provocando o violento protesto do movimento sindical[56].

A ditadura militar resultante do golpe de estado de 1973 — de alguma maneira antecedente do golpe militar produzido na Argentina em 1976 contra o governo de Isabel Martínez de Perón — dissolveu no Uruguai a Convenção Nacional de Trabalhadores — CNT, que tentou sustituir com um novo modelo de representação sindical por empresa que não prosperou.

Com o regresso do Uruguai à vida republicana, o movimento sindical se reagrupou e fundou o Plenário Internacional de Trabalhadores — Convenção Nacional de Trabalhadores — PIT-CNT; enquanto o novo governo convocou novamente os Conselhos de Salários, que mantiveram sua operatividade até 1991, ainda que com uma relativa abstenção do Estado nas relações coletivas.

Em março de 2005, com o acceso da Frente Ampla ao governo do país, foram convocados novamente os Conselhos de Salários, que celebraram várias rodadas de negociações. É preciso observar que nessa nova etapa os integrantes dos Conselhos de Salários, representativos dos assalariados, já não são eleitos diretamente por aqueles, e sim designados pelos sindicatos. O mesmo sucede com os representantes dos patrões. As resoluções dos Conselhos adquirem força vinculante a partir de sua ratificação por Decreto do Poder Executivo.

---

(54) Cf. MANGARELLI, Cristina. Evolución del derecho del rrabajo en el Uruguay. In: BRONSTEIN, Arturo e outros. *50 años de derecho del trabajo en América Latina.* Santa Fé: Rubinzal-Culzoni, 2007. p. 437.
(55) Cf. BRONSTEIN, Arturo e outros. *50 años de derecho del trabajo en América Latina.* Santa Fé: Rubinzal-Culzoni, 2007. p. 92.
(56) Cf. BRONSTEIN, Arturo. *Ibidem,* p. 93.

A partir de 2005 foram sancionadas várias normas legais de conteúdo protetor em matéria de direito do trabalho e entre outros os seguintes:

— Lei n. 17.940, de 2.1.06 e Decreto Regulamentário n. 66, de 6.3.06, sobre "Promoção e Proteção da Liberdade Sindical".

— Decreto n. 165/06, sancionado em 30.5.06 sobre: "Prevenção e Solução de conflitos, e ocupação.

— Lei n. 18.065, de 27.11.06 sobre "Trabalho Doméstico".

— Lei n. 18.066, sobre "Trabalho na Atividade Pesqueira".

— Lei n. 18.091, de 7.1.07 sobre "Prescrição".

— Lei n. 18.098, de 12.1.07 sobre "Obrigação do Estado e outros organismos de incluir nos edital de licitações que a retribuição dos trabalhadores respeitará os laudos salariais dos Conselhos de Salários.

— Lei n. 18.099, de 24.1.07 sobre "Responsabilidade solidária de patrões ou empresários que utilize subcontratistas, intermediários ou empresas fornecedoras de mão de obra (tercerizadoras)".

— Lei n. 18.104, de 15.3.07 sobre "Promoção da igualdade de direitos e oportunidades entre homens e mulheres".

Por último, faz-se necessário destacar que por Acordo de Negociação Coletiva do Setor Público, com data de julho de 2005, as **organizações sindicais respectivas** (PIT-CNT); o Escritório Nacional do Serviço Cívico; o Escritório de Planejamento e Orçamento e o Ministério do Trabalho e Seguridade Social criaram o Conselho Superior de Negociação Coletiva no Setor Público, que será responsável pela negociação coletiva de nível superior[57].

O Acordo referido contém, além disso, disposições acerca de variados assuntos: negociação de boa-fé e direito à formação, condições de saúde e higiene laboral, igualdade de oportunidades, formas de contratação do Estado, capacitação e formação profissional, **liberdade sindical; prevenção de conflitos**. Assim mesmo as partes se comprometeram a debater a reforma da gestão do Estado[58].

23. A República do Panamá

A peculiar história do único país da América Latina que nasceu com dois sistemas jurídicos justapostos, e ambos estranhos à sua soberania em matéria normativa — A Constituição de 1904 e a não inclusão de normas protetoras do trabalho — O Canal de Panamá e a Independência de Colômbia.

Na consciência histórica dos povos latino-americanos, o nascimento do Estado Panamenho como produto de uma secessão que separou ao país do istmo de seu

---

(57) Cf. BRONSTEIN, Arturo. *Ibidem*, p. 95.
(58) MANGARELLI, Cristina. *Op. cit.*, p. 95.

anterior pertencia à Colômbia; foi em sua origem produto da diplomacia norte-americana, interessada na construção do Canal interoceânico. Com efeito, em 18 de novembro de 1903, foi assinado "acordo Hay-Bunau Varilla", que criou a "zona do Canal", segundo a qual um território que se estendia 8 quilômetros de um lado a outro do Canal "dependia dos Estados Unidos como se estivesse sob sua soberania".

Em 1904, os norte-americanos empreenderam a construção do Canal que foi terminado em 1914. Como bem aponta Rolando Murgas Torraza[59] "la legislación laboral de dicho período, que en el fondo contrastaba con la legislación panameña de 1904 que no había adoptado formas específicas del protección del trabajo"; vi-se impulsionada, no ambiente social que derivou da presença no país de numerosos contingentes de trabalhadores estrangeiros, que chegavam para as obras do Canal (1904-1914), e, entre eles, muitos de procedência europeia com uma **formação sindicalista**.

A presença acima anotada — acrescenta o autor citado — "ya se había sentido durante las obras del Canal a cargo de los franceses a partir de 1880. Todo ello generó un ambiente receptivo a la necesidad de una legislación social, que el país afrontó de manera temprana".

E se por um lado os norte-americanos, que militarizaram as obras do Canal, praticamente aniquilaram as possibilidades de organização sindical e, em particular, de exercício do direito de greve, posteriormente permitiram a formação de sindicatos, mas sem acesso ao exercício da greve.

Ao se concluírem as obras do Canal em 1914, no Panamá começou-se a assistir à formação de um movimento sindical, que teve especiais formas de manifestação, sobretudo nos anos vinte e trinta do século passado, com influências ideológicas anarcossindicalistas, socialistas, comunistas e também do sindicalismo norte-americano.

23.1. Panamá: a Constituição de 1904 e a continuidade da vigência da legislação colombiana

Como comentamos acima, a secessão do Panamá a respeito de seu anterior pertencimento à soberania da Colômbia foi e continua sendo um acontecimento histórico singular para ambos os povos com profundas repercussões na memória da herança histórica recebida de Bolívar e San Martín pelos demais países latino-americanos.

E a essa singularidade deve ser acrescentado que, não obstante sua independência, o Governo do Panamá pelo Decreto n. 4, de 4 de novembro de 1903 resolveu declarar como vigente a anterior "legislação colombiana" cuja continuidade foi assegurada até que foram sancionadas as normativas próprias do novo Estado. E

---

(59) TORRAZZA, Rolando Murgas. Cincuenta años de derecho del trabajo en Panamá. In: *50 años de derecho del trabajo en Latino-américa*, p. 311.

isso foi ratificado mais tarde pela já mencionada Constituição de 1904, art. 147 e pela Lei n. 37 do mesmo ano.

23.2. A legislação laboral panamenha — sua primeira normativa

A primeira norma laboral do Panamá, a Lei n. 6, de 29.10.1914, foi sancionada pouco depois de haverem sido iniciadas as operações do Canal, em 15.8.1914 e pela mesma se regulou a jornada de trabalho para trabalhadores e empregados, públicos e privados, do Estado Nacional e de Prefeituras. Com a particularidade que incluía também os que trabalhavam em "cualquier obra que se emprenda en territorio de la República".

Aquela lei primeira incluía disposições sobre horas extras, descanso semanal obrigatório aos domingos; proibia a habitualidade do trabalho extraordinário; impunha descansos de duas horas dentro de cada jornada (ao meio-dia); e de doze horas entre duas jornadas de trabalho; obrigava o fechamento dos estabelecimentos às 21 horas, salvo exceções; a contratar pelo menos 50% de trabalhadores nacionais...

A partir da Lei n. 17 e sua Reforma n. 43, ambas de 1916, se incorpora o conceito de responsabilidade patronal pelos acidentes de trabalho e do princípio de risco profissional que por aqueles anos já era aplicado em países como a Argentina, desde a sanção da Lei n. 9.688 de Acidentes do Trabalho em 1915.

Pouco depois começa no Panamá a ser aplicado o que foi — a partir de 1917 — uma tendência à codificação que se manifestou na sanção do Código Civil; do Código de Comércio; do Código Penal; de um Código de Minas e do Código Administrativo que incorporou algumas normas de natureza laboral como as derivadas do que já mencionamos como Lei n. 6, a primeira norma nessa matéria.

Nos anos seguintes — entre 1930 e 1946 — foi sancionada também uma extensa normativa que a partir da Reforma Constitucional de 1941 — como também destaca Murgas Torraza[60]: "introduce la protección constitucional del trabajo y las bases de la seguridad social".

Nestas matérias são abrangidos tanto os direitos individuais como os coletivos; e entre esses últimos o direito de greve.

A Constituição de 1941, foi pouco depois derrogada, apesar de ter sobrevivido a ela uma numerosa legislação laboral, que o autor citado considera a **mais completa** adotada antes da vigência do primeiro Código do Trabalho.

Em geral essa normativa reproduz grande parte dos institutos e modalidades do trabalho anterior já resumidas; com o anexo que introduz — entre outros — o tema das "vacaciones remuneradas de un mes, luego de once meses de servicio, la posibilidad de acumularlas y la expresa prohibición de compensación en dinero; y fundamentalmente: que los juicios por accidentes del trabajo quedaron bajo la competencia de los tribunales comunes".

---

(60) TORRAZZA, Rolando Murgas. *Op. cit.*, p. 316.

Os períodos históricos posteriores: desde as Constituições de 1946 e 1972. O primeiro código do trabalho e o direito coletivo — o segundo código do trabalho (1972) — desde as reformas flexibilizadoras de 1975 e a invasão norte-americana de 1989, até a atualidade.

Assentadas as bases da legislação laboral do Panamá, nos absteremos — *brevitatis causa* — de um exame detalhado das mudanças operadas na mesma no período posterior e até a atualidade, ainda que adiantemos desde já que essas mudanças foram regressivas, flexibilizadoras e até desregulatórias do contrato de trabalho segundo revisaremos.

No final de 1975, depois da crise do petróleo e de sua repercussão na economia do Canal, começa no Panamá uma etapa de flexibilização da legislação laboral. Uma característica principal foi a supressão do sistema de estabilidade nos empregos. A norma que desrregulou o modelo anterior foi a Lei n. 95, de 31.12.75; e outro de seus aspectos modais foi que durante o prazo de dois anos suprimiu nos feitos a celebração de novas convenções coletivas ao prorrogar as vigentes por dois anos e também as posteriormente sancionadas em 1977 e 1978.

Também foi flexibilizadora a Lei n. 8, de 1981, que manteve a prorrogação dos convênios coletivos; assim como a Lei n. 1, de 17 de março de 1986, que no reconhecimento paladino de Murgas Torrazz[61] "fue el producto de demandas de instituciones financieras de crédito y representa una clara orientación desreguladora".

Com a invasão norte-americana de 20 de dezembro de 1989, originou-se uma profunda mudança na situação política nacional — afirma o autor citado mais acima — com a saída dos militares do poder, pero fundamentalmente — acrescentamos — porque ainda em um contexto flexibilizador das leis laborais, em 31 de dezembro de 1999, o Canal foi devolvido ao Panamá, em — isso sim — um reconhecimento histórico dos direitos soberanos do país sobre seu território, mas com uma *capitis diminutio*: as relações laborais na região do Canal ficaram submetidas a um regime normativo *ad hoc*, que mantém para os trabalhadores o modelo que se aplicava quando o Canal era administrado pelos norte-americanos. Como já ficou claro em capítulos anteriores deste livro, nos EEUU não se admite legislação laboral protetora do trabalhador e o contrato de trabalho é regido *at will* (pela vontade das partes) com o que tampouco se sujeita a uma "ordem pública laboral".

Prova de que o afirmado nos últimos itens é verdade é que a reforma laboral no Panamá, imposta pela Lei n. 44, de 1995, introduz modificações que implicam a diminuição do sistema protetor — senão sua completa eliminação — e uma nova orientação normativa de clara inspiração "neoliberal", evidenciada por expressões como: procurar o capital uma composição equitativa, por sua inversão, um clima harmonioso de relações laborais, e ao permanente crescimento da produtividade[62].

---

(61) TORRAZZA, Rolando Murgas. *Op. cit.*, p. 338.
(62) *Ibidem*, p. 343.

Para mais informações, tenha-se presente — como exemplo — que as normativas introduzidas no contexto impuseram: "a redução sensível do conceito de salário"; "sua possível diminuição temporal"; "a eliminação da estabilidade" e das indenizações por despedida, etc.

No entanto, na época em que foram sancionadas essas últimas leis, continuava vigente a Constituição Política de 1972 com as reformas posteriores; nenhuma das quais alterou a normativa do Código do Trabalho.

A proteção dos trabalhadores continuou vigente no texto reformado da Constituição (Capítulo III, Título III), incluindo normas sobre salário mínimo; direito de sindicalização; direito de greve; jornada máxima; descanso semanal e férias; irrenunciabilidade de direitos; proteção da maternidade; estabilidade no emprego, capacitação sindical, etc.

Aquela Constituição — que teve vigência a partir de 11 de outubro de 1972 — foi sancionada em um marco político muito especial, caracterizado pela luta nacionalista pelo Canal, a afirmação da Soberania Nacional e a liderança do General Omar Torrijos Herrera, circunstâncias estas que explicam sua sobrevivência e as de suas partes relativas ao trabalho e a seguridade social (arts. 60 a 75 segundo sua numeração atual).

23.3. Panamá: a legislação laboral atualmente vigente — aspectos restritivos

Ainda que a normativa do trabalho atualmente em vigor possa ser considerada de natureza protetora, o certo é que, no dizer de Murgas Torrazza[63] sofre restrições, porque "no se reconoce la negociación colectiva *in pejus*".

Mas ainda assim, a legislação panamenha atualmente em vigor contém normas avançadas em direito coletivo do trabalho, particularmente quando autorizam a constituição de sindicatos para os trabalhadores ferroviários do Panamá (Lei n. 38, de 27.9.79); para os servidores públicos portuários e para os trabalhadores portuários das empresas privadas concessionárias e usuárias do Porto de Balboa (Lei n. 39, de 27.9.79); para os trabalhadores do Porto de Cristóvão (Lei n. 40, da mesma data), etc.

Também se deve computar — neste período — a sanção do Código Agrário, cujo art. 14 dispõe que as relações laborais no setor agrícola serão regidas pelo Código do Trabalho (cf. art. 401) ainda que se modifique a idade mínima para o trabalho agrícola que se eleva dos 12 aos 14 anos.

E voltando às organizações sindicais, pode-se computar seu número em 677 sindicatos registrados; 62 Federações e 11 Confederações; com um total aproximado de 1.300.000 trabalhadores ocupados e somente 14% dos mesmos afiliados a Organizações Sindicais. Desses dados pode-se deduzir que os sindicatos gremiais são a forma mais estendida (34,5%); seguidos pelos sindicatos de ramos industriais

---

(63) TORRAZZA, Rolando Murgas. *Op. cit.*, p. 352.

(28,6%); os de empresas (19,6%) e os mistos, cuja proporção é insignificante, afirma Murgas Torrazza[64].

Ainda que se note — nos dados transcritos — uma maior tendência ao crescimento dos sindicatos de trabalhadores diante das Organizações de empregadores; o certo é que o universo sindical da República do Panamá continua dividido porque na "Autoridad del Canal de Panamá, las entidades negociadoras de las condiciones de trabajo, **son otras**, a saber: 'la de bomberos, local 13; la de Ingenieros Marinos', de la cual es representante exclusivo la Asociación de Beneficios de Ingenieros Marinos — MEBA; la de profesionales, de la cual es representante exclusivo: 'Maritime/Metal Trades council'; la de prácticos, de la cual es representante exclusivo la 'Unión de Prácticos del Canal' y la de 'no profesionales', de la cual es representante exclusivo la **coalición** integrada por tres organizaciones (NMU; SCPC y PAMTC)" segundo dados fornecidos pela Junta de Relações Laborais da Autoridade do Canal do Panamá ao autor panamenho que estamos citando[65].

Porém a normativa panamenha admite também sindicatos de empregadores, como, por exemplo: A Câmara Panamenha da Construção — CAPAD, a Câmara Panamenha de Artes Gráficas; o Sindicato de Industriais do Panamá — SIP; a União Nacional de Pequenas e Médias Empresas — UNPyME, etc. Essas organizações de empregadores — entre outras — participaram de uma frustrada tentativa de acordo trabalhista como a Reforma Laboral de 1995 e do denominado "Diálogo sobre o Canal", que derivou em um acordo que adquiriu hierarquia constitucional com a denominação de "Diálogo para a Reforma da Educação e Diálogo para a Reforma da Seguridade Social" de 2006.

23.4. Os acordos internacionais adquirem hierarquia constitucional

A Constituição Política do Estado Panamenho incorporou como doutrina o princípio segundo o qual os convênios internacionais sobre direitos humanos são parte do "bloco de constitucionalidade" de maneira comparável — entendemos — ao previsto na Reforma da Constituição argentina de 1994, cujo art. 75, inciso 22, "en las condiciones de su vigencia" lhes reconhece "Jerarquía Constitucional".

Além disso, na normativa panamenha, parece que a invocação de tais convênios internacionais permitiria a aplicação das normas de tais convênios nas ações de garantias constitucionais como o "amparo", *habeas corpus*, demanda ou advertência de inconstitucionalidade e *habeas data*. No entanto — sustenta Murgas Torrazza[66] — "la propia Corte ha circunscrito la aplicación de esa doctrina a la garantía del debido proceso, que está expresamente reconocida en el art. 32 de la Constitución". "De esta manera **la doctrina en cuestión no se ha extendido, por**

---

(64) TORRAZZA, Rolando Murgas. *Cincuenta años de derecho del trabajo en Panamá — 1957-2007*, cit., p. 351
(65) TORRAZZA, Rolando Murgas. *Op. cit.*, p. 352.
(66) TORRAZZA, Rolando Murgas. *Op. cit.*, p. 358.

ejemplo, a la tutela de los derechos humanos económicos y sociales"... "Tiene así un valor puramente emblemático".

23.5. Legislação laboral e acordos de livre comércio

Os Projetos de Acordos Regionais de Livre Comércio, como o proposto para a América Central e até agora (escrevemos estas linhas no primeiro trimestre de 2009) o fracassado Área de Livre Comércio Americano — ALCA, não tiveram um grande impacto na legislação laboral panamenha, ainda que não existam constâncias do abandono definitivo do projeto por parte do Governo Norte-americano; e se em contrapartida se conhecem iniciativas da diplomacia do país do norte e seus epígonos, sugerindo a desregulação dos contratos de trabalho e sua substituição pelas tarifas de mercados[67]. Como menciona o panamenho Murgas Torrazza[68], **há um acordo de princípio não divulgado sobre aspectos laborais e** pressões contra os direitos coletivos e a favor da flexibilização laboral.

23.6. Outra vez as relações laborais no Canal do Panamá

Resumida nas páginas anteriores a complexa relação jurídica que ao mesmo tempo que separava e também vinculava a ex-zona do Canal ("Canal Zone", em inglês) com o Estado do Panamá, e que a partir dos Tratados Torrijos-Carter de 1977 — vigentes desde 1979 — ficou acordada a exclusão do Canal da soberania norte-americana e sua incorporação à soberania panamenha sob a denominação "Autoridade do Canal do Panamá". Ficam por ser analisadas as mudanças operadas nas relações de emprego do pessoal ocupado nas operações de passagem interoceânica.

Em primeiro lugar, devemos consignar que continuando com o regime anterior de dependência administrativa do Estado Norte-americano; na atualidade, os trabalhadores do Canal do Panamá, "son servidores públicos de la entidad especial denominada Autoridad del Canal de Panamá — ACP sujetos a un régimen laboral especial' y a quienes se aplica el Código del Trabajo vigente en el resto del país y su legislación complementaria"[69].

O exposto pode ser interpretado como se, para os trabalhadores, a anterior dependência do Estado Federal Norte-americano os tornava credores do salário mínimo federal e de um regime laboral especial com estabilidade absoluta e um sistema de solução de conflitos que excluía completamente o direito de greve e sua proibição, também absoluta.

Ao se celebrarem em 1977 os Tratados Torrijos-Carter, aos quais nos referimos acima, se acordou que o Estado do Panamá, ao assumir a Administração do Canal,

---

(67) Ver LIPOVETZKY, Jaime César; DANIEL, Andrés. *El derecho del trabajo en los tiempos del ALCA*. Buenos Aires: Distal, 2000.
(68) TORRAZZA, Rolando Murgas. *Op. cit.*, p. 359.
(69) *Ibidem*, p. 360.

reconheceria o mesmo direito de sindicalização do qual gozavam sob o mandato norte-americano. Por uma normativa acertada pelas duas partes, incorpora-se à Constituição Política um Título XIV relativo ao Canal do Panamá, mediante os Atos Legislativos ns. 1, de 27 de dezembro de 1993 e 2, de 25 de dezembro de 1994[70].

Pelo art. 322 da mesma, é estabelecido que a nova Autoridade do Canal do Panamá está sujeita "a un régimen laboral especial, basado en un sistema de méritos y adoptará un Plan General de Empleo que mantendrá como mínimo las condiciones y derechos laborales similares a los existentes al 31 de diciembre de 1999". Congruentemente a isso, o novo regime abrange os institutos do anterior e pelo art. 322 da Constituição já citado, "a propósito de las normas laborales especiales, señala que por su calidad de servicio público internacional esencial, el funcionamiento del Canal no podrá interrumpirse por causa alguna"[71]. Consequentemente, "Se prohíbe la huelga, el trabajo a desgano y cualquier otra suspensión injustificada de laborar".

Ainda assim, as normas especiais estabelecem, por um lado, os direitos dos trabalhadores, dos representantes exclusivos e da Administração; os temas objeto da negociação coletiva; reconhece também a cooperação obreiro-patronal e o procedimento negocial de queixas e suas exceções; a arbitragem como última instância administrativa da controvérsia laboral e permite a impugnação do laudo arbitral ante a Corte Suprema de Justiça por causas taxativas.

Ademais, porém, criou uma Junta de Relações Laborais; e, na opinião de Murgas Torrazza, não se proibiu o direito de greve; mas se assegurou a não interrupção do funcionamento do Canal[72].

Os trabalhadores do Canal têm — por último — reconhecido o direito de formar sindicatos e de negociação coletiva, que se desenvolve mediante unidades negociadoras fixadas com critério gremial para as quais os trabalhadores elegem um representante exclusivo.

24. A Constituição da República de Honduras — 1982 e o desenvolvimento regional

A Constituição Nacional da República de Honduras foi publicada segundo o Decreto n. 131, de 11 de janeiro de 1982. Em seu Preâmbulo se lê:

> Nosotros, Diputados electos por la voluntad soberana del pueblo hondureño, reunidos en Asamblea Nacional Constituyente, invocando la protección de Dios y el ejemplo de nuestros próceres, con nuestra fe puesta en la restauración de la unión centroamericana e interpretando fielmente las aspiraciones del pueblo que nos confirió su mandato, decretamos y sancionamos la presente Constitución para que fortalezca y perpetúe un estado de derecho que asegure una sociedad política, económica y socialmente justa que afirme la nacionalidad y propicie las condiciones para la plena

---
(70) TORRAZZA, Rolando Murgas. Op. cit., p. 360.
(71) TORRAZZA, Rolando Murgas. Op. cit., p. 361.
(72) TORRAZZA, Rolando Murgas. Op. cit., p. 362.

realización del hombre, como persona humana, dentro de la justicia, la libertad, la seguridad, la estabilidad, el pluralismo, la paz, la democracia representativa y el bien común.

Sobre essa base, a Carta Magna Hondurenha, constitui um sistema normativo que a partir do Capítulo V (arts. 127 a 141) assegura "a toda persona su derecho al trabajo... y a la protección contra el desempleo"; (art. 127) para depois declarar que "las leyes que rigen las relaciones entre patrones y trabajadores son de orden público" e nulos os atos que "impliquen renuncia, disminuyan, restrinjan o tergiversen las siguientes garantías" que depois são enumerados minuciosamente em "15 itens" que nos abstemos de detalhar, dado o caráter limitado deste capítulo, no qual se está estudando o direito comparado dos direitos sindicais, coletivos e de greve das nações latino-americanas. Não obstante destacamos:

Art. 128. 1) La Jornada diurna de trabajo no excederá de ocho horas diarias ni de cuarenta y cuatro a la semana..."; "la jornada nocturna ordinaria de trabajo no excederá de seis horas diarias ni de treinta y seis a la semana", "La jornada mixta ordinaria de trabajo no excederá de siete horas diarias ni de cuarenta y dos a la semana; **todas estas jornadas se remunerarán con un salario igual al de cuarenta y ocho horas de trabajo...**

Adverte-se o leitor acerca da diferenciação normativa em matéria de trabalho noturno, nas legislações hondurenhas e a de outros países da região latino-americana, sobretudo no tema remuneratório, já que — como sucede na Argentina, por exemplo — a hora noturna — é paga com um acréscimo de 8 minutos a mais por hora noturna de trabalho.

Art. 128. 3) A trabajo igual corresponde salario igual sin discriminación alguna, siempre que el puesto, la jornada y las condiciones de eficiencia y tiempo de servicio sean también iguales. El salario deberá pagarse con moneda de curso legal.

Art. 128. 4) Los créditos a favor de los trabajadores por salarios, indemnizaciones y demás prestaciones sociales, serán singularmente privilegiados, de conformidad con la ley.

Art. 128. 5) Todo trabajador tiene derecho a devengar un salario mínimo, **fijado periódicamente con intervención del Estado, los patrones y los trabajadores**, suficiente para cubrir las necesidades normales de su hogar, en el orden material y cultural, atendiendo a las modalidades de cada trabajo, **a las particulares condiciones de cada región** y de cada labor, el costo de la vida, **a la aptitud relativa de los trabajadores y a los sistemas de remuneración de las empresas**.

Igualmente se señalará un salario mínimo profesional en aquellas actividades en que el mismo no estuviese regulado por **un contrato o convención colectiva**.

El salario mínimo está exento de embargo, compensación o deducciones, salvo lo dispuesto por la ley atendiendo a obligaciones familiares y **sindicales del trabajador**.

24.1. Os salários, as tarifas salariais e o desenvolvimento regional

No que se refere ao item 5 do art. 128 da Constituição Hondurenha queremos destacar a preocupação do legislador constitucionalista do país, que levou muito em consideração — com acertado critério — a necessidade de regular as tarifas salariais levando em conta "as particulares condições de cada região". Se nos referimos a isso, é porque não é habitual nas legislações das vastas regiões que configuram os países da América Latina, **levar em conta o desenvolvimento desigual que as caracteriza e o intercâmbio desigual que efetuam entre si**. Tal como tem sido apresentado neste livro em capítulos anteriores, o tema é importante e não se esgota nesses conceitos, porque se trata de impulsionar o desenvolvimento harmônico das economias nacionais nos processos de integração regional, tal como sucede nos países desenvolvidos. É assim que, como também ficou esclarecido anteriormente, a questão dos salários e dos custos salariais se vincula estreitamente com o tema da formação dos preços relativos e absolutos de cada país e de cada região, temas que convertem a normativa hondurenha em um modelo.

24.2. *Acerca dos direitos coletivos: "a greve"; "o direito de associação e os sindicatos"; os contratos individuais e coletivos*

A partir do item 13 do art. 128 da Constituição de Honduras se desenvolveram os direitos conceituais aos quais se refere o título: Assim, "se reconoce el derecho de huelga y de paro". Contudo, "la ley reglamentará su ejercicio y podrá someterlo a restricciones especiales en lo servicios públicos que determine".

Mais adiante, no item 14, se reconhece que "los trabajadores y los patrones tienen derecho conforme a la ley, **a asociarse libremente para los fines exclusivos de su actividad económica social, organizando sindicatos o asociaciones profesionales**".

E segundo o item 15 do art. 128 da CNH, garante-se que "el Estado tutela los contratos individuales y colectivos, celebrados entre patrones y trabajadores".

No destacado dos temas — por último —, convém citar o art. 129 da CNH, segundo o qual: "La Ley garantiza la estabilidad de los trabajadores en sus empleos, de acuerdo con las características de las industrias y profesiones y las justas causas de separación". Consagra-se assim, o princípio de estabilidade relativa nos empregos, comum a todas as legislações latino-americanas, ainda que com a particularidade de que a norma reconhece ao trabalhador o "derecho a su elección, a una remuneración en concepto de salarios dejados de percibir a título de daños y perjuicios, y a las indemnizaciones legales y convencionalmente previstas: o a que se le reintegre el trabajo con el reconocimiento de salarios dejados de percibir, a título de daños y perjuicios".

Como se pode apreciar, a fórmula ressarcitória da despedida sem justa causa na Constituição Hondurenha, difere notavelmente da de outros países do subcontinente, particularmente no que se refere à tarifação do dano e a sua reparação econômica. Porém, particularmente — ademais — porque a Constituição prevê diretamente a alternativa de que aos trabalhadores despedidos sem justa causa, "se les reintegre al trabajo con el reconocimiento de salarios dejados de percibir, a título de daños y perjuicios".

25. República da Guatemala: Constituição Política Reformada: por Acordo Legislativo n. 18, de 17 de novembro de 1993

25.1. Proteção das comunidades étnicas originárias

A Constituição da Guatemala é talvez um dos corpos normativos supremos — na América Latina — que mais surpreende por sua forte "proteção aos grupos étnicos". Seu Título II, Capítulo II, Seção Terceira expressa taxativamente que: "Guatemala está formada por diversos grupos étnicos entre los que figuran los grupos indígenas de ascendencia may" (art. 66).

E acrescenta: "El Estado reconoce, respeta y promueve sus formas de vida, costumbres, tradición es, formas de organización social, el uso del traje indígena en hombres y mujeres, idiomas y dialectos".

Mais adiante nos arts. 67 e 68 da Carta Magna Guatemalteca se assegura a "protección a las tierras y las cooperativas agrícolas indígenas...", e "tierras para comunidades indígenas". Mediante programas especiais e legislação adequada, o Estado proverá de terras estatais as comunidades indígenas que as necessitem para seu desenvolvimento.

Se temos considerado pertinente mencionar o tema dos indígenas e sua proteção na Constituição guatemalteca, é porque (fazendo um jogo de palavras) a condição econômica daqueles na América Latina em geral, é a da "indigência", da carência material e da dependência econômica de seus empregadores e do modelo social cultural que os exclui desde a época da conquista espanhola.

Não por acaso, no mesmo Capítulo II da Constituição que estamos analisando e em seu art. 69 se trata da "Traslación de trabajadores y su protección. Las actividades laborales que impliquen traslación de trabajadores fuera de sus comunidades, serán objeto de protección y legislación que aseguren las condiciones adecuadas de salud, seguridad y previsión social que impidan el pago de salarios no ajustados a la ley, la desintegración de esas comunidades y en general todo trato discriminatorio".

Contudo, ainda reconhecendo a trascendência e importância da legislação constitucional guatemalteca — como o fizemos itens acima — na matéria que nos ocupa, não podemos deixar de assinalar que, ainda que o conteúdo protetor seja manifesto, também expressa certo grau de restritividade, porque não inclui potestades para que as comunidades de povos originários se organizem em associações e/ou coalizões representativas de seus interesses e defensoras de suas "condições de produção".

E voltando a trazer um caso de direito comparado sobre esse último tema, citamos que — por exemplo — a Constituição argentina Reformada em 1994, em seu art. 75, inc. 17, além disso, de reconhecer "la preexistencia étnica y cultural de los pueblos indígenas argentinos..., garantizar el respeto a su identidad y el derecho a una educación bilingüe e intercultural..." outorga ao Congresso (legislativo) a faculdade de "reconocer la personería jurídica de sus comunidades y la posesión y propiedad comunitarias de las tierras que tradicionalmente ocupan; y regular la entrega de otras aptas y suficientes para el desarrollo humano; ninguna de ellas será enajenable, trasmisible ni susceptible de gravámenes o embargos. **Asegurar su participación en la gestión de sus recursos naturales y a los demás intereses que los afecten** ...". Como certamente se perceberá, no direito comparado se reconhecem os direitos coletivos dos povos originários, que no direito constitucional guatemalteco não se menciona. De modo parecido ao que ocorria no passado com as relações geradas pelos contratos de trabalho.

25.2. Direito ao trabalho — arts. 101 a 103 da Constituição política da Guatemala

A normativa constitucional guatemalteca tem optado por proclamar um "direito ao trabalho" em seu art. 101 da CPG, em substituição à necessidade de assegurar a regulação das relações **de trabalho,** como é habitual na legislação da maioria dos países. Provavelmente, a apresentação do tema na Assembleia Nacional Constituinte tenha ficado marcada nos debates que gerou na época (1993) o Consenso de Washington e o crescimento das ideias do neoliberalismo, hoje perimidos.

Não obstante, no artigo posterior são assegurados princípios típicos das convenções e recomendações da OIT, como: "Igualdad de salario para igual trabajo; Inembargabilidad del salario en los casos determinados por la Ley; fijación periódica de salario mínimo...; jornada de trabajo diurno de ocho horas diarias y cuarenta y cuatro horas semanales retribuidas como cuarenta y ocho horas por semana; derecho del trabajador a un día de descanso por cada semana; derecho del trabajador a quince días de vacaciones anuales; aguinaldo no menor del ciento por ciento del salario mensual; protección de la mujer trabajadora y de la maternidad; prohibición de trabajo a menores de catorce años; indemnización con un mes de salario por cada año de servicios continuos por despido injustificado o indirecto", etc.

25.3. Direito de sindicalização — acordos internacionais — negociação coletiva e norma mais favorável

No mesmo art. 102 da Constituição Guatemalteca consagra-se ademais o "Derecho de sindicalización libre de los trabajadores". "Este derecho lo podrán ejercer sin discriminación alguna y si están sujetos a autorización previa, se deberá únicamente cumplir con los requisitos que establezcan la Ley".

De maneira similar ao que sucede com a normativa sindical Argentina, os trabalhadores não poderão ser despedidos por participar na formação de um sindicato, devendo gozar deste direito a partir do momento que deem aviso à Inspección Geral do Trabalho. Porém, interpretamos que não se trata de uma figura idêntica à que na Argentina cria o denominado "foro sindical" para aqueles eleitos para representar os trabalhadores.

Por outro lado, também na Guatemala, somente os nascidos no país poderão intervir na organização, direção e assessoria das entidades sindicais. Excetuam-se os casos de assistência técnica governamental e o disposto em Tratados internacionais ou em acordos intersindicais autorizados pelo Organismo Executivo.

Neste mesmo sentido, a norma estabelece que, "El Estado participará en convenios y tratados **internacionales o regionales** que se refieran a asuntos de trabajo y que **concedan a los trabajadores mejores protecciones o condiciones**". **Em tais casos, o estabelecido nesses acordos e tratados** "se considerará como parte de los derechos mínimos de que gozan los trabajadores de la República de Guatemala".

Acrescentemos que, dessa forma, a norma estabelece que "el art. 106 de la Constitución Política de Guatemala — CPG consagra la Irrenunciabilidad de los derechos laborales". Esclarecendo em seguida que tais direitos "son irrenun-ciables para los trabajadores, susceptibles de ser superados a través de la contratación individual o colectiva y en la forma que fija la Ley". Para este fim o estado fomentará e protegerá a negociação coletiva. "Serán nulas ipso jure y no obligarán a los trabajadores, aunque se expresen en un contrato colectivo o individual de trabajo, en un convenio o en otro documento, las estipulaciones que impliquen renuncia, disminución tergiversación o limitación de los derechos reconocidos a favor de los trabajadores en la Constitución, en la ley, en los tratados internacionales ratificados por Guatemala, en los reglamentos u otras disposiciones relativas al trabajo".

O texto transcrito expressa, sem dúvida, que a legislação constitucional guatemalteca recebe expressamente o princípio juslaboralista da "norma más favorable al trabajador". E se restarem dúvidas a esse último respeito, o último parágrafo do art. 106 insiste: "En caso de duda sobre la interpretación o alcance de las disposiciones legales, reglamentarias o contractuales en materia laboral, se interpretarán en el sentido más favorable para los trabajadores".

Dessa maneira — concluímos — a legislação constitucional guatemalteca recebe expressamente o princípio comum a toda normativa laboral de *in dubio pro operario* e de aplicação "de la norma más favorable al trabajador", com o que se aplanam todas as perspectivas sobre a participação do país nos processos de integração regional com intercâmbio de mão de obra.

26. A Constituição da República de El Salvador — arts. 37 a 52

Entrou em vigência, a partir de 20 de dezembro de 1983, ainda que seu texto tenha sofrido modificações posteriores até o ano de 1996, incluindo normas laborais, como seu art. 37, que expressamente consigna:

> El trabajo es una función social, goza de la protección del Estado, **y no se considera artículo de comercio**.

El Estado empleará todos los recursos que estén a su alcance para proporcionar ocupación al trabajador, manual o intelectual, y para asegurar a él y a su familia las condiciones económicas de una existencia digna. De igual forma promoverá el trabajo y empleo de las personas con limitaciones o incapacidades físicas, mentales o sociales.

Do ponto de vista metodológico, é interessante destacar que a Carta Magna Salvadorenha inclui em seu art. 38 uma série de normas de raiz laboral, que pontualizam questões tais como:

El trabajo estará regulado por un Código que tendrá por objeto principal armonizar las relaciones entre patronos y trabajadores, estableciendo sus derechos y obligaciones. **Estará fundamentado en principios generales que tiendan al mejoramiento de las condiciones de vida de les trabajadores, e incluirá especialmente los derechos siguientes:**

1º **En una misma empresa o establecimiento y en idénticas circunstancias, a trabajo igual debe corresponder igual remuneración al trabajador, cualquiera que sea su sexo, raza, credo o nacionalidad**;

2º Todo trabajador tiene derecho a devengar un salario mínimo, que se fijará periódicamente. Para fijar este salario se atenderá sobretodo al costo de la vida, a la índole de la labor, a los diferentes sistemas de remuneración, **a las distintas zonas de producción** y a otros criterios similares. Este salario deberá ser suficiente para satisfacer las necesidades normales del hogar del trabajador en el orden material, moral y cultural. En los trabajos a destajo, por ajuste o precio alzado, es obligatorio asegurar el salario mínimo por jornada de trabajo...;

4º El salario debe pagarse en moneda de curso legal. El salario y las prestaciones sociales constituyen créditos privilegiados en relación con los demás créditos que puedan existir contra el patrono";

5º Los patronos darán a sus trabajadores una prima por cada año de trabajo...;

6º La jornada ordinaria de trabajo efectivo diurno no excederá de ocho horas; y la semana laboral, de cuarenta y cuatro horas... ;

Las horas extraordinarias y el trabajo nocturno serán remunerados con recargo;

7º Todo trabajador tiene derecho a un día de descanso remunerado por cada semana laboral...;

9º Todo trabajador que acredite una prestación mínima de servicios durante un lapso dado, tendrá derecho a vacaciones anuales remuneradas en la forma que determinará la ley. **Las vacaciones no podrán compensarse en dinero, y a la obligación del patrono de darlas comprende la del trabajador de tomarlas**...;

11. El patrono que despida a un trabajador sin causa justificada está obligado a indemnizarlo conforme a la ley.

Como temos assinalado em outras oportunidades, todas as Constituições latino-americanas incluem normas de natureza laboral. Também a Salvadorenha, como o fazem crer as normas parcialmente transcritas correspondentes ao art. 38 da Carta Magna. Isso sem dúvida facilitará processos de integração regional e a regulação comum nos intercâmbios de mão de obra.

26.1. Contratos e convenções coletivas — o sindicato e a greve na Constituição Salvadorenha

Assim também confirma o art. 39 da CNES, que expressamente prevê que

la ley regulará las condiciones en que se celebrarán los contratos y convenciones colectivos de trabajo. Las estipulaciones que éstos contengan serán aplicables a todos los trabajadores de las empresas que los hubieren suscrito, aunque no pertenezcan al sindicato tratante, y también a los demás trabajadores que ingresen a tales empresas durante la vigencia de dichos tratos o convenciones. La ley establecerá el procedimiento para uniformar las condiciones de trabajo en las diferentes actividades económicas, con base en las disposiciones que contenga la mayoría de los contratos y convenciones colectivos de trabajo vigente en cada clase de actividad.

Por outro lado, no art. 47 da CN se reconhece indistintamente:

Los patronos y trabajadores privados, sin distinción de nacionalidad, sexo, raza, credo o ideas políticas y cualquiera que sea su actividad o la naturaleza del trabajo que realicen, **tienen derecho de asociarse libremente para la defensa de sus respectivos intereses, formando asociaciones profesionales o sindicatos. El mismo derecho tendrá los trabajadores de las instituciones oficiales autónomas**.

Dichas organizaciones tienen derecho a personalidad jurídica y a ser debidamente protegidas en el ejercicio de sus funciones...

Mais adiante, no extenso art. 47, que estamos transcrevendo parcialmente, *brevitatis causa*, se conclui impondo que

Los miembros de las directivas sindicales deberán ser salvadoreños por nacimiento, y durante el periodo de su elección y mandato y hasta después de transcurrido un año de haber cesado en sus funciones, no podrán ser despedidos, suspendidos disciplinariamente, trasladados o desmejorados en sus condiciones de trabajo, sino por justa causa calificada previamente por la autoridad competente.

Por último, e no que a esses temas se refere, a Constituição Salvadorenha, em seu art. 48 admite:

Los trabajadores tienen derecho a la huelga y los patronos al paro. Para el ejercicio de estos derechos no será necesaria la calificación previa, después de haberse procurado la solución del conflicto que los genera mediante las etapas de solución pacifica establecida por la ley. Los efectos de la huelga el paro se retrotraerán al momento que éstos se inicien. La ley regulará estos derechos en cuanto a sus condiciones y ejercicio.

26.2. Código do trabalho de El Salvador: livro segundo: direito coletivo do trabalho — título primeiro: associações profissionais — sua proteção

Refletindo a norma constitucional, o Código do Trabalho Salvadorenho inclui 274 artigos divididos em livros e Capítulos que se estendem desde os princípios elementares, passando pelo Direito Coletivo do Trabalho e pelos Sindicatos, até o Direito Processual.

O Livro Segundo do Código (arts. 204 a 303) contém disposições sobre "el Derecho de Asociación Profesional y su protección":

Art. 204. Tienen el derecho de asociarse libremente para defender sus intereses económicos y sociales comunes, formando asociaciones profesionales o sindicatos, sin distinción de nacionalidad, sexo, raza, credo o ideas políticas, las siguientes personas:

a) Los patronos y trabajadores privados;

b) Los trabajadores de las instituciones oficiales autónomas...

... Se prohíbe ser miembro de más de un sindicato.

Os arts. 205 e 206 do mesmo Código, implementam proibições a toda pessoa para que impeça, coaja e/ou discrimine a terceiros trabalhadores em razão de suas atividades sindicais, etc. A segunda das normas, o art. 206 "Prohíbe la organización de sindicatos mixtos, o sea, los integrados por patrones y trabajadores", atenuando assim — de alguma maneira — os efeitos negativos da permissividade constitucional que pelo art. 47 da CN confere um mesmo tratamento legal aos sindicatos de patrões e trabalhadores privados.

Finalmente, pelo art. 207 do Código do Trabalho salvadorenho, regulamenta--se a vida interna dos Sindicatos, proibindo-se a concessão ou vantagens de seus membros e dispondo taxativamente que em sua vida interna "se regirán invariablemente por los principios democráticos del predominio de las mayorías y de un voto por persona, sin que pueda acordarse preferencia alguna en virtud de la cuantía de los aportes de sus integrantes". Não podemos deixar de interpretar restritivamente a parte final da norma, na hipótese de que as diferenças nos aportes às quais se referem somente são imagináveis e aplicáveis aos sindicatos de patrões, que no direito comparado (por exemplo, com a República Argentina) não se estuda como parte do direito do trabalho.

26.3. *Das atribuições aos sindicatos: Capítulo VII, arts. 228 e 229 — Título Segundo: Do Contrato Coletivo de Trabalho e da Convenção Coletiva de Trabalho — arts. 268, 269 e seguintes do Código do Trabalho Salvadorenho*

Conforme o disposto no art. 268 do CT, compete aos sindicatos:

a) Celebrar Contratos y Convenciones Colectivas de Trabajo

b) Velar por el estricto cumplimiento de las leyes, de los contratos y convenciones colectivas que celebren y de los reglamentos internos de trabajo; así como de denunciar las irregularidades que en su aplicación ocurran.

c) Representar a sus miembros, a requerimiento escrito de estos en el ejercicio de los derechos que emanen de los contratos individuales de trabajo o de las leyes, así como asesorarlos y promover la educación técnica y general de los trabajadores.

d) Crear, administrar o subvencionar instituciones, establecimientos u obras sociales de utilidad común para sus miembros.

e) Adquirir los bienes que requieran para el ejercicio de sus actividades.

f) Fomentar las buenas relaciones obrero-patronales sobre bases de justicia, mutuo respeto y subordinación a la ley, así como colaborar en el perfeccionamiento de los métodos de trabajo y en el incremento de la producción nacional;

g) En general todas aquellas actividades tendientes a la defensa de los intereses económicos y sociales de los afiliados y a la superación de estos.

E segundo o art. 269 do mesmo Código: "**los sindicatos tienen como objeto la defensa de los intereses económicos, sociales y profesionales de sus miembros**. Sus funciones, atribuciones y facultades son determinadas por sus estatutos, dentro del respeto a la Ley y la Constitución". Nesse contexto, a norma se estende em considerações sobre a independência dos sindicatos "respecto a los partidos políticos"; ao mesmo tempo que lhes proíbe: "Intervenir en las luchas religiosas; repartir dividendos...; limitar la libertad de trabajo de los no afiliados; coaccionar a los no afiliados para que ingresen o no al sindicato o a los afiliados para que no se retiren del mismo, etc.; y hacer o fomentar huelgas no reconocidas por este Código".

26.4. Proibição de despedida

Temos deixado para a abordagem final do tema, as disposições várias tratadas nos arts. 248 e seguintes do Código, concernentes a: proibição de despedida das Juntas Diretivas dos Sindicatos com personalidade jurídica ou em vias de obtê-la, que não poderão ser: transferidos nem rebaixados em suas condições de trabalho nem suspensos disciplinarmente durante o período de sua eleição e mandato; e até depois de transcorrido um ano de haver deixado as funções, a não ser por justa causa qualificada previamente por autoridade competente...

As garantias do artigo citado são também aplicáveis, aos "Promotores de la Constitución de un Sindicato por el término de sesenta días..."; "a los miembros del sindicato con un máximo de dos personas por cada cargo establecido, que de conformidad con sus estatutos presenten su candidatura para un puesto directivo"; etc. Quanto ao ano adicional de garantia a que se refere o art. 248, o mesmo se estende a "los directivos sindicales que hubieren desempeñado su cargo por todo el período para que fueron electos y el patrono que perturbe el derecho a la existencia del sindicato despidiendo directa o indirectamente a trabajadores con el objeto o el efecto de que el sindicato cese de existir legalmente debido a la falta del número mínimo de miembros requeridos por el presente Código (Treinta y cinco miembros: según el art. 232 inc. *a*) será sancionado con multa de diez a cincuenta veces el salario mínimo mensual, salvo que justifique ante la autoridad competente la legalidad del despido".

26.5. Federações e confederações: Capítulo X

Cinco ou mais sindicatos de trabalhadores ou três ou mais de patrões, podem formar uma federação; e três ou mais federações sindicais de trabalhadores ou de patrões podem constituir uma confederação.

Ainda que nos abstenhamos de comentar o restante do Capítulo X (arts. 257 a 263 do Código) não podemos deixar de assinalar que a redação do art. 257 transcrito revela no legislador uma tendência discriminatória a respeito da representatividade dos sindicatos de trabalhadores a quem se exigem "cinco ou mais" para formar uma federação; enquanto aos patrões são exigidos somente "três".

26.6. Do contrato coletivo de trabalho e da convenção coletiva de trabalho — art. 268, CCT

O Contrato Coletivo de Trabalho e a Convenção Coletiva de Trabalho, têm por objeto regular, durante sua vigência, as condições que regerão os contratos individuais de trabalho nas empresas ou estabelecimentos de que se trate; e os direitos e obrigações das partes contratantes.

26.7. Do contrato coletivo de trabalho: arts. 269 a 287 do CCT — capítulo I

O Contrato Coletivo de Trabalho é celebrado **entre um ou vários sindicatos de trabalhadores, por um lado, e um patrão, por outro**. Quando os trabalhadores afiliados a um sindicato prestem serviços a diversos patrões, o sindicato poderá celebrar contratos coletivos em cada um deles, sempre que estejam obrigados a contratar (art. 269).

Em resumo, "el sindicato de trabajadores es titular de los derechos de celebrar y revisar un contrato colectivo. Para celebrar por primera vez un contrato colectivo, es necesario que el sindicato de los trabajadores de la empresa o establecimiento..." (art. 270).

Por sua vez, todo patrão estará obrigado a negociar e celebrar contrato coletivo com o sindicato a que pertençam cinquenta e um por cento dos trabalhadores de sua empresa ou estabelecimento, quando o solicite o sindicato... e reciprocamente, "quando o peça o patrão".

Si dos o más sindicatos tienen afiliados en una misma empresa o establecimiento, pero ninguno tuviere el cincuenta y uno por ciento por lo menos del total de trabajadores, ya sea de la empresa o del establecimiento, podrán coaligarse dichos sindicatos con el fin de llenar el porcentaje mencionado en cuyo caso el patrón estará obligado a negociar y celebrar contrato colectivo con los sindicatos coaligados, si estos conjuntamente lo pidieren. (art. 171)

E concluindo: Os contratos coletivos serão revisáveis se as condições econômicas do país ou da empresa variarem substancialmente. Qualquer das partes poderá pedir a revisão, sempre que tenha transcorrido pelo menos um ano de vigência do prazo original, de suas prorrogações ou revisões (art. 276).

26.8. Da convenção coletiva de trabalho: arts. 288 a 294 do código do trabalho de El Salvador — capítulo II

Esgotando os temas do Direito Coletivo Salvadorenho, faz-se necessário **diferenciar com nitidez conceitual a figura da convenção coletiva da do contrato coletivo** ao qual já nos referimos resumidamente nos itens anteriores.

Assim: "A Convenção Coletiva de Trabalho se celebra entre um Sindicato de Trabalhadores e um Sindicato de Patrões". A diferença reside, pois, no fato de que o Contrato Coletivo de Trabalho requer inevitavelmente um sujeito coletivo — Sindicato obreiro — por um lado e, um sujeito individual — pessoa jurídica ou não, patrão — por outro.

Em contrapartida, segundo reza o art. 288 transcrito acima, na Convenção Coletiva, os dois sujeitos são pessoas coletivas. "Un Sindicato de trabajadores y un Sindicato de Patrones".

Além disso, todo o disposto no Capítulo I para o Contrato Coletivo, será aplicado à Convenção Coletiva de Trabalho, especialmente no relativo a seus efeitos..." (art. 290).

Porém, "celebrada una Convención Colectiva de Trabajo, el patrono que se separe del sindicato patronal que la celebró, continuará sin embargo, obligado al cumplimiento de la Convención" (art. 291). E a dissolução do sindicato de trabalhadores ou de patrões não afetará as obrigações e direitos individuais que emanem da Convenção Coletiva de Trabalho (art. 292).

E por último, as obrigações a cargo de um sindicato patronal, derivadas de uma convenção coletiva, deverão ser satisfeitas em primeiro lugar com o patrimônio dessa associação profissional e, se aquele não seja suficiente para cobrir tais obrigações, serão afetados os bens das empresas responsáveis.

27. Evolução constitucional do Brasil em matéria sindical e direitos coletivos

Como alguma vez o reconheceu o precursor e argentino Juan Bautista Alberdi, as condições geográficas e econômicas no Brasil retardaram seu desenvolvimento e — acrescentamos citando o mestre Süssekind — postergaram o surgimento dos fatores dos quais emana o espírito sindical, entre os quais adquire relevância a concentração operária em cidades industrializadas. Isso explica — diz Süssekind —, a ausência — nas primeiras décadas do século XIX —, de sindicatos capazes de lutar com êxito, pela conquista de leis sociais. Apesar disso, na segunda metade do século XIX, foram constituídas algumas sociedades de beneficência e ligas obreiras de expressão local, que empreenderam típicas atividades sindicais, inclusive greves[73], como também ocorreu — na mesma época — na República Argentina[74].

A primeira República Brasileira, proclamada em 15 de novembro de 1889, trouxe em seu seio o espírito liberal individualista da Primeira Declaração Universal dos Direitos do Homem, influenciada sem dúvida pela Revolução Francesa e pela Constituição Norte-americana. Como consequência, a sanção da primeira Constituição brasileira em 1891, omissa no que se refere ao trabalho humano, aportou no

---

(73) SÜSSEKIND, Arnaldo. *Direito constitucional do trabalho*. Rio de Janeiro: Renovar, 2001. p. 343. *Idem, op. cit.* A Imperial Associação Tipográfica Fluminense (1858); Liga Operária da Capital Federal, Rio de Janeiro (1870); Liga Operária de Socorros Mútuos de São Paulo (1872) e União Operária do Arsenal da Marinha (1888).

(74) Na Argentina: recordar a primera greve: a dos Tipógrafos (1874) e a da Fraternidad Ferroviaria (1891).

entanto seguridades sobre "o livre exercício de qualquer profissão: moral; intelectual e industrial (art. 72, § 4º) o que permitiu assegurar ao Supremo Tribunal Federal o fundamento jurídico para afirmar a **licitude da organização de sindicatos**" (art. 72, § 8º), assinala Süssekind.

A Lei n. 979, de 1903 foi a primeira norma brasileira que regulamentou a sindicalização no país, ainda que tenha se remetido exclusivamente à agricultura, e, por fim, à distribuição de créditos para seus associados. **E à associação de cooperativas para a venda de produtos**. Vale a pena comentar que na Argentina, apenas três anos antes, em 1900, foi fundado, no povoado de Basavilbaso (província de Entre Rios), o que foi também a primeira cooperativa comercializadora de produtos agropecuários; Lucienville. E entre seus fundadores estava Moisés Singer, bisavô de quem subscreve estas linhas e um pioneiro entre os imigrantes recém-chegados da Europa Oriental, precursores em ideias sociais e políticas da época.

Se nos detivemos fazendo notar um paralelismo na evolução das instituições sindicais entre Brasil e Argentina, é porque concordamos com Süssekind, em que no primeiro quarto do século XX os sindicatos anarquistas fomentaram greves gerais, buscando a abolição do regime capitalista, conforme com as ideias de Bakunin e Proudhon. Em ambos países — segundo se pode apreciar — pela influência dos imigrantes: "italianos", "espanhóis", "arabes", ucranianos", etc., fundaram-se "uniões trabalhistas" que defendiam o anarcossindicalismo.

Porém predominaram no entanto, no sindicalismo revolucionário as doutrinas socialistas de Marx, Lenin, Trotsky e Stalin, agora em aparente declínio, depois da atuação de Gorbatchov e a implosão do império Soviético[75][76], ainda que seja evidente que sobrevivem nas lutas das classes obreiras de todos os países.

Nas décadas seguintes do século XX com condições de produção diferentes e geografias desiguais, os dois países mais extensos da América Latina desenvolveram também culturas distintas, particularmente no âmbito político, ainda que, nos anos 40, Argentina e Brasil tenham eleito governos de forte vocação "sindicalista" — os de Perón e Vargas —, que implementaram complexas normativas juslaboralistas influenciadas ambas pela *Carta del Lavoro* do governo de Benito Mussolini.

Na Argentina, o professor italiano Mario L. Deveali (ex-revisor da "Carta del Lavoro" na década de 20 em seu país) elaborou o projeto da primeira norma de Associações Profissionais, sancionada como Decreto n. 23.852/45 ratificado pela Lei n. 12.921 e depois como Lei n. 14.455, de 8.8.58 sem modificações.

No Brasil, o professor Arnaldo Lopes Süssekind, naquela época (1943) com somente 23 anos de idade, participou na redação do projeto do que depois foi a "Consolidação das Leis do Trabalho", sancionada em 1º de maio de 1943, que em

---

(75) SÜSSEKIND, Arnaldo Lopes. *Direito constitucional do trabalho*. Rio de Janeiro: Renovar, 2001. p. 338-339, 345-346.
(76) Muitas coisas mudaram no panorama internacional, desde aqueles primeiros anos do século XX. Não somente houve crises e se derrubou o regime soviético real. Muito tempo antes endureceram as críticas contra o modelo e sua "ideologia", em particular as provenientes de Mao Tse Tung na China; ideias que desde os anos 60 do século passado crescem em influência em setores do movimento trabalhista e também entre os camponeses, como no Brasil (com o MST — Movimento dos sem Terra) e na Argentina durante o conflito do governo com o agronegócio em 2008/2009.

matéria sindical reproduziu o disposto nos Decretos-Leis ns. 1.402, de 1939, e 2.377, de 1940 ("unicidade compulsiva de representação de categorias e profissão, com a atuação do Estado em todas as fases da vida sindical"; e "criação de um imposto a favor das entidades integrantes da Organização Sindical e del Ministério do Trabalho", respectivamente[77].

Ambos os Decretos-Leis foram inspirados pela Carta Constitucional de 10 de novembro de 1937 imposta por Getulio Vargas com o evidente apoio das forças armadas, que assim modificou a organização do Estado, concentrando maiores poderes nas mãos do Presidente e "marcando sua tendência corporativista" — esclarece Süssekind —, na Instituição do Conselho de Economia Nacional cujos membros eram eleitos pelas entidades sindicais de empregadores e de trabalhadores (art. 57). Esse Conselho seria órgão consultivo do Parlamento Nacional (art. 38) e teria o encargo de "promover a organização corporativa da economia nacional", sendo competente para legislar sobre o direito "coletivo do trabalho" (art. 61).

Porém a rigor de verdade, a Consolidação das Leis do Trabalho se inspirou — em geral — nas Convenções da OIT, na Encíclica *Rerum Novarum* e nas conclusões do Primeiro Congresso Brasileiro de Direito Social, realizado em São Paulo em 1941.

Depois da Consolidação das Leis do Trabalho, a Constituição democrática sancionada em 18 de setembro de 1946, "deixou para a Lei ordinária a solução das questões relativas à organização sindical"; e também à regulação do direito de greve que foi reconhecido, mas posteriormente restringido por duas leis: "Decreto-Lei n. 9.070/46 e Lei n. 4.330/64.

Mais tarde, a Constituição sancionada em 24 de janeiro de 1967, não modificou os enunciados da anterior sobre o tema sindical; mas, em contrapartida, a Emenda Constitucional n. 1, de 1969, proibiu a greve nos serviços públicos e nas atividades essenciais definidas na norma citada (art. 162), o que alentou a aplicação do veto em inúmeras hipóteses de interesse econômico.

Por último, a Constituição, sancionada em 5 de outubro de 1988, apesar de haver assegurado a independência das Associações Sindicais, na prática, a limitou em importantes aspectos, como veremos mais adiante.

27.1. Brasil: pluralidade e unicidade sindical

Nas origens do movimento sindical brasileiro, deve-se computar em seu favor o fato de haver alentado as raras leis do trabalho sancionadas antes de 1930. Porém, depois da criação do Ministério do Trabalho, Indústria e Comércio, merece destaque a Lei n. 19.770, sancionada em 19 de março de 1931, que regulou pela primeira vez

---

(77) A Comissão Redatora da CLT, além de Arnaldo Lopes Süssekind, foi integrada pelos procuradores de Justiça do Trabalho: Rego Monteiro, Segadas Vianna e Dorval Lacerda. Na primeira parte dos trabalhos, participou também o consultor Jurídico do Ministério do Trabalho, Oscar Saraiva.

a organização sindical, sobre a base de: 1) unidade sindical compulsiva; 2) liberdade para representar à indústria, categoria, ofício, profissão ou também aos empregados da empresa; 3) reconhecimento pelo Ministério do Trabalho e registro de seus estatutos; 4) proibição de propaganda de ideologias sectárias de caráter político ou religioso; 5) faculdades para federar uniões de sindicatos e estes, por sua vez, para criar confederações do trabalho, da indústria e comércio (centrais sindicais).

Como bem aponta Süssekind, o princípio de unidade sindical foi adotado, levando em consideração a realidade socioeconômica brasileira e (acrescentamos) sua dispersão geográfica e regime político federal, para assegurar assim a institucionalização e o fortalecimento dos sindicatos, de maneira parecida ao que, anos depois se repetiu na Argentina dos anos 40 com Perón na subsecretaria do Trabalho e Mario L. Deveali como seu assessor[78].

Contudo, em torno da sanção no Brasil da Lei n. 19.770, apresentou-se na doutrina um áspero debate sobre a orientação ideológica de quem elaborou o projeto daquela Lei. O professor Süssekind o relata do seguinte modo: "Não se diga que essa lei, elaborada pelo insuspeitável Lindolfo Collor, com a colaboração dos ilustres socialistas Evaristo de Moraes, Joaquim Pimenta e Agripino Nazareth, copiou a *Carta del Lavoro*. Antes de Mussolini (1927), a unicidade sindical compulsória foi defendida por Lenin (1917), que se inspirou nas lições de Máxime Leroy (1913)"[79].

27.2. Brasil: a Constituição Federal de 5 de outubro de 1988 — a liberdade sindical e a unicidade sindical

Segadas Vianna foi um prestigioso juslaboralista brasileiro, que até seu falecimento contribuiu fortemente para o desenvolvimento da temática sindical. Junto a Arnaldo Süssekind e a Délio Maranhão, defendeu o monopólio da representação sindical e a unidade sindical por categorias, justificando que Getulio Vargas as tinha adotado, procurando assim evitar o fracionamento dos sindicatos e o conseguinte debilitamento das respectivas representatividades, em uma época em que a falta de consciência sindical dificultava a formação de sindicatos e a afiliação de trabalhadores às mesmas[80].

Ao fim e ao cabo — comentam os autores mencionados —, a ciência de classe é um resultado das concentrações obreiras (e dos conflitos resultantes) que se vinculam com o desenvolvimento industrial e com o conseguinte reflexo do mesmo na normativa legal e especialmente em nível constitucional que evoluiu no Brasil desde as Constituições dos anos 1937, 1946 e 1967 e a reforma de 1969; até a Constituição de 1988, cujo art. 8º prescreve taxativamente[81]:

---

(78) Como autor deste livro, relatei, em páginas anteriores, que fui aluno de graduação e de pós-graduação do Professor Deveali, na Faculdade de Direito da Universidade Nacional de La Plata, a quem acompanhei muitas vezes à Estação Ferroviária de onde viajava a Buenos Aires — durante algumas dessas caminhadas relatou-me detalhes de sua atividade na subsecretaria de Trabalho e como se projetou a Lei n. 12.921, sobre Associações Profissionais de Trabalhadores.
(79) SÜSSEKIND, Arnaldo L. *Op. cit.*, p. 345.
(80) SÜSSEKIND, A.; VIANNA, Segadas e outros. *Instituições de direito do trabalho*. São Paulo: LTr, 1999. v. II, p. 1114.
(81) Texto conforme a edição *CLT-LTr (Consolidação da Leis do Trabalho)*. São Paulo: LTr, 2001. p. 14.

Art. 8º É livre a associação profissional ou sindical, observado o seguinte:

I — a lei não poderá exigir autorização do Estado para a fundação de sindicato, ressalvado o registro no órgão competente, vedadas ao Poder Público a interferência e a intervenção na organização sindical;

II — é vedada a criação de mais de uma organização sindical, em qualquer grau, representativa de categoria profissional ou econômica, na mesma base territorial, que será definida pelos trabalhadores ou empregadores interessados, não podendo ser inferior à área de um Município;

III — ao sindicato cabe a defesa dos direitos e interesses coletivos ou individuais da categoria, inclusive em questões judiciais ou administrativas;

IV — a assembléia geral fixará a contribuição que, em se tratando de categoria profissional, será descontada em folha, para custeio do sistema confederativo da representação sindical respectiva, independentemente da contribuição prevista em lei;

V — ninguém será obrigado a filiar-se ou a manter-se filiado a sindicato;

VI — é obrigatória a participação dos sindicatos nas negociações coletivas de trabalho;

VII — o aposentado filiado tem direito a votar e ser votado nas organizações sindicais;

VIII — é vedada a dispensa do empregado sindicalizado a partir do registro da candidatura a cargo de direção ou representação sindical e, se eleito, ainda que suplente, até um ano após o final do mandato, salvo se cometer falta grave nos termos da lei.

Parágrafo único. As disposições deste artigo aplicam-se à organização de sindicatos rurais e de colônias de pescadores, atendidas as condições que a lei estabelecer.

Como se pode apreciar no texto constitucional transcrito, a normatividade brasileira consagra o princípio de liberdade sindical, adotando a unidade de fato da representação, exigindo somente que o sistema jurídico possibilite a pluralidade de associações em todos os níveis, ainda que sem excluir a designação do sindicato mais representativo como porta-voz do grupo em determinadas situações.

Na atualidade, a doutrina majoritária brasileira, que envolve tanto Arnaldo Lopes Süssekind como Eduardo Gabriel Saad e ao benemérito e experiente Amauri Mascaro Nascimento, defende a liberdade de constituição de sindicatos, ainda que dando ênfase a que **o ideal seja a unidade de representação derivada da ação consciente dos trabalhadores em sua relação com os empregadores vinculados ambos pelo modo de produção capitalista** e as regulações de direito privado que impõe o direito laboral vigente[82]. Por conseguinte, postula Saad: "Deixemos aos próprios interessados — patrões e empregados — construir com liberdade a autêntica unidade sindical, a que nasce de baixo para cima e não a que temos hoje, que descende do pináculo do Poder estatal para a planície do cotidiano no trabalho"[83].

---

(82) No que se refere a Süssekind, remetemos às remissões bibliográficas incluídas nas páginas anteriores; por seu lado Eduardo Gabriel Saad e seus filhos se estenderam sobre o tema em suas notas aos arts. 511 a 530 da *CLT comentada*. São Paulo: LTr, 2008. p. 557 e s.; e por último ver: NASCIMENTO, Amauri Mascaro. *Teoria geral de direito do trabalho*. São Paulo: LTr, 1999. p. 273-275.
(83) *Op. cit.* Nota ao art. 516 da CLT *in fine*, p. 568.

27.3. Da Instituição Sindical na CLT — arts. 511 e ss. e Dec.-Lei n. 1.166, de 1971 — liberdade de associação e direito comparado

O texto legal expresso na norma do art. 511 da CLT se limita a mera descrição das categorias econômicas que correspondem a um agrupamento espontâneo de indivíduos unidos na reivindicação de interesses comuns e de empresas que realizam atividades idênticas, similares ou conexas, constituindo ambas uma categoria econômica, termo este que reproduz as relações de direito privado ao qual nos referimos acima.

Contudo, avançando sobre o tema, o art. 511 da CLT, em seu § 2º, pontua no entanto, "A similitude de condições de vida oriunda da profissão ou trabalho em comum, em situação de emprego na mesma atividade econômica ou em atividades econômicas similares ou conexas, compõe a expressão social elementar compreendida como categoria profissional".

E insistindo se esclarece, no § 3º do mesmo artigo, que categoria profissional diferenciada é a que se forma dos empregados que exercem profissões ou funções diferenciadas por força de estatuto profissional especial ou em consequência de condições de vida singulares.

Por último, no § 4º da norma, se estabelece: "Os limites de identidade, similaridade ou conexidade fixam as dimensões dentro das quais a categoria econômica ou profissional é homogênea e a associação é natural".

Somente as associações profissionais constituídas para os fins e na forma do artigo anterior e registradas na forma do art. 558, poderão ser reconhecidas como sindicatos e investidas com as prerrogativas definidas na Lei (art. 512 da CLT).

Cabe consignar, por último, que, com a sanção do Decreto-Lei n. 1.166, de 1971, se ratificou o princípio de unicidade sindical compulsória, como sustento da organicidade estrutural do sistema, ainda que sem pôr travas ao princípio de liberdade sindical.

Em resumo, como bem ratifica Süssekind em seu *Direito Constitucional do Trabalho*[84] "a unidade sindical na representação da categoria profissional é, da mesma forma, da profissão, ofício ou grupo de empregados de uma empresa, estabelecimento ou setor de atividade, e constitui meta defendida por expressivos movimentos sindicais tendendo ao fortalecimento das respectivas associações. Mas ela deve resultar da concientização dos trabalhadores e dos empresários, a qual se irradia na medida em que os sindicatos trabalhem com êxito na promoção dos interesses e na defesa dos direitos de seus representados. Por seu turno, a realidade evidencia que essa unidade de representação não se sustenta, quando as entidades sindicais se vinculam a doutrinas políticas ou religiosas, às quais subordinam os interesses profissionais ou econômicos".

Tão longa citação de um texto do imenso juslaboralista brasileiro nos pareceu imprescindível, porque o tema da unidade sindical transcende as fronteiras e se

---

(84) SÜSSEKIND, Arnaldo Lopes. *Direito constitucional do trabalho*. Rio de Janeiro: Renovar, 2001. p. 353.

contextualiza no direito comparado, particularmente quando se envolve como um desafio aos processos de integração regional que caracterizam este momento histórico na América Latina e particularmente no Mercosul, nos que as relações de trabalho reúnem mão de obra proveniente de diferentes países, regimes de trabalho diferentes e sistemas sindicais distintos no todo ou em partes, que no entanto reconhecem um comum denominador nos princípios de liberdade sindical do Convênio n. 87 da OIT, que consagra nos arts. 2º e 3º os princípios da liberdade coletiva e individual, por um lado, e por outro, as da autonomia dos sindicatos, admitindo deste modo a unidade fáctica de representação com a designação do sindicato que se faça evidente como porta-voz do grupo ainda que tão só em determinadas questões.

Na maioria dos países — diz Süssekind[85] —, há pluralidade de direito e de fato (por exemplo: França, Itália, Espanha); em alguns, está facultada a pluralidade sindical, porém, por concientização dos trabalhadores rege, de fato, a unidade de representação: por exemplo Alemanha, Reino Unido (e Uruguai); em outros o monopólio de representação sindical é imposto pela Lei (por exemplo: Brasil, Colômbia, Peru); "na Argentina" — sublinha o autor —, "há pluralidade sindical, mas a um só sindicato é conferida a 'personalidade gremial' para negociar como representante do grupo"[86].

Para interpretar cabalmente o significado que adquiriu na Argentina o conceito de "personalidade gremial", é preciso recordar que nasceu com o Decreto n. 23.852 já citado, ratificado depois pela Lei n. 12.921 na década de 1940, depois pela Lei n. 14.455 sancionada em 8.8.58 (durante a Presidência de Arturo Frondizi) e *a posteriori*, volta a ser ratificada pela Lei n. 20.615/73 (terceiro governo do General Perón); pela regra de fato 22105 de 1979 ditada pelo regime militar e pela norma atualmente vigente, Lei n. 23.551, sancionada em 23 de março de 1988 durante o Governo do Dr. Raúl Alfonsín, da União Cívica Radical. Durante todo este longo período não se modificou na essência as disposições das primeiras normas, segundo as quais, "la personería gremial deberá ser solicitada suministrando los informes y elementos que determine la reglamentación. Recibida la solicitud el Ministerio de Trabajo y Seguridad Social dictará resolución dentro de un plazo de 60 días, acordando o negando la personería gremial". Texto segundo art. 22 da Lei n. 14.445, que se mantém em linhas gerais na Lei n. 23.551 que ampliou o prazo de 60 a 90 dias[87].

Com o exposto, queremos destacar as diferenças entre o modelo sindical brasileiro e o argentino, e como já pontuamos anteriormente, o art. 8º, inc. I da Constituição Federal Brasileira de 1988, ainda vigente, proíbe taxativamente: "a lei

---
(85) SÜSSEKIND, Arnaldo Lopes. *Op. cit.*, p. 353.
(86) Ver: VALDOVINOS, Oscar e outros. Estado actual del sistema de relaciones laborales en la Argentina. *Grupo de expertos em relações laborais*. Santa Fé: Rubinzal-Culzoni, 2008. p. 109 e ss.
(87) Na Lei Argentina 23.551, o tema da personalidade gremial é tratado nos arts. 25 a 36, condicionando o outorgamento da personalidade gremial ao cumprimento de uma série de requisitos, em cujo caso, a Associação com personalidade gremial, *terá os direitos exclusivos de defender e representar ante o Estado e os empregadores os interesses individuais e coletivos dos trabalhadores* (art. 31).

não poderá exigir autorização do Estado para a fundação de sindicato, ressalvado o registro no órgão competente, vedadas ao Poder Público a interferência e a intervenção na organização sindical" (cf. 558 da CLT).

E para maior abundamento, recordemos que na normativa brasileira e conforme o art. 515 da CLT existe **a impossibilidade legal de se criar mais de uma associação profissional em relação à mesma categoria profissional ou econômica em uma determinada base territorial**[88].

A jurisprudência do Supremo Tribunal de Justiça (STJ) do Brasil, tem reconhecido que "a partir da vigência da Constituição de 1988, as entidades sindicais, se tornam pessoas jurídicas, desde sua inscrição em Registro de Títulos e Documentos e Registro Civil das Pessoas Jurídicas, não conferindo o simples arquivo no Ministério do Trabalho e Emprego às entidades sindicais, nenhum efeito constitutivo, mas um simples catálogo, para efeito estatístico e controle da política governamental para o setor, sem nenhuma consequência jurídica" (STJ, 1ª Turma (Turno) R, especial 381.118)[89].

Aos efeitos comparativos, as duas normativas diferem taxativamente. Ou melhor, digamos de outro modo: os dois modelos sindicais reconhecem a liberdade sindical mas se diferenciam no modo de resolver a questão da unicidade na representação da categoria profissional que na Argentina depende de uma decisão administrativa do Estado Nacional (Ministério do Trabalho que é quem outorga a "personalidade gremial" e com ela a personalidade jurídica, possibilitando-se decisões arbitrárias e conduções sindicais que renovam mandatos durante décadas[90]). Enquanto no Brasil, rege o princípio previsto no art. 89, II da Constituição Federal, segundo o qual "é vedada a criação de mais de uma organização sindical, em qualquer grau, representativa de categoría profissional ou econômica, na mesma base territorial, **que será definida pelos trabalhadores ou empregadores interessados, não podendo ser inferior à área de um município... prevalecendo a representatividade daquele sindicato que primeiro efetuou o registro estatutário...**" (Súmula ou Resumo de Jurisprudência n. 677 do Superior Tribunal Federal — STF).

Assim, tudo indica que o modelo brasileiro, é mais favorável aos trabalhadores que o argentino em matéria de unicidade sindical quando a representatividade depende da decisão dos trabalhadores e da primazia do primeiro registro sobre qualquer decisão do Estado.

E no plano internacional dos países da integração regional, cabe definir a representação dos contingentes de trabalhadores próprios ou estranhos segundo

---

(88) SAAD, Eduardo Gabriel e outros: Nota 1 ao art. 558 da CLT. In: *CLT comentada*. São Paulo: LTr, 2008. p. 601.
(89) In: *CLT comentada*, Jurisprudências ns. 2 e 4, p. 567.
(90) "Todos estes sistemas de unidade ou de monopólio sindical imposto pela lei se separam do princípio de livre constituição das organizações de trabalhadores e empregadores enunciados no art. 2º da Convenção da OIT n. 87. Existe efetivamente uma diferença fundamental entre o caso em que o monopólio sindical está instituído ou mantido pela lei e as situações de fato que se encontram em alguns países onde os trabalhadores ou seus sindicatos se agrupam voluntariamente em uma só organização, sem que isto dependa de disposições legislativas adotadas para este fim" (Comissão de expertos: *Liberdade sindical e negociação coletiva*. Genebra: OIT, 1983. p. 59. (Ver SÜSSEKIND. *Op. cit.*, p. 352-358).

os princípios da lei mais favorável. E no caso mediante registro ante as autoridades do bloco regional, do sindicato eleito pela maioria dos trabalhadores do empreendimento que se trate, sem diferença para as nacionalidades envolvidas:

> A Corte Suprema de Justiça da Nação Argentina, a fins de 2008 tuvo oportunidade de pronunciar-se sobre esses temas, assinalando criticamente que: "de manera general, la posibilidad para un gobierno de conceder una ventaja a una organización determinada, o de retirársela para beneficiar a otra, entraría en riesgo, aunque no sea esa su intención, de acabar por favorecer o desfavorecer a un sindicato frente a otros, cometiendo un acto de discriminación. Es más, favoreciendo o desfavoreciendo a determinada organización frente a otras, los gobiernos pueden influir en la decisión de los trabajadores cuando elijan una organización para afiliarse, ya que es indudable que estas últimos se sentirán inclinados a afiliarse al sindicato más apto para servirlos, mientras que por motivos de orden profesional, confesional, político u otro, sus preferencias los hubiere llevado a afiliarse a otra organización. Ahora bien, la libertad de los interesados en la materia constituye un derecho expresamente consagrado por el Convenio n. 87 (Libertad Sindical)". (*Recopilación de decisiones y principios del Comité de Libertad Sindical del Consejo de Administración de la OIT*. 40. ed. rev. Ginebra: OIT. 1996, § 303) — [Corte Suprema de Justicia de la Nación, Causa SC.A., 201 LXL — Autos. Asociación Trabajadores del Estado c/ Ministerio de Trabajo. Data: 11 de novembro de 2008. Publicado digitalmente na edição de 11.11.2008 cifrado a 0045937337 de UT *supra* com Laboral].

27.4. Os sindicatos no Brasil e o direito coletivo do trabalho

O art. 513 da CLT nos introduz no tema que apresenta a epígrafe:

São prerrogativas dos sindicatos:

a) representar, perante as autoridades administrativas e judiciárias os interesses gerais da respectiva categoria ou profissão liberal ou interesses individuais dos associados relativos á atividade ou profissão exercida;

b) celebrar contratos coletivos de trabalho;

c) eleger ou designar os representantes da respectiva categaria ou profissão liberal;

d) colaborar com o Estado, como orgãos técnicos e consultivos, na estudo e solução dos problemas que se relacionam com a respectiva categoria ou profissão liberal;

e) impor contribuições a todos aqueles que participam das categorias econômicas ou profissionais ou das profissões liberais representadas.

Parágrafo único. Os sindicatos de empregados terão, outrossim, a prerrogativa de fundar e manter agências de colocação.

A rigor, trata-se de uma dessas normativas "ônibus" que pluralizam faculdades e deveres e neste caso, os dos sindicatos e associações profissionais aos quais se refere.

Porém, com referência ao direito coletivo, abordaremos em especial as disposições do inciso b que relacionaremos com o previsto nos arts. 611 a 625 da CLT.

Os contratos coletivos de trabalho foram divididos pelo Decreto-Lei n. 229, de 1966, em duas categorias: convenções coletivas e acordos coletivos de trabalho. O sindicato é o sujeito obrigatório da "convenção coletiva", isto é do pacto que envolve toda uma categoria profissional ou econômica. No que envolve o acordo coletivo de trabalho, é também o sindicato o sujeito, mas no caso em que se recuse a participar dos atos conducentes a sua concretização, **poderá ser sustituído pelos próprios trabalhadores interessados:** Assim, fica evidente que o acordo coletivo somente pode envolver uma ou várias empresas.

A isso acrescentamos que "a lei de greves autoriza a greve de trabalhadores não organizados em sindicato. A comissão que os represente tem a faculdade de celebrar acordo coletivo de trabalho que ponha fim ao conflito"[(91)].

Cabe destacar, por último, que, em 29.9.2001, o Poder Executivo da República enviou ao Congresso Nacional um projeto de Lei **flexibilizando a pirâmide juslaboral brasileira** com a seguinte redação: "As condições de trabalho ajustadas mediante Convenção ou Acordo de Trabalho Coletivo **prevalecem sobre o disposto em lei**, desde que não contrariem a Constituição Federal e as normas de seguridade e saúde do trabalho". Resgatamos que o projeto definitivamente não prosperou porque o congresso limitou seu alcance e porque um novo chefe do poder executivo desistiu do mesmo no mês de março de 2003.

Certo setor da doutrina brasileira lamentou a retirada do projecto, porque — alega — se perdeu a oportunidade de que se realize pelo menos uma tímida flexibilização das normas laborais[(92)]. Preconizando em seguida: "Para que ocorra uma efetiva flexibilização, terá que haver alteração dos arts. 7º e 8º da Constituição Federal (*sic*).

27.5. *A flexibilização laboral na Constituição Brasileira de 1988 e os direitos e deveres sindicais — Legislação Argentina comparada*

Diferentemente do que sucede com a normativa constitucional brasileira, a pirâmide jurídica argentina não autoriza a flexibilização de seus princípios de modo tal que uma norma de hierarquia inferior não pode derrogar ao todo nem em parte uma lei de hierarquia superior. Segundo o art. 28 da CNA: "Los principios, garantías y derechos reconocidos en los anteriores artículos no podrán ser alterados por las leyes que reglamentan su ejercicio" e pelo art. 31 da CNA: "esta constitución, las leyes de la Nación que en consecuencia se dicten por el Congreso y los tratados con las potencias extranjeras, son la ley suprema de la nación...". Diz o art. 33 da CNA: "Las declaraciones de derechos y garantías que enumera la Constitución no serán entendidas como la negación de sus derechos y garantías no enumerados, pero que nacen del principio de soberanía del pueblo y de la forma republicana de gobierno".

---

(91) Cf. SAAD, Eduardo Gabriel e outros. Nota 4 ao art. 513. *CLT comentada*, cit., p. 564.
(92) SAAD, Eduardo Gabriel; SAAD, José Eduardo Duarte; BRANCO, Ana Maria Saad Castello. *CLT comentada*, cit., p. 641. Nota ao art. 618 da CLT, *in fine*.

Do mesmo modo e de acordo com o disposto no art. 75, incisos 22, 23 e 24 da Carta Magna reformada em 1994, deve-se ter em conta que

los tratados concluidos con las demás naciones y con las organizaciones internacionales... **tienen jerarquía superior a las leyes**... y en las condiciones de su vigencia **tienen jerarquía constitucional** no derogan artículo alguno de la primera parte de esta constitución y deben entenderse complementarios de los derechos y garantías por ella reconocidos... los demás tratados y convenciones sobre derechos humanos, luego de ser aprobados por el Congreso requerirán del voto de las dos terceras partes de la totalidad de los miembros de cada Cámara **para gozar de la jerarquía constitucional**.

Além disso ... os tratados de integração que deleguem competências e jurisdição a organizações supraestatais em condições de reciprocidade e igualdade e que respeitem a ordem democrática e os direitos humanos e as normas ditadas em consequência deles têm hierarquia superior às leis.

Sendo assim, a pirâmide jurídica argentina situa a **constituição em sua cúspide; às leis por baixo e em matéria laboral as convenções coletivas subordinadas à constituição**, aos tratados internacionais, com hierarquia superior às leis; e por último às próprias leis. De modo tal que uma convenção coletiva jamais poderá prevalecer sobre a lei.

Em contrapartida, a Constituição Federal do Brasil de 1988, contradizendo o caráter eminentemente protetor de seu extenso art. 7º: (contém 35 incisos) incluiu no mesmo três incisos flexibilizadores, a saber: "VI — irredutibilidade do salário, salvo o disposto em convenção ou acordo coletivo"; "XIII — duração do trabalho normal não superior a oito horas diárias e quarenta e quatro semanais, facultada a compensação de horários e a redução da jornada, mediante acordo ou convenção coletiva de trabalho"; e "XIV — jornada de seis horas para o trabalho realizado em turnos ininterruptos de revezamento, salvo negociação coletiva".

Chama a atenção que as três normas se mantenham, apesar das reprovações da melhor doutrina brasileira e internacional. Ao comentar a regra do art. 7º, inc. VI, Amauri Mascaro Nascimento afirma com razão que "o salário é irredutível e por isso uma das mais importantes medidas de proteção contra o abuso do empregador. É que é o elemento essencial da relação de trabalho... e a fonte básica de recursos do trabalhador, geralmente a única... Se a redução fosse a regra, o empregador teria uma arma poderosa para forçar a rescisão do contrato de trabalho dos empregados, forçando-os a dar-se por despedidos[93]. E mais adiante, o autor acrescenta: "A convenção ou acordo devem ser vistos como um instrumento da melhoria da condição social do trabalhador"[94].

Quanto ao já explicitado, inciso XIII da Constituição Federal que "flexibiliza a duração diária do trabalho", o princípio que, recebido pela legislação laboral brasileira com a Lei n. 9.601, que, mediante a criação do "banco de horas" facultou

---

(93) NASCIMENTO, Amauri Mascaro. *Direito do trabalho na Constituição de 1988*. São Paulo: Saraiva, 1989. p. 122-123.
(94) NASCIMENTO, Amauri Mascaro. *Op. cit.*, p. 126.

a compensação do trabalho em diferentes semanas do ano, mas sempre respeitando o limite de 120 dias e viabilizando o acordo coletivo, sob a condição de que não supere o limite de 10 horas diárias[95].

E por último, enquanto o inciso XVI do art. 8º da CFB flexibiliza os turnos de relevo, reduzindo-os a seis horas ininterrumpidas por jornada de trabalho, a jurisprudência do Tribunal Regional do Trabalho (TRT) da 10ª Região, decidiu que é válida "a jornada sob o regime de 12 horas x 36 horas, quando seja estabelecido em acordo ou convenção coletiva de trabalho, sem extrapolar a jornada de trabalho de 44 horas"[96].

28. A República do Haiti e seu direito do trabalho — os sindicatos e as convenções coletivas[97]

Informe desde sua embaixada em Washington:

Haiti, Ilha das Antilhas maiores que Cristóvão Colombo descubriu em 1492, foi batizada como a Hispanhola mas sua denominação original em língua caribenha é lembrada até hoje como "Quisqueya" e está dividida em dois Estados: Haiti e República Dominicana.

Sua população, majoritariamente de origem africana, no ano de 1804 tornou-se independente da Espanha e da escravidão com a liderança de Toussaint Loverture.

A difícil situação política e econômica do Haiti continua servindo como pretexto para se fazer pouco na prática a fim de garantir o respeito dos direitos sindicais, que não estão bem protegidos na lei. Em que pese a vontade das novas autoridades de harmonizar a legislação com as normas fundamentais da OIT, no final do ano não se havia tomado nenhuma medida neste sentido. Não obstante, chegou uma boa notícia após o anúncio por parte da Corporação Financeira Internacional de que seus créditos ficarão condicionados ao respeito das normas fundamentais do trabalho, inspirando-se em um projeto piloto na zona franca de Ouanaminthe, onde, apesar de tudo, a direção adotou certas medidas antissindicais.

29. Direitos sindicais segundo a lei

29.1. Código laboral restritivo

A Constituição promulgada em 1987 reconhece o direito à liberdade sindical, assim como o direito de greve, em todos os setores. O Código Laboral, que cobre essencialmente ao setor privado, data da ditadura de Duvalier e é certamente mais restritivo. Exclui de seu campo de aplicação a várias categorias de trabalhadores/

---

(95) LIPPMAN, Ernesto. *Os direitos fundamentais da Constituição de 1988*. São Paulo: LTr, 1999. p. 428.
(96) Cf. TRT 3ª Região: *Rev. LTr* 60-380; *Idem Rev. LTr* 56-3/335.
(97) Estes artigos estão disponíveis em: <http://www.ituc-csi.org/ e www.haiti.org/francais/tablemat.htm> (com tradução para o espanhol feita pelo do Autor).

as, como por exemplo os empregados/as do serviço doméstico e os mineiros, além de impedir que os trabalhadores/as estrangeiros possam ascender a cargos diretivos sindicais.

Só são necessários dez membros para poder criar um sindicato. Uma vez estabelecido, o sindicato deve notificar sua existência ao empregador e informar--lhe o nome de ao menos um de seus dirigentes. Não obstante, o Código Penal exige a autorização prévia do governo para toda associação de mais de 20 pessoas, se essa associação quer ser reconhecida pelo governo. O art. 51 do Código do Trabalho proíbe explicitamente a despedida de trabalhadores/as em razão de suas atividades sindicais, mas não prevê a reintegração dos sindicalistas vítimas de uma despedida improcedente. De fato, a legislação não inclui nenhuma disposição que proteja os trabalhadores da discriminação antissindical na contratação.

Os funcionários públicos, os camponeses, os trabalhadores/as independentes e aqueles que trabalham na economia informal não estão cobertos pelo Código Laboral.

29.2. Negociação coletiva

O Código Laboral não exige que os empregadores se reúnam ou negociem com as organizações sindicais.

Um decreto que data de 4 de novembro de 1983 capacita o serviço do Departamento de Trabalho e Bem-Estar Social para intervir na elaboração dos acordos coletivos.

29.3. Solução de conflitos

O Código do Trabalho estipula que as partes devem tentar resolver suas diferenças através de um processo de mediação, conciliação e arbitragem que tem lugar sob a tutela do Ministério de Assuntos Sociais e do Trabalho. Os conflitos se submetem, em primeiro lugar à Direção do Trabalho, e se não se chega a um acordo, se remete o caso a um Comitê de Arbitragem Tripartite. Em caso de seguir sem se chegar a um acordo, a Comissão Tripartite de Consulta e Arbitragem decidirá sobre o conflito em última instância.

Na prática não é possível apelar da decisão. Vários advogados especialistas em legislação laboral têm destacado o perigo desta disposição, posto que o fato de criar uma nova jurisdição fora de qualquer sistema jurídico aumenta a possibilidade de um conflito entre o Estado de Direito o papel judicial que desempenha a Comissão na Resolução de um conflito laboral.

A lei prevê igualmente a existência de um Tribunal do Trabalho supostamente encarregado de resolver os conflitos resultantes do respeito às disposições do Código Laboral. No entanto, este Tribunal não está capacitado para decidir sobre os conflitos laborais que têm lugar no setor público.

29.4. Direito de greve limitado

O direito de greve está reconhecido pelo Código Laboral, mas com restrições. O Código define três tipos de greve e qualquer ação que não corresponda a um desses três tipos se considera ilegal. Uma vez que se declare ilegal uma greve, os trabalhadores podem ser despedidos por ruptura de contrato após três dias de ausência. As partes em conflito devem empreender uma conciliação antes de convocar a greve. É obrigatório avisar com 48 horas de antecedência e a greve não pode exceder a um dia.

As greves nas empresas do setor público são ilegais. A única medida prevista em caso de conflito é a mediação e se se convoca de qualquer modo uma greve, o código recorda ao Estado o poder de intervir e de impor pela força a reabertura da empresa.

29.5. Promessas do novo governo

Há vários anos, se está estudando uma reforma para que a legislação haitiana esteja de acordo com as normas da OIT em matéria de direitos sindicais. En março, o governo recém-eleito se comprometeu a tomar as medidas necessárias para proteger os trabalhadores/as de todo tipo de discriminação antissindical, garantir proteção diante de qualquer ingerência nos assuntos internos dos sindicatos. Prometeu estabelecer as condições para fomentar e promover o desenvolvimento e a utilização da maior quantidade possível de procedimentos de negociação voluntária, comprometendo-se ademais a modificar as disposições legislativas que conferem ao governo poderes de controle sobre os sindicatos, que impõem a arbitragem obrigatória sob petição de qualquer das partes em conflito e que excluem do âmbito de aplicação do código de trabalho a toda uma série de trabalhadores e trabalhadoras. No entanto, no final do ano, nenhuma dessas promessas havia se concretizado.

30. Direitos sindicais na prática

30.1. Os empregadores abusam dos direitos

A liberdade sindical e o direito à negociação coletiva são praticamente inexistentes na prática. Como consequência do caos político dos últimos anos, o clima de violência e a taxa de desemprego recorde, mas também graças à cumplicidade de um aparato estatal bastante ineficaz, os empregadores se beneficiam de uma total liberdade. Costumam impor os salários de forma unilateral; as condições de trabalho são geralmente deploráveis e não correspondem às normas sanitárias e de segurança; e, aduzindo que os haitianos desejam trabalhar a não importa que preço, cometem regularmente abusos, nivelando a por baixo os salários propostos, ignorando inclusive o salário mínimo legal estabelecido pela legislação nacional.

Muitos trabalhadores/as são empregados sem contrato ou ignoram a existência do Código Laboral. Em certos casos, os trabalhadores/as nem sequer sabem o nome da empresa para a qual trabalham, por isso são totalmente incapazes de defender seus direitos. Aqueles que tentam organizar os trabalhadores/as em sindicatos, são objeto de constantes intimidações ou são despedidos, a maioria das vezes ignorando totalmente a legislação laboral.

Para evitar que os trabalhadores se sindicalizem, os empregadores concedem certos benefícios aos que não estão filiados a organizações sindicais.

30.2. Fracasso dos governos

Os sucessivos governos nunca tomaram medidas concretas para fazer aplicar a lei. O Ministro da Justiça e de Seguridade Pública, que ocupou o cargo até a queda de Aristides, chegou inclusive a declarar aos representantes de uma missão sindical internacional que visitou o Haiti em meados de fevereiro de 2005 que "no contexto haitiano, os docentes e os jornalistas não devem ter direito a pertencer a sindicatos". A corrupção da administração continua sendo um obstáculo para os sindicalistas quando estes tentam registrar sua organização.

Assim como seus predecessores, o novo governo não tem respondido aos chamamentos feitos pelo Comitê de Liberdade Sindical a respeito de uma queixa feita em 2004 pela Coordination Syndicale Haïtienne e pela CIOSL em relação a diversos atos antissindicais. Uma vez mais, o governo não designou um representante dos trabalhadores como parte da delegação presente na Conferência Internacional do Trabalho em junho.

30.3. Impunidade dos empregadores

Em que pese o que estipula o Código Laboral, o governo nunca puniu aos empregadores que interferiram em assuntos internos dos sindicatos. As investigações relativas a abusos cometidos contra os sindicalistas não costumam ser averiguadas.

30.4. Mediação praticamente inexistente

As organizações de trabalhadores questionam o trabalho da Comissão Tripartite. Com efeito, os casos que lhe são submetidos nunca chegam a uma conclusão, e a comissão fracassou na hora de desempenhar um papel na criação de um órgão regulador que apoie aos trabalhadores/as em seus conflitos.

O sistema de tribunais laborais simplesmente não funciona. Os processos raras vezes são equitativos, os juízes carecem da devida formação e os prazos não são respeitados. O recurso a um advogado costuma ser financeiramente proibitivo. Às vezes os advogados se negam simplesmente a aceitar um caso se as compensações que são oferecidas são mínimas. Os trabalhadores/as, portanto, praticamente nunca recorrem aos tribunais laborais.

30.5. Inspeções de trabalho inoperantes

A inspeção de trabalho encarregada de supervisionar a aplicação da legislação não dispõe de pessoal suficiente e carece de equipamento e formação, isso quando não está ameaçada pelos empregadores. Um informe do Centro Americano de Solidariedade Laboral Internacional (ACILS/AFL-CIO) de 2003 revela que, com frequência, os inspetores não compreendem bem seu papel e não conseguem facer respeitar sua autoridade. A culpa disso é não só da escassez orçamentária, como também da falta de vontade política por parte dos governos.

30.6. Direito de greve limitado

Dado que a lei torna praticamente impossível levar a cabo greves legais, os trabalhadores/as costumam mostrar-se resistentes a recorrer a esse direito, particularmente em razão do prazo de aviso-prévio exigido.

No entanto, e no que pese a proibição de que são objeto, os trabalhadores/as do setor público em poucas ocasiões recorrem à greve.

30.7. Zonas industriais e zonas francas para a exportação

Em agosto de 2003 a Companhia de Desenvolvimento Industrial — CODEVI se estabeleceu na zona franca de Ouanaminthe, situada na fronteira com a República Dominicana. Propriedade do gigante do vestuário, Grupo M, com sede na República Dominicana, a planta foi construída graças a um crédito de US$ 20 milhões concedido pela Corporação Financeira Internacional — CFI, agência do Banco Mundial que financia o setor privado. O empréstimo estava condicionado a que a companhia respeitasse a liberdade sindical e o direito de negociação coletiva. Não obstante, os direitos dos trabalhadores eram regularmente violados, e qualquer tentativa de formar um sindicato levava à despedida, incluindo a despedida coletiva de 350 trabalhadores em junho de 2004. Essa situação parece haver mudado. Depois de uma campanha internacional e nacional, os trabalhadores e trabalhadoras foram readmitidos, o sindicato foi reconhecido e se assinou um acordo coletivo no final de 2005.

Os cinco parques industriais existentes na capital haitiana e em seus arredores se parecem muito à maioria das ZFI na região das Américas em termos de direitos sindicais, a única diferença está no nome, e no fato de que oferecem aos investidores poucos incentivos fiscais. Os sindicatos não são bem recebidos e os organizadores se deparam com atos de intimidação. Os trabalhadores e trabalhadoras do vestuário, em sua maioria mulheres entre os 25 e os 35 anos, se veem obrigados a viver na pobreza, tendo que aceitar salários entre 2 € y 3,50 € por dia, três vezes menos que os salários aplicados na vizinha República Dominicana.

30.8. Corporação financeira internacional — acordo mundial sobre o respeito dos direitos sindicais após o projeto piloto haitiano na ZFI de Ouanaminthe

Em 21 de fevereiro de 2006, a Corporação Financeira Internacional — CFI, agência do Banco Mundial que se encarrega de conceder créditos ao setor privado, adotou um critério que vincula a concessão de empréstimos ao comportamento da empresa quanto aos direitos sindicais e às condições de trabalho, obrigando as empresas a respeitar as normas fundamentais do trabalho e proibindo assim o recurso ao trabalho forçado, ao trabalho infantil, à práticas discriminatórias, e exigindo o respeito da liberdade sindical.

Esta norma é consequência da aplicação de uma proposta da antia CIOSL de condicionar ao respeito das normas fundamentais do trabalho a concessão de um empréstimo acordado com a companhia dominicana de confecção Grupo M para abrir uma unidade de produção na Zona Franca Industrial — ZFI de Ouanaminthe. Após vários meses de ação coletiva, este instrumento contribuiu, em dezembro de 2005 para permitir a assinatura de um acordo coletivo histórico entre o sindicato SOKOWA e a fábrica CODEVI, que previa um aumento salarial e melhoria das condições de trabalho.

30.9. Violações em 2006

30.9.1. Contexto geral

Em 7 de fevereiro, após vários adiamentos, foram celebradas eleições presidenciais em um clima de relativa tranquilidade, pondo fim, assim, a um período de transição que desembocaria na eleição indiscutível de René Préval. Em que pese a presença de uma força de estabilização, ocorreram violentos confrontos entre lados rivais e grupos políticos, o que afetou negativamente a situação quanto aos direitos humanos e a boa governança no país.

30.9.2. Negativa a readmitir o tesoureiro do sindicato despedido por uma empresa de cervejaria

Em que pese que o Ministério de Assuntos Sociais declarou improcedente a despedida de Semeran Philome, Tesoureiro do sindicato na cervejaria La Couronne, desligado no final de 2005 sob o pretexto de haver agredido outro trabalhador, o empregador ainda não havia feito nada até o final do ano para garantir sua readmissão. Em um encontro com os dirigentes sindicais da federação sindical Premier Mai Batay Ouvriye, a direção da cervejaria alegou que a campanha de solidariedade internacional organizada pela Batay Ouvriye não fez outra coisa serão prejudicar a readmissão do tesoureiro do sindicato.

30.9.3. Ingerência nas eleições sindicais de Sokowa e ameaças

Como resultado de um conflito interno no seio do sindicato SOKOWA a respeito do resultado das eleições sindicais celebradas, a direção da fábrica CODEVI se negou a reconhecer ao Comitê Executivo vitorioso, brindando seu apoio a um grupo minoritário. Tendo em conta que a patronal se negou a negociar com os representantes legítimos dos trabalhadores/as, as condições de trabalho se deterioraram e ocorreram várias despedidas. Graças à intervenção do Ministério de Assuntos Sociais e do Trabalho, foi assinado um acordo entre as diferentes facções sindicais, mas a direção persistiu em sua negativa em reconhecer o Comitê Executivo e ameaçou despedir a todos os seus integrantes. Posteriormente, após uma paralisação laboral dos funcionários, a direção ameaçou fechar a empresa e despedir os 700 trabalhadores e trabalhadoras. A direção responsabilizou, pela situação e pelas possíveis consequências, a Batay Ouvriye.

30.9.4. Constituição da República do Haiti — Título III — Du Citoyen — des Droits et Devoirs Fondamentaux — Chapitre I (arts. 35 al 35.6) — de La Liberté du Travail

Art. 35. La liberté du travail est garantie. Tout citoyen a pour obligation de se consacrer à un travail de son choix en vue de subvenir à ses besoins et à ceux de sa famille, de cooperer avec l'Etat à l'établissement d'un système de sécurité sociale.

Art. 35.1. Tout employé d'une institution privée ou publique a droit à un juste salaire, au repos, au congé annuel paye et au bonus.

Art. 35.2. L'Etat garantit au travailleur, l'égalité des conditions de travail et de salaire quel que soit son sexe, ses croyances, ses opinions et son statut matrimonial.

Art. 35.3. La liberté syndicale est garantie. Tout travailleur des secteurs privé et public peut adhérer au Syndicat de ses activités professionnelles pour la défense exclusivement de ses intérêts de travail.

Art. 35.4. Le syndicat est essentiellement apolitique, à but non lucratif et non confessionnel. Nul ne peut être contraint d'y adhérer.

Art. 35.5. Le droit de grève est reconnu dans les limites déterminée par la loi.

Art. 35.6. La loi la limite d'âge pour le travail salarié. Des Lois Spéciales règlementent le travail des enfants mineurs et des gens de maison.[98]

---

(98) Tradução livre:
DA LIBERDADE DE TRABALHO NA CONSTITUIÇÃO HAITIANA (ARTS. 35 A 35.6) SEÇÃO G (DO IDIOMA FRANCÊS AO ESPANHOL).
Art. 35. "A liberdade de trabalho está garantida. Todo cidadão tem a obrigação de consagrar-se a um trabalho de sua escolha com vistas a suprir suas necessidades e as de sua família, de cooperar com o Estado ao estabelecimento de um sistema de seguridade social".
Art. 35.1. "Todo emprego de uma instituição privada ou pública dá direito a um justo salário, ao descanso anual e a gratificações".
Art. 35.2. "O Estado garante ao trabalhador a igualdade de condições de trabalho e de salário que os do seu mesmo sexo, suas crenças, suas opiniões e seu *status* matrimonial".
Art. 35.3. "A liberdade sindical está garantida. Todo trabalhador de setores públicos ou privados podem aderir ao sindicato de suas atividades profissionais para a defesa exclusiva de seus interesses laborais".
Art. 35.4. "O sindicato é essencialmente apolítico. Suas metas não lucrativas e não confessionais. Ninguém pode ser coagido a se afiliar".

31. Constituição política do Peru — dos direitos sociais e econômicos e o direito do trabalho

A Constituição atualmente vigente foi sancionada em 1993 e em seu art. 1º consignou que "la defensa de la persona humana y el respecto de su dignidad son el fin supremo de la sociedad y del Estado", no Capítulo II, intitulado "De Los Derechos Sociales y Económicos", na parte final inclui oito artigos (dos arts. 22 ao 29) dedicados às relações laborais, que são irredutíveis na "reivindicación del Trabajo, en sus diversas modalidades, "como objeto de atención prioritaria del Estado..." (art. 23 do CPP).

Para mais informações o art. 24 assegura que entre outras, "tiene derecho a una remuneración equitativa y suficiente, que procure, para él y su familia, el bienestar material y espiritual. ..."

E mais adiante nos arts. 28 e 29 (CPP) "El Estado reconoce los derechos de sindicación, negociación colectiva y huelga"... e ... "cautela su ejercicio democrático". Ao mesmo tempo garante "la libertad sindical"; fomenta a "negociación colectiva y promueve formas de solución pacífica de los conflictos laborales, y regula el derecho de huelga para que se ejerza en armonía con el interés social".

Termina o Capítulo II com o art. 29 reconhecendo "el derecho de los trabajadores a participar en las utilidades de la empresa" e "promoviendo otras formas de participación".

Segundo Mario Pasco Cosmópolis[99]: "mucho antes del texto transcripto del 20 de enero de 1912, se dictó en el Perú la Ley n. 1.378 sobre accidentes de trabajo; primera en América en incorporar el novedosos concepto de la responsabilidad subjetiva o por culpa"[100]. É esse o embasamento sobre o qual haveria de se construir a legislação laboral peruana, cuja vida histórica não esteve isenta, e sim infestada de vicissitudes.

Desde aquela remota origem (este livro está terminando de ser escrito a princípios de 2009) transcorreu quase um século, tempo durante o qual se ditaram inúmeras leis que deram proteção a mulheres e crianças (Leis ns. 2.851 e 4.239), a trabalhadores intelectuais e empregados (Lei n. 4.616) e outras, que foram a base do direito coletivo posterior e integraram um conjunto que não foi sistemático até muito tempo depois.

Foi talvez a partir de 1956 que se elaboraram leis sobre férias anuais suprimindo as diferenças entre empregados e trabalhadores (Lei n. 13.683) que a partir de então, foram de 30 dias anuais indistintamente, posteriormente e entre os anos 1962/1963,

---

Art. 35.5. "O direito de greve está reconhecido dentro dos limites determinados pela lei".
Art. 35.6."A lei limita a idade para o trabalho assalariado. Leis especiais regulamentarão o trabalho dos menores em mineração e no serviço doméstico".
(99) COSMÓPOLIS, Mario Pasco. Medio siglo de legislación laboral en el Perú. ARTURO, Broinstein et al. (ed.). *50 años de derecho del trabajo en América Latina*. Santa Fé: Rubinzal-Colzoni, 2007. p. 363 e ss.
(100) Como temos assinalado ao descrever a história do direito laboral na Argentina, a primeira lei sobre acidentes do trabalho, foi ditada em 1915, incorporando também as teorias do risco laboral.

foram sancionadas as Leis n. 14.222 sobre salário mínimo vital e 14.218 sobre temas processuais que incluíram a regulação do período de prova, etc.

A partir dos anos 1968 até 1980, durante o governo do General Juan Velazco Alvarado, ocorreram relevantes mudanças no plano laboral e especialmente em dois institutos, o da estabilidade absoluta nos empregos e o da participação dos trabalhadores na propriedade, na gestão e nas utilidades das empresas.

E conforme o relato de Pasco Cosmópolis, a proibição de despedir sem justa causa, contemplada na lei e devidamente comprovada e com direito à reincorporação no emprego, "ha sido de allí en más, bête noir (bestia negra) del derecho laboral peruano, sacralizada por unos, aborrecida por otros, los trabajadores ven en ella 'la madre de todos los derechos' la suprema garantía de seguridad, el único soporte para el sindicalismo, en tanto los empleadores la consideran 'la madre de todos los males', **gestora de improductividad e indisciplina, y** limitadora radical de sus prerrogativas patronales".

Com essas modificações, as reformas laborais não se esgotaram nos dois institutos mencionados, porque ademais foram ditadas outras normas protetoras que foram ratificadas na Constituição sancionada em 1979 e posta em vigor a partir de 28 de julho de 1980.

Depois, com o governo de Alberto Fujimori, e entre os anos 1990 e 2000, foram ditadas normas desreguladoras do contrato de trabalho, claramente flexibilizadas, que significaram um evidente retrocesso. No entanto, na opinião doutrinária que estamos citando — discutível por certo[101] "la legislación laboral peruana en la actualidad, incluso después de flexibilizada salvajemente, sigue siendo más garantista y más protectora que virtualmente cualquier otra legislación a lo largo y a lo ancho del continente".

31.1. Lei de relações coletivas e greve

Segundo Pasco Cosmópolis, esta lei abrange as instituições fundamentais daquelas: Sindicação, negociação coletiva e greve. A mudança a respeito da legislação prévia se dá fundamentalmente na negociação coletiva; mas sustenta que, diferentemente das etapas anteriores na legislação peruana, caracterizada por uma forte intervenção do Estado, que ao logo do tempo se havia incumbido a potestade de resolver, por via administrativa as controvérsias econômicas não solucionadas no trato direto ou conciliação das partes, **passou-se a um sistema livre de amplo protagonismo destas em regras processuais, mínimas e o recurso aos meios possíveis de solução pacífica dos conflitos, através da conciliação, a mediação e a arbitragem privada, a qual está regida pela regra da última proposta** — *last-offer arbitration* —**, que obriga o árbitro — em geral um tribunal —, a adotar a proposta final de uma das partes, sem poder misturá-las ou combiná-las entre si.**

---

(101) COSMÓPOLIS, Mario Pasco. *Op. cit.*, p. 371 e 373.

Como se pode apreciar, não parece que o modelo de "justiça privada" em matéria laboral, que elogia o jurista peruano signifique um avanço em relação a "qualquer outra legislação ao longo do continente", desde que como é público e notório em todos os regimes vigentes de direito do trabalho protetor no subcontinente latino-americano, nos contratos de trabalho, individuais ou coletivos, não rege a autonomia da vontade e sim, ao contrário, os sobrevoa a ordem pública laboral, que não admite a justiça peruana.

31.2. Os sindicatos no Peru

No Peru, contrariando as garantias dos arts. 28 e 29 da Constituição Política — CPP: "los sindicatos se constituyen a nivel de empresa". Há bem poucos em nível de ramo de atividade e o mais cotado é a Federação de Construção Civil que, apesar de seu nome, é na realidade um sindicato de ramo porque filia diretamente trabalhadores individuais, diz o autor que estamos citando.

O número de sindicatos registrados poderia induzir a falsa ideia de que há uma elevada sindicalização. Mas em seguida acrescenta[102]: "No es así, por su escasa envergadura, ya que para constituir uno, bastan apenas 20 trabajadores, sin requisito alguno de porcentaje o proporcionalidad respecto del total, hay una miríada de microsindicatos — *pocket unions* — con mínima afiliación y escasa representatividad. Ello no fue óbice para que haya cinco Confederaciones Nacionales que dividen el movimiento obrero: La Confederación General de Trabajadores del Perú — CGTP, que es reconocida como la más representativa; la Confederación de Trabajadores del Perú — CPT, la más antigua y ligada al APRA; la confederación Nacional de Trabajadores — CNT; la Central Autónoma de Trabajadores del Perú y la Central Unitaria de Trabajadores — CUT la más reciente y quizá la más combativa'".

31.3. A intermediação laboral no Peru

Constitui, sem dúvida, um dos fenômenos mais recentes nas relações de trabalho na América Latina e a doutrina tem sido muito crítica a seu respeito, sobretudo porque favorece a instalação de práticas de fraude laboral.

Apareceram na década de 90 do século XX, no marco das políticas de flexibilização laboral e no contexto da globalização mundial dos mercados, incentivados decididamente pelos governos de turno, que assegura a doutrina peruana, longe de regular, os estimulou.

As empresas tercerizadoras utilizaram diversas fachadas — e como em outros países foram criadas cooperativas de trabalhadores que dissimularam assim sua real qualidade de empresas de serviço destinadas a baratear os custos laborais, evitando o pagamento dos salários tarifados e os aportes e contribuições para a previdência social.

---

(102) COSMÓPOLIS, Mario Pasco. *Op. cit.*, p. 375.

Deste modo, esclarece uma vez mais Pasco Cosmópolis, "los trabajadores destacados no lograban alcanzar, en modo alguno, la estabilidad, las remuneraciones ni las prestaciones y beneficios del personal propio de la empresa, por lo que constituían (y aún seguramente constituyen) un sector de trabajadores de segunda categoría, fácilmente reemplazables y prescindibles en cualquier momento y por cualquier razón"[103].

Tal situação gerou no Peru uma reação legislativa adversa, reduzindo as possibilidades de intermediação a hipóteses mínimas e cercando-a de requisitos, formalidades e custos destinados sobretudo a desalentá-la.

Apesar do caráter restritivo da normativa atual, admite Pasco Cosmópolis, "subsisten bolsones importantes de intermediación, en especial en actividades como la minería y el petróleo", havendo-se reduzido nas demais especialidades.

Para encerrar este assunto, o autor deste livro, advogado na República Argentina, com vasta experiência, lamenta reconhecer que também em seu país continua até hoje a prática da terceirização e sua utilização fraudulenta por certas empresas, apesar do princípio de solidariedade entre as mesmas que criam, para distintas hipóteses, os arts. 29, 29 *bis* e 30 da Lei n. 20.744 do Contrato de Trabalho.

Mas este livro, que aqui se conclui, tem como objetivo pôr o conteúdo de suas páginas a serviço de um novo direito laboral: o direito do trabalho na integração regional da América Latina. E para fazê-lo realidade é recomendável que se acorde internacionalmente que os conflitos devem resolver-se aplicando, como deve ser, o princípio da norma ou conjunto de normas mais favoráveis:

> **Art. 29** da LCT (em sua parte pertinente): Los trabajadores que habiendo sido contratados por terceros con vista a proporcionarlos a las empresas, **serán considerados empleados directos de quien utilice su prestación.**
>
> En tal supuesto, y cualquiera que sea el acto o estipulación que al efecto concierten, los terceros contratantes y la empresa para la cual los trabajadores presten o hayan prestado servicios responderán solidariamente de todas las obligaciones emergentes de la relación laboral y de las que se deriven del régimen de la seguridad social... .

---

(103) COSMÓPOLIS, Mario Pasco. *Op. cit.*, p. 376.

Capítulo II

O Direito Internacional e as Assimetrias Regionais — A Integração de Países Desiguais

1. Uniformidade, harmonização e conflito de leis nas relações de trabalho

Como assinalamos reiteradamente, deve-se descrever o mundo contemporâneo como um universo no qual as relações de trabalho se moldam em mercados internacionais de intercâmbio que simultaneamente se globalizam e se regionalizam en blocos.

Nesse contexto, os blocos regionais de integração, como o Mercado Comum do Sul, o Mercado Comum Centro-americano, o Mercado Comum Africano, o Mercado Comum Europeu e outros, se tornaram e estão tornando paulatinamente plataformas de inserção privilegiada nos mercados globalizados. No entanto, os países que os integram, reconhecem entre si assimetrias suficientes e um desenvolvimento desigual que obriga os blocos regionais a questionar sobre seus conflitos de leis.

Recordemos aqui que pelo menos em nossa região — os países são subordinados, com estruturas econômicas internas atrasadas, que incluem zonas com setores justapostos que realizam escassos intercâmbios entre eles, diferenciando-se assim do que sucede nas economias dos países centrais.

Surgem por isso fenômenos de regionalização econômica que constituem "polos" atrasados, com setores de latifúndios semifeudais, desvinculados dos segmentos externalizados da economia — presumidamente os mais modernos em nossos países — e ambos estreitamente ligados com o "mercado mundial globalizado". Mas simultaneamente, é este último o que opera com o intercâmbio de produtos para o mercado externo, cujos preços são fixados pelos países maiores importadores ou maiores exportadores, com um mecanismo gerador também de maior desacumulação econômica pelo fenômeno da denominada "tributação externa" de que não trataremos neste trabalho, mas da qual diremos que tem contribuído para um desenvolvimento, que é somente o do acúmulo nos países centrais e da pauperização da periferia mundial, ou seja "o desenvolvimento do subdesenvolvimento".

É por isso que tanto os problemas do desenvolvimento desigual e as assimetrias, como os do intercâmbio internacional, não podem ser corretamente estudados permanecendo no plano das relações imediatas; e é necessário abordá-las desde a análise dos processos e das condições de produção[1].

Como aponta Samir Amir: "es preciso ir a la esencia, por lo tanto, del proceso de producción, *a la venta de la fuerza de trabajo*"[2]. E daí, às superestruturas jurídicas que as refletem; ao mesmo tempo em que regulam e determinam o caráter das instituições e das normas jurídicas[3].

É que o desenvolvimento desigual e a lei do valor mundializado geram remunerações do trabalho desiguais por produtividade igual e isso faz as diferenças entre os contratos de trabalho dos países centrais e as periferias, e também dos países das periferias entre si.

Daí resulta então, que se apresenta como resolver as incógnitas do direito laboral aplicável às relações internacionais e em particular às relações entre os países da integração regional. E nesse aspecto, as respostas de uma parte da doutrina foram inapropriadas.

Assim, por exemplo, no Capítulo I, *in fine*, do *Tratado para a Constituição de um Mercado Comum entre a República Argentina, A República Federativa do Brasil, a República do Paraguai e a República Oriental do Uruguai (Tratado de Assunção), os redatores* (Esclareçamos que entre os redatores do Tratado de Assunção, não se incluíram juslaboralistas, circunstância esta que chama poderosamente a atenção), estabeleceram: "O compromisso dos Estados Partes de *harmonizar* suas legislações nas áreas pertinentes para lograr o fortalecimento do processo de integração".

Porque, a rigor, o conceito de "harmonização" de normativas desiguais no âmbito internacional reclama respostas cientificamente adequadas aos desafios de cada ramo do direito.

Como sustenta Barbagelata: "Parece razonable convenir en que la *homogeneidad* de la normativa laboral, como las de otras materias igualmente sensibles — y desde luego ciertos aspectos del derecho constitucional; del internacional privado y público; del financiero y del comercial — puede ser un factor de considerable importancia para facilitar un proceso de integración — incluso" — acrescenta o mestre uruguaio — "es válida la aseveración de que diferencias de gran significación de los regímenes jurídicos, incluso del laboral, podrían constituirse sino en obstáculos para la integración, por lo menos en factores de perturbación de los intercambios en un mercado común"[4].

2. As assimetrias entre países não são obstáculos

No entanto, afirma Barbagelata "no está justificado reclamar la eliminación de las diferencias entre las normas laborales de los distintos países como una

---

[1] Sobre processos e condições de produção, ver LIPOVETZKY, Jaime C. *De cómo aprendieron a amar la deuda.* Buenos Aires: Distal, 1987. p. 149; em particular "Condiciones de producción como categoría".
[2] AMIR, Samir. *El intercambio desigual y la ley del valor.* México: Siglo XXI, 1987. p. 30.
[3] LIPOVETZKY, Jaime C. *Op. cit.*, p. 187.
[4] BARBAGELATA, Héctor Hugo. *El derecho laboral del Mercosur ampliado.* Montevidéu: Fundación de Cultura Universitaria y OIT, 2000. p. 629.

condición *sine qua non* de la integración; ni suponer que una regulación de las relaciones laborales menos protectora del trabajo, representa siempre una ventaja para los empresarios en la competencia internacional"[5].

E avançando no tema, insiste: "En cuanto a las diferencias — incluso importantes — entre los sistemas normativos, basta considerar la experiencia europea para comprender que no se trata de un obstáculo insalvable"[6].

"Respecto de la supuesta ventaja comparativa de costos laborales más bajos" — continua — "hay que recordar que los mismos no representan el único factor, ni el más importante, ni tiene la misma incidencia en el precio final de los diferentes bienes y servicios; así como, que las situaciones de injusticia y penuria no fomentan altos niveles de calidad y productividad"[7].

Na doutrina argentina, há quem se aparte do critério do professor uruguaio — que compartilhamos — afirmando equivocamente que "frente al fenómeno de la evolución del derecho del trabajo que se ha visto limitada por las leyes del mercado, se presenta, lo que Mosset Iturraspe *denomina 'la paradoja de un derecho civil que dispensa al trabajador una protección superior (?) a la del derecho laboral'*"[8].

A referência puramente casuística ao respeitadíssimo civilista[9] está ocultando que no pensamento do autor se evidencia uma sorte de parentesco de raiz entre a ordem pública laboral e a ordem pública civil, que se põe de relevo quando desdenha a gênese puramente volitiva do "princípio de autonomia da vontade", que — afirma — reconhece sua origem normativa no art. 1.197 do Código Civil.

Mas de nenhuma maneira Mosset Iturraspe pretendeu em seus trabalhos teóricos que "o direito civil dispense ao trabalhador uma proteção superior à do direito laboral". E conceitualmente não pôde fazê-lo, porque diferentemente deste último, o direito comum não distingue nem pretende corrigir as desigualdades entre empregados e empregadores.

Isso fica claro em uma frase do mencionado autor que cita Livellara: "diferentes razones, *que tienen que ver con la sensibilidad de la relación laboral en la ecuación costos--beneficios,* los logros del hombre común fueron retaceados o negados al hombre trabajador y de alí la paradoja de un derecho tuitivo que termina desamparando al destinatario de sus esfuerzos".

Mas o que Livellara sugere não é o mesmo que afirma Mosset Iturraspe: para começar, na citação do primeiro, referente à jurisprudência da Corte Suprema no caso "Aquino"[10]; porque na sentença a inconstitucionalidade do art. 39 da Lei

---

(5) BARBAGELATA, Héctor Hugo. *Op. cit.*, p. 630.
(6) BARBAGELATA, Héctor Hugo. *Op. cit.*
(7) BARBAGELATA, Héctor Hugo. *Op. cit.*
(8) LIVELLARA, Carlos Alberto. Incidencia del derecho civil en el derecho del trabajo. In: *Revista Derecho del Trabajo,* Buenos Aires: La Ley, 2000. p. 1171-1200.
(9) ITURRASPE, Jorge Mosset. Daño moral en la extinción del contrato de trabajo. In: *Revista de Derecho Laboral,* Buenos Aires: Rubinzal-Culzoni, 2000. t. 2, p. 182.
(10) LIVELLARA, Carlos Alberto. *Op. cit.*, p. 1200: "en tal caso se desecha la respuesta dada por la norma especial laboral y en su reemplazo se acude a la regulación civil".

n. 24.557 (Lei de Risco do Trabalho) não substituiu uma norma de natureza jurídico-laboral, mas sim uma lei de seguros de natureza jurídica comercial; como o evidenciam o art. 3º "Seguro obligatorio y autoseguro"; o art. 19 "Contratación de una Renta periódica cuya prestación dineraria de pago mensual, entre el beneficiario y una compañía de seguros delata el origen comercial del negocio"; art. 23, Capítulo VII (que cria um regime financeiro); art. 34, inc. 2 (que cria um Fundo de Reserva Administrado pela Superintendência de Seguros da Nação); Decretos ns. 1.278/00, art. 20, 491/97, art. 15, 334/96, arts. 12. 13 e 24; todos eles e tantos outros habilitantes da Superintendência de Seguros da Nação, como órgão de fiscalização e/ou supervisão dos chamados "riesgos del trabajo incorporados", assim — *ministerio legis* — de uma norma peregrina originada no "pensamento único" do consenso de Washington e na política de um governo "neoliberal" — a um sistema de tarifas de mercados globalizados.

Porque o estudioso destas linhas não deve enganar-se, o sistema que criou a Lei n. 24.557 é de natureza financeira e também suas tarifas, que são geradas pelos mercados e não nascem livremente do contrato de trabalho nem da ordem pública.

Não por acaso a Superintendência de Seguros da Nação Argentina foi criada por disposição do art. 64 da Lei n. 20.091 ("de los aseguradores y su control") com a natureza que lhe determinam os arts. 1º e 65 da mesma.

A Lei n. 20.091 e o Decreto n. 1.269/02, são normas de pura natureza comercial[11].

2.1. Decreto n. 1.269/02 BO 17.7.2002

Texto Segundo o Decreto n. 664/03: "Instruyese... a la Superintendencia de Seguros de la Nación ... otras entidades autárquicas actuantes en el área de la Subsecretaría de Servicios Financieros de la Secretaría de Finanzas del Ministerio de Economía..."

Lei n. 20.091. Dos Asseguradores e seu Controle

Art. 1º "El ejercicio de la actividad aseguradora y reaseguradora en cualquier lugar del territorio de la Nación está sometido al régimen de la presente ley y al **control de la autoridad creada por ella**".

Art. 64. "El control de todos los entes aseguradores se ejerce por la Superintendencia de Seguros de la Nación con las funciones establecidas por esta Ley".

Art. 65. "La Superintendencia de Seguros es una entidad autárquica con autonomía funcional y financiera, en **jurisdicción del Ministerio de Hacienda y Finanzas...**".

A superabundância desta tão longa citação e comentário era imprescindível para revelar a mistificação em que incorre certa doutrina, empenhada na tergiversação para justificar a desregulação e a substituição do direito laboral pelo direito civil.

---

(11) Tanto a Lei como o Decreto são incluídos habitualmente nas edições modernas do Código de Comércio e Leis complementares. Ver *Código de comercio*. Buenos Aires: Ediciones del País, 2003. p. 439, 449-450. Ver também Lei n. 17.418, art. 1º e conc. Sobre definição de Contrato de Seguro. *Op. cit.*, p. 114 e ss.

No caso Aquino **não se descarta** a resposta dada pela norma especial laboral... Nem... em sua substituição se acode à regulação civil... como o pretende Livellara.

Se em contrapartida se faz justiça na sentença do Tribunal Superior com base no disposto nos arts. 9º e 11 da Lei de Contrato de Trabalho argentina.

Art. 9º da LCT. "En caso de duda sobre la aplicación de normas legales o convencionales, prevalecerá la más favorable al trabajador, considerándose la norma o conjuntos de normas que rija cada una de las instituciones del trabajo"[12].

Art. 11 da LCT. "Cuando una cuestión no pueda resolverse por aplicación de las normas que rigen el contrato de trabajo o por las leyes análogas, se decidirán conforme a los principios de la justicia social, a los generales del derecho del trabajo, la equidad y la buena fé".

Como temos defendido no Capítulo III, *a diferença de outros ramos do direito argentino, em princípios de interpretação do direito laboral, o direito civil não se menciona. Porém, apesar do omisso concordamos com a melhor doutrina, quando diz que o direito civil desempenha um rol puramente supletório.*

Daí, a apelação do direito civil — dissemos — deve se restringir aos casos em que ocorram "lacunas" ou omissões na sistemática autônoma, e sempre que a regra civil invocada seja compatível com os princípios característicos do direito do trabalho.

Em síntese, mal se pode então, pretender que em sua substituição (da norma especial laboral) se recorra à regulação civil como mais ajustada às garantias constitucionais em jogo e definitivamente mais favorável ao trabalhador.

A rigor, semelhante hipótese não resiste a menor análise. De fato, pretende-se "harmonizar" (ou o que é o mesmo, "pôr em harmonia interesses opostos" e isso contradiz flagrantemente o caráter autônomo do direito do trabalho, de suas normas e conjunto de normas.

Deve-se concluir, consequentemente, que o conceito de "harmonizar as legislações", ao qual se refere o art. 1º *in fine* do Tratado de Assunção, é errôneo, contraproducente e contrário ao monismo que caracteriza o direito laboral e sua melhor doutrina.

Os conflitos de leis entre países e no seio dos casos de integração regional, consequentemente, devem ser resolvidos com a aplicação da norma mais favorável À validade dos atos (Cf. art. 14, inc. 4 do Código Civil Argentino)[13].

3. Direito uniforme e conflitos de normas

O direito uniforme resultante de tratados bilaterais, regionais e até internacionais elimina o conflito de leis entre os estados que os firmaram ou a eles aderiram em temas, às vezes gerais, às vezes determinados.

---

(12) Deve-se esclarecer que no que se refere à aplicação da norma mais favorável ao trabalhador, **sempre deve-se considerar** "la norma o conjunto de normas que rija cada una de las instituciones del trabajo". Este princípio contradiz a peregrina ideia do "direito" da norma.
(13) Código Civil Argentino, art. 14: "Las leyes extranjeras no serán aplicables..." "inc. 4: Cuando las leyes de este Código en colisión con las leyes extranjeras, **fuesen más favorable a la validez de los actos**".

Nesse contexto se torna desnecessário apelar às normas de Direito Internacional Privado; porque, como é óbvio, tendo finalidades diferentes, os dois direitos não se confundem.

O direito uniforme trata *de suprimir* os conflitos de leis recorrendo simplesmente às normas idênticas, que, no entanto, provêm de países diferentes. Em contrapartida, o Direito Internacional Privado não pretende *suprimir* e sim *resolver* os conflitos de leis.

As regras do primeiro são diretas, materiais e não conflitivas; as do segundo são indiretas, formais e conflitivas.

As primeiras regulam diretamente o caso; as segundas oferecem a solução pacífica do conflito de direito.

O direito uniforme resulta da espontânea e natural coincidência de legislações geradas ou influenciadas por fatores comuns ou pela iniciativa tomada por um Estado, de reproduzir normas adaptadas por outro país vizinho. Também é o produto do esforço de dois ou mais Estados, que, com um desígnio comúm de uniformizar instituições jurídicas por sua natureza internacional, concordam sobre o assunto.

Segundo Dreyzin de Klor[14] "en los distintos convenios concluidos, predomina la metodología conflictualista. Se valen esencialmente de normas indirectas, que no solucionan los problemas, sino que remiten, a través del llamado punto de conexión, a un determinado derecho nacional". É necessário esclarecer — no entanto — que a mesma autora, em parágrafos anteriores, considerou oportuno assinalar que as mudanças operadas no plano das relações globalizadas, "repercuten en la metodología empleada por los acuerdos internacionales". Estes — acrescenta — "ya no se ciñen de manera exclusiva al molde conflictual, sino que, además de normas indirectas, se recurre a normas materiales, de policía y de aplicación inmediata"[15].

Senão vejamos, o direito uniforme conseguiu instalar-se na União Europeia somente em alguns poucos setores da ciência jurídica (Direito marítimo, Direito Comercial, da Seguridade Social. Note-se a ausência de toda menção ao direito do trabalho apesar da importância de sua regulamentação para as relações internacionais).

No que se refere às empresas binacionais, os respectivos regimes jurídicos tiveram que se enquadrar em tratados bilaterais que se referem ao tema[16].

No âmbito da Organização Internacional do Trabalho — OIT, não há dúvida sobre sua vocação de propender ao direito uniforme em sua atividade normativa. Prova disso são as Convenções adotadas pela Conferência Internacional do

---

(14) KLOR, Adriana Dreyzin de. *Derecho internacional privado y de la Integración regional*. Buenos Aires: Zavalia, 1996. p. 9.
(15) KLOR, Adriana Dreyzin de. *Op. cit.*, p. 5.
(16) Ver LIPOVETZKY, Daniel Andrés. Tratado para el establecimiento de un estatuto de empresas binacionales. In: LIPOVETZKY, Jaime César; LIPOVETZKY, Daniel Andrés. *Mercosur:* estrategias para la Integración. Edição Bilíngue português-espanhol. São Paulo: LTr, 1994. p. 295 e ss. ver Estatuto, p. 480.

Trabalho; se bem que as mesmas apenas se referem a normas mínimas de proteção ao trabalhador[17].

De qualquer maneira é certo que os países ratificantes dessas convenções, habitualmente adotam disposições legais mais complexas (e às vezes mais favoráveis aos trabalhadores como uma trava à tentação de incurrer em ilicitudes contrárias ao direito uniforme e ao mesmo tempo evitando a configuração de conflito de leis no espaço. Não por acaso a Constituição da OIT, em seu art. 19, § 8º, estabelece: "Em caso algum, a adoção, pela Conferência, de uma convenção ou recomendação, ou a ratificação, por um Estado-Membro, de uma convenção, deverão ser consideradas *como afetando qualquer lei, sentença, costumes ou acordos que assegurem aos trabalhadores interessados condições mais favoráveis que as previstas pela convenção ou recomendação*".

Por isso, ninguém deve pretender a completa uniformidade do Direito do Trabalho e da Seguridade Social. Nem sequer a partir dos esforços da OIT, que são precisamente um reconhecimento da desigualdade normativa, a partir da forte recorrência ao princípio das condições mais favoráveis que reclama o art. 19 de sua Constituição que acabamos de transcrever.

O uruguaio Plá Rodriguez, e com ele o brasileiro Arnaldo Süssekind, compreendeu cabalmente e em toda sua dimensão que a característica essencial do mundo atual é seu "desarrollo desigual"[18]. E a partir da diversidade das condições econômicas, sociais, políticas, culturais, idiomáticas, de antecedentes coletivos (comuns) e históricos, ou seja, a partir de condições de produção diferentes entre os países, é que se impõe a adoção de normas gerais e diferentes, ainda que sempre em matéria laboral com níveis mínimos de proteção.

Por isso, tanto a ideia de "uniformidade" legislativa como a da "harmonização" se tornam cada vez mais difíceis. E a razão é o abismo, cada vez mais profundo, que gera o intercâmbio desigual entre os países centrais e os periféricos (subdesenvolvidos e tributários) e o clamor por uma nova ordem econômica internacional.

4. Normas internacionais sobre o conflito de leis laborais — o Código Bustamante

O Código de Direito Internacional Privado (Código Bustamante), adotado pelos Estados americanos na reunião de Havana (Cuba) de 1928, com o objetivo de regular a solução dos conflitos de leis entre os países que o ratificaram, classifica as normas jurídicas nas seguintes categorias:

a) as que se aplicam às pessoas em razão de seu domicílio ou de sua nacionalidade e as seguem ainda que se trasladem para outro país — denominadas "pessoais" ou de ordem pública interna[19];

---

(17) SÜSSEKIND, Arnaldo. *Convenções da OIT*. São Paulo: LTr, 1994. p. 551 e ss.
(18) RODRIGUEZ, Américo Plá. *Los principios del derecho del trabajo*. Buenos Aires: Depalma, 1998. p. 47 e ss. Ver também SÜSSEKIND, Arnaldo. A globalização da economia e o direito do trabalho. In: *Legislação do Trabalho*. São Paulo, jan. 1997. p. 41.
(19) Onde se lê "pessoais", deve-se interpretar *intuito personae*.

b) as que obrigam por igual, a quantos residam no território, sejam ou não nacionais — denominadas "territoriais", locais ou de ordem pública internacional;

c) as que se aplicam somente mediante a expressão, a interpretação ou a presunção da vontade das partes ou de alguma delas — denominadas "voluntárias, ou de ordem privada" (art. 3º).

E nesse Código (ratificado por Brasil, Bolívia, Chile e outros países latino-americanos, ainda que não pela Argentina) de maneira antecipatória, já se referia que as leis de acidentes de trabalho e proteção social ao trabalhador são de natureza territorial.

Código Bustamante. Art. 198: "Também é territorial a legislação sobre acidentes do trabalho e proteção social do trabalhador."

Tanto a doutrina como a jurisprudência dos países ratificantes têm reconhecido que a expressão "proteção social do trabalhador" remetia a normas de direito do trabalho e aos sistemas de previsão social. E isso deve chamar a atenção, porque na época do outorgamento do Código de Bustamante eram, quase inexistentes as legislações laborais na América Latina. Mario de La Cueva[20], não obstante, admite que o art. 198 do Código, "no hizo sino consignar una realidad sociológica y una necesidad... su finalidad es proteger, con la misma ley, a los trabajadores nacionales y extranjeros".

Chama a atenção — dissemos — o avanço da prescrição normativa do Código em matéria laboral, e mais ainda, que a República Argentina não a tenha ratificado, sendo que o tempo de sua sanção e desde o ano 1915 regia em nosso país a Lei n. 9.688 precisamente sobre acidentes do trabalho precedida por normas sobre trabalho infantil e dominical.

Já o Primeiro Congresso Internacional de Direito Privado, realizado em Montevidéu (Uruguai), entre os anos 1888-1889, não incluiu entre seus temas os concernentes às relações do trabalho.

Porém, depois da sanção, em 1918, do Código Bustamante e seu art. 198, tampouco foi incluído o tema laboral no Segundo Congresso de Montevidéu, realizado en 1939-1940 e ainda vigente.

Isso — insistimos — apesar de a temática laboral se filtrar claramente no Código Bustamante. Não somente na norma geral do art. 198 mas também nas prescrições especiais dos arts. 279, 281, 282 e concordantes relativas aos trabalhadores marítimos e aéreos:

Código Bustamante:

Art. 279. Sujeitam-se tambem à lei do pavilhão os poderes e obrigações do capitão e a responsabilidade dos proprietarios e armadores pelos seus atos.

Art. 281. As obrigações dos officiaes e gente do mar e a ordem interna do navio subordinam-se á lei do pavilhão.

---

(20) CUEVA, Mario de La. *Derecho mexicano del trabajo*. México: Porrúa, 1949. t. 1, p. 737.

Art. 282. As precedentes disposições deste capítulo aplicam-se tambem às aeronaves.

Também em matéria processual, o Código que estamos analisando prescreve:

Código Bustamante:

Art. 314. A lei de cada Estado contractante determina a competencia dos tribunaes, assim como a sua organização, as formas de processo e a execução das sentenças e os recursos contra suas decisões.

Art. 323. Fora dos casos de submissão expressa ou tacita, e salvo o direito local, em contrario, será juiz competente, para o exercicio de acções pessoaes, o do lugar do cumprimento da obrigação, e, na sua falta, o do domicilio dos réus ou, subsidiariamente, o da sua residencia.

Muitos anos depois, em 1957, o Segundo Congresso Internacional de Direito do Trabalho realizado em Genebra (Suíça) concluiu que a lei de residência laboral deve ser aplicada nos casos de conflitos de leis, como princípio de solução nos mencionados conflitos. De qualquer modo, o Congresso abordou a situação que se criava em casos excepcionais e aí resolveu que a lei de assento principal dos negócios da empresa deve ser aplicada ao trabalhador contratado no respectivo território. Para os casos de trabalhadores marítimos e aéreos será aplicada a lei do país onde está matriculado o navio.

Já em outro âmbito, a Organização Internacional do Trabalho — OIT, em suas convenções tem esclarecido que a lei nacional aplicada é a que corresponde à lei local da residência laboral.

Por último, no que se refere à problemática dos *"trabalhadores migrantes*, de tanta trascendência em países como os do Mercosul, recrutados ou contratados em um país para a prestação de serviços em outro, que os vai acolher; a Convenção n. 97 da OIT, lhes assegura um tratamento não menos favorável do que é aplicado aos nacionais do lugar de execução do trabalho; e a Convenção n. 143, de 1975, se refere à igualdade de tratamento com os nacionais em matéria de emprego e profissão, seguridade social, direitos sindicais, etc. Digamos também que nenhuma das duas Convenções foi ratificada, pela Argentina, país que mantém leis discriminatórias para os trabalhadores estrangeiros como a Lei n. 24.493, sancionada em 26.6.95, cujo art. 1º "reserva para los ciudadanos argentinos nativos o naturalizados ... la realización de trabajos en buques y artefactos navales que enarbolen el pabellón nacional..."; e cujo art. 2º proíbe à Direção Geral de Migrações, "extender autorización para realizar tareas remuneradas o lucrativas a extranjeros admitidos como residentes transitorios".

5. *Acerca da capacidade das partes*

No território da República Argentina, e na estipulação expressa ou tácita do contrato de trabalho, a capacidade das partes é regida — em princípio — pela lei pessoal e o disposto pelo art. 6º do Código Civil[21].

---

(21) Em sua nota ao art. 6º do Código Civil, Vélez Sarsfield apontou: "La última parte del artículo no se opone al principio de que los bienes son regidos por la ley del lugar en que están situados, pues en éste artículo solo se trata de la capacidad de las personas, y no

Art. 6º do Código Civil: "La capacidad e incapacidad de las personas domiciliadas en el territorio de la República, sean nacionales o extranjeras, será juzgada por las leyes de éste Código, aún cuando se trate de actos ejecutados o de bienes existentes en países extranjeros".

Por isso mesmo a aplicação do princípio deve se subordinar às normas locais do lugar onde o contrato foi pactuado. Assim, a lei pessoal, conforme com a doutrina predominante, se confunde às vezes com a vigente no país onde o contratante está domiciliado; na configuração do contrato, a lei que acaba prevalecendo é a do lugar de sua celebração.

Porém, as modalidades do contrato de trabalho, não obstante sua sujeição à *lex loci actum*[22], deve observar as exigências da legislação do país onde o trabalho é prestado. Assim, quando um contrato for estipulado por um prazo maior que o permitido no lugar para onde o trabalhador foi destinado, a legislação a seguir será a que imponha o contrato de menor duração.

Quanto à "forma" válida, será a adotada em conformidade com a lei do lugar de celebração do contrato de trabalho, salvo se aquela dependa de uma forma especial. Ainda assim, no relativo aos aspectos extrínsecos do ato (por exemplo: "obrigação do registro" em determinado organismo público) caberá respeitar as exigências da lei local.

6. Acerca da execução e extinção do contrato de trabalho — consolidação de dívidas

Como é notório, o âmbito de aplicação do Direito Internacional Privado se amplia sistematicamente com a multiplicação das empresas transnacionais, alcançando maior relevo os conflitos especiais de lei no que diz respeito à extinção dos contratos de trabalho.

Como temos assinalado e o reconhece pacificamente a doutrina internacional, os contratos de trabalho se caracterizam normalmente por seu prazo indeterminado, salvo se seu término resulte de circunstâncias precisas relativas a seu objeto e/ou modalidades da prestação.

Art. 90 da LCT. El contrato de trabajo se entenderá celebrado por tiempo indeterminado, salvo que su término resulte de las siguientes circunstancias:

a) que se haya fijado en forma expresa y por escrito el tiempo de su duración.

b) que las modalidades de las tareas o de la actividad, razonablemente apreciados así lo justifiquen.

La formalización de contratos por tiempo determinado en forma sucesiva que exceda de las exigencias previstas en el apartado b) de éste artículo, convierte al contrato en uno por tiempo indeterminado.

---

del régimen de los bienes o de los derechos reales que los afectan". Cf. Freitas e seu projeto de Código Civil para o Brasil: "O domicílio e não a nacionalidade determina o assento jurídico das pessoas para saber que leis civis regem sua capacidade de direito".

(22) *Lex loci actum*: literalmente: "lei do lugar do ato".

A redação do art. 90, em sua parte final, permite concluir que a norma estatui uma sorte de novação nos termos dos arts. 801 e s. do Código Civil argentino, com a particularidade de que no direito civil a novação (sempre) extingue a obrigação principal com seus acessórios, e as obrigações acessórias, mas isso está restrito à norma laboral (arts. 41, 43 e concordantes da LCT).

Na legislação brasileira, os arts. 443, 445, 451, 452, 478, seguintes e concordantes da CLT se referem ao tema expressa ou tacitamente. Porém, o princípio de indeterminação no tempo se expressa sinteticamente no art. 451 que textualmente reza: "O contrato de trabalho por prazo determinado que, tácita ou expressamente, for prorrogado mais de uma vez passará a vigorar sem determinação de prazo".

À margem do exposto, convém apontar que na legislação argentina, "el contrato de trabajo a plazo fijo, durará hasta el vencimiento del plazo convenido, no pudiendo celebrarse por más de cinco años" (art. 93 da LCT); e que "las partes deberán preavisar la extinción del contrato con antelación no menos de un mes ni mayor de dos (2), respecto de la expiración del plazo convenido" (art. 94 da LCT), salvo se este último seja por tempo determinado e sua duração menor de um mês.

Porém — continua a norma — aquela parte que omitira o aviso-prévio, se "entenderá que aceita a conversão do mesmo como de prazo indeterminado". Isso, salvo ato expresso de renovação de um prazo igual ou distinto do previsto originalmente, e sem prejuízo do disposto no art. 90 da LCT, que temos transcrito acima.

A tudo isso deve-se adicionar a particularidade do art. 95 da LCT, que para os contratos a prazo fixo, a despedida injustificada disposta antes do vencimento do prazo, dará direito ao trabalhador — além das indenizações tarifadas que caibam por extinção do contrato de trabalho — a perdas e danos provenientes do direito comum a que se fixará em função direta do que justifique haver sofrido quem os alegue, ou os que, na falta de demonstração, fixe o Juiz ou Tribunal prudencialmente, pela só ruptura antecipada do contrato...

A citação do art. 95 foi transcrita de forma resumida, motivo pelo qual, para efeitos da interpretação da norma, será preciso consultar o disposto na segunda parte, particularmente quando correlaciona as indenizações tarifadas com as dispostas nos arts. 250 e 247 da LCT.

Além disso, e em matéria de extinção do contrato de trabalho, dever-se-á acudir ao disposto no Título XII da Lei do Contrato de Trabalho (arts. 231 a 253) aos quais nos remetemos. Isso, sem prejuízo de assinalar, que na legislação comparada a doutrina e a jurisprudência consagraram, com poucas exceções, o princípio de *lex loci excutionis*[23] para a solução dos conflitos de leis laborais no espaço e nas etapas de execução e de extinção do contrato de trabalho.

---

(23) *Lex loci excecutionis*: "lei do lugar de execução".

No que diz respeito ao princípio de igualdade e de não discriminação que deve reger o trato entre nacionais e estrangeiros vinculados com um mesmo estabelecimento, é de consenso generalizado a obrigatoriedade de aplicar a lei do lugar da prestação de serviços. Por outro lado, na "Declaração Sociolaboral do Mercosul" (ou Declaração dos quatro Presidentes — 1998), as partes integrantes do Mercado Comum concordaram em garantir a vigência dos princípios de igualdade e não discriminação em suas respectivas jurisdições "através da normativa e práticas laborais" (art. 3º), o que significa respeitar o critério de aplicação da lei do lugar de prestação de serviços. Como já temos antecipado em capítulos anteriores, na República Argentina, a citada "Declaração" e suas normas têm hierarquia superior às leis (art. 75, inc. 22 da CN argentina).

Cabe destacar que a competência reconhecida à lei do lugar de prestação de serviços representa a vantagem — importante por certo —, de unificar — em certo modo — os regimes de relações do trabalho, uma vez que é a lei local que determina as regras administrativas de polícia do trabalho. Mas de outro ponto de vista, a vantagem é relativa, porque as mudanças de humor político nos governos e as influências — deletérias ou não tanto — das ideias do "Consenso de Washington" provocaram e provocam habitualmente a deserção, pelo Estado, do exercício do poder de políca, mediante o fácil recurso de não designar funcionários suficientes para exercitar os controles do caso.

De qualquer modo, e tratando-se da ordem pública, não pode — nem deve —, prevalecer qualquer disposição contratual em contrário, seja aplicando-se a lei da nacionalidade comum dos contratantes ou a lei do lugar do contrato. Contudo, tenha-se sempre presente que a aplicação da lei mais favorável ao trabalhador transferido de país, pode estar garantida no contrato, ainda que em determinadas situações, de empregados com funções análogas, a confusão idiomática atraia algumas complicações.

7. Situações intermediárias — o caso da entidade binacional Yacyretá e seu protocolo de trabalho e seguridade social — as obras de Salto Grande e Itaipu

O Tratado de Yacyretá, foi outorgado entre Argentina e Paraguai na cidade de Assunção, a 3 de dezembro de 1973 e assinado pelos Presidentes de ambos os países, Tenente General Don Juan Domingo Perón e General do Exército Don Alfredo Stroessner.

Por sua cláusula 1ª as Altas Partes Contratantes acordaram "el aprovechamiento hidroeléctrico, el mejoramiento de las condiciones de navegabilidad del Río Paraná a la altura de la isla de Yacyretá y, eventualmente, la atenuación de los efectos depredadores de las inundaciones producidas por crecidas extraordinarias".

Para isso, as Altas Partes Contratantes constituíram, em igualdade de direitos e obrigações, uma entidade binacional denominada Yacyretá, cuja natureza *sui generis* é descrita minuciosamente nas cláusulas seguintes, sem conseguir defini-la do ponto de vista jurídico. Trata-se — no entanto e a todas as luzes — *de uma pessoa de direito público não estatal* que goza de imunidade de jurisdição, nos dois países fundadores "com capacidade jurídica financeira e administrativa, e também responsabilidade técnica para estudar, projetar, dirigir e executar as obras que tem por objeto, colocá-las em funcionamento e explorá-las como uma unidade do ponto de vista técnico e econômico" (cláusula 3.1).

Deve-se destacar, não obstante, que a peculiaridade de sua fundação por dois Estados Soberanos, com iguais direitos, determinou que a entidade binacional tivesse duas sedes — assentos principais de seus negócios de acordo ao disposto pelo Código Civil Argentino nos arts. 44 e 90 e arts. 118 e s. do Código de Comércio. As sedes se estabeleceram nas cidades capitais dos dois países, respectivamente Buenos Aires e Assunção (cláusula 4.1).

A jurisdição aplicável a Yacyretá será — de acordo com o caso — a dos domicílios da empresa aos da *lex loci actum*.

Em todo caso, reza a cláusula 19.1 *in fine*, "cada Alto Contratante aplicará sua própria legislação tendo em conta as disposições do Presente Tratado".

Para esta situação tão particular, alheias às típicas relações bilaterais estudadas nas páginas anteriores não resta senão recorrer à qualificação de "situações intermediárias" com o que intitulamos este item — cujas especialidades e metodologia de abordagem dos problemas poderão ser advertidos também em outras situações ou empreendimentos similares, como é, por exemplo, o das obras de aproveitamento das corredeiras do Rio Uruguai na zona do "Salto Grande", resultante do acordo subscrito pelos governos da República Argentina e da República Oriental do Uruguai na cidade de Montevidéu em 30 de dezembro de 1946.

E o peculiar dessas "situaciones intermediárias" é que em cada uma delas foram outorgados entre as partes instrumentos para abordagem dos problemas que geram os conflitos de leis.

7.1. O protocolo de trabalho e seguridade social da entidade binacional Yacyretá

Subscreveu-se em Assunção do Paraguai em 27.7.76 e foi ratificado pela Argentina pela Lei n. 21.564 BO 28.4.77.

Pelo art. 1º, são estabelecidas as normas jurídicas "em matéria de *Trabalho e seguridade social* aplicáveis aos trabalhadores funcionários tanto dos contratistas e subcontratistas de obras como dos locadores e sublocadores de serviços, lotados nas áreas delimitadas pelo art. 17 do Tratado de Yacyretá...".

"As normas do Protocolo não se aplicarão ao pessoal designado com caráter ocasional ou eventual..." (art. 2º).

Os trabalhadores originários de cada país, deverão ser contratados nos territórios respectivos da República do Paraguai e da República Argentina. Os originários de terceiros países poderão optar por qualquer dos territórios das Altas Partes Contratantes (art. 4º).

Porém, a lei do lugar da celebração do contrato de trabalho determinará:

a) A capacidade médica das partes, e o consentimento geral.

b) As formalidades e provas do contrato.

c) Suspensão do contrato de trabalho quando seja por causas provenientes do trabalhador.

d) O regime de extinção do contrato de trabalho.

e) O regime de trabalho de menores e mulheres.

f) Os direitos sindicais dos trabalhadores.

g) Os direitos e obrigações dos trabalhadores e dos empregadores em matéria de seguridade social, assim como os relacionados com sistemas cujos funcionamentos dependam de organismos administrativos nacionais.

h) A identificação ou qualificação profissional.

i) A competência dos juízes e tribunais para conhecer nas ações derivadas da aplicação do presente protocolo e dos contratos de trabalho.

Por último, estabelece o art. 6º que *qualquer que seja o lugar de celebração do contrato, aplicar-se-á uma longa série de "normas" especiais uniformes*, de natureza juslaboral, que nos absteremos de transcrever.

7.2. Regime geral de trabalho nas obras de salto grande — art. 6º do Acordo sobre Salto Grande, Decreto da República Argentina n. 2.307 — BO 26.5.72

Esse regime estabelece em seu art. 1º "que o pessoal contratado para realizar tarefas de forma exclusiva no território de um dos países se regerá pela legislação laboral e previdenciária e convenções coletivas de trabalho do lugar onde desempenhe suas atividades (*lex loci executionis* — ver n. 22).

Porém, em seu art. 2º, relativo aos trabalhos no leito do Rio Uruguai, para o pessoal contratado que trabalhe indistintamente em uma ou outra margem do rio "regerá a legislação laboral e previdenciária e convenções coletivas de trabalho vigentes no lugar de sua contratação" (*lex loci actum* — ver n. 20).

Quanto à competência por razão de matéria "serão competentes os tribunais do país da lei aplicável (art. 4º). Não obstante tanto neste empreendimento (art. 5º), como no de Yacyretá (art. 8º), são previstas gestões conciliatórias especiais perante as empresas que na prática se transformaram em várias modalidades de instância jurisdicional, questionáveis por certo.

7.3. Itaipu: um protocolo de origem doutrinário juslaboralista

A obra da represa de Itapu resulta de um empreendimento conjunto da Eletrobras do Brasil e Ande do Paraguai, empresas cujas relações laborais para o caso, foram reguladas mediante dois Protocolos, cuja redação foi encomendada a dois dos mais eminentes juslaboralistas brasileiros, Professores Arnaldo Lopes Süssekind e Délio Maranhão. Trata-se sem dúvida de um caso excepcional, pelo menos em nossa região, onde muito pouco se consulta a especialistas no direito do trabalho para a elaboração de instrumentos internacionais, como o evidencia o Tratado de Assunção.

Como nos casos dos empreendimentos analisados acima (Yacyretá e Salto Grande), também para Itaipu recorreu-se à técnica de elaborar algumas regras uniformes diretas. Particularmente, a partir do condomínio territorial de fato que se constituiu sobre o terreno colimitado entre os dois países contratantes; e nele trabalhou na construção pessoal de várias nacionalidades e máquinas de propriedade de empresas com assento nos dois países vizinhos, pelo que, com independência das fronteiras políticas traçadas pelos tratados vigentes, recorreu--se — dissemos — ao remédio aludido.

Tenha-se presente que a linha divisória fronteiriça entre Paraguai e Brasil corre sobre o rio Paraná, cujo leito foi desviado para a construção da represa.

E é a partir desta consideração que a normativa elaborada pelos especialistas se evidencia como de pura cepa laboral, quando nos dois Protocolos, em última instância, se recorre à aplicação do princípio das "normas mais favoráveis".

Três regras serviram de sustento aos dois Protocolos:

1. Aplicação da *lei de celebração do contrato* (*lex luci actum*) em conflitos de capacidade e identificação profissional do trabalhador; em questões de formalidade e prova do contrato e nas relações com os sistemas cujo funcionamento dependa de órgãos sindicais ou administrativos nacionais.

2. Aplicação de normas uniformes especiais às hipóteses expressamente contempladas por elas.

3. Aplicação das normas mais favoráveis, consideradas em conjunto para cada matéria, às questões referentes ao contrato de trabalho que não estejam sujeitas aos dois princípios anteriores.

7.4. O direito do trabalho nas imunidades diplomáticas — imunidade de jurisdição — imunidade de execução

Em 13 de junho de 2002 se realizou em Buenos Aires (Argentina) o "I Encontro Sobre Imunidades Diplomáticas no Direito Laboral": Organizado pela Sociedade Argentina de Direito Laboral — SADL, contou com o auspício do Núncio Apostólico, com sua presença e a de numerosos representantes do corpo diplomático acreditado na República Argentina[24].

Como se viu nas páginas anteriores, a jurisdição de cada Estado não é absoluta, desde que o Direito Internacional lhe impõe limites determinados, resultado às vezes dos Tratados ratificados e outras tantas das regras de conduta que os países civilizados devem observar.

Entre estas últimas, as imunidades de jurisdição refletem um dos princípios essenciais das relações internacionais de Direito Público, que exige dos Estados Soberanos o respeito pela intangibilidade das representações diplomáticas acreditadas por terceiros países ou Organismos Internacionais, como por exemplo a Organização de Países Americanos — OEA e outros.

Deve ficar claro a respeito que, para cada Estado anfitrião (que é pessoa de direito público local), as representações diplomáticas também o são, mas, por sua origem externa, são interpretadas como pessoas de direito público internacional.

De alguma maneira o *status* jurídico da representação externa é assimilado figuradamente com o das "pessoas de direito público não estatal", com faculdades delegadas como os Colégios Públicos de Advogados (ou outras profissões universitárias); as Igrejas (Código Civil, art. 33, inc. 3 e nota de Vélez Sarsfield ao art. 34).

No dizer do precursor juslaboralista Benito Pérez[25] "la inmunidad de jurisdicción se fundamenta en los principios generales del derecho de gentes, considerados obligatorios por la costumbre, como base mínima de la existencia de la comunidad internacional".

Na atualidade, a matéria é objeto de diversos tratados aos quais os Estados aderem por ato soberano, restringindo assim sua jurisdição. Entre eles, "a Convenção de Viena" sobre Direito dos Tratados (1969), a Convenção de Viena sobre relações consulares (1960), a Convenção de Viena sobre Relações Diplomáticas (1961), a Carta das Nações Unidas (1945), a Convenção sobre Privilégios e Imunidades das Agências Especializadas das Nações Unidas (1447), a Organização Internacional do Trabalho (OIT), e outros.

Naturalmente, não se deve confundir "imunidade de jurisdição" de um Estado (pessoa de direito público externo) ou de uma Organização de Estados (pessoas de direito público internacional, que se estende a seus respectivos chefes (Convenção de Viena sobre Direito dos Tratados arts. 7.1 e 7.2); com a qual se reconhece aos representantes diplomáticos ou consulares e aos funcionários em exercício de seus mandatos em um estado receptor.

---

(24) Ver livro de registros: Sociedad Argentina de Derecho Laboral. *I Encuentro sobre inmunidades diplomáticas en el derecho laboral*. Buenos Aires, jun. 2002.
(25) PÉREZ, Benito. La inmunidad de jurisdicción en el derecho laboral. In: *Rev. Trabajo y Seguridad Social*, n. 5, Buenos Aires, 1977. p. 259.

Esses últimos, são titulares de direitos subjetivos internacionais relativos somente ao desempenho de sua missão ou representação. Os primeiros têm contra-partida e por definição plena imunidade de jurisdição, como inerente a sua própria personalidade jurídica, que lhe foi outorgada em reunião plenária internacional[26].

No entanto, em matéria de controvérsias de trabalho, tanto a Corte Suprema de Justiça Nacional — CSJN, em nosso país[27], como o Supremo Tribunal Federal do Brasil — STF têm resolvido que a imunidade de jurisdição cede em matéria laboral[28].

Também se pronunciaram os Tribunais do Trabalho de diferentes instâncias nos dois países. Na Constituição Brasileira, o art. 114 prevê taxativamente que compete à justiça de trabalho conciliar e julgar as divergências individuais e coletivas entre trabalhadores e empregadores, incluídos os entes de direito público externo. Na Constituição argentina, o art. 116 se limita (em sua parte pertinente) a pôr na Corte Suprema a responsabilidade do conhecimento e decisão "de todas las causas que versen sobre ... los tratados con las naciones extranjeras, de las causas concernientes a embajadores, ministros públicos y cónsules extranjeros: de las causas... contra un estado o ciudadano extranjero".

Note-se, no entanto, que a norma não se refere à moldura judicial das controvérsias laborais que se suscitam entre o pessoal técnico e não diplomático das representações estrangeiras (serviço doméstico, jardineiros, pedreiros, profissionais contratados, etc.).

A Corte Suprema da República Argentina, mudando critérios anteriores, teve a oportunidade de se pronunciar sobre o tema em um verdadeiro *lidding case* nos autos nomeados "Manauta Juan J. e outros c/ Embaixada da Federação Russa"[29], resolveu o seguinte:

> No existe inmunidad de jurisdicción del Estado respecto de controversias que se basan en relaciones de buena fé y seguridad jurídica, respecto del foro del derecho local como las del trabajo.
>
> El reconocimiento de inmunidad de jurisdicción ante un reclamo por incumplimiento de relaciones laborales y previsionales por parte de una embajada llevaría al injusto resultado de obligar al trabajador a una casi quimérica ocurrencia ante la jurisdicción del Estado extranjero o a requerir el auxilio diplomático argentino por vías letradas generalmente onerosas y extraju-

---

(26) Cf. NASCIMENTO, Amauri Mascaro. *Teoría general del derecho del trabajo*. São Paulo: LTr, 1999. p. 223.
(27) CSJN: autos Manauta Juan J. e outros contra Embaixada da Federação Russa, 22.12.94.
(28) STF: Acordo Pleno, em AC 9.705-6 em TEXEIRA FILHO, João de Lima. *Repertório de jurisprudência trabalhista*. Rio de Janeiro: Freitas Bastos, 1989. v. VI, p. 310.
(29) CSJN, dezembro 22-994. DT 1995-A — p. 644.

diciales y conduciría a un grave peligro de su derecho humano a la jurisdicción peligro que el derecho internacional actual tiende a prevenir y no precisamente a inducir.

Acrescentemos que na sentença citada, do voto do Ministro Carlos S. Fayt, extraímos a seguinte doutrina que compartilhamos:

La doctrina absoluta de inmunidad de jurisdicción de los estados, hoy ya no encuentra fundamentos en el derecho internacional público ni se conduciría al aislamiento de nuestro país en la comunidad internacional, por aplicar la teoría restrictiva, máxime cuando en el caso se trata del cumplimiento de obligaciones laborales y previsionales en el que debe reconocerse el Estado plena jurisdicción.

Depois desta sentença da Corte, e provavelmente por sua influência doutrinária, o Estado Argentino sancionou a Lei n. 24.488, de 31.5.1995, vetada parcialmente e promulgada em 22 de junho desse mesmo ano com o Título de "inmunidad de jurisdicción de los estados extranjeros ante los tribunales argentinos"[30].

No art. 1º se estabelece: "Los Estados extranjeros son inmunes a la jurisdicción de los tribunales argentinos, en los términos y condiciones establecidas en esta ley".

Art. 2º (são transcritas as partes pertinentes). Los Estados extranjeros no podrán invocar inmunidad de jurisdicción en los siguientes casos.

a) Cuando consientan expresamente a través de un tratado internacional, de un contrato escrito o de una declaración en un caso determinado, que los tribunales argentinos ejerzan jurisdicción sobre ellos...

b) Cuando fueren demandados por cuestiones laborales, por nacionales argentinos o residentes en el país, derivadas de contratos celebrados en la República Argentina o en el exterior o que causaren efectos en el territorio nacional[31].

7.5. Imunidade de execução

Ainda quando a empregadora tenha oposto imunidade de jurisdição — já dissemos — em matéria de direito do trabalho, sua normativa será igualmente aplicável tanto nos tribunais argentinos como brasileiros.

Mas a justiça dos dois países tem concordado (é doutrina majoritária internacional) que a abertura da jurisdição por matéria (competência laboral); naquelas hipóteses habilitáveis pela natureza da relação de trabalho, **isso não autoriza** o juiz a utilizar a via compulsória da execução de sentença (na Capital Federal e

---

(30) LAFUENTE, Juan C. Poclava. *Rev. Derecho del Trabajo*, DT-1995-A — p. 644 e s.
(31) Cf. Câmara Nacional de Apelações do Trabalho, Sala II, jun. 23-997 Bonalic — Kresic Esteban c/ Embaixada da República Federal da Iugoslávia — *DT* 1997-B, p. 2030.

Justiça Federal de províncias: art. 132 da Lei n. 18.345 de Organização e procedimento da Justiça Nacional do Trabalho).

É que a via executória das sentenças conspira contra a imunidade de que gozam as leis que pertencem ao domínio público de um Estado estrangeiro ou de uma Organização Internacional, como são os imóveis das representações diplomáticas, as contas bancárias de que se valem para suas operações habituais, etc.

De modo tal que a imunidade de jurisdição não pressupõe a imunidade de execução; e somente em caso de invasão, expressão ou compromisso de pagamento se poderá viabilizar, muito excepcionalmente a via executória.

REFERÊNCIAS BIBLIOGRÁFICAS

ABDALA, Ventuil. Terceirização, atividade-fim e atividade-meio. *Revista LTr*, n. 60, São Paulo, 1996.

ACKERMAM, Mario. *Trabajadores del Estado em Latinoamérica*. Buenos Aires: Ciudad Argentina, 1998.

_____ . El art. 212 da LCT. *Incapacidad permanente y contrato de trabajo*. Buenos Aires: Hammurabi, 1997.

ALEMAN, Mena Donald. *Derecho procesal del trabajo nicaragüense*. Manágua: Vpoli.

AMEGLIO, Eduardo. J.; CHIAPPARA, Andrea. Modalidades y especialidades de La contratación. In: BARBAGELATA, Hector e outros. *El derecho laboral del Mercosur ampliado*. Montevidéu: Oficina Internacional del Trabajo — CINTEFOR, 2000.

AMORES, Sara E. *Clínica del niño y su familia*. Buenos Aires: Distal, 2000.

BARBAGELATA, Hector Hugo. Consideraciones finales. In: *El derecho laboral del Mercosur ampliado*. Montevidéu: Fundación de Cultura Universitária e Oficina Internacional del Trabajo, 2000.

_____ . *O direito do trabalho na América-Latina*. Rio de Janeiro: Forense, 1985.

_____ . *El derecho laboral del Mercosur ampliado*. Montevidéu: Fundación de Cultura Universitária e OIT, 2000.

BARROS, Alice Monteiro de. *A mulher e o direito do trabalho*. São Paulo: LTr, 1995.

BAVIO, Alfredo Grieco Garcia y. El día de Evo. In: *Revista Veintitrés*, Buenos Aires, ano 10, n. 538, 23.10.2008. p. 49.

BEVILACQUA, Clóvis. *Direito das obrigações*. Rio de Janeiro: Freitas Bastos, 1961.

BIRGIN, Mauricio. A propósito de la propina. *DT* 1993-a, 760.

BOTIJA, Ernesto Perez. *Curso de derecho del trabajo*. Madri: Tecnos, 1950.

CABANELLAS, Guillermo. *El derecho del trabajo y sus contratos*. Buenos Aires: Mundo Atlântico, 1945.

CARCAVALLO, Hugo R. El período de prueba y la Ley n. 25.877. In: *Reforma laboral — Ley n. 25.877*. Buenos Aires: La Ley, 2004.

CARRION, Valentim. *Comentários à consolidação das leis do trabalho*. São Paulo: Saraiva, 1998.

CASTEL, Robert. *Las metamorfosis de la cuestión social* (una crónica del salariado). Buenos Aires: Paidos, 1997.

CERGE, Pierre. La negociación colectiva internacional. In: *Revista Derecho Laboral*, t. XL, n. 188. p. 839 e s.

CERONI, Humberto. *Marx y el derecho moderno*. Buenos Aires: Jorge Alvarez, 1965.

CHALOULT, Ives; ALMEIDA, Pablo Roberto de. *Mercosul, NAFTA, ALCA, a dimensão social.* São Paulo: LTr, 1999.

COLLIN, F.; DHOQUOIS, R.; GOUTIERRE, P. H.; JEANMMAUD, A. G. Lyon-Caen; ROUDIL, A. *Critique de droit.* Grenoble: Universitaires de Grenoble, 1980.

CONFALONIERI. *Clase magistral en homenaje a Justo Lopes.* Buenos Aires, maio 2003.

COSMÓPOLIS, Mario Pasco. Médio siglo de legislación laboral en el Peru. In: BROINSTEIN e outros (ed.). *50 años de derecho del trabajo en América Latina.* Santa Fé: Rubinzal-Culzoni, 2007.

COSTA, Armando Casimiro; FERRARI, Irany e outro. *Consolidação das leis do trabalho.* São Paulo: LTr, 2001.

CUEVA, Mario de La. *O direito do trabalho na América Latina.* Rio de Janeiro: Forense, 1985.

_____ . *Derecho mexicano del trabajo.* México: Porrùa, 1943. v. 1.

DALLEGRAVE NETO, José Alfonso. Novos contornos da relação de emprego ante os avanços tecnológicos. In: *Revista LTr — Legislação do Trabalho,* São Paulo, ano 67, maio 2003.

DANTONIO, Daniel Hugo. La convención sobre los derechos del niño: ¿una opción entre dos modelos? In: *Digesto Judicial La Ley,* Buenos Aires, 2005. t. 3.

DIEGO, Julian A. de. Las retenciones legales del salario de los menores. *DT,* 1979.

DEVEALI, Mario L. *Lineamientos de derecho del trabajo.* Buenos Aires: TEA, 1948.

EMMANUEL, Arghiri. *El intercambio desigual.* México: El Caballito, 1979.

ESCRITÓRIO INTERNACIONAL DO TRABALHO. Informe do Diretor Geral. *A hora da igualdade no trabalho.* Genebra: Conferência internacional do Trabalho. 91ª reunião, 2003.

ETALA, Carlos A. *Contrato de trabajo.* Buenos Aires: Ástrea, 2000.

FAYT, Carlos S. Los derechos sociales em la Constitución Nacional. In: *Suplemento de la Ley Constitucional* (28 de dezembro de 2007), Buenos Aires: La Ley, 2007.

FERRARI, Irany. In: *Suplemento Trabalhista LTr,* São Paulo, n. 133/97.

FIERROS, Marcelo Bustos. Vales alimentarios de nuevo como beneficio social... *DT* 1996-B, 2698.

FILAS, Rodolfo Capón. *Derecho del trabajo.* La Plata: Platense, 1996.

GALLAT, Folch. *Derecho español del trabajo.* Espanha: Labora, 1936.

GELLI, Maria Angélica. Los derechos sociales y el amparo em los entresijos de la historia Argentina. In: GELLI, Maria Angélica (dir.). *Suplemento La Ley Constitucional,* Buenos Aires: La Ley, sexta-feira 28 de dezembro de 2007.

GOMEZ, Orlando. *Introdução ao direito civil forense.* Rio de Janeiro: Forense, 1957.

GRISOLIA, Julio Armando. *Derecho del trabajo y de la seguridad social.* Buenos Aires: Lexis--Nexis-Depalma, 2003.

GURVITCH, GeorGe. *La idea del derecho social.* Paris: Sirey, 1932.

HERNÁNDEZ, Olivia Gretel. La participación de los trabajadores em La gestión de la producción y los servicios en la República de Cuba. In: *Revista Jurídica,* Havana: Ministério da Justiça, n. 14, jan./mar. 1987.

HERNÁNDEZ, Alvarez Oscar e outros. Setenta años de legislación laboral en Venezuela. In: *Cincuenta años de derecho del trabajo en América Latina.* Santa Fé: Rubinzal-Culzoni, 2007.

ITURRASPE, Jorge Mosset. *Contratos simulados y fraudulentos*. Santa Fé: Rubinzal-Culzoni, 2001.

_____ . Daño moral en la extinción del contrato de trabajo. In: *Revista de Derecho Laboral*, Buenos Aires: Rubinzal-Culzoni, 2000. t. 2.

JAVILLIER, Jean Claude Van. *Manual de derecho del trabajo*. Paris: LGOJ, 1990.

JEAMMAUD. Las funciones del derecho del trabajo. In: COLLINS, F. e outros. *El derecho capitalista del trabajo*. Grenoble: Universitaires de Grenoble, 1980.

KLOR, Adriana Dreyzin de; MARTINOLI, Amália Uriondo de. *Derecho internacional privado y de la integración regional*. Buenos Aires: Zavalía, 1996.

KROTOSCHIN, Ernesto. *Manual de derecho del trabajo*. Buenos Aires: Depalma, 1977.

_____ . *Instituciones de derecho del trabajo*. Buenos Aires: Depalma, 1961.

LAAT, Bernardo Vander. Dimensiones internacionales de la negociación colectiva internacional. In: *Revista Derecho Laboral,* Montevidéu, t. XL, n. 188. 1997. p. 803 e ss.

LACERDA, Dorval. Direito individual do trabalho. *Revista do Trabalho*, Rio de Janeiro, 1949.

LAFUENTE, Juan C. Poclava. *Revista Derecho del Trabajo*. 1995. p. 644 e s.

LIPPMAN, Ernesto. *Os direitos fundamentais da Constituição de 1988*. São Paulo: LTr, 1999.]

LIPOVETZKY, Jaime César. *De como aprendierón a amar la deuda*. Buenos Aires: Distal, 1987.

_____ ; LIPOVETZKY, Daniel, Andrés. *El derecho del trabajo en los tiempos del ALCA*. Buenos Aires: Distal, 2002.

_____ . *Mercosur:* estratégias para la integración. Edição bilíngue. São Paulo: LTr, 1994.

LIVELLARA, Carlos A. *Solidaridad en la ley de riesgos del trabajo*. Apresentação no I Congresso Transandino de Direito do Trabalho e da Seguridade Social. Organizado pela Sociedade Argentina de Direito Laboral (SADL). Buenos Aires: La Ley, 2002.

_____ . Incidência del derecho civil en el derecho del trabajo. *Revista Derecho del trabajo*. Buenos Aires: La Ley, 2000.

LÓPEZ, Guillermo A. F. La suspensión de la relación de trabajo por situación de excedencia. *DT*, 1978.

LÓPEZ, Fajardo Alberto. *Elementos del derecho de trabajo*. Bogotá: Ediciones del Profesional, 2006.

LORENZETTI, Ricardo Luis. *Las normas fundamentales de derecho privado*. Santa Fé: Bogotá.

MACHADO, José Daniel. El doscientos ocho (efectos de la suspensión temporaria debida a incapacidad inculpable del trabajador). In: *Revista de Derecho Laboral*. Santa Fé: Rubinzal--Culzoni, 2003. "Las suspensiones em el derecho laboral".

MADRID, Juan C. Fernandez. Las profesiones liberales y el contrato de trabajo. *DT*, XLVIII A.

_____ . *Tratado práctico del derecho del trabajo*. Buenos Aires: La Ley, 1989. t. I.

MAGANO, Octavio Bueno. O empregador, a empresa, o estabelecimento, a secessão, o grupo de empresas e a solidariedade. In: *Derecho del trabajo* — estudos. São Paulo: LTr, 1997.

MARANHÃO, Délio. *Direito do trabalho*. Rio de Janeiro: FGV, 1988.

MARIENHOFF, Miguel S. *Tratado de derecho administrativo*. Buenos Aires: Abeledo-Perrot, 1977.

MARIO, Diego Fernández. *Fallos plenarios de la justicia nacional del trabajo*. Buenos Aires: Errepar, 2004.

MARTINEZ, Roberto Garcia. *Derecho del trabajo y de la seguridad social*. Buenos Aires: Ad Hoc, 1998.

MASSIAH, Gustave. In: *Revista Le Monde Diplomatique*, Buenos Aires, maio 2003.

MAZA, Miguel A. El preaviso en el vontrato de trabajo; distintos regímienes legales em vigencia. *RDL*, 2000.

MEGUIRA, Horacio David; GARCIA, Hector Omar. La ley de ordenamiento laboral o el discreto retorno del derecho del trabajo. In: ETALA, Juan J. (dir.). *Reforma laboral Lei n. 25.877*. Buenos Aires: La Ley, 2004.

MEILIJ, Gustavo Raúl. *Contrato de trabajo*. Buenos Aires: Depalma, 1980.

MIRANDA, Francisco Pontes de. *Comentários à Constituição de 1967*. 2. ed. Rio de Janeiro: Revista dos Tribunais, 1970. v. XLIV.

MONTANER, José Darío Cristaldo. *Hacia la seguridad social*. Assunção: Litocolor, 2005.

MORAES FILHO, Evaristo de. *Continuidade nas obrigações laborais:* sucessão nas obrigações trabalhistas. Rio de Janeiro, 1960.

_____. *Contrato de trabalho como elemento da empresa*. São Paulo: LTr, 1993.

MORENO, J. R. Accidentes y enfermedades inculpables en la ley de contrato de trabajo. *LTT*, XXIV.

MOSSET, Jorge Iturraspe; FALCÓN, Enrique A.; PIEDECASAS, Miguel A. *La frustración del contrato y la personificación*. Buenos Aires: Rubinzal-Culzoni, 2002.

NASCIMENTO, Amauri Mascaro. *Curso de direito do trabalho*. São Paulo: LTr.

PALACIOS, Alfredo. *El nuevo derecho*. Buenos Aires: Claridad, 1946.

PALOMINO, Teodósio A. *Administración de recursos humanos*. Lima: Braphos.

PÉREZ, Benito. La inmunidad de jurisdicción en el derecho laboral. In: *Revista Trabajo y Seguridad Social*, Buenos Aires, n. 5, 1977.

PERUGINI, Alejandro. *Trabajo subordinado y trabajo independiente*.

PIROLO, Miguel A. Instituciones destinadas a proteger la salud del trabajador... *DT*, 1991.

POSE, Carlos. Las previsiones del art. 75 de la ley de contrato de trabajo bajo la óptica de la corte suprema de justicia de la nación. *DT*, 1994.

POTOBSKY, Geraldo W. von. La recomendación de la OIT sobre la terminación de la relación de trabajo. In: *Estudios sobre derecho individual de trabajo en homenaje al profesor Mario L. Deveali*. Buenos Aires: Heliasta, 1979.

QUINTANA, Segundo V. Linares. *Tratado de la ciencia del derecho constitucional argentino y comparado*. Buenos Aires: Alfa, 1953. t. V.

RECALDE, Hector P. Los convenios colectivos en las reiteradas reformas laborales. In: *Derecho laboral en la integración regional.* Libro de Ponencias del primer Congreso del Cono Sur sobre derecho Laboral en la integración regional. Buenos Aires: Depalma, 2000.

RODRIGUEZ, Américo Plá. *Los princípios de derecho del trabajo.* Buenos Aires: Deplama, 1998.

RODRIGUES PINTO, José Augusto. *Curso de direito individual do trabalho.* São Paulo: LTr, 2000.

ROMITA, Arion Sayão. *Temas de direito social.* Rio de Janeiro: Freitas Bastos, 1984.

_____ . *O fascismo no direito do trabalho brasileiro.* São Paulo: LTr, 2001.

SAAD, Eduardo Gabriel. Os princípios do direito do trabalho e a flexibilização ou desregulação. In: *Revista LTr,* São Paulo, jul. 2000. p. 851 e 853.

AMIM, Samir. *Más allá del capitalismo senil.* Buenos Aires: Paidos, 2005.

_____ . *El intercambio desigual y la ley del valor.* México: Siglo XXI, 1987.

SAMPAY, Arturo E. *Las constituciones de la Argentina.* Buenos Aires: Universitaria de Buenos Aires, 1975.

SARSFIELD, Dalmacio Vélez. *Nota al art. 1.200 del código civil de la nación argentina.* Buenos Aires: Del País, 2003.

SIMÕES, Carlos. Os sindicatos e a representação processual da categoria. In: *Revista LTr,* São Paulo, n. 54, 1990.

SOSA, Juan A. El art. 75 y la acción común. *Legislación comparada.* DT, 1991.

STUKA, P. I. *La función revolucionaria del derecho y del Estado.* Barcelona: Pensínsula, 1974.

SÜSSEKIND, Arnaldo Lopes. *Convenções da OIT.* São Paulo: LTr, 1994.

_____ . *Instituições de direito do trabalho.* São Paulo: LTr, 1999.

_____ . *Direito constitucional do trabalho.* Rio de Janeiro: Renovar, 1999.

_____ . *Curso de direito do trabalho.* 3. ed. Rio de Janeiro: Renovar, 2010.

TEIXEIRA FILHO, João de Lima. Acordo Pleno, em AC n. 9.705-6. In: *Repertório de Jurisprudência Trabalhista,* Rio de Janeiro: Freitas Bastos, 1989.

TIFFANY, Joel. *Gobierno y derecho constitucional según la teoría Americana.* Buenos Aires: Marceli Bordoy, 1893.

UNSAIN, Alejandro M. *Ordenamiento de las leyes obreras argentinas.* Buenos Aires: Losada, 1947.

URBINA, Alberto Trueba; BARRERA, Jorge Trueba. *Ley federal del trabajo. comentários, prontuário, jurisprudência, etc.* México: Porrúa, 1990.

URIARTE, Oscar Hermida. Características, contenido y eficacia de una eventual carta social del Mercosur. *Revista de Relasur,* n. 8, 1995.

VARELA, Silvia E. Pinto. Algunas consideraciones respecto del descanso semanal. In: *Revista de Derecho Labora,* Santa Fé: Rubinzal-Culzoni, 2006.

VARGAS, Otto. *Sobre El modo de producción dominante en el virreinato del río de La Plata.* Buenos Aires: Agora, 1983.

VIALARD, Antonio Vázquez. *Derecho del trabajo y de la seguridad social*. Buenos Aires: Ástrea, 2001. t. 1.

VIANNA, José Segadas et al. *Instituições do direito do trabalho*. São Paulo: LTr, 1999.

VIVOT, Julio Martinez. *La discriminación laboral*. Buenos Aires: Usal/Universidad del Salvador, 2000.

VVAA. *Las inmunidades diplomáticas en el derecho laboral*. Buenos Aires: Sociedad Argentina de Derecho Laboral, 2002.

WEBER, Max. *La ética protestante y el espíritu del capitalismo*. Barcelona: Península/Biblosm, 1999.

Outras fontes:

CÓDIGO Civil argentino.

CONSOLIDAÇÃO das Leis do Trabalho.

CONSTITUIÇÃO da Nação Argentina.

CONVENCIONES Colectivas de Trabajo. Buenos Aires: Rubinzal-Culzoni, 2001.

DICIONÁRIO Pequeno Larousse ilustrado. Buenos Aires, 1987.

LEI de Contrato de Trabalho argentina.

Produção Gráfica e Editoração Eletrônica: R. P. TIEZZI
Projeto de Capa: FABIO GIGLIO
Impressão: HR GRÁFICA E EDITORA